Norbert Krause

Praxishandbuch Schiffsregister

De Gruyter Praxishandbuch

Norbert Krause

Praxishandbuch Schiffsregister

DE GRUYTER

Norbert Krause, Rechtspfleger am Amtsgericht Kiel

ISBN 978-3-89949-545-4
e-ISBN 978-3-89949-742-7

Bibliografische Information der Deutschen Nationalbibliothek
Die Deutsche Nationalbibliothek verzeichnet diese Publikation in der Deutschen Nationalbibliografie; detaillierte bibliografische Daten sind im Internet über http://dnb.d-nb.de abrufbar.

Einbandabbildung: iStockphoto/Thinkstockphotos
Satz: jürgen ullrich typosatz, Nördlingen
Druck: Hubert & Co. GmbH & Co. KG, Göttingen
♾ Gedruckt auf säurefreiem Papier
Printed in Germany

www.degruyter.com

Vorwort

Dieses Buch enthält umfassende Ausführungen zum Seeschiffsregister, Binnenschiffsregister und Schiffsbauregister.

Ziel und Zweck ist es, den an dem Schiffsregisterrecht interessierten Personenkreis anhand von Beispielen und Verfügungsentwürfen eine praktische Hilfe für deren Arbeit zu bieten.

Die Praxisnähe wird durch die im Anhang abgedruckten einschlägigen Gesetze unterstützt.

Ausführungen im Teil Seeschiffsregister, die für alle drei Register gelten, werden im Binnenschiffs- und Schiffsbauregister nicht noch einmal aufgeführt. Wiederholungen erfolgen nur soweit diese für das allgemeine Verständnis unerlässlich sind. Ansonsten beschränken sich die Teile des Binnenschiffsregisters und Schiffsbauregisters auf die abweichenden Besonderheiten.

Kiel, März 2012 *Norbert Krause*

Vorwort

Dieses Buch enthält umfassende Ausführungen zum Seeschiffsregister, Binnenschiffsregister und Schiffsbauregister.

Ziel und Zweck ist es, den an dem Schiffsregisterrecht interessierten Personenkreis anhand von Beispielen und Verfügungsentwürfen eine praktische Hilfe für deren Arbeit zu bieten.

Die Praxisnähe wird durch die im Anhang abgedruckten einschlägigen Gesetze unterstützt.

Ausführungen im Teil Seeschiffsregister, die für alle drei Register gelten, werden im Binnenschiffs- und Schiffsbauregister nicht noch einmal aufgeführt. Wiederholungen erfolgen nur soweit diese für das allgemeine Verständnis unerlässlich sind. Ansonsten beschränken sich die Teile des Binnenschiffsregisters und Schiffsbauregisters auf die abweichenden Besonderheiten.

Kiel, März 2012 *Norbert Krause*

Inhalt

Abkürzungsverzeichnis

a. A.	andere Ansicht
a. F.	alte Fassung
Abs.	Absatz
Abt.	Abteilung
ADHGB	Allgemeines Deutsches Handelsgesetzbuch von 1861
AG	Amtsgericht
AkostG	Auslandskostengesetz
Alt.	Alternative
amtl.	amtlich
amtl. Begr.	amtliche Begründung
Anh.	Anhang
AZ	Aktenzeichen
BayObLG	Bayerisches Oberstes Landesgericht
BayOBLGZ	Amtliche Sammlung von Entscheidungen des Bayerischen Obersten Landesgerichts in Zivilsachen
BB	Betriebs-Berater (Zeitschrift)
Bd.	Band
Begr.	Begründung
Beschl.	Beschluss
BGB	Bürgerliches Gesetzbuch
BGBl.	Bundesgesetzblatt (Teil I und II)
BGH	Bundesgerichtshof
BGHZ	Entscheidung des Bundesgerichtshofs in Zivilsachen
BinSchEVO	Verordnung über die Eichung von Binnenschiffen
BinSchG	Binnenschifffahrtsgesetz
BinSchVerFG	Gesetz über das gerichtliche Verfahren in Binnenschifffahrtssachen
BR-Drs.	Bundesrats-Drucksache
BSH	Bundesamt für Seeschifffahrt und Hydrographie
BT-Drs.	Bundestags-Drucksache
BVerfG	Bundesverfassungsgericht
BWaStrG	Bundeswasserstraßengesetz
bzgl.	bezüglich
bzw.	beziehungsweise
C. I. N.	Craft Identifikation Number
DGVZ	Deutsche Gerichtsvollzieher-Zeitung
DJ	Deutsche Justiz
DNotZ	Deutsche Notar-Zeitung
E/R	Einschreiben gegen Rückschein
EGBGB	Einführungsgesetz zum Bürgerlichen Gesetzbuch
etc.	et cetera
evt.	eventuell

FamFG	Gesetz über das Verfahren in Familiensachen und in den Angelegenheiten der freiwilligen Gerichtsbarkeit
FGG	Gesetz über die Angelegenheit der freiwilligen Gerichtsbarkeit
FlaggRG	Gesetz über Flaggenrecht der Seeschiffe und die Flaggenführung der Binnenschiffe (Flaggenrechtsgesetz)
FlRV	Flaggenrechtsverordnung
GBO	Grundbuchordnung
GBV	Grundbuchverfügung, Verordnung zur Durchführung der Grundbuchordnung
GmbH	Gesellschaft mit beschränkter Haftung
GmbHG	Gesetz betreffend die Gesellschaft mit beschränkter Haftung
GVOBl. Schl.-H	Gesetz- und Verordnungsblatt für Schleswig-Holstein
h. M.	herrschende Meinung
Hansa	Zentralorgan für Schifffahrt, Schiffbau, Hafen
HGB	Handelsgesetzbuch
HinterlO	Hinterlegungsordnung
HOLG	Hanseatisches Oberlandesgericht Hamburg
HS	Halbsatz
IMO	International Maritime Organization
InsO	Insolvenzordnung
JMBl	Justizministerialblatt
JurBüro	Das juristische Büro (Zeitschrift)
JW	Juristische Wochenschrift
KG	Kammergericht
KGJ	Jahrbuch für Entscheidungen des Kammergerichts in Sachen der freiwilligen Gerichtsbarkeit
KonsG	Konsulargesetz
KostO	Kostenordnung
LG	Landgericht
MarkenG	Markengesetz
MDR	Monatsschrift für Deutsches Recht
MittRhNotK	Mitteilung der Rheinischen Notarkammer
MiZi	Einheitliche Anordnung über Mitteilungen in Zivilsachen
n. F.	neue Fassung
NJW	Neue Juristische Wochenschrift
NJW-RR	NJW Rechtsprechungs-Report Zivilrecht
NZI	Neue Zeitschrift für Insolvenz und Sanierung
OLG	Oberlandesgericht
RegEntw.	Regierungsentwurf
RG	Reichsgericht

RGBl.	Reichsgesetzblatt
RGZ	Entscheidungen des Reichsgerichts in Zivilsachen
Rn.	Randnummer
RNotZ	Rheinische Notar-Zeitschrift (vormals MittRhNotK)
Rpfleger	Der deutsche Rechtspfleger (Zeitschrift)
RpflG	Rechtspflegergesetz
Rspr.	Rechtsprechung
SchiffBG	Gesetz über Schiffspfandbriefbanken (Schiffsbankgesetz)
SchlHA	Schleswig-Holsteinische Anzeigen (Justizministerialblatt für Schleswig-Holstein)
SchRegDV	Verordnung zur Durchführung der Schiffsregisterordnung
SchRegO	Schiffsregisterordnung
SchRG	Gesetz über Rechte an eingetragenen Schiffen und Schiffsbauwerken
SeeAufgG	Seeaufgabengesetz
SUK	Schiffsuntersuchungskommission
s. a.	siehe auch
TranspR	Transportrecht (Zeitschrift)
UdG	Urkundsbeamter der Geschäftsstelle
Vfg.	Verfügung
VVSBV	Verwaltungsvorschriften für Frequenzzuteilungen im mobilen Seefunk und Binnenschifffahrtsfunk, Ausgabe Sept. 2004
WM	Wertpapiermitteilungen
z. z.	zurzeit
ZPO	Zivilprozessordnung
ZVG	Gesetz über die Zwangsversteigerung und die Zwangsverwaltung

Literaturverzeichnis

Abraham, Das Seerecht, 4. Aufl. 1974 (zitiert: *Abraham* Seerecht)

ders., Die Schiffshypothek im deutschen und ausländischen Recht, Stuttgart und Köln 1950 (zitiert: *Abraham* Schiffshypothek)

Baumbach/Lauterbach/Albers/Hartmann (Hrsg.), Zivilprozessordnung, 69. Aufl. 2011 (zitiert: Baumbach/Lauterbach/*Bearbeiter*)

Bauer/von Oefele (Hrsg.), Grundbuchordnung 2 Aufl. 2006 (zitiert: Bauer/von Oefele/*Bearbeiter*)

Bausback, Der dingliche Erwerb inländischer Grundstücke durch ausländische Gesellschaften; Zusammenwirken von deutschem Kollisionsrecht, ausländischem materiellen Recht und dem formalisierten Beweisverfahren der GBO, dargestellt unter besonderer Berücksichtigung des US-amerikanischen Rechts, DNotZ 1996, 254

Baur/Stürner, Lehrbuch des Sachenrechts, 18. Aufl. 2009

Bestelmeyer, Grundbuchfähigkeit der GbR, Rpfleger 2009, 141

Braun (Hrsg.), Insolvenzordnung, 4. Aufl. 2010 (zitiert: Braun/*Bearbeiter*)

Bumiller/Harders, Freiwillige Gerichtsbarkeit, 9. Aufl. 2009

Böhringer, Informelles Selbstbestimmungsrecht kontra Publizitätsprinzip Rpfleger 1987, 181

Böttcher, Zur Antragsberechtigung in Grundbuchsachen, Rpfleger 1982, 52

Bindseil, Internationaler Urkundenverkehr, DNotZ 1992, 275

Demharter, Grundbuchordnung, 27. Aufl. 2010

Dobberahn, Rechte an Schiffen und Luftfahrzeugen, MittRhNotK 1998, 145

Ebenroth/Boujong/Joost/Stroh, Handelsgesetzbuch, 2. Aufl., 2008

Hornung, Vollstreckungsunterwerfung und Höchstbetragshypothek, NJW 1991, 1649

ders., Das Schwimmdock in der Register-und Vollstreckungspraxis, Rpfleger 2003, 232

ders., Die Eigentümerbefugnis nach § 57 Abs. 3 SchRG, Rpfleger 2003, 564

ders., Beiträge zum Schiffsregister (A), Rpfleger 1985, 271

ders., Beiträge zum Schiffsregister (B), Rpfleger 1985, 345

ders., Änderung der Schiffsregisterordnung, Rpfleger 1981, 272

Hartmann, Kostengesetze, 41 Aufl. 2011

Winter/Hennig/Gerhard (Hrsg.), Grundlagen der Schiffsfinanzierung 2007

Heinerici/Gilgan, Das deutsche Schiffsregisterrecht 1942

Hügel, Grundbuchordnung, 2. Aufl. 2010

Jansen (Hrsg.), Gesetz über die Angelegenheiten der freiwilligen Gerichtsbarkeit FGG, 3. Aufl. 2005 (zitiert: Jansen/*Bearbeiter*)

Jursnik, Veräußerung von Grundbesitz nach Anordnung der Zwangsversteigerung, MittBayNot 1999, 125

Kuntze/Ertl/Herrmann/Eickmann (Hrsg.), Grundbuchrecht, Kommentar zur Grundbuchordnung und Grundbuchverfügung einschließlich Wohnungseigentumsverfügung, 6. Aufl. 2006 (zitiert: KEHE-*Bearbeiter*)

Korintenberg/Lappe/Bengel/Reimann, Kostenordnung, 18. Aufl. 2010 (zitiert: KLBR)

Krafka/Willer/Kühn, Registerecht, Handbuch der Rechtspraxis, 8. Aufl. 2010

Krohn, Die Pfandrechte an registrierten Schiffen 2004

Keidel/Kuntze/Winkler, Freiwillige Gerichtsbarkeit, 15. Aufl. 2003

Keidel (Hrsg.), Familienverfahren Freiwillige Gerichtsbarkeit, 16. Aufl. 2010 (zitiert: Keidel-*Bearbeiter*)

Kübler/Prütting (Hrsg.), InsO – Kommentar zur Insolvenzordnung, Loseblatt, Stand 4/2003 (zitiert: Kübler/Prütting/*Bearbeiter*)

Kirchhof, Leitfaden zum Insolvenzrecht, 2 Aufl. 2000

Langhein, Kollisionsrecht der Registerurkunden, Rpfleger 1996, 45

Marschall, Kosten in Schiffsregistersachen, Preußisches Justizministerialblatt 1942, 86
Meikel, Grundbuchrecht 10. Aufl. 2009
Münchner Kommentar zum Bürgerlichen Gesetzbuch , 5. Aufl. 2010 (zitiert: MünchKommBGB-*Bearbeiter*)
Münchner Kommentar zur Zivilprozessordnung, 3. Aufl. 2007 (zitiert: MünchKommZPO-*Bearbeiter*)
Münchner Kommentar zur Insolvenzordnung, 2. Aufl. 2008 (zitiert: MünchKommInsO-*Bearbeiter*)
Münchner Handbuch des Gesellschaftsrechts, Band 1–5, 3. Aufl. 2010 (zitiert: MünchHdb.GesR-*Bearbeiter*)
Noack, Arrestierung eingetragener deutscher und in Deutschland eintragungspflichtiger ausländischer Schiffe, Jur-Büro 1982, 166
Palandt, Bürgerliches Gesetzbuch, 70. Aufl. 2011, (zitiert: Palandt-*Bearbeiter*)
Pamperin-Herbst, Das Schiffsvorzertifikat, Rpfleger 2009, 77
Prause, Das Recht des Schiffskredits, 3. Aufl., 1979
ders., Über die Form der Anmeldung von See-und Binnenschiffen und Schiffsbauwerken, MDR 1956, 139
Prause/Weichert, Schiffsachenrecht und Schiffsregisterrecht, 1974
Rabe, Seehandelsrecht, 4. Aufl. 2000
Ruhwedel, Die Partenreederei, 1973
Rohs/Wedewer, Kostenordnung Kommentar, 2. Aufl. 2006
Schaps, Das deutsche Seerecht, Kommentar zum 4. Buch des HGB nebst Erläuterungen zu den Nebengesetzen 2. Aufl. herausgegeben von Mittelstein und Sebba, 1921 (Bd. 1), 1929 (Bd. 2)
Schaps/Abraham, Das deutsche Seerecht, 3 Aufl. 1959 (Bd. 1), 1962 (Bd. 2), 1964 (Bd. 3)
Schaub, Ausländische Handelsgesellschaften und deutsches Registerverfahren, NZG 2000, 953
Schreiner, Das Recht auf Einsicht in das Grundbuch, Rpfleger 1980, 51
Smid/Smid, Insolvenzordnung (InsO), 3. Aufl. 2010)
Schöner/Stöber, Grundbuchrecht, Handbuch der Praxis, 14. Aufl., 2008
Schulte-Bunert/Weinrich, Familienverfahren Freiwillige Gerichtsbarkeit, 1. Aufl. 2009 (zitiert: Schulte-Bunert/Weinrich/*Bearbeiter*)
Steiner/Hagemann, Zwangsversteigerung und Zwangsverwaltung, Bd. 2, 9. Aufl. 1986
Staudinger, Kommentar zum Bürgerlichen Gesetzbuch, Buch 3 Sachenrecht §§ 1204–1296; SchRG, 2009; EGBGB Art.1, 2, 50–218 EGBGB, 1998; EGBGB/IPR Internationales Sachenrecht, 1996 (jeweils zitiert: Staudinger/*Bearbeiter*)
Stöber, Zwangsversteigerungsgesetz, 19. Aufl. 2009 (zitiert: *Stöber ZVG*)
Stöber, ZVG-Handbuch Zwangsvollstreckung in das unbewegliche Vermögen, 9 Aufl. 2010 (zitiert: *Stöber Hdb.*)
Steffen, Auslandsgesellschaften, Forschungsprojekt der Fachhochschule für Rechtspflege Bad Münstereifel, 2008
v. Waldstein/Holland, Binnenschiffahrtsrecht, 5. Aufl. 2007
Wolff, Grundriss des Sachenrechts bei Schiffen und Schiffsbauwerken, 1949
Wüstendörfer, Neuzeitliches Seehandelsrecht, 1947
Zimmermann, Beck'sches Notar-Handbuch, 5. Aufl. 2009
Zöller, Zivilprozessordnung, 29. Aufl. 2012 (zitiert: Zöller/*Bearbeiter*)

Erster Teil: **Allgemeiner Teil**

A. Allgemeines zum Schiffsregister

1. Die Geschichte des Schiffsregisters

Die Geschichte des Schiffsregisters ist eng verbunden mit dem See- und Flaggenrecht und dem schon **früh** bestehenden Bedürfnis, gegebene Schiffskredite wirksam abzusichern. Erste Begründungen von besitzlosen Pfandrechten an Schiffen und deren Eintragung in ein Register gehen zurück bis in das Mittelalter.[1] Die Einführung des **Seeschiffsregisters** geht zurück auf das Schiffsregister des englischen Merchant Shipping Act vom 10.8.1854 und wurde in Deutschland erstmals durch Art. 432 des ADHGB eingeführt und übernommen. Grundlegende gesetzliche Bestimmungen für das Führen eines Schiffsregisters bei Amtsgerichten oder Schiffsregisterbehörden waren in dem Gesetz betreffend die Nationalität der Kauffahrtschiffe und ihre Befugnis zur Führung der Bundesflagge vom 25.10.1867[2] mit Ergänzungen aus den Jahren 1873 und 1888 enthalten, das am 1.4.1868 in Kraft trat.[3] Teilweise ersetzt wurden diese Vorschriften durch das Reichsgesetz betreffend das Flaggenrecht der Kauffahrtschiffe vom 22.6.1899.[4] Damit wurde die notwendige Anpassung an das neue Handelsgesetzbuch und an das Bürgerliche Gesetzbuch vollzogen. Dieses Gesetz in der Fassung vom 29.5.1901 war dann bis zur Neugestaltung des Schiffsregisterrechts maßgebend. 1

Zum **Binnenschiffsregister** finden sich entsprechenden Bestimmungen in dem Gesetz über die privatrechtlichen Verhältnisse der Binnenschifffahrt vom 15.6.1895, das später durch Art. 12 Erg. z. HGB vom 10.5.1897 einige Abänderungen erfahren hat und am 20.5.1898 bekannt gemacht wurde.

Die Schiffsregisterordnung aus dem Jahre 1940 in der Neufassung von 1994 (zuletzt geändert 2010), die Verordnung zur Durchführung der Schiffsregisterordnung von 1980 (ebenfalls neugefasst im Jahre 1994 und zuletzt 2010 geändert), das Gesetz über Rechte an eingetragenen Schiffen von 1940 (zuletzt geändert 2010), das Flaggenrechtsgesetz von 1951 (in der Neufassung von 1994, zuletzt geändert 2009) und die Flaggenrechtsverordnung aus dem Jahre 1990 (zuletzt geändert 2006) bilden bis heute die wesentlichen Grundlagen für die Bearbeitung der Schiffsregistersachen.

---

1 *Abraham* Schiffshypothek, S. 29.

2 Bundesgesetzblatt des Norddeutschen Bundes Bd. 1867 Nr. 5 S. 35–37.

3 *Heinerici/Gilgan* S. 11.

4 RGBl. 1899 S. 319.

2. Der Schiffsbegriff

2 Eine **Legaldefinition** für den Begriff **Schiff** gibt es nicht, sodass eine Begriffsbestimmung durch die allgemeine Verkehrsauffassung und höchstrichterliche Rechtsprechung entwickelt wurde. Im Seeschifffahrts- und Binnenschifffahrtsrechts versteht man unter einem Schiff einen *„schwimmfähigen Hohlkörper von nicht unbedeutender Größe, der fähig und bestimmt ist, auf oder unter Wasser fortbewegt zu werden und Sachen und Personen zu tragen.*[5]

Nach dieser Definition ist für den Schiffsbegriff wesentlich:

3 a) ein **schwimmfähiger Hohlkörper**, dessen Form nicht festgelegt und von **nicht ganz unbedeutender Größe** ist. Bestimmte Maße/Mindestmaße sind nicht festgeschrieben und bestimmen sich jeweils nach dem Zweck der zur Anwendung heranzuziehenden Rechtsvorschriften.
Auch Kleinfahrzeuge, welche nicht durch Muskelkraft, sondern mit einem Motor oder durch Wind angetrieben werden, können es durch ihre nicht unerhebliche Geschwindigkeit rechtfertigen, dass in Haftungsfragen das Binnenschifffahrts- oder Seerecht Anwendung findet.[6]

b) Der Hohlkörper muss **fähig und dazu bestimmt sein**, sich **auf oder auch unter dem Wasser fortzubewegen** oder fortbewegt zu werden. Danach ist ein eigener Antrieb auch für Seeschiffe nicht erforderlich.[7] Es ist lediglich zu gewährleisteten, dass eine Fortbewegung nach den hierfür einschlägigen Bestimmungen und Befähigungen vorliegt.[8]

4 c) Maßgeblich ist die **Fähigkeit** und Bestimmung, **Personen oder Sachen zu tragen.** Hiernach sind Bojen oder andere **schwimmenden Seezeichen** wie unbemannte **Leuchtfeuer** keine Schiffe.
Damit zählen zu den Schiffen neben Fracht- und Passagierschiffen auch Schwimmkräne, Schwimmbagger, Feuerschiffe, Rohrleger, Schlepper und bewegliche Offshore Einrichtungen.[9]

3. Keine Schiffe

Nicht zu den Schiffen zählen schwimmende Badeanstalten, schwimmende Gaststätten, Wohnboote, Lagerschiffe, Schiffsbrücken, Flöße, Wasserfahrzeuge, Amphibienfahrzeuge und Luftkissenfahrzeuge.

---

5 *Rabe* Einf. Rn. 2.
6 BGH NJW 72, 538.
7 BGHZ 76, 201.
8 HOLG HGZ 14, 296.
9 Staudinger/*Nöll* § 1 SchRG, Rn. 6.

Eine **Bohrinsel** wird nicht als Schiff angesehen, sondern nur als „schwimmendes Gerät“ oder „schwimmende Anlage“ bezeichnet, da die Plattform in der Regel fest mit dem Meeresboden verbunden ist und es damit eindeutig an der Schiffseigenschaft fehlt.[10] 5

Bohrschiffen hingegen, die während der Bohrarbeiten schwimmen und lediglich vor Anker liegen, ist eine Schiffseigenschaft nicht abzusprechen.[11]

Ein Schiff verliert seine **Schiffseigenschaft** nicht, wenn es zum Beispiel gesunken, aber noch bergungsfähig ist. Ebenso, wenn sich ein Schiff vorrübergehend auf einer Werft zwecks Umbau oder Reparatur befindet. Nur eine **endgültige Aufgabe** des Schiffs zum Zwecke der Schifffahrt führt zum Verlust der Schiffseigenschaft.[12] 6

Ist ein **Schiffswrack** gesunken, besteht die Schiffseigenschaft fort, solange der Schiffseigentümer sein Eigentum nicht aufgibt (§ 7 SchRG) und das Schiff noch **bergungs- und reparaturfähig** ist. Ist das **Schiff (Wrack)** nicht mehr bergungs- und/oder reparaturfähig geht die Schiffseigenschaft verloren. Die Schiffseigenschaft ist auch dann verloren, wenn das Schiff zuvor im Schiffsregister eingetragen war.[13] 7

Bei einem **Totalverlust** bzw. unrettbarem Untergang des Schiffs erlöschen neben dem Eigentum auch die **Schiffshypotheken,** die Schiffsgläubigerrechte jedoch nur vorbehaltlich eines etwaigen Fortbestehen der Versicherungsforderung nach §32 SchRG. 8

B. Das Schiff im Registerrecht (Seeschiff/Binnenschiff und Kauffahrteischiffe – Nichterwerbsschiff)

Bei der Einordnung eines Schiffes im Schifffahrtsrecht/Registerrecht ist es entscheidend, um welche Art Schiff es sich **im Rechtssinne** handelt. Dabei sind nachfolgende Unterscheidungen von grundsätzlicher Bedeutung.

---

10 *Prause* SchRgO § 3.
11 *Steiner/Hagemann* § 162 ZVG Rn. 33; *Dobberahn* MittRhNotK 1998, S. 145.
12 *Rabe* Einf. Rn. 12.
13 RG HGZ 19, 119.

1. See- oder Binnenschiff

a) Abgrenzungsversuch

9 Ob ein Schiff ein Seeschiff (Eintragung in das Seeschiffsregister) oder ein Binnenschiff (Eintragung in das Binnenschiffsregister) ist, hängt zum einen von der **Verwendung** ab – und zwar ob das Schiff regelmäßig zur Seefahrt oder zur Fahrt auf Binnengewässern benutzt wird[14] – und zum anderen von der Bauart und damit der gewählten subjektiven Zweckbestimmung.[15] Ein Nachweis für die Seefahrt ist der Fahrerlaubnisschein der SBG.[16] Bei der Ausstellung des **Fahrerlaubnisscheins** ist nach § 163 RVO eine „ausschließliche oder vorzugsweise" Benutzung zur Seefahrt gefordert. Unstrittig ist, dass ein Seeschiff sowohl auf See als auch auf Binnengewässern fahren und umgekehrt ein Binnenschiff auch auf See und Binnengewässern fahren kann. Hierbei kommt es auf seine Bestimmung und regelmäßige Verwendung durch den Eigentümer an.[17]

10 Eine **räumliche Abgrenzung** zwischen einem Binnengewässer und den Grenzen der Seefahrt findet man, wenn auch sehr vage, in § 1 Flaggenrechtsverordnung (FlRV).[18] **Nach § 1 FlRV** verläuft die **Grenze** zwischen der Seewasser- und Binnenwasserstraße entlang der Festland- und Inselküstenlinie, entlang der seewärtigen Begrenzung der Binnenwasserstraße sowie entlang der Verbindungslinie der Molenköpfe bei Küstenhäfen bzw. der äußeren Uferausläufer von nicht zu den Binnenwasserstraßen zählenden Flüssen. Eine **seewärtige Begrenzung** der Binnenwasserstraßen Eider, Elbe, Ems, Trave und Weser ergibt sich aus dem als Anlage 2 zu § 1 Abs. 1 Nr. 1 BWaStrG[19] veröffentlichten Verzeichnis der Binnenwasserstraßen des Bundes.

b) Eintragung in das Schiffsregister

Die **Eintragung** eines Schiffes in das Seeschiff- oder Binnenschiffsregister kann ein **Anhaltspunkt** sein, ob das Schiff ein Binnen- oder Seeschiff ist.[20] Zwingend lässt sich hieraus aber keine See- bzw. Binnenschiffseigenschaft ableiten.[21]

---

14 BGH Hansa 78, 1686.

15 *Wüstendörfer* S. 37.

16 See-Berufsgenossenschaft; ab 1.1.2010 Zusammenschluss der See-Berufsgenossenschaft und der Berufsgenossenschaft für Fahrzeughaltung.

17 BGHZ 25, 244.

18 FlRV vom 4. Juli 1990 (BGBl. I S. 1389).

19 BwaStrG vom 2.4.1968 BGBl. I S. 173.

20 RGZ 102, 45.

21 OLG Celle MDR 76, 936.

Nach § 5 SchRegO ist eine Eintragung in das **falsche Register,** also ein Binnenschiff in das Seeschiffsregister und umgekehrt, nicht schon aus diesem Grunde unwirksam. Auch kann sich ein Eigentümer eines Schiffes nicht darauf berufen, dass das Schiff in einem falschen Register eingetragen ist (§ 6 SchRegO). Durch die materiell- und verfahrensrechtlichen Unterschiede des See-und Binnenschifffahrtsrechts ist es für den Eigentümer zwingend notwendig, sich sehr sorgfältig und wahrheitsgemäß für die Eintragung in das See-oder Binnenschiffsregister zu entscheiden. 11

2. Kauffahrteischiff oder Nichterwerbsschiff

a) Kauffahrteischiff

Kauffahrteischiffe, im neueren Sprachgebrauch kann man wohl von **Handelsschiffen** sprechen, sind Seeschiffe, die entweder zum Erwerb durch die Seefahrt bestimmt sind (§ 1 FlaggRG, § 3 SchRegO), oder Seeschiffe, die dem Erwerb durch die Seefahrt dienen (§ 484 HGB). 12

Bei den gesetzlichen Regelungen fällt auf, dass zwischen zur Seefahrt „bestimmt" und zur Seefahrt „dienen" unterschieden wird. Mit **„bestimmt"** ist die Absicht des dauernden Seeerwerbs gemeint, während **„dienen"** nur im Einzelfall „zum Seeerwerb verwandt" bedeutet und somit nicht dauerhaft sein muss. Der **Tatbestand** des Erwerbs durch die Seefahrt liegt vor, wenn ein Schiff z.B. Personen oder Güter gegen Entgelt über See befördert (unmittelbarer Erwerb) oder wenn mit dem Schiff Hochseefischerei betrieben wird, welche nur durch die Seefahrt möglich ist[22] (mittelbarer Erwerb). Der **Verlust** der Kauffahrteieigenschaft eines Schiffes ist dann gegeben, wenn die dauerhafte Bestimmung, dem Erwerb durch Seefahrt zu dienen, entfällt.

b) Nichterwerbsschiff

Nichterwerbsschiffe sind alle Schiffe, die keine Kauffahrteischiffe sind. Hierzu gehören Schiffe des öffentlichen Dienstes wie Feuerschiffe, Kriegsschiffe, Zollkreuzer,[23] Lotsenschiffe[24] sowie sämtliche Dienstschiffe von Behörden. Ebenfalls keine Erwerbsschiffe sind Privatyachten. Für **Nichterwerbsschiffe gilt das Seehandelsrecht nicht.** Werden diese jedoch gelegentlich zu kommerziellen Zwecken genutzt, so gelten für diese Fahrten die Vorschriften des Fünften Buches des HGB (Seehandel). 13

22 RGZ 32, 106.
23 RGZ 32, 146.
24 RGZ 140, 420.

3. Staatsschiff/Privatschiff

14 Der Begriff Staatsschiff trifft auf Schiffe zu, die im Eigentum des Staates stehen und für hoheitliche Zwecke verwendet werden und dazu auch bestimmt sind (§ 4 FlaggRG). Diese Schiffe brauchen nach § 10 Abs. 3 SchRegO nicht angemeldet werden. **Privatschiffe sind alle Nichtstaatsschiffe.**

C. Das Schiffsregister

1. Allgemein

15 Das Schiffsregister ist dem Grundbuch nachgebildet und wie die Grundbuchordnung folgt auch die Schiffsregisterordnung dem System der Realfolien. Jedes Schiff hat ein **eigenes Registerblatt**, auch wenn ein Eigentümer mehrere Schiffe besitzt (§ 7 SchRegO; § 1 SchRegDV). Grundbuch und Schiffsregister dienen beide **öffentlichen** und **privatrechtlichen** Zwecken.

a) Der öffentliche Zweck

16 Der öffentliche Zweck ist die Nationalisierung der Schiffe durch die Eintragung in das Register und Feststellung des Flaggenrechts.

b) Der privatrechtliche Zweck

17 Der privatrechtliche Zweck ist die Orientierungsmöglichkeit des am Seeverkehr beteiligten Publikums und die Eintragung von Pfandrechten. Daneben wird das Schiffsregisterrecht wie das Grundbuchrecht in formelles und materielles Recht eingeteilt.

c) Materielles Recht

18 Materielles Schifffahrtsregisterrecht umfasst das Recht an den eingetragenen Schiffen und den Schiffsbauwerken, so zum Beispiel über den Erwerb und Verlust des Eigentums, das Recht an Schiffshypotheken, den Nießbrauch an Schiffen oder das Recht der Bauwerft oder des Eigentümers an einem Schiffsbauwerk.

d) Formelles Recht

Formelles Schiffsregisterrecht umfasst das Recht über die Führung und Einrichtung des Schiffsregisters, zum Beispiel über Arten der Schiffsregister, Registerbehörde, Voraussetzungen und Gegenstände der Eintragung und Eintragungsverfahren, Einsichtnahme in das Schiffsregister. Das formelle Schiffsregisterrecht ist im Wesentlichen mit dem Grundbuchrecht vergleichbar. Es gilt das **Antragsprinzip** nach § 23 SchRegO, der dem § 13 GBO entspricht. Danach wird das Gericht nur auf Antrag des Berechtigten oder des Betroffenen tätig. 19

Das **formelle Konsensprinzip** des § 19 GBO aus dem Grundstücksrecht gilt auch nach §§ 29, 30 SchRegO für das Schiffsregisterecht. Eintragungen in das Register erfolgen danach nur, wenn derjenige, dessen **Recht betroffen** ist, die Eintragung auch **bewilligt** (§ 29 SchRegO). 20

Eine Ausnahme gibt es nur bei **einem Ersuchen** einer Behörde (hierzu Rn. 368, 419). 21

Die Bewilligung kann durch den Nachweis **der Unrichtigkeit** des Schiffsregisters ersetzt werden (§ 31 Abs. 1 SchRegO).

2. Die Schiffsregister

Es existieren **drei Arten** von Schiffsregistern, die alle voneinander unabhängig sind, da sie auch verschiedenen Zwecken dienen und unterschiedliche gesetzliche Regelungen Anwendung finden. Es gibt das Seeschiffsregister, das Binnenschiffsregister und das Schiffsbauregister. Alle Register werden **getrennt** geführt (§ 3 SchRegO). Jedes Schiff (Bauwerk) erhält ein **eigenes Registerblatt** (§§ 7, 65 SchRegO), das aus der Aufschrift und drei Abteilungen besteht (§ 3 SchRegDV). Zurzeit werden die Schiffsregister noch in Papierform geführt, obwohl die SchRegDV schon Vorschriften über das maschinell geführte Register enthält. Eine maschinelle Lösung ist jedoch derzeit nicht in Sicht. 22

a) Das Seeschiffsregister

In das Seeschiffsregister werden Seeschiffe eingetragen, die nach § 1, 2 FlRG die Bundesflagge führen müssen oder dürfen. Gemäß §§ 10 Abs. 1, 3; 3 Abs. 2 SchRegO sind alle Eigentümer von Seeschiffen **über 15 m** Länge **verpflichtet,** ihr Schiff in das Seeschiffsregister anzumelden. **Unter** einer Länge von **15 m** besteht lediglich eine **Eintragungsfähigkeit.** Damit gibt es keine Begrenzung für die Eintragungsfähigkeit. 23

b) Das Binnenschiffsregister

24 In das Binnenschiffsregister werden Schiffe eingetragen, die zur Binnenschifffahrt bestimmt sind. Die **Eintragungspflicht** ist in §§ 3 Abs. 1, 10 Abs. 2 SchRegO geregelt, wonach Güterbeförderungsschiffe mit größter Tragfähigkeit von mindestens 20 t, Güterbeförderungsschiffe mit einer Wasserverdrängung bei größter Eintauchtiefe von mindestens 10 m³ sowie Schlepper, Tanker und Schubboote eintragungspflichtig sind. **Eintragungsfähigkeit** besteht bei Binnenschiffen zur Güterbeförderung, wenn deren größtmögliche Tragfähigkeit 10 t beträgt; bei anderen Binnenschiffen, wenn die Wasserverdrängung bei maximaler Eintauchtiefe 5 m³ beträgt und bei Schleppern, Tankschiffen und Schubbooten. Anders als im Seeschiffsregister bestehen damit im Binnenschiffsregister **Grenzen**, ab wann ein Binnenschiff in das Binnenschiffsregister eingetragen werden kann.

c) Das Schiffsbauregister

25 Im Schiffsbauregister werden Schiffsbauwerke eingetragen. Für Schiffsbauwerke gelten neben den allgemeinen Vorschriften die Sondervorschriften der §§ 76–81 SchRG und §§ 65–74 SchRegO. Als Besonderheit gilt, dass eine Eintragung in das Schiffsregister **nur möglich** ist, wenn zugleich eine Schiffshypothek eingetragen oder die Zwangsversteigerung beantragt wird (§ 66 SchRegO). In das Schiffsbauregister können sowohl in Bau befindliche See- oder Binnenschiffe eingetragen werden.

26 Mit der Erweiterung des Schiffsrechtegesetz (SchRG) aus dem Jahre 1968 auf **Schwimmdocks** werden diese nicht wie Schiffe, sondern nach § 81a SchRG wie Bauwerke behandelt.[25] Eine Eintragung erfolgt damit **nur** in das Schiffsbauregister, da ein eigenes Register aufgrund der geringen Anzahl nicht für sinnvoll gehalten wurde.[26]

---

25 Am 1.2.1969 in Kraft getretene Gesetz zur Änderung des Gesetzes über Rechte an eingetragenen Schiffen und Schiffsbauwerken, der Schiffsregisterordnung und des Gesetzes über die Zwangsversteigerung und Zwangsverwaltung vom 4.12.1968 BGBl. I S. 1295.

26 Begründung zum Gesetzentwurf BT-Drs V/2674.

D. Einrichtung und Führung des Schiffsregisters

1. Gesetzliche Vorschriften

Seeschiffsregister und Binnenschiffsregister werden getrennt geführt (§ 3 SchRegO). 27
Zur Bearbeitung der registerlichen Eintragungen in das Seeschiffs-, das Binnenschiffs- und das Schiffsbauregister finden hauptsächlich die Schiffsregisterordnung **(SchRegO),** die Verordnung zur Durchführung der Schiffregisterordnung **(SchRegDV)** das Gesetz über Rechte an eingetragenen Schiffen und Schiffsbauwerken **(SchRG)** und das Flaggenrechtsgesetz **(FlaggRG)** sowie die Flaggenrechtsverordnung **(FlRV)** Anwendung. Die **Schiffsregisterordnung** (SchRegO) in der Fassung vom 26.5.1944 regelt in Anlehnung an die Grundbuchordnung das formelle Schiffssachenrecht. Verbunden sind damit die Einrichtung der Schiffsregister für See- und Binnenschiffe, das Verfahren der Eintragung von Schiffen und Schiffsbauwerken sowie die Eintragung von Rechtsverhältnissen.

Die **Verordnung zur Durchführung der Schiffsregisterordnung** (SchRegDV) hat die Schiffsregisterverfügung aus dem Jahre 1951 abgelöst und enthält ergänzende Vorschriften zur Einrichtung der Schiffsregister und deren Führung. Das **Gesetz über Rechte an eingetragenen Schiffen und Schiffsbauwerken** (SchRG) vom 15.11.1940 – ausgerichtet am Grundstückssachenrecht – enthält im wesentlichen materielle Regelungen des Schiffssachenrechts bei eingetragenen See- und Binnenschiffen sowie Schiffsbauwerken; so zum Beispiel zum Erwerb und Verlust des Eigentums, zu Hypotheken und zum Nießbrauch. Weitere materielle Vorschriften des **Schiffssachenrechts** finden sich im BGB und im HGB. Darüber hinaus ist neben der SchRegO, der SchRegDV und dem SchRG im Schiffsregister das **Flaggenrechtsgesetz** (FlaggRG) von 8.2.1952 von besonderer **Bedeutung,** da eine Pflicht zur Führung der Bundesflagge immer mit der Eintragung in das Seeschiffsregister verbunden ist.

2. Sachliche Zuständigkeit und Konzentration

Für die Führung der Schiffsregister, nämlich des Seeschiffsregisters (SSR), des Bin- 28
nenschiffsregisters (BSR) und des Schiffsbauregisters (SBR) sind die Amtsgerichte sachlich zuständig (§§ 1, 65 Abs. 1 SchRegO).

Die Führung der Schiffsregister ist seit jeher bei bestimmten Amtsgerichten kon- 29
zentriert. Nach § 1 Abs. 2 SchRegO bestimmen die Landesregierungen durch Rechtsverordnung die Amtsgerichte, bei denen die Schiffsregister mit den dazugehörenden Registerbezirken zu führen sind. Darüber hinaus besteht für die Länder die Möglichkeit, Vereinbarungen in der Form zu treffen, dass Schiffsregistersachen eines Landes Gerichten eines anderen Landes zugewiesen werden (§ 1 Abs. 3 SchRegO). Von der

Möglichkeit einer länderübergreifenden Regelung haben insbesondere die neuen Bundesländer im Rahmen des Einigungsvertrages Gebrauch gemacht.

30 Für das **Schiffsbauregister** gelten entsprechende Regelungen (§ 65 Abs. 1 SchRegO).

Alle Bundesländer haben Bestimmungen über die zuständigen Registergerichte und ihre Registerbezirke getroffen. Die früheren reichsrechtlichen Zuständigkeitsvorschriften wie: AV d. RJM über die Führung des Seeschiffsregisters v 24.3.1937,[27] AV d. RJM über die Führung des Binnenschiffsregisters v. 12.8.1938[28] und die AV d. RJM über die Führung des Schiffsbauregisters v. 1.1.1941[29] sind insgesamt aufgehoben.

3. Örtliche Zuständigkeit

a) Allgemein

31 Die Zuständigkeitsregelung der §§ 1, 65 Abs. 1 ff. SchRegO gibt den Ländern die Möglichkeit, Registerbezirke ohne die Übernahme der bestehenden Amtsgerichtsbezirke frei nach Kriterien, welche für die Schifffahrt relevant sind, festzulegen. Hierbei sind geographische Gegebenheiten wie Häfen am Meer für die Seeschifffahrt, Flussläufe für die Binnenschifffahrt, Tradition von Schiffbau und Handelsorte neben wirtschaftlichen Überlegungen entscheidende Gesichtspunkte für eine Standortwahl eines zuständigen amtsgerichtlichen Schiffsregisters. Da Seeschiffsregister und Binnenschiffsregister **nicht zwingend** bei ein und demselben Gericht geführt werden müssen, haben auch hier die Länder die Möglichkeit, zwei unterschiedliche Amtsgerichte zu benennen. Die Bundesländer haben von diesen Möglichkeiten unterschiedlich Gebrauch gemacht, sodass aufgrund der individuellen Gegebenheiten eine einheitliche Systematik nicht gegeben sein kann. Die in der **Anhang II Nr. 1** aufgeführte Übersicht über die zuständigen Schiffsregistergerichte und deren Zuständigkeitsbereich soll helfen, das richtige Gericht zu finden.

b) Aufgrund des Heimathafens

32 Maßgeblich für die örtliche Zuständigkeit bei Seeschiffen ist der Heimathafen nach § 480 Abs. 1 HGB und bei Binnenschiffen der Heimatort nach § 6 BSchG. In das Schiffsregister werden Heimathafen und Heimatort nach § 4 Abs. 1 SchRegO eingetragen. Soll die Schifffahrt mit einem Seeschiff von einem ausländischen Hafen aus

27 DJ 1937, 527.
28 DJ 1938, 1361.
29 DJ 1941, 132.

betrieben werden oder fehlt es für das Schiff an einem Heimathafen, so steht dem Eigentümer die Wahl des Schiffsregisters frei (§ 4 Abs. 2 SchRegO).

c) Bei Schiffsbauwerken

Bei einem Schiffsbauwerk richtet sich die örtliche Zuständigkeit nach dem Bauort 33
(§ 67 Abs. 1 SchRegO). Das Schiffsbauregister führen die Amtsgerichte, denen die Führung eines Schiffsregisters obliegt. Ein Bauwerk für ein Binnenschiff bzw. für ein Seeschiff wird bei dem örtlich zuständigen Amtsgericht eingetragen, welches das entsprechende Binnenschiffs- bzw. Seeschiffsregister führt.

d) Bei Schwimmdocks

Für ein Schwimmdock richtet sich die örtliche Zuständigkeit nach den Vorschriften 34
für ein **Schiffsbauwerk** (§ 73a SchRegO). Bei einem in Bau befindlichem Schwimmdock gilt der Bauort für das zuständige Schiffsbauregister. Nach Fertigstellung des eingetragenen Bauwerkes **verbleibt** es bei der Zuständigkeit. Es wird nach Fertigstellung **Lageort/Liegeplatz** des Schwimmdocks in das Schiffsbauregister eingetragen (§ 73a S. 2 SchRegO, § 54 SchRegDV). Ein **Registerwechsel** in das Schiffsregister findet nicht statt.

4. Funktionelle Zuständigkeit

a) Allgemein

Die funktionelle Zuständigkeit ist in § 2 SchRegO für das Schiffsregister und in § 65 35
SchRegO für das Schiffsbauregister geregelt. Nach § 3 Nr. 1 Buchst. h Rechtspflegergesetz ist grundsätzlich der **Rechtspfleger** zuständig, obwohl in § 2 SchRegO der Rechtspfleger nicht ausdrücklich erwähnt und nur *„der mit der Führung des Registers Beauftragte“* benannt wird. § 2 SchRegO enthält mehrere Zuständigkeitsregeln und ist dem § 13 GBO nachgebildet.

b) Zuständigkeit für die Entgegennahme von Anträgen und zur Beurkundung des Eingangszeitpunkts

In § 2 Abs. 1 SchRegO sind sogenannte **Präsentatsbeamte** benannt. Diese sind für 36
die Entgegennahme von Eintragungsanträgen sowie Ersuchen und zur Beurkun-

dung des Zeitpunktes des Eingangs zuständig. Zuständig können Rechtspfleger oder der vom Leiter des Amtsgerichts bestellte Beamte der Geschäftsstelle sein. Voraussetzung ist hierfür, dass die betreffende Person die Fähigkeit zur Wahrnehmung von Aufgaben eines Urkundsbeamten der Geschäftsstelle (UdG) im Sinne des § 153 GVG besitzt.

37 Erfüllt ein **Justizangestellter** die Voraussetzungen des § 153 Abs. 5 GVG, so kann auch dieser zum Präsentatsbeamten bestellt werden. Sind an einem Schiffsregister mehrere Rechtspfleger und Beamte/Justizangestellte der Geschäftsstelle tätig, ist jeder von ihnen zuständig.

38 Bezieht sich ein Antrag oder ein Ersuchen auf mehrere Schiffe in verschiedenen Geschäftsbereichen desselben Registergerichts, so ist jeder zur Entgegennahme des Antrages nebst Eingangsvermerk zuständig, der damit für einen dieser Geschäftsbereiche in Frage kommt (§ 2 Abs. 1 S. 2 SchRegO).

c) Zuständigkeit für die Unterzeichnung der Eintragung

39 Nach der SchRegO sind Eintragungen des Schiffs (§ 16 Abs. 1 Halbs. 2), die Eintragung von Veränderungen (§ 17 Abs. 3), die Eintragung von Rechtsverhältnissen (§ 48), die Eintragung von Schiffsbauwerken (§ 70) und die Eintragung eines Schwimmdocks von den zuständigen Beamten zu unterschreiben. Ausdrücklich zuständig sind der Rechtspfleger und der UdG. Bei Eintragungen in das Schiffs- und Schiffsbauregister ist die **doppelte Unterschrift** erforderlich.

d) Unterzeichnung von Schiffsurkunden

40 Schiffsurkunden wie der Schiffsmessbrief, das Schiffszertifikat oder der amtlich beglaubigte Auszug aus dem Schiffszertifikat (§ 60 SchRegO und § 37 SchRegDV) sind nur vom **Rechtspfleger allein** zu unterschreiben. Nach § 2 Abs. 2 S. 3 SchRegO gilt dies auch für Vermerke auf den Schiffsurkunden.

5. Ermächtigung von Aufgabenübertragung auf den UdG

41 Die Möglichkeiten, Aufgaben durch eine Rechtsverordnung der Landesregierung auf den Urkundsbeamten der Geschäftsstelle eigenverantwortlich zu übertragen, ist in § 2 Abs. 3 SchRegO in einem Fünf-Punkte-Katalog abschließend geregelt.

Im Einzelnen gehören hierzu:

- Die Bekanntmachung der Eintragungen nach §§ 57, 74 SchRegO, §§ 19, 20 SchRegDV und MiZi XXII,
- die Gestattung der Einsicht in die Registerakte (§ 8 Abs. 2 SchRegO),

- die Erteilung von Abschriften aus dem Register oder den Registerakten (§§ 8, 65 Abs. 2 SchRegO, § 22 SchRegDV),
- die Beglaubigung der Abschriften,
- die Erteilung von Bescheinigungen und Zeugnissen mit Ausnahme der Schiffsurkunden an dritte Personen oder Stellen in den gesetzlich vorgesehenen Fällen.

Nach der amtlichen Begründung zu § 2 SchRegO[30] gehören **nicht** zu den **Aufgaben** des UdG:
- die Bescheinigung nach § 15 SchRegO, in der bescheinigt wird, ob das Schiff im Schiffsbauregister eingetragen ist,
- eine Bescheinigung über die Eintragung bzw. Nichteintragung eines Schiffes. Oder eine Bescheinigung über den geänderten Schiffsnamen zur Vorlage bei einer Botschaft oder Konsulat,
- ein Zeugnis über die Eintragung des Schiffs im Schiffsregister nach § 164 i.V.m.
- § 17 Abs. 2 und 162 ZVG. Diese Vorschriften regeln die Voraussetzungen für den
- Versteigerungsantrag bei Schiffen und Schiffsbauwerken,
- als weitere Bescheinigung gilt auch die Mitteilung an das Vollstreckungsgericht nach §§ 19, 162 ZVG. Hiernach hat das Schiffsregister nach Eintragung des Versteigerungsvermerkes dem Vollstreckungsgericht eine beglaubigte Registerblattabschrift und die Anschriften der Beteiligten nach § 19 Abs. 2 ZVG mitzuteilen.

Wegen der Wirksamkeit der Beschlagnahme ist ebenfalls gegenüber dem Vollstreckungsgericht der Zeitpunkt des Eingangs des Ersuchens zu bestätigen (§ 22 Abs. 1 S.2 ZVG). Weitere Bescheinigungen sind Löschungsbescheinigungen z.B. zur Vorlage bei einem ausländischen Schiffsregister (Nachweis zur Vermeidung der Doppelregistrierung nach § 14 SchRegO) oder zur Vorlage für die Gewährung einer Abwrackprämie. Diese Aufgaben sind dem Rechtspfleger vorbehalten.

E. Einsichtnahme in das Schiffsregister

1. Uneingeschränktes Einsichtsrecht

Beim Einsichtsrecht in das Schiffsregister ist zu unterscheiden zwischen der Einsicht 42
in das Schiffsregister (Seeschiffs- und Binnenschiffsregister) und der Einsicht in das Schiffsbauregister (s.a. Schiffsbauregister Rn. 829). Nach § 8 Abs. 1 SchRegO ist das Schiffsregister **öffentlich** und die Einsicht jedermann gestattet und damit dem Ein-

---

30 BT-Drs. 8/2515 (26.1.1979).

sichtsrecht wie z.B. in das Handelsregister (§ 9 HGB), in das Genossenschaftsregister (§ 156 GenG i.V.m. § 9 HGB) oder in das Vereinsregister (§ 79 BGB) gleichgesetzt. Der Nachweis eines Interesses kann nicht verlangt werden. Dies gilt auch für die Erteilung von Abschriften der Eintragungen sowie evtl. Beglaubigungen. Einsicht, Erteilung von Abschriften mit evtl. Beglaubigungen sind dem Antragsteller ohne Darlegung eines rechtlichen Interesses uneingeschränkt zu gewähren.

2. Eingeschränktes Einsichtsrecht

43 Nach § 8 Abs. 2 SchRegO ist die Einsicht in die **Registerakten** nur zu gewähren, wenn ein **berechtigtes Interesse glaubhaft** gemacht wird. Diese Vorschrift entspricht § 13 FamFG (§ 34 FGG alt) und ist enger gefasst als bei dem Einsichtsrecht in Grundbuchsachen nach § 12 GBO, wonach ein berechtigtes Interesse dargelegt werden muss. Es ist zwischen **„berechtigtem Interesse"** und **„rechtlichem Interesse"** zu unterscheiden. Ein rechtliches Interesse, das sich auf ein bereits vorhandenes Recht stützen muss, ist regelmäßig dann gegeben, wenn die erstrebte Kenntnis von dem Inhalt der Akten zur Verfolgung von Rechten oder zur Abwehr von Ansprüchen erforderlich ist.[31] Demgegenüber muss sich das vorausgesetzte berechtigte Interesse nicht auf ein bereits vorhandenes Recht stützen. Es genügt vielmehr jedes nach vernünftiger Erwägung durch die Sachlage gerechtfertigtes Interesse, das auch wirtschaftlicher oder wissenschaftlicher Art sein kann.[32] Ein berechtigtes Interesse ist zu verneinen, wenn der Antragsteller bereits von den gewünschten Informationen Kenntnis hat und keine Argumente vorgetragen werden, nach denen die Einsichtnahme zu weiteren Informationen führt.[33] Ein berechtigtes Interesse ist also weiter als der Begriff des rechtlichen Interesses.

44 Das berechtigte Interesse ist **glaubhaft** zu machen. Glaubhaftmachung ist eine Art der Beweisführung, durch die dem Gericht nicht die volle Überzeugung, sondern lediglich die erhebliche Wahrscheinlichkeit eines zu beweisenden Sachverhalts zu vermitteln ist.[34]

Mittel der Glaubhaftmachung kann eine eidesstattliche Versicherung des Antragstellers oder ein Beweismittel nach § 294 ZPO sein. Das Gericht wird immer zwischen den Persönlichkeitsrechten auf der einen und dem Publizitätsprinzip auf der anderen Seite abwägen müssen.[35]

---

31 BayObLGZ 1998, 119/121 = NJW-RR 1999, 661.

32 BayObLG Rpfleger 1985, 28.

33 BayObLG NJW-RR 1998, 294.

34 BayObLG Rpfleger 1992, 521.

35 *Böhringer* Rpfleger 1987, 181 ff. mit weiteren Nachweisen.

3. Antragsberechtigte Personen

Antragsberechtigt ist jeder, der ein rechtliches Interesse glaubhaft machen kann. Es 45
kann auch jemand hierzu bevollmächtigt werden. Einem anwaltlichen Vertreter eines Beteiligten ist Akteneinsicht in aller Regel zu gewähren.[36] Ein bevollmächtigter Rechtsanwalt handelt hierbei nicht nur im Auftrag seiner Mandantschaft, sondern auch als Organ der Rechtspflege.

Rechtsanwälte haben die schutzwürdigen Interessen Dritter und deren Rechte 46
auf informationelle Selbstbestimmung zu beachten.

Für **Rechtsbeistände,** die nicht Mitglieder einer Rechtsanwaltskammer sind, 44
gilt dies nicht.[37]

Bei **Notaren** hingegen wird in der Regel eine Bevollmächtigung zu vermuten 48
sein.[38]

4. Ort der Einsicht

Die Akteneinsicht hat grundsätzlich auf der Geschäftsstelle des aktenführenden Ge- 49
richts[39] und während der üblichen Geschäftszeiten zu erfolgen.[40]

Die Berechtigten dürfen Notizen fertigen oder Teile der Akte abschreiben. Werden Abschriften gewünscht, ist hierfür der Urkundsbeamte der Geschäftsstelle zuständig.

Eine Versendung der Akten durch die Geschäftsstelle an ein anderes Amtsgericht zur dortigen Einsicht ist zulässig und in der Praxis üblich.

Die Übersendung der Registerakten an einen Rechtsanwalt oder Notar an dessen 50
Büroräume kann zugelassen werden, wenn hierfür besondere Gründe sprechen.[41] Ein Anspruch besteht jedoch nicht (§ 13 Abs. 4 FamFG). Da Registerakten ständig verfügbar sein müssen und bei einem Verlust ein unersetzbarer Nachteil entsteht, wird in der Praxis von einer Versendung der Akten so weit wie möglich Abstand genommen. Wird eine Aktenübersendung abgelehnt, ist die Entscheidung hierüber nicht anfechtbar (§ 13 Abs. 4 S. 3 FamFG).

---

36 OLG Düsseldorf Rpfleger 1978, 253.
37 BVerfG NJW 2002, 2307.
38 LG München I DNotZ 1971, 702.
39 OLG Köln Rpfleger 989, 334.
40 OLG Brandenburg NJW-RR 2008, 512.
41 LG Mannheim AnwBl. 1978, 106.

5. Zuständigkeit für die Akteneinsichtsgewährung

51 Da dem Rechtspfleger die Geschäfte in Schiffsregister- und Schiffsbauregistersachen in vollem Umfang übertragen wurden (§ 3 Nr. 1 Buchst. h i.V.m. § 4 Abs. 1 RpflG), ist er auch für die Entscheidung über die Einsichtsgewährung zuständig,[42] es sei denn, durch Landesverordnung ist diese Aufgabe dem Urkundsbeamten der Geschäftsstelle (UdG) übertragen (§§ 2 Abs. 3, 65 Abs. 1 SchRegO). Auch wenn ein Schiff bereits aus dem Register gelöscht ist, bleibt die Zuständigkeit beim Rechtspfleger.[43] Gleiches gilt, wenn Akteneinsicht für ein noch nicht eingetragenes Schiff begehrt wird. Der Rechtspfleger oder der UdG entscheidet in allen Fällen nach pflichtgemäßem Ermessen.

6. Rechtsmittel

52 Bei Verweigerung oder Beschränkung der **Akteneinsicht** ist nach § 13 FamFG (früher § 34 FGG) ein Rechtsmittel gegeben. Gegen die Entscheidung des Urkundsbeamten bei der Erteilung bzw. Ablehnung der Erteilung von Auszügen, Abschriften und Ausfertigungen findet nach § 573 Abs. 1 ZPO die Erinnerung statt.

F. Öffentlicher Glaube des Schiffsregisters

1. Allgemein

53 Erst mit dem Gesetz über Rechte an eingetragenen Schiffen und den Schiffsbauwerken vom 15.11.1940 wurden eingetragene Schiffe in vielen Bereichen mit Grundstücken gleichgestellt. Gleichzeitig mit den Vorschriften der §§ 16 und 17 SchRG, die den Vorschriften der §§ 891 und 892 BGB entsprechen, ist auch der öffentliche Glaube aus dem Grundbuchrecht in das Schiffsregister übernommen worden. Der öffentliche Glaube bezieht sich auf rechtsbegründende, konstitutive Eintragungen. Hierzu gehören das dingliche Eigentumsrecht am Schiff, die Schiffshypothek, der Nießbrauch und das Recht zur Führung der Bundesflagge. Der öffentliche Glaube bezieht sich nur auf den **rechtsgeschäftlichen Erwerb,** nicht jedoch auf den Erwerb kraft Gesetz.[44] Der Umfang der Rechtsvermutung ist in § 15 SchRG festgelegt und umfasst auch gelöschte Rechte (§ 15 Abs. 3 SchRG, s.a. Rn. 59).

---

42 BayObLG Rpfleger 1991, 61.
43 BayObLG Rpfleger 1982, 345.
44 *Prause* SchRG, § 15.

2. Die Eigentumsvermutung

Auch die an die Eintragung im Schiffsregister geknüpfte Eigentumsvermutung war bis zu diesem Zeitpunkt nicht gegeben, da es hierfür an einer gesetzlichen Bestimmung fehlte. Diese Eigentumsvermutung wurde durch § 15 SchRG eingeführt. Nach § 15 Abs. 1 SchRG gilt die **Rechtsvermutung,** dass Eigentümer des Schiffs ist, wer als Eigentümer im Register eingetragen ist. Diese Vorschrift entspricht § 891 BGB und begründet eine **widerlegbare Vermutung.** Damit reicht jedoch nicht die **bloße Behauptung,** sondern es ist ein Beweis für das Gegenteil zu erbringen.[45] 54

Da der öffentliche Glaube für die Eintragung der Eigentumsverhältnisse im Seeschiffsregister ohne Einschränkungen gilt und sich die Eigentumsübertragung bei Seeschiffen außerhalb des Schiffsregisters nach § 2 Abs. 1 SchRG vollzieht, scheint hierin eine gewisse Gefahr zu liegen. Man hat jedoch argumentiert, dass es in der Seeschifffahrt häufig sehr schnell zu einem Eigentumswechsel kommen soll, der nicht unnötig mit bestimmten und zeitraubenden Rechtsformen belastet werden sollte. Auch hat der Gesetzgeber schon damals bei einer zu komplizierten Eigentumsübertragung eine mögliche Verlagerung ins Ausland gesehen.[46] 55

Mit §§ 17 und 19 SchRegO hat der Gesetzgeber zwei Vorschriften erlassen, die den Eigentümer zur alsbaldiger Eigentumsänderung veranlassen und dem Gericht auch die Anordnung und Durchsetzung von Zwangsmaßnahmen ermöglichen.

3. Vermutung bei eingetragenen Rechten

Nach § 15 Abs. 2 SchRG erfasst die Vermutung auch die Schiffshypothek oder ein Recht an einer solchen oder an einem eingetragenen Nießbrauch. Diese Aufzählung der dinglichen Rechte ist abschließend und erstreckt sich nicht auf Vormerkungen, Widersprüche, Verfügungsbeschränkungen, Schiffsparten und Pfandrechte an solchen. Da die Schiffshypothek stets Sicherungshypothek und nicht Verkehrshypothek ist, muss der Hypothekengläubiger stets das Bestehen der der Hypothek zugrunde liegenden Forderung, nach welchem sich das Recht bemisst, beweisen (§ 8 Abs. 1 S. 3 SchRG). 56

Auch auf das Arrestpfandrecht erstreckt sich die gesetzliche Vermutung, da dem Gläubiger aufgrund von § 931 Abs. 2 ZPO dieselben Rechte wie bei einer Schiffshypothek gewährt werden.[47] 57

---

45 BGH NJW 1980, 1047.

46 Amtl. Begr. zum Gesetz über Rechte an eingetragen Schiffen und Schiffsbauwerken vom 15.11.1940, DJ 1940, 1329 ff.

47 *Prause* SchRG, § 15.

58 Da **Schiffsparten** in § 15 SchRG nicht aufgeführt sind, besteht kein Gutglaubensschutz, auch wenn nach § 503 HGB die Veräußerung von Schiffsparten der Eintragung in das Schiffsregister bedarf.[48]

4. Gelöschte Rechte

59 Hier gilt nach § 15 Abs. 3 SchRG die Vermutung, dass wenn ein eingetragenes Recht (Abs. 1, 2) gelöscht wurde, dieses Recht auch nicht mehr besteht. Hierbei ist jedoch nur das dingliche Recht und nicht etwa auch das Bestehen der dadurch gesicherten persönlichen Forderung bei einer Hypothek gemeint.

5. Keinen Gutglaubensschutz

60 Nicht unter den Gutglaubensschutz fallen die in der **ersten Abteilung** des Schiffsregisters eingetragenen Angaben über die tatsächlichen Verhältnisse des Schiffs, wie zum Beispiel die Angaben zur Schiffsvermessung, Baujahr, Heimathafen, Maschinenleistung oder auch der Schiffsname.

---

48 *Krieger* DJ 1941, 98 ff.

Zweiter Teil: **Das Seeschiffsregister**

Erster Abschnitt (Ersteintragung)

Im ersten Abschnitt wird die Erstanmeldung und Eintragung eines Seeschiffes mit den dazugehörigen Eintragungsnachrichten sowie ein weiterer Eigentumswechsel behandelt. Einzelheiten zu den einzelnen Eintragungspunkten werden dann im zweiten Abschnitt abgehandelt.

A. Erstanmeldung zum Seeschiffsregister

1. Eintragungspflicht

Eine Verpflichtung zur Anmeldung eines Schiffs zwecks Eintragung in das See- **61**
schiffsregister besteht nach § 10 Abs. 1 S. 1 SchRegO, wenn das Schiff nach § 1 Flaggenrechtsgesetz die Bundesflagge zu führen hat. Eine Verpflichtung zur Anmeldung entfällt, wenn die Rumpflänge, gemessen zwischen den äußersten Punkten des Vorstevens (vorderer Abschluss des Schiffsrumpfes) und des Hinterstevens (hintere Begrenzung des Schiffsrumpfes), 15 Meter nicht übersteigt (§ 10 Abs. 1 S. 2 SchRegO). Damit sind alle Seeschiffe mit einer Rumpflänge von **über** 15 Metern **eintragungspflichtig**, während bei einer Rumpflänge **unter** 15 Metern eine **Eintragungsfähigkeit** gegeben ist. Eine **Untergrenze,** bei der eine Eintragung abzulehnen wäre, ist damit vom Gesetzgeber nicht festgelegt worden. Wird zum Beispiel bei einer Schiffsvermessung die Länge mit 14,80 m und die Länge über alles einschließlich Bugkorb mit 15,20 m festgestellt, **gilt** für die Feststellung der Eintragungspflichtigkeit **das Messergebnis der Länge** und nicht das der Länge über alles und es besteht damit keine Eintragungspflicht.

2. Keine Eintragungspflicht

Keine Anmeldepflicht besteht für Schiffe, die im Eigentum und öffentlichen Dienst **62**
der Bundesrepublik Deutschland stehen (z.B. Kriegsschiffe), da gemäß § 3 SchRegO nur Kauffahrtschiffe und andere zur Seeschifffahrt bestimmte Schiffe in das Schiffsregister eingetragen werden können.

3. Anmeldepflichtige Personen

Bei eintragungspflichtigen Schiffen ist der Eigentümer zur Anmeldung der Eintra- **63**
gung eines Schiffs nach § 9 SchRegO verpflichtet. Sind **mehrere Eigentümer** vorhanden, so hat die Anmeldung durch jeden Miteigentümer zu erfolgen (§ 9 SchRegO). Nach § 18 Abs. 2 SchRegO, wonach die Anmeldung durch einen Verpflichteten

genügt, ist nicht anwendbar, da sich § 18 SchRegO lediglich auf die anzumeldenden Veränderungen nach § 17 SchRegO und nicht auf die Erstanmeldung bezieht.

Zur Anmeldung verpflichtet und berechtigt sind bei:

64 – einer Reederei die Mitreeder und der Korrespondentreeder,

65 – bei einer offenen Handelsgesellschaft (§§ 105 ff. HGB) ihre Gesellschafter soweit diese nicht von der Vertretung ausgeschlossen sind,

66 – einer Kommanditgesellschaft die persönlich haftenden Gesellschafter, § 170 HGB (eine Einschränkung der Vertretungsbefugnis nach außen ist nicht möglich),

67 – einer GmbH & Co. KG, die GmbH als persönlich haftende Gesellschafterin und bei dieser wiederum der Geschäftsführer der GmbH (Damit kann auch wie bei der GmbH ein zur Vertretung bestellter **Prokurist** Anträge stellen. Die Vorschrift des § 49 Abs. 2 HGB, die für Grundstücksgeschäfte gilt, findet im Schiffsregister **keine Anwendung**[49])

68 – einer Kommanditgesellschaft auf Aktien der voll haftende Gesellschafter (§ 278 Abs. 2 AktG). Die Vertretungsregelung ist im Handelsregister eingetragen (§ 282 AktG),

69 – einer GmbH die Geschäftsführer (§§ 6, 35, 36, 44 GmbHG; es ist hier jedoch, die sich aus dem Handelsregister ergebende abstrakte und konkrete Vertretungsregelung zu beachten),

70 – einer Unternehmergesellschaft (haftungsbeschränkt) der Geschäftsführer. Die Unternehmergesellschaft oder auch UG (haftungsbeschränkt) ist eine Variante der GmbH, auf welche alle Vorschriften des GmbHG Anwendung finden, soweit § 5 a GmbHG keine Abweichung enthält. Eine Abkürzung des Zusatzes „haftungsbeschränkt" ist im Interesse dieser Warnfunktion nicht zulässig.[50]

71 – einer Genossenschaft der Vorstand nach § 24 GenG,

72 – einem eingetragenen Verein der Vorstand nach § 26 BGB,

73 – einer Partnerschaft ist jeder Partner ermächtigt, wenn er nicht durch den Partnerschaftsvertrag ausgeschlossen ist (§ 125 Abs. 1 HGB, § 7 Abs. 3 PartGG),

74 – einer BGB Gesellschaft alle Gesellschafter nach §§ 714, 709 BGB oder ein Bevollmächtigter.

---

49 LG Braunschweig NJW-RR 1987, 23 f.

50 BT-Drs. 16/6140, S. 31.

4. Vertretung des Antragsstellers

a) Allgemein

Bei der Vertretung des Antragstellers durch einen rechtgeschäftlichen oder einen gesetzlichen Vertreter hat das Schiffsregister die Vertretungsbefugnis von Amts wegen zu prüfen (§ 26 FamFG). Der Umfang der Ermittlungen ist durch den gesetzlichen Wortlaut des § 26 FamFG eingegrenzt. Hiernach sind nur die *erforderlichen Ermittlungen durchzuführen* soweit es die Sachlage erfordert.[51] 75

Die Erteilung der Vollmacht erfolgt durch die Erklärung gegenüber dem zu Bevollmächtigten oder dem Dritten, demgegenüber die Vertretung stattfinden soll (§ 167 Abs. 1 BGB). Die Erklärung, die an sich keiner Form bedarf (§ 167 Abs. 2 BGB), ist für Zwecke des Schiffsregisters dann in der Form des § 37 SchRegO zu stellen, wenn das Rechtsgeschäft nach den Vorschriften der SchRegO (Eintragung von Rechtsverhältnissen) der Form des § 37 SchRegO bedarf. Bei der Vorlage der Vollmacht genügt die einfache oder beglaubigte Abschrift nicht. Es ist die Urschrift oder eine die Urschrift ersetzende Ausfertigung einzureichen. 76

b) Antragsberechtigung des Notars

Der Notar **gilt** in dem Anmeldeverfahren, in dem er die zu einer Eintragung erforderlichen Erklärung beurkundet oder beglaubigt hat, als bevollmächtigt, im Namen eines Antragsberechtigten die Eintragung zu beantragen (§ 378 Abs. 2 FamFG, § 25 SchRegO mit § 24 Abs. 3 BNotO). Damit steht dem Notar kein eigenes gesetzliches Antragsrecht zu.[52] Die Ermächtigung des Notars umfasst nur die **formelle Antragstellung** und berechtigt den Notar deshalb nicht, die materiellen Unterlagen des Antrages zu ändern. Zu einer materiellen Änderung bedarf es einer besonderen rechtsgeschäftlichen Vollmacht.[53] Die Vollmachtsvermutung gilt nur für **deutsche Notare.**[54] Dem Notar stehen der **Notarvertreter** (§ 39 BNotO) und der Notariatsverwalter (§§ 56 ff. BNotO) gleich.[55] 77

---

51 *Keidel* § 26 Rn. 26.

52 *Schöner/Stöber* Rn. 174 ff.

53 OLG Hamm Rpfleger, 1986, 367.

54 BayObLGZ 1961, 92.

55 *Bumiller/Harders* § 378 Rn. 1.

B. Antrag auf Eintragung

1. Form der Erstanmeldung

78 Die Erstanmeldung eines Schiffes geschieht durch die Einreichung eines **formlosen schriftlichen** Antrages durch den Eigentümer. Nicht erforderlich für diesen Antrag ist die Form des § 37 SchRegO, da es sich bei der Anmeldung um eine Tatsache und nicht um Rechtsverhältnisse nach § 23 SchRegO handelt. Damit können die Anträge auch zu Protokoll der Geschäftsstelle an **jedem Amtsgericht** gestellt werden (§ 17 SchRegDV).

2. Anzumeldende Tatsachen

79 Nach § 11 Abs. 1 SchRegO sind bei der Anmeldung eines Seeschiffs anzugeben:

(1) der Name des Schiffs,
(2) die Gattung und der Hauptbaustoff,
(3) der Heimathafen,
(4) der Bauort, die Bauwerft und das Jahr des Stapellaufs,
(5) falls vergeben die IMO Nummer und die amtlichen Vermessungsergebnisse und die Maschinenleistung,
(6) der Eigentümer,
(7) der Rechtsgrund für den Eigentumserwerb,
(8) begründete Tatsachen zu Führung des Flaggenrechts,
(9) bei einer Reederei ist der Korrespondentreeder und
(10) für den Fall, dass der Eigentümer weder seinen Wohnsitz noch seine gewerbliche Niederlassung im Geltungsbereich des Grundgesetzes hat, ist nach § 4 Abs. 3 SchRegO ein Vertreter zu bestellen.

80 Die Angaben zu **Nr. 3, 4, 6, 7** und die Maschinenleistung sind nach § 13 Abs. 1 S. 1 SchRegO glaubhaft zu machen und damit nicht voll nachzuweisen. Da nach § 11 Abs. 1 Nr. 5 SchRegO die amtlichen Vermessungsergebnisse anzugeben und einzutragen sind, gibt § 11 Abs. 2 SchRegO die Möglichkeit, eine Eintragung auch aufgrund einer ausländischen Schiffsvermessung vorzunehmen. Bei einem Erwerb aus dem Ausland ist dies sehr häufig der Fall.

81 Erfolgt die Eintragung aufgrund einer **ausländischen Schiffsvermessung** sollte jedoch schon bei der Eintragungsnachricht an den Eigentümer darauf hingewiesen werden, dass alsbald ein deutscher Schiffsmessbrief zu beantragen und vorzulegen ist (§ 13 Abs. 1 Nr. 1 Schiffsvermessungsverordnung). Sehr wichtig ist in diesem Zusammenhang die **Erklärung des Eigentümers**, dass das Schiff zum Zeitpunkt der Antragstellung in keinem ausländischen Schiffsregister eingetragen ist. Diese Erklä-

rung ist auf Verlangen des Schiffsregisters glaubhaft zu machen (§ 14 Abs. 1 SchRegO) und geschieht in der Regel durch eine Versicherung an Eides Statt der in dem Eintragungsantrag gemachten Angaben.

Ist das anzumeldende Schiff in einem ausländischen Register eingetragen gewe- 82
sen, so ist nach § 14 Abs. 3 SchRegO eine Löschungsbescheinigung der ausländischen Registrierungsbehörde vorzulegen. Auf die Vorlage diese Bescheinigung sollte das Gericht nur in **absoluten Ausnahmefällen** verzichten, um eine nicht zulässige Doppelregistrierung so weit wie möglich auszuschließen.

Neben den allgemeinen Angaben zum Schiff, dem Eigentumsverhältnis, dem 83
Nachweis keiner Doppeleintragung hat das Gericht besonders die Eintragungsfähigkeit unter den gesetzlichen Bedingungen des Flaggenrechts zu prüfen. Nach § 13 Abs. 2 SchRegO sind begründete Tatsaschen für das Recht zur Führung der Bundesflagge nicht nur glaubhaft zu machen, sondern nachzuweisen. Der Nachweis kann z.B. durch eine Bescheinigung der Meldebehörde oder durch Vorlage einer beglaubigten Fotokopie des Personalausweises oder Reisepasses erfolgen (s.a. Flaggenrecht Rn. 180).

3. Antrag

In der Praxis werden gerade in dem Bereich der nicht eintragungspflichtigen Schiffe 84
telefonische Anfragen an das Gericht gestellt, wie ein Schiff in das Schiffsregister eingetragen werden kann. Neben dem Hinweis an den Antragsteller, einen Schiffsmessbrief beim Bundesamt für Seeschifffahrt und Hydrographie in Hamburg zu beantragen, soll nachfolgender Musterantrag mit den anzumeldenden Angaben aus § 11 SchRegO helfen.

Muster eines Eintragungsantrags

AR

Bitte unbedingt die Hinweise beachten !!!

Absender: Ort, Datum

An das
Amtsgericht ... Abt.
– Seeschiffsregister –

Ich/Wir melde/n das nachstehend beschriebene, zur Seefahrt bestimmte Schiff zur Eintragung in das Seeschiffsregister an:

1. Name des Schiffes: ...
2. Schiffsgattung, Hauptbaustoff ...
3. a) Jahr des Stapellaufs/Baujahr: ...
   b) Bauort: ...
   c) Schiffswerft: ...

4. Heimathafen: ...
   Ich versichere, dass die Schifffahrt von ... aus betrieben wird.
5. Die Ergebnisse der amtlichen Vermessung ergeben sich aus dem Messbrief des Bundesamts für Seeschifffahrt und Hydrographie in Hamburg vom ...
6. Die Maschinenleistung des Schiffsmotors beträgt ... kW (PS).
7. Eigentümer des Schiffes ist/sind:
   - Name/Firma :
   - Geburtsdatum:
   - Wohnanschrift:
   - Beruf/Stand :
8. Ich/Wir habe/n das Eigentum an dem Schiff erworben durch:
   - Kaufvertrag vom ...
   - Bau auf Bestellung
   - Kauf aus dem Ausland
9. Das Schiff ist zur Führung der deutschen Bundesflagge berechtigt, weil
   - der/die Eigentümer Deutsche/r ist/sind und der Wohnsitz im Geltungsbereich des Grundgesetzes liegt.
   - die Vorstandsmitglieder bzw. Geschäftsführer der Eigentümerin mehrheitlich Deutsche sind (evtl. sind Angaben über die Vertretungsbefugnis, Staatsangehörigkeit von Gesellschaftern, Geschäftsführern, Vorstandsmitgliedern zu machen und in beglaubigter Form nachzuweisen).
10. Das Schiff ist mit einer Funkanlage – nicht – ausgerüstet.
11. Der Wert des Schiffes beträgt ... EUR.
12. Beglaubigter Auszug aus dem Schiffszertifikat wird – nicht – beantragt.
13. Das Schiff ist in keinem in- oder ausländischen Schiffs- oder Schiffsbauregister eingetragen. Das Schiff ist frei von Rechten Dritter.

Ich/Wir versichere/n die vorstehenden Angaben an Eides Statt.
Mir/Uns ist bekannt, dass die Abgabe einer falschen eidesstattlichen Versicherung strafbar ist.

Die Schiffspapiere sollen an mich/uns

– bitte die genaue Anschrift angeben –
übersandt werden

Unterschriften sämtlicher Eigentümer

Hinweise:

zu 5: Ist das Schiff im Inland noch nicht amtlich vermessen, so genügt die Vorlage der ausländischen Vermessungsurkunde.

zu 7: Bei mehreren Eigentümer ist das Gemeinschaftsverhältnis anzugeben, **z.B.**: „je zu $^1/_2$“ oder „in Gesellschaft bürgerlichen Rechts“ oder „als Miteigentümer je zur ideellen Hälfte“ oder ähnlich.
Ggfs. ist der Rat eines Rechtsanwaltes einzuholen.

zu 8: **Z. B.** „Kauf von ...“ – Bitte den Kaufvertrag beifügen – oder „Neubau auf eigene Rechnung“ – Bitte die Rechnung beifügen.

zu 9: zweiter Aufzählungspunkt gilt nur für juristische Personen (Vereine, Kapitalgesellschaften). Nichtzutreffendes ist zu streichen. Bitte Kopie des Personalausweises oder Reisepasses beifügen.

zu 10: Bei Schiffen bis zu **15 m** Länge wird ein Unterscheidungssignal nur zugeteilt, wenn das Schiff mit einer Funkanlage ausgerüstet ist. Bitte ggf. die Genehmigung der Bundesnetzagentur – Außenstelle Hamburg – Sachsenstr. 12–14, 20097 Hamburg beifügen.

zu 13: Bitte eine der nachfolgenden genannten Alternativen angeben,

a. Bei Bau des Schiffes im Inland ist eine Bescheinigung des zuständigen Schiffsbauregistergerichts (soweit nicht dasselbe Gericht betroffen ist) beizufügen.

b. Eine Eintragung des Schiffs ist bisher nicht erfolgt. Ich/wir fügen eine Negativbescheinigung gemäß § 15 SchRegO des Registergerichts des Bauortes bei.

c. Eine Eintragung des Schiffs ist vom Verkäufer bisher nicht veranlasst worden. Eine schriftliche Erklärung des Verkäufers ist beigefügt.

d. Das Schiff war bisher beim Amtsgericht ... unter SSR ... eingetragen. Eine Löschungsbescheinigung des vorgenannten Gerichts ist beigefügt.

e. Wenn das Schiff in einem ausländischen Schiffsregister eingetragen war, ist eine **Löschungsbescheinigung der zuständigen, ausländischen Registerbehörde** beizufügen.

C. Die Ersteintragung in das Seeschiffsregister

1. Allgemein

Mit der Vierten Verordnung zur Änderung der Verordnung zur Durchführung der Schiffregisterordnung (4. SchRegOÄndV) vom 13.7.2010[56] ist durch die Neufassung des § 45 Abs. 1 S. 1 und 2 SchRegDV der **Eintragungsvermerk auf dem Schiffsmessbrief** nach § 45 Abs. 1 S.1 SchRegDV (alter Fassung) bei Seeschiffen für entbehrlich gehalten und damit **aufgehoben** worden. Mit dieser Regelung gibt es dem Schiffsregister die Möglichkeit, den Messbrief deutlicher früher und nicht erst am Tag der Registereintragung an den Eigner zurückzugeben. Dies ist insofern bedeutend, da der Messbrief stets in Originalen an Bord zu führen und bei jeder Hafenbehörde vorzulegen ist. 85

Ein Nachweis über die Eigentumsverhältnisse wird ohnehin **nicht** über den Schiffsmessbrief geführt. Der Nachweis der Registereintragung und der Identität wird über einen Auszug aus dem Schiffszertifikat oder dem Schiffszertifikat selber geführt. Mit der Aufhebung des Eintragungsvermerkes **entfällt** aber **nicht** die **Vorlage des Messbriefes,** der im Rahmen der Erstanmeldung eines Seeschiffs nach § 13 Abs. 1 SchRegO immer noch vorzulegen ist. Aufgrund des Messbriefes erfolgt die Eintragung der Schiffsvermessungsdaten und nach § 27 Abs. 1 Nr. 6 SchRegDV in Abteilung I Spalte 6 die Eintragung des Ausstellungsdatums des Messbriefes und der ausstellenden Behörde. Nach Eingang aller Eintragungsvoraussetzungen wie Schiffsmessbrief, Nachweis über den Erwerb des Schiffes, Nachweis über das Recht zur Führung der Bundesflagge, Genehmigung der Bundesnetzagentur und der An- 86

56 BGBl. I 2010, S. 887–926.

träge auf Eintragung durch den Antragsteller mit dem Hinweis, dass die Schiffspapiere an den Eigentümer übersandt werden sollen, erfolgt die Eintragung.

2. Muster einer Eintragung (Privatperson als Eigentümer)

87 Nach § 16 SchRegDV ist eine natürlichen Person mit seinem Namen – und zwar mit Vor- und Nachname –, dem Beruf und dem Wohnort sowie evtl. anderer kennzeichnender Merkmale in das Register einzutragen. In der Praxis wird der Beruf nicht mehr eingetragen, da dieser im Gegensatz zu früher oft wechselt. Eingetragen werden der Vorname, der Nachname, das Geburtsdatum und der Wohnort. In Analogie zum Grundbuchrecht kann nach § 15 Abs. 1 GBV bei **Eintragung des Geburtsdatums** die Angabe des Berufs und des Wohnortes entfallen. Weitere Ausführungen zur Eintragung der Personenbezeichnung unter Rn. 567 ff.

Vfg.

1. Fertige eine Fotokopie des Schiffsmessbriefes.
2. Eine Fotokopie des Schiffsmessbriefes ist zu den Akten zu nehmen.
   Eine Kopie des Schiffsmessbriefes zu den Akten zu nehmen, hat sich in der Praxis bewährt, da der Messbrief an den Eigentümer zurückgegeben wird und man aufgrund der Kopie später einen Nachweis über die eingetragenen Daten hat.
3. Eintragen in das Seeschiffsregister Nr.
   Anschrift:

Amtsgericht
Seeschiffsregister
Blatt Nr.

Erste Abteilung

Das Schiff

Name	Unterscheidungssignal	Gattung, Hauptbaustoff	Jahr des Stapellaufs, Bauort, Schiffswerft	Heimathafen
1	2	3	4	5
Schleswig-Holstein	Nächstes freies US. vergeben	Segelyacht, Holz	2010, Kiel , Holstein Werft , Kiel	Kiel

Ergebnisse der amtlichen Vermessung (a–d in Metern), Maschinenleistung

6							
Länge	Breite	aa) Tiefe bb) Umfang in der Außenfläche oder cc) Seitenhöhe	Länge über alles	Bruttoraumgehalt in	Nettoraumgehalt in	Messbrief	Maschinenleistung
a	b	c	d	e f	g h	l	m
12,50			13,20 einschl. Bugkorb			ausgestellt vom Bundesamt für Seeschifffahrt und Hydrographie in Hamburg am	
				Bruttoraumzahl	Nettoraumzahl		

Veränderungen

Tag der Eintragung des Schiffs, Löschung der Eintragung des Schiffs	Zu Spalte		Das Flaggenrecht betreffende Eintragungen
7	8	9	10
Eingetragen am			Recht zur Führung der Bundesflagge gemäß § 1 Abs. 1 Flaggenrechtsgesetz festgestellt und eingetragen am

Zweite Abteilung

Eigentümer

Laufende Nummer	Eigentümer, Korrespondentreeder	Schiffsparten	Lfd. Nr. der Spalte 1	Erwerbsgrund, Grundlage der Eintragung, Eigentumsbeschränkungen, Veränderungen
1	2	3	4	5
1	Max Mustermann, geb. 8.8.1980, Hamburg		1	Neubau auf eigene Rechnung. Eingetragen am

4. Ist ein Unterscheidungssignal vergeben, ist dies in der Liste der Unterscheidungssignale und auf dem Messbrief zu vermerken (§ 27 Abs. 1 Nr. 2 SchRegDV).
5. Gemäß §§ 45 Abs. 1 S.1und 2 SchRegDV ist die Ersteintragung des Schiffes auf dem Schiffsmessbrief nicht mehr zwingend vorgeschrieben.
   Da sich das Muster des Schiffsmessbriefes nicht geändert hat, dürfte ein Eintragungsvermerk nicht schädlich sein.
6. Ein begl. Auszug aus dem Schiffszertifikat wird nur auf Antrag § 60 Abs. 3 SchRegO ausgestellt.
7. Nach § 60 SchRegO ist ein Schiffszertifikat auszustellen, das den vollständigen Inhalt der Eintragung des Schiffs wiedergibt.
8. Der Schiffsmessbrief – amtlich begl. Auszug aus dem Schiffszertifikat – und das Zertifikat ist an Eigentümer zu senden – per Einschreiben/Rückschein.

---

3. Rückgabe von Urkunden

88 Urkunden, auf die sich eine Eintragung gründet oder auf die Bezug genommen wird, verbleiben beim Registergericht und sind zur Registerakte zu nehmen (§ 59 SchRegO, § 5 Abs. 1 SchRegDV). Damit gibt es eine gesetzliche Verpflichtung diese Urkunden aufzubewahren um auch jederzeit den Nachweis für die Eintragung erbringen zu können. Wird die Herausgabe dieser Urkunden verlangt (häufig bei Einreichung von Kaufverträgen) so hat das Gericht hierüber beglaubigte Abschriften zu fertigen und diese dann zu den Akten zu nehmen (§ 59 Abs. 1 S. 2 SchRegO). Die Beglaubigung dieser Abschriften ist gebührenfrei (§ 136 Abs. 1 Nr. 2 KostO).

4. Nachrichten und Mitteilungen

a) Allgemein

89 Grundsätzlich ist jede Eintragung demjenigen bekanntzumachen, für den die Eintragung ihrem Inhalt nach bestimmt ist und auf dessen Rechtsverhältnisse sie ihrem Inhalt nach unmittelbar einwirken soll (§ 57 Abs. 1 SchRegO). Damit brauchen nicht alle Eintragungen allen aus dem Register ersichtlichen Personen bekannt gemacht werden. Nach § 19 S. 2 SchRegDV kann bei geeigneten Fällen eine Benachrichtigung unterbleiben, wenn vorab die Beteiligten informiert wurden. Dies kann zum Beispiel bei einer Partenreederei mit 150 Parten der Fall sein, bei der der Korrespondentreeder bevollmächtigt ist, die Partenreederei zu vertreten. Hier wird das Gericht dem Korrespondentreeder mitteilen, dass Eintragungsnachrichten nicht an alle Parten sondern nur an den Korrespondentreeder gehen. Die Benachrichtigung geschieht meistens formlos, da die Benachrichtigung/Eintragungsmitteilung in der Regel keine Frist auslöst.

Eine **öffentliche Bekanntmachung,** wie zum Beispiel im Handelsregister, sieht das Schiffsregister **nicht vor.** Eine **Ausnahme** hiervon besteht nur nach § 21 SchRegO. Danach ist die Eintragung eines Schiffes von Amts wegen zu löschen, wenn das Schiff eingetragen ist, obwohl die Eintragung wegen Fehlens einer **wesentlichen Voraussetzung** unzulässig war oder eine im § 17 Abs. 2 SchRegO vorgeschriebene Anmeldung oder die Anmeldung der in § 20 Abs. 1 SchRegO bezeichneten Tatsachen durch die hierzu Verpflichteten nicht nach § 19 SchRegO durchgesetzt werden kann. 90

b) Inhalt der Bekanntmachung

Bei der Bekanntmachung von Eintragungen in das Schiffsregister (§ 57 SchRegO) sind die Eintragungen wörtlich wiederzugeben (§ 19 SchRegDV). Die wörtliche Wiedergabe dient dazu, dass der Beteiligte sofort feststellen kann, ob sein Recht richtig eingetragen ist. Bei einer fehlerhaften Eintragung hat der Beteiligte die Pflicht, das Gericht auf den Fehler hinzuweisen und eine Berichtigung zu verlangen. Mit der Bestimmung, dass die Eintragung „wörtlich" bekannt gemacht werden soll, sind nur die Eintragungen, die den Beteiligten unmittelbar betreffen, gemeint. Die Bekanntmachung erfolgt in der Regel durch eine Übersendung der Abschrift der Eintragung. 91

c) Mitteilungen und Nachrichten an Behörden

Mitteilungen und Nachrichten an Behörden werden durch die Anordnung über Mitteilungen in Zivilsachen vom 1. Juni 1998 (MiZi) geregelt (siehe **Anhang I Nr. 6**). 92

Danach sind mitzuteilen:

- Eintragungen in das Seeschiffsregister der **ersten und zweiten Abteilung** wie Neueintragungen, Veränderungen und Löschungen (§ 57 Abs. 2 SchRegO) an das Bundesamt für Seeschifffahrt und Hydrographie und an die örtlich zuständige Arbeitsschutzbehörde (Auflistung in Anhang I Nr. 6) 93
- Eintragungen in das Seeschiffsregister der **ersten und zweiten Abteilung** wie Neueintragungen, Veränderungen und Löschungen (§ 196 SGB VII) an die See-Berufsgenossenschaft 94
- Eintragungen in das Seeschiffsregister der ersten und zweiten Abteilung wie Neueintragungen, Veränderungen und Löschungen (§ 5 Abs. 2, 9e SeeAufgG[57] i. V. m. § 13 Abs. 1 Nr. 4 EGGVG[58]) an die Bundesnetzagentur (Außenstelle Hamburg). 95

Einzelne Eintragungen in besonderen Fällen sind mitzuteilen:

---

57 SeeAufgG, 26.7.2002 BGBl. I S. 2876.

58 G. v. 27.1.1877 RGBl. S. 77; zuletzt geändert durch Artikel 21 G. v. 17.12.2008 BGBl. I S. 2586.

96 – Bei Neueintragungen eines im Schiffsbauregister eingetragen Schiffs in das Schiffsregister (§ 16 Abs. 3 SchRegO) an das Gericht des Schiffsbauregisters.
97 – Bei der Neueintragung eines von Inländern erworbenen, bisher ausländischen Schiffs und bei einem von Ausländern erworbenen, bisher im inländischen Schiffsregister eingetragenen Schiff an die Zollbehörde.
98 – Die Löschung eines Schiffs im Seeschiffsregister (im Falle einer Heimathafenänderung § 14 Abs. 2 SchRegDV) an das Gericht der ersten Eintragung.

Nach dem vorliegenden Beispielsfall erhalten Nachrichten:
- Bundesamt für Seeschifffahrt und Hydrographie in Hamburg;
- örtlich zuständige Arbeitsschutzbehörde;
- Seeberufsgenossenschaft, Hamburg;
- Bundesnetzagentur (Außenstelle Hamburg);
- Schiffseigentümer Bl. ... d. A.

Zweiter Abschnitt: Eintragungen in Abteilung I

In der Ersten Abteilung des Seeschiffsregisters werden die tatsächlichen Daten zum Schiff und das Flaggenrecht eingetragen (§ 27 SchRegDV). Der Inhalt der einzutragenden Tatsachen ergibt sich aus den Vorschriften der §§ 11 und 16 SchRegO. Danach werden in Abteilung I eingetragen: der Name, IMO-Nummer und das Unterscheidungssignal, die Gattung und der Baustoff, Bauort, Schiffswerft und Jahr des Stapellaufes, der Heimathafen, die Ergebnisse der amtlichen Vermessung, Tag der Eintragung und der Löschung mit Angabe des Grundes, die Feststellung des Flaggenrechts und falls notwendig die beauftragte Person (§ 2 Abs. 1 Nr. 2 FlaggRG), sowie Veränderungen.

Die erste Eintragung sowie die Löschung sind in Spalte 7, Veränderungen in Spalte 9, die das Flaggenrecht betreffenden Eintragungen in Spalte 10 zu unterschreiben.

A. Der Schiffsname

1. Allgemein

99 Der Name eines Schiffs ist ein wesentliches Unterscheidungsmerkmal. Jedes im Seeschiffsregister eingetragene Schiff **muss** einen Namen haben. Der Name eines Schiffs ist bei der Anmeldung zum Seeschiffsregister mit anzumelden (§ 11 Abs. 1 Ziffer 1 SchRegO) und gemäß § 27 Abs. 1 Ziffer 1 SchRegDV in das Register in die erste Abteilung unter Spalte 1 einzutragen. Schiffsnamen bei Binnenschiffen siehe Rn. 756.

2. Frei wählbarer Schiffsname

Der Schiffsname kann grundsätzlich frei gewählt werden. Er kann auch nur aus einem Buchstaben oder einer Kombination aus Buchstaben und Zahlen bestehen. Bei der Namensnennung in Schiffssachen finden die Bestimmungen aus dem Handelsgesetzbuch bezüglich des Firmennamens nur insoweit Anwendung, als das der Name aus einer **wörtlich** und **aussprechbaren Bezeichnung** bestehen muss und das der Name nicht nur aus einem Bildzeichen wie zum Beispiel einer Raute (#) bestehen kann.[59] Eine Ablehnung der Eintragung wegen einer möglichen Verwechslungsgefahr mit Schiffen anderer Schiffseigner desselben Registerbezirkes ist nicht möglich, da der Grundgedanke des § 30 HGB (Unterscheidbarkeit einer neuen Firma von allen andere an demselben Ort oder derselben Gemeinde bereits bestehenden Firmen) ist hier nicht anwendbar, da der Schiffsname keine Firma ist. 100

3. Unzulässige Schiffsnamen

Schiffsnamen, die im Schriftbild oder als gesprochenes Wort dem Notzeichen „MAYDAY" dem Dringlichkeitszeichen „PAN PAN" oder dem Sicherheitszeichen „SÈCURITÉ" ähneln, sind **nicht** als Name zugelassen, da bei Seefunkstellen der amtliche Schiffsname als Name der Funkstelle zugeteilt wird und eine Verwechslung mit Not-, Dringlichkeits- und Sicherheitszeichen zu vermeiden ist.[60] Nach §§ 3, 4 Markengesetz ist ein Schiffsname schutzfähig.[61] Ausgeschlossen sind jedoch im Sinne des § 3 MarkenG Zeichen, die nicht graphisch darstellbar sind (§ 8 MarkenG). 101

4. Kennzeichnung des Namens

Nach § 9 Flaggenrechtsgesetz muss an einem eingetragenen Seeschiff an jeder Seite des Bugs der Schiffsname und am Heck Heimathafen und Schiffsname stehen. Der Schiffsname ist in gut lesbarer und fester Form am Schiff anzubringen. Regeln für das Anbringen von Schiffsnamen sind in § 9 a FlaggRG bestimmt. 102

Nach § 30 Abs. 2 FlRV ist der Name in lateinischer Schrift und Größe so anzubringen, dass dieser von anderen Schiffen bei Fahrt und guter Sicht lesbar ist.

59 BayObLG NJW 2001, 2337.

60 VVSB, Ausgabe Sept. 2004.

61 *v. Waldstein/Holland* BinSchG § 1 Rn. 2.

5. Änderung des Schiffsnamen

a) Anmeldung

103 Die Änderung des Schiffsnamen ist zum Seeschiffsregister anzumelden und in das Register einzutragen (§§ 11 Abs. 1 Nr. 1, 17 Abs. 1 SchRegO und § 27 Abs. 1 Nr. 1 SchRegDV). Der Zeitpunkt des Eingangs des Antrages bei Gericht ist gemäß § 23 Abs. 1 SchRegO zu vermerken. **Anmeldeberechtigt und -verpflichtet** ist der **Eigentümer.** Bei einer Reederei auch der Korrespondentreeder (§ 18 SchRegO). Sind mehrere Personen Eigentümer eines Schiffs, genügt nach § 18 Abs. 2 die Anmeldung durch einen Eigentümer, da es sich bei der Namensänderung um eine eintragungsfähige Tatsache gemäß § 11 Abs. 1 Nr. 1 SchRegO handelt. Eine Beantragung durch einen Notar oder sonstigen Dritten mittels Vollmacht ist zulässig. Es bedarf keiner Zustimmung der Berechtigten in Abteilung III. Bei einer Reederei genügt auch die Anmeldung durch den Korrespondentreeder. Zur **Anmeldung** genügt die **einfache Schriftform** des Berechtigten, da es sich bei der Namensänderung um eine das Schiff betreffende eintragungspflichtige Tatsache und nicht um die Änderung eines Rechtsverhältnisses handelt. Eine Glaubhaftmachung nach § 13 SchRegO ist nicht erforderlich.

104 Mit dem Wegfall des § 30 SchRegDV ist eine **Genehmigung** der Namensänderung durch das Bundesministerium für Verkehr, Bau-und Wohnungswesen, vertreten durch das Bundesamt für Seeschifffahrt und Hydrographie, **nicht** mehr **notwendig.** Die damals erforderliche staatliche Genehmigungspflicht zur Änderung von Namen flaggenberechtigter Schiffe folgte aus dem politischen Bedürfnis oder sonstigen Gründen, unerwünschte Namen von der deutschen Handelsflotte fern zu halten.[62] Wie bei der Ersteintragung ist auch die Namensänderung dem Bundesministerium für Verkehr, Bau-und Wohnungswesen anzuzeigen. Verstößt der Name gegen öffentliches Interesse kann die Behörde die Führung des Namens gemäß § 9 Abs. 3 FlaggRG auch heute noch versagen.

b) Eintragungsmuster

105 Es werden Schiffsmessbrief, Schiffszertifikat und beglaubigter Auszug aus dem Schiffszertifikat mit dem Antrag übersandt, den Schiffsnamen in „Blauwasser" im Schiffsregister zu ändern. Gemäß § 62 SchRegO besteht eine **Verpflichtung** die **Schiffspapiere** einzureichen. Ein neues Schiffszertifikat wird nur auf Antrag ausgestellt (§ 40 SchRegDV). Der beglaubigte Auszug aus dem Schiffszertifikat wird zur Akte genommen und neu ausgestellt.

62 *Prause* FlaggRG, § 9.

Erste Abteilung
Das Schiff

Name	Unter-scheidungs-signal	Gattung, Hauptbaustoff	Jahr des Stapellaufs, Bauort, Schiffswerft	Heimathafen
1	2	3	4	5
Schleswig-Hostein Blauwasser				

Veränderungen

Tag der Eintragung des Schiffs, Löschung der Eintragung des Schiffs	Zu Spalte		Das Flaggenrecht betreffende Eintragungen
7	8	9	10
	1	Der Name des Schiffes ist in „Blauwasser" geändert. Eingetragen am ...	

Die bisherige Eintragung in Abt. I Spalte 1 röten – wie Handblatt –
In der Liste der Unterscheidungssignale vermerken.
Kartei, Statistik, Datenbank
Eintragung und entsprechende Rötung auf dem Schiffszertifikat vermerken
(Falls beantragt) ist ein neuer amtl. begl. Auszug aus dem Schiffszertifikat zu fertigen und der alte amtl. begl. Auszug unbrauchbar zu machen und zu den Akten nehmen.
Schiffsmessbrief – amtlich begl. Auszug aus dem Schiffszertifikat – Zertifikat an Eigentümer senden.
Da Schiffsurkunden im Original verschickt werden, wird eine Übersendung per Einschreiben/Rückschein (E/R) empfohlen.
Nachricht, Kosten

c) Eintragung durch ein Konsulat

In Abänderung des vorliegenden Beispiels teilt der Antragsteller mit, dass das Schiffszertifikat nicht eingereicht werden könne, da dieses sich an Bord des Schiffs befindet und das Schiff zurzeit auf hoher See ist. 106

Es wird gebeten, eine entsprechende Bescheinigung zur Vorlage bei der Botschaft oder bei einem Konsulat der Bundesrepublik Deutschland zu erteilen

107 Das Gericht stellt daraufhin folgende Bescheinigung aus:

Bescheinigung

Der Name des im Seeschiffsregister des Amtsgerichts Kiel unter Nummer SSR ...
eingetragenen Schiffs „Schleswig-Holstein" ist in
„Blauwasser"
geändert worden.
Die Namensänderung ist am ...: in das Seeschiffsregister eingetragen worden.
Diese Bescheinigung wird zum Zwecke der Berichtigung des Schiffsmessbriefes bei einer Botschaft oder bei einem Konsulat der Bundesrepublik Deutschland im Ausland erteilt.
Ort,
Amtsgericht ..., Rechtspfleger

Kosten für die Bescheinigung nach §§ 33, 84, 89 Abs. 2 KostO

---

6. Fischereikennzeichen kein Schiffsname

108 Fischereifahrzeuge führen neben dem Namen ein zusätzliches Fischereikennzeichen was nicht mit dem Unterscheidungssignal zu verwechseln ist. Das Fischereikennzeichen wird **nicht** in das Schiffsregister eingetragen. Fischereikennzeichen sind **Landeszeichen** und werden aus **Unterscheidungsbuchstaben** und **Nummern** gebildet. In Schleswig-Holstein sind nach der Landesverordnung über die Registrierung und Kennzeichnung von Fischereifahrzeugen in der Nordsee[63] die einzelnen Häfen mit Unterscheidungsbuchstaben wie z. B. SC für Büsum bestimmt. Ebenfalls sind Größe und Farbe der Kennzeichnung definiert. Die Kennzeichnung ist auf jeder Seite des Buges anzubringen und besteht neben Buchstaben auch noch aus Nummern. Für die Kennzeichnung sind lateinische Druckbuchstaben und Nummern in arabischen Ziffern vorgeschrieben. Bei Fischereifahrzeugen ist das Kennzeichen ebenfalls auf jeder Seite des Großsegels anzubringen. Nach der Landesverordnung ist der Name am Heck des Schiffs zu führen

Ein Schiff mit dem Kennzeichen SC 10 hat den Heimathafen Büsum und ist dort als zehntes Schiff registriert.

109 Ein Fischereikennzeichen kann nicht der **alleinige** Name eines Schiffs sein. Wird ein Schiffsname mit einem Fischereikennzeichen zusammen gebildet, so hat das in dem Schiffsnamen enthaltene Fischereikennzeichen den tatsächlichen Hei-

---

63 GVOBl. Schl.-H.1976, S. 236.

mathafen des Schiffs wiederzugeben. Lautet zum Beispiel der Schiffsname Hauke SC 10 muss auch der Heimathafen Büsum sein. Hat das Schiff jedoch tatsächlich den Heimathafen Föhr, ist dies nicht zulässig, da das Schiff ein Kennzeichen mit dem Heimathafen Büsum führt. Kennzeichen und Heimathafen müssen übereinstimmen.

B. Das Unterscheidungssignal

1. Allgemein

Das Unterscheidungssignal ist bei Schiffen, die im Seeschiffsregister eingetragen sind, gleichzeitig auch das Rufzeichen im Seefunkverkehr. Zur Teilnahme am Seefunkdienst bzw. Seefunkdienst über Satelliten bedarf es einer Einzelfrequenzzuteilung. Für alle Angelegenheiten in Zusammenhang mit dem Seefunk und dem Binnenschifffahrtsfunk ist die Außenstelle der Bundesnetzagentur in Hamburg (BNetzA) zuständig. Grundlage für die Rufzeichenvergabe ist der von der Bundesnetzagentur aufgestellte Rufzeichenplan. Der Rufzeichenplan legt die zu verwendenden Buchstaben- und Zahlenreihen innerhalb der internationalen Rufzeichenreihen **DAA-DRZ** und **Y2A-Y9Z** fest, die der Bundesrepublik Deutschland nach dem im Anhang 42 der VO Funk (UIT-RR) enthaltenen Zuweisungsplan zugewiesen sind.[64] Die Rufzeichenreihe Y2A Y9Z sind Rufzeichen der früheren DDR und werden nicht mehr vergeben. Schiffe, denen kein Unterscheidungssignal zugeteilt ist, erhalten ein Rufzeichen, das aus zwei Buchstaben und vier Ziffern besteht. Zum Beispiel: DA2001 bis DA3999oder DA6001 bis DA9999. 110

Rufzeichen von **Rettungsgerätfunkstellen** bestehen aus dem Rufzeichen der Seefunkstelle des Mutterschiffes und zwei nachfolgende Ziffern wie zum Beispiel DFPC21. 111

Anträge auf Frequenzzuteilung zur Nutzung von Frequenzen und zum Betreiben von Seefunkstellen und Küstenfunkstellen sind bei der Außenstelle der Bundesnetzagentur in Hamburg zu stellen. Die Außenstelle Hamburg ist seit dem 1.9.2009 auch für **Frequenzzuteilungen im Binnenschifffahrtsfunk** zuständig.[65] 112

Die Übermittlung der einzelnen Buchstaben erfolgt nach dem ICAO Alphabet, besser auch als NATO Alphabet bekannt. Das ICAO Alphabet ist ein seit dem 1.März 1956 gültiges Merkwortalphabet für den Flugfunksprachverkehr und wurde 1965 von der International Maritime Organization (IMO) für die Seeschifffahrt übernom- 113

64 Verwaltungsvorschriften für Frequenzzuteilungen im mobilen Seefunk und Binnenschifffahrtsfunk (VVSB) der Regulierungsbehörde für Telekommunikation und Post (RegTP) v. Sept. 2004.

65 Antragsformulare www.bundesnetzagentur de.

men. Beispiel: **Delta, Echo, Hotel, India ist übermittelt das Unterscheidungssignal D E H I**

2. Zuteilung, Vergabe von Unterscheidungssignalen

a) Allgemein

114 Vom Bundesminister für Verkehr, Bau-und Wohnungswesen oder einer von diesem bestimmten Stelle wird jedem Seeschiffsregister ein Verzeichnis von Unterscheidungssignalen in alphabetischer Reihenfolge zur Verfügung gestellt (§ 31 Abs. 1 SchRegDV). Für eintragungspflichtige Seeschiffe vergibt **das Gericht** die Unterscheidungssignale aus dem ihm zugewiesenen Kontingent in alphabetischer Reihenfolge, bestehend aus vier Buchstaben. Schiffe, welche nicht **eintragungspflichtig** aber dennoch im Seeschiffsregister eingetragen sind, erhalten nur auf Antrag ein Unterscheidungssignal, wenn eine Telegraphiefunk- oder Sprechfunkanlage an Bord ist (§ 31 Abs. 2 Ziffer 2 SchRegDV).

b) Vergabe bei Wechsel Bundesschiff/Privatschiff

115 Wird ein im Eigentum des Bundes stehendes Seeschiff an eine Privatperson verkauft und wird dieses Schiff zur Eintragung in das Seeschiffregister angemeldet, so erhält es ein neues Unterscheidungssignal durch das zuständige Amtsgericht.

c) Vergabe bei Ausflaggung

116 Ist eine Genehmigung erteilt, anstelle der Bundesflagge die Nationalflagge eines anderen Landes zu führen, wie zum Beispiel bei einer Vercharterung, so wird diese Tatsache nur bei der Eintragung des Flaggenrechts nach § 27 Abs. 1 Nr. 10 SchRegDV im Register vermerkt.

Für diese Zeit erhält das Schiff von dem **jeweiligen Flaggenstaat** ein Rufzeichen. Dieses wird aber nicht im hiesigen Schiffsregister eingetragen. Da eine Änderung des Rufzeichens in diesem Fall nicht vermerkt wird, erfolgt auch keine Eintragung in die Liste der Unterscheidungssignale.

d) Keine Vergabe eines Unterscheidungssignals

117 Seeschiffe, die im Eigentum und öffentlichen Dienst des Bundes, eines zum Bund gehörigen Landes oder einer öffentlich-rechtlichen Körperschaft oder Anstalt mit

Sitz im Bundesgebiet stehen (§ 4 FlaggRG), bekommen durch das Seeschiffsregister kein Unterscheidungssignal zugewiesen (§ 31 Abs. 2 Nr. 1 SchRegDV).

3. Eintragung des Unterscheidungssignals

Nach § 16 Abs. 2 SchRegO und § 27 Abs. 1 Ziffer 2 SchRegDV ist das Unterscheidungssignal in der ersten Abteilung in Spalte 2 des Seeschiffsregisters einzutragen. 118

Eine Eintragung des **Rufzeichens in das Binnenschiffsregister** erfolgt nicht, auch nicht bei der **Übertragung** eines Schiffes aus dem Seeschiffsregister in das Binnenschiffsregister. Die zugewiesenen Unterscheidungssignale sind beim Bundesamt für Seeschifffahrt und Hydrographie (BSH) als Flaggenbehörde verfügbar. Das BSH führt nach § 21 der Flaggenrechtsverordnung ein Flaggenregister, das bei Schiffen, die in einem deutschen Schiffsregister eingetragen sind und für die ein Ausweis über die Berechtigung zur Führung der Bundesflagge erteilt wurde, auch den aus den Abteilungen I und II des Schiffsregisters ersichtlichen Inhalt umfasst. Dazu gehören somit auch die Unterscheidungssignale. Jedes einzutragende **Seeschiff behält** das ihm zugeteilte Unterscheidungssignal, solange es in einem deutschen Seeschiffsregister registriert ist (§ 16 Abs. 2 SchRegO und § 31 Abs. 3 SchRegDV). 119

Auch bei einer **Änderung des Heimathafens** oder bei einem Wechsel des Eigentümers behält das Schiff sein Unterscheidungssignal und wird nicht geändert oder neu vergeben. 120

4. Löschung des Unterscheidungssignals

a) Allgemein

Hat **Heimathafen** und Registergericht **gewechselt**, so hat bei einer Löschung aus dem Seeschiffsregister das austragende Gericht dem ursprünglichen Gericht (Ersteintragung) von der Löschung Nachricht zu geben, damit das Unterscheidungssignal wieder vergeben werden kann. Eine **Neuvergabe** erfolgt nur durch das ursprüngliche Gericht und darf erst dann wieder vergeben werden, wenn alle dem Gericht zugewiesenen Unterscheidungssignale vergeben wurden. Es ist dann jeweils das älteste gelöschte Rufzeichen neu zu vergeben (§ 31 Abs. 3, 4 SchRegDV). 121

b) Löschung auf Antrag

Wurde bei einem nicht eintragungspflichtigen Schiff ein Unterscheidungssignal vergeben und wird eine Funkanlage nicht mehr betrieben, so hat der Eigentümer dies dem Gericht anzuzeigen und die Löschung des Unterscheidungssignals zu beantra- 122 gen. Der Antrag ist nicht an die Form des § 37 SchRegO gebunden. Einzureichende Papiere sind: Messbrief, Schiffszertifikat und – falls ausgestellt – ein beglaubigter Auszug aus dem Schiffszertifikat.

c) Eintragungsmuster

123

Erste Abteilung
Das Schiff

Veränderungen

Tag der Eintragung des Schiffs, Löschung der Eintragung des Schiffs	Zu Spalte		Das Flaggenrecht betreffende Eintragungen
7	8	9	10
	2	Das Unterscheidungssignal ist gelöscht. Eingetragen am	

Die bisherige Eintragung in Abt. I Spalte 2 röten – wie Handblatt –
In der Liste der Unterscheidungssignale vermerken.
Kartei, Statistik, Datenbank
Eintragung und entsprechende Rötung auf dem Schiffszertifikat vermerken
(Falls beantragt) ist ein neuer amtl. begl. Auszug aus dem Schiffszertifikat zu fertigen und der alte amtl. begl. Auszug unbrauchbar zu machen und zu den Akten nehmen.
Zertifikat und amtlich begl. Auszug aus dem Schiffszertifikat an Eigentümer senden.
Da Schiffsurkunden im Original verschickt werden, wird eine Übersendung per Einschreiben/Rückschein (E/R) empfohlen.
Nachrichten, Kosten §§ 84, 30 Abs. II, 32 KostO

d) Amtsgerichtliche Liste der Unterscheidungssignale

124 Die Zuteilung eines Unterscheidungssignals ist in einer bei dem Amtsgericht geführten Liste zu vermerken (§ 31 Abs. 1 SchRegDV). Name des Schiffs, Gattung des Schiffs und Name und Wohnort des Eigentümers sowie eine Bemerkungsspalte, in der der Grund des frei werdenden Unterscheidungssignals zu vermerken ist, sind vom Gesetz vorgegeben. Bewährt hat sich die Ergänzung durch die Angabe des Heimathafens und der Seeschiffsregisternummer.

Muster einer Liste[66]

Unterscheidungssignal	Schiffsname	Schiffsgattung	Wohnort und Eigentümer	Heimathafen	Schiffsregisternummer	Bemerkungen
DAVW	Grete	Motorschiff	24112 Kiel, Peterstr. 00 Heinz Muster	Kiel	SSR 1111	Vormals Amtsgericht Lübeck SSR 1112 Eingetragen am ...
DAAA	Käte	Segelyacht	24114 Plön Seestr. 100, Heinz Muster	Eckernförde	SSR 1117	Eingetragen am Nunmehr Amtsgericht Bremen SSR 5001
DAAH	Meta	Schlepper	2400 Kiel, Uferstr. 1 Klapps KG	Kiel	SSR 2000	Vormals Amtsgericht Hamburg SSR 25000 Eingetragen am Verkauf ins Ausland gelöscht am ...

5. Vergabe bei einem in Bau befindlichen Schiff

a) Erteilung des Unterscheidungssignals

Für ein in Bau befindliches Schiff, das kurz vor der Ablieferung steht und in Kürze 125
zur Eintragung in das Seeschiffsregister angemeldet werden soll, wird sehr häufig um eine vorzeitige Zuteilung eines Unterscheidungssignals gebeten. Zur Begründung werden ein höherer zeitliche Programmierungsaufwand und der wesentlich höhere Kostenaufwand bei einer Installation nach Fertigstellung/Eintragung des Schiffs angeführt. Nach § 16 Abs. 2 SchRegO ist ein Unterscheidungssignal bei Eintragung durch das Registergericht zu vergeben. Nach dem Wortlaut des Gesetzes entfällt hiernach eine vorzeitige Vergabe.[67] In der Praxis kommt es unter bestimmten Bedingungen vor, dass bei dem Merkmal „bei Eintragung“ nicht starr auf das Datum der Registereintragung abgestellt, sondern auch der Zeitraum ab Antragstellung bis zur tatsächlichen Eintragung mit erfasst wird. Entscheidend bei der weiträumigen Auslegung ist aber die Glaubhaftmachung, dass eine Eintragung **in Kürze** in das

66 Aufteilung aus *Prause/Weichert* S. 17.

67 LG Kiel, Beschluss v. 18.10.1971, Az.: 3T378/71.

Schiffsregister erfolgen soll. Ein alleiniger angeführter Kostenfaktor rechtfertigt nicht eine vorzeitige Vergabe eines Unterscheidungssignals.

Beispiel: Ein Schiff eingetragen im Schiffbauregister wird zur Eintragung in das Seeschiffsregister unter dem Hinweis, dass das Schiff in zwei Monaten fertig gestellt wird, angemeldet. Eintragungen aus dem Schiffsbauregister SBR ... sollen übernommen werden. Ergänzende Anträge der Bauwerft und des Eigentümers erfolgen zum Abgabetermin. Ein Messbrief ist ebenfalls schon beantragt.

b) Widerruf des Unterscheidungssignals

126 Sollte nach den vorgenannten Umständen ein Unterscheidungssignal vergeben worden sein und der Eigentümer nimmt seinen Antrag zurück, so ist die Erteilung des Unterscheidungssignals zu widerrufen. Es ergeht durch das Gericht folgender Beschluss:

Beschluss

In der allgemeinen Registersache auf Erteilung eines Unterscheidungssignals für das Containerschiff ... wird das aufgrund des Antrages der Schiffseigentümerin,
der Reederei ... vom ... am ... antragsgemäß erteilte Unterscheidungssignal

D K H I

eingezogen, weil die Reederei am ...: mitgeteilt hat, dass das Schiff verspätet von der Schiffswert geliefert und vorerst nicht in einem deutschen Seeschiffsregister eingetragen werden soll.
Das Schiff ist bisher nicht im hiesigen Seeschiffsregister eingetragen worden, daher ist das erteilte Unterscheidungssignal frei.
Gegen diesen Beschluss ist die Erinnerung gegeben, die bei dem unterzeichneten Gericht einzulegen ist.

Ort,
Das Amtsgericht,
Rechtspfleger

Je eine Ausfertigung des Beschlusses senden an:
- Schiffseigentümerin – Bl ... d. A.
- Reederei Bl ... d. A.
- Bundesamt für Seeschifffahrt und Hydrographie in Hamburg
- Bundesnetzagentur – Außenstelle Hamburg
  Frist 2 Monaten (Rechtsmittel?)

C. Die MMSI Nr.

127 Unter Berücksichtigung verschiedener Kriterien (Handelsschiffe, Sportboote usw.) werden Funkstellen des mobilen Seefunkdienstes und des mobilen Seefunkdienstes über Satelliten „Rufnummern des mobilen Seefunkdienstes“ MMSI-Nr. (Maritime Mobile Service Identity) zugeteilt. Diese Nummern sind weltweit gültig und werden aus einer Reihe von 9 Ziffern gebildet. Einer dreistelligen Seefunkkennzahl (MID =

Maritime Identification Digit) folgt eine sechsstellige Ziffernreihe. Der Bundesrepublik Deutschland wurden die Kennzahlen 211 und 218 zugewiesen. Die MMSI Nummern (Rufnummern) sind so aufgebaut, dass die gesamte Rufnummer oder Teile davon zur Herstellung von Wählverbindungen in Richtung Schiff-Land bzw. Land-Schiff wie z.B. beim mobilen Seefunkdienst über Satelliten verwendet werden können. Es gibt **vier Arten** von MMSI-Nummern des mobilen Seefunkdienstes: Seefunkstellen-Rufnummern, Seefunkstellen – Gruppenrufnummern, Küstenfunkstellen-Rufnummern und Küstenfunkstellen-Gruppenrufnummern. In Deutschland werden MMSI durch die Bundesnetzagentur zugeteilt.

D. Die IMO Nummer

Die Internationale Seeschifffahrt-Organisation (International Maritime Organization = IMO) ist eine im Jahre 1948 gegründete Sonderorganisation der Vereinten Nationen mit der Zielsetzung, sich für sichere, geschützte und wirtschaftliche Schifffahrt auf sauberen Meeren einzusetzen. Der Hauptsitz ist in London. Die **Schiffsidentifikationsnummer** = IMO-Nummer wird nach Maßgabe der Resolution A 600 vom 19.11. 1987 durch die Internationale Seeschifffahrt-Organisation (IMO) vergeben und ist bei der Anmeldung zur Eintragung in das Seeschiffsregister mit anzugeben (§ 11 Abs. 1 Nr. 5 SchRegO). Gemäß § 27 Abs. 1 Nr. 2. SchRegDV ist die Nummer in der ersten Abteilung in der Spalte 2 zusammen mit dem Unterscheidungssignal einzutragen. Die IMO Nummer ist eine Zusammensetzung aus den drei Buchstaben IMO und einer siebenstelligen numerischen Folge (Bsp.: IMO 9786534). Diese siebenstellige Nummer wird von **Lloyds Register** vergeben und zwar weltweit für alle Schiffe über 100 BRZ. 128

Die IMO Nummer wird bei **Baubeginn** des Schiffes zugeteilt. Da diese Nummer eine internationale Schiffsidentifikationsnummer ist, verliert die Nummer erst ihre Gültigkeit, wenn das Schiff entweder untergegangen ist oder abgewrackt wurde. Ein Verkauf ins Ausland hat hierauf keinen Einfluss. 129

Seeschiffe, die im Eigentum und **öffentlichen Dienst des Bundes**, eines zum Bund gehörigen Landes oder einer öffentlich-rechtlichen Körperschaft oder Anstalt mit Sitz im Bundesgebiet sind, erhalten keine **IMO-Nummer**. Ausgenommen hiervon sind auch Fischereifahrzeuge. 130

E. Gattung und Hauptbaustoff

1. Allgemein

Unter Gattung versteht man eine definierte Gruppe von Schiffen wie zum Beispiel Frachtschiffe, Bäder-, Fähr- und Fördeschiffe in der nationalen Küstenfahrt und in 131 der Watt-und Fördefahrt, Trockenfrachtschiffe, Tankschiffe, Spezialschiffe wie Schlepper, Versorgungsschiffe, Bergungsfahrzeuge, Fischereifahrzeuge, sonstige Schiffe wie Segelyachten oder Museumsschiffe,[68] bei der die Eigenarten einzelner Gruppen „schlagwortartig" benannt werden.

132 **Hauptbaustoffe** sind meistens Stahl, Holz, GFK, Aluminium oder vereinzelt Zement.

Gattung und der Hauptbaustoff eines Schiffs sind nach § 11 Ziffer 2 SchRegO zum Register anzumelden und in der ersten Abteilung in Spalte 3 nach § 27 Abs. 1 Ziffer 3 SchRegDV einzutragen.

133 Die Angaben zu Gattung und Hauptbaustoff ergeben sich aus dem bei der Erstanmeldung einzureichenden **Messbrief** nach § 11 Abs. 1 Nr. 5 SchRegO bei Seeschiffen und bei Binnenschiffen durch den **Eichschein** nach § 12 Ziffer 2 SchRegO. Neben der Maschinenleistung und dem Hauptbaustoff ergibt sich **die Gattung** eines Schiffes aus dem Klassifikationsattest oder auch Klassenzeugnis, Klassenzertifikat oder auch Klassifikationszertifikat genannt. Für Seeschiffe werden Klassenzertifikate „Schiff" und „Maschine" ausgestellt.

2. Klassifikationsgesellschaften

134 Die Bewertung nach dem technischen und baulichen Zustand sowie die Erlaubnis, bestimmte Güter zu transportieren, werden für See- und Binnenschiffen durch Klassifikationsgesellschaften wahrgenommen.

135 Eine anerkannte Klassifikationsgesellschaften ist der Germanischer Lloyd (GL).[69] Der Germanische Lloyd wurde am 16.3.1867 in Hamburg gegründet. Er veröffentlicht jährlich ein Schiffsregister, erlässt Vorschriften für Schiffsneubauten und -reparaturen und führt Schiffsinspektionen und Sicherheitskontrollen durch. Über den maritimen Bereich hinaus ist der Germanische Lloyd heute auch im Wasser- und Brückenbau, Windenergie und Umweltschutz tätig.

Weitere Klassifikationsgesellschaften sind:

136 American Bureau of Shipping (ABS) aus den USA, Bureau Veritas (BV) aus Frankreich, China Classification Society (CCS) aus China, Det Norske Veritas (DNV) aus Norwegen, Korean Register of Shipping (KRS) aus Korea, Lloyd's Register of Shipping (LRS) aus England, Nippon Kaiji Kyokai (NKK) aus Japan, Registro Italiano Navale (RINA) aus Italien und Maritime Register of Shipping (RS) aus Russland.

---

68 Anlage (vollständige Liste entnommen aus dem Schiffsfragebogen bei Einflaggung der See-Berufsgenossenschaft).

69 http:/www.GermanischerLloyd.de.

Ein **Klassifikationsattest** ist Voraussetzung, um ein Schiff und dessen Ladung versichern zu können. Die Versicherung ist wiederum Voraussetzung, um Kredite und Hypotheken zu bekommen. 137

3. Änderung der Gattung

Während es wenig Sinn macht, den Hauptbaustoff eines Schiffs zu ändern, kommt eine Änderung der Gattung beispielsweise für den Fall in Betracht, dass der Eigner einer Segelyacht diese zu einer Motoryacht umbaut, ein Forschungsschiff zu einem Küstenmotorschiff oder ein Eisbrecher zu einem Traditionsschiff wird. 138

a) Anmeldung

Die Änderung der Gattung ist zum Register anzumelden. Zur Anmeldung beim Register genügt die **einfache Schriftform** des Eigentümers, da es sich wie bei der Namensänderung um eine das Schiff betreffende eintragungspflichtige Tatsache handelt. Eine **Glaubhaftmachung** nach § 13 Abs. 1 S.2 SchRegO **entfällt,** wird aber durch den vorzulegenden **Messbrief** oder **Eichschein ersetzt.** Der Nachweis kann auch durch eine ausländische Vermessungsbescheinigung oder durch die Angabe geeigneter Urkunden erfolgen. 139

Da der Eigner **die Nutzungsart** seines Schiffes **bestimmen** kann, hat dieser bei Änderung der Gattung einen Änderungsantrag auf Ausstellung eines neuen Schiffsmessbriefes beim Bundesamt für Seeschifffahrt und Hydrographie in Hamburg (BSH) zu stellen. Wird der gültige Messbrief beim BSH eingereicht, ist auch **eine Berichtigung** anstelle einer Neuausstellung möglich. Vom BSH wird dann der neue/berichtigte Messbrief an das zuständige Schiffsregister mit der Aufforderung übersandt, die neue Gattung in das Register einzutragen und das BSH von der Eintragung zu benachrichtigen. Hat das Registergericht den neuen Schiffsmessbrief erhalten, fordert es den Eigentümer auf, einen Antrag auf Eintragung zur Änderung der Gattung unter Vorlage des alten Messbriefes und des Schiffszertifikates zu stellen. 140

Dieser Verfahrensweg gilt auch bei der Änderung der Gattung bei einem **Sportboot,** wenn der Eigentümer zum Beispiel eine Motoryacht zu einem Motorsegler umgebaut hat. 141

In diesem Fall reicht es aus, wenn der Eigentümer die Umbauten bzw. die Veränderung gegenüber dem BSH nachweist/glaubhaft macht. Ein Klassenzeugnis durch eine Klassifikationsgesellschaft ist hier entbehrlich.

b) Eintragungsmuster

142 **Beantragt wird** die Änderung der Gattung in eine Motoryacht und die Eintragung eines 300 kW starken Motors sowie die Erteilung eines neuen beglaubigten Auszuges aus dem Schiffszertifikat.

Eingereicht werden: das Schiffszertifikat, der beglaubigter Auszug aus dem Schiffszertifikat und Umbau-und Motorenunterlagen in Kopie. Der Schiffsmessbrief ist an das BSH zwecks Berichtigung übersandt worden. Nach Eingang des Schiffsmessbriefes erfolgt die Eintragung in das Register.

Erste Abteilung

Das Schiff

Name	Unter-scheidungs-signal	Gattung, Hauptbaustoff	Jahr des Stapellaufs, Bauort, Schiffswerft	Heimat-hafen
1	2	3	4	5
		Motoryacht		

Ergebnisse der amtlichen Vermessung (a–d in Metern), Maschinenleistung

6							
Länge	Breite	aa) Tiefe bb) Umfang in der Außen-fläche oder cc) Seitenhöhe	Länge über alles	Bruttoraum-gehalt in	Nettoraum-gehalt in	Mess-brief	Maschinen-leistung
A	b	c	d	e f	g h	l	m
							330 kW
				Brutto-raumzahl	Netto-raumzahl		

Veränderungen

Tag der Eintragung des Schiffs, Löschung der Eintragung des Schiffs	Zu Spalte		Das Flaggenrecht betreffende Eintragungen
7	8	9	10
	3; 6	Die Gattung und Motorleistung des Schiffs sind geändert. Eingetragen am	

Die bisherige Eintragung in Abt. I Spalte 3, 6 röten – wie Handblatt –
In der Liste der Unterscheidungssignale vermerken.
Kartei, Statistik, Datenbank
Eintragung und entsprechende Rötung auf dem Schiffszertifikat vermerken
Fertige einen neuen amtl. begl. Auszug aus dem Schiffszertifikat
den alten amtl. begl. Auszug unbrauchbar machen und zu den Akten nehmen
Schiffsmessbrief – amtlich begl. Auszug aus dem Schiffszertifikat – Zertifikat an Eigentümer mit E/R senden.
Nachrichten, Kosten

F. Jahr des Stapellaufs, Bauort, Schiffswerft

Angaben zum Jahr des Stapellaufes, des Bauortes und der Schiffswerft sind bei der Anmeldung eines Seeschiffs anzugeben und nach § 13 SchRegO glaubhaft zu machen. 143

Die Angaben ergeben sich aus dem **Bauschein**, welchen die Bauwerft dem Eigner erteilt.

Neben den eigenen Angaben des Eigentümers wird und kann das Gericht auch auf die Angaben aus dem **Schiffsmessbrief** zurückgreifen. Bei älteren Schiffen bereiten die Angaben oftmals Probleme. Sind Bauort, Jahr des Stapellaufes und Bauwerft nicht mehr oder nur mit **erheblichen Schwierigkeiten** zu ermitteln, so kann die Angabe bei der Anmeldung in das Register unterbleiben (§ 11 SchRegO Abs. 1 Nr. 4). Einzutragen ist dann in das Register in Abteilung I. Spalte 4, dass diese Angaben nicht festgestellt sind (§ 27 SchRegDV Abs. 1 Nr. 4). Auch wenn sich der **öffentliche Glaube** nicht auf die **Angaben** des Bauortes, das Jahr des Stapellaufs und der Bauwerft erstreckt, so können diese Angaben zum Beispiel für die Wertermittlung eines Hypothekengläubigers von Bedeutung sein. Eine Kenntnis des Bauortes und des Jahres des Stapellaufes ist auch für das Register wichtig, da nach § 15 SchRegO ein Schiff erst dann eingetragen werden soll, wenn eine Bescheinigung des Registergerichts des Bauortes darüber eingereicht wird, ob das Schiff im Bauregister eingetragen ist. In diesem Fall ist dann auch eine beglaubigte Abschrift des Schiffsbauregisters beizufügen.

G. Schiffs-Ident.-Nr./C.I.N.

144 Im Messbrief für Sportfahrzeuge bei einer Länge bis zu 24 m ist neben der Baunummer die Schiffs-Ident.-Nr. im englischen C.I.N (Craft identification number) angegeben und gibt in Kurzform wesentliche Daten zur Identifikation eines Schiffes wieder. Diese Nummer ist an der Steuerbordseite des Schiffs angebracht. Ein Duplikat dieser Nummer ist an einer nicht demontierbaren versteckten Stelle des Wasserfahrzeuges angebracht, deren Ort lediglich die Bauwerft kennt. Diese Nummer ist nach „ISO 10087 Small craft-Craft identification-Coding system" – einem internationalen Standard – gebildet und besteht aus Buchstaben und Zahlen.

Beispiel: Ein Schiff mit der Schiffs–Ident-Nr. FR-AMLSM384I203 gibt **folgende Auskünfte**: Die ersten beiden Buchstaben FR stehen für das Land in diesem Falle Frankreich. Die nächsten drei Buchstaben hier AML stehen für den Namen der Werft hier Chantiers AMEL. Die Seriennummer des Schiffs ist SM 384 und zwar aus der Serie Super Maramu mit der Nr. 384. Der Buchstabe I gibt den Monat des Baujahres an. Jeder Monat hat einen festgelegten Buchstaben beginnend mit A für Januar und L für Dezember. Nach dem Beispiel ist das Boot im Monat September gebaut. Die 2 zeigt das Baujahr hier also 2002 und die beiden letzten Zahlen geben Auskunft über das Modeljahr an, in diesem Fall 2003.

145 Die Schiffs-Ident-Nr. gibt in komprimierter Form **Schiffsdaten** wieder, welche für die Identifikation eines Schiffes wichtig sind und die eine Doppelregistrierung vermeiden sollen kann. Auch wenn eine **gesetzliche Grundlage** zur Eintragung in das Register zurzeit noch **fehlt,** macht eine Eintragung in der ersten Abteilung unter Spalte 4 das Register nicht unrichtig und erscheint in der Praxis für eine leichte und schnelle Identifikation eines Schiffes sehr hilfreich.

H. Heimathafen

1. Allgemein

146 Im Seerecht ist nach § 480 HGB der Heimathafen eines Schiffs der Hafen, von dem aus die Seefahrt mit dem Schiff betrieben wird. Im Gegensatz zum Binnenschifffahrtsgesetz, in dem der Heimatort eines Schiffs nicht zwangsläufig an einer Binnenwasserstraße liegen muss[70], ist es für die Wahl des Heimathafens zwingend er-

70 *v. Waldstein/Holland* BinSchG § 6 Rn. 1.

forderlich, dass der Hafen ein „echter" Hafen mit einem **tatsächlichen Seezugang** ist (bei Binnenschiffen siehe Rn. 760).

Der Name des Heimathafens eines Schiffes ist am Heck in gut sichtbaren und fest- 147
angebrachten Schriftzeichen anzubringen (§ 9 Abs. 1 S. 1 FlaggRG). Hat das Schiff keinen Heimathafen oder keinen Heimathafen im Geltungsbereich des Grundgesetzes ist der Name des gewählten Registerhafens ebenfalls am Heck anzubringen (§ 9 Abs. 1 S.2 FlaggRG). Ausnahmen bilden § 7 FlaggRG (Bereederung), §§ 10 FlaggRG (Überführungsreisen) und 11 Abs. 1 FlaggRG (besondere Verleihung der Flaggenführung).

2. Wahl des Heimathafens

Dem Eigentümer steht die Wahl des Heimathafens grundsätzlich frei (§ 4 Abs. 2 148
SchRegO). Ebenfalls steht dem Eigentümer die Wahl des Schiffsregisters **frei**, wenn die Schifffahrt von einem ausländischen Hafen betrieben werden soll oder wenn es für ein Seeschiff an einem Heimathafen fehlt (§ 4 Abs. 2 SchRegO). Der Eigentümer kann damit frei wählen von welchem Heimathafen/Registerhafen die Schifffahrt betrieben wird und ist **nicht** ausschließlich an den **Sitz des Eigentümers gebunden**.

Auch kann die Schifffahrt von einem ausländischen Hafen betrieben werden. In 149
diesem Fall hat das gewählte – von dem Eigner ausgewählte – Gericht den Heimathafen selbstverständlich einzutragen. Wie es nach dem Binnenschifffahrtsgesetz für ein Binnenschiff nur einen Heimatort geben kann, darf auch ein Seeschiff nur einen Heimathafen haben.

Auch bei einer Vercharterung bleibt es bei dem Heimathafen des Eigentümers. Ein 150
Heimathafenwechsel findet nicht statt.[71]

3. Registervertreter gemäß § 4 Abs. 3 SchRegO

Wird die Schifffahrt mit einem Seeschiff von einem **ausländischen Hafen** betrieben 151
und hat der Eigentümer keinen Wohnsitz oder gewerbliche Niederlassung im Geltungsbereich des Grundgesetzes, so ist nach § 4 Abs. 3 SchRegO **ein Vertreter** mit Wohnsitz im Gerichtsbezirk des gewählten Registergerichts zu bestellen. Die Vertreterbestellung ist weder im Schiffsregister (§ 28 SchRegDV) noch auf den Schiffspapieren (§ 38 SchRegDV) einzutragen.

Der bestellte Vertreter hat eine umfassende gesetzliche Vertretungsmacht ge- 152
genüber dem Eigentümer. Anstelle des Eigentümers ist er verpflichtet und auch berechtigt, alle mit den Anmeldungen von Tatsachen zusammenhängenden Erklärun-

71 *Prause* SchRegO, § 4.

gen abzugeben. Er kann somit statt des Eigentümers die Erstanmeldung eines Schiffs gemäß § 9 SchRegO beantragen. Gemäß § 11 Abs. 1 Ziffer 10 SchRegO ist der Vertreter bei der Erstanmeldung mit anzugeben. Ebenfalls hat er für die Glaubhaftmachung der in § 13 SchRegO zu machenden Angaben zu sorgen. Er ist auch für Veränderungsanmeldungen nach § 17 SchRegO und damit auch für die Anmeldung des Unterganges oder der Ausbesserungsfähigkeit eines Schiffes nach § 17 Abs. 4 SchRegO zuständig. Das Schiffsregister kann sämtliche Nachrichten an den Vertreter zustellen und auch das amtliche Löschungsverfahren nach § 21 SchRegO gegen ihn in Gang setzen.

153 Sofern nicht der Eigentümer selbst zur Glaubhaftmachung seiner Angaben eine eidesstattliche Versicherung abgibt, kann auch der Vertreter diese abgeben.

154 Durch die Verpflichtung zur Anmeldung kann auch ein Zwangsgeldverfahren (§ 19 SchRegO) nach §§ 388, 389 FamFG gegen den Vertreter angedroht und verhängt werden. Auch hat er nach § 62 SchRegO das Schiffzertifikat auf Anforderung dem Gericht einzureichen. Ihm kann dann auch das Schiffszertifikat wieder ausgehändigt werden.

155 Die Vertreterstellung geht damit im Außenverhältnis weit über den Rahmen der Tätigkeiten eines Zustellungsvertreters nach § 6 ZVG (§ 185 ZPO) hinaus[72]. Im Innenverhältnis zum Eigentümer ist ein Dienstvertrag, der eine Geschäftsbesorgung zum Gegenstand hat (§ 675 BGB), anzunehmen. Bei unentgeltlicher Tätigkeit ist die Tätigkeit als Auftrag anzusehen. Der Vertreter hat deshalb nach §§ 675, 663 BGB die Pflicht, eine etwaige Ablehnung des Auftrages dem Eigentümer sofort mitzuteilen. Nach § 665 BGB kann er von der Weisung des Auftraggebers abweichen, wenn er den Umständen nach annehmen darf, dass der Auftraggeber bei Kenntnis der Sachlage die Abweichung billigen würde. Er hat den Eigentümer von der Abweichung zu unterrichten und dessen Entscheidung abzuwarten, falls nicht mit dem Aufschub Gefahr verbunden ist. Ihn trifft die Pflicht des § 666 BGB zur Auskunftserteilung und Rechenschaftslegung gegenüber dem Eigentümer. Nach § 667 BGB ist der Vertreter zur Herausgabe von Unterlagen aufgrund der Geschäftsbesorgung an den Eigentümer verpflichtet. Der Vertreter kann vom Eigentümer einen Vorschuss für die Aufwendungen verlangen (§ 669 BGB).

156 **Der Vertreter** kann zwar bei Erstanmeldung nach § 11 SchRegO und Veränderungsanmeldungen nach § 17 SchRegO mitwirken, nicht jedoch selbstständig bei Eintragungen von Rechtsverhältnissen aus §§ 23–59 SchRegO. Für diese Anträge muss der Vertreter eine Vollmacht des Eigentümers in der Form des § 37 SchRegO vorlegen. Er kann also nicht anstatt des Eigentümers ein Seeschiff veräußern oder belasten.

72 *Heinerici/Gilgan* S. 194, 195.

4. Anmeldung und Eintragung des Heimathafens

Ein Seeschiff ist in das Seeschiffsregister seines Heimathafens einzutragen (§ 4 Abs. 1 SchRegO). Damit ist in der Regel der Registerhafen identisch mit dem Heimathafen.[73] 157

Auch ergibt sich aus § 4 Abs. 1 SchRegO, dass ein Schiff **grundsätzlich nur einen Heimathafen** haben kann. Nach § 11 Nr. 3 SchRegO ist bei der Erstanmeldung eines Seeschiffs der Heimathafen anzugeben und nach § 13 SchRegO glaubhaft zu machen. Dies geschieht in der Regel in der Form, dass der Eigentümer in seinem Antrag versichert, von welchem Heimathafen aus er die Schifffahrt betreibt. Der Heimathafen wird im Schiffsregister in der Ersten Abteilung in Spalte 5 eingetragen (§ 27 Abs. 1 Nr. 5 SchRegDV).

5. Weitere rechtliche Bedeutung des Heimathafens

Mit dem Heimathafen sind weitere rechtliche Bedeutungen verbunden: 158
- Gerichtsstand des Heimathafens im Klageverfahren gegen einen Reeder oder Mitreeder nach §§ 488, 508 HGB,
- Auflösung der Partenreederei nur, wenn sich das Schiff im Heimathafen befindet (§ 506 HGB),
- Vertretungsmacht des Kapitäns in und außerhalb des Hafens (§§ 526, 527, 534 HGB),
- nach § 942 Abs. II ZPO Zuständigkeit des Heimathafens für den Erlass einstweiliger Verfügungen; betr. Eintragung von Vormerkungen oder Widersprüchen in das Schiffsregister,
- Zuständigkeit des Gerichts des Heimathafens (§ 1002 Abs. 2 ZPO) für das Aufgebotsverfahren nach § 765 ZPO,
- Bekanntmachung des Versteigerungstermins im Blatt des Heimathafens (§ 168 ZVG).

6. Die Heimathafenverlegung

a) Allgemein

Die Verlegung des Heimathafens ist in den §§ 12, 12a SchRegDV geregelt. § 12a SchRegDV gibt die Möglichkeit, in einfacherer Form einen Heimathafenwechsel un- 159

73 *Rabe* S. 40.

ter den Gerichten zu vollziehen. Von der Erleichterung nach § 12 a SchRegO wird in der Praxis wenig Gebrauch gemacht, da es zum einen an entsprechenden Ausführungsvorschriften fehlt und zum anderen das Verfahren nach § 12 SchRegO im Gegensatz zu § 12 a SchRegO die einzige Möglichkeit bietet, das Registers von geröteten und überflüssigen Eintragungen zu befreien.

160 Auch gehört es zum Verständnis des Services der Gerichte, dass der Eigentümer ein neues, sauberes, übersichtliches und nur mit aktuellen Eintragungen versehenes Schiffszertifikat erhält (§ 40 Abs. 1 SchRegDV). Mit unübersichtlichen Schiffszertifikaten, die viele Rötungen und Änderungen enthalten, kann es Schwierigkeiten geben, wenn sie ausländischen Behörden vorgelegt werden müssen. Die mögliche Weiterführung des Schiffszertifikates oder des Schiffsbriefs kann auch als Rückschritt gegenüber einem zukünftigen maschinell geführten Verfahren gesehen werden, da nach § 66 Abs. 4 SchRegDV stets ein neues Zertifikat oder ein neuer Brief zu erteilen ist.

161 Bei einer Heimathafenverlegung **prüft das Gericht,** ob die Verlegung des Heimathafens einen Zuständigkeitswechsel auf ein anderes Schiffsregister zur Folge hat und an welches örtlich zuständige Gericht die Sache abzugeben ist.

b) Antragsberechtigte Personen

162 Wie bei der Erstanmeldung zur Eintragung eines Seeschiffes der Heimathafen anzumelden und glaubhaft zu machen ist, haben die Eigentümer die Heimatverlegung anzumelden und glaubhaft zu machen, dass die Schifffahrt nunmehr von einem andern Hafen betrieben wird. Gibt es mehrere Eigentümer (Berechtigte), so genügt die Anmeldung und Glaubhaftmachung durch einen Berechtigten. Bei einer Reederei muss dies nicht durch alle Mitreeder geschehen, sondern kann auch durch einen Korrespondentenreeder erfolgen. Ebenfalls reicht die Anmeldung bei juristischen Personen (AG, KGaA und GmbH, GmbH UG) und bei Personenhandelsgesellschaften (OHG, KG, GmbH & Co. KG, Partnerschaften und EWIV) durch eine berechtigte Person nach § 18 SchRegO. Ein nach § 4 Abs. 3 SchRegO bestellter Vertreter ist ebenfalls antragsberechtigt, wenn die gestellten Anträge nicht der Form das § 37 SchRegO bedürfen. Ansonsten ist eine Vollmacht in der Form des § 37 SchRegO, § 129 BGB erforderlich.

c) Pflicht zur Anmeldung

163 Neben der Antragsberechtigung sind alle genannten Personen auch verpflichtet, die Veränderung anzumelden. Kommen die genannten Personen ihren Verpflichtungen zur Anmeldung nicht nach, so kann das Gericht ein Zwangsgeld gegen sie festsetzen. Das einzelne Zwangsgeld darf 1.000,– Deutsche Mark nicht übersteigen (siehe

§ 19 Abs. 1 SchRegO, der immer noch DM-Beträge nennt. Ob eine Übernahme eins zu eins, also tausend Euro, oder nur die Hälfte (500 Euro) oder womöglich der direkte Umrechnungskurs gilt, ist nicht geklärt). Das Verfahren für die Zwangsgeldfestsetzung ist in §§ 388 bis 391 FamFG geregelt (siehe Zwangsgeldverfahren Rn. 924 ff.).

d) Antrag auf Heimathafenverlegung und Form der Anmeldung

Der Antrag auf Eintragung der Heimathafenverlegung ist bei dem Gericht zu beantragen, bei dem das Schiff **bisher** eingetragen ist. Die Anmeldung ist **nicht an die Form des § 37 SchRegO gebunden**, da es sich hier um die Eintragung der Veränderung einer Tatsache und nicht um die Änderung eines Rechtsverhältnisses handelt. Nach § 62 Abs. 1 SchRegO ist mit dem Antrag das Schiffszertifikat zum Gericht einzureichen. 164

In der Praxis ist die Verlegung des Heimathafens häufig mit **weiteren Anträgen** wie der Änderung des Schiffsnamens, einer Eigentumsänderung und der Löschung bzw. Neubelastung von Hypotheken verbunden. In diesem Falle ist nur die Anmeldung zur Heimathafenverlegung und Änderung des Schiffsnamens nicht an die Form des § 37 SchRegO gebunden. Für die weitere Anmeldung der Eigentumsänderung und die Anträge auf Löschung und Neueintragung von Hypotheken ist die **Form des § 37 SchRegO** erforderlich, da es sich hierbei um **die Änderung von Rechtsverhältnissen** handelt. Wechselt die Zuständigkeit des Gerichtes, so hat nach § 12 Abs. 2 SchRegDV **das abgebende Gericht** zuerst die beantragten Rechtsänderungen und den geänderten Schiffsnamen und eventuell Anträge auf Berichtigung vor der Eintragung der Verlegung und Schließung zu bearbeiten und einzutragen. Von der aufgeführten Verfahrensweise des § 12 Abs. 2 Satz 2 SchRegDV kann in Einzelfällen abgewichen werden, da dies keine Muss-, sondern nur eine Soll-Vorschrift ist. Beispiel: Wird durch den Notar beantragt, dass neben den gestellten Anträgen die Neueintragung von Hypotheken nur von dem aufnehmenden Gericht eingetragen werden sollen, so ist die Eintragung hierzu von dem neuen Gericht zu vollziehen. 165

7. Heimathafenverlegungen innerhalb eines Registerbezirkes

Wird eine Heimathafenverlegung innerhalb des Gerichtsbezirkes zum Beispiel von Büsum nach Kiel beantragt, so wird folgendes eingetragen: 166

Erste Abteilung
Das Schiff

Name	Unter-scheidungs-signal	Gattung, Hauptbaustoff	Jahr des Stapellaufs, Bauort, Schiffswerft	Heimathafen
1	2	3	4	5
				Büsum Kiel

Veränderungen

Tag der Eintragung des Schiffs, Löschung der Eintragung des Schiffs	Zu Spalte		Das Flaggenrecht betreffende Eintragungen
7	8	9	10
	5	Der Heimathafen des Schiffs ist von Büsum nach Kiel verlegt. Eingetragen am ...	

In Abt. I Sp. 5 ist der alte Heimathafen zu röten
Eintragungen auf dem Schiffszertifikat und Messbrief vermerken
Änderung in der Liste der Unterscheidungssignale vermerken.
Schiffszertifikat und Messbrief an Einsender zurücksenden
Nachrichten, Kosten

8. Heimathafenwechsel in einen anderen Registerbezirk (§ 12 SchRegDV)

a) Abgebendes Gericht

167 Beispiel einer Heimathafenverlegung von Kiel nach Hamburg mit einer Änderung des Schiffsnamens: Bei dem Schiffsregister in Kiel geht ein formloser Antrag des Eigentümers auf eine Namensänderung von Marta auf Meta mit gleichzeitigem Antrag einer Heimathafenverlegung von Kiel nach Hamburg ein. Es wird versichert, dass die Schifffahrt nunmehr vom Heimathafen Hamburg betrieben wird. Mit dem Antrag werden Schiffszertifikat und Messbrief mit der Bitte um Rückgabe eingereicht.

168 Das Gericht **prüft,** an welches Gericht die Sache abgegeben werden muss und trägt zunächst die Änderung des Schiffsnamens in Abt. 1 Sp. 1 und Sp. 8 und 9 ein. Danach wird die Verlegung und die Schließung in Abt. 1 Sp. 5, 8 und 9 eingetragen. Die Verlegung ist vor der Schließung einzutragen (§ 12 Abs. 2 S.1 SchRegDV). Dies

kann jedoch in einer einheitlichen Verfügung geschehen. Grund dafür ist, dass die bisherigen Eintragungen und die Eintragung der Heimathafenverlegung in dem Registerauszug enthalten sein müssen, der dem neuen Gericht in beglaubigter Form übersendet werden muss (§ 12 Abs. 3 SchRegDV). Nach dieser Vorschrift sind ebenfalls Registerakten, Schiffszertifikat und Schiffsmessbrief dem Gericht zu übersenden. Die **Schließung** in Folge einer Heimathafenverlegung wird nicht in Sp. 7 eingetragen, da diese Spalte nur für die Ersteintragung und die Löschung des Schiffs bestimmt ist. In der Praxis findet man häufig einen **Schließungsvermerk** in Spalte 7, was sicherlich nicht als ungültig anzusehen ist.

b) Eintragungsmuster (hier Kiel § 12 Abs. 2, 3 SchRegDV)

1. Fertige eine Fotokopie dieser Vfg., die als Retent zu nehmen ist. 169
2. Eintragen in das Seeschiffsregister Nr.
3. Aufschrift auf dem Hand- und Registerblatt
   Wegen Verlegung des Heimathafens nach Hamburg geschlossen am ...

Erste Abteilung
Das Schiff

Name	Unterscheidungssignal	Gattung, Hauptbaustoff	Jahr des Stapellaufs, Bauort, Schiffswerft	Heimathafen
1	2	3	4	5
MARTA				Kiel
META				Hamburg

Veränderungen

Tag der Eintragung des Schiffs, Löschung der Eintragung des Schiffs	Zu Spalte		Das Flaggenrecht betreffende Eintragungen
7	8	9	10
	1 5	Der Name des Schiffes ist in „META“ geändert. Eingetragen am Der Heimathafen des Schiffes ist nach Hamburg verlegt worden. Eingetragen am	

Die bisherige Eintragung in Abt. I Spalte 1, 5, röten – wie Handblatt –
Eintragung und entsprechende Rötung auf dem Schiffszertifikat vermerken
Handblatt ergänzen, auf Vollständigkeit überprüfen und beglaubigen.

In der Liste der Unterscheidungssignale vermerken. Das US geht mit.
Kartei, Statistik
Eintragungen auf dem Schiffsmessbrief vermerken, entsprechende Spalten ergänzen
Eintragung und entsprechende Rötung auf dem Schiffszertifikat vermerken
Nachrichten, Kosten

Urschriftlich mit Akten, begl. Handblatt, Schiffszertifikat und Messbrief
an das Amtsgericht Hamburg
Seeschiffsregister mit EB oder Einschreiben/Rückschein
Mit der Bitte um weitere Bearbeitung und Übersendung einer Eintragungsmitteilung
Retentfrist: 3 Monate (Eintragungsnachricht)

---

9. Heimathafenverlegung in einen anderen Registerbezirk (§ 12 SchRegDV)

a) Aufnehmendes Gericht (§ 12 Abs. 4 SchRegDV)

170 Das aufnehmende Gericht hat in seiner Aufschrift auf das bisherige Blatt zu verweisen. Gelöschte Eintragungen sind nur zu übernehmen, soweit diese noch zum Verständnis der bestehenden Eintragungen erforderlich sind. Aus der **zweiten** und **dritten Abteilung** werden die gelöschten Eintragungen lediglich mit der lfd. Nummer und dem Vermerk „gelöscht" übernommen. Das aufnehmende Gericht hat also zu prüfen, welche gelöschten Eintragungen trotzdem zu übernehmen sind. Bei Hypotheken gibt es keine Probleme, da auf die gelöschten laufenden Nummern verwiesen wird. Auch ein **gelöschter Zwangsversteigerungsvermerk** ist nicht mit zu übernehmen, da der Vermerk gegenüber dem Vollstreckungsgläubiger lediglich ein relatives Veräußerungsverbot (§§ 20 Abs. 1, 23 Abs. 1 ZVG, §§ 135, 136 BGB) darstellt und keine Registersperre auslöst. Die Übernahme des **Vermerks der Insolvenzeröffnung** und der Vermerk über die Löschung kann theoretisch dann wichtig werden, wenn nach Insolvenzeröffnung, aber vor Eintragung des Insolvenzvermerks in das Register eine Hypothek eingetragen wird, da der Schuldner mit der Eröffnung des Insolvenzverfahrens nicht mehr über sein zur Insolvenzmasse gehörendes Vermögen verfügen darf. Eine Überprüfung, ob der Eigentümer/Schuldner wirksam verfügen durfte, ist aus dem neuen Registerblatt bei einer Nichtübernahme sehr schwierig. Ist zum Beispiel das **Schiff lastenfrei**, so empfiehlt es sich, dies auch auf dem leeren Blatt Abt. III zu vermerken, um kenntlich zu machen, dass das Blatt nicht verloren oder vergessen wurde.

Nach § 12 Abs. 4 S. 2, 3 SchRegDV ist auf dem neuen Blatt die Übereinstimmung des Inhaltes mit dem alten Blatt in jeder Abteilung zu bescheinigen. Die Bescheinigungen sind in die Spalten zu setzen, in denen die Eintragungen auch unterschrieben werden.

Dies gilt als **Nachweis** dafür, dass die mit diesem Vermerk versehenen Rechte und Eintragungen auch aus dem alten Blatt stammen. Sollen von dem neuen Registergericht Eintragungen vorgenommen werden, welche nicht von dem alten Gericht erledigt wurden, so sind diese Eintragungen natürlich nicht mit dem Übereinstimmungsvermerk einzutragen.

b) Eintragungsmuster

hier Hamburg 171

Vfg.

Eintragen in das Seeschiffsregister Nr. ... (neu):
Aufschrift:

Amtsgericht Hamburg
Seeschiffsregister
Blatt Nr. ‹neu›

Das Schiff ist von Blatt ... des Seeschiffsregisters des Amtsgerichts Kiel hierher übertragen am

Erste Abteilung
Das Schiff

Name	Unterscheidungs-signal	Gattung, Hauptbaustoff	Jahr des Stapellaufs, Bauort, Schiffswerft	Heimathafen
1	2	3	4	5
In den Spalten 1– 4 sind die Eintragungen aus dem bisherigen Registerblatt zu übernehmen!				Hamburg, früher Kiel

Ergebnisse der amtlichen Vermessung (a-d in Metern), Maschinenleistung

6							
Länge	Breite	aa) Tiefe bb) Umfang in der Außenfläche oder cc) Seitenhöhe	Länge über alles	Bruttoraum-gehalt in	Nettoraum-gehalt in	Mess-brief	Maschinen-leistung
a	b	c	d	e f	g h	l	m
In den Spalten 6 a bis 7 sind die Eintragungen aus dem bisherigenRegisterblatt zu übernehmen							
				Brutto-raumzahl	Netto-raumzahl		

Veränderungen

Tag der Eintragung des Schiffs, Löschung der Eintragung des Schiffs	Zu Spalte		Das Flaggenrecht betreffende Eintragungen
7	8	9	10
Die Übereinstimmung mit dem Inhalt des bisherigen Blattes wird bescheinigt. Eingetragen am	5	Der Heimathafen ist von Kiel nach Hamburg verlegt worden. Eingetragen am	*Bisherige Eintragung aus dem Blatt des früheren Registergerichts übernehmen, sodann* Die Übereinstimmung mit dem Inhalt des bisherigen Blattes wird bescheinigt. Eingetragen am

Zweite Abteilung
Eigentümer

Laufende Nummer	Eigentümer, Korrespondentreeder	Schiffsparten	Lfd. Nr. der Spalte 1	Erwerbsgrund, Grundlage der Eintragung, Eigentumsbeschränkungen, Veränderungen
1	2	3	4	5
Nr. gelöscht	*Sämtliche Eintragungen aus dem Register des bisherigen Heimathafens sind zu übernehmen.*			*Nach der letzten Eintragung ist in Spalte 5 folgendes einzutragen* Die Übereinstimmung mit dem Inhalt des bisherigen Blattes wird bescheinigt. Eingetragen am

Dritte Abteilung
Schiffshypotheken, Nießbrauch, Pfandrechte an Schiffsparten

Laufende-Nummer	Betrag	Inhalt der Eintragung
1	2	3
1 bis 3	gelöscht	*Sämtliche Eintragungen aus dem Seeschiffsregister des bisherigen Heimathafens sind zu übernehmen. Dann ist folgendes einzutragen:* Die Übereinstimmung mit dem Inhalt des bisherigen Blattes wird bescheinigt. Eingetragen am ...

Veränderungen

4	5	6
Sämtliche Eintragungen aus dem Seeschiffsregister des bisherigen Heimathafens sind zu übernehmen. Dann ist folgendes einzutragen: Die Übereinstimmung mit dem Inhalt des bisherigen Blattes wird bescheinigt. Eingetragen am ...		

Löschungen

7	8
Sämtliche Eintragungen aus dem Seeschiffsregister des bisherigen Heimathafens sind zu übernehmen. Dann ist folgendes einzutragen: Die Übereinstimmung mit dem Inhalt des bisherigen Blattes wird bescheinigt. Eingetragen am ...	

Handblatt anlegen, Kartei, Statistik
Das bisherige Schiffszertifikat ist unbrauchbar zu machen und zu den Akten zu nehmen
Die Heimathafenverlegung ist auf dem Schiffsmessbrief vermerken, entsprechende Spalten auf dem Schiffsmessbrief ergänzen.
Fertige ein neues Schiffszertifikat, der bisherige amtlich beglaubigte Auszug aus dem Schiffszertifikat ist unbrauchbar zu machen und zu den Akten zu nehmen
Fertige einen neuen amtl. begl. Auszug aus dem Schiffszertifikat
Eingereichte Schiffspapiere an Einsender per E/R.

Nachricht wie üblich und an Amtsgericht – Abt. Seeschiffsregister – in zum Geschz. ... SSR
...
Kosten

---

c) Eintragungsmuster bei dem abgebenden Gericht (Kiel)

Nach Eingang der Eintragungsnachricht durch das neue Amtsgericht verfügt das bisherige Gericht: 172

Eintragen in das Schiffsregister Nr.
Aufschrift:
Das Schiff ist in das Schiffsregister des Amtsgerichts in Hamburg unter der Nummer ...
Eingetragen worden. Eingetragen am ...
Sämtliche Seiten des Registerblattes – mit Ausnahme der Aufschrift – sind rot zu Durchkreuzen.
Keine Kosten, zur Sammelakte

---

10. Heimathafenwechsel in einen anderen Registerbezirk (§ 12a SchRegDV)

a) Abgebendes Gericht

173 Auch wenn in der Praxis eine Heimatverlegung nach § 12a SchRegDV sehr selten verfügt wird, hier ein kurzes Beispiel:
Amtsgericht Kiel abgebendes Gericht

Vfg.

1. a. Fertige eine Fotokopie dieser Vfg., die als Retent zu nehmen ist.
   b. in das Aufschrift keine, Registerblätter nicht schließen!! Nicht durchkreuzen
2. Eintragen Seeschiffsregister Nr. (siehe oben)

Erste Abteilung
Das Schiff

Name	Unterscheidungssignal	Gattung, Hauptbaustoff	Jahr des Stapellaufs, Bauort, Schiffswerft	Heimathafen
1	2	3	4	5
				Kiel Hamburg

Veränderungen

Tag der Eintragung des Schiffs, Löschung der Eintragung des Schiffs	Zu Spalte		Das Flaggenrecht betreffende Eintragungen
7	8	9	10
	5	Der Heimathafen des Schiffes ist nach Hamburg verlegt worden. Eingetragen am	

Die bisherige Eintragung in Abt. I Spalte 5, röten – wie Handblatt –
Eintragung und entsprechende Rötung auf dem Schiffszertifikat vermerken
Handblatt ergänzen, auf Vollständigkeit überprüfen
In der Liste der Unterscheidungssignale vermerken. Das US geht mit.
Kartei, Statistik
Eintragungen auf dem Schiffsmessbrief vermerken, entsprechende Spalten ergänzen
Eintragung und entsprechende Rötung auf dem Schiffszertifikat vermerken
Nachrichten, Kosten

Urschriftlich mit Akten,
Originalregister, Schiffsmessbrief und Schiffszertifikat
dem Amtsgericht in Hamburg Abteilung – Seeschiffsregister -
gemäß § 12 a SchRegDV zur weiteren Veranlassung übersandt (Übernahme des Registers).
Um Eintragungsnachricht zu gegebener Zeit wird gebeten.
12. Retentfrist: 3 Monate

---

b) Aufnehmendes Gericht 174

Vermerk: Heimathafenverlegung nach § 12 a SchRegDV

Das vom Amtsgericht **Kiel** ... abgegebene Registerblatt SSR ... und auch das Handblatt erhält eine neue Bezeichnung und zwar in der **Aufschrift, Abt. I, II und III** sind in Klammern mit dem Zusatz **„früher"** das bisherige Gericht und die bisherige Blattnummer anz ugeben und zu **röten**

Eintragen in das Seeschiffsregister Nr. (neu):

a) **Aufschrift, Abt. I,II, III:**

Amtsgericht **Hamburg**
Seeschiffsregister
Blatt Nr. (neu)

b) **Abteilung I:**
Spalte 7: Das Schiff ist in das Seeschiffsregisters des Amtsgerichts Hamburg eingetragen am
Weiteres Verfahren wie bei § 12 SchRegDV

---

11. Wechsel vom Binnenschiffsregister in das Seeschiffsregister

a) Allgemein

175 Wird z. B. ein im Binnenschiffsregister des Amtsgerichts Stuttgart eingetragenes Binnenschiff verkauft und ändert der neue Eigentümer die Nutzungsart von einem Binnenschiff in ein Seeschiff bei gleichzeitiger Änderung des Heimatorts/Heimathafens (nach Kiel), so ist wie bei einer **Heimatort-/Heimathafenverlegung** zu verfahren. Im Binnenschiffsregister des Amtsgerichts Stuttgart ist vorab die Heimatortverlegung und die Eigentumsänderung einzutragen und sodann das Verfahren an das Seeschiffsregister des Amtsgerichts Kiel zu übersenden.

176 **b) Eintragungsmuster in das Binnenschiffsregister**

Aufschrift

Infolge Verlegung des Heimatortes nach Kiel geschlossen. Eingetragen am ...
(Ist das Schiff im Seeschiffsregister des neuen Heimathafens eingetragen und liegt dem Gericht des Binnenschiffsregisters die entsprechende Eintragungsnachricht vor, so ist noch folgendes zu vermerken: Das Schiff ist im Schiffsregister des Amtsgerichts Kiel unter SSR eingetragen. Eingetragen am ...

Erste Abteilung
Das Schiff

Name, Nummer oder sonstige Merkzeichen	Gattung, Hauptbaustoff	Jahr des Stapellaufs, Bauort, Schiffswerft	Heimatort
1	2	3	4
			Kiel

Veränderungen

Zu Spalte		Löschung der Eintragung des Schiffs
7	8	9
4	Der Heimatort nunmehr Heimathafen ist nach Kiel verlegt Eingetragen am	

Zweite Abteilung
Eigentümer

Lfd. Nr.	Eigentümer	Anteile	Lfd. Nr. der Spalte 1	Erwerbsgrund, Grundlage der Eintragung, Eigentumsbeschränkungen, Veränderungen
1	2	3	4	5
1	(neuer Eigentümer)		1	

Eintragung in Abt. I Sp.4 (bisheriger Heimatort) und Abt. II lfd. Nr. ... Sp. 1–5 (bisherige Eintragung) röten.
Sämtliche Seiten des Registerblattes – **mit Ausnahme der Aufschrift** – rot durchkreuzen.
Schiffbrief berichtigen; Handblatt berichtigen und ergänzen.
Nachrichten, Kosten

Urschriftlich mit Akten, beglaubigtem Handblatt und Schiffsbrief an das Amtsgericht Kiel-Seeschiffsregister mit der Bitte um Übernahme und weitere Veranlassung.
Es wird gebeten den Eichschein von dort einzufordern.
Retentfrist

Wird die Akte vom Binnenschiffsregister übersandt, hat der neue Eigentümer bei 177
dem Seeschiffsregister den flaggenrechtlichen Nachweis zu führen und einen Schiffsmessbrief vorzulegen. Eine Eintragung in das Schiffsregister aufgrund eines Eichscheines ist nicht möglich. Eintragungen aus dem Binnenschiffsregister können übernommen werden, soweit diese noch Gültigkeit haben. In der Regel wird das Schiffsregister jedoch Schiffsdaten aus dem Messbrief übernehmen. **Umgekehrt** ist bei einer Übertragung von einem im **Seeschiffsregister** eingetragenen Schiff in ein **Binnenschiffsregister** die Eintragung aufgrund eines Schiffsmessbriefes ebenfalls nicht möglich. Bei einem Wechsel vom Seeschiffsregister in das Binnenschiffsregister verliert das **Unterscheidungssignal seine Gültigkeit** und ist nicht übertragbar, auch wenn das Schiff sowohl auf Binnen- als auch auf Seegewässern fährt.

c) Eintragungsmuster in das Seeschiffsregister 178

Eintragen in das Seeschiffsregister Nr.

Aufschrift:

Das Schiff ist vom Binnenschiffsregister des Amtsgerichts in Stuttgart BSR Nr. ... hierher übertragen am ...

Erste Abteilung
Das Schiff

Name	Unterscheidungssignal	Gattung, Hauptbaustoff	Jahr des Stapellaufs, Bauort, Schiffswerft	Heimathafen
1	2	3	4	5
Name des Schiffs	Nächstes freies US. vergeben	Segelyacht, Holz	2000, Bremen; Lang & Breit KG Bremen	Kiel früher Stuttgart

Ergebnisse der amtlichen Vermessung (a–d in Metern), Maschinenleistung

6							
Länge	Breite	aa) Tiefe bb) Umfang in der Außenfläche oder cc) Seitenhöhe	Länge über alles	Bruttoraumgehalt in	Nettoraumgehalt in	Messbrief	Maschinenleistung
a	b	c	d	e f	g h	l	m
12,50			13,20 einschl. Bugkorb			ausgestellt vom Bundesamt für Seeschifffahrt und Hydrographie in Hamburg am	
				Bruttoraumzahl	Nettoraumzahl		

Veränderungen

Tag der Eintragung des Schiffs, Löschung der Eintragung des Schiffs	Zu Spalte		Das Flaggenrecht betreffende Eintragungen
7	8	9	10
Eingetragen im Binnenschiffsregister des Amtsgerichts Stuttgart am (gez. zwei Unterschriften) Übereinstimmung mit dem Inhalt des bisherigen Blattes wird bescheinigt. Eingetragen am	5	Der Heimatort/Heimathafen ist von Stuttgart nach Kiel verlegt. Eingetragen am Übereinstimmung mit dem Inhalt des bisherigen Blattes wird bescheinigt. Eingetragen am	Recht zur Führung der Bundesflagge gemäß § 1 Abs. 1 Flaggenrechtsgesetz-festgestellt und eingetragen am

Zweite Abteilung
Eigentümer

Laufende Nummer	Eigentümer, Korrespondentreeder	Schiffs-parten	Lfd. Nr. der Spalte 1	Erwerbsgrund, Grundlage der Eintragung, Eigentumsbeschränkungen, Veränderungen
1	2	3	4	5
1 gelöscht 2	 Max Mustermann, geb. 8.8.1980, Hamburg		2	Kauf. Aufgrund der Einigung vom Eingetragen am ... Übereinstimmung mit dem Inhalt des bisherigen Blattes wird bescheinigt. Eingetragen am

In dem Beispielsfall wird auf eine Eintragung in Abteilung III verzichtet. Die Übereinstimmung des Inhalts des neuen Blattes mit dem Inhalt des bisherigen Blattes ist in jeder Abteilung zu bescheinigen und zwar in den Spalten in denen die Eintragungen unterschrieben werden (§ 12 Abs. 4 S. 2 SchRegDV).
Eintragungen nebst Unterscheidungssignal auf dem Schiffszertifikat und Messbrief vermerken.
Unterscheidungssignal in Liste der Unterscheidungssignale vermerken.
Schiffspapiere an Einsender per Einschreiben/Rückschein
Nachrichten, Kosten

12. Verlegung des Heimathafens ins Ausland

Bei der Verlegung des Heimathafens ins Ausland ist die Heimathafenverlegung in das Register einzutragen. Jedoch erfolgt keine Mitteilung an die ausländische Registerbehörde und auch keine Aktenübersendung. Das Registerblatt wird geschlossen (§ 20 Abs. 2 SchRegO). **179**

I. Das Flaggenrecht

1. Allgemein

Die Flagge dient als **staatliches Symbol** und entscheidet über die Staatszugehö- **180**
rigkeit des Schiffs und damit über die Rechtsordnung, unter der ein Schiff steht. Es besteht damit ein fester Zusammenhang zwischen Schiff und Flaggenstaat. Somit kommt dem Registergericht mit der Feststellung und Eintragung des Flaggenrechts in das Schiffsregister eine erhebliche rechtliche Bedeutung zu. Nach Art. 5 Abs. 1 des internationalen Übereinkommens vom 29.4.1958 über die Hohe

See[74] hat jeder Staat Bedingungen festgelegt, zu denen er Schiffen seine Staatszugehörigkeit gewährt. Mit dem Zustimmungsgesetz vom 2.9.1994 ist die Bundesrepublik Deutschland dem Seerechtsübereinkommen der Vereinten Nationen vom 10.12.1982 (SRÜ) beigetreten.[75] Art 91 des SRÜ (oder „United Nations Convention on the Law of the Sea") lautet:

Staatszugehörigkeit der Schiffe
(1) Jeder Staat legt die Bedingungen fest, zu denen er Schiffen seine Staatszugehörigkeit gewährt, sie in seinem Hoheitsgebiet in das Schiffsregister einträgt und ihnen das Recht einräumt, seine Flagge zu führen. Schiffe besitzen die Staatszugehörigkeit des Staates, dessen Flagge zu führen sie berechtigt sind. Zwischen dem Staat und dem Schiff muss eine echte Verbindung stehen.
(2) Jeder Staat stellt den Schiffen, denen er das Recht einräumt, seine Flagge zu führen, entsprechende Dokumente aus.

Für die Bundesrepublik Deutschland sind die Bedingungen im Flaggenrechtsgesetz (FlaggRG) und in der Flaggenrechtsverordnung (FlRV)geregelt. In einem engen Zusammenhang zum Flaggenrechtsgesetz stehen das SchRG, die SchRegO und die SchRegDV. Nach § 1 Abs. 1 FlaggRG und § 3 Abs. 2 SchRegO findet das Flaggenrecht grundsätzlich Anwendung für **Seeschiffe,** die Kauffahrtschiffe oder sonstige zur Seefahrt bestimmte Schiffe sind. Für den Begriff **Kauffahrtschiff** wird heute in Anlehnung von § 5a Einkommenssteuergesetz der Begriff **Handelsschiff** gebraucht. In das Seeschiffsregister sind nur Seeschiffe einzutragen, die nach §§ 1 oder 2 FlaggRG die Flagge der Bundesrepublik zu führen haben oder führen dürfen. Schiffe, die nach § 1 FlaggRG die Bundesflagge zu führen haben, sind nach § 10 SchRegO vom Eigentümer zum Schiffsregister zur Eintragung anzumelden. Nach dem FlRG wird zwischen dem **Muss** zur Führung der Bundesflagge und dem **Dürfen** zur Führung der Bundesflagge unterschieden.

2. Seeschiffe die die Bundesflagge führen müssen

181 Der Gesetzgeber nennt in § 1 FlaggRG vier Fälle, in denen die Bundesflagge zu führen ist.

---

74 BGBl. II 1972 S. 1089.
75 BGBl. II 1994 S. 1798 ff.

a) Nach § 1 Abs. 1 FlaggRG

Nach § 1 Abs. 1 FlaggRG **müssen Seeschiffe** die Bundesflagge führen, wenn deren Eigentümer Deutsche sind und sie ihren Wohnsitz in Deutschland haben.

b) Nach § 1 Abs. 2 FlaggRG

§ 1 Abs. 2 FlaggRG stellt Seeschiffe von Eigentümern einer Offene Handelsgesellschaft, Kommanditgesellschaften und juristischen Personen mit Sitz in der Bundesrepublik mit § 1 Abs. 1 FlaggRG gleich, wenn bei Offenen Handelsgesellschaften und Kommanditgesellschaften deren persönlich haftende und zur Geschäftsführung sowie der zur Vertretung berechtigten Gesellschafter und deren Gesellschafter mehrheitlich Deutsche sind (§ 1 Abs. 2a FlaggRG) und wenn bei einer juristische Personen Deutsche im Vorstand sind oder in der Geschäftsführung die Mehrheit haben (§ 1 Abs. 2b FlaggRG). 182

Der Sitz einer Kommanditgesellschaft/einer Offenen Handelsgesellschaft ist am Ort der tatsächlichen Geschäftsführung.[76] Sitz einer GmbH ist der Ort im Inland, den der Gesellschaftsvertrag bestimmt (§ 4a GmbHG). Der Sitz einer Gesellschaft ist nicht mit der **Geschäftsanschrift** zu verwechseln. Der Nachweis ist mittels eines Handelsregisterauszuges zu führen. 183

c) Bei einer Partenreederei

Für Partenreedereien mit deutscher Mehrheitsbeteiligung ist nach § 1 Abs. 3 FlaggRG ebenfalls die Pflicht zur Führung der Bundesflagge begründet worden, soweit nicht § 19 FlaggRG für die Partenreedereien Anwendung findet. Hat die Gesellschaft am 31.12.1988 eine andere Nationalflagge als die Bundesflagge geführt und führt diese immer noch, besteht keine Pflicht zur Führung der Bundesflagge. 184

d) Bei Binnenschiffen

Nach § 14 FlaggRG müssen Binnenschiffe nicht die Bundesflagge führen. Eine Ausnahme ergibt sich aus der Vorschrift des § 1 Abs. 4 FlaggRG nach der Binnenschiffe flaggenrechtlich wie Seeschiffe behandelt werden, wenn sie Seegewässer befahren. In diesem Fall haben auch Binnenschiffe die Bundesflagge zu führen. 185

76 BGH BB 1969, 329.

3. Seeschiffe die die Bundesflagge führen dürfen

a) Nach § 2 Abs. 1 Nr. 1 FlaggRG

186 Die Vorschrift § 2 FlaggRG regelt die Fälle, in denen Seeschiffe, die nicht nach § 1 FlaggRG zur Führung der Bundesflagge berechtigt sind, die Bundesflagge führen **dürfen.**

Nach § 2 Abs. 1 Nr. 1 FlaggRG dürfen Seeschiffe, deren **Eigentümer** ihren **Wohnsitz** oder **Sitz** im Geltungsbereich des Grundgesetzes haben, auch dann die Bundesflagge führen, wenn die nach §§ 1 und 2 Abs. 2 FlaggRG zu erfüllenden Voraussetzungen nur deshalb nicht erfüllt werden, weil die Eigentümer Staatsangehörige von Mitgliedstaaten der Europäischen Union, aber nicht – oder nicht sämtlich – Deutsche sind. Mitgliedstaaten sind[77]:

Belgien, Bulgarien, Dänemark, Estland, Finnland, Frankreich, Griechenland, Irland, Italien, Lettland, Litauen, Luxemburg, Malta, Niederlande, Österreich, Polen, Portugal, Rumänien, Schweden, Slowakei, Slowenien, Spanien, Tschechien, Ungarn, Vereinigtes Königreich und Zypern. Nach § 23 FlaggRG gehören auch noch die drei EFTA Staaten Liechtenstein, Island und Norwegen dazu.

187 Die Schweiz nimmt als einziger EFTA-Staat am EWR nicht teil. § 2 Abs. 1 Nr. 1 FlaggRG stellt damit auf Eigentümer von Mitgliedstaaten der Europäischen Union mit **Wohnsitz** oder **Sitz** in der **Bundesrepublik** ab.

b) Erweiterte Möglichkeit aus § 2 Abs. 1 Nr. 2 FlaggRG

188 Erweitert wird die Möglichkeit aus § 2 Abs. 1 Nr. 1, dass bei **fehlendem Wohnsitz** oder **Sitz** im Geltungsbereich des Grundgesetzes Bürger aller Mitgliedstaaten einschließlich der Deutschen als Eigentümer flaggenrechtlich **gleichgestellt** sind (§ 2 Abs. 1 Nr. 2 FlaggRG).

Da jedoch ein Flaggenstaat über die seine Flagge führenden Schiffe die Hoheitsgewalt und Kontrolle in technischen, sozialen und Verwaltungsangelegenheiten ausüben muss und ein fehlender inländischer Wohnsitz oder Sitz des Eigentümers auch in der Europäischen Gemeinschaft erhebliche praktische Schwierigkeiten bringen kann, wird die Führung der Bundesflagge ebenfalls davon abhängig gemacht, eine beauftragte Person (Flaggenrechtsbeauftragten) nach § 2 Abs. 1 des FlaggRG zu benennen (§ 5 a FLRV). Der Eigentümer eines Seeschiffs hat gegenüber der Flaggenbehörde (Bundesamt für Seeschifffahrt und Hydrographie) eine schriftliche Erklärung jeder beauftragten Person vorzulegen, in der sich diese zweifelsfrei verpflichtet, für

77 Stand Dezember 2011.

die in § 5 a FLRV genannten Angelegenheiten nach Maßgabe der in der Bundesrepublik Deutschland geltenden Rechtsvorschriften in vollem Umfang einzustehen. Zu diesen **Rechtsvorschriften** gehören unter anderem Regelungen über die bautechnische Beschaffenheit, Ausrüstung und Bemannung der Schiffe einschließlich des sicheren und umweltverträglichen Schiffsbetriebs sowie Vorschriften mit unmittelbar kommerziellen Auswirkungen wie zum Beispiel Einhaltung des Kriegswaffenembargos (§ 2 Abs. 1 Nr. 2 a FlaggRG). Nach § 2 Abs. 1 Nr. 2 b FlaggRG sind bei **Fischereifahrzeugen** zusätzlich die auf das Fahrzeug und seinen Einsatz bezogenen Vorschriften des Fischereirechts zu beachten.

c) Erweiterte Möglichkeit aus § 2 Abs. 1 a FlaggRG

Nach § 2 Abs. 1a FlaggRG wird das Recht zur Führung der Bundesflagge aus § 2 Abs. 1 **189**
FlRG erweitert, wonach die der **Europäischen Gemeinschaft** zugehörigen Gesellschaften den Staatsangehörigen der europäischen Mitgliedstaaten gleichstehen und zwischen Anteilseignern der verschiedenen Mitgliedstaaten nicht unterschieden wird.

d) Bei einer Partenreederei

Partenreedereien ohne eine deutsche Mehrheitsbeteiligung, die nicht nach § 1 **190**
Abs. 3 FlaggRG zur Führung der Bundesflagge verpflichtet sind, können unter den Voraussetzungen des § 2 Abs. 2 a FlaggRG – mindestens ein deutscher Mitreeder - die Bundesflagge führen, müssen dies aber nicht.

Da ein Seeschiff nicht ohne Feststellung der Nationalität in Fahrt gesetzt werden **191**
kann, ist auch ein Antrag auf die Erteilung eines Schiffszertifikates oder Flaggenzeugnisses für die Partenreederei unumgänglich.

e) Bei einer Erbengemeinschaft

Bei einer Erbengemeinschaft, bei der Deutsche mehrheitlich am Nachlass beteiligt **192**
und zur Vertretung ausschließlich Deutsche mit Wohnsitz oder Sitz im Geltungsbereich des Grundgesetzes berechtigt sind, gilt § 2 Abs. 2 b FlaggRG.

4. Führung der Bundesflagge durch staatliche Verleihung

Neben dem gesetzlichen Erfordernis aus § 1 FlaggRG und der freiwilligen Eintra- **193**
gungsmöglichkeit nach § 2 FlaggRG kann einem Schiff auch nach §§ 10 und 11 FlaggRG die Befugnis zur Führung der Bundesflagge durch das zuständige Bundes-

ministerium (Verkehr, Bau und Stadtentwicklung) verliehen werden. Nach § 10 FlaggRG ist dies für eine **Überführungsfahrt** in einen anderen Hafen oder für die hierfür erforderlichen vorausgehenden Fahrten möglich, wenn das Seeschiff im Geltungsbereich des Grundgesetzes erbaut wurden und nicht bereits nach den Vorschriften der §§ 1 und 2 FlaggRG zur Führung der Bundesflagge berechtigt ist. Nach **§ 11 FlaggRG** kann einem ausländischen Eigentümer, welcher nicht nach §§ 1, 2 und 10 FlaggRG zur Führung der Bundesflagge berechtigt ist, das Recht zur Führung der Bundesflagge verliehen werden, wenn die Voraussetzung aus § 11 Abs. 1 a–e FlaggRG vorliegen. Damit werden den übrigen **Mitgliedstaaten der Gemeinschaft** zugehörige Ausrüster mit **deutschen Ausrüstern gleichgestellt.** Diese Vorschrift ist das Gegenstück zu § 7 FlaggRG. Seeschiffe, denen nach §§ 10 oder 11 FlaggRG das Recht zur Führung der Bundesflagge verliehen wurde, können **nicht** in das Schiffregister eingetragen werden (§§ 1 und 2 FlaggRG). Zum Nachweis der Befugnis zur Führung der Bundesflagge wird ein Flaggenschein ausgestellt (siehe auch Rn. 872).

5. Nachweis der Berechtigung zur Führung der Bundesflagge

194 Die Berechtigung zur Führung der Bundesflagge wird in den Fällen der §§ 1und 2 SchRegO durch das **Schiffszertifikat** oder durch das **Schiffsvorzertifikat** (§ 3 Buchst. a FlaggRG) nachgewiesen. Weitere Nachweise sind der **Flaggenschein** für die Fälle der §§ 10 und 11 FlaggRG und ein **Flaggenzertifikat** für Schiffe, deren Rumpflänge 15 m nicht übersteigt (§ 3 Buchst. d FlaggRG). Nach § 4 FlaggRG sind Schiffszertifikat oder Schiffsvorzertifikat, Flaggenschein oder Flaggenbescheinigung oder ein beglaubigter Auszug aus dem Schiffszertifikat ständig an Bord des Schiffes mitzuführen.

195 Schiffe, die im Eigentum oder **öffentlichen Dienst** des Bundes, eines Landes oder einer öffentlich-rechtlichen Körperschaft oder Anstalt stehen, brauchen nicht in das Schiffsregister eingetragen werden und weisen ihr Recht zur Führung der Bundesflagge durch eine **Flaggenbescheinigung** nach § 3 Buchst. c FlaggRG aus.

196 Alle Schiffe unter der Bundesflagge werden in einem **Flaggenregister** erfasst, das vom **Bundesamt für Seeschifffahrt in Hamburg** geführt wird.

6. Feststellung des Flaggenrechts

a) Bei Ersteintragung eines Seeschiffs

197 Nach § 13 Abs. 2 SchRegO sind „bei der **Anmeldung** eines Seeschiffs die das Recht zur Führung der Bundesflagge begründeten Tatsachen nachzuweisen".

Das Schiffsregister prüft aufgrund der Anmeldung der Eigentümer (§ 11 Abs. 1 Nr. 8 SchRegO), welche Voraussetzungen nach §§ 1 oder 2 FlaggRG vorliegen und trägt dann gemäß § 16 Abs. 2 SchRegO die entsprechende Bestimmung bei der Feststellung des Flaggenrechts in die Erste Abteilung in Sp. 10 ein (§ 27 Abs. 1 Nr. 10 SchRegDV). Die Eintragung ist zu unterschreiben. Bei Seeschiffen hat das Schiffsregister zum Nachweis der Eintragung ein **Schiffszertifikat** auszustellen, welches auch **Auskunft über das Flaggenrecht** geben muss (§ 60 Abs. 1 und 2 SchRegO). Der Nachweis der Staatsangehörigkeit des Eigentümers wird in der Regel durch eine beglaubigte Ausweiskopie, bei Firmen zusätzlich durch einen beglaubigten Handelsregisterauszug nebst Nachweis der Staatsangehörigkeit des gesetzlichen Vertreters erbracht. Durch das Bundesamt für Seeschifffahrt und Hydrographie findet eine Vorprüfung zum Flaggenrecht **nicht** statt.

Eintragungsmuster 198

Erste Abteilung
Veränderungen

Tag der Eintragung des Schiffs, Löschung der Eintragung des Schiffs	Zu Spalte		Das Flaggenrecht betreffende Eintragungen
7	8	9	10
			Flaggenrecht gemäß § Flaggenrechtsgesetz festgestellt und eingetragen am

b) bei Eigentumswechsel

Bei jedem Eigentumswechsel ist immer erneut das Flaggenrecht zu prüfen, neu festzustellen und ebenfalls in Abt. I Sp. 10 einzutragen. 199
Der Eintragungstext lautet dann:

Flaggenrecht **erneut** gemäß ... festgestellt und eingetragen am ...
Die bisherige Eintragung in Abt. I Sp. 10 röten – wie Handblatt –
Eintragung und entsprechende Rötung auf dem Schiffszertifikat vermerken.
Nachrichten, Kosten keine für die erneute Feststellung des Flaggenrechts.

c) bei Eigentumswechsel im Falle des § 2 Abs. 1 Nr. 2 FlaggRG

200 In der Praxis kommt es nicht selten vor, dass ein deutscher Eigentümer seines im Schiffsregister eingetragen Schiffes an einen Staatangehörigen der Mitgliedstaaten der Europäischen Gemeinschaft ohne Wohnsitz oder Sitz in der Bundesrepublik verkauft und der neue Eigentümer mit dem Schiff im deutschen Schiffsregister bleiben möchte.

Werden in diesem Fall Kaufvertrag, Einigungserklärung, Antrag auf Eintragung und die Schiffspapiere dem Register vorgelegt, so kann eine Eintragung noch nicht erfolgen, da der Eigentümer einen **Flaggenrechtsbeauftragten** zu benennen hat, der durch die Flaggenbehörde (BSH) genehmigt wird.

201 Die Eigentumsumschreibung darf nicht **ohne Genehmigung der Flaggenbehörde** erfolgen. In den Fällen des § 2 Abs. 1 Nr. 2 des FlRG (Staatsangehörige der Mitgliedstaaten der Europäischen Gemeinschaften ohne Wohnsitz oder Sitz im Geltungsbereich des Grundgesetzes der Bundesrepublik) hat der **Eigentümer** eines Seeschiffes gegenüber der Flaggenbehörde (Bundesamt für Seeschifffahrt und Hydrographie) nach § 5a Flaggenrechtsverordnung nachfolgende Erklärungen abzugeben:

202 Eine schriftliche Erklärung jeder **beauftragten Person,** in der sich diese zweifelsfrei verpflichtet, für die in der Bestimmung genannten Angelegenheit nach Maßgabe der in der Bundesrepublik Deutschland geltenden Rechtsvorschriften in vollem Umfang einzustehen. Das Original einer aktuellen Meldebestätigung der Heimatbehörde der **beauftragten Person** ist beizufügen. Von dem **Eigentümer** des Seeschiffs ist ein Schreiben vorzulegen, aus dem hervorgeht, warum die Person, die beauftragt wurde, persönlich zuverlässig und finanziell leistungsfähig ist (§ 5 a Nr. 2 FlRV. Nach § 5a Nr. 3 FlRV hat der **Eigentümer** durch eine Bescheinigung des Staates, dessen Staatsangehörigkeit er besitzt, und sofern er seinen Wohnsitz oder Sitz nicht in diesem Staat hat, zusätzlich durch eine Bescheinigung des Wohnsitz- oder Sitzstaates nachzuweisen, dass die Rechtsvorschriften des jeweiligen Staates nicht dem Führen der Bundesflagge durch das Seeschiff entgegenstehen.

203 Sind die Nachweise des § 5a FlRV erbracht, bescheinigt die Flaggenbehörde, dass die Voraussetzungen nach § 2 Abs. 1 Nr. 2 FlaggRG erfüllt sind (§ 5b FlRV). Nach § 2 Abs. 3 FlaggRG ist eine Veränderung der Voraussetzung für die Führung der Bundesflagge in den Fällen des Absatzes 1 Nr. 2 – auch in Verbindung mit Absatz 1a – vom **Eigentümer** unverzüglich der Flaggenbehörde anzuzeigen (§ 2 Abs. 3 FlaggRG, § 5b Abs. 3 FlRV).

Bei Wegfall der einem Nachweis zugrunde liegenden Tatsachen widerruft die Flaggenbehörde die erteilte Bescheinigung (§ 5 Abs. 4 FlRV, siehe auch Rn. 205).

204 Liegt die Genehmigung des BSH vor, ist **zusammen** mit dem Eigentumswechsel der **Flaggenrechtsvermerk** mit der **beauftragten Person** in das Schiffsregister einzutragen (§ 27 Abs. 1 Nr. 10 SchRegDV). Nur unter der Voraussetzung für das Flaggenrecht ist die beauftragte Person in das Register einzutragen. In den anderen Fäl-

len des § 4 Abs. 3 SchRegO wird die beauftragte Person nicht in das Register eingetragen (siehe auch Rn. 151).

d) Eintragungsmuster

Erste Abteilung
Veränderungen

Tag der Eintragung des Schiffs, Löschung der Eintragung des Schiffs	Zu Spalte		Das Flaggenrecht betreffende Eintragungen
7	8	9	10
			Flaggenrecht erneut gemäß § 2 Abs. 1 Nr. 2 Flaggenrechtsgesetz festgestellt und eingetragen am ... Beauftragte Person nach § 5b Flaggenrechtsverordnung (Name), geb. ... (Ort). Eingetragen am

Eintragung auf dem Schiffszertifikat vermerken.
Nachrichten, Kosten: ¼ Geb. nach §§ 84, 30 Abs. 2, 32 KostO nur für die Eintragung der beauftragten Person.

Im Falle eines **Widerrufes** durch das Bundesamt für Seeschifffahrt und Hydrographie hat der Eigentümer einen neuen Flaggenrechtsbeauftragten zu benennen, es ist ein neuer Antrag erforderlich. Wenn kein neuer Flaggenrechtsbeauftragter bestellt wird, ist einzutragen, dass das Schiff das Recht zur Führung der Bundesflagge verloren hat. 205

7. Verfahren einer Ausflaggung (Antrag und Eintragung)

a) Allgemein

Nach dem Flaggenrecht kann der Eigentümer eines im deutschen Schiffsregister eingetragenen Seeschiffs dieses einem Ausrüster/Charterer, „der nicht Deutscher ist oder seinen Wohnsitz oder Sitz nicht im Geltungsbereich des Grundgesetzes hat, auf mindestens ein Jahr zur Bereederung in eigenem Namen überlassen" (§ 7 FlaggRG). 206

207 Man spricht hier von einer **Bareboat-Charter,** bei der die Chartergesellschaft mit dem Eigentümer des Schiffs einen Bereederungsvertrag (Abwicklung aller mit dem Betrieb des Schiffes zusammen hängenden Geschäfte und Aufgaben) schließt. Gründe für eine Ausflaggung sind in einer möglichen Senkung der Betriebskosten des Schiffs insbesondere der Personalkosten zu sehen, da diese sich dann nach den Gesetzen des jeweiligen Flaggenstaates richten.

208 Bei einem Flaggenwechsel nach § 7 FlaggRG aufgrund einer Bareboat-Charter wird das Schiff im **deutschen Flaggenregister** gestrichen (§ 21 FlRV) und im Register des neuen Flaggenstaats eingetragen. Für den Schiffshypothekengläubiger besteht damit die Gefahr einer Doppelregistrierung, auch wenn durch internationale Abkommen diese „Gefahr" weitgehend gebannt ist. Banken machen daher in der Regel in ihren Darlehensbedingungen eine Bareboat–Vercharterung von der Zustimmung der Gläubiger abhängig.

209 Die Berechtigung, für eine bestimmte Zeit eine ausländische Flagge zu führen, wird nach § 17 Abs. 2 und 3 i.V.m. § 16 FlaggRG mit einem Vermerk in das Schiffsregister eingetragen, dass das Führen der Bundesflagge für einen bestimmten Zeitraum nicht gestattet ist. Die **Eintragung** ist **konstitutiv**, erst mit der Eintragung besteht die Berechtigung, die ausländische Flagge zu führen (§ 7 Abs. 2 FlaggRG). Das Schiff wird **nicht** – auch nicht vorübergehend – **aus dem Schiffsregister gelöscht,** da das Schiff weiterhin die Merkmale des § 1 FlaggRG erfüllt.

b) Antrag an das BSH

210 Da das BSH über Anträge für deutsche Handelsschiffe zeitweise eine ausländische Flagge zu führen entscheidet, hat der Eigentümer zuerst einen Antrag auf Genehmigung beim BSH zu stellen. Formulare können unter **http://www.bsh.de** und dort unter „Zeitweise Ausflaggung" heruntergeladen werden. Eine elektronische Antragstellung ist jedoch nach § 22c FlaggRG zum jetzigen Stand nicht möglich.[78] Die Ausflaggung wird für mindestens **ein** und maximal **zwei Jahre** genehmigt (§ 7 FlaggRG). Mit der Erteilung der Genehmigung hat der Eigentümer gleichzeitig die Verpflichtung, sämtliche Veränderungen, die das Flaggenrecht betreffen, unverzüglich anzuzeigen.

78 Juni 2012.

c) Auszug aus Genehmigung des BSH

Beispiel (genehmigt wird das Führen der Flagge der Republik Liberia): 211
Auf Antrag vom ... genehmige ich ihnen als Eigentümer des ... gemäß § 7 Abs. 1 FlaggRG, dass dieses Schiff, das Sie auf Grund der Bareboat-Chartervertrages vom ... der Firma ... (Ausrüster) auf mindestens ein Jahr zur Bereederung im eigenen Namen überlassen haben, vom Tage des Wirksamwerdens dieser Genehmigung, nicht vor dem 1. Januar 2009, bis zum 31. Dezember 2010 anstelle der Bundesflagge die Flagge der Republik Liberia führt.
Die Genehmigung wird unter dem Vorbehalt des Widerrufs nach § 7 Abs. 1 FlaggRG in Verbindung mit § 49 Abs. 2 Nr. 1 Verwaltungsverfahrensgesetz erteilt. Sie werden darauf hingewiesen, dass die Genehmigung nach § 49 Abs. 2 Nr. 5 Verwaltungsverfahrensgesetz auch widerrufen werden kann, um schwere Nachteile für das Gemeinwohl der Bundesrepublik Deutschland, insbesondere durch die Sicherheit von Verkehrsleistungen im Rahmen der Krisenvorsorge, zu verhüten oder zu beseitigen.
Die Genehmigung ist nicht übertragbar. Solange sie wirksam ist, darf das Schiff nicht die Bundesflagge oder eine andere fremde Flagge führen (§ 7 Abs. 4 FlaggRG).
Beim Amtsgericht – Seeschiffsregister – in ... ist unverzüglich zur Eintragung anzumelden, dass und wie lange das Recht zur Führung der Bundesflagge nicht ausgeübt werden darf (§ 17 Abs. 2 SchRegO).
Die Genehmigung wird auf Antrag oder von Amts wegen bei Wegfall der Voraussetzungen für ihre Erteilung zurückgenommen. Nach § 7 Abs. 3 FlaggRG sind Sie verpflichtet, mir alle insoweit wichtigen Tatsachen (insbesondere den Verkauf des Schiffes oder Wechsel des Schiffseigentümers, die vorzeitige Beendigung des Bareboat-Chartervertrages oder eine Änderung der Berechtigung zur Führung der liberianischen Flagge) unverzüglich anzuzeigen.
Auf die Straf-und Bußgeldbestimmungen bezüglich der unbefugten Führung der Bundesflagge (§ 7 Abs. 4 FlaggRG) und der nicht unverzüglichen erstatteten Wegfallanzeige (§ 7 Abs. 3 FlaggRG) wird hingewiesen (§§ 15 Abs. 2, 16 Abs. 2 Nr. 3 FlaggRG). Die Genehmigung wird erst mit einem entsprechenden amtlichen Vermerk des Registergerichts im Schiffszertifikat wirksam (§ 7 Abs. 2 FlaggRG). Eine Änderung des Schiffsnamens ist unverzüglich anzuzeigen (§ 9 Abs. 3 FlaggRG).

d) Antrag an das Schiffsregister

Für einen Antrag auf Eintragung der Ausflaggung reicht der Antrag des Eigentümers 212
in einfacher Schriftform zum Schiffsregister und die Vorlage der Genehmigung des BSH (§ 17 Abs. 2 SchRegO). Einer Bewilligung der Berechtigten aus Abt. III bedarf es nicht, da die Zustimmung zur Führung einer ausländischen Flagge schon **vom Hypothekengläubiger** gegenüber dem BSH abgeben wurde. Die **Genehmigung des BSH** ist zusammen mit dem Antrag des Eigentümers für das Schiffsregister **bindend.**

In vielen Fällen wird die Genehmigung des BSH direkt an das Schiffsregister ge- 213
sandt, sodass die Genehmigung vor dem Antrag des Eigentümers bei dem Gericht eingeht. Von den Eigentümern wird oftmals übersehen einen Antrag auf Eintragung zu stellen da angenommen wird, dass eine Antragstellung beim BSH schon für die Eintragung in das Schiffsregister ausreichend ist. In diesem Fall hat das Gericht den

Eigentümer aufzufordern, einen entsprechenden Antrag zu stellen. Nach § 42 SchRegDV werden Veränderungen nicht auf dem beglaubigten Auszug aus dem Schiffszertifikat vermerkt, sondern es ist ein neuer auszustellen und der alte ist unbrauchbar zu machen und zu den Akten zu nehmen. Da hier das Schiffszertifikat und der (alte) beglaubigte Auszug aus dem Schiffszertifikat einzureichen sind, ist der alte Auszug erst zurückzugeben, wenn das Schiffszertifikat wieder ausgehändigt wurde (§ 43 SchRegDV).

e) Eintragung in das Schiffsregister

214 Vom BSH wurde genehmigt: Nicht vor dem 1. Januar 2009 bis zum 31. Dezember 2010 anstelle der Bundesflagge die Flagge der Republik Liberia zu führen.

Eintragungsmuster

Erste Abteilung
Veränderungen

Tag der Eintragung des Schiffs, Löschung der Eintragung des Schiffs	Zu Spalte		Das Flaggenrecht betreffende Eintragungen
7	8	9	10
			Das Bundesamt für Seeschifffahrt und Hydrographie in Hamburg hat durch Bescheid vom ... – Az.: 421-1000/2008 S13 genehmigt, dass das Schiff vom Tage des Wirksamwerdens dieser Genehmigung bis zum 31. Dezember 2010 anstelle der Bundesflagge die Flagge der Republik Liberia führt. Das Recht zur Führung der Bundesflagge darf, solange die Genehmigung wirksam ist, nicht ausgeübt werden. Eingetragen am ...

Die bisherige Eintragung in Abt. I Spalte 10 röten – wie Handblatt –
Eintragung und entsprechende Rötung auf dem Schiffszertifikat vermerken
Fertige einen begl. Auszug aus dem Schiffszertifikat **(siehe Muster unter f)**
Schiffszertifikat an Einsender zurück gegen E/R,
Beglaubigten Auszug an Eigentümer gegen E/R
Nachricht mit Zusatz: Die Ausflaggung ist am ... in das Schiffszertifikat eingetragen worden (§ 7 Abs. 2 FlaggRG).
Kosten: Keine Gebühr für die Eintragung der Ausflaggung § 84 Abs. II S. 2 KostO
Frist: Zur Überprüfung des Flaggenrechts.

f) Muster eines beglaubigten Auszugs aus dem Schiffszertifikat

BUNDESREPUBLIK DEUTSCHLAND 215

Federal Republic of Germany

Beglaubigter Auszug aus dem Schiffszertifikat
(Authorized extract from the ship certificate)

des (of the) deutschen (german) ...

von (from)

Das Schiff darf gemäß Genehmigungsbescheid des Bundesamtes für Seeschifffahrt und Hydrographie für die Zeit vom ... bis ... die Flagge von ... führen. Während dieser Zeit darf das Recht zur Führung der Bundesflagge nicht ausgeübt werden.
Eingetragen am ...

According to the permission of the Federal Maritime and Hydrographic Agency the vessel is entitled to fly the flag of ... from ... until .... During this period the vessel is not entitled to fly the flag of the Federal Republic of Germany.
Registered on ....

In dem vom unterzeichneten Gericht kraft gesetzlicher Anordnung geführten Schiffsregister ist das Schiff ... auf Grund glaubhafter Nachweisungen unter der **Register Nr:** ... wie folgt eingetragen:

The ship ... has been entered into the Register of Ships maintained by virtue of pertinent statutory provisions by the Court of Law the seal of which has been appended below. The entry, bearing the **registry number** ... has been effected on the strength of bona fide evidence and has the wording given here under:

Name des Schiffs (Name of ship):	...
IMO-Nummer und Unterscheidungssignal: (IMO-Number and Distinctive number or letters)	...
Gattung, Hauptbaustoff: (Type and category of ship, main building material)	...
Jahr des Stapellaufs, Bauort, Schiffswerft (Year of launch; place of build, name of yard):	...
Heimathafen (Port of registry):	...
Ergebnisse der amtlichen Vermessung (a bis d in Metern): (Results of the ships official measurement (entries under a to d given in metres:)	

a) Länge (length): b) Breite (breadth): c) Seitenhöhe (moulded depth): d) Länge über alles (length overall): i) Bruttoraumzahl (gross tonnage): k) Nettoraumzahl (net tonnage)	a) ... b) ... c) ... d) ... i) ... k) ...
Messbrief (tonnage certificate):	Bundesamt für Seeschifffahrt und Hydrographie vom
II. m) Maschinenleistung (engine output):	... kW

Die Übereinstimmung dieses Auszugs mit dem Schiffszertifikat wird hiermit beglaubigt.
(Certified to be a true excerpt from the ship certificate)

Eingetragener Eigentümer (Registered owner)	...

Kiel, ...
(place of issue) (date of issue)

(Siegel) Amtsgericht Kiel, Abt. 505
(seal) (local Court)

...
Rechtspfleger

g) Widerruf des Flaggenrechts

216 Wird das Schiff während der Vercharterung verkauft, so hat der Eigentümer dies unverzüglich dem BSH anzuzeigen (§ 7 Abs. 3 FlaggRG). Mit dem Verkauf wird die flaggenrechtliche Genehmigung mit sofortiger Wirkung durch das BSH aufgehoben (§ 43 Abs. 2 VwVfG). Die Folge ist, dass der Widerruf der erteilten Genehmigung und die Rückkehr zur Deutschen Flagge in das Schiffsregister einzutragen ist.

Der Eigentümer hat unter Vorlage des Widerrufbescheides die Eintragung in das Schiffsregister anzumelden (§ 17 Abs. 2 SchRegO). Der Antrag kann **formlos** gestellt werden. **Einzureichen sind:** das Schiffszertifikat, der alte beglaubigte Auszug aus dem Schiffszertifikat und der Widerrufsbescheid.

Eintragungsmuster 217

Erste Abteilung
Veränderungen

Tag der Eintragung des Schiffs, Löschung der Eintragung des Schiffs	Zu Spalte		Das Flaggenrecht betreffende Eintragungen
7	8	9	10
			Das Recht zur Führung der Flagge der Republik Liberia ist aufgehoben. Flaggenrecht erneut gemäß § 1 Flaggenrechtsgesetz festgestellt und eingetragen am

Röten in Abt. I Sp. 10 wie Handblatt
Eintragung auf dem Schiffszertifikat vermerken und an Einsender zurück E/R.
Beglaubigten Auszug aus dem Schiffszertifikat zurückfordern.
Nachrichten, Kosten

h) Ablauf des Flaggenrechts

Wird die erteilte Genehmigung zur Führung einer anderen Flagge als der Bundesflagge nicht widerrufen, sondern läuft diese ab und wird auch keine weitere Ausflaggung beantragt, so ist das Recht zur Führung der Bundesflagge wieder in das Register einzutragen. 218

219 **Eintragungsmuster**

Erste Abteilung
Veränderungen

Tag der Eintragung des Schiffs, Löschung der Eintragung des Schiffs	Zu Spalte		Das Flaggenrecht betreffende Eintragungen
7	8	9	10
			Das Schiff führt nach Ablauf der Genehmigung des Bundesamtes für Seeschifffahrt und Hydrographie in Hamburg vom ... wieder die deutsche Bundesflagge gemäß § ... Flaggenrechtsgesetz. Von Amts wegen eingetragen am ...

Röten in Abt. I Sp. 10 wie Handblatt
Eintragung auf dem Schiffszertifikat vermerken und an Einsender zurück E/R
Beglaubigten Auszug aus dem Schiffszertifikat zurückfordern.
Nachrichten, Kosten keine

8. Flaggenführung bei Binnenschiffen

220 Binnenschiffe dürfen nach § 14 FlaggRG die Bundesflagge führen. Ein Zwang besteht nicht. Andere Flaggen dürfen nur neben der Bundesflagge gesetzt werden. Im Gegensatz zum Seeschiffsregister entfällt die Feststellung und Prüfung des Rechts zur Führung der Bundesflagge.

Eine **Ausnahme** ergibt sich aus der Vorschrift des § 1 Abs. 4 FlaggRG, nach der Binnenschiffe flaggenrechtlich wie Seeschiffe behandelt werden, wenn sie Seegewässer befahren. In diesem Fall haben auch Binnenschiffe die Bundesflagge zu führen.

J. Die Schiffsvermessung (Eintragung von Vermessungsergebnissen)

1. Allgemein

Die Schiffsvermessung ist ein sehr umfangreiches und technisches Thema, bei dem internationale Abkommen und nationale Vorschriften zu beachten sind. An dieser Stelle können daher nur Grundzüge, die für das Register relevant sind, dargestellt werden. Aufgrund einer amtlichen Vermessung erfolgt die Eintragung der Messergebnisse in das Schiffsregister in **Abteilung. I unter Spalte 6**. Vorab einige Begriffe aus der Schiffsvermessung. 221

a) Begriffe aus Schiffbau und Schiffsvermessung

Brutto-, Nettoregistertonne (BRT/NRT): 222
Raumgehalt, kommt aus dem britischen Maßsystem: 1 RT = 100 Kubikfuß = 2,83 m³. Sie gab ursprünglich den für eine tatsächliche Tonne benötigten Laderauminhalt an. Diese Maßeinheit wurde bis zum 18. Juli 1982 bei der „Oslo-Vermessung" ermittelt.

Brutto-, Nettoraumzahl (BRZ/NRZ): 223
ein **Raummaß,** jedoch kann aus ihr wegen des Faktors „k" bei der „London – Vermessung" der tatsächlich umbaute Raum in m³ nicht errechnet werden. Sie ist per Definition nur eine dimensionslose Vergleichszahl („London-Vermessung"). In der englischen Bezeichnung heißt es „Gross Tonnage" (GT) und „Net Tonnage" (NT).

Bruttoraumgehalt: 224
der nach den jeweiligen Vorschriften ermittelte Rauminhalt des Schiffes in m³. Brutto-, und Nettoraumgehalt werden heute durch die Brutto-, Nettoraumzahl ersetzt.

Hauptabmessungen: 225
„Länge" (L) entspricht 96 v.H. der Gesamtlänge, gemessen in einer Wasserlinie in Höhe von 85 v.H. der geringsten Seitenhöhe über der Oberkante des Kiels, oder, wenn der folgende Wert größer ist, die Länge von der Vorkante des Vorstevens bis zur Drehachse des Ruderschafts in dieser Wasserlinie. Diese Länge ist identisch mit der „Vermessungslänge" bzw. „Freibordlänge".

„Länge über alles" (Lüa) gemessen vom vordersten bis zum hintersten festen 226
Punkt des Schiffskörpers, einschließlich fester Überhänge, wie Bugspriet und Badepodest.

Abnehmbare Teile gehören nicht zu dieser Länge. Diese Länge ist ohne feste Überhänge gleichbedeutend mit der „Rumpflänge" LR.

227 **„Länge zwischen den Loten"** (Lpp) ist der Abstand zwischen den Senkrechten (Lote) des Schnittpunktes der Konstruktionswasserlinie (KWL) mit dem Vorstevenkontor und des Schnittpunktes der Ruderachse mit der KWL.

228 **„Breite"** (B) des Schiffs, auf halber Länge gemessen die größte Breite auf Mallkante bzw. Außenseite Außenhaut.

229 **„Seitenhöhe"** (H), senkrechter Abstand, gemessen von der Oberkante des Kiels bis zur Unterkante des obersten durchlaufenden Decks auf halber Schiffslänge.

230 **Freibord:**

Abstand des obersten durchlaufenden, dem Wetter und der See ausgesetzten Decks (Freiborddeck) von der größten zulässigen Eintauchung (Tiefgang) des Schiffes, der durch die Freibordmarke markiert ist.

231 **Spanten:**

Profile in regelmäßigen Abständen an der Innenseite der Außenhaut zu deren Aussteifung.

232 **Doppelboden:**

Durch vollständige Beplattung der Bodenwrangen geschaffener Raum, meist für Balastwasser zwischen der Außenhaut und dem darüber liegender Laderaum.

b) Warum Schiffsvermessung?

233 Neben dem Schiffsnamen, dem Unterscheidungssignal und der IMO Nummer stellen die amtlich festgestellten Vermessungsergebnisse eine wesentliche Kennzeichnung für das Schiff dar. Für Seeschiffe, deren Länge **15 Meter übersteigt,** ist eine amtliche Vermessung für die Eintragung in das Seeschiffsregister unerlässlich (§ 10 SchRegO). Hauptzweck für die Schiffsvermessung ist jedoch ein anderer. Die **Vermessungsergebnisse** bilden zum einen die Grundlage für die Berechnung zahlreicher Gebühren, wie zum Beispiel Hafen-, Kanal- oder Lotsengebühren, die Tonnagebesteuerung und die Höhe der Schiffsversicherungen. Zum anderen dienen die Vermessungsergebnisse der Zuordnung und **Anwendung von Rechtsvorschriften,** die auf die Größe des Schiffes abstellen (Sicherheits- und Konstruktionsmerkmale, die Schiffsbesatzung). Hieraus wird deutlich, dass ein international **einheitliches Vermessungssystem** erforderlich ist, um Ungleichbehandlungen auszuschließen.

c) Geschichte der Schiffsvermessung (Entwicklung zur heutigen Maßeinheit)

234 Das erste, auch für die deutsche Schiffsvermessung richtungweisende Schiffsvermessungssystem war das 1854 von Großbritannien eingeführte, nach seinem Ver-

fasser benannten **Moorsom-Verfahren.** Dieses Berechnungsverfahren bildete im Wesentlichen die Grundlage für die erste Schiffsvermessungsverordnung von 1872 in Deutschland. Der **Grundsatz,** Innenräume eines Schiffes durch **Länge, Höhe und Breite** zu vermessen ist bis heute in modifizierter Form erhalten geblieben. Die Ermittlung der **„Schiffsgröße"** brachte jedoch in einzelnen Ländern aufgrund unterschiedlicher Auslegungsregeln bei ein und demselben Schiff unterschiedliche Messergebnisse. Erst im Jahre 1947 wurde in Oslo ein „Übereinkommen über ein einheitliches System der Schiffsvermessung" dem sogenannten **Oslo-Übereinkommen**[79] geschlossen, das im Mai 1965 nochmals geändert wurde.[80]

Die International Maritime Organisation (IMO) setzte den Weg für eine einheitliche Internationale Schiffsvermessung mit dem „Übereinkommen über ein einheitliches System der Schiffsvermessung" vom 23.6.1969[81] fort und bildete damit die Grundlage für die heutige Schiffsvermessung. 235

Übereinkommen (**„London- Regeln"**) sind am 18.7.1982 für die Vertragsstaaten mit einer Übergangsregelung von 12 Jahren in Kraft getreten. Danach behielten ausgestellte Internationale Schiffsmessbriefe bis zum **17.7.1994** ihre Gültigkeit, sofern der Messbrief nicht schon vorher durch andere Gründe (z.B. Umbau) seine Gültigkeit verlor. Nach dem 17.7.1994 sind die alten Messbriefe nach der **„Oslo-Vermessung"** nur noch in der **nationalen Fahrt** gültig. 236

Die Schiffsvermessungsverordnung (SchVmV) von 1982/1990 wurde 1998 mit Ausnahme der die Behältervermessung nach EG-Verordnung und die Sportbootvermessung betreffenden Vorschriften außer Kraft gesetzt, da ihr wesentlicher Inhalt nunmehr im **Schiffssicherheitsgesetz (SchSG)**[82] und in der **Schiffssicherheitsverordnung (SchSV)**[83] enthalten ist. 237

2. Rechtsgrundlagen für die Schiffsvermessung

Die Schiffsvermessung und die Ausstellung entsprechender Bescheinigungen auf dem Gebiet der Seeschifffahrt ist nach § 1 Nr. 5 des Seeaufgabengesetzes[84] eine Aufgabe des Bundes, die nach Maßgabe der § 5 Abs. 1 Nr. 2 SeeAufgG dem BSH übertragen wurde. 238

Die Schiffsvermessung auf dem Gebiet der Seeschifffahrt ist geregelt im **Schiffsicherheitsgesetz,** insbesondere

79 Gesetz v. 8.10.1957, BGBl. II S. 1469.
80 Gesetz v. 11.8.1967, BGBl. II. S. 2157.
81 BGBl. II 1975 S. 65.
82 BGBl. I 1998, S. 2860.
83 BGBl. I 1998, S. 3023.
84 SeeAufgG BGBl. I 1998, S. 2986.

- in der **Vermessungspflicht** (§ 6 Abs. 1 SchSG)
- sowie in dem in Anlage A, Ziff. IV zum Schiffsicherheitsgesetz aufgeführten Internationalen Schiffsvermessungsübereinkommen von 1969, jeweils in Verbindung mit § 4 SchSG
- in der Schiffssicherheitsverordnung, hier besonders in den Vorschriften § 3 Abs. 3 Nr. 2 SchSV (sachdienliche Vermessung), § 7 Abs. 5 und 6 SchSV (Bruttoraumgehalt) in Registertonnen (RT), sowie bei der **Sportbootvermessung** von weniger als **24 Meter Länge**
- und in den Anlagen 1 Abschnitt BI. – Amtliche Vermessung) und 2 (Abschnitt A – Ersatzausfertigung, Rückgabe von Dokumenten, Versicherungen an Eides Statt) zur SchSV.

Die **Vermessung von Schiffsbehältern** gemäß EWG-Richtlinie ist in § 5 Abs. 1 sowie in §§ 7 und 9 Abs. 1 Nr. 5 der Schiffsvermessungsverordnung vom 5.6.1982, geändert durch die Verordnung vom 3.9.1990, geregelt. Während alle kommerziell genutzten Schiffe unabhängig von deren Größe entsprechend den Vorschriften der „London-Regel" vermessen werden sollen, können **Sportboote weiterhin** nach einem **vereinfachten Verfahren** vermessen werden (§ 4 SchVmV).

239 Für **Fischereifahrzeuge** mit Rumpflängen unter 15 m wird die Vermessung nach EG-Verordnung 3259/94 durchgeführt. Die BRZ errechnet sich hiernach aus einer Formel.

3. Vermessungspflicht/Vermessung auf Antrag

240 Eine Vermessungspflicht des Eigentümers eines Seeschiffes, das zur Führung der Bundesflagge berechtigt ist, ist gegeben, wenn auf das Schiff das Internationale Schiffsvermessungsübereinkommen Anwendung findet; das Schiff zwar nicht unter das Übereinkommen fällt, aber dessen Länge mehr als 15 Meter beträgt oder das Schiff unter 15 Metern Länge ist und der Eigentümer eine Eintragung in das Schiffsregister beantragt hat.

Die Schiffsvermessung ist beim Bundesamt für Seeschifffahrt und Hydrographie unter Verwendung eines verbindlichen Vordrucks zu beantragen.[85]

85 Vordrucke unter www.bsh.de.

4. Schiffsvermessung und Schiffsregister

a) Eintragung aufgrund amtlicher Vermessungsergebnisse

Der Schiffseigentümer hat bei der Erstanmeldung dem Schiffsregister den Schiffsmessbrief vorzulegen (§§ 13 Abs. 1 i.V.m. 11 Abs. 1 Nr. 5 SchRegO). Einzutragen sind in Abt. I Sp. 6 die Vermessungsergebnisse. Die Sp. 6 ist in Unterspalten von a bis m unterteilt. Einzutragen ist unter a. die Länge, unter b. die Breite und unter d. die Länge über alles. Unter c. sind drei Alternativen möglich: aa) Tiefe, bb)Umfang der Außenfläche und cc) Seitenhöhe. Aus Platz- und Vereinfachungsgründen braucht nur die jeweils in Betracht kommende Abmessung unter Beifügung der Buchstabengruppe eingetragen werden. Eine wörtliche Wiederholung der Überschrift entfällt damit. In den Spalten 6e bis k werden je nach Vermessung Bruttoraumgehalt/Nettoraumgehalt oder Bruttoraumzahl/Nettoraumzahl eingetragen. Ausstellungsdatum und ausstellende Behörde des Messbriefes sind unter Sp. 6 l einzutragen (§ 27 Abs. 1 Nr. 6 SchRegDV). Gleiches gilt bei der Eintragung aufgrund ausländischer Schiffsvermessung. Unter Sp. 6 m ist die Maschinenleistung einzutragen. Der Rechtspfleger trägt anhand der amtlichen Vermessungsergebnisse diese in das Register ein. Danach **offen gebliebene** Unterspalten werden weder mit einem Vermerk „nicht vermessen" noch durch einen Quer- oder Leerstrich ausgefüllt. Ist in dem Messbrief die Hauptabmessung nicht in Metern ausgedrückt, so ist die in dem Messbrief angegebene Maßeinheit in den Spalten 6a bis d einzufügen und der Hinweis, dass die amtlichen Vermessungsergebnisse in Metern erfolgt, auf dem Registerblatt zu streichen. 241

Ist das Schiff im Inland noch nicht vermessen worden, so kann auch ein **ausländischer Messbrief** vorgelegt werden (§ 11 Abs. 2 SchRegO). In diesem Fall ist jedoch vom Schiffsregister darauf hinzuweisen, dass nach § 13 Abs. 1 Nr. 1 SchVmV (Schiffsvermessungsverordnung) binnen 3 Monaten ein inländischer Schiffsmessbrief beim Bundesamt für Seeschifffahrt und Hydrographie zu beantragen ist. 242

Der in der Praxis oftmals bei einer Ersteintragung vorgelegte Bootsschein, die Vermessung einer Klassifikationsgesellschaft oder eine Bescheinigung über eine Serienvermessung ersetzt den erforderlichen amtl. Messbrief nicht. 243

Nach § 27 Abs. 1 Nr. 6 SchRegDV hat das Schiffsregister „die Ergebnisse der amtlichen Vermessung einschließlich der Hauptvermessung, soweit sie dem gültigen Messbrief zu entnehmen sind", einzutragen.

b) Eintragungsmuster: Vermessungsergebnisse

244

Erste Abteilung
Das Schiff
Ergebnisse der amtlichen Vermessung (a–d in Metern), Maschinenleistung

6							
Länge	Breite	aa) Tiefe bb) Umfang in der Außenfläche oder cc) Seitenhöhe	Länge über alles	Brutto-raumgehalt in	Netto-raumgehalt in	Messbrief	Maschinenleistung
a	b	c	d	e f	g h	l	m
91,50	27,50	cc) 5,50				ausgestellt vom Bundesamt für Seeschifffahrt und Hydrographie in Hamburg am 12.12.2000	2000 kW
				Brutto-raumzahl **3527**	Netto-raumzahl **1058**		

5. Vorläufige Schiffsvermessung

a) Allgemein

245 Hat der Eigner für sein Schiff keine ausländischen Schiffsvermessungspapiere und ist das Schiff im Inland noch nicht endgültig vermessen worden, kann eine Eintragung in das Schiffsregister auch durch die Vorlage einer **befristeten Bescheinigung** über ein vorläufiges Messergebnis erfolgen. Diese Bescheinigung stellt ebenfalls die Vermessungsbehörde (BSH) aus und ersetzt den Messbrief innerhalb der ausgewiesen Frist. Die Befristung wird längstens für einen Zeitraum von bis zu drei Monaten ausgestellt. In Ausnahmefällen kann hiervon abgewichen werden; z. B. Erprobung von Schiffsneubauten.

b) Eintragungsmuster

Eintragungsmuster: vorläufiges Messergebnis 246

Erste Abteilung
Das Schiff
Ergebnisse der amtlichen Vermessung (a–d in Metern), Maschinenleistung

6							
Länge	Breite	aa) Tiefe bb) Umfang in der Außenfläche oder cc) Seitenhöhe	Länge über alles	Bruttoraumgehalt in	Nettoraumgehalt in	Messbrief	Maschinenleistung
a	b	c	d	e f	g h	l	m
91,50	27,50	cc) 5,50				Vorläufiges Messergebnis befristet bis zum 31.3.2009 ausgestellt vom Bundesamt für Seeschifffahrt- und Hydrographie in Hamburg am 12.12.2008	2000 kW
				Bruttoraumzahl **3527**	Nettoraumzahl **1058**		

6. Änderung der Vermessungsergebnisse

a) Allgemein

Zur Änderung der Ergebnisse der amtlichen Vermessung ist der neue Schiffsmessbrief vorzulegen (§§ 13 Abs. 1 S. 2 i.V.m. 11 Abs. 1 Ziff. 5 SchRegO). Die bloße Behauptung des Schiffseigentümers, die Angaben der Vermessung hätten sich geändert, reicht nicht aus. 247

Für den **Antrag** reicht die einfache Schriftform unter Beifügung des Messbriefes durch den Eigentümer. Die **Eintragung** der Änderung erfolgt in Abt. I Sp. 9 und außerdem in Sp. 6 bei den einzelnen Unterspalten 6a–m, soweit eine Veränderung vorliegt. Auf dem **Schiffszertifikat** wird die Veränderung ebenfalls vermerkt. Die überholte Eintragung ist auf dem Registerblatt und dem Schiffszertifikat zu röten (§§ 33 Ziff. 9 und 6 SchRegDV).

b) Eintragungsmuster

248 **Eintragungsmuster: Änderung der Vermessungsergebnisse bei Länge, Breite, Nettoraumzahl**

Erste Abteilung
Das Schiff
Ergebnisse der amtlichen Vermessung (a–d in Metern), Maschinenleistung

6							
Länge	Breite	aa) Tiefe bb) Umfang in der Außenfläche oder cc) Seitenhöhe	Länge über alles	Bruttoraumgehalt in	Nettoraumgehalt in	Messbrief	Maschinenleistung
a	b	c	d	e f	g h	l	m
91,50 92,30	27,50 29,30	cc) 5,50				ausgestellt vom Bundesamt für Seeschifffahrt und Hydrographie in Hamburg am 12.12.2000 ausgestellt vom Bundesamt für Seeschifffahrt und Hydrographie in Hamburg am 2.2.2001	2000 kW
				Bruttoraumzahl **3527**	Nettoraumzahl **1058** **1120**		

Tag der Eintragung des Schiffs, Löschung der Eintragung des Schiffs	Zu Spalte		Das Flaggenrecht betreffende Eintragungen
7	8	9	10
	6 a, b, k	Das Schiff ist neu vermessen. Eingetragen am	

Eintragungen auf dem Schiffszertifikat vermerken, alte Eintragung röten. Zertifikat an Einsender mit E/R. zurücksenden.
Nachrichten, Kosten

K. Die Löschung des Schiffes

1. Begriff der Löschung

Grundsätzlich ist zwischen **Schließung** und **Löschung** zu unterscheiden. So ist im Falle einer Heimathafenverlegung das alte Registerblatt rot zu durchkreuzen und zu schließen. Eine Löschung des Schiffes bedeutet es nicht. Dagegen führt eine Löschung des Schiffes nach § 17 Abs. 4 SchRegO stets zur Schließung des Registerblattes. Eine echte Löschung des Schiffes ist also **stärker** als die Schließung. Eine Löschung, ob nun aufgrund einer **Ausbesserungsunfähigkeit** oder bei einem **Verkauf** ins Ausland, bringt nur zum Ausdruck, dass das Schiff für das deutsche Schiffsregister nicht mehr besteht. 249

2. Löschung auf Antrag und Löschung von Amts wegen

Grundsätzlich ist der Eigentümer nach § 18 SchRegO **verpflichtet** die Löschung seines Schiffes zum Register anzumelden. Kann bei einem Untergang oder einer **Ausbesserungsunfähigkeit** eine Anmeldung nicht erreicht werden, bleibt dem Schiffsregister nur die Möglichkeit, eine Löschung von Amts wegen nach§ 21 SchRegO durchzuführen. 250

Eine Löschung von Amts wegen kommt ebenfalls bei einer **unzulässigen Eintragung** des Schiffes in das Schiffsregister nach § 21 Abs. 1 SchRegO, wenn 30 Jahre lang keine Eintragung in das Schiffsregister erfolgt und das Schiff nicht mehr vorhanden oder nicht mehr zur Schifffahrt verwendet wird (§ 22 SchRegO), in Betracht. 251

3. Löschungsgründe nach der SchRegO

252 Das Gesetz nennt **vier** anmeldepflichtige Tatbestände, die zur **Löschung eines Schiffes** im Schiffsregister führen. Diese sind:
- der **Untergang** ohne eine Hebemöglichkeit und mit einem **Totalverlust** gleichzusetzen §§ 17 Abs. 4 (1. Alternative), 20 Abs. 1 S. 1 SchRegO,
- die **Ausbesserungsfähigkeit** des Schiffes §§ 17 Abs. 4 (2. Alternative) 20 Abs. 1 S. 2 SchRegO, § 479 HGB,
- wenn ein Seeschiff das Recht zur **Führung der Bundesflagge verloren** hat §§ 17 Abs. 4 (3. Alternative), 20 Abs. 1 S.1, Abs. 3 SchRegO und §§ 1, 2 FlaggRG und
- die Verlegung des Heimatortes ins **Ausland** bei einem **Binnenschiff**.

4. Löschung des Schiffs bei Untergang oder Ausbesserungsunfähigkeit

a) Die Anmeldung

253 Geht ein Seeschiff unter oder wird es ausbesserungsunfähig, ist dies **unverzüglich** zum Schiffsregister anzumelden (§ 17 Abs. 4 SchRegO). Der Schiffsmessbrief und das Schiffszertifikat sind vorzulegen (§ 62 Abs. 1 SchRegO). Eine Löschung kann aber nicht von der Vorlage abhängig gemacht werden, da ja auch die Schiffspapiere verlorengegangen sein können. Die Tatsachen des Unterganges bzw. der Ausbesserungsunfähigkeit sind **glaubhaft** zu machen (§ 17 Abs. 5 SchRegO).

254 Dies geschieht in der Regel bei **Untergang** eines Schiffes durch eine **Bescheinigung** der Wasser- und Schifffahrtsverwaltung oder der Wasserschutzpolizei, da gegenüber der Behörde eine Meldepflicht besteht.

255 Bei einer **Ausbesserungsunfähigkeit** wird die **Vorlage** einer **Abwrackbescheinigung** durch ein Abwrackunternehmen die Regel sein. Der Begriff „Abwrackung“ bedeutet die freiwillige und totale Aufgabe des Schiffes durch Verschrottung und damit die **unwiederbringliche Möglichkeit**, das Schiff als Schiff zu nutzen.[86] In der Praxis erfährt das Gericht nicht selten erst mit einer erheblichen Zeitverzögerung von der Verschrottung des Schiffs, sodass oftmals nur die eidesstattliche Versicherung als Möglichkeit der Glaubhaftmachung übrig bleibt.

86 Zum Begriff der Abwrackung s. AG Duisburg-Ruhrort ZfB 1979, 380.

b) Die Form

Für die Anmeldung genügt die Schriftform, da es sich hier um die Anmeldung einer **Tatsache** und nicht um die Anmeldung eines **Rechtsverhältnisses** handelt. Die Form des § 37 SchRegO ist somit nicht erforderlich. Nach § 17 SchRegDV kann die Anmeldung auch zu Protokoll der Geschäftsstelle eines jeden Amtsgerichts erfolgen. 256

c) Anmeldepflichtige Personen

Zur Anmeldung verpflichtet ist der Eigentümer, bei einer Bruchteils- und Gesamthandsgemeinschaft jeder Eigentümer nach § 18 SchRegO. Bei einer juristischen Person oder Handelsgesellschaft sind alle vertretungsberechtigten Organe anmeldepflichtig. Anmeldepflichtig ist bei einer Reederei jeder Mitreeder oder auch der Korrespondentreeder (s.a. Rn. 512.) Durch die Verpflichtung zur Anmeldung ist auch bei einem Nichtnachkommen durch den Eigentümer das Zwangsgeldverfahren §§ 388 ff. FamFG (vormals § 132 FGG) möglich. 257

d) Verfahren der Löschung

Wird der Untergang oder die Ausbesserungsunfähigkeit angemeldet, so wird das Schiff im Schiffsregister **ohne Rücksicht** auf die eingetragenen Belastungen gelöscht (§ 20 Abs. 1 S. 1 SchRegO). 258

Durch den **Untergang verliert** das Schiff seine **Schiffseigenschaft** und die daran bestehenden Rechte (Hypotheken) gehen nach herrschender Meinung mit unter.[87] Nach § 32 Abs. 1 SchRG erstreckt sich die Hypothek dann auf die Versicherungsforderung. Gegen eine **sofortige Löschung** des Schiffes **ohne** die Anhörung eventuell eingetragener **Hypothekengläubiger** bestehen verfassungsrechtliche Bedenken, da der Hypothekengläubiger Beteiligter im materiellen Sinne und auch unmittelbar Betroffener ist. Die Möglichkeit des rechtlichen Gehöres ist dem Hypothekengläubiger somit nicht zu versagen[88] und er ist, wenn auch nicht direkt vorgesehen, vor einer beabsichtigten Löschung zu hören. 259

Lediglich bei der Anmeldung der **Ausbesserungsunfähigkeit** schreibt das Gesetz in § 21 Abs. 1 S. 2 SchRegO eine **Anhörung** der Hypothekengläubiger über die beabsichtigte Löschung aus dem Schiffsregister vor. 260

---

87 *Wüstendörfer* S. 92.
88 BVerfG NJW 1965, 1267.

261 Zur möglichen Erhebung eines Widerspruches ist eine angemessene **Frist** zu setzen, die mindestens **3 Monate** betragen muss. Zur **Fristwahrung** ist die Löschungsankündigung zuzustellen.

e) Textvorschlag einer Löschungsankündigung:

262 In der Schiffsregistersache (der Schiffsname) hat der /die Eigentümer/in (Name/ Gesellschaft), eingetragen im Seeschiffsregister des Amtsgerichts ... SSR ..., die Abwrackung des Schiffes zum Schiffsregister angemeldet und die Löschung der Eintragung des Schiffes beantragt. Eine Abwrackbescheinigung des Abwrackunternehmens, dass das Schiff vollständig abgewrackt wurde, liegt dem Gericht vor. Das Schiffsregister beabsichtigt das Schiff im Schiffsregister zu löschen. Zur Geltendmachung eines eventuellen Widerspruches wird Ihnen eine Frist von **3 Monaten** ab Zugang dieses Schreibens gesetzt. Nach fruchtlosem Ablauf der Frist erfolgt die Löschung aus dem Schiffsregister. Eine Löschung kann vor Ablauf der Frist erfolgen, wenn die Gläubiger vorher auf Widerspruch verzichtet haben oder der Löschung schriftlich zustimmen.

f) Widerspruch gegen die Löschung

263 Ein **Widerspruch** gegen die Löschung aufgrund Untergang oder Ausbesserungsunfähigkeit ist nur dann als begründet anzusehen, wenn er sich gegen den **Löschungsgrund selbst** richtet. Widerspricht also ein Hypothekengläubiger dem Antrag auf Löschung mit dem Hinweis, dass das Schiff nicht gesunken sondern ins Ausland verkauft wurde, um es dem Zugriff der Gläubiger zu entziehen, so ist das Gericht gehalten, den **tatsächlichen Sachverhalt** aufzuklären (§ 26 FamFG). Dies dürfte in der Praxis nicht immer leicht sein. Widerspricht der Hypothekengläubiger mit der Bemerkung, die Forderung bestünde noch, so ist der Widerspruch zurückzuweisen, da nicht der materielle Löschungsgrund angefochten wird.

264 Wie bereits festgestellt, ist bei Untergang oder Ausbesserungsunfähigkeit die Hypothek mit dem Schiff „untergegangen". **Untergang** eines Schiffes ist der **endgültige Verlust** des Schiffes ohne eine reelle Möglichkeit, das Schiff zu heben und wieder in Fahrt zu setzen. Auch bei der **Ausbesserungsunfähigkeit** muss diese nicht nur vorübergehend, sondern **dauerhaft** sein.

265 Über den Widerspruch entscheidet das Registergericht durch den Rechtspfleger (§ 11 RpflG).

Wird der Widerspruch zurückgewiesen, kann der Zurückweisungsbeschluss mit sofortiger **Beschwerde** angefochten werden (§ 21 Abs. 3 SchRegO).

g) Eintragung der Löschung

Die Eintragung eines Schiffes darf **nur gelöscht** werden, wenn **kein Widerspruch** erhoben oder die Widerspruchsentscheidung rechtskräftig geworden ist (§ 21 Abs. 4 S. 1 SchRegO). Bei der Löschung infolge Untergangs oder Ausbesserungsunfähigkeit ist der Grund der Löschung einzutragen und zwar in Abteilung I Sp. 7 nach § 27 SchRegDV. 266

Der **Schließungsvermerk** ist auf die Aufschrift unter Angabe des Grundes der Schließung zu setzen (§§ 14, 15 SchRegO).

Eintragungsmuster

Aufschrift

Das Registerblatt ist wegen Untergangs/Ausbesserungsunfähigkeit des Schiffes geschlossen. Eingetragen am ...

Erste Abteilung

Tag der Eintragung des Schiffs, Löschung der Eintragung des Schiffs	Zu Spalte	Veränderungen	Das Flaggenrecht betreffende Eintragungen
7	8	9	10
Das Schiff ist untergegangen – ausbesserungsunfähig – und daher gelöscht. Eingetragen am ...			

Sämtliche Seiten des Registerblattes – mit Ausnahme der Aufschrift – rot durchkreuzen
Das Schiffszertifikat (falls eingereicht) ist unbrauchbar zu machen und zu den Akten zu nehmen (§ 62 Abs. 3 SchRegO).
Auf dem Messbrief ist die Löschung zu vermerken und an das Bundesamt für Seeschifffahrt und Hydrographie zurückzusenden.
Nachrichten, Kosten

Für den Fall dass das Unterscheidungssignal von einem anderen Schiffsregister zugeteilt wurde, ist das Gericht zu benachrichtigen, da das Unterscheidungssignal wieder frei ist und neu vergeben werden kann.

5. Löschung eines eintragungsfähigen aber nicht eintragungspflichtigen Seeschiffs auf Antrag des Eigentümers

a) Das unbelastete Schiff

267 Der Eigentümer eines freiwillig eingetragenen Seeschiffs – es muss also nicht eintragungspflichtig sein –, hat **jederzeit** das Recht, einen Antrag nach §§ 17, 18 SchRegO auf Löschung des Schiffes aus dem Schiffregister zu stellen. Sind mehrere Eigentümer vorhanden, so haben **alle Miteigentümer** dem Löschungsantrag zuzustimmen (§ 20 Abs. 2 S. 2 SchRegO). Die Vorschrift des § 18 Abs. 2 SchRegO findet keine Anwendung. Stimmt ein Miteigentümer **nicht zu**, so ist eine Löschung nicht möglich, da die fehlende Zustimmung als **Eintragungshindernis** zu werten ist. Bei juristischen Personen oder Handelsgesellschaften erfolgt die Zustimmung durch die vertretungsberechtigten Personen.

b) Das belastete Schiff

268 Ist das Schiff mit Hypotheken belastet oder mit Rechten an diesen, so darf das Schiff nur gelöscht werden, wenn die Hypothekengläubiger und – falls eine Schiffshypothek nach dem Inhalt des Schiffsregisters mit dem Recht eines Dritten belastet ist – die Rechteinhaber die **Löschung bewilligen.** Die Bewilligung ist in der Form des § 37 SchRegO abzugeben. Ist das Schiff mit einem **Nießbrauch** belastet, steht dem Berechtigten **kein** Widerspruchsrecht zu, da das Recht von der Löschung nicht berührt wird. Das **Antragsrecht** des Eigentümers auf Löschung ist ausgeschlossen, wenn im Schiffsregister ein Zwangsversteigerungsvermerk eingetragen ist. Bestehen in beiden genannten Fällen Eintragungshindernisse und können diese nicht ausgeräumt werden, so ist der Antrag auf Löschung zurückzuweisen. Liegen alle Eintragungserfordernisse vor, erfolgt die Eintragung.

c) Registereintragung

Eintragungsmuster 269

Aufschrift

Das Registerblatt ist wegen Löschung des Schiffes auf Antrag des Eigentümers geschlossen.
Eingetragen am

Erste Abteilung

Tag der Eintragung des Schiffs, Löschung der Eintragung des Schiffs	Zu Spalte	Veränderungen	Das Flaggenrecht betreffende Eintragungen
7	8	9	10
Das Schiff ist auf Antrag des Eigentümers gelöscht da nicht registerpflichtig. Eingetragen am ...			

Sämtliche Seiten des Registerblattes – mit Ausnahme der Aufschrift – rot durchkreuzen
Schiffszertifikat ist unbrauchbar zu machen und zu den Akten zu nehmen § 62 Abs. 3 SchRegO.
Auf dem Messbrief ist die Löschung zu vermerken und an das BSH zurückzusenden.
(zum Unterscheidungssignal s. unter 4 g).
Nachrichten, Kosten (§ 84 Abs. 2 S. 1)

6. Löschung des Schiffes bei Verlust der Bundesflagge

a) Mit Bewilligung des Hypothekengläubigers

Verliert ein Schiff durch den Verkauf ins Ausland das Recht zu Führung der Bundesflagge (§ 17 Abs. 4 Alt 3 SchRegO) so hat die Anmeldung zur Löschung auf Antrag des Eigentümers zu erfolgen. Ist das Schiff mit einer **Hypothek** belastet, so kann eine Löschung nur erfolgen, wenn die **Löschungsbewilligung** des Hypothekengläubigers in der Form des § 37 SchRegO **vorliegt** (§ 20 Abs. 3 SchRegO). 270

271 **Eintragungsmuster**

Aufschrift:

Das Schiff hat das Recht zur Führung der Bundesflagge verloren. Das Registerblatt ist daher geschlossen. Eingetragen am ...

Erste Abteilung

Tag der Eintragung des Schiffs, Löschung der Eintragung des Schiffs	Zu Spalte	Veränderungen	Das Flaggenrecht betreffende Eintragungen
7	8	9	10
Das Schiff ist gelöscht da es das Recht zur Führung der Bundesflagge verloren hat. Eingetragen am ...			

Eintragungsverfügung und Nachrichten wie Ziffer 5c.
Kosten
Zu den Akten

b) ohne Bewilligung des Hypothekengläubigers

272 Erteilt der Schiffshypothekengläubiger oder der Berechtigte der Hypothek **keine** Löschungsbewilligung, so ist eine **Löschung** des Schiffes nicht **möglich.**

Nach dem Gesetz ist dann nach § 20 Abs. 4 SchRegO und § 27 Abs. 1 Nr. 10 SchRegDV in Abteilung I Sp. 10 einzutragen:

273 **Eintragungsmuster**

Erste Abteilung

Tag der Eintragung des Schiffs, Löschung der Eintragung des Schiffs	Zu Spalte	Veränderungen	Das Flaggenrecht betreffende Eintragungen
7	8	9	10
			Das Schiff hat das Recht zur Führung der Bundesflagge verloren. Eingetragen am ...

Einen **Schließungsvermerk** oder das Durchkreuzen der Registerblätter kommt **nicht** in Betracht. Die Eintragung wirkt wie eine Löschung der Eintragung des Schiffes, jedoch ohne Einfluss auf die eingetragenen Hypotheken. Diese können abgetreten oder gelöscht werden. Es können auch Widersprüche und Vormerkungen eingetragen werden. Ebenfalls besteht auch die Möglichkeit der Zwangsversteigerung. Da das Schiff ja weiter vorhanden ist (im Gegensatz zum Untergang des Schiffes), soll den Hypothekengläubigern das dingliche Verwertungsrecht erhalten bleiben. 274

Da die Eintragung des Verlustes des Flaggenrechts eine **fiktive Löschungswirkung** entfaltet, ist die Neubegründung von Rechten an dem Schiff, wie zum Beispiel eine Eigentumsübertragung oder die Neueintragung einer Hypothek, ausgeschlossen.[89] 275

Beantragt der Eigentümer eine **Löschungsbescheinigung,** ist diese zu versagen, da die Eintragung lediglich wie eine Löschung wirkt, aber keine ist.

7. Löschung des Schiffes von Amts wegen nach § 21 SchRegO

a) Allgemein

Die Vorschrift des § 21 SchRegO behandelt **zwei Fälle** der Löschung von Amts wegen: Die Eintragung eines Schiffes, die wegen Fehlens einer **wesentlichen Voraussetzung** unzulässig ist, und eine Löschung von Amts wegen, falls eine **Anmeldung durch die Verpflichtenden nicht durchgesetzt** werden kann (in der Praxis wohl der häufigste Fall einer Amtslöschung). Streng genommen gehört auch noch die Löschung nach § 22 SchRegO (30 Jahre keine Eintragung) hierzu. Beide Alternativen des § 21 SchRegO werden verfahrensrechtlich völlig gleich behandelt. 276

b) Löschung eines Schiffes infolge unzulässiger Eintragung wegen Fehlens einer wesentlichen Voraussetzung (§ 21 Abs. 1 Alt. 1 SchRegO)

Bei der 1. Alt. zu § 21 Abs. 1 SchRegO wird auf das Fehlen einer **wesentlichen Voraussetzung** abgestellt. Eine wesentliche Voraussetzung liegt vor bei Eintragung eines Schiffes in das Schiffsregister, das als solches nicht in das Register hätte eingetragen werden dürfen. 277

Beispiele: Die Eintragung eines Binnenschiffes trotz fehlender Tragkraft/Verdrängung (§ 3 Abs. 3 SchRegO). Bei einem eingetragenen Seeschiff, das nicht zur Führung der Bundesflagge berechtigt ist, oder ein Seeschiff, das die Schiffseigenschaft und die Verwendung als Schiff verloren hat und nun ständig fest vertäut im Hafen liegt und als Wohnschiff genutzt wird. 278

89 *Prause* SchRegO § 20.

279 **Unvollständige** oder gar unrichtige Eintragungen wie zum Beispiel **offensichtliche Schreibfehler** (geb. 10.10.2089) sind nicht als wesentliche Voraussetzungen anzusehen und können im Wege der **Berichtigung** gemäß § 11 SchRegDV berichtigend eingetragen werden.

280 Die aufgezählten Fälle sind von den Fällen des **§ 56 SchRegO** zu unterscheiden. Hier gilt, dass das Register von Amts wegen einen **Widerspruch** einzutragen hat, falls es unter Verletzung gesetzlicher Vorschriften eine Registereintragung vorgenommen hat, durch die das Register unrichtig geworden ist. Zum Beispiel: Die Eintragung eines Schiffspartenpfandrechts des Seerechts als Hypothek statt als Partenpfandrecht.

281 Der Unterschied zwischen §§ 21 und 56 SchRegO ist der, das § 21 SchRegO auf Fälle, die das ganze Schiff betreffen, Anwendung findet, während § 56 SchRegO nur auf einzelne Eintragungen abstellt.

8. Löschung von Amts wegen bei Nichtdurchführbarkeit der Anmeldung (§ 21 Abs. 1 Alt. 2 SchRegO)

a) Allgemein

282 In der gerichtlichen Schiffsregisterpraxis spielt die 2. Alt. des § 21 Abs. 1 SchRegO, das Anmelden eines **Schiffsunterganges,** der Ausbesserungsunfähigkeit oder die Anmeldung des **Verlustes zur Führung der Bundesflagge** (§ 17 Abs. 4 SchRegO) und bei Binnenschiffen die **Verlegung des Heimatortes** ins Ausland (§ 20 Abs. 2 SchRegO) eine nicht unerhebliche Rolle. Zumeist unterbleibt in diesen Fällen eine Anmeldung durch die Verpflichteten. Hat das Gericht erst einmal Kenntnis von dem Sachverhalt ist auch die Möglichkeit, eine Anmeldung im Wege des Erzwingungsverfahrens nach § 19 SchRegO durchzusetzen, in der Praxis nicht sehr erfolgreich. Die entsprechenden Personen sind in der Regel nicht mehr zu ermitteln. Es handelt sich meistens auch um ältere Schiffe und um Schiffe, die nicht registerpflichtig sind und bei denen der Eigentümer es mit der Anmeldungspflicht nicht so genau nimmt. Viele Eigentümer handeln auch aus Unwissenheit, da die Ersteintragung eines Schiffes in das Register ohne jede Mitwirkung eines Notars vollzogen werden kann. Der Pflicht, Veränderungen beim Registergericht anzumelden, wird dann später oftmals keine Bedeutung geschenkt. Das **Verfahren** zur Amtslöschung setzt voraus, dass die Anmeldung auch nicht durch ein Zwangsgelderfahren nach § 19 SchRegO erzwungen werden kann.

b) Das Verfahren

283 Der Versuch des Gerichts, den eingetragenen Eigentümer zu Löschung aufzufordern, scheitert in vielen Fällen schon daran, dass das Gericht einen Rückbrief mit dem

Vermerk: „Empfänger unbekannt oder verstorben" erhält. Entsprechend des § 21 Abs. 1 S. 2 hat das Registergericht den eingetragenen Eigentümer und die sonstigen aus dem Schiffsregister ersichtlichen Berechtigten die **Löschungsankündigung zuzustellen**. Nach dem Gesetz ist zugleich eine angemessene Frist zur Geltendmachung eines Widerspruchs zu bestimmen. Die Frist muss mindestens drei Monate betragen.

Stellt sich heraus, dass die betreffenden Personen oder ihr **Aufenthalt nicht** 284
bekannt ist, so hat das Gericht die Löschungsankündigung mindesten einmal in einer **Tageszeitung** und in einem S**chifffahrtsfachblat**t (z.B. Binnenschifffahrtsnachrichten oder der Seeschifffahrtszeitung „Hansa") zu veröffentlichen (§ 21 Abs. 2 S. 1 SchRegO).

Eine **Veröffentlichung** in den Printmedien **kann unterbleiben**, wenn sie nach dem Gesetz untunlich ist. Was als tunlich bzw. sinnvoll oder zweckmäßig erscheint, wird vom Einzelfall abhängen. Sicherlich spielen Größe und Alter eines Schiffes und Gattung wie z. B. Frachtschiff oder Sportsegelboot eine Rolle. Bei einem Frachtschiff ist eine Veröffentlichung in einem Fachblatt auch schon aufgrund eines eventuellen überörtlichen/nationalen Bekanntheitsgrades angezeigt. Handelt es sich hingegen um ein kleines Sportsegelschiff von 10 Meter Länge, das zudem mit keiner Hypothek belastet ist, kann eine Veröffentlichung in den vorgeschriebenen Blättern unterbleiben. In diesem Fall ist die Löschungsankündigung zum **Aushang an die Gerichtstafel** zu bringen.

Die **Frist** beginnt mit Ablauf des Tages an dem die Löschungsankündigung an 285
die Gerichtstafel angebracht wurde. Im Falle einer Bekanntmachung in den Printmedien beginnt die Frist mit dem Ablauf des Tages, an dem das letzte die Bekanntmachung enthaltende Blatt erschienen ist. Die **Möglichkeit** der öffentlichen **Löschungsankündigung** setzt voraus, dass das Gericht den Aufenthalt des Eigentümers nicht ermitteln konnte.

c) Musterverfügungen für das Verfahren

Schreiben an Behörden

Bundesamt für Seeschifffahrt und Hydrographie in Hamburg 286
Seeberufsgenossenschaft
Im Seeschiffsregister des Amtsgerichts ... ist unter ... mit dem Namen ... eingetragen. Eingetragener Eigentümer ist. ... Zu den weiteren Schiffsdaten wird auf den mit gleichem Schreiben übersandten Registerauszug Bezug genommen. Es wird um Mitteilung gebeten, ob dort etwas über den Verbleib des Schiffes bekannt ist. Das Gericht beabsichtigt, das Schiff gemäß 21 SchRegO im Schiffsregister zu löschen.
Bestehen Bedenken?

287 **Schreiben an Eigentümer** mit Zustellungsurkunde, dingliche Berechtigte
Sehr geehrte
Das Gericht beabsichtigt, das im Schiffregister des Amtsgerichts ... unter...eingetragene Seeschiff mit dem Namen ... Unterscheidungssignal ... von Amts wegen zu löschen, da angenommen wird, dass das Schiff nicht mehr besteht. Sie werden gebeten binnen einer Frist von **drei Monaten ab Zugang** dieses Schreibens zu erklären, ob Sie gegen die beabsichtigte Amtslöschung Widerspruch erheben.

288 **Schreiben an dingliche Berechtigte** ebenfalls mit Zustellungsurkunde wie an den Eigentümer jedoch mit der Ergänzung.
Für Sie ist eine Hypothek in Abteilung III unter lfd. Nr. ... in Höhe von ... zu Ihren Gunsten eingetragen. Bei einer Amtslöschung würde das Recht gegenstandlos werden.
Sind Eigentümer und die dinglichen Berechtigte oder deren Aufenthalt nicht bekannt und erscheint eine Veröffentlichung in einer **Tageszeitung** und einem **Fachblatt** geboten, so ist folgendes zu veröffentlichen:

d) Muster einer Bekanntmachung

289 Das Tankmotorschiff (Name) Unterscheidungssignal ..., eingetragen im Schiffsregister des Amtsgerichts ... unter der Nummer SSR ... soll von Amts wegen gelöscht werden, da angenommen wird, dass das Schiff untergegangen ist.
Eingetragener Eigentümer ist Herr/ Frau ... geb. ... (letzte bekannte Anschrift).
Der eingetragener Eigentümer und die im Seeschiffsregister eingetragenen Berechtigten werden hiermit aufgefordert, binnen einer Frist von drei Monaten – seit dem Tage der Bekanntmachung – einen etwaigen Widerspruch gegen die beabsichtigte Amtslöschung bei dem unterzeichnenden Gericht geltend zu machen. Nach fruchtlosem Ablauf der Frist wird die Amtslöschung durchgeführt.

Kann aus den dargelegten Gesichtspunkten auf eine Veröffentlichung in den Printmedien verzichtet werden, hat der Veröffentlichungstext als Aushang an der Gerichtstafel zu erfolgen. Wird kein Widerspruch erhoben ergeht folgende Eintragung.

e) Eintragungsmuster 290

Aufschrift:

Das Registerblatt ist wegen Löschung des Schiffes nach § 21 der Schiffsregisterordnung geschlossen. Eingetragen am ...

Erste Abteilung

Tag der Eintragung des Schiffs, Löschung der Eintragung des Schiffs	Zu Spalte	Veränderungen	Das Flaggenrecht betreffende Eintragungen
7	8	9	10
Das Schiff ist gemäß § 21 Schiffsregisterordnung von Amts wegen gelöscht. Eingetragen am			

Eintragungsverfügung wie bei einer Löschung
Nachrichten, Kosten

Wird gegen die beabsichtigte Löschung **Widerspruch** erhoben, so hat das Registergericht (Rechtspfleger) zu entscheiden.

Wird der Widerspruch zurückgewiesen, so kann die Zurückweisung mit sofortiger Beschwerde nach § 21 Abs. 3 SchRegO angefochten werden. Das Verfahren richtet sich dann nach § 75 SchRegO. Die Eintragung des Schiffes nach § 21 Abs. 4 SchRegO darf **nur gelöscht** werden, wenn **kein Widerspruch** erhoben oder wenn die Entscheidung über den Widerspruch **rechtskräftig** geworden ist.

9. Löschung von Amts wegen nach § 22 SchRegO

Die Vorschrift des § 22 SchRgeO erlaubt unter den dort genannten Voraussetzungen eine weitere Möglichkeit einer Löschung von Amts wegen, wenn nämlich seit **30 Jahren** keine Eintragung im Schiffsregister erfolgt ist und nach Anhörung der zuständigen Schifffahrtsbehörde anzunehmen ist, dass das Schiff nicht mehr vorhanden, oder nicht mehr zu Schifffahrtszwecken verwendbar ist. Ist weder eine Hypothek noch ein Nießbrauch eingetragen, lässt das Gesetz eine Löschung **ohne Anhörung** des Eigentümers zu und verzichtet damit auf das Verfahren nach § 21 SchRegO. Um aber verfassungsrechtliche Bedenken erst gar nicht aufkommen zu lassen, sollte man dem Eigentümer rechtliches Gehör gewähren und zu der beabsichtigten Löschung hören. Ist das Schiff jedoch mit einem Nießbrauch oder mit Hypotheken belastet, so bedarf es auch in diesem Fall des Verfahrens nach § 21 Abs. 1 S. 2 SchRegO. Die in § 22 SchRegO geforderte Frist von 30 Jahren, während der keine 291

Eintragungen erfolgt sein dürfen, ist eng auszulegen. Jede nur geringfügige Eintragung wie zum Beispiel Berichtigungen von Amts wegen oder Löschungen **unterbrechen die Frist.**

292 Eine **amtliche Umschreibung** des Registerblattes auf ein anderes oder Blatt oder ein anderes Medium ist keine Eintragung im Sinne des § 22 SchRegO. Auch im Falle der Löschung nach § 22 SchRegO findet nur eine Löschung des Schiffes, nicht aber eine Löschung der Hypotheken und des Nießbrauchs statt. Diese Rechte werden nur rot durchkreuzt, es sei denn, es liegt eine Löschungsbewilligung in der Form des § 37 SchRegO vor. Dann erfolgt selbstverständlich auch eine Löschung im Register.

Eintragungsmuster

Aufschrift

293 Das Registerblatt ist wegen Löschung des Schiffes nach § 22 der Schiffsregisterordnung geschlossen. Eingetragen am ...

Erste Abteilung

Tag der Eintragung des Schiffs, Löschung der Eintragung des Schiffs	Zu Spalte	Veränderungen	Das Flaggenrecht betreffende Eintragungen
	8	9	10
Das Schiff ist gemäß § 22 Schiffsregisterordnung von Amts wegen gelöscht. Eingetragen am ...			

Weiter Eintragungsverfügung wie bei einer Löschung
Nachrichten, Kosten

10. Löschung bei einer Doppelbuchung

294 Es kann passieren, dass ein und dasselbe Schiff auf **zwei verschiedenen Registerblättern** gebucht ist. Diese Doppelbuchung ist aus Gründen der Rechtssicherheit zu beseitigen.

Ein Verfahren hierzu hat der Gesetzgeber für das Registergericht nicht vorgesehen.

Vorab ist jedoch die Sachlage zu klären, auf welchem Blatt oder auch in welchem Register (bei unterschiedlichen Registergerichten) der richtige Eigentümer eingetragen ist. Ist festgestellt, welches „Schiff" gelöscht werden soll, so ist bei der beabsichtigten Löschung dieses Schiffes die Löschungsankündigung dem Eigentümer und den Hypothekengläubigern unter Bestimmung einer Frist für einen eventuellen Widerspruch zuzustellen. An die **Dreimonatsfrist** aus § 21 SchRegO ist das Gericht nicht gebunden und kann die Frist der Sach- und Rechtslage angemessen verkürzen oder wenn nötig auch verlängern.

Eintragungsmuster 295

Aufschrift:

Das Registerblatt ist wegen Doppelbuchung geschlossen. Eingetragen am

Erste Abteilung

Tag der Eintragung des Schiffs, Löschung der Eintragung des Schiffs	Zu Spalte	Veränderungen	Das Flaggenrecht betreffende Eintragungen
7	8	9	10
Das Schiff ist wegen Doppelbuchung gelöscht. Eingetragen am ...			

Sämtliche Seiten des Registerblattes – mit Ausnahme der Aufschrift – rot durchkreuzen.
Nachrichten

Dritter Abschnitt: Eintragungen in Abteilung II

In der zweiten Abteilung des Seeschiffsregisters werden nach § 28 SchRegDV Angaben über das Eigentum eingetragen. Dies sind der Eigentümer, bei einer Partenreederei sämtliche Mitreeder und der Korrespondentreeder, bei einer OHG sämtliche Gesellschafter, bei einer KG oder KGaA sämtliche persönlich haftende Gesellschafter, die Größe der Schiffsparten der Mitreeder, bei der Ersteintragung der Erwerbsgrund, bei Eigentumsänderung die Grundlage des Erwerbs, der Verzicht auf das Eigentum, die Übertragung einer Schiffspart, Vormerkungen und Widersprüche, Schutzvermerke, sowie Änderungen und Löschungen.

A. Eigentumsübertragung an eingetragenen Seeschiffen

1. Materiell-rechtliche Voraussetzungen

Zu beachten ist, dass das **SchRG nur** für die **Schiffe** gilt, die im Schiffsregister eines 296
deutschen Gerichts eingetragen sind (§ 1 SchRG). Zur **Übertragung** des Eigentums

an einem schon im Seeschiffsregister eingetragenem Seeschiff genügt die **formlose Einigung** zwischen dem Veräußerer und dem Erwerber, dass das Eigentum auf den Erwerber übergeht (§ 2 Abs. 1 SchRG). Die Übergabe oder Übergabesurrogate (§§ 930, 931 BGB) sind nicht erforderlich. Damit ist weder die Beurkundung der Einigungserklärung noch die Eintragung des Erwerbers in das Seeschiffsregister materiell rechtlich erforderlich. Zur **Durchsetzung** der Eintragung bedarf es jedoch einer **Urkunde** des Veräußerungsgeschäfts. Sowohl der Veräußerer als auch der Erwerber kann verlangen, dass ihm auf seine Kosten eine **öffentlich beglaubigte Urkunde** über die Veräußerung erteilt wird (§ 2 Abs. 2 SchRG). Nur die öffentlich beglaubigte Urkunde hat allein Beweiswert bei der Eintragung in das Schiffsregister.[90]

297 Einer **Form** für die Einigung bedarf es nicht. Diese kann schriftlich, mündlich, ja sogar stillschweigend geschlossen werden. Damit genügt allein die **Einigung** der Parteien **ohne** die **Besitzübergabe** und ermöglicht damit auch eine **Übertragung**, wenn das Schiff auf Reisen ist.

298 Eine **Eintragung** in das Schiffsregister ist anders als bei Grundstücken (§ 873 BGB) oder bei Binnenschiffen (§ 3 SchRG) somit **nicht Voraussetzung** für den **Eigentumsübergang.**

Für die Eigentumsübertragung eines **nicht im Schiffsregister** eingetragenen **Schiffes** gilt § 929a BGB. Danach ist zur Übertragung des Eigentums an einem nicht im Schiffsregister eingetragenen Seeschiff oder an einem Anteil an einem solchen Schiff die Übergabe nicht erforderlich, wenn Eigentümer und Erwerber sich darüber einig sind, dass das Eigentum **sofort** übergehen soll.

2. Formell-rechtliche Eintragungsvoraussetzungen

299 Für das Schiffsregister gilt das Antragsprinzip nach **§ 23 SchRegO**. Eine Eintragung kann erfolgen, wenn der Antrag und die Bewilligung des bisherigen Eigentümers als Betroffener nach **§ 29 SchRegO** in der Form des **§ 37 SchRegO** vorgelegt oder durch einen Antrag des Erwerbers und die Eintragungsbewilligung des noch eingetragenen Eigentümers (§ 29 SchRegO) in der Form des § 37 SchRegO erfolgt. Als **dritte Möglichkeit** kann auch eine Berichtigung des Registers durch den Nachweis der Unrichtigkeit (§ 31 SchRegO) mittels Vorlage einer öffentlichen Urkunde (z.B. Urkunde über die Übereignung des Schiffs) nach § 37 Abs. 1 S. 1 SchRegO erfolgen.

---

90 Staudinger/*Nöll* SchRG § 2 Rn. 24.

3. Muster eines Eintragungsantrags (Verkauf)

Anmeldung durch **alten** oder **neuen** Eigentümer nebst **Bewilligung** des alten Eigentümers in öffentlich beglaubigter Form. 300

Eintragungsbewilligung und -antrag

	Verkäufer	Käufer
Vorname, Name Geburtsdatum Straße PLZ/Wohnort		

Der Verkäufer hat das im Seeschiffsregister des Amtsgerichts Kiel unter SSR-Nr.
eingetragene Schiff ____________________ (bisheriger Name) an den Käufer verkauft.
Kaufpreis: ________________ Euro.
Verkäufer und Käufer sind sich über den Eigentumsübergang einig. Der Verkäufer bewilligt, der Käufer beantragt die Eintragung der Eigentumsänderung im Seeschiffsregister.
Gemeinschaftsverhältnis bei mehreren Erwerbern: ________________
Das Schiff ist weiterhin zur Führung der Bundesflagge berechtigt, weil der Erwerber Deutscher bzw. Staatsangehöriger eines EU-Mitgliedstaats ist.

☐ Verkäufer beantragt die Löschung der Schiffshypothek(en) Abt. III Nr. __________

Der Schiffsname ist ☐ nicht geändert
☐ geändert in __________________
Der Heimathafen ist ☐ nicht geändert
☐ verlegt nach __________________

Es wird versichert, dass die Schifffahrt ☐ zukünftig vom neuen Heimathafen aus betrieben wird.
☐ weiterhin vom alten Heimathafen betrieben wird.

☐ Es wird um Abgabe an das Amtsgericht ________________ gebeten.

Der Schiffsmessbrief und das Schiffszertifikat sind nach Gebrauch an den ☐ Verkäufer/☐ Käufer zu übersenden.

______________________, den ____________
(Ort) (Datum)

__________________________ __________________________
(Unterschrift des Verkäufers) (Unterschrift des Käufers)

Notarielle Unterschriftsbeglaubigung:

---

4. Erwerb von Miteigentumsanteilen an Seeschiffen

a) Bruchteilsgemeinschaft

301 Die Veräußerung und der Erwerb eines Bruchteilsanteils an einem Seeschiff ist im SchRG nicht geregelt. Es gilt §§ 747, 1008 BGB. Bei der Gemeinschaft nach Bruchteilen steht jedem Teilnehmer ein fest bestimmter Anteil an dem gemeinschaftlichen Gegenstand zu (§ 741 BGB). Im Gegensatz zu einer Gemeinschaft zur gesamten Hand kann nach § 741 BGB jeder Teilhaber über seinen ideellen Anteil am gemeinschaftlichen Schiff verfügen. **Der Miteigentumsanteil** an einem Seeschiff wird damit **wie das Schiff selbst** veräußert. An ihm kann auch eine **Schiffshypothek** oder ein **Nießbrauch** bestellt werden. In das Register ist der Anteil des Berechtigten mit seinem Bruchteil wie z. B. zu je $^1/_2$ oder je zur Hälfte einzutragen.

b) Gesamthandsgemeinschaft

302 Zu den Gesamthandsgemeinschaften zählen die Erbengemeinschaft (§ 2032 BGB), der nicht rechtsfähige Verein (§ 54 BGB) und die Gesellschaft nach bürgerlichem Recht (§ 705 BGB). Die Veräußerung von Gesamthandanteilen ist **ausgeschlossen.** In diesem Fall ist zur Übertragung **des gesamten Schiffs** daher die Einigung durch sämtliche Teilhaber nötig, wie auch bei einer Bestellung oder Übertragung einer Hypothek die Bewilligung aller Teilhaber nötig ist.

B. Vormerkung auf Übertragung des Eigentums

1. Allgemein

303 In Abteilung II Spalte 5 werden Erwerbsvormerkungen eingetragen, die sich auf das Schiff beziehen und die dem Anspruchsberechtigten als vorläufiges Sicherungsmittel dienen (§ 28 Abs. 1 Ziff. 5d SchRegDV). Diese Vormerkung wird in das Schiffsregister eingetragen und weist damit jeden möglichen Erwerber darauf hin, dass eine Eintragung zugunsten eines anderen bevorsteht und dass er, wenn es sie sich trotzdem eintragen lässt, damit rechnen muss, sein Recht wieder zu verlieren. Die **Vormerkung** sichert damit einen persönlichen Anspruch auf Einräumung eines Rechts an einem Schiff nach § 10 Abs. 1 SchRG, der dem § 883 BGB entspricht. Neben der Möglichkeit einen Anspruch auf Rechtsänderung durch eine Vormerkung zu sichern, gibt es als weiteres **Sicherungsmittel** den **Widerspruch** (§ 21 SchRG), den **Schutzvermerk** nach § 28 SchRegO und das **Veräußerungsverbot** gemäß § 888

Abs. 2 BGB.[91] Die Eintragung der Vormerkung ist auch zur Sicherung eines künftigen Anspruchs oder eines bedingten Anspruchs zulässig (§ 10 Abs. 1 S. 2 SchRG). Neben einem gültigen Anspruch (§ 10 Abs. 1 S. 1 SchRG) kann eine Vormerkung entweder aufgrund einer **Bewilligung** des Betroffenen oder einer **einstweiligen Verfügung** und deren Eintragung in das Schiffsregister erfolgen.

2. Eintragung einer Erwerbsvormerkung aufgrund Bewilligung des Betroffenen

Für die Entstehung einer Vormerkung bedarf es eines sicherbaren Anspruchs auf eine dingliche Rechtsänderung nach § 10 Abs. 1 SchRG, der Bewilligung des Betroffenen nach § 11 Abs. 1 SchRG (entspricht § 885 BGB) und der Eintragung in das Schiffsregister. Eine Einigung zwischen den Parteien ist nicht erforderlich. Die materiell-rechtliche Bewilligung nach § 11 Abs. 1 SchRG ist formfrei. Dagegen hat die formell-rechtliche Eintragungsbewilligung (§ 29 SchRegO), die bei Erteilung an den Vormerkungsberechtigten die materiell-rechtliche Bewilligung enthält, in der Form des § 37 SchRegO zu erfolgen. 304

Bei der Eintragung einer **Erwerbsvormerkung** entfällt eine **Prüfung des Flaggenrechts** des Erwerbers, da mit der Eintragung der Vormerkung noch nicht zwingend eine endgültige Eigentumseintragung verbunden sein muss und der Eigentumserwerb (anders als bei Binnenschiffen) nicht von einer Eintragung in das Seeschiffsregister abhängig ist. 305

Sollte der Erwerber nicht zur Führung der Bundesflagge berechtigt sein, bleibt ihm immer noch die Löschung seines Schiffes aus dem Schiffsregister.

91 *Prause* SchRG § 10.

306 **Eintragungsmuster**

Zweite Abteilung

Bei der Eintragung kann zur näheren Bezeichnung des zu sichernden Anspruchs auf die einstweilige Verfügung Bezug genommen werde (§ 11 Abs. 2 SchRG)

Eigentümer

Laufende Nummer	Eigentümer, Korrespondent-reeder	Schiffs-parten	Lfd. Nr. der Spalte 1	Erwerbsgrund, Grundlage der Eintragung, Eigentumsbeschränkungen, Veränderungen
1	2	3	4	5
2			2	Eigentumsübertragungsvormerkung an dem Schiff für ... geb. .... Gemäß Bewilligung vom ... (UR-Nr. ... Notar ...) eingetragen am ...

Eintragung auf dem Schiffszertifikat vermerken und an Einsender mit E/R zurücksenden.
Nachrichten, Kosten

3. Erwerbsvormerkung aufgrund einer einstweiligen Verfügung

a) Allgemein

307 Neben der Bewilligung kommt auch die Eintragung einer Vormerkung aufgrund einer einstweiligen Verfügung nach § 11 Abs. 1, 1 Alt. SchRG in Frage. Hierzu ist der Verfügungsanspruch (§§ 936, 920 ZPO), nicht aber der Verfügungsgrund glaubhaft zu machen. Die Glaubhaftmachung der Gefährdung des zu sichernden Anspruchs ist wegen seiner durch den Eintragungsgrundsatz stets gegebenen Gefährdung gemäß § 11 Abs. 1 S. 2 SchRG, der dem § 885 Abs. 1 S. 2 BGB entspricht, nicht erforderlich.

b) Zuständigkeit

308 Zuständig für den Erlass der einstweiligen Verfügung ist das **Gericht der Hauptsache** nach § 937 Abs. 1 ZPO oder das Amtsgericht, in dessen Bezirk sich der **Heimathafen**, bei Binnenschiffen der **Heimatort** oder bei Schiffsbauwerken **der Bauort** befindet (§ 942 Abs. 2 S. 1 ZPO).

309 Für den Erlass einer einstweiligen Verfügung für Schiffe mit einem **ausländischen Heimathafen** ist nach § 942 Abs. 2 S. 2 ZPO das **Amtsgericht Hamburg** zuständig.

Eintragungsmuster 310

Zweite Abteilung
Eigentümer

Laufende Nummer	Eigentümer, Korrespondentreeder	Schiffsparten	Lfd. Nr. der Spalte 1	Erwerbsgrund, Grundlage der Eintragung, Eigentumsbeschränkungen, Veränderungen
1	2	3	4	5
			2	Eigentumsübertragungsvormerkung an dem Schiff für ... geb. .... Gemäß einstweiliger Verfügung vom (Datum, Gericht und Az.) eingetragen am ...

Eintragung auf dem Schiffszertifikat vermerken und an Einsender mit E/R. zurücksenden.
Nachrichten, Kosten

c) Löschung der Vormerkung

311 Ist eine Vormerkung aufgrund einer einstweiligen Verfügung eingetragen, so erlischt nach § 22 SchRG die Vormerkung, wenn die einstweilige Verfügung durch eine **vollstreckbare Entscheidung aufgehoben** wird, unabhängig davon, ob es sich hierbei um ein Urteil oder einen Beschluss handelt. Wird die einstweilige Verfügung durch eine vollstreckbare Entscheidung aufgehoben, führt dies zur Unrichtigkeit des Registers. Die Löschung hat denn nur noch berichtigenden Charakter und erfolgt auf Antrag des Berechtigten und nicht auf Ersuchen des Prozessgerichts. **Das Urteil/der Beschluss ersetzt die Eintragungsbewilligung.** Die Vorschrift des § 22 SchRG entspricht § 25 GBO.[92]

92 Staudinger/*Nöll* § 11 Rn. 6.

312 **Eintragungsmuster**

Zweite Abteilung
Eigentümer

Laufende Nummer	Eigentümer, Korrespondent-reeder	Schiffs-parten	Lfd. Nr. der Spalte 1	Erwerbsgrund, Grundlage der Eintragung, Eigentumsbeschränkungen, Veränderungen
1	2	3	4	5
			2	Eigentumsübertragungsvormerkung an dem Schiff für ... geb. .... Gemäß einstweiliger Verfügung vom ... (Datum, Gericht und Az.) gelöscht am ...

Eintragung auf dem Schiffszertifikat vermerken und an Einsender mit E/R. zurücksenden.
Nachrichten, Kosten

4. Vormerkung durch Urteil

313 Eine Vormerkung kann auch nach § 895 S. 1 ZPO entstehen. Dies ist der Fall, wenn der Schuldner durch ein vollstreckbares Urteil zur Abgabe einer Willenserklärung verurteilt wurde, aufgrund derer eine Eintragung in das Schiffsregister oder Schiffsbauregister erfolgen soll. In diesem Fall gilt die Eintragung einer Vormerkung oder eines Widerspruchs als bewilligt. Zur Eintragung genügt die Vorlage des vorläufig vollstreckbaren Urteils. Wird das Urteil oder dessen Vollstreckbarkeit durch eine vollstreckbare Entscheidung **aufgehoben,** dann erlischt auch die Vormerkung oder der Widerspruch. Eine Löschung ist Registerberichtigung und erfolgt auf Antrag des Schuldners. Wird die Zwangsvollstreckung lediglich **eingestellt,** hat dies keine Auswirkungen auf die Eintragung, denn die Eintragung ist keine Maßnahme der Zwangsvollstreckung im engeren Sinne des § 894 ZPO.[93]

5. Wirkung der Vormerkung

314 Die Wirkung der Vormerkung ist der **Schutz eines Anspruchs** auf eine dingliche Rechtsänderung gegen seine Vereitelung durch eine Verfügung des Schuldners. Die Vormerkung ist jedoch **keine Registersperre**. Der Schuldner kann über sein Recht

93 Baumbach/Lauterbach/*Hartmann* § 895 ZPO Rn. 6.

nach wie vor verfügen. Eine solche Verfügung ist gegenüber dem Vormerkungsberechtigten somit relativ unwirksam. Verfügungen, die **nach der Eintragung** der Vormerkung über ein Schiff getroffen werden, sind insoweit unwirksam, als sie den Anspruch vereiteln oder beeinträchtigen würden.

Ohne die **Zustimmung** des Berechtigten der Vormerkung kann daher eine Löschung desjenigen Rechts, auf das sich die Vormerkung bezieht, nicht erfolgen. Dies gilt auch, wenn die Verfügung im Wege der Zwangsvollstreckung, der Arrestvollziehung oder durch den Insolvenzverwalter erfolgt (§ 10 Abs. 2 SchRG).[94] Im Insolvenzfahren kann der Vormerkungsberechtigte vom Insolvenzverwalter die Erfüllung des durch die Vormerkung gesicherten Anspruchs verlangen, wenn die Eintragung der Vormerkung **vor Insolvenzeröffnung** war.[95] 315

Mit der Eintragung der Vormerkung erfolgt gleichzeitig die **Rangwahrung** des endgültigen Rechts (§ 10 Abs. 3 SchRG). Das spätere Vollrecht erwirbt den Rang der Vormerkung. In der Zwangsversteigerung ist das durch die Vormerkung gesicherte Recht mit seinem Rang wie ein eingetragenes Recht selbst bei der Feststellung des geringsten Gebots zu berücksichtigen (§§ 44, 48, 52, 162 ZVG). 316

Soweit der Anspruch durch die Vormerkung gesichert (eingetragen) ist, kann sich der **Erbe** des Verpflichteten nicht auf die Beschränkung seiner Haftung berufen (§ 10 Abs. 4 SchRG, entspricht § 884 BGB). Damit hat der Erbe nach den allgemeinen Grundsätzen den gesicherten Anspruch unbeschränkt und unbegrenzt soweit zu erfüllen als Anspruch und Vormerkung sich decken. 317

6. Anspruch auf Beseitigung der Vormerkung

Nach § 12 SchRG, der der Vorschrift des § 886 BGB entspricht, steht demjenigen, dessen Schiff oder dessen Recht von der Vormerkung betroffen wird, eine Einrede zu, so vor allem die Einrede der Verjährung, oder materiell-rechtliche Einwendungen aufgrund von Leistungsverweigerungsrechten, durch welche die Geltendmachung des durch die Vormerkung gesicherten Anspruchs dauernd ausgeschlossen wird. In diesen Fällen kann von dem Gläubiger die Beseitigung der Vormerkung verlangt werden. Der Betroffene muss also gegebenenfalls nach § 18 SchRG oder nach § 1004 BGB klagen. Dem Berechtigten aus der Vormerkung kommt der Schutz des öffentlichen Glaubens des Schiffregisters zwar nicht hinsichtlich des Bestehens seiner Forderung, wohl aber hinsichtlich der dinglichen Bindung des von der Vormerkung betroffenen Schiffs oder Rechts zugute. Er wird auch in seinem guten Glauben an das Bestehen des eingetragenen, von der Vormerkung betroffenen Rechts geschützt.[96] 318

---

94 *Heinerici/Gilgan* S. 247.

95 Palandt/*Bassenge* § 883 BGB Rn. 26.

96 *Prause* SchRG § 18.

7. Vorkaufsrecht

319 Ein dingliches **Vorkaufsrecht** ist im Schiffsregister **nicht** möglich.

Nach der amtlichen Begründung zum Gesetz über Rechte an eingetragenen Schiffen und Schiffsbauwerken vom 15.11.1940 wurde hierfür kein Bedürfnis gesehen, da die Bestellung einer Vormerkung für ausreichend erachtet wird.[97]

C. Firma als Eigentümer

1. Allgemein

320 Soll eine Firma als Eigentümer in das Schiffsregister eingetragen werden, sind ebenfalls die Angaben über die Eigentümerin nach § 13 SchRegO glaubhaft zu machen. Dies geschieht in der Regel durch die Einreichung eines Handelsregisterauszuges. Handelt es sich bei einer einzutragenden Eigentümerin um eine ausländische Firma, kann der Nachweis evtl. problematisch werden, wenn nach dem Gesellschaftsrecht des ausländischen Staates keine behördlichen Urkunden zu beschaffen sind. Sofern kein Handelsregister vorhanden ist oder ein behördlicher Nachweis nicht geführt werden kann, muss das Gericht anderweitige Nachweise akzeptieren. Dies könnten Gesellschaftsverträge oder Protokolle über Gesellschafterversammlungen sein, die von einer zuständigen Beurkundungsstelle des ausländischen Staates beurkundet sein müssen (s. Apostille Rn. 814 und Legalisation Rn. 809). Bei der Eintragung ausländischer Firmen als Eigentümer ist ebenfalls das Flaggenrecht zu beachten, da nur die Firmen in das Schiffsregister als Eigentümer eingetragen werden dürfen, die die flaggenrechtlichen Voraussetzungen erfüllen.

2. Einzelfirma

321 Soll eine **Einzelfirma** in das Schiffsregister als Eigentümer eingetragen werden, so ist der Einzelkaufmann mit seinem **bürgerlichen Namen** einzutragen und nicht mit seiner Firma.[98] Die Firma ist Name des Kaufmanns im Handelsverkehr und im Prozess nach § 17 HGB und gilt nicht für Bezeichnungen im bürgerlichen Rechtsverkehr und gegenüber den Behörden und damit auch nicht für das Schiffsregister. Auch ein auf die Firma des Einzelkaufmanns hinweisender Zusatz wie z. B. „Alleininhaber der Firma ...“ kann nicht in das Register eingetragen werden.[99] Wird also als Eigentüme-

---

97 DJ 1940, S. 1332.
98 BayObLG DNotZ 1981, 578.
99 LG Bremen Rpfleger 1977, 211.

rin die Firma Max Otto e.K mit Sitz in Kiel zur Eintragung angemeldet, ist nur Max Otto, geb. am ... in Kiel einzutragen.

3. Offene Handelsgesellschaft

Eine offene Handelsgesellschaft (OHG) ist eine Personenhandelsgesellschaft, die 322
Rechte unter ihrer Firma erwirbt (§ 124 Abs. 1 i.V.m. § 161 Abs. 2 HGB) und durch ihre Gesellschafter vertreten wird. Ist bei der OHG der Geschäftsbetrieb auf ein **Handelsgewerbe** gerichtet (§ 1 Abs. 2 HGB), beginnt diese mit der **Aufnahme** der Tätigkeit, wenn diese schon vor der Handelsregistereintragung stattgefunden hat, ansonsten erst mit der Eintragung in das Handelsregister (§ 123 HGB). Die OHG beginnt **erst mit Eintragung** in das Handelsregister, wenn das Gewerbe nicht schon Handelsgewerbe nach § 123 HGB ist oder es sich um eine vermögensverwaltende OHG nach § 105 Abs. 2 HGB handelt. Im Schiffsregister ist sie unter ihrer Firma oder dem Namen und dem Sitz gemäß § 16 Nr. 2 SchRegDV einzutragen. In der Anmeldung sind die Gesellschafter nach § 11 Abs. 1 Nr. 6 SchRegO anzugeben und nach § 28 Abs. 1 Nr. 2a SchRegDV in das Schiffsregister einzutragen. Ist nun z.B. im Handelsregister die Firma „Schifffahrtsgesellschaft Breit und Lang OHG" eingetragen, ist im Schiffsregister einzutragen:

Eintragungsmuster 323

Zweite Abteilung
Eigentümer

Laufende Nummer	Eigentümer, Korrespondentreeder	Schiffsparten	Lfd. Nr. der Spalte 1	Erwerbsgrund, Grundlage der Eintragung, Eigentumsbeschränkungen, Veränderungen
1	2	3	4	5
	Schifffahrtsgesellschaft Breit und Lang OHG Sitz Kiel (Amtsgericht Kiel HRA ...) persönlich haftenden Gesellschafter: Hugo Breit, geb. am ... in Kiel. und Otto Lang geb. am ... in Kiel			

Grundsätzlich gilt die allgemeine Vertretungsmacht der Gesellschafter. Die **Vertretungsmacht** eines Gesellschafters kann jedoch **eingeschränkt** werden und ergibt sich dann aus der **Handelsregistereintragung**. Da § 28 Abs. 1 Nr. 2a SchRegDV jedoch nur die Eintragung der Gesellschafter verlangt, ist eine evtl. **Beschränkung der Vertretungsmacht** eines Gesellschafters **nicht** im Schiffsregister einzutragen. Es empfiehlt sich deshalb in der Eintragung Amtsgericht und Handelsregister Nummer mit anzugeben.

4. Kommanditgesellschaft

a) Kommanditgesellschaft „allgemein“

324 Die Firma einer Kommanditgesellschaft (KG) kann Personen-, Sach-, Fantasie- oder Mischfirma sein und ist immer mit einem Rechtsformzusatz wie z. B „KG“ zu bilden (§ 19 Abs. 1 Nr. 3 HGB). Bei der KG ist bei einem oder einigen Gesellschaftern die Haftung gegenüber den Gesellschaftsgläubigern auf den Betrag einer bestimmten Vermögenseinlage beschränkt (Kommanditisten), während bei dem anderen Teil der Gesellschafter eine Beschränkung der Haftung nicht stattfindet (persönlich haftende Gesellschafter).

Vertreten wird die KG durch **den persönlich haftenden Gesellschafter**. Der **Kommanditist** ist grundsätzlich von der **Vertretung** nach § 170 HGB **ausgeschlossen.**

Die KG, deren Geschäftsbetrieb auf ein Handelsgewerbe (§ 1 Abs. 2 HGB) gerichtet ist, beginnt mit der Aufnahme ihrer Tätigkeit, wenn sie ihre Geschäfte vor Eintragung in das Handelsregister aufnimmt, anderenfalls mit der Eintragung (§§ 161 Abs. 2, 123 HGB). Besteht kein Handelsgewerbe nach § 1 Abs. 2 HBG oder handelt es sich um eine vermögensverwaltende KG nach § 161 Abs. 2, § 105 Abs. 2 HGB, so gilt wie bei der OHG der Beginn der Gesellschaft **erst mit Eintragung** in das Handelsregister (§§ 161 Abs. 2, 123 HGB). Bei einer Kommanditgesellschaft sind die Firma oder der Name und dem Sitz gemäß § 16 Nr. 2 SchRegDV einzutragen. Nach § 11 Abs. 1 Nr. 6 SchRegO sind sämtliche persönlich haftenden Gesellschafter bei der Anmeldung anzugeben und gemäß § 28 Abs. 1 Nr. 2 a. SchRegDV in das Register einzutragen. Lautet die Firma Max Otto KG mit dem Sitz in Kiel und ist Max Otto der persönlich haftenden Gesellschafter, so ist in das Register einzutragen:

Eintragungsmuster 325

Zweite Abteilung
Eigentümer

Laufende Nummer	Eigentümer, Korrespondentreeder	Schiffs- parten	Lfd. Nr. der Spalte 1	Erwerbsgrund, Grundlage der Eintragung, Eigentumsbeschränkungen, Veränderungen
1	2	3	4	5
Nächste lfd. Nr.	Max Otto KG, Sitz Kiel (Amtsgericht Kiel HRA ...) persönlich haftenden Gesellschafter Max Otto, geb. am ... in Kiel.		wie Sp. 1	Neubau auf eigene Rechnung. Aufgrund Antrag vom ... eingetragen am ...

b) Sonderform der Kommanditgesellschaft (GmbH & Co. KG)

Eine **Sonderform** der Kommanditgesellschaft ist **die GmbH & Co. KG.** Hier wird die Kommanditgesellschaft durch die GmbH als persönlich haftende Gesellschafterin vertreten. Diese wird wiederum durch den/die Geschäftsführer vertreten. 326

Neben den Geschäftsführern können auch die von der GmbH bestellten **Prokuristen** nach Maßgabe der eingetragen Vertretungsregelung (die sich aus dem Handelsregister gibt) **die Gesellschaft vertreten** und damit auch Eintragungsanträge stellen. 327

Wird zum Beispiel die Max Otto GmbH & Co, KG von der persönlich haftenden Gesellschafterin der Max Otto Verwaltung GmbH vertreten, so ist in das Schiffsregister als Eigentümer einzutragen: 328

Eintragungsmuster

Zweite Abteilung
Eigentümer

Laufende Nummer	Eigentümer, Korrespondentreeder	Schiffs-parten	Lfd. Nr. der Spalte 1	Erwerbsgrund, Grundlage der Eintragung, Eigentumsbeschränkungen, Veränderungen
1	2	3	4	5
Nächste lfd. Nr.	Max Otto GmbH & Co.KG, Sitz Kiel (Amtsgericht Kiel HRA ...) persönlich haftenden Gesellschafter in Max Otto Verwaltung GmbH mit Sitz in Kiel (Amtsgericht Kiel HRB ...)		wie Sp. 1	Neubau auf eigene Rechnung. Aufgrund Antrag vom ... eingetragen am ...

c) Kommanditgesellschaft auf Aktien

329 Wie bei der Kommanditgesellschaft sind auch bei der Kommanditgesellschaft auf Aktien (KGaA) die Firma oder der Name und der Sitz gemäß § 16 Nr. 2 SchRegDV sowie sämtliche persönlich haftende Gesellschafter in das Schiffsregister einzutragen (§ 28 Abs. 1 Nr. 2a SchRegDV). Eine KGaA (§§ 278 bis 290 AktG) liegt vor, wenn mindestens ein Gesellschafter den Gesellschaftsgläubigern unbeschränkt – als sog. persönlich haftender Gesellschafter – haftet, während die übrigen Gesellschafter – hier Kommanditisten genannt – sich nur mit Einlagen auf das in Aktien zerlegte Grundkapital der Gesellschaft beteiligen (§ 278 Abs. 1 AktG).

330 Jeder persönlich haftende Gesellschafter ist grundsätzlich zur Vertretung der KGaA berechtigt (§ 278 Abs. 2 AktG i.V.m. § 124 Abs. 1 HGB). Die **Satzung** kann auch eine andere Vertretungsregelung bestimmen. Diese ist dann in das Handelsregister einzutragen. Ein Nachweis der Vertretungsbefugnis ergibt sich für das Schiffsregister damit durch die Vorlage eines Handelsregisterauszuges, aus dem sich auch die einzutragenden persönlich haftenden Gesellschafter ergeben. Die Gesellschaft entsteht mit der Eintragung in das Handelsregister (§ 278 Abs. 3 i.V.m. § 41 Abs. 1 S. 1 AktG).

5. Gesellschaft bürgerlichen Rechts als Eigentümer

a) Allgemein

Obwohl die Gesellschaft bürgerlichen Rechts (GbR) keine Firma im Sinne des HGB ist, wird gerade diese Rechtsform einer „Eignergemeinschaft" zunehmend für die Eintragung von Sportbooten in das Register gewählt. Die Gesellschaft bürgerlichen Rechts (GbR) besitzt **Rechtsfähigkeit** nach § 14 Abs. 2 BGB, soweit sie durch ihre Teilnahme am Rechtsverkehr eigene **Rechte und Pflichten** begründet.[100] Wie die Gesellschaft bürgerlichen Rechts in das Schiffsregister als Berechtigte eingetragen werden kann, ist genauso **wenig eindeutig** geklärt wie eine entsprechende Eintragung in das Grundbuch. Nach dem Beschluss des BGH vom 4.12.2008[101] kann die Gesellschaft bürgerlichen Rechts unter der Bezeichnung in das Grundbuch eingetragen werden, die ihre Gesellschafter im Gesellschaftsvertrag für sie vorgesehen haben. Sieht der Gesellschaftsvertrag keine Bezeichnung der GbR vor, wird die GbR als Gesellschaft bürgerlichen Rechts unter den Namen ihrer Gesellschafter eingetragen. Was für die Eintragung in das Grundbuch gilt, kann auch auf die Eintragung in das Schiffsregister Anwendung finden. Danach wird nach überwiegender Praxismeinung eine Gesellschaft bürgerlichen Rechts in das Schiffsregister wie folgt eingetragen: 331

100 BGHZ 146, 341, 343 = DNotZ 2001, 234.

101 *Bestelmeyer* Rpfleger 2009, 141 mit umfangreichen Nachweisen.

b) Eintragungsbeispiel

332 Im ersten Beispiel besteht die Gesellschaft besteht aus den Personen Mac, Max und Liese Fisch. Im zweiten Beispiel aus einer natürlichen Person, einer GmbH und einer weiteren BGB Gesellschaft.

Zweite Abteilung
Eigentümer

Laufende Nummer	Eigentümer, Korrespondentreeder	Schiffsparten	Lfd. Nr. der Spalte 1	Erwerbsgrund, Grundlage der Eintragung, Eigentumsbeschränkungen, Veränderungen
1	2	3	4	5
Beispiel 1	a. Mac Fisch, geb. ... Kiel b. Max Fisch, geb. ... Kiel c. Liese Fisch, geb. ... Kiel in Gesellschaft bürgerlichen Rechts		1	Neubau auf eigene Rechnung. Eingetragen am ...
Beispiel 2	oder MS KLARA Gesellschaft bürgerlichen Rechts mit Sitz in Kiel bestehend aus a. Max Fisch, geb. ... Kiel (Amtsgericht Kiel HRB 1000) c. Sailing Point MS Gesellschaft bürgerlichen Rechts bestehend aus a. Matthis Schlick, geb. ... Kiel b. Simon Schlick, geb. ... Kiel Sitz Kiel			

c) Veränderungen in der Gesellschaft bürgerlichen Rechts

333 **Änderungen in der Zusammensetzung** der Gesellschafter sind zum Schiffsregister anzumelden, da eine Änderung in der Zusammensetzung der eingetragenen Gesellschafter eine Unrichtigkeit im Schiffsregister bedeutet und nicht mehr die rechtlichen Verhältnisse wiedergibt. Bei einem **Ausscheiden** eines Gesellschafters oder bei einem **Ausscheiden und Eintritt** eines neuen Gesellschafters ist ein Antrag auf Berichtigung nach § 23 SchRegO zu stellen. Die Bewilligung § 29 SchRegO des ausscheidenden und der verbleibenden Gesellschafter in der Form des § 37 SchRegO sind vorzulegen. Besteht die Gesellschaft aus zwei Gesellschaftern und scheidet ein

Gesellschafter aus, so wird die Gesellschaft beendet und der verbleibende Gesellschafter wird Alleineigentümer.[102]

Mit dem **Tod eines Gesellschafters** wird die Gesellschaft aufgelöst, sofern sich nicht aus dem Gesellschaftsvertrag etwas anderes ergibt (§ 727 Abs. 1 BGB). Sieht der Vertrag keine Auflösung vor, tritt der Erbe/die Erben an die Stelle des verstorbenen Gesellschafters. Die Nachfolge in die Mitgliedschaft vollzieht sich dann nach Erbrecht.[103] Allerdings kann der Gesellschaftsvertrag die Erben von dem **Eintritt** in die Gesellschaft **ausschließen**. Die Gesellschaft wird dann von den übrigen Gesellschaftern fortgeführt. Für die Erben ist damit der Eintritt in die Gesellschaft aufgrund des Erbfalles ausgeschlossen.[104] 334

6. Ausländische Firmen als Eigentümer

Ausländische Firmen als Eigentümer oder Gläubiger eines Rechtes spielen im Schiffsregister eine immer größer werdende Rolle. Da für die Eintragung einer ausländischen Firma als Eigentümer in das Schiffsregister auch die flaggenrechtlichen Voraussetzungen erfüllt sein müssen, soll hier nur kurz auf einige **Gesellschaften der Europäischen Gemeinschaft** eingegangen werden. 335

a) Belgien 336

Gesellschaftsformen	Vertretungsregelungen	Registrierung
Naamloze vennootschap Kurzbezeichnung (NV) oder **Société anonyme** Kurzbezeichnung (SA), die belgische Form der Aktiengesellschaft	Vom Verwaltungsrat (conseil d'administration oder raad van bestuur), der dem deutschen Vorstand entspricht und aus mindestens 3 Personen besteht die zur Gesamtvertretung berechtigt sind. Der Verwaltungsrat kann zusätzlich einen oder mehrere administrateur/délégue (auch directeur, directeur-général, directeur-gérant, gérant) = Geschäftsführer bestellen.	Seit 2003 gibt es kein gerichtliches Handelsregister. In Belgien gibt es für alle Unternehmen eine Unternehmensdatenbank (KBO oder BCE) an die die Gerichte die Unternehmensdaten melden. Erst mit Registrierung kann die Gesellschaft als existent angesehen werden.

102 BGH NJW 1990,1171.
103 BGH NJW 1977,1339.
104 BGHZ 22, 186.

Gesellschaftsformen	Vertretungsregelungen	Registrierung
Besloten vennootschap met beperkte aansprakelijkheid (BVBA) oder Société privé à responsabilité limitée (SPRL), die belgische Gesellschaft mit beschränkter Haftung	Die BVBA/SPRL wird von den Geschäftsführern gerichtlich und außergerichtlich vertreten.	
weitere Gesellschaftsformen sind VOF oder SNC (belgische OHG) Comm.V. oder SCS (belgische KG)	deren rechtlichen Regelungen mit dem deutschen Recht vergleichbar sind.	

337 **b) Dänemark**[105]

Gesellschaftsformen	Vertretungsregelungen	Registrierung
Aktieselskab (A/S) vergleichbar mit einer Aktiengesellschaft	Vertretungsberechtigt sind der Aufsichtsrat wie auch der Vorstand	Das dänische Handels- bzw. Unternehmensregister (Erhvers-og Selskabsstyrelse) wird zentral in Kopenhagen für ganz Dänemark geführt. Kapitalgesellschaften müssen, Personengesellschaften können eingetragen werden.
Anpartsselskab (ApS) vergleichbar mit der GmbH.	Aufsichtsrat und Geschäftsführung oder nur die Geschäftsführung ist vertretungsberechtigt. Der Aufsichtsrat hat nach neuem Recht nur noch Überwachungsaufgaben wahrzunehmen. Die Leitungsfähigkeit des Aufsichtsrates entfällt damit.	
Interesstskab (I/S) ist wie eine Offene Handelsgesellschaft jedoch als Rechtsform zwischen der BGB-Gesellschaft und der OHG anzusiedeln		

105 Deutsch–Dänische Handelskammer.

Gesellschaftsformen	Vertretungsregelungen	Registrierung
Kommanditselskab (K/S) wie eine Kommanditgesellschaft	Vertretungsmacht hat bei der K/S jeder Komplementär. Der Gesellschaftsvertrag kann jedoch einem Kommanditisten Vertretungsmacht erteilen.	

c) Frankreich[106] 338

Gesellschaftsformen	Vertretungsregelungen	Registrierung
Société anonyme (S. A.), die französische Form der Aktiengesellschaft	die dem deutschen Recht entlehnte Form mit einem Vorstand (directoire), der vom Aufsichtsrat ernannt wird oder die traditionelle Form mit einem Verwaltungsrat (conseil d'administration), der Vorsitz und Geschäftsführer wählt.	Alle Handelsgesellschaften des französischen Rechts werden erst mit der Eintragung im Handelsregister rechtsfähig. Die Handelsregister erteilen Abschriften bzw. Auszüge aus dem Handelsregister. Französische Notare sind nicht befugt, eine Bescheinigung entsprechend dem deutschen § 21 BNotO zu erstellen
Société par actions simplifiée (S. A. S.) die vereinfachte Form der Aktiengesellschaft	vertreten durch einen Vorsitzenden (Président) Der Président kann auch eine juristische Person sein.	
Société à responsabilité limitée (S. A. R. L.), die französische Gesellschaft mit beschränkter Haftung	vom Geschäftsführer (gérant) bzw. den Geschäftsführern vertreten. Geschäftsführer müssen natürliche Personen sein. Jeder Geschäftsführer hat nach außen eine alleinige und uneingeschränkte Einzelvertretungsmacht, die auch nicht durch die Satzung eingeschränkt werden kann; im Innenverhältnis können hingegen Verantwortungsschwerpunkte festgelegt und die Vertretungsbefugnis eingeschränkt werden.	

106 http://www.auwibayern.de/awp/inhalte/Laender/Anhaenge/Gesellschaftsformen_EJD-Mitglieder1.pdf.

Gesellschaftsformen	Vertretungsregelungen	Registrierung
Entreprise unipersonnelle à responsabilité limitée (E. U. R. L.) die Einpersonengesellschaft mit beschränkter Haftung	Geschäftsführer jeder uneingeschränkt alleine	
Daneben gibt es noch **S. N. C** (Société en nom collectif) zu vergleichen mit der OHG Deutschland **S. C. S.** (Société en commandite simple) zu vergleichen mit der KG **S. C. A.** (Société en commandite par actions) zu vergleichen mit der Kommanditgesellschaft auf Aktien.		

339 **d) Griechenland**[107]

Anonymos Etairia (AE) vergleichbar mit einer Aktiengesellschaft	Einziges Vertretungsorgan ist der **Verwaltungsrat (Vorstand** = Der Verwaltungsrat einer griechischen AG vertritt diese gerichtlich und außergerichtlich (Gesamtvertretung)	In Griechenland gibt es kein Handelsregister wie in Deutschland. Ein Nachweis der gesetzlichen Vertreter, ist abhängig von der Rechtsform der Gesellschaft. Die Satzung der A. E. ist notariell zu beurkunden. Gründungsbeschluss und Satzung sind dem Handelsministerium zur Genehmigung vorzulegen die auch die Eintragung in das Register für Aktiengesellschaften veranlasst. Mit Eintragung in das Register erlangt die Aktiengesellschaft Rechtspersönlichkeit. Die Veröffentlichung erfolgt im Bulletin für A. E. und E. P. E des Regierungsanzeigers für Kapitalgesellschaften (OEK).

107 Deutsch-Griechische Industrie- und Handelskammer.

Etaria Periorismenis Efthinis (E. P. E.) vergleichbar mit GmbH	Zum Geschäftsführer können ein oder mehrere Gesellschafter bzw. Nichtgesellschafter berufen werden. Mehrere Geschäftsführer haben grundsätzlich Gesamtvertretungsmacht	wie A. E.
Omorithmi Etairia (O. E.) vergleichbar mit einer Offene Handelsgesellschaft	Die Vertretung erfolgt durch die unbeschränkt haftenden Gesellschafter. Grundsätzlich vertreten alle Gesellschafter die Gesellschaft, die Vertretung kann jedoch auch einem einzigen Gesellschafter übertragen werden. Kommanditisten sind von der Vertretung ausgeschlossen.	OE und EE sind Personengesellschaften. Der zu errichtende Gesellschaftsvertrag ist der Handelskammer zur Eintragung vorzulegen. Soweit Beglaubigungen vorliegen, wird der Gesellschaftsvertrag im Original dem Landgericht des Orts, in welchem die Gesellschaft ihren Sitz hat, vorgelegt und veröffentlicht.
Eterorithmi Etairia (E. E.) vergleichbar mit einer Kommanditgesellschaft	wie O. E.	wie O. E.

e) Vereinigtes Königreich Großbritannien 340

Gesellschaftsformen	**Vertretungsregelungen**	**Registrierung**
Partnership (LLP) vergleichbar mit einer OHG	Jeder Partner grundsätzlich alleine	Für normale Partnerships gibt es keine Registrierungspflicht
Limited Partnership vergleichbar mit einer Kommanditgesellschaft	General Partner (Komplementär) jeder alleine	Limited Partnership und LLP müssen in ein Register eingetragen sein. Für beide Gesellschaftsformen wird ein Certificate of Good Standing ausgestellt, welche die Namen der entsprechenden Vertreter enthält. Eine Bescheinigung wie § 21 BNotO ist auch nach britischem Recht möglich, indem der Notar eine Bescheinigung über die eingesehene Vertretungsregelung erteilt.
Limited liability partnership (LLP) Vergleichbar mit einer Personengesellschaft mit beschränkter Haftung	Grundsätzlich Einzelvertretung	wie LLP

Gesellschaftsformen	Vertretungsregelungen	Registrierung
Private company limited by shares (Ltd.) die britsche Form der Gesellschaft mit beschränkter Haftung	Grundsätzlich von dem Board of Directors (Verwaltungsrat). Direktoren (Geschäftsführer) vertreten gemeinsam. Direktoren können ihre Befugnisse auf einen Präsidenten (Chairman of the Board) oder auf einen Managing Director übertragen. Eine Übertragung sollte im Beschlusswege erfolgen.	In Großbritanien sind alle Kapitalgesellschaften (company) in das elektronische Gesellschaftsregister (registrar of companies) einzutragen. Die Register werden für England in London, für Wales in Cardiff, für Schottland in Edinburgh und für Nordirland in Belfast geführt.
Public limited company (PLC) die britische Aktiengesellschaft	wie Ltd	

341 **f) Niederlande**

Gesellschaftsformen	Vertretungsregelungen	Registrierung
Naamloze vennootschap (N.V.) entspricht der Aktiengesellschaft	Durch den Vorstand der aus einer oder mehreren Personen besteht. Es besteht grundsätzlich Einzelvertretung, wenn nicht die Satzung etwas anderes bestimmt.	Das niederländische Handelsregister wird von den Industrie- und Handelskammern (Kamers van Koophandel en Fabrieken) geführt. Bis auf die Maatschap sind alle o.g. Gesellschaften in das Handelsregister einzutragen. Bekanntmachungen erfolgen im Niederländischen Staatsanzeiger (Nederlandse Staatscourant) für das gesamte Land. Bei der niederländischen AG (NV) und der niederländischen GmbH (BV) ist die zusätzliche Bekanntmachung zur Eintragung Pflicht
Besloten vennootschap met beperkte aansprakelijkheid (B.V.) die niederländische Gesellschaft mit beschränkter Haftung	Durch den Vorstand. Grundsätzlich Einzelvertretung, soweit die Satzung keine anderweitige Regelung vorsieht	
Vennootschap onder firma (v.o.f.), entspricht der Offenen Handelsgesellschaft	Grundsätzlich jeder Gesellschafter; ein evtl Ausschluss der Vertretungsmacht muss im Handelsregister eingetragen sein.	

Gesellschaftsformen	Vertretungsregelungen	Registrierung
Commanditaire vennootschap (C. V.), entspricht der Kommanditgesellschaft	Durch eine oder mehrere unbeschränkt haftende Personen. Kommanditisten sind von der Vertretung ausgeschlossen.	
Maatschap, entspricht der Gesellschaft bürgerlichen Rechts		Keine Eintragung in das Handelsregister

g) Polen[108] 342

Gesellschaftsformen	Vertretungsregelungen	Registrierung
Spółka Jawna (s. j.) entspricht einer offenen Handelsgesellschaft (OHG)	Durch die Gesellschafter	Eintragung in das gerichtliche Handelsregister (Krajowy Rejestr Sadowy = KRS).
Spółka komandytowa (sp. k.) entspricht einer Kommanditgesellschaft	Durch den persönlich haftenden Gesellschafter	Abschluss eines Gründungsvertrages in notarieller Form und Eintragung in das gerichtliche Handelsregister
Spółka z ograniczoną odpowiedzialnością (sp. z. o. o.) entspricht einer GmbH	Durch den Vorstand	Abschluss eines Gründungsvertrages in notarieller Form und Eintragung in das gerichtliche Handelsregister
Spółka akcyjna (S. A.) entspricht einer Aktiengesellschaft	Durch den Vorstand	Abschluss eines Gründungsvertrages in notarieller Form und Eintragung in das gerichtliche Handelsregister

h) Spanien[109] 343

Gesellschaftsformen	Vertretungsregelungen	Registrierung
Sociedad Regular colectiva Compañia (SrC) entspricht einer offenen Handelsgesellschaft	Durch die Gesellschafter; jeder allein.	Grundsätzliche Eintragungspflicht in ein öffentliches Register welches mit dem deutschen Handelsregister vergleichbar

108 Deutsch-Polnische Industrie-und Handelskammer.
109 Deutsche (Auslands-)Handelskammer für Spanien.

Gesellschaftsformen	Vertretungsregelungen	Registrierung
		ist. Aus dem Register sind auch die gesetzliche Vertretung und evtl. Einschränkungen der Vertretung zu ersehen. Zusätzlich gibt es ein allgemeines Gesellschaftsregister für ganz Spanien (Registro Mercantil Central) bei der Generaldirektion für Register- und Notariatssachen.
Sociedad en comandita (SC) entspricht einer Kommanditgesellschaft	Durch den persönlich haftenden Gesellschafter; jeder allein.	
Sociedad de reponsabilidad limitada (S. L oder S. R. L.)	Es gibt drei mögliche Organisationsformen: a) Verwaltungsrat (consejo de administración) gemeinsame Vertretung der Verwaltungsratsmitglieder (3–12 Mitgliedern) (administradores) die einen Präsidenten und mehrere Vertreter (consejeros delegados) und ein Exekutives Komitee = Vorstand (comisión ejecutiva) bestimmen können, Alleinvertretung (consejero delegado solidario), gemeinschaftliche Vertretung (consejero delegado mancomunado), außerdem können Bevollmächtigte (apoderados) beauftragt werden. b) Alleinverwaltung (administrador único) ggf. wird die Vertretung durch einen Bevollmächtigten (apoderado bzw. apoderado general) wahrgenommen. Die Vollmachten können entweder als General-(apoderamiento general) oder Sondervollmachten (apoderamiento especial) erteilt werden. c) Gesamtverwaltung (administración solidaria o mancomunada) mehrere Verwalter vertreten entweder jeweils allein (administrador solidario) oder gemeinschaftlich (administrador mancomunado).	
Sociedad Limitada Nueva Empresa (S. L. N. E.)	Wie S. L	
Sociedad Anónima (S. A.) Aktiengesellschaft nach spanischem Recht	Wie S. L	

D. Aufgabe des Eigentums

1. Allgemein

344 Nach § 7 SchRG, der dem § 928 BGB entspricht, kann der Eigentümer sein Eigentum am Schiff dadurch aufgeben, dass er den **Verzicht** gegenüber dem Register erklärt

und der Verzicht in das Register eingetragen wird. Praktische Bedeutung erhält die Vorschrift bei gesunkenen Schiffen und Wracks, welche nicht mehr reparaturfähig sind. Während bei nicht eingetragenen Schiffen die bloße Absicht zur Aufgabe des Eigentums (§ 959 BGB) genügt, bedarf es bei **eingetragenen Schiffen** neben der **Verzichtserklärung** auch **der Eintragung** in das Schiffsregister (§§ 28, 35 SchRegDV). Erst **mit der Eintragung** in das Register **verliert der Eigentümer sein Recht** an dem Schiff. Die Verzichtserklärung bedarf der Form des § 37 SchRegO. Der Antrag bedarf keiner Form. Können die Schiffspapiere (Messbrief, Schiffszertifikat und der amtl. begl. Auszug aus dem Schiffszertifikat) nicht vorgelegt werden, da diese zum Beispiel mit untergegangen sind, so hat der Eigentümer dies an Eides statt zu versichern.

Ist ein Verzicht an einem Miteigentumsanteil nach Bruchteilen an einem Grund- 345
stück nach § 928 Abs. 1 BGB nicht möglich,[110] so kann auch für Miteigentumsanteile nach Bruchteilen an einem Schiff nichts anders gelten, da § 7 SchRG der Vorschrift des § 928 BGB entspricht.

Eintragungsmuster 346

Zweite Abteilung
Eigentümer

Laufende Nummer	Eigentümer, Korrespondentreeder	Schiffs-parten	Lfd. Nr. der Spalte 1	Erwerbsgrund, Grundlage der Eintragung, Eigentumsbeschränkungen, Veränderungen
1	2	3	4	5
				Der Eigentümer hat am ... auf das Eigentum am Schiff verzichtet. Eingetragen am ...

Die bisherige Eigentumseintragung ist zu röten.
Mit der Wirksamkeit des Verzichts wird das Schiff herrenlos. Eingetragene dingliche Rechte bleiben hiervon jedoch nach § 928 BGB unberührt.
Ein mit Hypotheken belastetes Schiff kann nicht alleine durch die Eigentumsaufgabe lastenfrei von einem möglichen neuen Eigentümer erworben werden.[111] Eine Eintragung eines Zwangsversteigerungsvermerkes wird durch die Eintragung des Verzichts des Eigentümers auf sein Eigentum am Schiff nicht ausgeschlossen.
Nachrichten, Kosten.

110 BGHZ 115, 1 = DNotZ 1992, 359.
111 KGJ 51, 195.

2. Eigentumserwerb durch Aneignung

347 Das Aneignungsrecht an herrenlosen Schiffen steht nach § 7 Abs. 2 SchRG **nur dem Bund zu.** Ob dieses Recht durch den Bund ausgeübt wird, liegt im Ermessen der Behörde.

Ist ein Schiff gesunken, so besteht in sehr vielen Fällen die Pflicht des Eigentümers das Wrack zu beseitigen. Der Bund wird also sehr genau zu prüfen haben, ob er den Eigentümer durch die Aneignung von seiner Verpflichtung entbindet. Das noch nicht in Kraft getretene **Internationale Übereinkommen** von 2007 über die Beseitigung von Wracks, wonach der Eigentümer zur Beseitigung des Wracks verpflichtet ist, oder für Ersatzmaßnahmen aufzukommen hat, enthält aber keine sachenrechtlichen Vorschriften.[112]

348 **Eintragungsmuster**

Zweite Abteilung
Eigentümer

Laufende Nummer	Eigentümer, Korrespondentreeder	Schiffsparten	Lfd. Nr. der Spalte 1	Erwerbsgrund, Grundlage der Eintragung, Eigentumsbeschränkungen, Veränderungen
1	2	3	4	5
Nächste lfd. Nr.	Bundesrepublik Deutschland		wie Sp. 1	Aufgrund des Aneignungsrechts gemäß § 7 Abs. 2 SchRG eingetragen am ...

3. Geltendmachung von Rechten an aufgegebenen und noch eingetragenen Schiffen

349 Hat der Eigentümer sein Schiff nach § 7 SchRG aufgegeben und hat der Bund mangels Eintragung das Schiff noch nicht erworben und soll im Weg der Klage ein Recht an dem Schiff geltend gemacht werden, so ist **auf Antrag** durch den Vorsitzenden des zuständigen Prozessgerichts ein Vertreter zu bestellen. **Zuständig** ist das Gericht, bei dem das Register für das Schiff oder Schiffsbauwerk geführt wird. Bis zur Eintragung eines neuen Eigentümers obliegt dem Vertreter die Wahrnehmung der sich aus dem Eigentum ergebenden Rechte und Pflichten (§ 58 Abs. 2 ZPO). **Glei-**

112 Staudinger/*Nöll* § 7 SchRG Rn. 2.

ches gilt, wenn durch Zwangsvollstreckung ein Recht an einem von dem bisherigen Eigentümer aufgegebenen eingetragenen Schiff oder Schiffsbauwerk geltend gemacht werden soll (§ 787 Abs. 2 ZPO).

Der Fiskus kann auch auf sein **Aneignungsrecht** verzichten.[113] Der Verzicht 350
wird nicht in das Register eingetragen.[114]

E. Aufgebotsverfahren zum Ausschluss eines im Schiffsregister eingetragenen Eigentümers

1. Allgemein

Das Aufgebotsverfahren wird nur auf **Antrag** eingeleitet (§ 434 Abs. 1 FamFG) und 351
ist nur zulässig wenn der **eingetragene Eigentümer verstorben** oder **verschollen** ist und das Schiff sich **10 Jahre** im Eigenbesitz eines anderen befindet (§ 6 Abs. 1 SchRG, § 446 FamFG).

Diese Bestimmungen gelten nur für **eingetragene** Schiffe und Schiffsbauwerke. Die Vorschrift des § 6 SchRG entspricht dem § 927 BGB, wobei die Frist von 30 Jahren auf **10 Jahre** verkürzt ist. Berechnet wird die **Besitzzeit** nach den §§ 938 bis 944 BGB. Bei Schiffen, die eintragungsfähig, aber nicht eintragungspflichtig sind, gilt das Recht für bewegliche Sachen nach §§ 937 bis 945 BGB. **Landesrechtliche Besonderheiten** für die Aufgebotsfrist und Ausschließung gibt es nicht.

2. Zuständigkeit

Zuständig ist das Gericht, bei dem das Register für das Schiff oder Schiffsbauwerk 352
geführt wird (§ 446 Abs. 2 FamFG). Funktionell zuständig ist der Rechtspfleger nach § 3 Nr. 1 c RPflG.

3. Antragsberechtigung/Glaubhaftmachung

Antragsberechtigt für das Aufgebotsverfahren ist derjenige, welcher das Schiff seit 353
der Frist des § 6 SchRG im Eigenbesitz hat (§ 443 FamFG). Haben mehrere Personen das Schiff im Eigenbesitz können nur **alle gemeinsam** den Antrag stellen.[115] Der Antragsteller hat die zur Begründung des Antrages erforderlichen Tatsachen vor

---

113 BGHZ 108, 278.
114 BVerfG NJW 1966, 1715.

Einleitung des Verfahrens **glaubhaft zu machen** (§ 444 FamFG). Die Glaubhaftmachung erfolgt durch die Vorlage von Urkunden oder anderen Unterlagen. In Frage kommt auch eine eidesstattliche Versicherung nach § 294 ZPO.

4. Inhalt des Aufgebots

354 In dem Aufgebotsverfahren ist die Bezeichnung des Antragsstellers anzugeben und der bisherigen Eigentümer aufzufordern, sein Recht spätestens im Aufgebotstermin anzumelden, da anderenfalls sein Ausschluss erfolgt (§ 445 FamFG).

Beispiel: Herr (Angabe mit Anschrift und Geburtsdatum) hat das Aufgebot zum Zwecke der Ausschließung des Eigentümers an der Segelyacht (Name und Schiffsdaten aus Abteilung I) eingetragen im Schiffsregister des Amtsgerichts ... unter SSR ... beantragt. Der Eigentümer für das im Schiffsregister des Amtsgerichts ... unter SSR ... eingetragenes Schiff kann nicht ermittelt werden. Eingetragener Eigentümer der bezeichneten Segelyacht **ist** ... Der Eigentümer oder seine Rechtsnachfolger werden aufgefordert, Rechte an dem Schiff bis spätestens ... beim Amtsgericht (Adresse) unter dem angegebenen Aktenzeichen anzumelden, da widrigenfalls die Ausschließung des Eigentümers erfolgt.

355 Die Anmeldefrist muss **mindestens sechs Wochen** nach § 437 FamFG betragen. Gerechnet von dem Tag, an dem das Aufgebot erstmalig in einem Informations- und Kommunikationssystem oder im elektronischen Bundesanzeiger veröffentlicht wird. Die Vorschrift des § 437 FamFG regelt die Mindestfrist. Nach § 484 FamFG können auch abweichende landesrechtliche Regelungen getroffen werden. Wegen der rechtlichen Bedeutung sollte jedoch ein Zeitraum von **drei Monaten** in Analogie zur Terminsbestimmung im Zwangsversteigerungsrecht bei Seeschiffen gewählt werden.

356 Die öffentliche Bekanntmachung des Aufgebots erfolgt durch Aushang an der Gerichtstafel und durch einmalige Veröffentlichung im elektronischen Bundesanzeiger (§ 435 FamFG). Je nach Einzelfall sollte eine zusätzliche Veröffentlichung in einem **Schifffahrtsfachblatt** erfolgen (§ 435 Abs. 2 FamFG).

357 Für das Aufgebotsverfahren wird das **Doppelte der vollen Gebühr** nach § 128 d KostO erhoben. Für die Auslagen gilt §§ 136, 137 KostO.

5. Das weitere Verfahren

358 Meldet ein Beteiligter seine Eigentumsrechte an, so ist das Aufgebotsverfahren auszusetzen, damit der Antragsteller in einem Zivilverfahren seine Rechte verfolgen

---

115 MünchKommBGB/*Kanzleiter* § 927 Rn. 5.

kann (§ 440 FamFG). Werden **keine** Rechte angemeldet, ergeht nach Fristablauf ein Ausschließungsbeschluss.

Der Ausschließungsbeschluss ist gemäß § 441 FamFG öffentlich **zuzustellen.** Es gelten die Vorschriften der §§ 186 bis 188 ZPO über die öffentliche Zustellung. Gegen den Ausschließungsbeschluss ist Beschwerde nach § 58 FamFG möglich. Ist vor dem Erlass des Ausschließungsbeschluss ein Dritter als Eigentümer oder wegen des Eigentums eines Dritten ein Widerspruch gegen die Richtigkeit des Schiffsregisters eingetragen worden, so wirkt der Beschluss nicht gegen den Dritten (§ 6 Abs. 3 SchRG). **Das gilt nicht** für die Eintragung des Dritten vor Einleitung des Aufgebotsverfahrens, denn das Aufgebotsverfahren soll **ja gerade** zum Ausschließungsbeschluss führen. **Wie auch bei der** Eigentumsaufgabe, **haben der Ausschließungsbeschluss und die Eintragung des neuen Eigentümers keine Auswirkung auf die** dinglichen Berechtigten **am Schiff. Mit der** Rechtskraft **des** Ausschließungsbeschlusses kann der Antragsteller den Ausschließungsbeschluss in Ausfertigung zwecks Eigentumsumschreibung bei dem Schiffsregister einreichen. Wer den Ausschließungsbeschluss erwirkt hat, erlangt das Eigentum am Schiff dadurch, dass er sich als Eigentümer in das Schiffsregister eintragen lässt (§ 6 Abs. 2 SchRG). Der Beschluss ersetzt daher die **Eintragungsbewilligung**, nicht aber den Antrag auf Eintragung. Der Antrag selbst kann formlos gestellt werden, denn die zur Eintragung erforderliche Erklärung wird durch den **Ausschließungsbeschluss** ersetzt.

6. Eintragungsantrag

Neben dem formlosen Eintragungsantrag auf Eintragung und dem Ausschließungs- 359
beschluss sind die Angaben zum Heimathafen, dem Namen des Schiffes und zum Flaggenrecht (§ 32 SchRegO) zu machen. Ebenfalls sind die Schiffspapiere einzureichen. Hilfsweise sind Ersatzdokumente zu beantragen.

Eintragungsmuster aufgrund eines Ausschlussurteils

Zweite Abteilung
Eigentümer

Laufende Nummer	Eigentümer, Korrespondentreeder	Schiffsparten	Lfd. Nr. der Spalte 1	Erwerbsgrund, Grundlage der Eintragung, Eigentumsbeschränkungen, Veränderungen
1	2	3	4	5
Nächste lfd. Nr.	Name des Antragstellers		wie Sp. 1	Aufgrund des Ausschlussurteils des Amtsgerichts ... vom ... eingetragen am ...

Die bisherige Eintragung in Abt. I Sp. 10 und Abt. II Sp. ... röten wie Handblatt (Name und Heimathafen bleiben)
Die Eintragung und entsprechende Rötung ist auf dem Schiffszertifikat zu vermerken und an Einsender mit E/R senden.
Nachrichten, Kosten

F. Schutzvermerk nach § 28 Abs. 2 SchRegO

1. Allgemein

360 Die Vorschrift des § 28 Abs. 2 SchRegO entspricht § 18 Abs. 2 GBO und ist eine **Schutzvorschrift,** die das Schiffsregistergericht zu beachten hat. Wird nämlich vor der Erledigung des Antrages auf Eintragung eine andere Eintragung beantragt, durch die **das selbe Recht** betroffen wird, so ist zugunsten des früher gestellten Antrages von Amts wegen ein Schutzvermerk (Vormerkung von Amts wegen bzw. Widerspruch von Amts wegen) einzutragen. Ob hinsichtlich des zuerst gestellten Antrages schon eine Zwischenverfügung ergangen ist, ist unbeachtlich.[116] Die Eintragung des Schutzvermerkes gilt im Sinne des § 27 SchRegO **als Erledigung** dieses Antrages. Erledigung bedeutet Eintragung oder Zurückweisung des Eintragungsantrages. Begrifflich unterscheidet sich der **von Amts wegen** einzutragende Schutzvermerk von einer sonstigen Vormerkung, als dass der Schutzvermerk nicht den persönlichen Anspruch selbst sichert, sondern nur zur Sicherung von Rechten dient, bei denen es nur noch an der Eintragung fehlt. Im Wesentlichen dient der Schutzvermerk somit zur Rangwahrung in Erledigung des früher gestellten Eintragungsantrags. Der Schutzvermerk wird von **Amts wegen gelöscht,** wenn der früher gestellte Antrag zurückgenommen oder zurückgewiesen wird (§ 28 Abs. 2 S. 2 SchRegO).

2. Muster einer Eintragung

361 **Sachverhalt:** Eingereicht wird ein beurkundeter Übertragungsvertrag, nach dem der eingetragene Eigentümer A das im Schiffsregister eingetragene Schiff an B übereignet hat. Es fehlt die Eintragungsbewilligung. Der Notar hat im Namen des Erwerbers den Antrag auf Eigentumsänderung gestellt. Die Schiffspapiere sollen nachgereicht werden.

Das Schiffsregister erlässt unter Fristsetzung entsprechende Zwischenverfügung.

---

116 *Demharter* § 18 Rn. 39.

In dieser Frist geht ein weiterer Antrag auf Eigentumsübertragung auf C beim Schiffsregister ein. Diesem Antrag stehen keine Hindernisse entgegen.

Die Eintragung erfolgt in Abteilung II Spalte 4 und 5 (28 Abs. 2 SchRegO, 28 Abs. 1 Nr. 5e SchRegDV)

Zweite Abteilung
Eigentümer

Laufende Nummer	Eigentümer, Korrespondentreeder	Schiffs-parten	Lfd. Nr. der Spalte 1	Erwerbsgrund, Grundlage der Eintragung, Eigentumsbeschränkungen, Veränderungen
1	2	3	4	5
			2	Schutzvermerk gem.§ 28 Abs. 2 SchRegO zur Erhaltung des Anspruchs für (B) auf Eintragung als Eigentümer. Eingetragen am ...

Als weitere Eintragung erfolgt die Eintragung für C mit Feststellung des Flaggenrechts.
Die Eintragungen sind auf dem Schiffszertifikat zu vermerken.
Nachrichten, Kosten: keine für den Schutzvermerk nach § 69 Abs. 1 Nr. 2, Abs. 3 KostO, für die weitere Eintragung $^1/_4$ Geb. nach § 84 KostO.

a) Behebung der Zwischenverfügung

Wird das Eintragungshindernis bei der zuerst beantragten Eintragung behoben, ist die Eintragung ohne einen neuen Antrag vorzunehmen.[117] Die spätere Eintragung ist zu löschen, soweit sie dem ersten Antrag entgegen steht und somit nicht hätte vollzogen werden dürfen. Der Schutzvermerk ist zu röten. 362

b) Zurückweisung des Antrages

Wird die Zwischenverfügung in der gesetzten Frist nicht behoben, ergeht ein Zurückweisungsbeschluss. Der Beschluss ist an den Antragsteller zu zustellen. Mit Ablauf der Rechtsmittelfrist erfolgt die Löschung des Schutzvermerks. 363

117 OLG Frankfurt Rpfleger 1998, 421.

364 **Eintragungsmuster**

Zweite Abteilung
Löschungen

7	8
2	Schutzvermerk für (B) von Amts wegen gelöscht am ...

Eintragung auf dem Schiffszertifikat vermerken
Nachrichten, Kosten: keine für die Löschung des Schutzvermerks nach § 69 Abs. 1 Nr. 2, Abs. 3 KostO.

G. Der Insolvenzvermerk

1. Allgemein

365 Nach § 33 InsO wird bei Eintragung eines Insolvenzvermerks bei Schiffen auf die für Grundstücke geltende Vorschrift des § 32 InsO verwiesen, die damit im wesentlichen Anwendung findet. Mit der **Eröffnung** des Insolvenzverfahrens **verliert** der Schuldner die Befugnis über sein zur Insolvenzmasse gehörendes Vermögen zu verfügen (§ 80 Abs. 1 i.V.m. §§ 35, 36 InsO). Das **Verwaltungs- und Verfügungsrecht** über das zur Insolvenzmasse gehörende Vermögen wird ab diesem Zeitpunkt durch den Insolvenzverwalter ausgeübt, der nach außen voll verfügungsberechtigt ist.

366 Der Nachweis der **Berechtigung** erfolgt durch die Vorlage der **Bestallungsurkunde** (§ 80 Abs. 1, § 56 Abs. 2 InsO) in der Form einer öffentlich beglaubigten Abschrift **oder** zur Sicherheit in Ausfertigung. Da die Bestallungsurkunde nicht das Bestehen des Verwalteramtes nachweist und auch keinen guten Glauben genießt,[118] kann es sich im Einzelfall empfehlen beim Vollstreckungsgericht nach dem Fortbestand der Verwalterbefugnis nachzufragen.[119]

367 Durch die Eintragung der Eröffnung des Insolvenzverfahrens in das Schiffsregister (§§ 32 Abs. 1, 33 InsO) soll die **Verfügungsbeschränkung** des Schuldners bekannt und ein gutgläubiger rechtsgeschäftlicher Erwerb ausgeschlossen werden (§ 892 BGB, § 17 SchRG).

---

118 *Smid/Smid* InsO, § 56 Rn 32, 34.
119 LG Berlin Rpfleger 2004, 158.

2. Verfahren zur Eintragung

a) Ersuchen des Insolvenzgerichts

Das Insolvenzgericht hat die Eintragung des Insolvenzverfahrens in das Schiffsregister herbeizuführen. Nach § 32 Abs. 2 InsO ersucht hierzu das Vollstreckungsgericht das Registergericht um Eintragung (§ 45 SchRegO). Das Ersuchen **erweitert das Antragsprinzip** nach § 23 SchRegO und **ersetzt den Eintragungsantrag**, Eintragungsbewilligung, vollstreckbaren Titel sowie evtl. notwendige Erklärungen von Verfügungsberechtigten oder Dritten.[120] Nach § 37 SchRegO ist das Ersuchen des Vollstreckungsgerichts mit einem **Siegel** oder **Stempel** zu versehen. Als Ersuchen ist bereits die bloße Mitteilung der Verfahrenseröffnung an das Grundbuchamt zu werten.[121] Dagegen verlangt das LG Zweibrücken[122] vom Insolvenzverwalter eine konkrete Bezeichnung des schuldnerischen Grundstückes. Da die Vorschrift des § 45 SchRegO dem § 38 GBO entspricht, kann für das Schiffsregister nichts anders gelten. Die ersuchende Behörde sollte die konkrete Bezeichnung eines Schiffs so genau wie möglich angeben, zumal sich bei Schiffen oftmals Identifikationsmerkmale wie Schiffsname oder Gattung ändern können (Muster eines Ersuchens unter Rn. 420). 368

b) Anträge des Insolvenzverwalters

Aus § 32 Abs. 2 S. 2 InsO hat auch der Insolvenzverwalter das Recht einen Antrag auf Eintragung zu stellen. Der Antrag des Insolvenzverwalters muss inhaltlich bestimmt sein und sich auf ein konkretes Schiff beziehen. Bei Antragstellung durch den Insolvenzverwalter ist die Eröffnung des Insolvenzverfahrens durch Vorlage des Eröffnungsbeschlusses und die Bestellung des Antragstellers zum Insolvenzverwalter durch die Vorlage seiner Bestallungsurkunde nachzuweisen. Die Vorlage in öffentlich beglaubigter Abschrift ist ausreichend[123], da diese ohnehin keinen Schutz des guten Glaubens vermittelt. 369

3. Wirkung der Eintragung

Da mit der Eröffnung des Insolvenzverfahrens der Gemeinschuldner die Befugnis zur Verfügung über sein zur Insolvenzmasse gehörendes Vermögen verliert, ist eine 370

120 *Prause* SchRegO, § 46.
121 Braun/*Herzig*, § 32 Rn. 20.
122 LG Zweibrücken NZI 2000, S. 327; a.A. MünchKommInsO-*Schmahl* §§ 32, 33 Rn. 22.
123 BGH DNotZ 2006, 44.

Eintragung aufgrund der Bewilligung des Schuldners nach Insolvenzeröffnung nicht mehr möglich. Nach Insolvenzeröffnung kann auch **keine Einzelvollstreckung** mehr stattfinden.

Liegt dem Registergericht ein Eintragungsantrag eines gutgläubigen Erwerbers vor und geht danach **der Antrag des Insolvenzverwalters** auf Eintragung des Insolvenzvermerks ein, ist nach dem Prioritätsprinzip des § 27 SchRegO (entspricht § 17 GBO) zu verfahren. Das Schiffsregistergericht hat trotz Kenntnis des zweiten Antrages den gutgläubigen Erwerber einzutragen.[124] **Anders** bei einem **Ersuchen des Vollstreckungsgerichts:** Hier gilt das Prioritätsprinzip nicht und der Insolvenzvermerk ist trotz des späteren Eingangs einzutragen.[125]

4. Eintragung des Insolvenzvermerks

371 Das Registergericht hat nach Eingang des Ersuchens lediglich das Ersuchen formal hinsichtlich Unterschrift, Siegel oder Stempel zu prüfen. Eine sachliche Prüfung findet nicht statt. Diese Prüfung obliegt alleine dem Vollstreckungsgericht. Daneben ist nach § 46 SchRegO zu prüfen, ob der im Ersuchen angegebene Betroffene auch als Berechtigter eingetragen ist. Stimmt der Betroffene mit dem Berechtigten überein, so ist der Insolvenzvermerk in das Schiffsregister in Abteilung II Spalte 1, 5 einzutragen (§ 28 SchRegDV).

Eintragungsmuster

Zweite Abteilung
Eigentümer

Laufende Nummer	Eigentümer, Korrespondentreeder	Schiffsparten	Lfd. Nr. der Spalte 1	Erwerbsgrund, Grundlage der Eintragung, Eigentumsbeschränkungen, Veränderungen
1	2	3	4	5
				Das Insolvenzverfahren ist eröffnet. (Amtsgericht Kiel Az.) Eingetragen am ...

Nachrichten an: Hypothekengläubiger, Insolvenzverwalter, Vollstreckungsgericht zu Az. ... und Schiffseigentümer mit der Aufforderung das Schiffszertifikat einzureichen.

124 Kübler/Prütting/*Holzer* § 32 Rn. 6.
125 Bauer/v. Oefele/*Bauer* § 38 Rn. 37.

Nach Eingang ist Eintragung auf dem Schiffszertifikat zu vermerken (§ 61 S. 1 SchRegO) und das Schiffszertifikat an Einsender mit E/R zurücksenden.

Gerichtskosten entstehen für die Eintragung der Löschung nicht (§ 69 Abs. 2 S. 2 KostO), da diese mit der Verfahrensgebühr abgegolten sind. Dies gilt auch, wenn der Verwalter den Antrag gestellt hat. 372

5. Die Löschung des Insolvenzvermerks

a) Löschung im Wege des Ersuchens

Nach Aufhebung oder Einstellung des Insolvenzverfahrens ist auf Ersuchen des Insolvenzgerichts die Löschung des Vermerkes einzutragen (§ 200 Abs. 2 S. 2 InsO). 373

Eine Erleichterung zur Löschung des Insolvenzvermerkes folgt aus § 32 Abs. 3 InsO, wenn zum Beispiel **der Verwalter** das Schiff freigeben oder veräußern will. In diesem Fall kann das Insolvenzgericht auf Antrag das Schiffsregistergericht um die Löschung der Eintragung ersuchen. Wird ein Ersuchen durch das Insolvenzgericht gestellt, bedarf es keiner förmlichen Löschungsbewilligung nach § 29 SchRegO.[126]

b) Löschung im Wege eines Antrages

Nach § 32 Abs. 3 InsO hat jeder Betroffene (Schuldner, Erwerber oder Insolvenzverwalter) das Recht beim Insolvenzgericht ein Löschungsersuchen zu beantragen. § 32 Abs. 3 S. 2 InsO gibt darüber hinaus dem Insolvenzverwalter ein **eigenes Antragsrecht** gegenüber dem Schiffsregistergericht. Stellt der Insolvenzverwalter den Antrag beim Schiffsregistergericht ist durch ihn die Löschung in der Form des § 29 SchRegO zu bewilligen. 374

375

126 *Kirchhof* InsO § 32 Rdn. 15.

c) Eintragungsmuster

Zweite Abteilung
Eigentümer

Laufende Nummer	Eigentümer, Korrespondentreeder	Schiffs-parten	Lfd. Nr. der Spalte 1	Erwerbsgrund, Grundlage der Eintragung, Eigentumsbeschränkungen, Veränderungen
1	2	3	4	5
				Vermerk über die Eröffnung des Insolvenzverfahrens gelöscht. Eingetragen am ...

Nachrichten an: Hypothekengläubiger, Insolvenzverwalter, Vollstreckungsgericht zu Az. und Schiffseigentümer mit der Aufforderung das Schiffszertifikat einzureichen – nach § 61 S. 1 SchRegO ist die Eintragung auf dem Schiffszertifikat zu vermerken –
Nach Eingang ist Eintragung auf dem Schiffszertifikat zu vermerken, der Insolvenzvermerk zu röten und das Schiffszertifikat an Einsender mit E/R zurücksenden.
Gerichtskosten entstehen für die Eintragung der Löschung nicht (§ 69 Abs. 2 S. 2 KostO), da diese mit der Verfahrensgebühr abgegolten sind. Dies gilt auch, wenn der Verwalter den Antrag gestellt hat.

6. Vorläufiges Verfügungsverbot aufgrund eines Insolvenzverfahrens

a) Allgemein

376 Ist ein Antrag auf Eröffnung eines Insolvenzverfahrens gestellt, so kann das Gericht einen vorläufigen Insolvenzverwalter bestellen (§ 21 Abs. 2 Nr. 1 InsO) und zugleich dem Schuldner ein allgemeines Verfügungsverbot auferlegen oder anordnen, dass Verfügungen des Schuldners nur mit Zustimmung des vorläufigen Insolvenzverwalters wirksam sind (§ 21 Abs. 2 Nr. 2 InsO). Das Verfügungsverbot und der Verfügungsvorbehalt sind auf Ersuchen des Insolvenzgerichts oder des auf Antrag des vorläufigen Insolvenzverwalters unter genauer Bezeichnung der Sicherungsmaßnahme in das Schiffsregister in Abt. II Sp. 5 einzutragen. Auch hier hat das Registergericht nach Eingang des Ersuchens lediglich das Ersuchen formal, und damit Unterschrift, Siegel oder Stempel, zu prüfen. Die sachliche Prüfung obliegt alleine dem Vollstreckungsgericht. Das Register prüft ob der benannte Berechtigte auch Betroffener ist (§ 46 SchRegO).

b) Eintragungsmuster für das Verfügungsverbot (§ 21 Abs. 2 Nr. 2 Alt. 1 InsO) 377

Zweite Abteilung
Eigentümer

Laufende Nummer	Eigentümer, Korrespondentreeder	Schiffs-parten	Lfd. Nr. der Spalte 1	Erwerbsgrund, Grundlage der Eintragung, Eigentumsbeschränkungen, Veränderungen
1	2	3	4	5
			1	Es ist ein allgemeines Verfügungsverbot nach § 21 Abs. 2 Nr. 2 InsO angeordnet. Eingetragen am ...

c) Eintragungsmuster für den Verfügungsvorbehalt (§ 21 Abs. 2 Nr. 2 Alt. 2 InsO)

Zweite Abteilung
Eigentümer

Laufende Nummer	Eigentümer, Korrespondentreeder	Schiffs-parten	Lfd. Nr. der Spalte 1	Erwerbsgrund, Grundlage der Eintragung, Eigentumsbeschränkungen, Veränderungen
1	2	3	4	5
			1	Verfügungen des Eigentümers über das Schiff sind nur mit Zustimmung des in dem Verfahren (Az.) bestellten vorläufigen Insolvenzverwalters wirksam. Eingetragen am ...

Nachrichten, Kosten wie unter Ziffer 5 d.

H. Das Zwangsversteigerungsverfahren im Seeschiffsregister

1. Allgemeine Abgrenzung

Bei der Zwangsvollstreckung in Seeschiffe ist zu unterscheiden zwischen **eingetragenen** und **nicht eingetragenen** Seeschiffen und zwischen einem **inländischen** oder **ausländischen** Schiff. Für nicht eingetragenen Seeschiffe finden die Vorschriften über die Zwangsvollstreckung in das bewegliche Vermögen nach § 803 ZPO Anwen- 378 dung. Eine öffentliche Versteigerung findet durch den Gerichtsvollzieher statt (§ 814 ZPO). Der Ersteher erlangt das Eigentum nicht schon mit Zuschlag, sonder erst mit Übereignung/Ablieferung des Schiffs durch den Gerichtsvollzieher (§ 817 Abs. 2 ZPO).

2. Zwangsversteigerungsverfahren eines eingetragenen inländischen Seeschiffs (Versteigerung im Inland)

a) Grundlagen

379 Für eingetragene Seeschiffe gilt das Immobiliarvollstreckungsrecht. Nach § 162 ZVG sind auf die Zwangsversteigerung eines im Schiffsregister eingetragenen Schiffs oder Schiffsbauwerks, das im Schiffsbauregister **eingetragen** ist oder in das Schiffsbauregister eingetragen werden kann, die Vorschriften der §§ 1–161 ZVG entsprechend anwendbar, soweit sich nicht aus den Vorschriften §§ 163–170a ZVG etwas anderes ergibt. Obwohl nicht mit aufgeführt, gehören hierzu auch Schwimmdocks, da sie wie Schiffsbauwerke behandelt werden (§ 81a SchRG). Die genannten Vorschriften beziehen sich auf die **Zwangsversteigerung inländischer Schiffe, Schiffsbauwerke und Schwimmdocks.** Eine weitere wesentliche Voraussetzung ist, dass es sich um ein Schiff im Rechtssinne handeln muss (§ 1 SchRG). Des Weiteren finden die Vorschriften der §§ 787, 885a, 864, 865, 885 und 895 ZPO für die Zwangsvollstreckung eingetragener Schiffe und Schiffsbauwerke Anwendung. Mit dem Hinweis aus §162 ZVG auf die Vorschriften des ersten Abschnitts des ZVG finden grundsätzlich die Vorschriften über die **Zwangsversteigerung von Grundstücken** entsprechend Anwendung soweit sich nicht aus den Sondervorschriften der §§ 163–170a ZVG etwas anderes ergibt. Die Sondervorschriften der §§ 162 bis 170a ZVG behandeln somit die Zwangsversteigerung von inländischen im Schiffsregister eingetragenen Seeschiffen, Binnenschiffen, Schiffsbauwerken und Schwimmdocks und tragen damit den besonderen Bedürfnissen der Zwangsversteigerung in der Schifffahrt Rechnung.

b) Weitere Grundvoraussetzung

380 Eine weitere Voraussetzung für eine Anordnung der Zwangsversteigerung eines eingetragenen Seeschiffs ergibt sich aus § 482 HGB. Danach ist die Anordnung der Zwangsversteigerung an einem Schiff, welches auf der Reise ist, nicht möglich. Das Schiff muss in einem **Hafen** liegen. Nach der Verkehrsauffassung endet der Aufenthalt im Hafen und beginnt die Reise mit dem Beginn des Ablegemanövers.[127]

---

127 *Rabe* S. 45.

c) Flaggenrechtliche Bedeutung in der Zwangsversteigerung

Das Recht der Flagge bestimmt die Staatsangehörigkeit des Seeschiffs. **Ohne Flaggenrecht** sind fahrende Schiffe völkerrechtlich nicht vorstellbar, es sei denn als Piratenschiff.[128] Die Beurteilung, ob ein deutsches oder ausländische Schiff vorliegt, richtet sich nach dem Flaggenrecht. Ein Schiff welches nach § 7 FlaggRG anstelle der Bundesflagge eine andere Nationalflagge führt, verliert nicht den Status eines deutschen Schiffs, so dass auch in diesem Fall die Vorschriften der §§ 162–170a ZVG und nicht § 171 ZVG Anwendung finden. 381

d) Keine Zwangsverwaltung

Nach § 870a ZPO ist nur die Zwangsversteigerung aber nicht die Zwangsverwaltung zulässig. Eine nach § 165 ZVG angeordnete Bewachung und Verwahrung des Schiffes ist keine Zwangsverwaltung, sondern nur eine Sicherungsmaßnahme. 382

Die als Ersatz zur Zwangsverwaltung mögliche treuhänderische Nutzung des Schiffs (§§ 165 Abs. 2, § 170a Abs. 2 und § 171 Abs. 5 ZVG) wird selten genutzt, da auch das Einverständnis des betreibenden Gläubigers vorhanden sein muss. 383

3. Zuständigkeit des Vollstreckungsgerichts

a) Örtliche Zuständigkeit

Zuständig ist das Vollstreckungsgericht des Amtsgerichts, in dessen Bezirk sich **das Schiff befindet** (§ 163 Abs. 1 ZVG). Vollstreckungsgericht ist somit nicht zwingend das Gericht des Heimathafens des Schiffes. Mit der Regelung soll sichergestellt werden, dass das Gericht zuständig ist, welches auch in der Lage ist, das Schiff in **seinem Bezirk festzuhalten** und die aus § 165 ZVG erforderlichen Maßnahmen zu treffen. Entscheidend ist der Standort bei Erlass des Anordnungsbeschlusses.[129] Die sachlich und örtliche Zuständigkeit des § 163 ZVG ist eine ausschließliche im Sinne des § 802 ZPO. 384

Mit dem weiteren Hinweis auf § 1 Abs. 2 ZVG aus § 163 Abs. 1 HS. 2 ZVG gibt es den Landesregierungen jedoch auch hier die Ermächtigung durch Rechtsverordnung gemeinsame Gerichte für die Zwangsversteigerung von Schiffen zu bestimmen. Für das Verfahren tritt nach § 163 Abs. 2 ZVG an die Stelle des Grundbuchs das Schiffsregister. 385

---

128 *Prause* Vorbem. zum FLRG S. 168.

129 *Stöber* § 163 Rn 3.

b) Glaubhaftmachung der Zuständigkeit

386 Mit der Antragstellung bei dem Vollstreckungsgericht hat der Antragsteller glaubhaft zu machen, dass sich das Schiff in dem zuständigen Bezirk des angerufenen Amtsgerichts befindet. Gegebenenfalls ist die Tatsache an Eides Statt zu versichern. Stellt sich nachträglich die **Unzuständigkeit** heraus ist das Verfahren nach § 28 Abs. 2 ZVG aufzuheben. Die **Zuständigkeit** des Schiffsregisters **wechselt nicht** und verbleibt bei dem Amtsgericht, welches die Registereintragung des Schiffs vorgenommen hat (§ 1 SchRegO).

4. Antragsvoraussetzungen beim Vollstreckungsgericht

387 Dem Vollstreckungsgericht sind die allgemeinen Vollstreckungsvoraussetzungen nachzuweisen. Voraussetzung für eine Anordnung ist nach § 161 i.V.m. § 17 Abs. 1 ZVG, dass der *Schuldner als Eigentümer des Schiffes im Schiffsregister eingetragen ist oder dass er Erbe des eingetragen Eigentümers ist.* Die Eintragung ist dem Vollstreckungsgericht durch ein Zeugnis nachzuweisen (§ 17 Abs. 2 ZVG). Gesetzliche Regelungen über den Inhalt des Zeugnisses gibt es nicht. In der Praxis wird man einen beglaubigten Registerauszug fertigen, der die erforderlichen Schiffs-und Eigentümerdaten enthält.

a) Schiffsgläubigerrechte

388 Die Beschränkungen des § 17 ZVG gilt nach § 164 ZVG für die Zwangsversteigerung eines inländischen eingetragen Schiffes nicht, *soweit sich aus den Vorschriften des Handelsgesetzbuchs oder des Gesetzes betreffend die privatrechtlichen Verhältnisse der Binnenschifffahrt etwas anderes ergibt.* Diese Regelung trägt dem materiellen Schiffsrecht Rechnung, durch das dingliche Forderungen von Schiffsgläubigern nicht nur gegen den Eigentümer oder Reeder, sondern auch gegen dritte Personen verfolgt werden können (§§ 755, 760 HGB).

389 Schiffsgläubigerrechte sind typische Forderungen aus dem Seerecht und gehen allen Pfandrechten, somit auch Schiffshypotheken stets im Range vor (§ 761 S. 1 HGB). Die unter § 754 Abs. 1 HGB aufgeführten Ansprüche sind abschließend.[130] Forderungen sind:

390 1. **Heuerforderungen** des Kapitäns und der übrigen Personen der Schiffsbesatzung; gemeint sind Forderungen nach § 30 SeemG.

130 BGHZ 96, 332.

2. **öffentliche Schiffs-, Schifffahrts- und Hafenabgaben** sowie Lotsengelder; hierbei muss es sich um Abgaben an öffentlich-rechtliche Hafenbetriebe handeln. Lotsengelder sind dem insoweit gleichzusetzen als dass sie **nicht** an private Unternehmen zu entrichten sind. 391
3. **Schadensersatzforderungen** wegen der Tötung oder Verletzung von Menschen sowie wegen des Verlusts oder der Beschädigung von Sachen, sofern diese Forderungen aus der Verwendung des Schiffes entstanden sind; ausgenommen sind jedoch Forderungen wegen des Verlusts oder der Beschädigung von Sachen, die aus einem Vertrag hergeleitet werden oder auch aus einem Vertrag hergeleitet werden können. 392
   Hierunter fallen Ansprüche aus Verschulden der Schiffsbesatzung (§ 485 HGB) sowie Ansprüche aus Schiffskollisionen nach §§ 735 ff. HGB.
4. Forderungen auf **Bergelohn** oder auf Sondervergütung einschließlich Bergungskosten; Beiträge des Schiffes und der Fracht zur großen Havarie; Forderungen wegen der Beseitigung des Wracks (der Bergelohnanspruch als Schiffsgläubigerrecht ist in § 742 HGB geregelt). Auch für jeden, der ein Wrack beseitigt, finden die Schiffsgläubigerrechte Anwendung. Damit werden Ansprüche aus Bergungskosten und Kosten aus Hilfsleistungen gleichgestellt. 393
5. Forderungen der Träger der **Sozialversicherung** einschließlich der Arbeitslosenversicherung gegen den Reeder. Hierunter fallen alle Ansprüche der Versicherungsträger. § 754 Abs. 2 schließt einen Schadensersatzanspruch aus atomrechtlichen Ansprüchen ausdrücklich aus. 394

b) Weitere Antragsvoraussetzungen

Eine weitere Antragsvoraussetzung nach § 164 ZVG ist, dass dem Vollstreckungsgericht der Besitz nicht durch Urkunden nachgewiesen, sondern durch Urkunden glaubhaft gemacht werden muss. Dies kann durch Vorlage von Verträgen oder Bescheinigungen durch Schifffahrts- oder Hafenbehörden erfolgen. Sind Vollstreckungs- und Registergericht bei demselben Amtsgericht, so genügt ein Verweis auf das Schiffsregister (§ 17 Abs. 2 S. 1 ZVG). Mit der Anwendung des § 164 ZVG ist dem Vollstreckungsgericht ebenfalls ein Zeugnis über die Eintragung des Schiffs in das Schiffsregister beizufügen (§ 164 HS 3 ZVG). Dieses Zeugnis ersetzt das bei einer Zwangsversteigerung gegen den Eigentümer nach § 17 Abs. 2 ZVG vorzulegende Zeugnis. 395

5. Weitere Besonderheiten

a) Zwangsversteigerung gegen den Schiffer

396 Die Vorschrift des § 511 HGB definiert den Begriff des Schiffers. Danach ist ein Schiffer der Führer eines zu Erwerb durch die Seefahrt bestimmten Schiffs.[131] In der Seeschifffahrt wird für Schiffsführer die Bezeichnung Kapitän verwendet.

397 Die Zwangsversteigerung eines Seeschiffs kann für Ansprüche der Schiffsgläubiger nach § 760 Abs. 2 S. 1 HGB auch gegen den Schiffer/Kapitän angeordnet werden. Das gegen den Schiffer/Kapitän ergangene Urteil ist auch gegen den Reeder und Schiffseigner wirksam (§ 760 Abs. 2 S. 2 HGB).

398 Ist gegen den Kapitän auf Grund eines vollstreckbaren Titels, der auch gegenüber dem Eigentümer wirksam ist, das Verfahren angeordnet, so wirkt die Beschlagnahme zugleich gegen den Eigentümer (§ 166 Abs. 1 ZVG). Hat der Schiffsgläubiger ein Urteil gegen den Schiffer/Kapitän erwirkt, so kann er sich entsprechend des § 727 ZPO eine vollstreckbare Ausfertigung gegen die Schiffseigentümer erteilen lassen. Nach § 166 Abs. 2 ZVG gilt der Schiffer Kapitän in dem Verfahren nur so lange als Beteiligter, als er das Schiff führt.

Wechselt der Schiffer Kapitän nach Anordnungsbeschluss so kann, wenn der Titel gegen den früheren Schiffer/Kapitän ergangen ist, die Klausel nach §§ 727, 730 ZPO umgeschrieben werden.

b) Zwangsversteigerung gegen jeden dritten Besitzer des Schiffs

399 Nach § 755 HGB haben Schiffsgläubiger nach Seehandelsrecht für ihre Forderung ein gesetzliches Pfandrecht an dem Schiff und können sie damit gegen jeden dritten Besitzer des Schiffs verfolgen. Zweck dieser Vorschrift ist, dass einem Schiffsgläubiger aufgrund seines gesetzlichen Pfandrechts die Möglichkeit gegeben wird, mit einem vollstreckbaren Titel gegen jeden Dritten, in dessen Besitz sich ein Schiff befindet, zu vollstrecken (§ 755 Abs. 1 HGB). Das Schiff haftet auch für die gesetzlichen Zinsen der Forderungen sowie für die Kosten der die Befriedigung aus dem Schiff bezweckenden Rechtsverfolgung (§ 755 Abs. 2 HGB).

131 *Schaps* Bd 1 S. 180.

c) Zwangsversteigerung gegen den Ausrüster

Die Vorschrift des § 510 HGB behandelt die Rechtsverhältnisse des „Ausrüsters". 400
Ausrüster ist, wer ein ihm nicht gehörendes Schiff im eigenen Namen unter eigener Führung zum Erwerb durch die Seefahrt verwendet. Der Ausrüster eines Schiffs wird im Verhältnis zu Dritten als Reeder/Eigentümer angesehen (§ 484 HGB).

6. Anordnung und Beschlagnahme

a) Allgemein

Mit der Anordnung der Zwangsversteigerung ersucht das Vollstreckungsgericht 401
zugleich das Schiffsregistergericht um die Eintragung des Zwangsversteigerungsvermerkes (§ 19 ZVG).

Gleichzeitig hat das Vollstreckungsgericht die **Bewachung und Verwahrung** 402
des Schiffs anzuordnen (§ 165 Abs. 1 S. 1 ZVG). Das Schiff darf während dieser Zeit den Hafen nicht verlassen. Die Bewachung und Verwahrung kann von einem **Gerichtsvollzieher,** der Polizei oder der Hafenbehörde erfolgen. Mit dieser Anordnung wird möglichen Erwerbern die Gelegenheit gegeben, das Schiff zu besichtigen und kurzfristig nach dem Zuschlag in Besitz zu nehmen. Die Bewachung und Verwahrung endet mit Wirksamwerden des Zuschlags (§ 89 ZVG).[132]

Die Beschlagnahme wird wirksam mit der Zustellung des Anordnungsbeschlus- 403
ses an den Schuldner nach § 22 Abs. 1 S. 1 ZVG oder mit Eingang des Eintragungsersuchens des Versteigerungsgerichts bei dem Schiffsregistergericht, sofern auf das Ersuchen die Eintragung demnächst erfolgt (§ 22 Abs. 1 S. 2 ZVG), oder auch mit der Vollziehung der Anordnung der Zwangsversteigerung nach § 164 S. 2 ZVG.

b) Eigentumswechsel nach Beschlagnahme

Bei einem Eigentumswechsel nach Beschlagnahme findet das Verfahren seinen 404
Fortgang, wenn die Zwangsversteigerung aus einem eingetragenen Recht wie zum Beispiel einer Schiffshypothek betrieben wird (§ 162 ZVG i. V. m. § 23 Abs. 2 und § 26 ZVG).[133]

---

132 LG Lübeck SchlHA 1964, 23.
133 *Jursnik* MittBayNot 1999, 125.

c) Eigentumswechsel vor Beschlagnahme

405 Findet ein Eigentumswechsel **vor** der Beschlagnahme statt so wird unterschieden zwischen einem **persönlich** betreibenden Gläubiger und einem **dinglich** betreibenden Gläubiger. Wobei auch hier der Schiffsgläubiger dem dinglichen Gläubiger gleich steht.

Bei einem persönlichen Gläubiger ist das Verfahren aufzuheben und bei einem dinglichen Gläubiger das Verfahren einzustellen, um dem Gläubiger die Möglichkeit zu geben den Vollstreckungstitel gegen den Rechtsnachfolger umzuschreiben.

d) Weitere Anordnungsmaßnahmen nach § 165 Abs. 2 ZVG

406 Da nach § 870a ZPO bei Seeschiffen nur die Zwangsversteigerung und nicht auch die Zwangsverwaltung möglich ist, gibt § 165 Abs. 2 ZVG die Möglichkeit einer treuhänderischen Nutzung des Schiffs, wenn mit Bewilligung des betreibenden Gläubigers das Verfahren einstweilen eingestellt wird. Von dieser Möglichkeit wird jedoch in der Praxis sehr wenig Gebrauch gemacht, da der betreibende Gläubiger in aller Regel ein großes Interesse an einem zügigen Zwangsversteigerungsverfahren hat.

e) Besonderheiten der Terminbestimmung und Bekanntmachung

407 Die Vorschrift des § 167 Abs. 1 ZVG besagt, dass mit der Terminsbestimmung sämtliche Schiffsdaten, wie: Registernummer, Name des Schiffs, Schiffsgattung, Hauptbaustoff, Jahr des Stapellaufs, Bauort, Heimathafen und die Ergebnisse der Schiffsvermessung, bekannt zu geben sind. Nach § 167 Abs. 2 ZVG ist ausdrücklich auf die Rechte der Schiffsgläubiger hinzuweisen. Stellt § 167 Abs. 1 ZVG lediglich eine Ordnungsvorschrift da, so führt die Nichteinhaltung von § 37 Nr. 4 ZVG zu einer wirkungslosen Terminbestimmung mit der Folge eines Zuschlagsversagungsgrundes.[134] Diese Vorschrift hilft den Schiffsgläubigern ihre Rechte rechtzeitig anzumelden.

408 Als weitere Besonderheit ist die Terminsbestimmung in einem Schifffahrtsfachblatt zu veröffentlichen (§ 168 Abs. 1 ZVG). Für Seeschiffe ist dies die **Seeschifffahrtszeitschrift „Hansa"**. An einer Veröffentlichung in einem Printmedium wurde trotz der Möglichkeit einer elektronischen Bekanntmachung festgehalten.[135] Ist der Heimathafen des Schiffs in dem Bezirk eines anderen Gerichts, so soll zusätzlich auch im Amtsblatt oder Informations- und Kommunikationssystem dieses anderen

---

134 *Dassler/Schiffhauer/Gerhardt* § 167 Bem 3.

135 JKomG, BT-Drucks. 15/4067, S. 62.

Gerichts bekannt gemacht werden. Unabhängig von dem Wert eines Schiffs hat eine Bekanntmachung nach § 168 Abs. 3 ZVG zu erfolgen.

f) Schiffshypothek in ausländischer Währung

In der Praxis kommt es sehr oft vor, dass Schiffshypotheken in ausländischer Währung in das Schiffsregister eingetragen werden. Bei einer Schiffsversteigerung mit ausländischen Hypotheken finden weitere Besonderheiten nach § 168c ZVG Anwendung. Diese Vorschrift ergänzt den Inhalt der Terminbestimmung aus § 37 ZVG, die dann zudem enthalten muss, 409

1. dass das Schiff in einer ausländischen Währung, die anzugeben ist, belastet ist,
2. die Umrechnung der ausländischen Währung in Euro,
3. dass Gebote in Euro abzugeben sind,
4. ein Teilungsplan in Euro aufgestellt wird und
5. die entsprechende Umrechnung in die ausländische Währung bei einer teilweisen Befriedigung aus dem Recht.

g) Miete und Pacht, Schiffshypothek für Forderungen gegen den Ersteher

Die Vorschrift § 169 ZVG behandelt unter Abs. 1 Miet- und Pachtverträge in der Schiffsversteigerung und unter Abs. 2 Bestimmungen über die Eintragung, das Entstehen und die Wirkung der bei Nichtzahlung des Meistgebots einzutragenden Schiffshypothek für Forderungen gegen den Ersteher. Während § 167 Abs. 1 und 2 ZVG auf inländische See-und Binnenschiffe Anwendung findet, gilt § 167 Abs. 1 ZVG **nicht für Schiffsbauwerke**, da nach allgemeiner Verkehrsauffassung eine Vermietung und Verpachtung eines Bauwerkes nicht in Betracht kommt und auch § 170 a Abs. 2 ZVG lediglich auf 169 Abs. 2 ZVG verweist. Der wesentliche Unterschied bei Miet- und Pachtverträgen in der Schiffsversteigerung gegenüber der Grundstücksversteigerung ist, dass die in §§ 573 und 574 BGB genannten Fristen keine Anwendung finden, sondern die Fristen des § 580a BGB. 410

7. Hypothek zur Sicherung des Versteigerungserlöses (§ 169 Abs. 2 ZVG)

Wird im Verteilungstermin das Bargebot nicht gezahlt, so ist *für die Forderung gegen den Ersteher eine Schiffshypothek an dem Schiff in das Schiffsregister einzutragen* (§ 169 Abs. 2 ZVG). Diese **Eintragung erfolgt von Amts** wegen zur Sicherung des Versteigerungserlöses auf Ersuchen des Vollstreckungsgerichts (§§ 162, 130 ZVG). Die Anzahl der einzutragenden Hypotheken richtet sich nach der An- 411 zahl der Berechtigten, deren Forderungen gegen den Ersteher übertragen wurden.

412 **Der Rang** der einzutragenden Hypotheken ergibt sich aus dem Rang im Teilungsplan. Die einzutragenden Hypotheken stehen rechtsgeschäftlich bestellten Schiffshypotheken gleich und entstehen mit der Eintragung in das Register auch wenn das Schiff bereits veräußert wurde.[136]

413 Der Erwerber kann sich nicht auf seinen **guten Glauben** berufen, da das Registergericht den Zwangsversteigerungsvermerk einzutragen hat. Diese Vorschrift gilt nur für einen **inländischen Ersteher** bzw. Ersteher, der nach Anwendung des Flaggenrechts in das inländische Schiffsregister eingetragen werden kann. Erhält in der Versteigerung ein **Ausländer den Zuschlag** und ist eine Eintragung des Erstehers aus flaggenrechtlichen Gründen nicht möglich, so ist das Schiff aufgrund des Verlusts des Flaggenrechts zu löschen. In diesem Fall ersucht das Vollstreckungsgericht lediglich das Schiffsregistergericht auf Löschung des Zwangsversteigerungsvermerkes. Die Löschung des Schiffs aus dem Schiffsregister liegt dann in dessen Bereich. § 171 Abs. 5 ZVG findet **als Schutzvorschrift** Anwendung, nach der das Vollstreckungsgericht dem Ersteher das Schiff erst übergibt, nachdem die Zahlung des Meistgebotes nachgewiesen und die Berechtigten zugestimmt haben.

8. Wiederversteigerung/Verfahren des Vollstreckungsgerichts

414 Da nach § 162 ZVG die §§ 129, 132 und 133 ZVG Anwendung finden, kann aus § 133 ZVG die Wiederversteigerung betrieben werden. Mit der Anordnung der Zwangsversteigerung und der Anordnung der Bewachung und Verwahrung des Schiffs ersucht das Vollstreckungsgericht das Registergericht um Eintragung des Zwangsversteigerungsvermerkes. Das Ersuchen muss schriftlich gestellt werden und hat den Eigentümer und das Schiff zu bezeichnen und ist in Analogie zu § 29 Abs. 3 GBO zu unterschreiben und mit Siegel oder Stempel zu versehen. Das Vollstreckungsgericht hat die Erledigung zu überwachen und auf eine angemessene Frist zu achten. Nach Eingang der Eintragungsnachricht durch das Registergericht hat das Vollstreckungsgericht diese noch einmal zu prüfen (§ 28 Abs. 1 ZVG).

136 *Stöber* § 169 Rn. 3.

9. Verfahren beim Registergericht

a) Anmeldung von Rechten beim Registergericht

Grundsätzlich gilt gemäß § 162 ZVG, dass die Anmeldung von Rechten und Ansprüchen beim Vollstreckungsgericht zu erfolgen hat. Eine **zusätzliche Möglichkeit,** Rechte auch beim Registergericht anzumelden, ergibt sich aus § 168 b ZVG. 415

Die Zuständigkeit des Schiffsregisters wechselt **nicht** und verbleibt bei dem Registergericht, das für die Führung des Schiffsregisters zuständig ist, in dem das Schiff eingetragen ist.[137] Der Personenkreis ist jedoch auf die Schiffsgläubiger **gemäß § 754 HGB beschränkt** und gilt nicht für Schiffsbauwerke (§ 170a Abs. 2 S. 1) und für ausländische Schiffe (§ 171 Abs. 5 S. 1 ZVG). 416

Die Anmeldung beim Registergericht gilt beim Vollstreckungsgericht als bewirkt, wenn sie innerhalb der letzten sechs Monate vor der Terminsbestimmung erfolgt. Die **Frist beginnt** mit der **öffentlichen Bekanntgabe** im Amtsblatt nach § 39 Abs. 1 ZVG. Das Registergericht hat die Anmeldung dem Vollstreckungsgericht weiterzuleiten. Dies ergibt sich auch aus § 19 Abs. 2 ZVG nach dem das Registergericht auch ohne Aufforderung des Vollstreckungsgerichts diese Anmeldungen der letzten **sechs Monate** weiterzuleiten hat. Eine Glaubhaftmachung der Anmeldung ist gegenüber dem Registergericht nicht erforderlich (§ 41 Abs. 3 ZVG). Gegenüber dem Vollstreckungsgericht ist dies jedoch nachzuholen, da sonst ein Rangverlust nach § 37 Nr. 4 ZVG eintritt. Ist eine Anmeldung vor der Frist erfolgt, so ist die Anmeldung zu wiederholen, damit sie wirksam wird.[138] 417

Übermittelt das Registergericht dem Vollstreckungsgericht eine Anmeldung **nach Ablauf der Frist,** so hat das Vollstreckungsgericht nach § 139 ZPO eine Aufklärungspflicht gegenüber dem Schiffsgläubiger dahingehend, dass die Anmeldung nicht wirksam ist und der Schiffsgläubiger sein Recht direkt bei dem Vollstreckungsgericht anzumelden hat. 418

b) Ersuchen des Vollstreckungsgerichts auf Eintragung der Zwangsversteigerung

Mit der Anordnung der Zwangsversteigerung und der Anordnung der Bewachung und Verwahrung des Schiffs ersucht das Vollstreckungsgericht das Registergericht um Eintragung des Zwangsversteigerungsvermerkes. 419

Es geht folgendes Ersuchen bei dem Registergericht ein:

---

137 *Stöber* § 168b Rn. 2.

138 *Dassler/Schiffhauer/Gerhardt* § 167 Bem 2.

420 **Muster eines Ersuchens:**
Durch Anordnungsbeschluss vom ... wurde über das im Seeschiffsregister des Amtsgerichts ... unter SSR ... mit dem Unterscheidungssignal ... eingetragene Seeschiff die Zwangsversteigerung angeordnet. Es wird ersucht die Anordnung in das Schiffsregister einzutragen.

421 Dem Ersuchen brauchen keine weiteren Unterlagen wie zum Beispiel der Anordnungsbeschluss beigefügt werden, da lediglich aufgrund des Ersuchens die Eintragung in das Schiffsregister erfolgt (§ 19 Abs. 1 ZVG). Nach § 45 SchRegO hat das Registergericht aufgrund des Ersuchens einzutragen. Dieses Ersuchen ersetzt den Eintragungsantrag, die Eintragungsbewilligung und erforderliche Vollstreckungsunterlagen und ist eine **Erweiterung des Antragsprinzips** nach § 23 SchRegO. Der Eingang des Ersuchens ist mit **Datum und Uhrzeit** zu versehen (§ 2 SchRegO). Treffen Eintragungen aufgrund eines Antrages mit dem Eintragungsersuchen des Vollstreckungsgerichts zusammen, so gilt die Reihenfolge des Einganges (§ 27 SchRegO). Das Registergericht hat nach Eingang des Ersuchens lediglich das Ersuchen formal auf Unterschrift, Siegel oder Stempel zu prüfen. Eine sachliche Prüfung findet nicht statt. Diese Prüfung obliegt alleine dem Vollstreckungsgericht. Daneben ist nach § 46 SchRegO durch das Registergericht zu prüfen, ob der im Ersuchen angegebene Betroffene auch als Berechtigter eingetragen ist. Stimmt der Betroffene mit dem Berechtigten überein, so ist der Zwangsversteigerungsvermerk in das Schiffsregister in Abteilung II Spalte 4, 5 einzutragen (§ 28 SchRegDV).

c) Eintragungsmuster

422 **Zweite Abteilung**
Eigentümer

Laufende Nummer	Eigentümer, Korrespondentreeder	Schiffs- parten	Lfd. Nr. der Spalte 1	Erwerbsgrund, Grundlage der Eintragung, Eigentumsbeschränkungen, Veränderungen
1	2	3	4	5
			1	Durch Beschluss des Amtsgerichts (Bezeichnung des Versteigerungsgerichts) vom (Datum des Anordnungsbeschlusses und AZ des Versteigerungsgerichts) ist die Zwangsversteigerung des Schiffs angeordnet. Eingetragen am ...

Nachrichten an:
- Schiffseigentümer mit der Aufforderung das Schiffszertifikat einzureichen
- nach § 61 S. 1 SchRegO ist die Eintragung auf dem Schiffszertifikat zu vermerken –

- Hypothekengläubiger Nr. ....
- Vollstreckungsgericht zu AZ. mit einer beglaubigten Registerblattabschrift und der Nachricht, dass das Ersuchen auf Eintragung der Zwangsversteigerung am ... um ... Uhr/Min beim Registergericht eingegangen ist und dass hier keine/folgende Zustellungsbevollmächtigte bestellt wurden. Nach Eingang des Zertifikates ist die Eintragung auf dem Zertifikat zu vermerken und an den Einsender gegen E/R zu übersenden.

Mit dem Verweis in § 162 ZVG auf § 19 Abs. 2 ZVG hat das Registergericht **unmittelbar** nach Eintragung des Zwangsversteigerungsvermerkes eine **beglaubigte Abschrift** des Registerblattes und der Urkunden, auf die im Register Bezug genommen werden, dem Vollstreckungsgericht zu erteilen. Ersatzweise kann eine Übersendung der Akte erfolgen. Die Übersendung von Urkunden (§ 19 Abs. 2 S. 1 ZVG) erscheint in der Praxis wenig geboten, da zu diesem Zeitpunkt des Verfahrens die Urkunden noch nichts für das Verfahren ergeben.[139] 423

Nach § 168 b S. 2 ZVG hat das Schiffsregistergericht dem Vollstreckungsgericht mit den im § 19 Abs. 2 ZVG bezeichneten Urkunden und Mitteilungen die innerhalb der letzten sechs Monate bei ihm eingegangenen Anmeldungen von Schiffsgläubigern weiterzuleiten. 424

Gerichtskosten entstehen für das Ersuchen und die Eintragung **nicht** (§ 69 Abs. 2 KostO), da diese mit der Versteigerungsverfahrensgebühr abgegolten sind. 425

d) Wirkung des Zwangsversteigerungsvermerkes

Der eingetragene Zwangsversteigerungsvermerk nach § 19 ZVG hindert nicht eine weitere vom Eigentümer bewilligte Eintragung oder weitere Eintragungen im Wege der Zwangsvollstreckung. Der Vermerk ist keine Registersperre, sondern bewirkt lediglich gegenüber dem betreibenden Gläubiger ein **relatives Veräußerungsverbot** (§§ 20 Abs. 1, 23 Abs. 1 ZVG, §§ 135, 136 BGB).[140] Eintragungen, welche eine Zwangsversteigerung vereiteln würden, sind jedoch zu unterbleiben. Damit ist zum Beispiel die Löschung des Schiffs oder die Verlegung in das Ausland nicht eintragungsfähig. Ebenfalls sind nach Zuschlag, mit dem das Eigentum auf den Ersteher übergeht, keine Eintragungen auf Grund einer Bewilligung des Eigentümers möglich und keine Eintragungen auf Grund eines vollstreckbaren Titels gegen den Eigentümer.[141] 426

139 *Stöber* § 19 Rn 5.
140 *Schöner/Stöber* Rn. 1627.
141 *Heinerici/Gilgan* S. 264.

10. Aufhebung des Verfahrens durch das Vollstreckungsgericht

427 Wird das Zwangsversteigerungsverfahren **vorzeitig aufgehoben**, so ersucht das Vollstreckungsgericht das Registergericht um Löschung des Zwangsversteigerungsvermerkes gemäß § 34 ZVG. Die Prüfungspflichten des Registergerichts beziehen sich wie bei dem Ersuchen auf Eintragung des Zwangsversteigerungsvermerks siehe Rn. 421.

428 **Eintragungsmuster**

Zweite Abteilung
Eigentümer

Laufende Nummer	Eigentümer, Korrespondentreeder	Schiffsparten	Lfd. Nr. der Spalte 1	Erwerbsgrund, Grundlage der Eintragung, Eigentumsbeschränkungen, Veränderungen
1	2	3	4	5
			1	Die Zwangsversteigerung des Schiffs ist aufgehoben. Aufgrund des Ersuchens des Amtsgerichts ... vom ... Az. ... Eingetragen am ...

Die bisherige Eintragung in Abt. II lfd. Nr. ... Sp. 4 und 5 röten
Eintragung und entsprechende Rötung auf dem Schiffszertifikat vermerken auf Nachrichten, Kosten; (keine § 69 Abs. 2 KostO)

11. Ersuchen des Versteigerungsgerichts auf Löschung des Zwangsversteigerungsvermerkes, Eintragung des Erstehers und Eintragung einer Sicherungshypothek

a) Ersuchen auf Eintragung

429 Mit Rechtskraft des Zuschlagsbeschlusses und Ausführung des Teilungsplanes ist das Zwangsversteigerungsverfahren abgeschlossen. Es erfolgt die Eintragung der neuen Rechtslage in das Schiffsregister auf Ersuchen des Vollstreckungsgerichts.

Es geht nachstehendes **Ersuchen** auf **Eintragung** des **Erstehers** und die **Eintragung einer Sicherungshypothek** für einen Beteiligten nach § 163 Abs. 2 ZVG (Bargebot im Verteilungstermin nicht berichtigt) bei dem Schiffsregister ein:

Muster:
Im Verfahren zum Zwecke der Zwangsversteigerung der im Seeschiffsregister des Amtsgerichts ... SSR ... auf den Namen des ... in ... eingetragenen Segelyacht mit dem Unterscheidungssignal ... wird ersucht:
- den Ersteher (Name, Geburtsdatum und Wohnort) als Eigentümer der vorbenannten Segelyacht auf Grund des rechtskräftigen Zuschlagbeschlusses des Amtsgerichts ... vom ... einzutragen;
- den Zwangsversteigerungsvermerk sowie das Recht Abt. III unter lfd. Nr. ... in Höhe von ... zu löschen;
- folgende Sicherungshypothek für die im Verteilungstermin übertragene Forderung gegen den Ersteher einzutragen: Betrag in Euro ... Sicherungshypothek nebst ...% Zinsen seit dem ... für die Seeberufsgenossenschaft in Hamburg.

b) Verfügung des Registergerichts nach Ersuchen

Da das Ersuchen den Eintragungsantrag ersetzt, ist zusätzlich von dem Ersteher eine 430
Erklärung abzugeben, ob es bei dem eingetragenen Schiffsnamen verbleibt und ob die Schifffahrt weiterhin von dem eingetragenen Heimathafen erfolgt. Letzteres ist glaubhaft zu machen (§ 13 Abs. 1 SchRegO). Ist die Änderung des Schiffsnamens und des Heimathafens beabsichtigt, so ist dies zum Register anzumelden. Die Form des § 37 SchRegO ist hierzu nicht erforderlich. Ebenfalls ist bei dem Ersuchen auf Eintragung des Erstehers das **Flaggenrecht zu prüfen**.

Das Registergericht wird den Ersteher daraufhin anschreiben:

Muster:
Sehr geehrte(r)Frau/Herr,
in der Schiffsregistersache der ... hat das Vollstreckungsgericht aufgrund des rechtskräftigen Zuschlagsbeschlusses vom ... das Schiffsregistergericht ersucht, Sie als neuen Eigentümer in das Register einzutragen. Zum Nachweis des Rechts zur Führung der deutschen Bundesflagge werden Sie gebeten, dies durch eine Bescheinigung der Meldebehörde oder durch Vorlage einer beglaubigten Fotokopie des Personalausweises oder Reisepasses nachzuweisen.
Weiterhin wird gebeten zu erklären, ob die Schifffahrt noch von dem eingetragenen Heimathafen erfolgt und ob es bei dem jetzigen Schiffsnamen verbleibt.
Sollte eine Änderung gewünscht werden, ist die Änderung des Schiffsnamens und des Heimathafens zu beantragen.
Um die Einreichung des Schiffszertifikates und des Messbriefes im Original wird gebeten.
Sollte eine Verlegung des Heimathafens **nicht** gewünscht sein, braucht der Messbrief nicht übersandt werden.

Nachdem der neue Eigentümer versichert hat, dass die Schifffahrt weiterhin von dem eingetragenen Heimathafen erfolgt, der Name in ... geändert werden soll und Messbrief und Schiffszertifikat im Original übersandt wurden, trägt das Registergericht ein.

c) Eintragungsmuster

431

Erste Abteilung
Das Schiff

Name	Unterscheidungs-signal	Gattung, Hauptbaustoff	Jahr des Stapellaufs, Bauort, Schiffswerft	Heimathafen
1	2	3	4	5
neuer Name				

Veränderungen

Tag der Eintragung des Schiffs, Löschung der Eintragung des Schiffs	Zu Spalte		Das Flaggenrecht betreffende Eintragungen
7	8	9	10
	1	Der Name des Schiffs ist in „…" geändert. Eingetragen am	Recht zur Führung der Bundesflagge gemäß § 1 Flaggenrechtsgesetz erneut festgestellt und eingetragen am

In der zweiten Abteilung empfiehlt es sich erst die Löschung des Zwangsversteigerungsvermerkes und dann die Eigentumsänderung wegen der besseren Übersicht einzutragen.

Zweite Abteilung
Eigentümer

Laufende Nummer	Eigentümer, Korrespondentreeder	Schiffs-parten	Lfd. Nr. der Spalte 1	Erwerbsgrund, Grundlage der Eintragung, Eigentumsbeschränkungen, Veränderungen
1	2	3	4	5
			Lfd. Nr. aus Sp. 1	Der Zwangsversteigerungsvermerk vom (Datum) ist gelöscht. Eingetragen am
Neue lfd. Nr.	Neuer Eigentümer (Name, Geburtsdatum, Wohnort)		Nr. Aus Sp. 1	Aufgrund des rechtskräftigen Zuschlagsbeschlusses des Amtsgerichts … vom … Az. (N 123) Eingetragen am …

Abteilung III
Schiffshypotheken, Nießbrauch, Veränderungen

Laufende Nummer	Betrag	Inhalt der Eintragung
1	2	3
neue lfd. Nr.	(Betrag in Euro)	(Betrag in Worten) Sicherungshypothek für die Seeberufsgenossenschaft in Hamburg, für die infolge Nichtberichtigung des Bargebots übertragene zahlungsfällige Forderung gegen den Ersteher (wie Eigentumseintragung) mit vier von Hundert Jahreszinsen seit dem ... aufgrund des Ersuchens des Amtsgerichts ... vom ... Az. ... eingetragen am...

Löschungen

7	8
Nr.	(Betrag in Worten) Euro gelöscht am ...

Rötungen in Abt. I Sp. 1 und 10 (Schiffsname und Flaggenrechtsvermerk), Abt. II lfd. Nr. Sp1–5 (Zwangsversteigerungsvermerk und alte Eigentümer) und Abt. III lfd. Nr. Sp. 1–6 (gelöschte Hypothek) sowie entsprechende Rötung auf dem Schiffsmessbrief und dem Schiffszertifikat.
Nachrichten, Kosten

12. Zwangsversteigerung eines ausländischen Schiffs im Inland

Für ausländische Schiffe, die in ein deutsches Schiffsregister eingetragen werden 432 müssten, wenn sie ein deutsches Schiff wären, gilt § 171 Abs. 1 ZVG. Soweit keine Sondervorschriften greifen werden sie entsprechend den in Deutschland registrierten Schiffen behandelt und eine Versteigerung findet nach deutschem Recht statt. **Zuständig** ist nach § 171 Abs. 2 ZVG das Amtsgericht als Vollstreckungsgericht, in dessen Bezirk sich das Schiff befindet. In der Praxis sind diese Fälle eher die Ausnahme, da das deutsche Zwangsversteigerungsrecht im Ausland als sehr zeit-und kostenintensiv angesehen wird. Für das Schiffsregister ist es ebenfalls nicht beachtlich, da keine Eintragungen zu tätigen sind.

13. Zwangsversteigerung eines inländischen Schiffs im Ausland

a) Allgemein gesetzliche Grundlagen

433 Erfolgt die Zwangsversteigerung eines im **deutschen Seeschiffsregister** eingetragen Schiffs im **Ausland,** so stellt sich in der Praxis für das Registergericht die Frage, welche rechtlichen Auswirkungen eine ausländischen Versteigerung auf die bestehenden dinglichen Rechte hat und ob diese Auswirkungen auch nach deutschem Recht formell und materiell anzuerkennen sind.

Anzuwendende Vorschriften sind Art. 43, Art. 45 und Art. 46 EGBGB[142]

Artikel 43 Rechte an einer Sache

(1) Rechte an einer Sache unterliegen dem Recht des Staates, in dem sich die Sache befindet.

(2) Gelangt eine Sache, an der Rechte begründet sind, in einen anderen Staat, so können diese Rechte nicht im Widerspruch zu der Rechtsordnung dieses Staates ausgeübt werden.

(3) Ist ein Recht an einer Sache, die in das Inland gelangt, nicht schon vorher erworben worden, so sind für einen solchen Erwerb im Inland Vorgänge in einem anderen Staat wie inländische zu berücksichtigen.

Artikel 45 Transportmittel

(1) Rechte an Luft-, Wasser- und Schienenfahrzeugen unterliegen dem Recht des Herkunftsstaats. Das ist

1. *bei Luftfahrzeugen der Staat ihrer Staatszugehörigkeit,*
2. *bei Wasserfahrzeugen der Staat der Registereintragung, sonst des Heimathafens oder des Heimatorts,*
3. *bei Schienenfahrzeugen der Staat der Zulassung.*

(2) Die Entstehung gesetzlicher Sicherungsrechte an diesen Fahrzeugen unterliegt dem Recht, das auf die zu sichernde Forderung anzuwenden ist. Für die Rangfolge mehrerer Sicherungsrechte gilt Artikel 43 Abs. 1.

Artikel 46 Wesentlich engere Verbindung

Besteht mit dem Recht eines Staates eine wesentlich engere Verbindung als mit dem Recht, das nach den Artikeln 43 und 45 maßgebend wäre, so ist jenes Recht anzuwenden.

---

142 BGBl. S. 2494.

b) Die Grundnorm

Art. 43 Abs. 1 EGBGB stellt die Grundnorm des internationalen Sachenrechts dar, wobei es hierbei grundsätzlich auf den **Lageort im Zeitpunkt des Eintritts der in Frage stehenden Rechtsfolge** ankommt.[143] Wird nun ein Schiff in einem anderen Land zwangsversteigert so gilt die Zwangsversteigerung als ein Akt der Staatshoheit **(Lex fori)** und es gilt in den meisten Ländern der Grundsatz der **Lex rei sitae.** Das bedeutet für dingliche Rechte ist das Recht des Ortes maßgebend, an dem sich das Schiff befindet. 434

Damit gelten die gesetzlichen Regelungen des ausländischen Versteigerungsrechts da grundsätzlich das Zwangsversteigerungsverfahren nur dort durchgeführt wird, wo sich das Schiff befindet. Dieser **Grundsatz** gilt auch in der Bundesrepublik, da nach § 171 ZVG die Zwangsversteigerung eines ausländischen Schiffes im Wesentlichen nach den Grundsätzen eines im inländischen Schiffsregister eingetragenen Schiffs erfolgt.

Bei der **Frage des Eigentums** ist zunächst einmal der **Eigentumswechsel** aufgrund der ausländischen Zwangsversteigerung von einem deutschen Schiffsregister **anzuerkennen.** Dies steht auch nicht im **Widerspruch** zu § 1 SchRG i. V. m. Art. 45 Abs. 1 Nr. 2 EGBGB da dort nur auf den privatrechtlichen Eigentumserwerb/Verlust und nicht auf den öffentlich-rechtlichen Eigentumserwerb/Verlust abgestellt wird.[144] 435

c) Sonderregelung des Art. 45 EGBGB

Stellt Art. 43 EGBGB die Grundnorm dar, so enthält Art. 45 EGBGB eine Sonderregelung für Transportmittel, da diese sehr oft im internationalen Verkehr eingesetzt werden und sich der Standort sehr oft verändert. Die Anwendung des **Belegenheitsrechts** erscheint dadurch in manchen Fällen als ungeeignet. Art. 45 Abs. 1 EGBGB schreibt deshalb vor, dass **nicht** an den **Lageort**, sondern an den **Herkunftsstaat** anzuknüpfen ist. Nach Art. 45 EGBGB gehören zu den **Transportmitteln** Wasserfahrzeuge wie **Seeschiffe und Binnenschiffe** gleichgültig, ob diese im Schiffsregister eingetragen sind oder nicht.[145] Schwimmbagger, Schwimmkräne oder Off-Shore-Gerät zählen ebenfalls dazu, soweit diese die Schiffseigenschaft erfüllen. **Keine Transportmittel** sind Fahrzeugbauteile eines in Bau befindlichen Schiffsbauwerks und Fahrzeugwracks. Für diese gilt Art 43 EGBGB.[146] Bei Wasserfahrzeugen soll sich der Herkunftsstaat in erster Linie nach der Registereintragung bestimmen. Maßgeblich für Art. 45 Abs. 1 S. 2 Nr. 2 EGBGB ist stets dasjenige Register, in das sachen- 436

143 vgl. BT-Drucks. 14/343 S. 15.
144 *Schaps/Abraham* § 1 SchRG Anm. 3.
145 BT-Drucks. 14/343 S. 17.
146 BT-Drucks. 14/343 S. 17

rechtliche Eintragungen vorgenommen werden, insbesondere das Eigentum sowie beschränkte dingliche Rechte.

437 Ist ein Schiff in **verschiedenen Staaten** im Register eingetragen (was eigentlich nicht sein sollte) so wird teilweise auf den Ort der Ersteintragung[147] und teilweise auf nachrangige Anknüpfungspunkte des Heimathafens bzw. Heimatortes abgestellt.[148]

Bei einem Schiff, das z.B. bei der Ausflaggung durch „Bareboat-Charter" in zwei Register eingetragen ist, kommt es auf **das Recht** desjenigen Registers an, in dem **dingliche Rechte eingetragen** werden. Eine Eintragung in ein Flaggenregister ist für die dingliche Rechtslage ohne Bedeutung.

438 Art 45 Abs. 2 EGBGB behandelt die dinglichen Sicherungsrechte an Wasserfahrzeugen. Damit sind **nur dingliche Rechte** gemeint, die zur Sicherung einer Forderung dienen oder kraft Gesetz und damit ohne ein gesondertes Rechtsgeschäft entstehen. Dies sind insbesondere Schiffsgläubigerrechte, die kraft Gesetzes entstehen. Die Bestimmung des Sachstatus für die Schiffsgläubigerrechte ist jedoch sehr umstritten. So hat die Rechtsprechung in der Vergangenheit überwiegend an die Lex rei sitae und an dem Statut der gesicherten Forderung (Lex causae) angeknüpft[149] oder nur auf das Belegenheitsrecht, die Lex causae oder das Registerrecht (Lex libri siti) abgestellt.[150] Eine befriedigende Lösung dürfte **nur** durch ein **internationales Abkommen** zu erreichen sein, welches aber zurzeit noch nicht absehbar ist[151]. Nach deutschem Sachenrecht gehen Schiffsgläubigerrechte alle anderen Rechten und damit auch Hypotheken vor (§ 761 HGB). Für die Rangfolge der Schiffsgläubigerrechte untereinander wird in der Rechtsprechung die Lex fori für maßgebend erachtet. Da nach dem Wortlaut des Gesetzes nicht zwischen gesetzlichen und vertraglichen Sicherungsrechten unterschieden wird, gilt diese Regelung allein schon aus praktischen Gründen auch für die **vertraglichen Sicherungsrechte.**[152]

d) Ausweichklausel des Art. 46 EGBGB

439 Art 46 EGBGB stellt eine Ausweichklausel für den Fall dar, dass mit dem Recht eines Staates eine wesentlich engere Verbindung als mit dem Recht besteht, das nach Art.43 und 45 EGBGB zur Anwendung kommt. In diesem Fall ist ausländisches Recht anzuwenden.[153]

---

147 Staudinger/*Stoll* Rn. 377.
148 MünchKommBGB-*Kreuzer* Art. 38 EGBGB Anh. I Rn. 138.
149 RGZ 81, 283, 285.
150 Staudinger/*Stoll* Rn. 388ff.
151 BT-Drucks. 14/343 S. 18.
152 MünchKommBGB-*Wendehorst* Art.45 EGBGB Rn. 42.
153 *Rabe* § 754 HGB Rn. 11 ff.

14. Berichtigung des Schiffsregisters nach ausländischer Zwangsversteigerung

a) Allgemein

Eine Berichtigung aufgrund einer **ausländischen gerichtlichen Entscheidung** erfolgt grundsätzlich nur nach deutschem Verfahrensrecht. Damit gelten die **allgemeinen Grundsätze** wie das Antragsprinzip nach § 23 Abs. 1 SchRegO, Bewilligung von dem, dessen Recht betroffen ist (§ 29 SchRegO) und bei Schiffshypotheken die Zustimmung der Löschung durch den Eigentümer. 440

Eintragungen **von Amts wegen** sind nur in den Fällen der §§ 21 Abs. 1, 52 Abs. 2, 54 und 56 SchRegO möglich. Hieraus folgt, dass eine Löschung allein auf Grund einer **ausländischen Gerichtsentscheidung,** welche dem inländischen Gericht auf dem Behördenwege vorgelegt wird, **nicht** möglich ist. Die Vorschrift des § 45 SchRegO, wonach Eintragungs- oder Löschungsersuchen einer Behörde durch das Registergericht vorzunehmen sind, gilt nur für deutsche Behörden. Nach einer ausländischen Zwangsversteigerung sind nachfolgende Verfahren möglich. 441

b) Eigentumsumschreibung mit Löschung der eingetragenen Hypotheken

Beispiel: Im inländischen Schiffsregister sind in Abteilung III zwei Hypotheken eingetragen. Der Erwerber beantragt die Eigentumsumschreibung und die Löschung der Hypotheken. Mit der durchgeführten ausländischen Zwangsversteigerung geht das Eigentum auf den Erwerber über und das Register ist unrichtig geworden. Der Erwerber/Antragsteller hat den **Nachweis** der **Unrichtigkeit** ist in der Form des § 37 SchRegO zu führen, da ansonsten nicht-beteiligte Personen wie z.B. Hypothekengläubiger einen Nachteil erleiden können. Der Nachweis wird durch die Vorlage der ausländischen Entscheidung geführt. Hieraus sollte sich **zweifelsfrei** ergeben, wer Eigentümer geworden und welche Hypotheken erloschen bzw. evtl. bestehen bleiben. 442

Zur Rechtssicherheit ist die vorzulegende Entscheidung mit einem Rechtskraftattest zu versehen. Ob diese ausländische Entscheidung von einem vereidigten Dolmetscher übersetzt werden muss, steht im freien Ermessen des Gerichts. Um nachträgliche unterschiedliche Auslegungen zu vermeiden, wird man in der Praxis in den meisten Fällen auf eine Übersetzung bestehen. Da die Form der Urkunde den §§ 37 SchRegO, 415 ZPO entsprechen muss, sind hierzu die Ausführungen zur Legalisation und Apostille zu beachten. Ist der Eigentumsnachweis geführt und liegen Löschungsbewilligung und Löschungsantrag für die eingetragenen Rechte vor, kann nach Prüfung der flaggenrechtlichen Bestimmungen eine Eigentumsumschreibung in das Register erfolgen. Ist der Erwerber nicht zur Führung der Bundesflagge berechtigt, kann auch keine Eintragung in das deutsche Schiffsregister erfolgen. 443

444 **Abänderung des Beispiels:** Der Erwerber beantragt **die Löschung** des Schiffes aus dem inländischen Schiffsregister, da eine Eintragung in ein ausländisches Schiffsregister gewünscht wird. Ist der Eigentumsnachweis geführt und liegen Löschungsbewilligung und Antrag der Rechte vor, sind das Schiff aus dem Schiffsregister wegen Verlust des Flaggenrechts und die eingetragenen Rechte zu löschen.

c) Eigentumsänderung ohne Löschung der eingetragenen Hypotheken

445 Beantragt ein ausländischer Erwerber die Löschung aus dem Schiffsregister, ohne dass eine Löschungsbewilligung für die eingetragenen Rechte vorgelegt werden kann und kann der Erwerber aufgrund der ausländischen Zwangsversteigerung zwar den Eigentumsnachweis führen, aber **nicht zweifelsfrei das Erlöschen der eingetragenen Rechte nachweisen, so** bleibt dem Erwerber nur die Möglichkeit gemäß § 20 Abs. 1 S. 1, Abs. 3 SchRegO den **Antrag auf Verlustes des Rechts zur Führung der Bundesflagge** (§ 17 Abs. 4 SchRegO, § 1, 2 FlaggRG) zu stellen. Ein Amtslöschungsverfahren nach § 21 SchRegO scheidet aus den vorgenannten Gründen (kein inländisches Ersuchen) aus. Dem inländischen Registergericht bleibt nur den Verlust des Flaggenrechts einzutragen (§ 20 Abs. 4 SchRegO). Diese Eintragung wirkt dann wie eine Löschung des Schiffs (§ 20 Abs. 4 S. 2 SchRegO).

I. Nachlass und Schiffsregister

1. Voreintragung des Erben

446 Nach § 46 1. Halbs. SchRegO soll eine Eintragung nur erfolgen, wenn der, dessen Recht durch die Eintragung betroffen ist, als Berechtigter im Schiffsregister eingetragen ist. Dieser Grundsatz der **Voreintragung** wird aufgehoben, wenn der Betroffene Erbe des eingetragenen Betroffenen ist (§ 46 2. Halbs. SchRegO). Diese Regelung soll das Registerverfahren für den Fall erleichtern, dass für den Erben kein rechtliches Interesse an der Eintragung besteht. Außerdem bedeutet sie für den Erben eine Kostenersparnis.

Bei mehreren hintereinander liegenden Erbfällen ist die Eintragung des oder der Zwischenerben ebenfalls nicht nötig. Bei der Löschung einer Hypothek braucht damit der Erbe des Gläubigers nur den Erbnachweis zu führen und es kann auf eine vorherige Eintragung des Erben verzichtet werden. In der Praxis dürfte jedoch eine Erklärung über den Verzicht der Zwischeneintragung durch den Erben hilfreich sein.

2. Erbschein/Testament

a) Allgemein

Stirbt der eingetragene Schiffseigentümer oder Schiffshypothekengläubiger, so ist das Register unrichtig und bedarf der Berichtigung durch Eintragung des oder der Erben. 447

Handelt es sich um die Eintragung des Eigentümers an einem Schiff oder Schiffsbauwerks und hat das Registergericht Kenntnis von der Unrichtigkeit der Eintragung, so kann es von Amts wegen die erforderlichen Ermittlungen einleiten und die Beteiligten anhalten, einen Antrag auf Berichtigung des Schiffsregisters zu stellen und gleichzeitig die zur Berichtigung erforderlichen Unterlagen einzureichen (§§ 33, 19 SchRegO).

Die ermittelten Erben haben dann einen Eintragungsantrag in der Form des § 37 SchRegO zu stellen.

b) Nachweis der Erbfolge

Der Nachweis der Erbfolge kann nach § 41 Abs. 1 S. 1 SchRegO durch einen **Erbschein** geführt werden. Beruht jedoch die Erbfolge auf einer **Verfügung von Todes wegen**, die in einer öffentlichen Urkunde enthalten ist, so genügt es, wenn an Stelle des Erbscheins die Verfügung und die Niederschrift über die Eröffnung der Verfügung vorgelegt werden. Hält das Registergericht die Erbfolge durch die eingereichten Urkunden für nicht nachgewiesen, so kann bei besonderen Bedenken neben dem öffentlichen Testament ein Erbschein verlangt werden (§ 41 Abs. 1 S. 2 SchRegO). 448

Für deutsche Erblasser wird ein Erbschein nach § 2353 BGB erteilt. Bei Ausländern, die zur Zeit des Erbfalls im Inland weder ihren Wohnsitz noch Aufenthaltsort haben, kann ein Erbschein nur für Gegenstände, die sich im Inland befinden, beantragt und erteilt werden (§ 2369 Abs. 1 BGB). Der Erbschein ist in **Urschrift** oder **Ausfertigung** vorzulegen. Eine **beglaubigte Abschrift** genügt grundsätzlich nicht, da hierbei die Gefahr besteht, dass ein bereits erteilter Erbschein eingezogen wurde (§ 2361 BGB). Ein privatschriftliches Testament genügt ebenfalls nicht zum Nachweis der Erbfolge. 449

c) Verzicht auf einen Erbschein

Nach § 42 SchRegO, der den Vorschriften der §§ 36, 37 GBO entspricht, gibt es für das Schiffsregister zwei Ausnahmefälle, in denen von der Vorlage eines Erbscheins abgesehen und dieser durch ein **Zeugnis des Nachlassgerichts** ersetzt werden kann. Diese Regelung dient zur Erleichterung im Registerverkehr. Der erste Fall liegt 450 vor, wenn bei einem Schiff oder bei einer Schiffshypothek, das/die zum Nachlass gehört **einer von mehreren Erben** als Eigentümer eingetragen werden soll (§ 42 Abs. 1 SchRegO). Der zweite Fall ist gegeben, wenn bei einem Schiff oder bei einer Schiffshypothek, das/die zum Gesamtgut **einer ehelichen oder fortgesetzten Gütergemeinschaft** gehört, einer der Beteiligten als Eigentümer oder Gläubiger eingetragen werden soll (§ 42 Abs. 3 SchRegO).

451 Für beide Fälle gilt aber, dass ein Zeugnis nur ausgestellt werden darf, wenn die Voraussetzungen für die Erteilung eines Erbscheins vorliegen und die Erklärungen der Erben vor dem Nachlassgericht **zu Protokoll** gegeben oder durch öffentliche oder öffentlich beglaubigte Urkunde nachgewiesen wurden (§ 42 Abs. 2 SchRegO). Das **Zeugnis** des Nachlassgerichts beweist damit die Erbfolge und ist zudem für die Beteiligten erheblich kostengünstiger als ein Erbschein. Das Zeugnis ist dem Schiffsregister entweder in **Urschrift oder Ausfertigung** vorzulegen.

Möglicher Inhalt eines Zeugnisses nach § 42 SchRegO
Erben des am ...verstorbenen ... sind die Witwe Frau ... zu $^1/_2$ und der Sohn Herr ... zu $^1/_2$. Die Erben haben die auf den Namen des Erblassers im Seeschiffsregister des Amtsgerichts ... unter SSR ... eingetragenen Motoryacht mit dem Namen ... durch die Erbauseinandersetzungsurkunde des Notars ... vom ... UR-Nr. ... auf den Sohn Herrn ... zu Alleineigentum übertragen und dessen Eintragung in das Seeschiffsregister bewilligt und beantragt.
Datum ... Amtsgericht: ... Unterschrift ...

452 3. Eintragungsmuster/ungeteilte Erbengemeinschaft

Zweite Abteilung
Eigentümer

Laufende Nummer	Eigentümer, Korrespondentreeder	Schiffs-parten	Lfd. Nr. der Spalte 1	Erwerbsgrund, Grundlage der Eintragung, Eigentumsbeschränkungen, Veränderungen
1	2	3	4	5
Nächste lfd. Nr.	a. Max Fischer, geb. ..., Kiel b. Liese Fischer, geb. ..., Kiel in ungeteilter Erbengemeinschaft		Nr. wie Sp. 1	Aufgrund gemeinschaftlichen Erbscheins des Amtsgerichts ... vom ... (Az.) Eingetragen am ...

4. Erbteilsübertragung und Erbauseinandersetzung

a) Erbauseinandersetzung

Die eingetragene Erbengemeinschaft wird meistens durch Erbteilsübertragung oder Erbauseinandersetzung beendet. Die Erbauseinandersetzung hat zum Ziel das **Gesamthandeigentum** der Miterben am Schiff in **Einzeleigentum** umzuwandeln. Dies geschieht nach den **allgemeinen Grundsätzen für den Verkauf von Schiffen** und deren Eintragung in das Schiffsregister. Eine Erbauseinandersetzung muss nicht zwingend unter allen Erben erfolgen, sondern kann auch nur zwischen einem Teil der Erben vollzogen werden. Dies dürfte aber in der Praxis eher selten vorkommen. Die ungeteilte Erbengemeinschaft ist grundsätzlich aufgelöst, wenn ein **Erbe alle Erbanteile erwirbt.** 453

Bestand in dem Beispiel zu Nr. 3 eine ungeteilte Erbengemeinschaft zwischen Max und Liese Fischer und setzen sich beide in der Form auseinander, dass Max Fischer Alleineigentümer sein soll, lautet die Eintragung wie folgt:

Eintragungsmuster 454

Zweite Abteilung
Eigentümer

Laufende Nummer	Eigentümer, Korrespondentreeder	Schiffsparten	Lfd. Nr. der Spalte 1	Erwerbsgrund, Grundlage der Eintragung, Eigentumsbeschränkungen, Veränderungen
1	2	3	4	5
Nächste lfd. Nr.	Max Fischer, geb. ,Kiel		Nr. wie Sp. 1	Aufgrund des Erbauseinandersetzungsvertrages und der Einigungserklärung vom UK. Nr. ... des Notars ... Eingetragen am ...

b) Erbteilsübertragung

Nach § 2033 Abs. 1 BGB kann jeder Erbe über seinen Erbanteil und damit über seine quotenmäßige Berechtigung an dem Gesamthandsvermögen (§ 2032 Abs. 1 BGB) und damit auch über seinen Bruchteil an diesem Anteil verfügen.[154] Gehört zum Nachlass ein Schiff können die Erben nach § 2040 Abs. 1 BGB nur gemeinschaftlich 455

154 BGH NJW 63, 744.

über diesen Gegenstand verfügen. Über seinen Anteil an einzelnen Nachlassgegenständen kann ein Miterbe nicht verfügen (§ 2033 Abs. 2 BGB).

456 Überträgt ein Erbe seinen Anteil auf einen eingetragenen Miterben, vergrößert sich dessen Erbanteil. Gleiches ist der Fall, wenn ein Erbe **nur einen Bruchteil** seines Anteils auf einen anderen Miterben überträgt. Zwischen dem übertragenden und übernehmenden Erben entsteht keine Untergemeinschaft nach §§ 741ff. BGB.[155] Die Verfügung über einen Erbteil bedarf nach § 2033 Abs. 1 S. 2 BGB der notariellen Beurkundung.

5. Testamentsvollstreckung

a) Allgemein

457 Ist Testamentsvollstreckung durch den Erblasser angeordnet, ist der Testamentsvollstrecker berechtigt, über alle Nachlassgegenstände zu verfügen (§ 2205 Abs. 2 BGB). Der Testamentsvollstrecker kann durch Testament -entweder durch öffentliches oder eigenhändiges Testament- ernannt werden (§ 2197 BGB). Das Amt beginnt mit der **Annahme** (§ 2202 BGB). **Vor Annahme** ist weder der Erbe noch der Testamentsvollstrecker verfügungsberechtigt. Soweit der Testamentsvollstrecker befugt ist, über Nachlassgegenstände zu verfügen, steht dem Erben nach § 2211 BGB kein Verfügungsrecht mehr zu. Die Verfügungsbeschränkung tritt mit dem Erbfall ein. Zum Nachweis der Berechtigung, auch im Verhältnis zum Schiffsregister, kann das Nachlassgericht hierüber auf Antrag ein Zeugnis erteilen (§ 2368 BGB). Das Registergericht kann jedoch nur dann ein Zeugnis erfordern, wenn die Verfügung von Todes wegen nicht in öffentlich beglaubigter Form vorliegt.

b) Eintragungserfordernisse

458 Ist eine Testamentsvollstreckung durch den Erblasser angeordnet, ist ein Testamentsvollstrecker-Vermerk **von Amts wegen** (§ 55 SchRegO) in Abteilung II in Spalte 5 des Schiffsregisters einzutragen.

459 Mit Eintragung des Testamentsvollstreckers sind nach § 55 SchRegO der oder die Erben in das Schiffsregister einzutragen. Die Eintragung hat **gleichzeitig** zu erfolgen. Bei einer Eintragung ohne den Erben ist die Eintragung des Testamentsvollstreckers unzulässig,[156] es sei denn, dass der Nachlassgegenstand (Schiff) nicht der Verwaltung des Testamentsvollstreckers unterliegt.

---

155 BGH DNotZ 1964, 622.

156 BayObLG Rpfleger 1996, 148.

Die Eintragung erfolgt auf Grund der im Erbschein angegebenen Ernennung des Testamentsvollstreckers oder auf Grund des Erbnachweises durch Verfügung von Todes wegen in öffentlicher Urkunde mit Eröffnungsniederschrift.

Zur Eintragung der Erben genügt als Nachweis **das Testamentsvollstrecker-zeugnis nicht**, da dieses die Namen der Erben nicht aufführt. 460

Der **Name** des Testamentsvollstreckers darf **nicht** in das Register eingetragen werden.[157] 461

Eingetragen wird lediglich die Anordnung der Testamentsvollstreckung.

Werden die Erben in dem Erbschein **zu gleichen Teilen** aufgeführt, so sind die Erben nicht zu gleichen Teilen in das Register einzutragen, sondern nur als ungeteilte Erbengemeinschaft. 462

c) Muster einer Eintragung (Testamentsvollstreckung/Erbengemeinschaft) 463

Zweite Abteilung
Eigentümer

Laufende Nummer	Eigentümer, Korrespondentreeder	Schiffs-parten	Lfd. Nr. der Spalte 1	Erwerbsgrund, Grundlage der Eintragung, Eigentumsbe-schränkungen, Veränderungen
1	2	3	4	5
Nächste lfd. Nr.	a. Max Fischer, geb. ..., Kiel b. Liese Fischer, geb. ..., Kiel in ungeteilter Erbengemeinschaft		Nr. wie Sp. 1	Aufgrund gemeinschaftlichen Erbscheins des Amtsgerichts ... vom ... (Az.) Eingetragen am ...

157 KGJ 36 A 190.

464 d) Muster einer Eintragung (Testamentsvollstreckung über den Nachlass eines verstorbenen Gläubigers)

Dritte Abteilung
Veränderungen

Laufende Nr. der Sp. 1	Betrag	
4	5	6
Nr. des Betroffenen Rechts	Betrag des Rechtes	Nebenstehende Hypothek ist mit den Zinsen seit dem ... durch Erbgang auf Max Fischer, geb. ..., Kiel und Liese Fischer, geb. ..., Kiel in ungeteilter Erbengemeinschaft übergegangen. Für den Nachlass des bisherigen Gläubigers Lieschen Fischer ist ein Testamentsvollstrecker ernannt. Eingetragen am ...

Eintragung auf dem Schiffszertifikat vermerken und an Einsender mit E/R zurücksenden.
Nachrichten, Kosten

e) Löschung des Testamentsvollstrecker-Vermerkes

465 Einen Antrag auf Löschung kann **jeder Erbe** oder der Testamentsvollstrecker stellen, wenn die Unrichtigkeit des Registers nachgewiesen oder die Beendigung offenkundig ist (§ 31 SchRegO).[158] Unrichtig ist das Register, wenn die Testamentsvollstreckung durch Tod des Testamentsvollstreckers, durch den Eintritt einer Bedingung bzw. eines Endtermins oder durch Erledigung der dem Testamentsvollstrecker zugewiesenen Aufgaben beendet ist.

Mit Erlöschen des Amtes geht das **Verwaltungsrecht** auf die Erben über.

6. Der Nacherbenvermerk

a) Allgemein

466 Vorerbe und Nacherbe sind in zeitlicher Folge als Erben Gesamtrechtsnachfolger des Erblassers. Nach § 54 SchRegO ist bei der Eintragung eines Vorerben **zugleich** das Recht des Nacherben und soweit der Vorerbe von den Beschränkungen seines Verfügungsrechts befreit, auch die Befreiung von **Amts wegen** einzutragen. Die Vorschrift

158 OLG Hamm Rpfleger 1958, 15.

des § 54 SchRegO entspricht der des § 51 GBO. Der Vermerk **schützt** den Nacherben und dessen Erben[159] davor, dass Verfügungen des Vorerben infolge gutgläubigen Erwerbes entgegen § 2113 Abs. 1 und 2 BGB Rechtswirksamkeit behalten. Nach § 2113 Abs. 1 BGB ist die Verfügung über ein zur Erbschaft gehörendes Schiff oder Schiffsbauwerk im Fall des Eintritts der Erbfolge insoweit unwirksam, als sie das **Recht des Nacherben** vereiteln oder beeinträchtigen würden. Um dies zu vermeiden, bedarf es regelmäßig der **Zustimmung** des Nacherben in der Form des § 37 SchRegO. Nach § 2136 BGB ist aber eine Zustimmung nicht erforderlich, wenn der Vorerbe von der Vorschrift des § 2113 Abs. 1 BGB befreit ist. Nach § 2114 BGB kann der Vorerbe ohne Hinzuziehung des Nacherben eine Schiffshypothekenforderung kündigen und einziehen. Mit der Einwilligung des Nacherben kann der Vorerbe verlangen, dass dann das Kapital an ihn ausgezahlt oder für beide hinterlegt wird. Eine Befreiung des Vorerben von dieser Einschränkung ist möglich.

Bewirkt die Eintragung des Nacherbenvermerks im Grundbuchrecht **keine Registersperre,**[160] so gilt dies auch für das Schiffsregister. Damit hat auch das Schiffsregistergericht ohne Rücksicht auf das Recht des Nacherben, den Eintragungsanträgen des Vorerben stattzugeben. Unbeachtlich ist es auch, ob es sich um eine befreite oder nicht befreite Vorerbschaft oder eine entgeltliche oder unentgeltliche Verfügung handelt.[161] 467

b) Eintragung des Nacherbenvermerks

Das Nacherbenrecht ist durch einen Erbschein, der nach § 2363 BGB auch die Anordnung der Nacherbschaft ausweist, oder durch öffentlich beurkundete Verfügung von Todes wegen (Testament) und Niederschrift über die Eröffnung nachzuweisen. Die Eintragung des **Nacherbenvermerks** erfolgt im Seeschiffsregister in Abt. II Sp.5 § 28 Abs. 1 Nr. 5 SchRegDV, im Schiffsbauregister in Abt. II Sp. 3 § 52 Abs. 1 Nr. 3 SchRegDV und im Binnenschiffsregister § 35 Abs. 1 Nr. 5 d SchRegDV **von Amts wegen.** 468

Der Vorerbe ist in Abt. II Sp.2 einzutragen, wenn sich seine Eintragung auf das Eigentum am Schiff oder Schiffsbauwerk erstreckt. Handelt es sich um eine Schiffshypothek, dann wird der Vorerbe und Nacherbe in der Veränderungsspalte des belastenden Rechts vermerkt. 469

Der Nacherbenvermerk hat die **Anordnung der Nacherbfolge** sowie die Voraussetzungen, unter denen sie eintritt, zu enthalten. Ein Nacherbenvermerk ist inhaltlich unzulässig und von Amts wegen zu löschen, wenn ein Berechtigter nicht 470

---

159 KG JW 1936, 2749.
160 BayObLG 1968, 110.
161 OLG Düsseldorf Rpfleger 1957, 413.

angegeben ist.[162] Sind weder der Vor- noch der Nacherbe im Register eingetragen, so kann auch der Nacherbe nach § 18 SchRG die Eintragung von Vorerben und Nacherben im Register veranlassen.

Der Erbe kann gezwungen werden, den Antrag zu stellen. Ist die **Eintragung des Nacherben** versehentlich unterblieben, so kann diese nachgeholt (ergänzt) werden, bis das Schiff oder Recht auf einen Dritten übergegangen ist. Ist schon ein Dritter eingetragen bleibt nur der **Amtswiderspruch** gemäß § 56 SchRegO.

471 **c) Muster einer Eintragung in Abt II und III**

Zweite Abteilung
Eigentümer

Laufende Nummer	Eigentümer, Korrespondentreeder	Schiffs-parten	Lfd. Nr. der Spalte 1	Erwerbsgrund, Grundlage der Eintragung, Eigentumsbeschränkungen, Veränderungen
1	2	3	4	5
Nächste lfd.Nr.	Max Fischer, geb. ... Kiel als befreiter Vorerbe		Nr. wie Sp. 1	Das Eigentum ist Aufgrund des Erbscheins des Amtsgerichts ... vom ... (Az.) auf Max Fischer als befreiter Vorerbe übergegangen Nacherbe ist Liese Fischer, geb. ..., Kiel Eingetragen am ...

Dritte Abteilung
Veränderungen

472

Laufende Nr. der Sp. 1	Betrag	
4	5	6
Nr. des Betroffenen Rechts	Betrag des Rechtes	Nebenstehende Hypothek ist mit den Zinsen seit dem ... durch Erbgang aufgrund des Testamentes vom ...: Liese Fischer, geb. ..., Kiel als befreite Vorerbin Lieschen Fischer, geb. ..., Kiel als Nacherbin Eingetragen am ...

Eintragung auf dem Schiffszertifikat vermerken und an Einsender mit E/R zurücksenden.
Nachrichten, Kosten

162 OLG Köln Rpfleger 1992, 391.

d) Löschung des Nacherbenvermerks

Die Löschung des Nacherbenvermerks erfolgt auf Antrag nach § 23 SchRegO.[163] Antragsberechtigt sind der Vorerbe, der Nacherbe sowie der Schiffseigentümer, zu dessen Gunsten die Löschung erfolgen soll. Der Nacherbe, wenn vorhanden auch die Ersatznacherben, haben die Löschung in der Form des § 37 SchRegO zu bewilligen (§ 29 SchRegO). Einer Bewilligung bedarf es nicht, wenn Unrichtigkeit des Nacherbenvermerkes nachgewiesen wird (§ 31 SchRegO). 473

7. Nachlassverwaltung/Nachlassinsolvenz

a) Nachlassverwaltung

Die Nachlassverwaltung nach § 1975 BGB dient der Befriedigung der Nachlassgläubiger bei einem unübersichtlichen Nachlass und der Haftungsbeschränkung des Erben auf den Nachlass. Die Befugnis über den Nachlass geht auf den **Nachlassverwalter** (§ 1981 BGB) über und stehen damit **nicht** mehr dem Erben zu. Der Nachlassverwalter hat die **Stellung eines Vormundes** und bedarf damit für einige Rechtshandlungen einer nachlassgerichtlichen Genehmigung nach den Vorschriften des Vormundschaftsrechts gemäß §§ 1812, 1821, 1822 BGB. 474

Für das Schiffsrecht ist § 1821 Abs. 1 Nr. 3 BGB von besonderer **Bedeutung,** wonach bei entsprechender Anwendung der Nachlassverwalter **einer Genehmigung** des Nachlassgerichts für eine Verfügung über ein eingetragenes Schiff oder Schiffsbauwerk oder über eine Forderung, die auf Übertragung des Eigentums an einem eingetragenen Schiff oder Schiffsbauwerk bedarf. Gemäß § 1821 Abs. 2 BGB fallen **Schiffshypotheken** nicht unter diese Rechte. Nach **§ 1821 Abs. 1 Nr. 5 BGB** ist ebenfalls eine Genehmigung nötig, für einen Vertrag, der auf den entgeltlichen Erwerb eines eingetragenen Schiffs oder Schiffsbauwerk gerichtet ist. 475

Die **Haftungsbeschränkung** tritt mit der Anordnung der Nachlassverwaltung durch das Nachlassgericht ein (§ 1975 BGB). Eine Anordnung erfolgt auf Antrag eines Erben oder eines Nachlassgläubigers (§ 1981 BGB). 476

Nach § 16 SchRG bedeutet die Nachlassverwaltung eine **Verfügungsbeschränkung** für den Erben und ist aufgrund des öffentlichen Glaubens in das Schiffsregister einzutragen. Die Nachlassverwaltung wird auf Antrag des Nachlassverwalters in das Schiffsregister eingetragen. Einzureichen ist der Beschluss über die Bestellung oder der Anordnungsbeschluss. Streitig ist, ob eine Eintragung auch auf Ersuchen des Nachlassgerichtes erfolgen kann.[164] 477

---

163 *Schöner/Stöber* Rn. 3510 m.w.Nachweisen.

164 Dafür Palandt/*Edenhofer* § 1983 Rn. 2; dagegen MünchKommBGB-*Siegmann* §1983 Rn. 2.

478 Die **Nachlassverwaltung endet** mit der Aufhebung durch das Nachlassgericht oder mit Eröffnung des Nachlassinsolvenzverfahrens gemäß § 1988 Abs. 1 BGB. Die Nachlassverwaltung ist im Schiffsregister in Abteilung II Spalte 5 und im Schiffsbauregister in Abteilung II Spalte 3 einzutragen.

479 **Eintragungsmuster**

Zweite Abteilung
Eigentümer

Laufende Nummer	Eigentümer, Korrespondentreeder	Schiffsparten	Lfd. Nr. der Spalte 1	Erwerbsgrund, Grundlage der Eintragung, Eigentumsbeschränkungen, Veränderungen
1	2	3	4	5
				Durch Beschluss des Amtsgerichts ... (Az.) ist die Verwaltung über den Nachlass des verstorbenen Eigentümers ... angeordnet. Auf Ersuchen des Amtsgerichts ... oder auf Antrag des Nachlassverwalters eingetragen am

Eintragung auf dem Schiffszertifikat vermerken und an Einsender mit E/R. zurücksenden.
Nachrichten, Kosten

b) Nachlassinsolvenz

480 Im Falle eines Nachlassinsolvenzverfahrens hat der Insolvenzverwalter das alleinige Verfügungsrecht über den Nachlass (§ 35 InsO).

Über einen Erbteil findet ein Nachlassinsolvenzverfahren nicht statt (§ 316 Abs. 3 InsO). Nach § 325 InsO können nur Nachlassverbindlichkeiten geltend gemacht werden.

Vierter Abschnitt: Die Partenreederei

Aufgrund vielfältiger Besonderheiten einer Partenreederei ist es notwendig, diese in einem gesonderten Abschnitt abzuhandeln.

A. Begriff der Partenreederei

1. Allgemein

Die Partenreederei ist eine **Sonderform** im Schiffsregisterrecht und geht bis in das Mittelalter zurück. Mit der Möglichkeit, sich flexibel Kapital über eine Kommanditgesellschaft oder eine Aktiengesellschaft zu beschaffen, und die Streichung von erheblichen Steuervorteilen, spielt die Partenreederei im Schiffsregister nur noch eine untergeordnete Rolle. Gab es 1970 noch 525 Partenreedereien so waren es im April 2002 nach Auskunft des Verbandes Deutscher Reeder noch etwa 80. Nach § 489 HGB wird eine Partenreederei, auch wenn dort nur von einer Reederei gesprochen wird, wie folgt definiert: 481

Wird von mehreren Personen ein ihnen gemeinschaftliches Schiff zum Erwerb durch die Seefahrt für gemeinschaftliche Rechnung verwendet, so besteht einen Reederei (§ 489 Abs. 1 HGB).

Der Fall, wenn das Schiff einer Handelsgesellschaft gehört, wird durch die Vorschriften über die Reederei nicht berührt (§ 489 Abs. 2 HGB).

Durch § 489 Abs. 2 HGB ist damit klar abgegrenzt, dass eine Handelsgesellschaft als solche den Vorschriften über die Reederei gemäß § 489 HGB nicht unterworfen sein kann. Gesellschaften wie OHG, GmbH, KG, GmbH & Co. KG AG oder KGaA, die unter Verwendung eines Schiffes den Erwerb durch die Seefahrt nachgehen, werden heutzutage im Sprachgebrauch als Reederei bezeichnet. Rechtlich ist diese Bezeichnung jedoch unzulässig, da das HGB nur eine „Reederei“ im Sinne des § 489 HGB kennt. Die genannten Gesellschaften, welche sich aufgrund ihrer unternehmerischen Tätigkeiten als Reederei darstellen, sind Einzelreeder im Sinne des § 484 HGB. Nach der gesetzlichen Regelung des § 489 Abs. 1 HGB müssen für die Bildung einer Partenreederei mehrere Voraussetzungen gegeben sein.

2. Mehrheit von Personen

Zur Bildung einer Partenreederei ist eine **Mehrheit** von Personen erforderlich. Die 482
Untergrenze ist damit auf mindestens zwei Personen festgelegt. Eine **Obergrenze** für die Anzahl der Mitreeder gibt es nicht. Mitreeder können natürliche und juristische Personen sein. Selbstverständlich auch Personenhandelsgesellschaften, wie

eine offene Handels- oder Kommanditgesellschaft, Mitreeder sein, da diese Firmen im Rechtsverkehr selbstständig auftreten können (§§ 124 Abs. 1, 161 Abs. 2 HGB). Gleiches gilt für Gesellschaften bürgerlichen Rechts, deren Rechtsfähigkeit weitgehend anerkannt ist.[165] Da **mindestens zwei** Personen für eine Partenreederei notwendig sind, endet die Partenreederei, wenn durch **Ausscheiden** der Parten nur **ein Reeder** übrig bleibt, oder sich alle Parten auf nur einen Reeder vereinigen. Eine „Ein-Mann"-Reederei gibt es nicht.[166]

3. Gemeinschaftliches Eigentum am Schiff

483 Daneben muss das **Eigentum** an einem **Schiff** den Reedern gemeinschaftlich zustehen.

Die Gesellschaft besteht also durch den gemeinschaftlichen **Besitz eines Schiffes** (im Rechtssinne). Damit ist eine Partenreederei ohne ein Schiff nicht möglich. Eine Partenreederei kann auch nur ein Schiff haben. Soll ein weiteres Schiff erworben werden, ist hierzu eine neue Partenreederei zu gründen.[167]

484 Mehrere Ausrüster (§ 510 HGB) oder mehrere Charterer können **keine** Partenreederei bilden, da es ihnen an dem Eigentum am Schiff fehlt.[168]

485 Die Frage, ob das gemeinschaftliche Miteigentum ein Miteigentum nach **Bruchteilen**, also der Miteigentumsanteil an dem Schiff, oder ein **Gesamthandseigentum** und damit der Anteil am Reedereivermögen ist, ist bis heute in der Literatur nicht abschließend geklärt. In der amtl. Begründung zum Gesetz über Rechte an eingetragenen Schiffen und Schiffsbauwerken vom 15.11.1940[169] wird ausgeführt, *„das Recht der Partenreederei neu dahin zu regeln, dass an Stelle des Bruchteilseigentums am Schiff ein gesellschaftsrechtlicher Anteil am Reedereivermögen tritt und damit nicht mehr der Anteil am Schiff, sondern nur der Anteil am Reedereivermögen Gegenstand des Pfandrechts sein kann"*. Damit hat sich der Gesetzgeber klar für das **Gesamthandseigentum** ausgesprochen. Auch der Bundesgerichtshof in seinem Urteil vom 11.10.1962[170] hat dort ausgeführt, dass nach dem Untergang eines kaskoversicherten Partenschiffes die auszuzahlende Versicherungssumme zum Vermögen der Reederei gehöre. Dieser Rechtsauffassung kann aber nur gefolgt werden, wenn das Schiff als Gegenstand einer Gesamthandsgemeinschaft angesehen wird, denn nur die Regeln über die gesamte Hand (§§ 718 Abs. 2, 1473 Abs. 1, 1497 Abs. 2 und

165 BGH NJW 2001, 1056.
166 *Rabe* § 505 Rn. 1.
167 *Rabe* § 489 Rn. 12.
168 *Rabe* § 510 Rn. 30.
169 DJ 1941, 1331.
170 BGH Hansa 1963, 442.

2041 BGB) kennen einen Surrogationserwerb mit der Folge der Fortsetzung der Gemeinschaft an einem Ersatzobjekt an Stelle eines verlorengegangenen anderen Gegenstandes. Eine Bruchteilsgemeinschaft fällt mit dem Verlust ihres Objektes immer in sich zusammen.[171]

4. Erwerb durch die Seefahrt

Mit dem Begriff der Partenreederei verlangt das Gesetz neben dem gemeinschaftlichen Eigentum gleichbedeutend einen ganz **bestimmten Zweck** und zwar den **„Erwerb durch die Seefahrt."**[172] Mit dem **„Erwerb"** wird ein unternehmerisches Handeln gefordert. Dies kann unmittelbar oder mittelbar sein. Bei einem **unmittelbaren Erwerb** kann das Schiff selbst Vertragsgegenstand sein. Ein **mittelbarer Erwerb** ist zum Beispiel bei der Hochseefischerei gegeben, bei dem der Erwerb erst durch die Seefahrt möglich ist. Mit dem Erwerb ist eine Partenreederei für Schiffe der öffentlichen Hand wie z. B. Kriegsschiffe ausgeschlossen. Ebenfalls ist eine Partenreederei für Eigentümergemeinschaften, die das Schiff in erster Linie für Hobby und Freizeit, also unkommerziell, nutzen, nicht möglich. Darüber hinaus muss der angestrebte Erwerb durch die Mitreeder **„durch die Seefahrt"** erzielt werden. Danach ist eine Partenreederei für Hotel-, Gaststätten- oder Lagerschiffe, die fest verankert sind und dauerhaft nicht mehr zur Seefahrt genutzt werden, nicht möglich. Dies gilt auch für die Betreiber einer Bohrinsel, welche in der Regel fest mit dem Meeresgrund verbunden ist. Mit dem Erfordernis des Erwerbs durch die Seefahrt scheidet auch die Bildung einer Partenreederei für die **Binnenschifffahrt** aus. Das Binnenschifffahrtsgesetz kennt nicht den Begriff des **Reeders,** sondern nur den des **Schiffseigners,** der im Gegensatz zu § 484 HGB sein Schiff nicht „zum Erwerb" verwenden muss. Nach §1 BinSchG muss das Schiff nur zur Schifffahrt auf Flüssen und sonstigen Binnengewässern bestimmt und auch hierzu verwendet werden. 486

5. Gemeinschaftliche Rechnung

Als weiteres Merkmal muss das Schiff zum Erwerb für gemeinschaftliche Rechnung verwendet werden. Das bedeutet, dass die wirtschaftlichen Ergebnisse sich nicht bei **einem** oder **einzelnen Mitreedern** auswirken, sondern Gewinne, Verluste und Risiken von allen Mitreedern gemeinsam als Unternehmung getragen werden. Ob eine Partenreederei die gesetzlichen Erfordernisse erfüllt, ergibt sich letztendlich aus 487

171 *Ruhwedel* S. 125.
172 *Rabe* § 489 Rn. 2.

dem Gesellschaftsvertrag der Partenreederei, wobei es darauf ankommt, dass die Reederei im eigenen Namen am Rechtsverkehr teilnimmt.

Sieht der Gesellschaftsvertrag vor, dass derjenige, der die Geschäfte führt, im eigenen Namen handeln soll, so ist nur eine Innengesellschaf[173] und keine Partenreederei im Sinne des Gesetzes entstanden.[174]

B. Die Rechtsnatur der Partenreederei

488 Die Partenreederei ist weder eine BGB-Gesellschaft, eine OHG noch eine Kapitalgesellschaft sondern eine **Personengesellschaft** eigener Art, die anerkannter Maßen über keine eigene Rechtspersönlichkeit verfügt.

1. Keine Kapitalgesellschaft

Die Partenreederei ist nach herrschender Meinung **keine juristische Person**[175] und auch keine Kapitalgesellschaft. Anders als bei einer Kapitalgesellschaft, bei der Grund- und Stammkapital durch Beiträge der Gesellschafter zu erbringen sind und die Gesellschaft lediglich mit ihrem Grund- und Stammkapital haftet, kennt die Partenreederei zum einen **keine Mindestanforderung** an die Höhe der Ausstattung des Kapitals und zum anderen ist man auch nicht ausschließlich auf Eigenmittel angewiesen. Eine Fremdmittelfinanzierung eines Schiffes ist ebenfalls möglich.

489 Für die Verbindlichkeiten der Partenreederei **haften** die Mitreeder **unbeschränkt persönlich** im Verhältnis ihrer Schiffspart(en) zu allen Schiffsparten.

2. Personengesellschaft eigener Art

490 Dem Wesen der Partenreederei muss **immer** ein **Gesellschaftsvertrag** zugrunde liegen, in dem sich mehrere Personen zur Verfolgung eines gemeinsamen Zwecks zusammenschließen und ein ihnen gehörendes Schiff zum Erwerb durch die Seefahrt auf gemeinschaftliche Rechnung verwenden. Diese Zweckgemeinschaft könnte aus dieser Sicht als Personengesellschaft bezeichnet werden. Von einer BGB-Gesellschaft, einer OHG oder einer KG unterscheidet sich die Partenreederei jedoch in einigen Punkten.

---

173 MünchKommBGB-*Ulmer* § 705 Rn. 279.

174 RG HRGZ 1932 B 782, 783.

175 *Schaps/Abraham* § 489 Rn. 13; *Wüstendörfer* SHR § 15 III.

Haftungsrechtlich gibt es bei einer Partenreederei **keine gesamtschuldnerische** Haftung der Mitreeder, sondern die Mitreeder haften nur im Verhältnis der Größe ihrer Schiffsparten nach § 507 HGB.

Anders als die Gesellschafter einer Personengesellschaft (§ 707 BGB) haben die Mitreeder eine **Nachschusspflicht** gemäß § 500 HGB. 491

Im Unterschied zu den Personengesellschaften, die Kraft zwingender Rechtsvorschriften (siehe § 723 BGB, §§ 133, 161 Abs. 2 HGB) bei Vorlage eines wichtigen Grundes immer kündbar sind, findet nach § 505 Abs. 3 HGB *„eine Aufkündigung der Reederei von seitens des Mitreeders nicht statt"*. 492

Zusammenfassend kann man sagen: Die Partenreederei ist **vermögensfähig**[176] und kann Träger von Rechten und Pflichten sein. Sie ist in einem Rechtsstreit formell **parteifähig**[177] und kann somit unter ihrem Reedereinamen klagen und verklagt werden. **Prozessfähig** ist eine Partenreederei nicht. Vertreten wird sie durch ihre gesetzlichen Vertreter, welche nach materiellem Recht zur Vertretung berufen sind. Das können der Korrespondentreeder, ein geschäftsführender Mitreeder oder alle Mitreeder sein. Abhängig ist dies jeweils von den auf den Korrespondentreeder oder den geschäftsführenden Mitreeder übertragenen Aufgaben. 493

Fehlt es an einer Vertretungsregelung ist bspw. eine Klage gegen die Reederei an alle Mitreeder zuzustellen. Bei einer Zustellung an den Korrespondentreeder oder einen geschäftsführenden Mitreeder gilt für beide § 171 Abs. 1 ZPO. 494

Nach § 11 Abs. 2 Nr. InsO ist die Partenreederei insolvenzfähig. 495

3. Keine Handelsgesellschaft

Nach herrschender Meinung ist die Partenreederei **keine Handelsgesellschaft.** Damit ist auch eine Eintragung in das Handelsregister mit dem Hinweis auf § 489 Abs. 2 HGB nicht möglich. Die Vorschriften der §§ 489 ff. HGB geben keinen Anhaltspunkt, dass bei der Reederei als solche oder bei einzelnen relevanten gesellschaftsrechtlichen Punkten der Reederei wie zum Beispiel dem Namen, einzelnen Mitreedern, dem Sitz oder der Korrespondentreeder der Reederei diese weder mit konstitutiver noch mit deklaratorischer Wirkung in das Handelsregister eingetragen werden können. Der Umstand, dass die Reederei sehr oft ein Handelsgewerbe nach § 1 Abs. 2 HGB betreibt, ändert hieran nichts. Schon der Bundesgerichtshof hat in seinem Urteil vom 29.5.1958 festgestellt, dass die Partenreederei nicht zu den Handelsgesellschaften zu zählen ist.[178] 496

176 *Wüstendörfer* SHR § 15 III.

177 *Rabe* § 489 Rn. 18; *Schaps/Abraham* § 489 Rn. 14; *Wüstendörfer* SHR § 15 III 2 b.

178 BGH Hansa 1958, 1820.

C. Der Gesellschaftsvertrag

1. Inhalt des Gesellschaftsvertrages

497 Nach § 490 HGB ist ein Vertrag erforderlich, *„der das Rechtsverhältnis der Mitreeder untereinander bestimmt"*. Einen zwingenden Mindestinhalt des Gesellschaftsvertrages, wie er sich zum Beispiel aus § 3 GmbHG für die GmbH ergibt, sieht das Gesetz für die Partenreederei nicht vor und verweist lediglich bei fehlenden Regelungen auf die Anwendung der §§ 491 ff. HGB. Üben die Mitreeder die **Geschäftsführung** nicht persönlich aus, sondern erfolgt diese durch einen Korrespondentreeder, so wird man neben dem Reedereivertrag auch noch einen Korrespondentreedereivertrag abschließen. Darüber hinaus findet man neben diesen beiden Verträgen oftmals noch ein Schiedsvertrag im Sinne des §§ 1025 ff. ZPO, der Streitigkeiten aus dem Reedereiverhältnis zwischen den Mitreedern untereinander und zwischen den Reedern und dem Korrespondentreeder regelt. **Wichtigster Inhalt** des **Reedereivertrages** ist die Abrede der Mitreeder, ein ihnen zu Gesamthandseigentum gehörendes Schiff zum Erwerb durch die Seefahrt für gemeinschaftliche Rechnung zu verwenden und hierzu eine Partenreederei zu gründen. Nur wenn diese Punkte erfüllt sind, ist eine Partenreederei gegründet. Auch wenn es **keine** gesetzliche Vorschrift über den **Mindestinhalt** eines Partenreedereivertrages gibt, sollten jedoch gewisse Punkte, wie zum Beispiel die Stückelung der Parten und eine eventuelle Übernahme der Parten durch Mitreeder, eine mögliche Nachschusspflicht der Mitreeder, die Bestellung eines Korrepondentreeders, das Geschäftsjahr Buchführung und der Jahresabschluss in einem Vertrag schriftlich geregelt sein.

2. Form des Gesellschaftsvertrages

498 Der zur Gründung einer Partenreederei erforderliche Gesellschaftsvertrag ist an **keine Form** gebunden und könnte somit auch mündlich oder durch konkludentes Handeln geschlossen werden. Ein Reedereivertrag wird auch nicht eingetragen[179]. In der Praxis dürfte aber schon aufgrund der wirtschaftlichen Bedeutung eines Schiffes und aus Gründen der Beweissicherung ein Reedereivertrag regelmäßig schriftlich abgeschlossen werden. Nicht zuletzt um die Größe des dem betreffenden Mitreeder zukommenden Gesellschaftsanteils (Schiffspart) zweifelsfrei festzuhalten.

Ein Formzwang für einen Reedereivertrag besteht nur, wenn sich zum Beispiel ein Mitreeder verpflichtet, in das Reedereivermögen ein Grundstück einzubringen. In diesem Fall ist eine notarielle Beurkundung des Reedereivertrages vorgeschrieben.[180]

---

179 *Rabe* § 490 Rn. 8.

180 *Rabe* § 490 Rn. 5.

Soll ein Minderjähriger Mitreeder und damit an einem Partenreedereivertrag beteiligt sein, so ist eine vormundschaftsgerichtliche Genehmigung nach §§ 1643 Abs. 1, 1822 Nr. 3 BGB erforderlich. Eine Genehmigung ist auch dann erforderlich, wenn sich ein Minderjähriger nur als Kommanditist an der Gesellschaft beteiligt.[181] 499

D. Eintragung der Partenreederei in das Seeschiffsregister

1. Pflicht zur Eintragung

Nach herrschender Meinung ist die Eintragung einer Partenreederei in das Schiffsregister **nicht konstitutiv** und lässt sich auch nicht aus § 503 Abs. 1 S. 2 HGB mit der Begründung ableiten, dass es zur Veräußerung einer Schiffspart der Eintragung in das Schiffsregister bedarf.[182] Die Eintragungspflicht und deren Wirksamkeit bei der Übertragung der Schiffsparten hat ihren Sinn in der Überprüfung und Feststellung des Flaggenrechts, da nur so festgestellt werden kann, ob das Schiff noch zur Führung der Bundesflagge berechtigt ist.[183] Nach § 1 Abs. 3 FlaggRG haben Seeschiffe einer Partenreederei die Bundesflagge zu führen, wenn ein Mitreeder Deutscher mit Wohnsitz im Geltungsbereich des Grundgesetzes ist und die Mehrheit der Schiffsparten, nach der Größe berechnet, Deutschen zusteht,[184] 500

Eine Eintragungspflicht besteht für Seeschiffe die nach §§ 1 und 2 FlaggRG die Bundesflagge führen müssen oder führen dürfen. Aus § 1 Abs. 3 FlaggRG besteht für die Partenreederei eine **Flaggenführungspflicht** und damit eine Anmeldungspflicht zum Schiffsregister, soweit eine deutsche Mehrheitsbeteiligung besteht. Wann ein Schiff in das Schiffsregister eingetragen werden muss, bestimmt sich darüber hinaus nach § 10 SchRegO.

Eine Ausnahme bietet nur § 19a FlaggRG für Seeschiffe einer Partenreederei „die am 31.12.1988 eine andere Nationalflagge als die Bundesflagge geführt haben, solange sie diese Flagge weiter führen". 501

---

181 BGHZ 17, 160, 165 = NJW 1955, 1067, 1069.

182 *Rabe* § 503 Rn. 3.

183 *Ruhwedel* S. 162, 163.

184 RegEntw BT-Drucks 11/4310 S. 228.

2. Inhalt der Eintragung

502 Neben den normalen Eintragungen zu einem Seeschiff, sind die Mitreeder (Eigentümer) unter Angabe ihrer Schiffsparten in Form eines Bruches in das Register nach § 28 Abs. 1 Nr. 3 SchRegDV sowie der Korrespondentreeder gemäß § 28 Abs. 1 Nr. 2c SchRegDV einzutragen. Einen Zwang zur Bestellung eines Korrespondentreeders gibt es nicht (§ 492 HGB), sodass eine Eintragung auch nur bei einer Bestellung erfolgt (Muster einer Eintragung unter Veränderung der Schiffsparten Rn. 534).

E. Geschäftsführung und Vertretung von Mitreeder und Kapitän

1. Der Mitreeder

503 Grundsätzlich ist die Gemeinschaft **der Mitreeder** zu Vertretung der Partenreederei befugt. Die Mitreeder vertreten also nicht einzeln sondern **gemeinschaftlich** und entscheiden **durch Beschluss** (§ 491 Abs. 1 S. 1 HGB), soweit der Reedereivertrag keine andere Regelung vorsieht. Es entscheidet die Partenmehrheit und nicht die Personenmehrheit der Mitreeder nach § 491 Abs. 1 S. 2 HGB. Erforderlich ist die **Mehrheit sämtlicher Parten.** Eine relative Mehrheit der bei der Beschlussfassung anwesenden Parten genügt nicht. Damit kann ein Beschluss nicht zustande kommen, wenn nicht ausreichend Parten bei der Beschlussfassung vertreten sind.[185] Abweichende Regelungen im Reedereivertrag sind jedoch möglich und zulässig.

2. Der Kapitän

504 Der Kapitän ist nach §§ 526ff. HGB nicht nur hinsichtlich des Einzelreeders, sondern auch in gleicher Weise zu Gunsten der Reederei sowohl mit **Geschäftsführerbefugnis** nach § 534 HGB und **Vertretungsmacht** nach §§ 526ff. HGB ausgestattet. Die Befugnis zur Geschäftsführung ist für den **Kapitän** stark eingeschränkt, solange sich das Schiff im Heimathafen befindet. Hier beschränkt sich die Befugnis lediglich auf die Anheuerung der Mannschaft (§ 526 Abs. 2 HGB). Die Geschäftsführung liegt hier, wenn kein Korrespondentreeder bestellt ist, nach wie vor bei allen Mitreedern.

505 Befindet sich das Schiff **außerhalb des Heimathafens,** so ist die Geschäftsführungsbefugnis des Kapitäns um die Möglichkeiten erweitert, für die Reederei alle Geschäfte und Rechtshandlungen vorzunehmen, welche die Ausrüstung, die Mann-

185 *Wüstendörfer* S. 154.

schaft, die Verproviantierung und die Erhaltung des Schiffs sowie überhaupt die Ausführung der Reise betreffen. Der Abschluss von Frachtverträgen und die Erhebung von Klagen innerhalb seines Wirkungskreises sind dem Kapitän ebenfalls erlaubt (§§ 534, 527 Abs. 2 HGB).

Zur Kreditaufnahme ist er gemäß den §§ 534, 528 HGB dagegen nur bedingt be- 506
fugt.

F. Geschäftsführung durch den Korrespondentreeder

1. Der Begriff des Korrespondentreeders

Da zur Geschäftsführung und Vertretung grundsätzlich alle Mitreeder befugt sind 507
und dies in der Praxis oft hinderlich sein kann, haben die Mitreeder die Möglichkeit, die Geschäftsführung und Vertretung einem Korrespondentreeder im Rahmen der gesetzlichen Möglichkeiten zu übertragen. Der Korrespondentreeder ist somit im Rahmen **seines Vertrages** befugt, die Geschäfte der Partenreederei zu führen und diese zu vertreten. Die in § 492 Abs. 1 HGB genannten Bezeichnungen wie „Schiffsdirektor" oder „Schiffsdisponenten" sind heutzutage unüblich und werden so gut wie nicht mehr gebraucht.

2. Die Bestellung

Eine Bestellung eines Korrespondentreeders ist für eine Partenreederei nicht vorge- 508
schrieben jedoch in der Praxis die Regel. Besondere Anforderungen an die Person sind vom Gesetz nicht vorgesehen. Die Bestellung des Korrespondentreeders kann entweder im **Reedereivertrag** selbst oder durch einen Beschluss erfolgen. Ist in dem Reedereivertrag nichts Abweichendes geregelt, so ist gemäß § 492 Abs. 1 HGB bei der Beschlussfassung die absolute Stimmenmehrheit erforderlich und auch ausreichend, wenn einer der Mitreeder zum Korrespondentreeder bestellt wird. In diesem Fall kann der Korrespondentreeder auch selbst mit abstimmen.[186] Besitzt ein Mitreeder die Stimmenmehrheit kann er sich mit seinen Stimmen zum Korrespondentreeder bestellen. Ist der Korrespondentreeder nicht Mitreeder, ist nach § 492 Abs. 1 HGB **Einstimmigkeit** erforderlich.

Ob ein Korrespondentreeder ähnlich dem Notvorstand eines Vereins (§ 29 BGB) 509
oder eines Notgeschäftsführers einer GmbH in dringenden Fällen auf Antrag eines Mitreeders auch durch das Amtsgericht bestellt werden kann, ist aufgrund der feh-

186 *Rabe* § 491 Rn. 7; *Schaps/Abraham* § 491 Rn. 3.

lenden eigenen Rechtspersönlichkeit fraglich. Im Einzelfall unter Berücksichtigung haftungsrechtlicher Fragen dürfte eine analoge Anwendung den praktischen Bedürfnissen der Partenreederei Rechnung tragen.

510 Zum Korrespondentreeder können **natürliche und juristische Personen** ebenso wie **Personenhandelsgesellschaften** bestellt werden.[187] Eine gleichzeitige Bestellung bei verschiedenen Partenreedereien ist ebenfalls möglich.

3. Die Geschäftsführung und Vertretung

a) Umfang der Geschäftsführungsbefugnis

511 Reedereivertrag, Korrespondentreedervertrag und evtl. Beschlüsse der Mitreeder bestimmen den Umfang der Geschäfsführungsbefugnis des Korrespondentreeders. Der Korrespondentreeder hat damit in dem ihm durch die Mitreeder vorgegebenen Rahmen zu handeln. Lediglich in den Fällen, in denen keine vertragliche Regelung oder entsprechende Beschlüsse existieren, gilt der Umfang der gesetzlichen Vollmacht. Diese erfährt jedoch eine Einschränkung nach § 496 Abs. 2 HGB, wonach der Korrespondentreeder *„zu neuen Reisen und Unternehmungen, zu außergewöhnlichen Reparaturen sowie zur Anstellung oder zur Entlassung des Kapitäns vorher die Beschlüsse der Reederei einzuholen hat."*

b) Umfang der Vertretungsmacht

512 Der Korrespondentreeder ist nach dem Gesetz mit einer Vollmacht ausgestattet, die den Interessen des Rechtsverkehrs Rechnung trägt und nicht von den Mitreedern bestimmt wird. Er ist damit befugt, Geschäfte und Rechtshandlungen zu vollziehen die ein normales Reedereigeschäft mit sich bringt. Aus § 493 HGB ergibt sich eine Aufzählung, welche Geschäfte und Rechtshandlungen der Korrespondentreeder ohne bzw. mit Zustimmung der Mitreeder tätigen darf. Nach § 493 Abs. 2 HGB umfasst die Befugnis die Ausrüstung, Erhaltung und die Verfrachtung des Schiffes, die Versicherung der Fracht, der Ausrüstungskosten und Haveriegelder und die mit dem gewöhnlichen Geschäftsbetrieb verbundene Inempfangnahme von Geldern. Eine **negative Abgrenzung** enthält dagegen § 493 Abs. 5 HGB, der sowohl die Vertretungsmacht wie auch die Geschäftsführungsbefugnisse des Korrespondentreeders einschränkt Im Hinblick auf das Eingehen von Wechselverbindlichkeiten, die Aufnahme von Darlehen, Verkauf und Verpfändung des Schiffes oder der Schiffsparten sowie die Versicherung des

187 *Rabe* § 492 Rn. 2; HOLG HRGZ 29 B 179.

Schiffes oder der Parten. Zur Durchführung dieser Geschäfte benötigt der Korrespondentreeder eine entsprechende **Vollmacht** der Mitreeder.

Der Korrespondentreeder ist zur **Belastung** von Schiffen grundsätzlich **nicht** 513
befugt.[188] Eine Hypothekenbestellung erfolgt durch die Mitreeder, es sei denn der Korrespondentreedervertrag enthält eine entsprechende Regelung. Zu den weiteren Aufgaben eines Korrespondentreeders gehört es auch, im Rahmen seines festgelegten Wirkungskreises die Reederei vor Gericht zu vertreten.

4. Eintragung des Korrespondentreeders in das Schiffsregister

a) Allgemein

Nach § 16 Abs. 1 SchRegO ist für den Fall der registerrechtlichen Eintragung eines 514
Reedereischiffes zugleich auch die Eintragung eines **tatsächlich bestellten** Korrespondentreeders nach §11 Abs. 1 Nr. 9 SchRegO und § 28 SchRegDV (in Abteilung II) **zwingend** vorgeschrieben.

Bei einer „Neuanmeldung“ (Ersteintragung des Schiffes) hat die Anmeldung durch **alle Mitreeder** zu erfolgen, da es sich nicht um eine Veränderung nach § 17 SchRegO handelt. Die Eintragung eines Korrespondentreeders hat keine konstitutive, sondern nur eine deklaratorische Bedeutung und genießt damit keinen öffentlichen Glauben. Die Begründung folgt aus § 15 SchRG, da dort weder Parten noch der Korrespondentreeder benannt sind. Gleichwohl dürfte sich ein gutgläubiger Dritter bei der Eintragung des Korrespondentenreeders auf den Rechtsschein der Bestellung unter Anwendung der §§ 171, 173 BGB berufen können.[189]

b) Veränderungen des Korrespondentreeders

Wird ein Korrespondentreeder erst nach Eintragung des Schiffes in das Schiffsregis- 515
ter bestellt, so ist dies ebenfalls nach § 11 SchRegO anzumelden. Ein **Wechsel** in der Person eines eingetragenen Korrespondentreeders ist gemäß § 18 Abs. 1 SchRegO **anzumelden** und **einzutragen.**

Da es sich in beiden Fällen (nachträgliche Korrespondentreedereintragung und 516
Wechsel des Korrespondentreeders) um Veränderungen handelt (§§ 17, 11 Abs. 1 Nr. 9 SchRegO), kann der neue Korrespondentreeder **alleine in der Form** des § 37 SchRegO anmelden. Der Anmeldung ist ein **Beschluss** der Mitreeder über die **Bestellung** beizufügen.

---

188 *Rabe* § 493 Rn. 12.
189 *Rabe* § 492 Rn. 4; *Ruhwedel* S. 332.

517 c) **Eintragungsmuster einer nachträglichen Bestellung**

Zweite Abteilung
Eigentümer

Laufende Nummer	Eigentümer, Korrespondentreeder	Schiffs-parten	Lfd. Nr. der Spalte 1	Erwerbsgrund, Grundlage der Eintragung, Eigentumsbe-schränkungen, Veränderungen
1	2	3	4	5
1	(Ersteintragung der Partenreederei)		1	Neubau, auf Antrag vom ... eingetragen am
2	Heini Müller, geb. Kiel Korrespondentreeder		2	Korrespondentreeder eingetragen am

Die Eintragung ist auf dem Schiffszertifikat zu vermerken und an Einsender mit E/R senden.
Nachrichten, Kosten

518 d) **Eintragungsmuster einer Änderung des Korrespondentreeders (Abberufung und Neubestellung ohne Änderung einer Schiffspart)**

Zweite Abteilung
Eigentümer

Laufende Nummer	Eigentümer, Korrespondentreeder	Schiffs-parten	Lfd. Nr. der Spalte 1	Erwerbsgrund, Grundlage der Eintragung, Eigentumsbe-schränkungen, Veränderungen
1	2	3	4	5
3	Marx Meier, geb. ... Kiel, Korrespondentreeder		2/3	Korrespondentreeder Heini Müller gelöscht; Korrespondentreeder Marx Müller eingetragen am

Die bisherige Eintragung in Abt. II Sp. 2 röten wie Handblatt.
Die Eintragung und entsprechende Rötung ist auf dem Schiffszertifikat zu vermerken und an Einsender mit E/R senden.
Nachrichten, Kosten

5. Beendigung der Stellung als Korrespondentreeder

519 Wie auch die Bestellung, so ist auch die **Beendigung** des Korrespondentreeders **anzumelden** und in das Register **einzutragen**. Zur **Meldung verpflichtet** sind die

Mitreeder oder der neue Korrespondentreeder nach § 18 Abs. 1 SchRegO in der Form des § 37 SchRegO unter Beifügung eines entsprechenden Beschlusses. Aus unterschiedlichen Gründen kann das Amt des Korrespondentreeders zu Ende gehen.

a) Widerruf und Kündigung der Bestellung

Ein Widerruf oder Kündigung aus wichtigem Grund kann zur jeder Zeit durch Stimmenmehrheit gemäß § 492 Abs. 2 HGB erfolgen. Ein Korrespondentreeder, der Mitreeder ist, kann bei der Beschlussfassung **nicht** mitwirken. Ist ein Korrespondentreeder **sogar Mehrheitsreeder** und hat ein Widerruf oder Kündigung aus einem wichtigen Grund zu erfolgen, so reicht die Beschlussfassung der **übrigen Mitreeder** in analoger Anwendung des § 712 BGB aus, da er ansonsten jeden notwendigen Beschluss vereiteln könnte.[190] Als wichtiger Grund werden zum Beispiel Pflichtverletzungen oder die Unfähigkeit zur ordnungsgemäßen Geschäftsführung anzusehen sein.[191] Eine Einschränkung der Widerrufsmöglichkeit über einen wichtigen Grund hinaus ist im Reedereivertrag nicht zulässig (§ 492 Abs. 2 HGB) und damit zwingendes Recht.[192] 520

b) Zeitablauf oder Eintritt einer auflösenden Bedingung

Ist die Tätigkeit des Korrespondentreeders vertraglich an eine Frist oder an eine vereinbarte auflösende Bedingung gekoppelt, so endet das Amt automatisch mit dem Eintritt der Frist oder der Bedingung. 521

c) Tod des Korrespondentreeders

Die Tätigkeiten eines Korrespondentreederes sind stets **an die Person gebunden.** Mit dem Tode erlischt damit zwangsläufig die Korrespondentreederbestellung §§ 613, 673 BGB. Auf den **Erben** geht **nur** der vom Korrespondentreeder gehaltene **Gesellschaftsanteil** (Schiffspart) über. Dem Tode einer natürlichen Person steht es im Übrigen gleich, wenn die mit dem Korrespondentreederamt betraute juristische Person (AG, KGaA, GmbH) ihre Rechtsfähigkeit verliert oder die als Korrespondentreeder eingesetzte offene Handelsgesellschaft oder Kommanditgesellschaft als Gesellschaft endet.[193] 522

---

190 *Rabe* § 492 Rn. 9; *Ruhwedel* S. 267.
191 *Rabe* § 492 Rn. 10.
192 *Ruhwedel* S. 267.
193 *Ruhwedel* S. 269.

d) Beendigung der Reederei

523 Durch die Auflösung der Reederei allein verliert der Korrespondentreeder sein Amt **grundsätzlich nicht.** Diese Folge tritt erst dann ein, wenn die der Auflösung nachfolgende Liquidation zur Vollbeendigung der Gesellschaft geführt hat. Während der Liquidation hat der Korrespondentreeder alle ihm zustehenden Rechte und Pflichten und darf wie der Liquidator keine werbenden Geschäfte führen. Eine **Abberufung** des Korrespondentreeders während der Liquidation ist durch **Mehrheitsbeschluss** möglich.

G. Beschlussfassung der Mitreeder

Für die Angelegenheiten der Reederei sind die Beschlüsse der Mitreeder maßgebend, soweit der Reedereivertrag keine andere Regelung vorsieht (§ 491 HGB).

1. Das Mehrheitsprinzip

524 Es gilt grundsätzlich das **Mehrheitsprinzip.** Nach § 491 Abs. 1 HGB bedeutet dies, dass bei einer Partenreederei nicht die Mehrheit der bei einer Abstimmung jeweils anwesenden Gesellschaftsanteile (Stimmen) gilt, sondern die Mehrheit überhaupt vorhandener Gesellschaftsanteile (Schiffsparten). Damit ist immer die absolute Mehrheit erforderlich. Für die Wirksamkeit eines Beschlusses reicht dann eine Mehrheit von 51 % oder bspw. 33/64 aller Schiffsparten aus.[194]

2. Die Einstimmigkeit

525 Von dem Prinzip der Partenmehrheit **abweichend** verlangt das Gesetz **Einstimmigkeit für Beschlüsse,** *„die eine Änderung des Reedereivertrages bezwecken oder die den Bestimmungen des Reedereivertrages entgegen stehen oder dem Zweck der Reederei fremd sind*" (§ 491 Abs. 2 HGB). **Einstimmigkeit** bei der Änderung des Reedereivertrages wird nur bei **wesentlichen Änderungen** verlangt. Hierzu gehören die Änderungen der **„Grundrechte"** der Parten wie z. B. die Neufestsetzung der Beitragspflicht oder bei einem wesentlichen Umbau des Schiffes, da das Miteigentum am Schiff für den Reedereivertrag wesentlich ist. Im Übrigen wird es immer auf den Einzelfall und den Partenreedereivertrag ankommen. Einstimmigkeit verlangt das Gesetz auch für Beschlüsse, die **dem Zweck** der Reederei **fremd** sind. Hierunter fal-

194 *Ruhwedel* S. 202.

len zum Beispiel: Nichtverwendung des Schiffes zu Erwerbszwecken, sondern für andere Aufgaben; Vercharterung in Form einer Bareboat-Charter, die nicht zeitlich begrenzt ist; die zweckfremde Aufnahme eines Darlehens für ein anderes Schiff oder eine ständige Verwendung eines Fährschiffes für Vergnügungsreisen.[195]

Sonstige einstimmige Beschlüsse: Bestellung eines **Nichtmitreeders** zum **Korrespondentreeder** (§ 492 HGB), Veräußerung einer Schiffspart, durch die das Schiff das **Recht zur Führung der Bundesflagge** verlieren würde § 503 Abs. 2 HGB sowie Eingriffe in gerichtliche oder wohlerworbene Rechte von Mitreedern (§§ 499 S. 2; 501 Abs. 1; 503 Abs. 1, 506 Abs. 1 HGB). Für die **Auflösung** der Partenreederei reicht hingegen ein **Mehrheitsbeschluss** nach § 506 HGB aus.

H. Die Schiffsparten

1. Der Begriff

Die Schiffspart ist der **gesellschaftliche Anteil** an der Reederei. Die Schiffspart ist damit das Anteilsrecht des Reeders am Reedervermögen einschließlich der gesellschaftlichen Rechte und Pflichten. Nach heutigem Recht definiert man die Schiffspart „im weiteren Sinne", was bedeutet, dass damit nicht nur der Anteil am Schiff, sondern auch der Anteil am sonstigen Reedereivermögen sowie mitgliedschaftliche Verwaltungs- und Vermögensrechte des Mitreeders gemeint sind. Eine Verfügung über eine Schiffspart ist damit auch nicht mehr als Verfügung über einen dinglichen Teil an einem Schiff, sondern als Übertragung der Mitgliedschaft an der Partenreederei zu sehen. 526

2. Die Veräußerung der Schiffspart

a) Allgemein

Jeder Mitreeder hat nach § 503 Abs. 1 HGB das Recht, seinen Gesellschaftsanteil (Schiffspart) **jederzeit** und **ohne Zustimmung** der Mitreeder **ganz** oder **nur teilweise** zu veräußern. Die Veräußerung bedarf der Eintragung in das Register (§ 503 Abs. 1 S. 2 HGB). 527

Diese ist jedoch auch die einzige Möglichkeit, aus der Gesellschaft auszuscheiden, da eine Kündigung nach § 503 Abs. 3 HGB ausgeschlossen und ein einseitiger Austritt aus der Reederei nur im Falle des Abandonrechts (Kündigungsrecht aus wichtigem Grund, § 501 HGB) möglich ist.

195 *Rabe* § 491 Rn. 11.

b) Einschränkungen

528 Die **freie Wahl** seine Schiffspart zu veräußern, ist dann **eingeschränkt**, wenn durch die Übertragung auf den neuen Mitreeder das Schiff das **Recht zur Führung der Bundesflagge** verliert. In diesem Fall ist die Zustimmung aller Mitreeder notwendig (§ 503 Abs. 2 HGB). Haben in diesem Fall nicht alle Mitreeder zugestimmt, ist das Veräußerungsgeschäft nichtig.[196] Diese Regelung dient dem Schutz der Mitreeder vor einer **ungewollten Löschung** des Schiffs aus dem Seeschiffsregister aufgrund des Verlustes des Flaggenrechts (§§ 17 Abs. 4, 20 SchRegO). Nach § 32 SchRegO hat der **Erwerber einer Schiffspart** mit Eintragung in das Schiffsregister nachzuweisen, dass das Schiff weiterhin zur Führung der Bundesflagge berechtigt ist. Erst wenn das Recht zur Führung der Bundesflagge nachgewiesen ist, kann die Änderung in das Schiffsregister eingetragen und damit die Übertragung vollendet werden (§ 503 Abs. 1 S. 2 HGB). Im Reedereivertrag kann die Veräußerung der Schiffspart gänzlich ausgeschlossen oder von der Zustimmung der Reederei abhängig gemacht werden[197].

c) Der Gegenstand

529 Gegenstand der Veräußerung ist die Schiffspart. Nach § 503 Abs. 1 HGB wird dem Mitreeder wie einem Gesellschafter einer GmbH die Möglichkeit gegeben, nicht nur über seinen ganzen Anteil, sonder auch nur über Teile seines Gesellschaftsanteils zu verfügen. Eine Übertragung einzelner Gegenstände des Reedereivermögens ist ausgeschlossen.[198]

d) Die Durchführung

530 Der dingliche Teil der Übertragung einer Schiffspart bzw. eines Teiles einer Schiffspart ist in der Regel ein Abtretungsvertrag im Sinne der §§ 413, 398 BGB. Der Abtretungsvertrag bedarf **keiner Form** und kann auch mündlich geschlossen werden. Zusätzlich bedarf es bei eingetragenen Seeschiffen nach § 503 Abs. 1 S. 2 HGB noch der Eintragung in das Register. Ist ein Schiff nicht im Register eingetragen, erfolgt die Übertragung der Schiffspart nur durch den Abtretungsvertrag.

---

196 *Rabe* § 503 Rn. 4; *Schaps/Abraham* § 503 Rn. 4.
197 *Ruhwedel* S. 393.
198 BGH MDR 1969, 556.

3. Eintragung in das Schiffsregister (Änderung der Schiffspart)

a) Eintragungserfordernisse

Für das **Eintragungsverfahren** gilt § 58 SchRegO mit dem Verweis auf die Vorschriften der §§ 23 bis 57 SchRegO. Es gilt das Parteiprinzip. Der Eintragungsantrag kann sowohl vom **Veräußerer** als auch vom **Erwerber** der Schiffspart gestellt werden (§ 23 Abs. 2 SchRegO). Der **Nachweis** zur Führung der Bundesflagge ist ebenfalls nach § 32 SchRegO zu führen. Neben dem Eintragungsantrag ist dem Registergericht noch die **Bewilligung** der Eintragung durch den Veräußerer vorzulegen (§ 29 SchRegO). Da es sich hier um die Eintragung eines Rechtsverhältnisses handelt, hat sie in der **Form** des **§ 37 SchRegO** zu erfolgen. 531

Ein Abtretungsvertrag (an keine Form gebunden) braucht dem Registergericht nicht nachgewiesen werden. Haben die Parteien eine **Abtretungsurkunde** errichtet, so kann die Urkunde oder eine beglaubigte Abschrift zu den Registerakten zur Aufbewahrung eingereicht werden (§ 59 Abs. 3 SchRegO). 532

Eine **Genehmigung** des Vormundschaftsgerichtes ist erforderlich, wenn der Veräußerer oder Erwerber minderjährig ist (§§ 1643 Abs. 1, 1822 Nr. 3 BGB). 533

b) Eintragungsmuster: Veräußerung einer Schiffspart

Eingetragen sind Fischer, Fisch, Fang und Blank als Korrespondentreeder; Fisch scheidet aus. 534

Erste Abteilung
Veränderungen

Tag der Eintragung des Schiffs, Löschung der Eintragung des Schiffs	Zu Spalte		Das Flaggenrecht betreffende Eintragungen
7	8	9	10
			Recht zur Führung der Bundesflagge gemäß § ... Flaggenrechts-Gesetz erneut festgestellt und eingetragen am ...

Zweite Abteilung
Eigentümer

Laufende Nummer	Eigentümer, Korrespondentreeder	Schiffs-parten	Lfd. Nr. der Spalte 1	Erwerbsgrund, Grundlage der Eintragung, Eigentumsbeschränkungen, Veränderungen
1	2	3	4	5
1	a. Max Fischer ,geb. ... Kiel b. Liese Fisch, geb. ... Kiel c. Udo Fang , geb. ... Kiel d. Ede Blank, geb. ... Kiel Korrespondentreeder	25/100 25/100 25/100 25/100	1	Neubau auf eigene Rechnung. Eingetragen am ...
2	Otto Fisch, geb. ... Kiel	25/100	1 b, 2	Liese Fisch hat 25/100 Schiffspart an Otto Fisch übertragen. Auf Grund der Einigungserklärung vom ... eingetragen am ...

Die bisherige Eintragung in Abt. I Sp. 10 und Abt II lfd. Nr. 1b Sp. 2 und 3 röten wie Handblatt
Die Eintragung und entsprechende Rötung ist auf dem Schiffszertifikat zu vermerken und an Einsender mit E/R senden.
Nachrichten, Kosten

4. Vererbung der Schiffspart

a) Allgemein

535 Da nach § 505 Abs. 1 und 2 HGB weder eine Änderung der Person eines Mitreeders Einfluss auf den Fortbestand der Reederei hat, noch der Tod eines Mitreeders zur Auflösung der Reederei führt, ist die Vererbung der Schiffspart, wenn auch nicht ausdrücklich im Gesetz geregelt, möglich. Der Erbe tritt in die Stellung des verstorbenen Mitreeders. Eine Anzeige nach § 504 Abs. 1 HGB ist nicht vorgeschrieben aber empfehlenswert. Nicht anzuwenden sind die Vorschriften der §§ 503 Abs. 1 und 2, 504 und 507 Abs. 2 HGB über die rechtsgeschäftliche Veräußerung der Schiffsparten. Die Wirksamkeit des Partenerwerbes mit Eintragung in das Schiffsregister entfällt damit. Eine Eintragung hat lediglich berichtigenden Charakter. Sie kann aber vom Schiffsregistergericht erzwungen werden (§§ 33, 19 SchRegO). Ob eine Testamentsvollstreckung über eine Schiffspart angeordnet und damit in das Schiffsregister eingetragen werden kann wird in der Literatur nicht einheitlich beantwortet.[199]

199 MünchHdb.GesR-*Bote/Weipert* Bd. 1 § 92 Rn. 22.

b) Mehrere Erben

Sind mehrere Personen Erbe eines Mitreeders geworden, so ist der Anteil des Erblassers durch die **Quote** der Erben zu teilen. Beispiel: Schiffspart des Erblassers = $^{50}/_{100}$, beerbt von A und B zu je ½, A und B werden Mitreeder zu je $^{25}/_{100}$ Schiffspart. 536

c) Ausschluss der Erben

Der Reedereivertrag kann auch die **Vererblichkeit** der Schiffspart ganz **ausschließen.** In diesem Fall geht der Anteil des Erblassers auf die Mitreeder im Verhältnis ihrer Gesellschaftsanteile über. Dem Erben verbleibt ein Abfindungsanspruch nach § 738 Abs. 1 BGB. 537

d) Eintragungsmuster: Vor- und Nacherbschaft

Aufbauend auf dem Muster Veräußerung einer Schiffspart, s. Rn. 535. Der verstorbene Mitreeder (Fang) wird beerbt von Meta Grete als Vorerbin und deren beiden Kindern als Nacherben. Überreicht wird eine begl. Kopie des notariellen Testaments und eine begl. Kopie des Eröffnungsprotokolls mit dem Antrag auf Eintragung in der Form des § 37 SchRegO. Ein Erbschein braucht nach § 41 SchRegO (entspricht § 35 Abs. 1 und 2 GBO) nicht vorgelegt werden. Eine **Erleichterung** ergibt sich aus § 42 SchRegO (entspricht §§ 36, 37 GBO), indem die Erben die Erbfolge durch ein Zeugnis des Nachlassgerichtes nachweisen können. 538

Erste Abteilung
Veränderungen

Tag der Eintragung des Schiffs, Löschung der Eintragung des Schiffs	Zu Spalte		Das Flaggenrecht betreffende Eintragungen
7	8	9	10
			Recht zur Führung der Bundesflagge gemäß § ... Flaggenrechts-Gesetz erneut festgestellt und eingetragen am

Zweite Abteilung
Eigentümer

Laufende Nummer	Eigentümer, Korrespondentreeder	Schiffs-parten	Lfd. Nr. der Spalte 1	Erwerbsgrund, Grundlage der Eintragung, Eigentumsbeschränkungen, Veränderungen
1	2	3	4	5
3	Meta Grete, geb. ... Hamburg als Vorerbin	25/100		25/100 Schiffspart von Udo Fang aufgrund öffentlichen Testamentes vom ... UKNr. ... des Notars ... in ... auf Meta Grete als Vorerbin übergegangen. Nacherben sind: a.) ... b.) ... Eingetragen am ...

Die bisherige Eintragung in Abt. I Sp. 10 und Abt II lfd. Nr. 1c. Sp. 2 und 3 röten wie Handblatt
Die Eintragung und entsprechende Rötung ist auf dem Schiffszertifikat zu vermerken und an Einsender mit E/R senden.
Nachrichten, Kosten

5. Nießbrauch an einer Schiffspart

539 Nach den Bestimmungen der §§ 503 Abs. 3 HGB, 1068 Abs. 1 BGB kann eine Schiffspart mit einem Nießbrauch und mit einem Pfandrecht belastet werden. Für die Bestellung des Nießbrauchrechts gelten die gleichen Grundsätze wie für die Verpfändung einer Schiffspart.

Notwendig und ausreichend ist die **formlose Einigung** zwischen dem Mitreeder und dem Nießbrauchsberechtigten und die Eintragung in das Schiffsregister, wenn das Schiff im Register eingetragen ist. Für die Eintragung ist die Bewilligung des Betroffenen in der Form des § 37 SchRegO erforderlich. Die Bestimmung des § 9 SchRG, nach der ein Nießbrauch an einem Schiff nur bestellt werden kann, wenn damit die Verpflichtung zur Bestellung des Nießbrauchs am ganzen Vermögen des Eigentümers erfüllt werden soll, ist für die Schiffspart unbeachtlich.[200] Gegenstand eines Nießbrauchs an einer Schiffspart ist nicht der sachenrechtliche Anteil am Schiff, sondern der Gesellschaftsanteil des Mitreeders an der Partenreederei als solcher und damit den Beschränkungen unterworfen, die auch für die Anteile an sonstigen Gesellschaften gelten. Weitere Ausführungen zum Nießbrauch Rn. 733.

200 *Prause* SchRG § 9; *Rabe* § 503 Rn. 7.

6. Pfandrecht an einer Schiffspart

a) Bestellung des Pfandrechts

Eine rechtsgeschäftliche Bestellung eines Pfandrechtes kann sowohl an der ganzen als auch an einem Bruchteil der Schiffspart bestellt werden. Die Bestellung erfolgt nach § 503 Abs. 3 HGB in Verbindung mit § 1274 BGB nach Maßgabe der für die Übertragung einer Schiffspart geltenden Regelungen. Ebenso wie der Veräußerungsvertrag an keine Form gebunden ist, ist auch der Pfandvertrag formfrei. Die Bestellung einer Schiffshypothek an einer Schiffspart ist nach § 503 Abs. 3 ausgeschlossen.[201] 540

b) Das Rangverhältnis

Für den Rang einzelner Pfandrechte ist der Zeitpunkt der Bestellung maßgebend. Ist das Schiff im Schiffsregister eingetragen, richtet sich das Rangverhältnis nach der Reihenfolge der Eintragung. Mit dem Pfandrecht wird der Gesellschaftsanteil des Reeders belastet, sodass **kein Rangverhältnis** zwischen Hypothek und Pfandrecht entsteht.[202] 541

c) Die Verwertung der Schiffspart

Zur Verwertung der Schiffspart im Wege der Zwangsvollstreckung hat der Pfändungsgläubiger einen vollstreckbaren Titel auf Duldung der Zwangsvollstreckung in die Schiffspart zu erwirken. Die Pfändung erfolgt nach § 857 ZPO und den Besonderheiten aus § 858 ZPO. Die Verwertung erfolgt durch Veräußerung (§§ 858 Abs. 4, 857 Abs. 5 ZPO). 542

Nach § 844 ZPO wird die Veräußerung durch einen Beschluss des Vollstreckungsgerichts mit der Maßgabe angeordnet, dass entweder ein freihändiger Verkauf oder eine öffentliche Versteigerung durchzuführen ist.

d) Das Eintragungsverfahren

Für das Eintragungsverfahren gilt wiederum § 58 SchRegO mit dem Verweis auf §§ 23 bis 57 SchRegO. Für die Eintragung in das Schiffsregister ist die **Besonderheit** 543

---

201 *Rabe* § 503 Rn. 6.

202 *Rabe* § 503 Rn. 9; Staudinger/*Nöll* § 8 SchRG Rn. 32.

in § 29 Abs. 1 Nr. 2 und 3 SchRegDV zu beachten. In Abteilung III Sp. 2 ist anstelle des Kapitals ein waagerechter Strich zu ziehen und in Sp. 3 hat die Eintragung mit den Worten **„Pfandrecht an der Schiffspart"** zu beginnen.

544 **Eintragungsmuster: Pfandrecht an Schiffspart**

Dritte Abteilung
Schiffshypotheken, Nießbrauch, Pfandrechte an Schiffsparten

Laufende Nummer	Betrag	Inhalt der Eintragung
1	2	3
2	———	Pfandrecht an der Schiffspart des ... in ... wegen eines Darlehens von ... Euro nebst ...% Zinsen für ... unter Bezugnahme auf die Eintragungsbewilligung vom ... Eingetragen am ...

Die Eintragung auf dem Schiffszertifikat vermerken und an Einsender mit E/R senden.
Nachrichten, Kosten

I. Beendigung der Partenreederei

1. Allgemeines

545 Die Beendigung einer Partenreederei vollzieht sich in **zwei Schritten.** Der erste Schritt ist die Auflösung, mit der die Reederei ihre werbende Tätigkeit am Markt einstellt.

Danach folgt die Liquidation, in der die Reederei ihre noch laufenden Geschäfte abwickelt und die Auseinandersetzung der Mitreeder erfolgt. Erst wenn alle Aufgaben beendet sind, erlischt die Reederei.

2. Auflösungsgründe einer Partenreederei

546 Auflösungsgründe einer Partenreederei sind:

- Der **Mehrheitsbeschluss der Mitreeder** nach § 506 Abs. 1 HGB auf Auflösung mit dem Beschluss das Schiff zu veräußern. Voraussetzung ist Beschluss die Gesellschaft aufzulösen. Dieser Beschluss steht einem Beschluss über den Verkauf des Schiffes gleich. Die Einschränkung des § 506 Abs. 2 HGB, wonach das Schiff nicht verfrachtet sein und sich auch nicht im Ausland befinden darf, hat nur Bedeutung für die Abwicklung und nicht für die Auflösung.[203]

- Der **Untergang des Schiffes** oder die Zwangsversteigerung, da mit dem Verlust des Schiffes der angestrebte Zweck nicht mehr verfolgt werden kann.
- Die **Insolvenzfähigkeit der Reederei** führt mit der Eröffnung des Insolvenzverfahrens zu deren Auflösung (§ 506a HGB).
- Die **Vereinigung sämtlicher Gesellschaftsanteile** (Schiffsparten) in einer Hand, da das Gesetz von „*mehreren Personen*“ (§ 489 HGB) ausgeht. Eine Liquidation findet nicht statt, da es kein Gesamthandsvermögen mehr gibt.
- Die **vertraglich vereinbarte Auflösung**, die schon in dem Reedereivertrag festgelegt sein kann. Hierbei tritt die Auflösung mit Fristablauf ein.

3. Keine Auflösungsgründe einer Partenreederei

Keine Auflösungsgründe einer Partenreederei sind: 547

- Die Kündigung des Gesellschaftsvertrages durch einen Mitreeder (§ 505 Abs. 3 HGB). Der Mitreeder, der die Gesellschaft verlassen möchte, hat die Möglichkeit, seinen Gesellschaftsanteil (Schiffspart) zu veräußern (§ 503 Abs. 1 HGB). Verliert das Schiff das Recht zur Führung der Bundesflagge aufgrund des Verkaufes einer Schiffspart, bedarf es der Zustimmung aller Mitreeder.
- Tod eines Mitreeders. Hier treten die Erben in die Stellung des Erblassers.
- Insolvenz eines Mitreeders (§ 505 Abs. 2 HGB). Der Mitreeder verliert die Verwaltungs- und Verfügungsgewalt. An die Stelle des Mitreeders tritt der Insolvenzverwalter (§ 80 Abs. 1 InsO).

4. Liquidation der Partenreederei

Nach der Auflösung folgt die Liquidation mit der Folge, dass die Reederei ihre Ge- 548
schäfte abwickelt und damit nicht mehr werbend am Markt teilnehmen darf. Die Reederei bleibt Partenreederei, da sich lediglich der Gesellschaftszweck ändert. Parten können veräußert werden und der Korrespondentreeder ist weiterhin zur Geschäftsführung und Vertretung der einzelnen Liquidationsgeschäfte berechtigt. Es gilt weiterhin das Mehrheitsprinzip der Partenreederei. Gesetzliche Regelungen für die Abwicklung gibt es mit Ausnahme des § 506 Abs. 2 HGB bzgl. der Verwertung des Schiffes nicht. Danach kann das Schiff nur veräußert werden, wenn es nicht zu einer Reise verfrachtet ist. Das Schiff ist außerdem öffentlich zu verkaufen, d.h. im

---

203 *Rabe* § 506 Rn. 7; *Schaps/Abraham* § 506 Rn. 2.

Wege der Zwangsversteigerung nach §§ 162ff. ZVG. Eine Abänderung der Schutzvorschrift des § 506 Abs. 2 HGB ist in einem Reedereivertrag zulässig und ständige Praxis, da ansonsten die Mitreeder sämtliche Einflussnahme auf Preis und Zeitpunkt des Verkaufes aus der Hand geben würden.

5. Anmeldung und Eintragungen in das Schiffsregister

549 Im Falle einer Auflösung/Verkauf ist lediglich der durch den Verkauf des Schiffes entstandene Eigentumswechsel durch den neuen Eigentümer beim Schiffregister nach §§ 10, 18 SchRegO anzumelden. Die Angaben sind nach § 13 SchRegO glaubhaft zu machen.

Bei Untergang oder Ausbesserungsunfähigkeit ist dies nach § 17 Abs. 4 SchRegO durch die Eigentümer (Mitreeder) oder durch den Korrespondentreeder anzumelden und führt zur Löschung des Schiffes im Schiffsregister nach § 20 Abs. SchRegO (weitere Ausführungen unter Schiffslöschung: Rn. 249ff.). Wird das Schiff zwangsversteigert, erfolgt eine Eintragung des Zwangsversteigerungsvermerkes und nach Beendigung der Zwangsversteigerung eine Eigentumsumschreibung aufgrund des Ersuchens des Zwangsversteigerungsgerichtes (weiter Ausführungen bei Zwangsversteigerung Rn. 378ff.). Ist über die Reederei das **Insolvenzverfahren** eröffnet worden, ist die **Insolvenzeröffnung** in das Schiffsregister **einzutragen** mit der Folge des § 506a HGB, dass die Reederei aufgelöst ist. Soll die Reederei fortgesetzt werden, bedarf es eines einstimmigen Fortsetzungsbeschlusses. Ein **Mehrheitsbeschluss** ist nicht ausreichend.[204] Wird ein Antrag auf Eröffnung mangels Masse abgelehnt, hat dies nicht die Auflösung der Partenreederei zur Folge.

Fünfter Abschnitt: Eintragungen in Abteilung III

In der dritten Abteilung des Schiffsregisters werden Belastungen wie Schiffshypothek, Nießbrauch und Pfandrecht an der Schiffspart eingetragen. Die Eintragung erfolgt gemäß § 29 SchRegDV in der dritten Abteilung und in den jeweils für die Eintragung vorgesehenen 8 Spalten. Einzutragen sind: Laufende Nummer, Betrag der Schiffshypothek in Ziffern, Inhalt des Rechts, Betrag in Buchstaben, laufende Nummer der Änderungen, der Betrag bei Schiffshypothekenänderungen in Ziffern, Änderung der anderen Tatbestände, Verfügungsbeschränkungen über das Recht, laufende Nummer des zu löschenden Rechts und Löschung des Rechts. Die Eintragungen in den Spalten 1 bis 3 sind in der Spalte 3, Eintragungen in den Spalten 4 bis 6 in

---

204 *Rabe* § 506a Rn. 4.

der Spalte 6 und Eintragungen in den Spalten 7 und 8 in der Spalte 8 gemäß § 29 Abs. 5 SchRegDV zu unterschreiben. Für Binnenschiffe gilt § 36 SchRegDV, der auf § 29 SchRegDV verweist.

A. Die Schiffshypothek

1. Form der Schiffshypothek

Mit dem Gesetz über die Rechte an Schiffen und Schiffsbauwerken (SchRG) aus dem Jahre 1940 wurde die noch bis heute gültige gesetzliche Grundlage für Schiffspfandrechte in Form einer Schiffshypothek an registrierten Schiffen geschaffen. Nach § 1 SchRG gilt dieses Gesetz **nur** für im deutschen Schiffsregister eingetragen Schiffe. Die Schiffshypothek folgt im Wesentlichen der Grundstückshypothek, soweit sich aus schiffstechnischen und wirtschaftlichen Gegebenheiten und Besonderheiten des Schiffskredites nichts anders ergibt. Das Schiffsrecht kennt als Belastungsmöglichkeit nur die Rechtsform einer Sicherungshypothek und damit im Gegensatz zum Grundstücksrecht **keine** Briefhypothek, Grund- und Rentenschuld, da sich das Recht des Gläubigers nur nach der Forderung richtet (§ 8 Abs. 1 S. 3 SchRG). Wie die Sicherungshypothek im Grundstücksrecht ist die Hypothek im Schiffsrecht stets **Buchrecht**. Ein **Schiffshypothekenbrief** ist nicht vorgesehen.[205] 550

Ebenfalls kennt das Schiffsrecht **keine Eigentümergrundschuld** wie im Grundstücksrecht. Damit erlischt die Hypothek grundsätzlich mit dem Erlöschen der Forderung. Als Ersatz einer Eigentümergrundschuld nach § 1163 Abs. 1 BGB hat der Eigentümer das Recht an der frei gewordenen Rangstelle eine neue Hypothek in gleicher Höhe zu bestellen (§ 57 Abs. 3 S. 1 SchRG). 551

2. Arten der Schiffshypothek

Die Schiffshypothek ist eine **Sicherungshypothek** gemäß § 8 SchRG. Eine Schiffshypothek kann auch als Gesamthypothek (§ 28 Abs. 1 SchRG), als Höchstbetragshypothek (§ 75 Abs. 1 SchRG), als Hypothek am Bruchteil eines Miteigentümers, als Hypothek zur Sicherung von Forderungen aus Inhaber- und Orderpapieren (§ 72 Abs. 1 SchRG) oder als Werftbesitzerhypothek nach § 648 Abs. 2 BGB bestellt werden. Hypotheken, die im Rahmen von Zwangsvollstreckungsmaßnahmen eingetragen werden wie: die Arresthypothek, die Zwangshypothek an einem Schiff, die Hypothek für eine Forderung gegen den Ersteher oder einer Hypothek bei Pfändung 552

205 *Heinerici/Gigan* S. 343.

des Anspruchs auf Übertragung des Schiffseigentums gemäß § 847 a ZPO, sind ohne Ausnahme Sicherungshypotheken.

3. Umfang der Hypothekenhaftung

553 Da ein Seeschiff nur bedingt mit einem Grundstück vergleichbar ist, gibt es auch hier Besonderheiten beim Umfang der Hypothekenhaftung. Nach § 8 SchRG haftet das Schiff für die Forderung aus der Hypothek und für Zinsen und Nebenleistungen nach § 24 Abs. 1 SchRG. Für die gesetzlichen Zinsen der Forderung haftet das Schiff nach § 29 SchRG. Für die Verzugszinsen nach § 46 SchRG. Eine **Ausnahme** gegenüber dem Grundstücksrecht ist, dass das Schiff auch für die vom Gläubiger verauslagten **Versicherungsprämien und Zinsen** nach § 38 Abs. 2 SchRG haftet. Das Schiff haftet nicht für Kosten der **Rechtsverfolgung** wie z. B. Eintragungskosten. Im Gegensatz zum Grundstücksrecht erstreckt sich die Hypothekenhaftung bei Vermietung oder Verpachtung **nich**t auf Miet- und Pachtzinsforderungen, da § 1123 BGB hier keine Anwendung findet.[206]

554 Besteht für die Forderung eine Schiffshypothek an mehreren Schiffen oder Miteigentumsanteilen, so haftet jedes Schiff oder jeder Miteigentumsanteil für die gesamte Forderung gemäß § 28 Abs. 1 SchRG entsprechen dem § 1132 Abs. 1 BGB.

555 Eine Aufteilung der Gesamtschiffshypothek in einzelne Hypotheken ist nach § 28 Abs. 2 SchRG möglich. Dann haftet jedes Schiff für die dort eingetragene Summe.

556 Neben der Hypothekenhaftung am Schiff erstreckt sich die Haftung auch auf dessen Bestandteile und Zubehör, die nicht im Eigentum des Schiffseigentümers stehen (§ 31 Abs. 1 SchRG). Für die wesentlichen Bestandteile gelten die Vorschriften der §§ 93, 94 BGB. **Wesentliche Bestandteile** sind z. B.: Schiffsmaschinen, Schrauben, Anker und Ankerketten, Navigations- und Funkanlagen.[207]

557 Wegen des Begriffs des **Zubehörs** siehe § 97 BGB i. V. m. § 478 HGB. Als Zubehör gelten z. B.: Segel, Hilfsmotor eines Segelschiffs oder auch Rettungsgerät.[208] Weder Bestandteil noch Zubehör sind Container.[209] Da Fragen zum Zubehör eines Schiffs oder Bauwerkes für Eintragungen in das Schiffsregister keine Rolle spielen und diese hauptsächlich bei der Zwangsversteigerung im Rahmen von Bauverträgen oder bei einer Veräußerung von Bedeutung sind, wird auf die zu den angeführten Vorschriften einschlägige Kommentierung und Rechtsprechung verwiesen.

---

206 *Wüstendörfer* S. 90.
207 *Schaps/Abraham* § 478 Rn. 2 ff.
208 *Schaps/Abraham* § 478 Rn. 4 ff.
209 Staudinger/*Nöll* § 4 SchRG Rn. 9.

4. Bestellung der Schiffshypothek

a) Allgemein

Die Schiffshypothek kann zur Sicherung einer Forderung bestellt werden und ist **streng akzessorisch**. Durch die Forderungsabhängigkeit entsteht keine Hypothek, wenn keine Forderung besteht. Ist eine Hypothek **ohne eine bestehende Forderung** in das Schiffsregister eingetragen und ist das Nichtbestehen der Forderung nachgewiesen, ist die Hypothek wegen Unrichtigkeit nach § 35 S. 2 SchRegO auch ohne Zustimmung des Eigentümers zu löschen. Für eine zukünftige oder bedingte Forderung kann ebenfalls eine Hypothek bestellt werden (§ 8 Abs. 1 SchRG). Die Forderung muss jedoch **bestimmt oder bestimmbar** sein.[210] Als zu sichernde Forderung kann auch die Forderung aus einem abstrakten Schuldversprechen nach § 780 BGB in Frage kommen. Hierbei ist die Forderung beliebig und jederzeit auswechselbar, ohne dass eine neue Schiffsregistereintragung nötig wäre. Die Forderung aus dem **abstrakten Schuldversprechen** ist dabei die stets gleichbleibende Grundlage der Hypothek, während die dem abstrakten Schuldversprechen zugrunde liegende Forderung austauschbar ist. Der Grundsatz der Akzessorietät ist damit faktisch außer Kraft gesetzt.[211] An Schiffsparten einer Partenreederei kann eine Hypothek nicht bestellt werden[212] (s. a. Rn. 540). Die Bestellung der Schiffshypothek erfolgt durch **Einigung und Eintragung** nach § 8 Abs. 1, 2 i. V. m. § 3 SchRG. 558

b) Bestellung an einem Miteigentumsanteil

Eine Belastung an einem **Bruchteil** eines Schiffs ist nur möglich, wenn er in dem Anteil eines Miteigentümers besteht (§ 8 Abs. 3 SchRG, der im wesentlichen § 1114 BGB entspricht). Dies bedeutet, dass nur der **ganze Miteigentumsanteil** mit einer Schiffshypothek belastet werden kann. 559

Belastungsobjekt ist damit der ganze Miteigentumsanteil an der ungeteilten Sache (hier: Schiff). Ein **quotenmäßiger** Bruchteil am Eigentum scheidet damit aus.[213] 560

Gehört das Schiff zum Sondervermögen einer Gesellschaft (§§ 718, 719 BGB), dann steht in diesem Falle den Gesellschaftern kein rechnerischer Eigentumsanteil zu. Es besteht damit auch keine die Möglichkeit, den Miteigentumsanteil mit einer Hypothek zu belasten (§ 8 Abs. 3 SchRG). 561

210 BGH NJW 1994, 460.
211 *Dobberahn* S. 145, 152.
212 *Prause* SchRG § 8.
213 Staudinger/*Wolfsteiner* § 1114 BGB Rn. 14.

562 Gleiches gilt, wenn das Schiff zu einem ungeteilten Nachlass einer Erbengemeinschaft nach §§ 2033, 2040 Abs. 1 BGB gehört oder im Gesamtgut einer ehelichen oder fortgesetzten Gütergemeinschaft (§§ 1416, 1419, 1483, 1485 BGB) steht.

5. Eintragungsvoraussetzungen einer Schiffshypothek

a) Der Antrag

563 Die Eintragung einer Schiffshypothek erfolgt grundsätzlich auf Antrag (§ 23 Abs. 1 SchRegO). Antragsberechtigt sind der Schiffseigentümer sowie jeder, dessen Recht von der Eintragung betroffen ist oder zu dessen Gunsten die Eintragung erfolgen soll (§ 23 Abs. 2 SchRegO).

b) Die Bewilligung

564 Neben dem Antrag ist die Eintragungsbewilligung des Schiffseigentümers erforderlich (§ 29 SchRegO). Die Bewilligung ist in öffentlicher oder öffentlich-beglaubigter Form gemäß § 37 SchRegO nachzuweisen.

565 Auch der **Prokurist** einer Firma kann ohne besondere Vollmacht eine Hypothekenbestellung bewilligen. Für eingetragene Seeschiffe ist § 49 Abs. 2 i. V. m. § 52 Abs. 2 HGB nicht analog anwendbar. Im Grundstücksrecht gilt die Beschränkung des § 49 Abs. 2 HGB aufgrund der **eingeschränkten Verkehrsfähigkeit** eines Grundstücks. Es liegt jedoch in der Natur der Sache, dass Seeschiffe gegenüber Grundstücken eine wesentlich höhere Verkehrsfähigkeit haben und es schon deshalb an einer Rechtsähnlichkeit fehlt und die analoge Anwendung des § 49 Abs. 2 HGB damit ausscheidet.[214]

566 Ist bei einer Partenreederei **der Korrespondentreeder** nicht gesondert zur Belastung von Schiffen bevollmächtigt, so hat die Bestellung durch **alle Mitreeder** oder mit der absoluten Mehrheit der eingetragenen Kapitalanteile zu erfolgen. Der Gesellschaftsvertrag kann eine abweichende Regelung nach §§ 490, 491 HGB treffen.

6. Einzutragende Tatsachen bei einer Schiffshypothek

Was bei einer Schiffshypothek in das Schiffsregister eingetragen werden muss, ergibt sich aus § 24 Abs. 1 SchRG. Einzutragen ist danach:

214 LG Braunschweig NJW-RR 1987, 23.

a) Der Gläubiger

Bei einer natürlichen Person ist der Familien-und Vorname sowie das Geburtsdatum und der Wohnort einzutragen. Der **Familienname** ist der Name, der im Verkehr mit den Behörden anzugeben ist, d.h. Geburtsname, geänderter Name durch Eheschließung, Adoption oder behördlicher Namensänderung. **Künstlernamen** sind nicht in das Register einzutragen, da diese keine Familiennamen sind. Dies gilt auch bei einem hohen Bekanntheitsgrad der einzutragenden Person.[215] 567

Hat jemand mehrere **Vornamen** wie z.B. Heinz Hermann Jürgen Friedrich, so sind alle Vornamen einzutragen. Werden in der Bestellungsurkunde für den Berechtigten Abkürzungen von weiteren Vornamen wie z.B. Heinz Hermann J. F. gebraucht, so kann diese Fassung in das Register eingetragen werden. Nicht ausreichend ist, wenn der Vorname abgekürzt mit einem Buchstaben angegeben ist. Gegen die Eintragung einer **Kurzform** von Fritz für Friedrich bestehen dann keine Bedenken, wenn die Abkürzung auch schon im Ausweis dargestellt ist. 568

Auf die Angabe **des Berufes** wird in der Praxis nahezu verzichtet. Zur besseren Bestimmbarkeit des Gläubigers wird das **Geburtsdatum** des Gläubigers mit aufgenommen.[216] Das Geburtsdatum kann mit dem ausgeschriebenen Monatsnamen oder mit einer arabischen Ziffer eingetragen werden. 569

Als **Wohnort** ist die politische Gemeinde in der amtlichen Schreibweise einzutragen. In analoger Anwendung des § 15 Abs. 1 lit. a GBV kann die Angabe des Berufes und Wohnortes entfallen, wenn das Geburtsdatum eingetragen wird. 570

Ist die Gläubigerin eine **Einzelfirma,** so ist diese nur unter Angabe des Inhabers nach § 17 HGB eintragungsfähig und nicht mit ihrer Firma.[217] So ist auch ein **Einzelkaufmann,** der in einem Vollstreckungstitel mit seiner Firma bezeichnet ist, mit seinem bürgerlichen Namen als Gläubiger einer Zwangssicherungshypothek in das Register einzutragen.[218] 571

Eine **Reederei** kann ebenfalls nicht als Gläubigerin einer Schiffshypothek eingetragen werden. Es können nur die einzelnen Mitreeder eingetragen werden. 572

Bei **juristischen Personen und Handelsgesellschaften** ist der Name nebst Firmensitz einzutragen. 573

Bei Eintragungen für **den Fiskus**, eine Gemeinde oder eine sonstige juristische Person des öffentlichen Rechts kann die Behörde eingetragen werden, durch die die juristische Person vertreten wird (analog § 15 Abs. 2 Buchst. b GBV). 574

---

215 *Schöner/Stöber* Rn. 230.

216 BayObLG Rpfleger 1982, 97.

217 BayObLG Rpfleger 1981, 192.

218 BayObLG Rpfleger 1988, 309.

575 Bei **mehreren Gläubigern** hat die Eintragung in das Schiffsregister ggf. unter Angabe der Art der Gläubigerstellung zu erfolgen, z. B. als **Gesamtgläubiger nach § 428 BGB.**

b) Der Geldbetrag der Forderung

576 Die zu sichernde Forderung muss immer eine **Geldforderung** sein. Wertbeständige Schiffshypotheken auf **Sachwertbasis** wie z. B. Kohle sind nach § 8 SchRG nicht eintragungsfähig.

577 Nach § 36 SchRegO ist in der Eintragungsbewilligung und dem Antrag der Betrag der im Geltungsbereich des Grundgesetzes geltenden **Währung,** zurzeit: Euro, anzugeben und einzutragen. § 36 SchRegO lässt jedoch auch andere Währungen, soweit gesetzlich zugelassen, zu. Die gesetzliche Zulassung und die erforderliche Genehmigung der Bundesbank war in § 3 Währungsgesetz geregelt. Mit der Aufhebung des § 3 Währungsgesetz und § 49 Außenwirtschaftsgesetz[219] ist eine Genehmigungspflicht für ausländische Geldschulden mit Ablauf des 31.12.1998 ersatzlos gestrichen worden und damit die Eintragung jeder ausländischen Währung zulässig. Damit gilt für das Schiffsregister nicht die Verordnung über Grundpfandrechte in ausländischer Währung und in Euro vom 30.10.1997[220], wonach Geldbeträge nur in der Währung eines Mitgliedstaates der Europäischen Union (der nicht zur EURO-Zone gehört), der Schweizerischen Eidgenossenschaft und der Vereinigten Staaten von Amerika eingetragen werden können.

578 Auch die Eintragung einer Forderung mit zwei unterschiedlichen Währungen ist möglich. Für die Eintragung einer Hypothek in zwei unterschiedlichen Währungen ist grundsätzlich die Vorschrift des § 8 SchRG maßgeblich, die § 1113 BGB entspricht. Danach kann eine Schiffshypothek zur Absicherung **einer Forderung,** die auf eine **bestimmte Geldsumme** gerichtet ist, bestellt werden. Das Gesetz fordert, dass sich die Forderung **konkret bestimmen** lässt und auf Zahlung von Geld und nicht auf Sachwerte gerichtet ist. Mit der Formulierung „einer Forderung" ist jedoch nicht zwingend eine einzige Forderung gemeint, sondern vielmehr wird hierdurch die Voraussetzung der unerlässlichen Identität zwischen Forderungsinhaberschaft und der dinglichen Berechtigung festgeschrieben. Damit ist nicht ausgeschlossen, dass eine einheitliche Hypothek auch für mehrere selbständige Ansprüche bestellt wird.[221] Ein materiellrechtliches Erfordernis, den Betrag nur in Euro anzugeben, stellt die Norm nicht auf und entspricht damit auch § 1113 BGB, der im Immobiliarsachenrecht die Sicherung von Forderungen in ausländischer Währung auch nicht verbietet, weil dem Grundsatz

---

219 Aufgehoben durch das Euroeinführungsgesetz v. 9.6.1998 (BGBl. I, S. 1242, 1254).
220 BGBl. I 2683.
221 MünchKommBGB-*Eickmann* § 1113 Rn. 28; RGZ 126, 71, 79.

der Forderungsbestimmtheit genüge getan ist, wenn der aus dem Grundstück (hier: Schiff) zu entrichtende Geldbetrag in einer bestimmten Anzahl von Währungseinheiten ausgedrückt wird.[222] Dieses Erfordernis ist auch bei einem bestimmten Geldbetrag, der in zwei verschiedenen Währungen ausgedrückt wird, erfüllt.

c) Der Zinssatz

Zinsen sind Vergütung in Geld für die Überlassung des Kapitals, die gewinn- und umsatzunabhängig verlangt werden, aber von der Laufzeit des Kapitalgebrauchs bestimmt werden.[223] Die Zinsen als **Nebenleistungen** sind von der Hauptforderung abhängig. **Erlischt die Hauptforderung** erlischt auch die Pflicht zur Zahlung von Zinsen. Enthält die Eintragungsbewilligung **keine Verzinsung**, so ist die Forderung unverzinslich. Ist eine Forderung unverzinslich, wird dies nicht in das Schiffsregister eingetragen, da § 1115 Abs. 1 BGB nur die Eintragung von verzinslichen Forderungen vorsieht. Ist eine Forderung unverzinslich oder ist der Zinssatz niedriger als fünf Prozent, kann die Schiffshypothek ohne die Zustimmung der im Rang gleich- oder nachstehenden Berechtigten dahin erweitert werden, dass das Schiff für Zinsen bis zu einer Höhe von fünf Prozent haftet (§ 30 Abs. 1 SchRG). Diese Vorschrift entspricht § 1119 BGB. Der **Zinssatz** ist im Schiffsregister entweder mit „vom Hundert" oder mit „%" anzugeben. Er braucht in der Eintragung in Spalte 3 in Anwendung des § 17 GBV **nicht ausgeschrieben** werden, da dort nur von dem einzutragenden Geldbetrag und nicht vom Zinssatz gesprochen wird. Gesetzliche Zinsen wie Verzugszinsen nach § 288 BGB und Prozesszinsen nach § 291 BGB sind nach § 29 SchRG, der der Vorschrift des § 1118 BGB entspricht, nicht eintragungsfähig. 579

Wenn es sich um Jahreszinsen handelt, muss dies nicht im Register eingetragen werden. Es genügt **die Bezugnahme auf die Bewilligung**. Eine Abweichung hiervon ist jedoch einzutragen. Der Zinsanfang muss zweifelsfrei bestimmbar sein. In der Eintragung kann auf die Eintragungsbewilligung Bezug genommen werden. Nicht bestimmt ist die Angabe, dass Zinsen von dem (nicht bestimmten) „Tag der Auszahlung des Darlehens an" zu leisten sind.[224] Der Zinsanfang kann auch schon **vor Eintragung** der Hypothek liegen. 580

Bei einem **gleitenden Zinssatz** kann dieser in das Schiffsregister eingetragen werden oder es wird auf die Eintragungsbewilligung Bezug genommen. Begrenzt die Eintragungsbewilligung den Zinssatz nach oben und unten, so ist der Mindest- und Höchstzinssatz wie zum Beispiel „mindestens 5% jedoch höchstens 10%" in das Register einzutragen. 581

---

222 MünchKommBGB-*Eickmann* § 1113 Rn. 44.
223 BGH LM Nr. 34 zu § 607 BGB.
224 BayObLG Rpfleger 1999, 530.

Bei einem **gleitenden Zinssatz** müssen sich die Bedingungen unter denen sich der Zinssatz verändert aus dem Eintragungsvermerk oder aus der Eintragungsbewilligung ergeben. Die Eintragungsbewilligung muss dann eine Obergrenze des Zinssatzes enthalten. In das Register ist dann einzutragen: „bis zu ... %" unter Bezugnahme auf die Bewilligung. Soll ein bestimmter Zinssatz nicht unterschritten werden, so ist dieser ebenfalls in das Register einzutragen.[225] Nach dem LG Coburg DNotZ 1970, 355 wird folgender Eintragungsantrag für vollzugsfähig gehalten: „Die Grundschuld ist vom Tage der Eintragung in das Grundbuch an mit jährlich 3 % über dem jeweiligen Lombardsatz der Deutschen Bundesbank, höchstens aber einschließlich etwaiger Verzugszinsen mit 12 %, mindestens aber 7 % jährlich zu verzinsen. Werden die Grundschuldzinsen nicht innerhalb von 10 Tagen nach Fälligkeit entrichtet, so erhöht sich der Zinssatz für die Dauer des Rückstandes um 1 %".[226]. Das Beispiel ist auch für eine Schiffshypothek anwendbar.

582 Bei variablen Zinsen nach einer gesetzlichen Bezugsgröße muss die gesetzliche Bezugsgröße benannt werden. **Gesetzliche Bezugsgrößen** sind: Verzugszinsen nach § 288 Abs. 1 BGB unter Bezugnahme auf den Basiszinssatz gemäß § 247 BGB, Zinsen aus einem Kostenfestsetzungsbeschluss nach § 104 Abs. 1 ZPO, sowie Zinsen nach Art. 46 Nr. 2 ScheckG und Art 49 Nr. 2 WechselG jeweils in Verbindung mit § 247 BGB.

d) Der Geldbetrag etwaiger Nebenleistungen

583 Weitere Nebenleistungen teilen wie die Zinsen das Schicksal der Hauptforderung. Es sind keine Nebenleistungen fällig, wenn **keine Hauptforderung** besteht. Nebenleistungen können sein: Verwaltungskosten, Vertragsstrafen, Eintragungs- und Kündigungskosten, soweit das Schiff nicht nach § 29 SchRG haftet. Diese Vorschrift entspricht § 1118 BGB. Wird für eine Kreditanstalt eine Hypothek eingetragen, deren Satzung von den zuständigen Behörden öffentlich bekannt gemacht wurde, so genügt nach § 24 Abs. 2 SchRG für die Höhe der Zinsen und Nebenleistungen der Bezug auf die Satzung. In der Praxis hat diese Vorschrift keine Bedeutung, da noch keine entsprechende Bekanntmachung stattgefunden hat. Bei allen einzutragenden Tatsachen unter a bis d kann auf die Eintragungsbewilligung Bezug genommen werden.

---

225 *Schöner/Stöber* Rn. 1960.

226 Diese Entscheidung muss auch für Hypotheken im Schiffsregister gelten. Der Lombardsatz ist durch den Basiszinssatz ersetzt worden (EuroEG vom 9.6.1998).

e) Eintragungsmuster einer Hypothek aus abstraktem Schuldversprechen zweier Gläubiger als Gesamtgläubiger: 584

Dritte Abteilung
Schiffshypotheken, Nießbrauch, Pfandrechte an Schiffsparten

Laufende Nummer	Betrag	Inhalt der Eintragung
1	2	3
1	50.000,– EUR	Fünfzigtausend Euro Schiffshypothek aus abstraktem Schuldversprechen nebst bis zu ...% Zinsen und einer einmaligen Nebenleistung in Höhe von 2 % für die XMS Bank in ... und die XXL Bank in ... als Gesamtgläubiger nach § 428 BGB. Unter Bezugnahme auf die Bewilligung vom ... des Notars ... UR-Nr. ... eingetragen am ...

Die Eintragung ist auf dem Schiffszertifikat zu vermerken und an den Einsender mit E/R zu übersenden.
Nachrichten, Kosten

f) Eintragungsmuster einer Hypothek an einem Miteigentumsanteil

Die Belastung des Miteigentumsanteils erfolgt wie bei einem Schiff in Alleineigentum nach §§ 8 Abs. 3, Abs. 2, 3 Abs. 1 und 24 Abs. 1 SchRG. Erforderlich ist die **dingliche Einigung** zwischen **Miteigentümer** und **Gläubiger** und **die Eintragung** in das Schiffsregister. Eine Zustimmung der übrigen Miteigentümer ist gemäß § 747 BGB, der auch im Schiffsrecht gilt, nicht erforderlich. 585

Eintragungsmuster

Als Eigentümer sind eingetragen unter 1a Max Schiff und unter 1b Egon Schiff zu je ½. Belastet werden soll der Miteigentumsanteil 1b von Egon Schiff.

Dritte Abteilung
Schiffshypotheken, Nießbrauch, Pfandrechte an Schiffsparten

Laufende Nummer	Betrag	Inhalt der Eintragung
1	2	3
nächste lfd. Nr.	50.000,– EUR	Nur lastend auf dem Anteil Abteilung II Nr. 1 b Fünfzigtausend Euro Schiffshypothek nebst bis zu ...% Zinsen für die XMS Bank in ... Unter Bezugnahme auf die Bewilligung vom ... des Notars ... UR-Nr. ... eingetragen am ...

Die Eintragung ist auf dem Schiffszertifikat zu vermerken und an den Einsender mit E/R zu übersenden.
Nachrichten, Kosten

7. Weitere einzutragende zusätzlich beantragte Tatsachen

586 Neben den aus § 24 SchRG **zwingend** vorgeschriebenen einzutragenden Tatsachen gibt es weitere vom Gläubiger vertraglich ausbedungene Tatsachen, die zur Wirksamkeit in das Schiffsregister einzutragen und die durch eine alleinige Bezugnahme auf die Eintragungsbewilligung nicht gedeckt sind.

a) Unterwerfung der Zwangsvollstreckung

587 Der Eigentümer kann sich wegen eines **dinglichen Anspruchs** des Hypothekengläubigers auf Zahlung aus dem Schiff in notarieller Urkunde mit der sofortigen Zwangsvollstreckung in der Weise unterwerfen, dass die Zwangsvollstreckung aus der Urkunde gegen den jeweiligen Eigentümer des Schiffs zulässig sein soll (§§ 800 Abs. 1, 800a ZPO). Die Unterwerfung unter die Zwangsvollstreckung mit **Wirkung** gegen den jeweiligen Schiffseigentümer ist in das Schiffs-/Schiffsbauregister selbst einzutragen (§§ 800 Abs. 1 S. 2; 800a ZPO). Eine **Bezugnahme** auf die Eintragungsbewilligung ist nicht ausreichend.[227] Die Unterwerfung unter die sofortige Zwangsvollstreckung hat in der Urkunde eines **deutschen Notars** zu erfolgen (§ 794 Abs. 5 ZPO)[228] und ist prozessuale Willenserklärung zur Erlangung eines Vollstreckungstitels.[229] Für die Fälligkeits- und Verzugszinsen ist die Vollstreckungsunterwerfung nur wirksam, wenn der **Beginn der Verzinsung** in der Urkunde festgelegt ist.[230] Erforderlich ist ein **Antrag des Eigentümers** oder Gläubigers nach § 23 SchRegO und die Bewilligung des Eigentümers (§ 29 SchRegO) in der Form des § 37 SchRegO. In der Praxis erfolgt die Eintragung der Unterwerfungsklausel meist zugleich mit der Bestellung der Hypothek in einer öffentlichen Urkunde. Es reicht jedoch aus, wenn die Unterwerfungserklärung in **einer öffentlichen Urkunde** und die Eintragungsbewilligung in **öffentlich beglaubigter Form** erklärt wird.

590 **Der Eintragungstext** im Schiffsregister kann beispielsweise lauten: „Vollstreckbar nach § 800 ZPO; sofort vollstreckbar gegen den jeweiligen Eigentümer“ oder „der jeweilige Eigentümer ist der sofortigen Zwangsvollstreckung unterworfen.“ **Unzulässig** ist die Fassung: „Die sofortige Zwangsvollstreckung ist zulässig“.

---

227 *Schöner/Stöber* Rn 2049.
228 BayObLG Rpfleger 1973, 361.
229 BGH DNotZ 1985, 474.
230 BGH DNotZ 2000, 635.

b) Unterwerfung unter einen Teilbetrag

Möglich ist auch, dass sich der Eigentümer lediglich hinsichtlich eines Teilbetrages wegen des dinglichen Anspruchs der sofortigen Zwangsvollstreckung unterwirft. 591

Da die Teilunterwerfung ebenfalls eine **prozessuale Willenserklärung** ist, muss der betragsmäßige Teil auch hinsichtlich der Zinsen und Nebenleistungen bezeichnet werden. Bei einer Unterwerfung wegen eines zuletzt zu zahlenden Teilbetrags kann der **Eintragungstext** im Schiffsregister dann lauten: „Vollstreckbar nach § 800 ZPO wegen des zuletzt zu zahlenden Teilbetrags von ... Euro nebst Zinsen hieraus“,[231] oder auch „Teilweise vollstreckbar nach § 800 ZPO“.[232] Wegen der **Besonderheit** bei der **Höchstbetragshypothek** s. Rn. 692.

c) Nachträgliche Unterwerfungserklärung

Eine Unterwerfungsklausel kann auch nachträglich in das Schiffsregister eingetragen werden. Streitig ist, ob die nachträgliche Vereinbarung einer Unterwerfungsklausel gemäß §§ 800, 800a ZPO eine Inhaltsänderung im Sinne einer Rechtsänderung nach § 54 SchRG darstellt. Mit dem Hinweis, dass die Unterwerfung eine einseitige Prozesshandlung darstellt, wird dies nach herrschender Meinung verneint.[233] Erforderlich ist ein **Antrag** des Eigentümers oder Gläubigers nach § 23 SchRegO und die **Bewilligung** des Eigentümers (§ 29 SchRegO) in der Form des § 37 SchRegO. Die Eintragung erfolgt dann in Abteilung III in den Spalten 4–6. Bei nachträglicher Eintragung der Unterwerfungsklausel ist eine Gebühr nach § 30 Abs. 2 KostO zu erheben. 592

d) Die Löschungsvormerkung nach § 58 SchRG

Die Löschungsvormerkung nach § 58 SchRG entspricht § 1179 BGB a.F. (bis 31.12.1977). Einen **gesetzlichen Löschungsanspruch** wie im Grundstücksrecht gibt es jedoch nicht, sodass der Löschungsvormerkung im Schiffsregister besondere **Bedeutung** zukommt. Im Schiffsrecht bedarf es somit zur Sicherung des Löschungsanspruches der Eintragung einer Vormerkung in das Schiffsregister gemäß § 58 SchRG bei dem betroffenen Recht, welches voreingetragen ist. Die Löschungsvormerkung sichert den **schuldrechtlichen Anspruch** auf Löschung der Hypothek, 593

231 BGHZ 108, 372.

232 *Schöner/Stöber* Rn. 2050.

233 Baumbach/Lauterbach/*Hartmann* § 800 ZPO Rn. 4.

wenn sie sich mit dem Eigentum in einer Person vereinigt, und damit die dem Vormerkungsberechtigten später zufallende offene Rangstelle.[234]

594 Nach § 57 Abs. 3 SchRG hat der Eigentümer die Möglichkeit bei einer getilgten Hypothek den frei werdenden Rang erneut auszunutzen als Ersatz für die fehlende Eigentümergrundschuld.[235] Damit der Eigentümer dieses Recht nicht in Anspruch nehmen kann, enthalten Geschäftsbedingungen von Banken bei Schiffsfinanzierungen auch die Pflicht zur Eintragung einer Löschungsvormerkung für die kreditgebende Bank bei allen vorrangigen oder gleichrangigen Schiffshypotheken.

Die **Löschungsvormerkung** führt wie jede andere Vormerkung **nicht** zu einer **Registersperre,** sondern zu einer relativen Unwirksamkeit der rechtsgeschäftlichen Verfügung durch die der Löschungsanspruch des Vormerkungsberechtigten vereitelt oder beeinträchtigt wird. Ist bei einer eingetragen Hypothek mit der eingetragenen Löschungsvormerkung nach § 58 SchRG die Forderung erloschen, so hat der Eigentümer grundsätzlich die Möglichkeit, den frei werdenden Rang mit einer neuen Hypothek zu besetzen. Der nachrangige Hypothekengläubiger (Vormerkungsberechtigter) hat jedoch das Recht von dem neu eingetragenen Gläubiger die Löschung zu verlangen, da der Erwerb der Hypothek dem Vormerkungsberechtigten gegenüber unwirksam ist (§§ 14 i.V.m. 10, 58 SchRG).

595 Zur Eintragung einer Löschungsvormerkung ist eine Bewilligung des **Hypothekengläubigers** nicht erforderlich. Es genügen die Bewilligung und der Antrag des Schiffseigentümers in der Form des § 37 SchRegO. Die Eintragung der Löschungsvormerkung erfolgt in Abteilung III in Spalten 4 bis 6 in der Regel mit der beantragten Hypothek.

Eintragungsmuster

Dritte Abteilung
Veränderungen

Lfd. Nr. der Sp. 1	Betrag	
4	5	6
Nr. der Hypothek	Betrag	Löschungsvormerkung gemäß § 58 SchRG zugunsten des jeweiligen Gläubigers des Rechts Abt. III Nr. … Eingetragen am …

Eintragung auf dem Schiffszertifikat vermerken. Schiffszertifikat an Einsender mit E/R übersenden. Nachrichten, Kosten: bei gleichzeitiger Eintragung keine. Bei nachträglicher Eintragung Kosten wie bei einer Vorrangseinräumung.

234 *Prause* SchRG § 58.

235 *Prause* SchRG § 57.

e) Die Bedeutung der Löschungsvormerkung

Eingetragen sind zwei gleichrangige Hypotheken für einen Gläubiger. Bei beiden Rechten ist eine Löschungsvormerkung dahingehend eingetragen, dass der Eigentümer verpflichtet ist, diese Hypotheken zur Löschung zu bringen, wenn und soweit die durch sie gesicherte Forderung erlischt. Eingetragen sind lfd. Nr. 1: 400.000,– Euro Schiffshypothek und lfd. Nr. 2: 40.000,– Euro Höchstbetragshypothek. Der Eigentümer zahlt auf die lfd. Nr. 1 einen Betrag von 100.000,– Euro. Der Gläubiger erteilt eine Löschungsbewilligung hinsichtlich des rangletzten Teilbetrages von Nr. 1. Da Eigentum und Hypothek in einer Person zusammentreffen, ist die Hypothek Nr. 1 nach §§ 64 Abs. 1 und 57 Abs. 3 SchRG hinsichtlich des Betrages von 100.000,– Euro erloschen. Solange die Hypothek nicht gelöscht ist, hat der Eigentümer die Möglichkeit, im Range bis zur bisherigen Belastung des Rechts Nr. 1 eine neue Schiffshypothek zu bestellen (§ 57 Abs. 3 SchRG). Lässt nun der Eigentümer eine neue Hypothek in Höhe von 100.000,– Euro an der bisherigen Rangstelle eintragen so ergibt sich folgende Rangfolge: Nr. 1 in Höhe von 300.000,– Euro, Nr. 3 von 100.000,– Euro und Nr. 2 von 40.000,– Euro. Das Registergericht kann jedoch die Eintragung einer neuen Schiffshypothek unter Ausnutzung einer Rangbefugnis nach § 57 Abs. 3 SchRG nicht von der Zustimmungserklärung eines Vormerkungsberechtigten abhängig machen oder gar verweigern, da es davon abhängt, ob der Vormerkungsberechtigte das Recht aus der Löschungsvormerkung geltend macht oder nicht. In diesem Fall kann der Vormerkungsberechtigte des Rechts lfd. Nr. 2 von dem neuen Hypothekengläubiger lfd. Nr. 3 die Löschung der Hypothek verlangen (§ 14 Abs. 1 SchRG). Wird nun das Schiff mit einem Erlös von 400.000,– Euro versteigert und bleiben keine Rechte bestehen, so kann der Vormerkungsberechtigte verlangen, dass seine Befriedigung des entgegen der Löschungsvormerkung eingetragenen Gläubigers lfd. Nr. 3 erfolgt. Die Verteilung wäre dann: Recht lfd. Nr. 1 300.000,– Euro, Recht lfd. Nr. 240.000,– Euro und Recht lfd. Nr. 3 mit restlichen 60.000,– Euro. Wäre keine Löschungsvormerkung eingetragen, würden bei gleichem Rang nach § 1 ZVG auf die einzelnen Rechte je ein Bruchteil von 40/44 entfallen und damit: 272.727,– Euro für das Recht Nr. 1, 90.909,– Euro für das Recht Nr. 3 und 36.364,– Euro für das Recht Nr. 2. Damit verbessert eine Löschungsvormerkung wesentlich die Zuteilung des Vormerkungsberechtigten. 596

f) Verfügungsbeschränkung nach § 34 Schiffsbankgesetz

Nach dem Gesetz über Schiffspfandbriefbanken (Schiffsbankgesetz) vom 597
8.4.1943[236] gab es für Schiffspfandbriefbanken die Möglichkeit, auf Antrag in das

236 RGBl. I 1943, S. 241.

Schiffsregister eine Verfügungsbeschränkung nach § 34 Schiffsbankgesetz eintragen zu lassen.

§ 34 Schiffsbankgesetz besagte:
Die Schiffspfandbriefbank kann über eine im Deckungsregister eingetragene Darlehnsforderung oder Schiffshypothek durch Veräußerung, Belastung oder Verzicht nur mit schriftlicher Zustimmung des Treuhänders verfügen. Diese Verfügungsbeschränkung ist, soweit sie die Schiffshypothek betrifft, auf Antrag der Bank in das Schiffs-/Schiffsbauregister einzutragen; der Treuhänder hat darauf zu achten, dass dies geschieht; der Antrag bedarf nicht der im § 37 SchRegO vorgeschriebene Form.

Mit dem Gesetz zur Neuordnung des Pfandrechts vom 22.5.2005[237] und der Änderung und Aufhebung von insgesamt 25 Gesetzen und Verordnungen ist u.a. das Gesetz über die Pfandbriefe und verwandte Schuldverschreibungen öffentlich-rechtlicher Kreditanstalten, das Hypothekenbankgesetz und das **Schiffsbankgesetz** aufgehoben worden. Damit **entfällt** seit diesem Datum die Eintragung einer Verfügungsbeschränkung in das Schiffsregister.

598 Reichte bei Bestehen des Schiffsbankgesetzes zur **Löschung der Verfügungsbeschränkung** die formgerechte Erklärung der Schiffsbank, dass das Darlehen zurückgezahlt wurde, so kann auch nach neuem Recht nichts anderes gelten. Auch nach altem Recht konnte die Zustimmung des Treuhänders vom Schiffsregister nur verlangt werden, wenn es Zweifel an der tatsächlichen Rückzahlung gab.[238]

599 g) Muster eines Eintragungstextes einer weiteren Hypothek aus abstraktem Schuldversprechen mit Unterwerfungsklausel und Löschungsvormerkung:

Dritte Abteilung
Schiffshypotheken, Nießbrauch, Pfandrechte an Schiffsparten

Laufende Nummer	Betrag	Inhalt der Eintragung
1	2	3
2	50.000,– EUR	Fünfzigtausend Euro Schiffshypothek aus abstraktem Schuldversprechen nebst bis zu ...% Zinsen und einer einmaligen Nebenleistung in Höhe von 2 % für die ... in ... Der jeweiligen Eigentümer ist der Zwangsvollstreckung unterworfen. Unter Bezugnahme auf die Bewilligung vom ... des Notar ... UR-Nr. ... eingetragen am ...

237 BGBl. I 2005, S. 1373.
238 Landgericht Lübeck Beschluss v. 5.10.1955 – Az. 9 T 750/55.

Veränderungen

Lf.Nr d. Sp. 1	Betrag	
4	5	6
1	50.000,– EUR	Löschungsvormerkung gemäß § 58 SchRG zugunsten des jeweiligen Gläubigers des Rechts Abt. III Nr. 2 Eingetragen am ...

Eintragung auf dem Schiffszertifikat vermerken und an Einsender gegen E/R zurücksenden.
Nachrichten, Kosten.

8. Die Hypothekenvormerkung

a) Vormerkung als Sicherungsmöglichkeit

Wie im Grundstücksrecht kann auch im Schiffssachenrecht der Anspruch auf **Einräumung** (Bestellung oder Abtretung), ferner auf **Aufhebung, Inhaltsänderung** oder **Rangänderung** der Schiffshypothek durch eine Vormerkung gesichert werden (§ 10 Abs. 1 S. 1 SchRG, der § 883 Abs. 1 BGB entspricht). Eine Vormerkung kann auch einen künftigen oder bedingten Anspruch sichern (§ 10 Abs. 1 S. 2 SchRG, der § 883 Abs. 1 S. 2 BGB entspricht). Die Vormerkung im Schiffsrecht hat wie im Grundstücksrecht eine **Sicherungswirkung,** eine **Vollwirkung** und eine **Rangwahrungswirkung.**[239] 600

Die **Sicherungswirkung** ist in den §§ 10 Abs. 2, 14 SchRG, die den §§ 883 Abs. 2, 888 BGB entsprechen, geregelt. Rechtsgeschäfte oder Zwangsmaßnahmen sind gegenüber dem Vormerkungsberechtigten relativ unwirksam und zwar insoweit diese den Anspruch vereiteln oder beeinträchtigen würden. Soweit der Anspruch durch eine Vormerkung gesichert ist, kann sich der Erbe des Verpflichteten nicht auf die Beschränkung seiner Haftung berufen (§ 10 Abs. 4 SchRG). 601

Ist in einem **Insolvenzverfahren** die Eintragung der Vormerkung vor Eröffnung des Insolvenzverfahrens erfolgt, kann der Vormerkungsberechtigte die Erfüllung des Anspruchs durch den Insolvenzverwalter verlangen und die Vormerkung entfaltet eine **Vollwirkung.** 602

Die **Rangwirkung** der Vormerkung bestimmt sich nach dem Rang des Rechts, auf dessen Einräumung der Anspruch gerichtet ist (§ 10 Abs. 3 SchRG). Die Vormerkung nimmt damit den Rang ein, den das Recht anstelle der Vormerkung besetzt hätte.[240] 603

239 *Baur/Stürner* S. 225.
240 *Baur/Stürner* S. 229.

b) Vormerkung aufgrund Bewilligung

604 Die Entstehung einer Vormerkung setzt einen Anspruch auf eine dingliche Rechtsänderung nach § 10 SchRG, die Bewilligung des Betroffenen § 11 Abs. 1 SchRG und die Eintragung in das Register voraus.[241] Die materiell-rechtliche Bewilligung ist formfrei nach § 11 Abs. 1 SchRG. Dagegen muss die formellrechtliche Eintragungsbewilligung (§ 29 SchRegO), die bei der Erteilung an den Vormerkungsgläubiger die materiell-rechtliche Bewilligung enthält, in der Form des § 37 SchRegO erfolgen.[242]

c) Eintragungsmuster: Vormerkung zur Eintragung einer Schiffshypothek aufgrund Bewilligung

605 Eine Eintragung erfolgte in Abt III Sp. 1–3, wenn der Anspruch die Einräumung eines Rechts **sichern** soll. Hierbei ist zu beachten, dass die Eintragung nur **links halbspaltig** erfolgen darf, da die rechte Seite für die endgültigen Eintragung frei zu lassen ist (§ 29 Abs. 3 SchRegDV). Soll die Vormerkung den Anspruch **auf Aufhebung** eines Rechtes sichern, entfällt die linke halbspaltige Eintragung.

Dritte Abteilung
Schiffshypotheken, Nießbrauch, Pfandrechte an Schiffsparten

Laufende Nummer	Betrag	Inhalt der Eintragung
1	2	3
Nächste lfd. Nr.	50.000,– EUR	Vormerkung zur Sicherung des Anspruchs auf Einräumung einer mit 10% verzinslichen Schiffshypothek von Fünfzigtausend Euro für Herbert Fisch in Kiel, gemäß Bewilligung vom ... UR-Nr. ... des Notars ... in ... eingetragen am

Eintragung auf dem Schiffszertifikat vermerken und an Einsender gegen E/R zurücksenden.
Nachrichten, Kosten

241 Staudinger/*Nöll* § 11 SchRG Rn. 3.
242 *Prause* SchRG § 11.

d) Vormerkung aufgrund einstweiliger Verfügung

Neben der Eintragung einer Vormerkung aufgrund einer Bewilligung ist auch die Eintragung aufgrund einer einstweiligen Verfügung möglich (§ 11 Abs. 1 SchRG). 606

Für den Erlass einer einstweiligen Verfügung ist das Gericht der Hauptsache nach § 937 ZPO oder das Amtsgericht, in dessen Bezirk sich der Heimathafen (bei Binnenschiffen: der Heimatort) befindet, gemäß § 942 Abs. 2 ZPO zuständig.

Bei Schiffen, deren Heimathafen im Ausland liegt, ist das **Amtsgericht Hamburg** zuständig 607

(§ 942 Abs. 2 ZPO). Bei einem Antrag auf Eintragung einer Vormerkung hat **das Schiffsregistergericht zu prüfen,** ob die Eintragungsvoraussetzungen nach dem Schiffsrecht und dem Vollstreckungsrecht nach der ZPO erfüllt sind. Hierbei ist zu beachten, dass das Schiff in der Verfügung hinreichend bezeichnet ist und dass bei einer über einen Monat alten Verfügung der Zustellungsnachweis an den Gläubiger zum Nachweis der Vollziehungsfrist nach § 929 Abs. 2 ZPO vorgelegt wird. Wenn die Vollziehung vor Zustellung erfolgt ist, die Zustellung jedoch nicht innerhalb einer Woche und in der Vollziehungsfrist von **einem Monat** nachgeholt wird, ist die Eintragung der Vormerkung **unwirksam** (§§ 936, 929 Abs. 3 S. 2 ZPO).[243]

e) Eintragungsmuster: Vormerkung zur Eintragung einer Schiffshypothek aufgrund einer einstweiligen Verfügung

608

Abteilung III

Schiffshypotheken, Nießbrauch, Pfandrechte an Schiffsparten

Laufende Nummer	Betrag	Inhalt der Eintragung
1	2	3
Nächste lfd. Nr.	50.000,– EUR	Vormerkung zur Sicherung des Anspruchs auf Einräumung einer mit 10% verzinslichen Schiffshypothek von Fünfzigtausend Euro für Herbert Fisch in Kiel, auf Grund der einstweiligen Verfügung des Amtsgerichts Kiel vom 2.1.2000 – Az. ... eingetragen am

Eintragung auf dem Schiffszertifikat vermerken und an Einsender gegen E/R zurücksenden.
Nachrichten, Kosten

243 BGH Rpfleger 1999, 485.

f) Erlöschen der Vormerkung

609 Die Vormerkung erlischt außerhalb des Registers mit dem Untergang des Anspruchs, den diese sichert, z.B. durch Erfüllung des Anspruchs. Nach § 50 Abs. 1 SchRegO erfolgt die Löschung der Vormerkung durch die Aufhebungserklärung des Berechtigten und die Eintragung eines **Löschungsvermerkes.** Die Eintragung erfolgt in der dritten Abteilung Spalte 7 und 8 nach § 29 Abs. 1 Nr. 7 und 8 SchRegDV und ist in diesem Fall eine **Registerberichtigung.**

610 Ist die Vormerkung aufgrund einer **einstweiligen Verfügung** eingetragen, so erlischt sie mit der Aufhebung der einstweiligen Verfügung gemäß § 22 SchRG. Diese Vorschrift entspricht § 25 GBO und führt direkt zur Unrichtigkeit des Schiffsregisters. Eine Berichtigung erfolgt auf Antrag.[244]

611 Die Vormerkung kann auch im Wege des **Ausschlussurteils** erlöschen (§ 13 SchRG).

Wird der unbekannte Gläubiger, dessen Recht durch die Vormerkung gesichert ist, im Wege des Aufgebotsverfahrens mit seinem Recht ausgeschlossen, so erlischt die Vormerkung mit der Rechtskraft des Ausschlussurteils (§ 13 S. 2 SchRG).

9. Rechtsgeschäftliche Übertragung einer Hypothek nach § 51 SchRG

a) Übertragung der Hauptforderung

612 Die Übertragung der Schiffshypothek richtet sich nach § 51 SchRG, dessen Abs. 1 und 2 der Vorschrift des § 1153 BGB entsprechen. Die Abtretung ist in § 51 Abs. 3 SchRG geregelt und entspricht § 1154 Abs. 3 BGB. Eine Forderung kann nicht ohne die Schiffshypothek und die Schiffshypothek nicht ohne die Forderung übertragen werden (§ 51 Abs. 2 SchRG).[245] Die rechtsgeschäftliche Abtretung der Forderung erfolgt in der **Form** des § 51 Abs. 3 SchRG mit Verweis auf § 3 Abs. 2 SchRG. Erforderlich ist die **Einigung** zwischen dem **alten und neuen Gläubiger und die Eintragung in das Schiffsregister.** Im Gegensatz zu der Übertragung kraft Gesetzes (bei Erbfolge) wird die rechtsgeschäftliche Abtretung mit der Eintragung in das Register wirksam. Mit Übertragung der Forderung geht dann auch die Hypothek auf den neuen Gläubiger über (§ 51 Abs. 1 SchRG).[246]

613 Der **Abtretungsvertrag** bedarf nach materiellem Recht keiner Form. Die Eintragungsbewilligung bedarf jedoch der öffentlich beglaubigten Form des § 37 SchRegO.

---

244 Staudinger/*Nöll* § 22 SchRG Rn. 2.
245 *Abraham* Schiffshypothek S. 266; *Prause* SchRG § 51.
246 Staudinger/*Nöll* § 75 SchRG, Rn. 7.

Formell rechtlich genügt somit die Eintragungsbewilligung des bisherigen Gläubigers gemäß § 29 SchRegO in der Form des § 37 SchRegO und ein Antrag des Betroffenen oder des Begünstigten nach § 23 Abs. 2 SchRegO. Die Abtretungserklärung allein genügt nicht.

b) Übertragung der Zinsen bzw. Nebenforderungen

Da grundsätzlich die Zinsen gesondert übertragbar sind, folgen diese bei Übertra- 614
gung der Hauptforderung nicht einheitlich dem Recht der Hauptforderung.[247] Es ist zwischen künftigen Nebenleistungen und rückständigen Nebenleistungen zu unterscheiden. Bei der Übertragung von **künftigen Nebenleistungen** gilt § 51 Abs. 3 SchRG, wonach die Übertragung durch Einigung und Eintragung in das Schiffsregister wirksam wird.[248] Die Vorschrift des § 51 Abs. 1 SchRG findet keine Anwendung. Bei der Übertragung künftiger Nebenleistungen gilt darüber hinaus § 52 Abs. 2 SchRG.[249]

Wird eine verzinsliche Forderung, ohne dass eine Vereinbarung über die Zinsen 615
getroffen wurde, übertragen, so ist nach herrschender Rechtsauffassung davon auszugehen, dass künftige und laufende Zinsen mit übertragen wurden.[250]

Für **rückständige Zinsen** gilt § 53 Abs. 1 SchRG, dessen Regelung weitgehend 616
dem § 1159 BGB entspricht und damit auch auf die allgemeinen Forderungsübertragungsvorschriften verweist.[251] Somit gelten die allgemeinen Vorschriften der §§ 398ff. BGB für Forderungen auf rückständige Zinsen, für sonstige Nebenleistungen für Forderungen und auf Erstattung von Kosten der künftigen Rechtsverfolgung entsprechend §§ 1159, 1118 BGB.

Über die Anwendung des Grundstücksrechts **hinaus** gilt § 53 SchRG auch für die in § 38 SchRG bezeichneten Beträge (Versicherungsprämien).[252] Die Übertragung erfolgt nach §§ 398, 401 BGB durch formlose Abtretung ohne eine Eintragung in das Schiffsregister. Eine formlose Abtretung ist möglich, da sich die Fälligkeit des Zinsanspruchs vom Hauptrecht löst.[253]

---

247 Staudinger/*Wolfsteiner* § 1154 BGB Rn. 10.
248 *Krohn* S. 31.
249 *Prause* SchRG § 53.
250 Staudinger/*Wolfsteiner* § 1154 BGB Rn. 32.
251 Staudinger/*Nöll* § 53 SchRG Rn. 1.
252 Staudinger/*Nöll* § 53 SchRG Rn. 1.
253 *Schöner/Stöber* Rn. 2393.

c) Teilabtretung einer Hypothek

617 Eine Abtretung kann sich entweder auf eine ganze Hypothek oder nur auf einen Teilbetrag erstrecken. Auch wenn es in der Praxis selten vorkommt, können bei einer Forderung mit Zinsen grundsätzlich auch die Zinsen alleine abgetreten werden. Bei Abtretung von Teilbeträgen ist es sehr wichtig, dass die Bewilligung eine Erklärung über den Rang (z.B. rangerster Teilbetrag) enthält.[254] Ist nichts über das Rangverhältnis gesagt, haben Hypothek und Teilhypothek **Gleichrang.**

d) Eintragungsmuster Teilabtretung einer Schiffshypothek

618 **Beispiel:** Tritt der Gläubiger von dem eingetragen Recht Abt. III Nr. 2 in Höhe von 50.000,– Euro einen Teilbetrag in Höhe von 20.000,– Euro mit dem Rang vor dem ihm verbleibenden Restbetrag von 30.000,– Euro und den Zinsen aus 20.000,– Euro an einen neuen Gläubiger ab und bewilligt er die Eintragung der Abtretung in das Schiffsregister in der Form des § 37 SchRegO so wird die Abtretung in Abteilung III in den Spalten 4–6 in das Schiffsregister eingetragen (§ 29 Abs. 1 Nr. 4–6 SchRegDV).

Eintragungsmuster

Dritte Abteilung
Schiffshypotheken, Nießbrauch Veränderungen

Lf. Nr. d.Sp. 1	Betrag	
4	5	6
2a	20.000,– EUR	Erstrangiger Teilbetrag von Zwanzigtausend Euro Schiffshypothek mit Zinsen seit ... abgetreten an ...- Unter Bezugnahme auf die Bewilligung vom ... des Notars ... UR-Nr. ... eingetragen am

Der Gläubiger unter der lfd. Nr. 2 ist nicht zu röten
Die Eintragung ist auf dem Schiffszertifikat zu vermerken und an Einsender mit E/R zu senden.
Nachrichten, Kosten

e) Teilung der Schiffshypothek

619 Die Teilung einer Schiffshypothek erfolgt durch Teilung der gesicherten Forderung. Zwar gibt es hierzu keine spezielle Vorschrift, jedoch wird in § 26 Abs. 6 SchRG (ent-

254 OLG Frankfurt Rpfleger 1976, 183.

spricht § 1151 BGB) eine Zulässigkeit der Teilung vorausgesetzt. Die Teilung kann **rechtsgeschäftlich** oder **gesetzlich** erfolgen. Eine rechtsgeschäftliche Teilung kann z. B. durch teilweise Inhalts-oder Rangänderung, durch teilweise Abtretung, Verpfändung oder Pfändung erfolgen. Fehlt bei der Teilung der Hypothek eine **Rangbestimmung**, so haben die entstehenden Teilhypotheken im Zweifel den gleichen Rang.[255] Erfolgt die Teilung durch Erklärung des Gläubigers in seinem **Eintragungsantrag,** so ist hierzu nach §§ 38, 37 SchRegO die öffentlich beglaubigte **Form** erforderlich. Der Antrag ersetzt die Eintragungsbewilligung nach § 29 SchRegO, nicht aber die **Voreintragung** des Gläubigers nach § 46 SchRegO. Bei einer Teilung bedarf es keiner **Zustimmung** des Eigentümers, denn dessen Rechte werden durch die Teilung der Schiffshypothek nicht berührt (§ 26 Abs. 6 SchRG).

Beispiel einer Teilung, Löschung und Abtretung. Im Schiffsregister ist in Abteilung III unter lfd. 620
Nr. 1 eine Hypothek in Höhe von 20 Millionen Euro für drei Banken als Gesamtgläubiger eingetragen. Die Banken bekennen, wegen eines zuerst zurückzuzahlenden rangletzten Teilbetrages der Schiffshypothek zu lfd. Nr. 1 in Höhe von 18 Millionen Euro befriedigt zu sein und bewilligen die Teilung der Schiffhypothek zu lfd. Nr. 1 in einen rangersten Teil in Höhe von 2 Millionen Euro und einen rangletzten Teil in Höhe von 18 Millionen Euro. Es wird die Löschung des sich nach der Teilung ergebenden rangletzten Teilbetrags von 18 Millionen Euro bewilligt. Der Eigentümer beantragt die Teilung und Löschung wie beschrieben. Die Banken treten den verbleibenden Betrag in Höhe von 2 Millionen nebst Zinsen und Nebenleistungen mit Wirkung zum ... an die ...-Bank ab und bewilligen und beantragen die Eintragung der Abtretung in das Schiffsregister.

Eintragungsmuster

Abteilung III
Schiffshypotheken, Nießbrauch, Pfandrechte an Schiffsparten

Laufende Nummer	Betrag	Inhalt der Eintragung
1	2	3
1 1 a 1	20.000.000,– EUR – 18.000.000,– EUR 2.000.000,–EUR	

255 *Abraham* Schiffshypothek, S. 271.

Veränderungen

Lf.Nr d. Sp. 1	Betrag	
4	5	6
1 1 1 a 1	20.000.000 EUR 2.000.000 EUR 18.000.000 EUR 2.000.000 EUR	Das Recht Nr. 1 ist geteilt in einen erstrangigen Teilbetrag von 2 Millionen Euro und einen letztrangigen Teilbetrag von 18 Millionen Euro. Eingetragen am ... Abgetreten mit den Zinsen seit ... an die ...-Bank in ..., eingetragen am ...

Löschungen

7	8
1 a	Achtzehn Millionen Euro letztrangiger Teilbetrag gelöscht am.......

Eintragung und entsprechende Rötung auf dem Schiffszertifikat vermerken und mit E/R zurücksenden.
Nachrichten, Kosten

---

621 Eine **gesetzliche Teilung** tritt im Falle des § 44 SchRG ein.[256] Dies ist der Fall, wenn keine vollständige Befriedigung des Gläubigers durch den Eigentümer, der nicht persönlicher Schuldner ist, erfolgt (§ 43 SchRG). Dann geht nur der befriedigte Teil der ursprünglich einheitlichen Forderung und eine Teileigentümerhypothek nach §§ 44 Abs. 1 S. 1 Hs. 1, 51 Abs. 1 SchRG auf den Eigentümer über. Der nicht getilgte Teil besteht beim Gläubiger fort.

Die Teilfremdhypothek hat Vorrang vor der Teileigentümerhypothek nach § 44 Abs. 1 S. 1, 2. Hs. SchRG, da es sich hierbei um einen gesetzlichen Übergang handelt, der den Gläubiger nicht benachteiligen darf. **Teilhypotheken** entstehen auch, wenn der Gläubiger bei einer Gesamtschiffshypothek den Betrag der Forderung auf einzelne Schiffe oder Anteile nach § 28 Abs. 2 SchRG verteilt.

f) Umwandlung der Schiffshypothek

622 Die Umwandlung von Hypotheken spielt im Schiffsrecht eine unbedeutende Rolle, da das Schiffsrecht die große Formenvielfalt des Grundstücksrechte (Grundschuld, Rentenschuld, Verkehrshypothek) nicht kennt. Bei Schiffshypotheken ist **nur** die Umwandlung der **Schiffshypothek** in eine **Höchstbetragsschiffshypothek** und

---

256 *Abraham* S. 272.

umgekehrt möglich. Zur Eintragung der Umwandlung bedarf es der Zustimmung des Gläubigers, des Eigentümers und etwaiger Berechtigter der Hypothek in Form des § 37 SchRegO. Da das Recht des gleichrangigen oder nachstehenden Berechtigten durch die Umwandlung nicht betroffen ist, ist eine Zustimmung durch diesen nicht erforderlich[257]. Die Eintragung der Umwandlung erfolgt in der dritten Abteilung in den Spalten 4–6 (§29 Abs. 1 Nr. 4 SchRegDV) des Seeschiffsregisters. Für das Binnenschiffsregister gilt § 36 SchRegDV; für das Schiffsbauregister Abteilung III Spalte 4 und 5 gemäß § 53 Abs. 1 Nr. 4 und 5 SchRegDV.

Die Umwandlung einer Schiffshypothek darf nicht mit der **Forderungsauswechslung verwechselt** werden. Bei der Forderungsauswechselung kommt es zu einem Austausch der Forderung, während sich bei einer Umwandlung die Belastungsform ändert. 623

g) Inhaltsänderung einer Schiffshypothek

Bei der Inhaltsänderung einer Schiffshypothek kommt hauptsächlich die Änderung der Forderung, z. B. die Änderung von Zins- und Nebenleistungen, Zahlungszeit oder des Zahlungsorts in Betracht. Eine Erhöhung der Verzinsung ist eine Änderung des Inhaltes der Hypothek (§ 877 BGB)[258] und wird grundbuchtechnisch auch so behandelt. Nichts anderes kann im Schiffsrecht gelten.[259] Bei einer Inhaltsänderung einer Schiffshypothek hinsichtlich einer Zinshöhe bis zu 5% ist eine Zustimmung der im Rang gleich-oder nachstehenden Berechtigten nicht erforderlich, da durch diese Inhaltsänderung keine Verschlechterung eines vor-oder gleichrangigen Rechts eintritt (§ 30 Abs. 1 SchRG). 624

Die Zustimmung des gleich- oder nachrangigen Berechtigten ist erforderlich, wenn eine Inhaltsänderung, z. B. bei einer Zinserhöhung über den Zinssatz von 5% hinaus, sowie die Erweiterung anderer oder Einräumung neuer Nebenleistungen an gleicher Rangstelle eingetragen werden soll (Umkehrschluss aus § 30 SchRG). Hier bedeutet die Inhaltsänderung eine Verschlechterung eines nach- oder gleichrangigen Rechts. 625

Die Zustimmungserklärung ist in der **Form des § 37 SchRegO** abzugeben. Eine rechtsgeschäftliche Inhaltsänderung der Hypothek erfolgt durch Einigung des Gläubigers und des Eigentümers und der Eintragung in das Schiffsregister nach § 54 SchRG. Für die Eintragung gilt § 24 SchRG, der dem § 1115 BGB entspricht. Die Einigung bedarf keiner besonderen Form. Die Bewilligung (§ 29 SchRegO) bedarf der Form des § 39 SchRegO.

---

257 *Krohn* S. 53.
258 *Schöner/Stöber* Rn. 2490.
259 Staudinger/*Nöll* § 30 SchRG Rn. 1.

626 **Die Eintragung erfolgt auf Antrag** (§ 23 SchRegO) in das Register in Abt. III in den Spalten 4–6 nach § 29 Abs. 1 Nr. 4–6 SchRegDV. Für das Binnenschiffsregister gilt § 36 SchRegDV; für das Schiffsbauregister Abteilung III Spalte 4 und 5 gemäß § 53 Abs. 1 Nr. 4 und 5 SchRegDV.

h) Eintragungsmuster

627 Eingetragen unter lfd. Nr. 1 ein Zinssatz von 4%; neu beantragt ist ein Zinssatz von 10%. Unter lfd. Nr. 2 ist ein weiteres Recht eingetragen.

Abteilung III
Schiffshypotheken, Nießbrauch Veränderungen

Lf.Nr d. Sp. 1	Betrag	
4	5	6
1	20.000,– EUR	Zinssatz ab ... geändert in zehn von Hundert jährlich. Zinsen über fünf von Hundert haben den Rang nach Abt. III Nr. 2. Eingetragen am ...

Die Zinsbestimmung unter der lfd. Nr. 1 in der Spalte Nr. 3 röten
Die Eintragung ist auf dem Schiffszertifikat zu vermerken und an Einsender mit E/R zu versenden.
Nachrichten, Kosten

628 Ist die Schiffshypothek mit dem Recht eines Dritten z.B. mit einem **Nießbrauch** oder Pfandrecht belastet, so ist dessen Zustimmung nach § 54 Abs. 2 S. 1 SchRG erforderlich, soweit es sich um eine beeinträchtigende Inhaltsänderung des Rechts handelt (§§ 1070 Abs. 2, 1276 Abs. 2 BGB).

629 Die Zustimmung ist dem Begünstigten (Eigentümer oder Inhaber der Hypothek) oder dem Registergericht gegenüber zu erklären (§ 54 Abs. 2 S. 2 SchRG). Die Vorschrift des § 54 Abs. 1 SchRG entspricht § 877 BGB; § 54 Abs. 2 SchRG entspricht § 876 S. 1 und 3 BGB.[260]

630 Bei der **Inhaltsänderung** ist zu beachten, dass wenn die neu einzutragenden Nebenleistungen ebenfalls vollstreckbar sein sollen, eine **neue Zwangsvollstreckungsunterwerfungserklärung** des Eigentümers erforderlich ist (§§ 794 Abs. 1 Nr. 5, 800, 800a ZPO). Diese Inhaltsänderung ist ebenfalls in das Schiffsregister, in die Veränderungsspalte, mit einzutragen. **Keine Inhaltsänderung** liegt vor, wenn sich die Person des Berechtigten bei der Übertragung des Rechts

260 Staudinger/*Nöll* § 54 SchRG Rn. 1.

ändert[261] oder wenn eine teilweise Neugestaltung des Rechts vorliegt. Dies ist z.B. der Fall bei einer Erhöhung der Kapitalsumme, da die ursprüngliche bestimmte Kapitalforderung i.S.d. § 8 SchRG nicht mehr gelten soll.

i) Änderung der Gesamtgläubigerschaft auf einen einzelnen Gläubiger

Beispiel: Im Schiffsregister ist eine Forderung für die Bank X und die Bank Y als Gesamtgläubiger gemäß 428 BGB eingetragen. Tritt nun die Bank Y ihre Forderung nebst sämtlichen Nebenleistungen an die Bank X ab und bewilligt und beantragt die Bank Y die Eintragung in das Schiffsregister, so ist in Abteilung III Spalte 4–6 folgendes einzutragen: 631

Eintragungsmuster

Abteilung III
Schiffshypotheken, Nießbrauch Veränderungen

Lf.Nr d. Sp. 1	Betrag	
4	5	6
2	50.000,– EUR	Die Bank Y ist als Gesamtgläubiger ausgeschieden. Unter Bezugnahme auf die Bewilligung vom ... des Notars ... UR-Nr. ... eingetragen am ...

Die ausscheidende Gläubigerin (hier die Y-Bank) ist Abteilung III in Spalte 3 zu röten Ebenfalls zu röten ist „als Gesamtgläubiger nach § 428 BGB." Die Eintragung ist auf dem Schiffszertifikat zu vermerken und an Einsender mit E/R zu versenden.
Nachrichten, Kosten

10. Der gesetzliche Forderungsübergang einer Hypothek

Neben dem rechtsgeschäftlichen Forderungsübergang gibt es noch den **Forderungsübergang kraft Gesetzes**. Hier sind zu nennen: die Gesamtrechtsnachfolge nach §§ 1922ff. BGB, die Verschmelzung von Gesellschaften i.V.m. §§ 401, 412 BGB, die Befriedung durch den Eigentümer, der nicht persönlicher Schuldner ist (§§ 44, 64 SchRG), die Zahlung der Versicherungssumme an den Gläubiger nach § 37 SchRG oder die Ausübung des Löschungsrechts gemäß § 50 SchRG. Für die genannten Fälle findet die Vorschrift des § 51 Abs. 3 SchRG für die rechtsgeschäftliche 632

261 *Abraham* Schiffshypothek, S. 217.

Übertragung keine Anwendung, sodass eine Übertragung außerhalb des Registers stattfindet und eine Eintragung lediglich eine Berichtigung des Schiffsregisters darstellt.[262]

11. Pfändung einer Schiffshypothek

a) Pfändung der Forderung mit Hypothek

633 Die Pfändung der gesicherten Forderung mit der Hypothek erfolgt nach § 830a Abs. 1 ZPO durch Erlass eines **Pfändungsbeschlusses** durch das Vollstreckungsgericht und durch die **Eintragung** der Pfändung unter Bezugnahme auf den Pfändungsbeschluss in das Schiffsregister. Voraussetzung ist jedoch, dass der Gläubiger einen vollstreckbaren Titel gegen den Hypothekengläubiger erwirkt hat. Zuständig ist das **Vollstreckungsgericht** nach § 828 ZPO oder das **Arrestgericht** nach § 930 ZPO, ohne dass es darauf ankommt, ob für das Schiff oder Bauwerk das gleiche Gericht zuständig ist. Eine **Eintragung** erfolgt auf Antrag des Gläubigers unter Vorlage des **Pfändungsbeschlusses.** Der Pfändungsbeschluss muss in Ausfertigung vorliegen und **ersetzt die Eintragungsbewilligung** des Schuldners (§ 29 SchRegO). Die **Verwertung** erfolgt durch Überweisung je nach Wahl des Gläubigers entweder zur Einziehung oder an Zahlungs statt zum Nennwert. Die **Überweisung zur Einziehung** kann **nicht** in das Schiffsregister eingetragen werden. In diesem Fall genügt die Aushändigung des Überweisungsbeschlusses an den Gläubiger nach § 837a Abs. 1 S. 1 ZPO. Sie ist jedoch lediglich eine Sicherungsmaßnahme. Bei der **Überweisung an Zahlungs statt zum Nennwert** ist die Eintragung des Gläubigers als neuer Hypothekeninhaber unter Bezugnahme auf den Überweisungsbeschluss in das Schiffsregister einzutragen (§ 837a Abs. 1 S. 2 ZPO). Eintragungsvoraussetzungen beim Schiffsregister sind der **formlose Eintragungsantrag** des Gläubigers und die Vorlage des Überweisungsbeschlusses. Der Beschluss ersetzt die Eintragungsbewilligung des § 29 SchRegO. Das Gericht prüft nach § 46 SchRegO, ob der Schuldner (der eingetragene Hypothekengläubiger) eingetragen ist. Ist dies nicht der Fall, muss das Schiffsregister zuvor berichtigt werden.

---

262 Staudinger/*Nöll* § 51 SchRG Rn. 3; *Prause* SchRG § 51.

b) Eintragungsmuster für die Pfändung einer ganzen Hypothek 634

Dritte Abteilung
Veränderungen

Lfd. Nr. der Sp. 1	Betrag	
4	5	6
1	20.000,– EUR	Nebenstehendes Recht ist mit der zugrunde liegenden Forderung gepfändet für ... wegen einer Forderung von ... nebst ...% Zinsen hieraus ... gemäß Pfändungsbeschluss des Amtsgerichts ... vom ... Az. ... Eingetragen am ...

Die Eintragung ist auf dem Schiffszertifikat und der Schuldurkunde zu vermerken.
Beglaubigte Kopie der Schuldurkunde fertigen und zu den Akten nehmen.
Nachrichten, Kosten

c) Eintragungsmuster für die Pfändung einer Teilforderung

Eingetragen sind unter lfd. Nr. 2: 20.000,– Euro 635

Dritte Abteilung
Veränderungen

Lfd. Nr. der Sp. 1	Betrag	
4	5	6
2 a	10.000,– EUR	Erstrangiger Teilbetrag von Zehntausend Euro mit der zugrunde liegenden Forderung gepfändet für...wegen einer Forderung von ... nebst ...% Zinsen hieraus ... gemäß Pfändungsbeschluss des Amtsgerichts ... vom ... Az. ... Eingetragen am ...

Die Eintragung ist auf dem Schiffszertifikat und der Schuldurkunde zu vermerken.
Beglaubigte Kopie der Schuldurkunde fertigen und zu den Akten nehmen
Nachrichten, Kosten

d) Pfändung der isolierten Forderung

Nach § 837 a Abs. 3 i. V. m. § 837 Abs. 3 ZPO kann antragsgemäß in Anwendung des 636
§ 75 Abs. 3 SchRG, der § 1190 Abs. 4 BGB in Bezug auf die isolierte Abtretung ent-

spricht, die Forderung ohne Hypothek gepfändet werden. Hierzu ist der Erlass eines Pfändungsbeschlusses gemäß § 829 Abs. 1 ZPO und dessen Zustellung an den persönlichen Schuldner (Drittschuldner) erforderlich (§ 829 Abs. 2 ZPO). Der Erlass eines Überweisungsbeschluss und die Zustellung an den Drittschuldner sind ebenfalls bei der Überweisung an Zahlungs statt zum Nennwert erforderlich.

12. Verpfändung einer Schiffshypothek

a) Allgemein

637 Eine Hypothekenforderung kann Gegenstand eines Pfandrechtes sein. Nach § 1274 BGB erfolgt die materiell-rechtliche Bestellung des Pfandrechts an einem Recht nach den Vorschriften, die für die Übertragung des Rechts gelten und damit bei der Schiffshypothek durch Einigung und Eintragung. Formell-rechtlich ist die **Eintragungsbewilligung** des Hypothekengläubigers erforderlich. Bei einer verpfändeten Gesamthypothek entsteht das Pfandrecht erst mit der Eintragung auf sämtlichen Schiffen bzw. Schiffsbauwerken. Bei der Verpfändung einer Teilhypothek ist der Rang zu beachten.

b) Die Verpfändungserklärung

638 In der Verpfändungserklärung, die formlos erfolgen kann, ist die Bezeichnung der Hypothekenforderung als Pfandrecht so zu wählen, dass diese eindeutig bestimmbar ist. Darüber hinaus muss die Erklärung wie bei einer Abtretung den Willen zur Verpfändung zum Ausdruck bringen und den/die Gläubiger genau benennen.

c) Eintragungsmuster einer Verpfändung

639 **Beispiel:** Für Friedrich Fisch ist eine Hypothek von 20.000,– Euro eingetragen, die zur Sicherung einer Darlehensforderung an Max Dorsch verpfändet wird. Die Verpfändung wird in Abteilung III in der Veränderungsspalte eingetragen.

Dritte Abteilung
Veränderungen

Lfd. Nr. der Sp. 1	Betrag	
4	5	6
	20.000,– EUR	Verpfändet mit den Zinsen seit ... an Max Dorsch, geb. ..., für eine diesem gegen Friedrich Fisch in Kiel, zustehenden zu 10% seit ... verzinsliche Darlehensforderung über zehntausend Euro. Gemäß Bewilligung vom ... UR-Nr. ... des Notars ... eingetragen am ... .

Die Eintragung ist auf dem Schiffszertifikat und der Schuldurkunde zu vermerken.
Beglaubigte Kopie der Schuldurkunde fertigen und zu den Akten nehmen
Nachrichten, Kosten

13. Löschung der Schiffshypothek

a) Allgemein

Das Erlöschen der Schiffshypothek hat **nicht** immer das Aufrücken der nachrangigen Hypotheken zur Folge, da nach dem SchRG dem Eigentümer die Möglichkeit gegeben wird, trotz Erlöschen der Schiffshypothek, aber **noch vor** deren Löschung aus dem Register, im Rang und bis zur Höhe der bisherigen Belastung unter bestimmten Bedingungen eine neue Schiffshypothek zu bestellen (§ 57 Abs. 3 SchRG).[263] Die nachrangigen Hypotheken rücken nicht auf, wenn die Hypothek mit dem Eigentum in derselben Person zusammentrifft (§ 64 Abs. 1 SchRG, wenn die Schiffshypothek durch Ausschlussurteil im Aufgebotsverfahren erlischt (§ 66 SchRG) und wenn der Gläubiger auf die Hypothek **verzichtet** (§ 57 Abs. 2 SchRG). 640

Dagegen findet ein **Aufrücken** des nachrangigen Hypothekengläubigers bei Erlöschen der Hypothek statt **bei** einer **rechtsgeschäftlichen Aufhebung** (§ 56 SchRG) und bei einem **Zuschlag** des Schiffs in der Zwangsversteigerung (§§ 162, 52 Abs. 1, 91 Abs. 1 ZVG), wenn das Recht des Gläubigers durch Zwangsversteigerung befriedigt wird (§ 57 Abs. 1 S. 2 SchRG).

---

263 *Hornung* Rpfleger 2003, 565.

b) Erlöschen der Forderung gemäß § 57 Abs. 1 SchRG

641 Mit dem Erlöschen der Forderung erlischt nach § 57 Abs. 1 SchRG auch die Schiffshypothek. Der Löschungsgrund der Forderung spielt hierbei keine Rolle. Die Forderung kann erlöschen durch Zahlung, Aufrechnung, Hinterlegung unter Rücknahmeverzicht oder Erlass. Da die Hypothek mit dem Erlöschen der Forderung bereits untergegangen ist, ist die Löschung im Register lediglich **eine Registerberichtigung** unter Zustimmung des Eigentümers nach § 35 S. 1 SchRegO. Der Eigentümer verzichtet hierbei mit der Löschung der Hypothek auf die offene Rangstelle. Die Zustimmung hat in der Form des § 37 SchRegO zu erfolgen.

c) Muster einer Anmeldung und Eintragungsverfügung

642 Anzumelden ist die Löschung durch den Eigentümer des Schiffes in öffentlich beglaubigter Schriftform des § 37 SchRegO.

Mustertext einer Anmeldung:
Ich beantrage die Löschung der im Seeschiffsregister Kiel SSR ... in Abteilung III Nr. ... eingetragenen Hypothek in Höhe von ... Eine Löschungsbewilligung/löschungsfähige Quittung ist diesem Antrag beigefügt.

Mit einzureichen ist das Schiffszertifikat und **die** Löschungsbewilligung oder löschungsfähige Quittung in öffentlich beglaubigter Form des Berechtigten Abt. III. Sparkassen und weitere Körperschaften des öffentlichen Rechts haben das Recht zur **Siegelführung** und bedürfen bei Siegelabdruck und Unterschrift nicht der Unterschriftsbeglaubigung (§ 67 BeurkG). Die Löschung im Schiffsregister erfolgt in Abteilung III durch Eintragung der Löschung unter Angabe des gelöschten Betrages in Buchstaben in den Spalten 7 und 8 (§ 29 Abs. 1 Nr. 7 und 8 SchRegDV).

Eintragungsmuster

Dritte Abteilung
Schiffshypotheken, Nießbrauch, Pfandrechte an Schiffsparten

Löschungen

7	8
2	Fünfzigtausend Euro gelöscht am ...

Die bisherige Eintragung in Abt. III unter lfd. Nr. 2 in den Spalten 1–3 röten – wie Handbl.
Eintragung und entsprechende Rötung auf dem Schiffszertifikat vermerken
Nachrichten, Kosten

---

d) Die rechtsgeschäftliche Aufhebung nach § 56 SchRG

Die rechtsgeschäftliche Aufhebung der Schiffshypothek vollzieht sich nach § 56 SchRG. wobei § 56 Abs. 1 SchRG den §§ 875 Abs. 1, 1183 BGB; 56 Abs. 2 SchRG dem § 875 Abs. 2 BGB und § 56 Abs. 3 SchRG dem § 878 BGB entspricht.[264] Für die Aufhebung ist die Erklärung zur Aufgabe durch den Gläubiger und die Eintragung in das Register erforderlich. Eine Zustimmung des Eigentümers nach § 56 Abs. 1 SchRG ist ebenfalls notwendig. Nach § 56 Abs. 2 SchRG hat der Gläubiger gegenüber dem Eigentümer, einem nachrangigen Berechtigten oder dem Registergericht die Aufhebung zu erklären. Der Gläubiger ist an seine Aufgabeerklärung nur gebunden, wenn diese in einem Löschungsantrag gegenüber dem Registergericht in der Form des § 37 SchRegO abgegeben oder die Löschungsbewilligung dem Eigentümer in der Form des § 37 SchRegO ausgehändigt wurde. Ist die die Zustimmung des Eigentümers dem Gläubiger oder dem Registergericht zugegangen, so ist diese unwiderruflich (§ 56 Abs. 3 SchRG). Nachrangige Hypotheken rücken bei einer rechtsgeschäftlichen Aufhebung stets auf.[265] Formelle Voraussetzungen für die Löschung sind: Ein **Löschungsantrag** nach § 23 SchRegO, die **Löschungsbewilligung** des aufhebenden Gläubigers nach §§ 29, 37 SchRegO, die **Zustimmung** des Eigentümers nach §§ 35, 37 SchRegO und die **Voreintragung** des aufhebenden Gläubigers gemäß § 46 SchRegO. **Antragsberechtigt** sind nur der Eigentümer und der Gläubiger als unmittelbar Beteiligte nach § 23 Abs. 2 SchRegO. Mittelbar Beteiligte wie zum Beispiel nachrangige Gläubiger haben kein Antragsrecht. Wird von dem Aufhebenden die Aufhebungserklärung und der Löschungsantrag in einer Urkunde zugleich gegenüber dem Registergericht abgegeben, dann handelt es sich um einen gemischten Antrag, der der Form des § 37 SchRegO bedarf. Dieser oder ein notariell-beglaubigter Löschungsantrag ersetzt die Löschungsbewilligung nach § 29 SchRegO. Eine nachträgliche Verfügungsbeschränkung des Gläubigers kann eine Löschung nicht verhindern, wenn die Aufhebungserklärung für den Gläubiger bindend geworden und der Eigentümer als Erwerber den Löschungsantrag gestellt hat (§ 56 Abs. 3 SchRG). Die Löschung erfolgt im Schiffsregister durch die Eintragung eines Löschungsvermerks gemäß § 50 Abs. 1 SchRG. Im Seeschiffsregister wird der Vermerk in Abteilung III in den Spalten 7 und 8 eingetragen (§ 29 Abs. 1 Nr. 7 und 8 SchRegDV). 643

e) Der Verzicht nach § 57 Abs. 2 SchRG

Ein Verzicht auf die Schiffhypothek darf nicht mit einer rechtsgeschäftlichen Aufhebung der Schiffshypothek verwechselt werden. Die Aufhebung bedeutet die Aufgabe 644

264 Staudinger/*Nöll* § 56 Rn. 1; *Prause* § 56 SchRG.
265 *Prause* SchRG § 56.

des Rechts mit der Wirkung, dass das Recht „verschwindet" und der Eigentümer nur die Löschung beantragen kann. Eine Eintragung einer Hypothek nach § 56 Abs. 3 SchRG ist bei einer rechtsgeschäftlichen Aufhebung ausgeschlossen. Der Verzicht eines Gläubigers bedeutet die **Aufgabe des Rechts** ohne die Wirkung des „Verschwindens" mit der rechtlichen Folge, dass **eine offene Rangstelle** oder eine Eigentümergrundschuld entsteht (§ 57 Abs. 3 SchRG). Damit rücken bei einer Aufhebung die nachrangigen Hypothekare auf, bei einem Verzicht aber nicht.[266] Dies gilt jedoch nur für **Hypotheken** untereinander und nicht gegenüber dem **Nießbrauch** (§ 82 Abs. 2 SchRG).[267] Der Verzicht des Gläubigers ist durch eine **materiellrechtlich formlose,** einseitige Erklärung gegenüber dem Eigentümer oder dem Registergericht zu erklären und in das Schiffsregister einzutragen (§ 57 Abs. 2 S. 2 SchRG). **Antragsberechtigt** ist der Gläubiger oder der Eigentümer nach § 23 SchRegO.

Einzureichen ist ebenfalls eine notariell-beglaubigte Eintragungsbewilligung des Gläubigers nach §§ 29, 37 SchRegO. Mögliche Drittberechtigte, deren Rechte als Belastung an der Hypothek bestehen und durch den **Verzicht verloren** gehen, haben nach §§ 57 Abs. 2 S. 2, 54 Abs. 2 SchRG zuzustimmen und dies dem Schiffsregistergericht in der Form des § 37 SchRegO anzuzeigen. Eine Löschung erfolgt nur mit Zustimmung des Eigentümers (§ 35 SchRG). Die Eintragung erfolgt in **Abteilung III** in den **Veränderungsspalten 4 bis 6** des Schiffsregisters (§ 29 Abs. 1 Nr. 4–6 SchRegDV), im **Schiffsbauregister** in den **Spalten 4 und 5** (§ 57 Abs. 1 Nr. 4, 5 SchRegDV). Eine Löschung findet nach § 57 Abs. 3 SchRG **nicht statt.**

Eintragungsmuster

Veränderungen

Lf.Nr d. Sp. 1	Betrag	
4	5	6
1	50.000,– EUR	Der Gläubiger hat auf nebenstehende Hypothek verzichtet. Eingetragen am ...

Eintragung auf dem Schiffszertifikat vermerken und an Einsender mit E/R zurücksenden
Nachrichten, Kosten

---

266 *Krohn* S. 103.
267 Staudinger/*Nöll* § 82 SchRG Rn. 3.

Eine mögliche Löschung der Hypothek aus dem Register ist dann eine Berichtigung desselben und geschieht auf Antrag des Eigentümers (§ 35 SchRegO).[268]

f) Die Teillöschung einer Hypothek

Wird nur ein Teil der Schiffshypothek gelöscht, so ist in Abteilung III Spalte 7 und 8 der gelöschte Teilbetrag einzutragen und in Spalte 2 der gelöschte Teil von dem Betrag abzuschreiben (§ 29 Abs. 1 Nr. 8 SchRegDV). Für das Binnenschiffsregister gilt § 36 SchRegDV, für das Schiffsbauregister § 53 Abs. 1 Nr. 7 SchRegDV. **645**

Beispiel: Im Schiffsregister ist unter der laufenden Nr. 1 eine Hypothek in Höhe von 200.000,– Euro eingetragen. Es ist ein Teilbetrag von 50.000,– Euro nebst Zinsen bezahlt, der Gläubiger bewilligt die Löschung des nachrangigen Teilbetrages und der Eigentümer bewilligt und beantragt die Löschung des Teilbetrages.

Eintragungsmuster **646**

Dritte Abteilung
Schiffshypotheken, Nießbrauch, Pfandrechte an Schiffsparten

Laufende Nummer	Betrag	Inhalt der Eintragung
1	2	3
1	200.000,– EUR – 50.000,– EUR 150.000,– EUR	Eintragungstext der Hypothek

Löschungen

7	8
1	Fünfzigtausend Euro gelöscht am ...

Eintragung auf dem Schiffszertifikat vermerken und an Einsender mit E/R zurücksenden
Nachrichten, Kosten nach dem Wert des gelöschten Betrages.

---

268 Staudinger/*Nöll* § 57 SchRG Rn 5.

14. Erlöschen einer Schiffshypothek im Aufgebotsverfahren

a) Allgemein

647 Geregelt ist das Aufgebotsverfahren zur Ausschließung eines Schiffshypothekengläubigers in § 452 FamFG i.V.m. §§ 448 bis 451 FamFG (vormals § 987 a S. 1 ZPO i.V.m. §§ 984–987 a ZPO). Nach § 66 SchRG, der dem § 1170 BGB entspricht, und § 67 SchRG, der dem § 1171 BGB entspricht, kann der unbekannte Schiffshypothekengläubiger im Aufgebotsverfahren mit seinem Recht ausgeschlossen werden. Geht die Hypothek auf den Eigentümer über, so entsteht im Schiffsregister eine offene Rangstelle nach §§ 66 Abs. 2 S. 2, 67 Abs. 2 und 57 Abs. 1 S. 1, Abs. 3 SchRG. Eine **Ausnahme** besteht bei einer Gesamthypothek nach § 71 S. 2 SchRG. Nach dieser Vorschrift steht dem Gläubiger nach dem Ausschließungsbeschluss keine Rangbefugnis (§ 57 Abs. 3 SchRG) an den frei werdenden Schiffen mehr zu. An den übrigen Schiffen bestehen die Hypotheken in voller Höhe fort.[269]

b) Zuständigkeit

648 **Zuständig** ist das Registergericht, bei dem das Schiffs- bzw. Schiffsbauregister geführt wird (§ 452 Abs. 2 FamFG, § 1 SchRegO). Funktionell zuständig ist der Rechtspfleger nach § 3 Nr. 1 c RPflG.

c) Antragsberechtigt/Glaubhaftmachung

649 **Antragsberechtigt** ist nach § 448 Abs. 1 FamFG der **Eigentümer** eines Schiffes oder Schiffsbauwerkes. Ebenfalls antragsberechtigt ist ein im Rang gleich- oder nachstehender Gläubiger, zu dessen Gunsten eine Löschungsvormerkung nach § 58 SchRG eingetragen ist (§ 448 Abs. 2 S. 1 FamFG). Bei einer Gesamthypothek ist außerdem derjenige antragsberechtigt, der aufgrund eines im Rang gleich- oder nachstehenden Rechts Befriedigung aus einem belastetem Schiff oder Schiffsbauwerk verlangen kann (§ 448 Abs. 2 S. 2 FamFG). Der Antragsteller hat glaubhaft zu machen, dass der Gläubiger unbekannt ist (§ 449 FamFG). Dies kann auch durch eine eidesstattliche Versicherung nach § 294 ZPO geschehen. Man unterscheidet **zwei Fälle:** Aufgebot durch **Fristablauf nach** § 66 SchRG und Aufgebot durch **Hinterlegung** nach § 67 SchRG.

---

269 Staudinger/*Nöll* § 71 SchRG Rn. 2.

d) Aufgebot nach Fristablauf (§ 66 SchRG)

Nach § 66 SchRG kann der Eigentümer im Wege des Aufgebotsverfahrens den unbekannten Gläubiger ausschließen, wenn seit der letzten Eintragung der betreffenden Schiffshypothek **10 Jahre** verstrichen sind und in dieser Frist keine nach § 212 BGB den Neubeginn der Verjährung bewirkende Anerkennungshandlung des Eigentümers vorgenommen wurde. Voraussetzung für das Verfahren ist, dass der **Gläubiger unbekannt** ist. 650

Unbekannt ist der Gläubiger im Sinne des § 66 SchRG, wenn zwar der Name, aber nicht der Aufenthalt bekannt ist. Ist der Gläubiger verstorben, so kann auch das Aufgebotsverfahren gegen die **unbekannten Erben** durchgeführt werden.[270] Mit der Rechtskraft des Ausschließungsbeschluss erlischt die Schiffshypothek mit sofortiger Wirkung (§ 66 Abs. 2 SchRG). Da § 66 Abs. 2 S. 2 SchRG auf § 57 Abs. 3 SchRG verweist, entsteht mit dem Erlöschen der Schiffshypothek eine offene Rangstelle.

e) Aufgebot nach Hinterlegung (§ 67 SchRG)

Will der Eigentümer die Schiffshypothek des unbekannten Gläubigers **vor Fristablauf** von 10 Jahren löschen lassen, so kann das Aufgebotsverfahren eingeleitet werden, wenn der Eigentümer zur Befriedung des Gläubigers oder zur Kündigung berechtigt und den Betrag der Forderung für den Gläubiger unter **Verzicht auf das Recht zur Rücknahme** hinterlegt ist (§ 67 Abs. 1 S. 1 SchRG, § 451 FamFG). Eine Hinterlegung von Zinsen ist nur erforderlich, wenn der **Zinssatz** im Schiffsregister eingetragen ist. Zinsen, die früher als vier vollständige Kalenderjahre vor Erlass des Ausschließungsbeschluss angefallen sind, sind nicht zu hinterlegen (§ 67 Abs. 2 S. 2 SchRG). 651

Die Hinterlegungsstelle ist nach der **Hinterlegungsordnung** das Amtsgericht. 652
Die Hinterlegung richtet sich nach §§ 372 ff. BGB.[271]

B. Der Rang der Hypothek im Schiffsregister

1. Grundsatz

Bei mehreren Hypotheken bestimmt sich der Rang nach der Reihenfolge der Eintra- 653
gungen nach § 25 Abs. 1 S. 1 SchRG, der der Vorschrift des § 879 BGB entspricht

270 *Heinerici/Gilgan* S. 404.
271 Staudinger/*Nöll* § 67 SchRG Rn. 2.

(Prioritätsgrundsatz). Diese Reihenfolge richtet sich jedoch maßgeblich nach der **Reihenfolge** der Anträge (§§ 49 Abs. 1, 27 SchRegO). Das **Rangverhältnis untereinander** gilt nur zwischen Hypotheken und dem Nießbrauch, nicht jedoch zu eingetragenen Pfandrechten an Schiffsparten (§ 29 Abs. 2 Nr. 3 SchRegDV)[272]. Nach § 25 Abs. 1 S. 2 SchRG entsteht das **Rangverhältnis** mit Eintragung auch dann, wenn die erforderliche Einigung zur Bestellung der Schiffshypothek erst nach der Eintragung zustande gekommen ist. Der Grundsatz der Rangordnung des Vorzugs des zeitlich **früher** entstandenen Rechts vor dem **später begründeten Recht** muss nicht dauerhaft festgeschrieben sein, sondern ist nach § 25 Abs. 2 SchRG abänderbar. Damit kann auch mit Antragstellung eine Rangbestimmung oder bei einer bestehenden Rangfolge eine Rangänderung beantragt werden. Gehen mehrere Anträge **gleichzeitig** bei dem Schiffsregister ein und enthalten die Anträge keine Rangbestimmung, so erfolgt die Eintragung mit dem Vermerk, dass die Rechte den gleichen Rang haben (§ 49 Abs. 1 SchRegO). Nach § 49 Abs. 2 SchRegO sind bei mehreren Eintragungen, die zu unterschiedlichen Zeiten beantragt wurden und zwischen denen ein Rangverhältnis besteht, in verschiedenen Abteilungen mit dem gleichen Datum eingetragen, so ist im Schiffsregister zu vermerken, dass die später beantragte Eintragung der früher beantragten Eintragung im Range nachsteht. Da im Schiffssachenrecht Eintragungen in **verschiedenen Abteilungen,** wie z.B. ein Veräußerungsverbot oder eine Verfügungsbeschränkung, die sich auf das Eigentum am Schiff bezieht, und die Eintragung von beschränkten dinglichen Rechten, wie Hypothek und Nießbrauch, untereinander kein Rangverhältnis begründen können, erscheint die Anwendung nahezu ausgeschlossen.[273] Weitere Rangvorschriften finden sich in §§ 57, 59, 68 und 69 SchRG.

2. Bedeutung des Rangs im Schiffsregister

654 Von Bedeutung ist der Rang eines Rechts im Rahmen von Zwangsvollstreckungsmaßnahmen, insbesondere bei einer Zwangsversteigerung. Rechte, die dem betreibenden Gläubiger bei einer Zwangsversteigerung vorgehen, bleiben beim Zuschlag erhalten und werden vom Ersteher übernommen (§§ 44 Abs. 1, 52 Abs. 1, 91 Abs. 1 ZVG). Das Recht des betreibenden Gläubigers und die nachrangigen Rechte erlöschen mit dem Zuschlag am Schiff und setzen sich an dem Anspruch des ehemaligen Eigentümers gegen den Ersteher am Erlös in der nach § 10 ZVG vorgegebenen Rangfolge fort. Ein vorrangiger Gläubiger hat damit einen Vorteil gegenüber einem nachrangigen Gläubiger, seine Forderung durchzusetzen. Im Gegensatz zu Hypotheken im Grundstücksrecht kommt der Rangfrage der Schiffshypotheken im Schiffssa-

272 *Prause* SchRG § 25.

273 *Prause* SchRegO § 49.

chenrecht eine größere Bedeutung zu, da neben den im Schiffsregister eingetragen Rechten noch die **nicht registrierbaren Schiffsgläubigerrechte** vorhanden sein können, die den eingetragenen Hypotheken im Rang vorgehen (§ 761 HGB). Der **gesetzliche Vorrang** der Schiffsgläubigerrechte ist nicht abdingbar. Die gesetzlichen Rangvorschriften der §§ 25 ff. SchRG betreffen nur den Rang registrierbarer Rechte.[274]

a) Die formelle Wirkung des Rangs

Die Vorschriften § 49 Abs. 1 und 2 SchRegO regelt das Rangverhältnis mehrerer Ein- 655
tragungen in einer Abteilung des Schiffsregisters. § 49 Abs. 3 SchRegO hebt die Absätze 1 und 2 auf, wenn ein anderes Rangverhältnis von den Antragstellern abweichend bestimmt wird. Diese Vorschrift entspricht § 45 GBO. Nach § 49 Abs. 1 SchRegO bestimmt sich das Rangverhältnis nach der Zeitfolge der eingehenden Anträge. § 2 Abs. 1 SchRegO verlangt, dass die **Anträge** mit **Uhrzeit und Namenszeichen** zu präsentieren sind. Gehen die Anträge **gleichzeitig** ein, so ist im Schiffsregister zu vermerken, dass die Rechte den gleichen Rang haben. Die Vorschrift des § 49 Abs. 2 SchRegO regelt das Rangverhältnis bei mehreren Rechten, die nicht gleichzeitig beantragt wurden und zwischen denen ein Rangverhältnis besteht, die aber in verschiedene Abteilungen des Schiffsregisters mit gleichem Datum eingetragen werden. In diesen Fall ist das Rangverhältnis im Schiffsregister zu vermerken (§ 49 Abs. 2 SchRegO).

Beispiel: Es werden zum Schiffsregister ein Antrag auf Vormerkung zur Übertragung des Eigentums und ein Antrag auf Eintragung einer Hypothek gestellt. Der Antrag auf Vormerkung wird mit 9.15 Uhr, der Hypothekenantrag mit 9.16 Uhr präsentiert. Eine Rangbestimmung enthalten die Anträge nicht. Bei der Vormerkung ist einzutragen: im Rang vor dem Recht Abt. III Nr. ...
Und bei der Hypothek: im Rang nach dem Recht Abt. II Nr. ...
In Anwendung des § 18 GBV ist der Rangvermerk bei dem **vortretenden** und dem **zurücktretenden** Recht einzutragen.[275]

b) Die materielle Wirkung des Rangs

Ist ein Schiff mit mehreren Rechten belastet, so bestimmt sich der Rang nach 656
der Reihenfolge der Eintragung gemäß § 25 Abs. 1 S. 1 SchRG. Das Rangverhältnis zwischen einem **Nießbrauch** und einer **Hypothek** bestimmt sich nach dem Zeitpunkt der Eintragung und nicht nach der Reihenfolge (§ 82 Abs. 2

274 *Rabe* vor § 476 Rn. 24.
275 *Schöner/Stöber* Rn. 2566.

SchRG).[276] Damit hat ein Recht mit einem früheren Eintragungsdatum den Vorrang (§ 82 Abs. 2 S. 2 SchRG).

Beispiel: Eingetragen ist eine Hypothek A mit Datum 1.5., ein Nießbrauch N mit Datum 1.7. und eine weitere Hypothek B mit Datum 1.8. Die Rangfolge ist A, N und B. Wird die Hypothek A am 1.10. von dem Eigentümer getilgt, so erwirbt Eigentümer die offene Rangstelle nach § 57 Abs. 3 SchRG. Bestellt nun der Eigentümer am 1.12. eine neue Hypothek für D an der offenen Rangstelle der Hypothek A, so ist die Rangfolge: N, D und B.[277] Auch so kann der Rang nachträglich geändert werden (§ 26 SchRG). Für die Rangänderung sind die **Einigung** des zurücktretenden und des vortretenden Berechtigten sowie die Eintragung in das Schiffsregister erforderlich. Da im Schiffsregister nur Hypotheken eingetragen werden, ist die Zustimmung des Eigentümers ebenfalls erforderlich. Eine Zustimmung des Berechtigten eines Zwischenrechts ist nicht erforderlich, da nach § 26 Abs. 5 SchRG die Zwischenrechte durch eine Rangänderung keine Vor-oder Nachteile haben dürfen.

3. Die Rangbestimmung

657 Der gesetzliche Rang bestimmt sich nach der Reihenfolge der Eintragungen gemäß § 25 Abs. 1 S. 1 SchRG, der § 879 BGB entspricht. Diese gilt auch dann, wenn die erforderliche Eintragung erst später erfolgt (§ 25 Abs. 1 S. 2 SchRG). **Maßgebend** für den Rang ist die Zeitfolge des Eingangs bei Gericht nach § 49 Abs. 1 SchRegO, sofern nicht schon aus der Eintragungsbewilligung ein anderes Rangverhältnis bestimmt wird. Das bedeutet, dass eine Rangbestimmung schon in der Eintragungsbewilligung getroffen werden kann. Soll eine **abweichende** Bestimmung getroffen werden, ist hierzu der **Eintragungsantrag** des Eigentümers oder der Gläubiger (§ 23 Abs. 2 SchRG, der dem § 13 Abs. 1 S. 2 GBO entspricht) und die Eintragungsbewilligung des Eigentümers (§§ 29,39 Abs. 1 SchRegO, entspricht §§ 19, 29 GBO) erforderlich. Von der materiell-rechtlichen Abweichungsbestimmung, welche formfrei ist, ist die formell-rechtliche Abweichungsbestimmung nach § 49 Abs. 3 SchRegO zu unterscheiden, die für das Schiffsregister relevant ist und in der Form des § 37 SchRegO gegenüber dem Registergericht zu erklären ist.[278] Ebenfalls der Form des § 37 SchRegO bedarf es, wenn die Änderungen in einem Antrag des Eigentümers oder eines Gläubigers erklärt werden. Es genügt auch, wenn die abweichende Rang bestimmung durch die Eintragungsbewilligung des Eigentümers nachgewiesen wird.

---

276 Staudinger/*Nöll* § 82 SchRG Rn. 3.

277 *Krohn* S. 124.

278 Staudinger/*Nöll* § 25 SchRG Rn. 3.

4. Die Rangänderung

Die Rangänderung einer Schiffshypothek ist in § 26 SchRG geregelt und auch nachträglich möglich. Mit der Möglichkeit eines Rangtausches, eines Gleichranges oder eines Rücktritts können Hypotheken eine andere Rangstelle einnehmen. Der nachträglichen Rangänderung steht der Rangrücktritt einer bereits eingetragenen Hypothek gleich, die den Vorrang für eine neu einzutragenden Hypothek freimacht (§ 26 Abs. 1 S 2 SchRG).[279] Die Zulässigkeit der nachträglichen Rangänderung beschränkt sich nicht nur auf Hypotheken, sondern erstreckt sich auch auf alle Rechte in Abt. II und Abt. III des Schiffsregisters. 658

a) Materielle und formelle Voraussetzungen

Zur **nachträglichen** Rangänderung bedarf es der materiell-rechtlich formfreien Einigung zwischen dem Gläubiger des vor-und zurücktretenden Rechts und der Eintragung in das Schiffsregister gemäß § 26 Abs. 2 S. 1 SchRG. Nach § 26 Abs. 2 S. 1 SchRG i.V.m. § 3 Abs. 2 SchRG (letzte Vorschrift gilt sinngemäß auch für die Bestellung von Hypotheken) ist die Einigung für die Beteiligten nur bindend, wenn diese notariell beurkundet, oder der Zurücktretende dem Vortretenden eine notariell beglaubigte Eintragungsbewilligung ausgehändigt hat. Bei einer Rangänderung handelt es sich in der Regel um einen Rangtausch eines vortretenden und eines zurücktretenden Rechts. **Beteiligte** sind somit der **vor- und zurücktretende Gläubiger** und der **Eigentümer**. Ist die zurücktretende Schiffshypothek mit einem Recht eines Dritten belastet, so ist auch der Dritte Beteiligter nach § 26 Abs. 3 SchRG. Zu einer Rangänderung ist die **Einigung** des zurücktretenden und des vortretenden Berechtigten und die **Zustimmung** des Eigentümers und die **Eintragung** in das Schiffsregister erforderlich (§ 26 Abs. 2 SchRG). Ist die zurücktretende Hypothek mit einem Pfandrecht belastet so ist auch die Zustimmung des **Pfandgläubigers** erforderlich § 26 Abs. 3 SchRG. Weitere Eintragungsvoraussetzung ist der Eintragungsantrag gemäß § 23 Abs. 1 SchRegO. Antragsberechtigt sind der Hypothekar des vor- und zurücktretenden Rechts als unmittelbar Beteiligten nach § 23 Abs. 2 SchRegO. 659

Zum **Antragsrecht des Eigentümers** gibt es unterschiedliche Meinungen. Die herrschende Meinung bejaht das Antragsrecht des Eigentümers, da im Falle des Rangrücktritts eines Grundpfandrechts das Anwartschaftsrecht des Eigentümers auf die offene Rangstelle (§ 57 Abs. 3 SchRG) betroffen ist.[280] Die Mindermeinung sieht nur eine „mittelbare Betroffenheit“ und schließt das Antragsrecht aus.[281] Das An- 660

279 *Abraham* Schiffshypothek S. 254.

280 Staudinger/*Kutter* § 880 BGB Rn. 30.

281 *Böttcher* Rpfleger 1982, 52.

tragsrecht eines zurücktretenden Pfandgläubigers an einem zurücktretenden Recht ist ebenfalls ausgeschlossen, obwohl nach § 26 Abs. 3 SchRG die Zustimmung bzw. Bewilligung erforderlich ist[282].

661 Die **Eintragungsbewilligung** (§§ 29, 37 SchRegO) haben der **Zurücktretende** und der **Eigentümer** sowie gegebenenfalls die Gläubiger von Belastungen der Hypothek (§ 26 Abs. 3 SchRG) abzugeben. Stellt der Eigentümer den Eintragungsantrag nach § 23 SchRegO, dann wird dadurch seine Bewilligung ersetzt, wenn der Eintragungsantrag in der **Form** des § 37 SchRegO gestellt wird.

b) Rangänderung und Zwischenrechte

662 Nach § 26 Abs. 5 SchRG werden **Zwischenrechte** von der Rangänderung nicht berührt. Das bedeutet, dass die Zwischenrechte trotz der Rangänderung des vorgehenden Rechts ihren Rang, den sie vor der Rangänderung hatten, behalten. Für das Zwischenrecht dürfen somit weder Vor- noch Nachteile entstehen. Dies gilt auch in Falle einer Zwangsversteigerung.

Beispiel:

Belastung vor der Rangänderung		Belastung nach der Rangänderung	Das Recht Nr. 1 hat dem Recht Nr. 3 den Vorrang eingeräumt
Hypothek I für A	20.000,– EUR	Hypothek III	Teilbetrag aus C 20.000,– EUR
Hypothek II für B	10.000,– EUR	Hypothek II	Zwischenrecht B 10.000,– EUR
Hypothek III für C	30.000,– EUR	Hypothek III	Restbetrag C 10.000,– EUR
		Hypothek I	Recht A 20.000,– EUR

Nach dem aufgeführten Beispiel ist das vortretende Recht C größer als das zurücktretende Recht A und kann bei einer Zwangsversteigerung nur in Höhe des zurücktretenden Rechts A den Vorrang bekommen und tritt dann dem restlichen Teil hinter das Zwischenrecht B und mit restlichen 10.000,– Euro von C vor dem zurücktretenden Recht A.

c) Eintragung der Rangänderung

663 Die Eintragung einer Rangänderung von bereits eingetragen Schiffshypotheken erfolgt in Abt. III Sp. 4–6 § 29 Abs. 1 Nr. 4–6. In Anwendung des § 18 GBV aus dem

282 *Krohn* S. 127.

Grundbuchrecht ist der Rangvermerk bei dem zurücktretenden und vortretenden Recht zu vermerken.[283] Zur materiellen Wirksamkeit genügt jedoch nach überwiegender Meinung die Eintragung bei dem zurücktretenden Recht.[284] Für das Binnenschiffsregister: § 36 SchRegDV. für das Schiffsbauregister in Abt. III Sp. 4 und 5: § 53 Abs. 1 Nr. 4 und 5 SchRegDV.

Eintragungsmuster

Dritte Abteilung
Schiffshypotheken, Nießbrauch, Pfandrechte an Schiffsparten

Lf.Nr d. Sp. 1	Betrag	
4	5	6
1 2	50.000,– EUR 100.000,– EUR	Das Recht Abt. III Nr. 1 hat dem Recht Abt. III Nr. 2 den Vorrang eingeräumt. Eingetragen am ...

Eintragungsmuster

Das vortretende Recht wird neu eingetragen, das zurücktretende Recht ist schon eingetragen.

Dritte Abteilung
Schiffshypotheken, Nießbrauch, Pfandrechte an Schiffsparten

Laufende Nummer	Betrag	Inhalt der Eintragung
1	2	3
2	100.000,– EUR	Einhunderttausend Euro Schiffshypothek aus abstraktem Schuldversprechen nebst 15% Zinsen die ... mit Sitz in .... Der jeweiligen Eigentümer ist der Zwangsvollstreckung unterworfen. Unter Bezugnahme auf die Bewilligung vom ... des Notars ... UR-Nr. ... im Rang vor dem Recht Abt. III Nr. 1 eingetragen am

283 *Schöner/Stöber* Rn 2566.
284 *MünchKomm BGB-Wacke* § 880 BGB Rn 9.

Veränderungen

Lf.Nr d. Sp. 1	Betrag	
4	5	6
1	50.000,– EUR	Dem Recht Abt. III Nr. 2 ist der Vorrang eingeräumt. Eingetragen am ...

Die Eintragung ist auf dem Schiffszertifikat zu vermerken und an Einsender mit E/R zu versenden.
Nachrichten, Kosten

d) Rangänderung zwischen mehreren Teilhypotheken

664 Ist nach § 26 Abs. 6 SchRG die Teilung einer Hypothek **ohne Zustimmung** des Eigentümers möglich, ist auch eine Vorrangs- und Nachrangsbestimmung der Teilrechte ohne Zustimmung des Eigentümers möglich, da die für den Eigentümer bedeutsame offene Rangstelle durch eine Teilung der Hypothek nicht beeinträchtigt wird (§ 26 Abs. 6 SchRG).[285]

e) Erlöschen des Rangs

665 Erlischt das zurücktretende Recht nachträglich durch **Rechtsgeschäft**, bleibt dies für das vortretende Recht ohne Bedeutung (§ 26 Abs. 4 SchRG), da sich an dem vortretenden Recht und dem Zwischenrecht nichts ändert. **Erlischt** das vortretende Recht, dann wird damit die Rangänderung aufgehoben und das zurückgetretene Recht tritt wieder an die alte Rechtsposition vor das Zwischenrecht. Nach § 26 Abs. 5 SchRG darf das Zwischenrecht weder Vorteile noch Nachteile haben.

5. Der Rangvorbehalt

a) Begriff und Zweck

666 Der Rangvorbehalt nach § 27 Abs. 1 SchRG gibt dem Eigentümer die Möglichkeit, sich bei der Belastung des Schiffs mit einem Recht die Befugnis vorzubehalten, ein anderes Recht mit Vorrang eintragen zu lassen.[286] Möglich ist auch die Bestellung

285 *Prause* SchRG § 26.
286 *Abraham* Schiffshypothek S. 255.

eines Vorbehalts zur Sicherung eines **Gleichrangs** einer später zu bestellenden Hypothek. Die Vorschrift des § 27 Abs. 1 SchRG entspricht der des § 881 BGB und ersetzt die im Schiffsrecht nicht vorhandene anfängliche **Eigentümergrundschuld.**[287] Der Sinn für den Schiffseigentümer liegt darin, sich zu einem späteren Zeitpunkt ein günstiges Darlehen zu beschaffen, indem ein Rang im Verhältnis zu anderen eingetragenen Rechten und zu einer besseren Rangstelle eingeräumt wird. Der Rang kann dann später ausgenutzt werden. Zu beachten ist jedoch, dass Rangvorbehalt und Rangrücktritt nach dem Wortlaut von § 27 Abs. 1 SchRG nur für **Schiffshypotheken untereinander** gelten.[288]

b) Inhalt des Rangvorbehalts

Im Gegensatz zu § 881 BGB gibt § 27 SchRG **nur** die Möglichkeit für ein rechtsge- 667
schäftlich bestellte **Hypothek** einen **Rangvorbehalt** eintragen zu lassen. Dieses Recht muss nach Inhalt und Umfang bestimmbar sein. Ein Berechtigter muss nicht angegeben werden und dürfte auch in der Regel noch nicht feststehen. Wird das Schiff veräußert, geht der Rangvorbehalt auf den Erwerber nach § 27 Abs. 3 SchRG über. Der Rangvorbehalt ist **an das Schiff gebunden** und damit auch nicht selbständig übertragbar, nicht verpfändbar und auch nicht pfändbar.[289]

c) Form-und Antragsvoraussetzung für einen Rangvorbehalt

Der Vorbehalt muss bei der Schiffshypothek eingetragen werden, die zurücktreten 668
soll (§ 27 Abs. 2 SchRG). Die Eintragung von Hypothek und Vorbehalt erfolgt in Abt. III des Schiffsregisters in Sp. 1–3 gemäß § 29 Abs. 1 Nr. 1–3 SchRegDV. Für Binnenschiffe gilt § 36, für Schiffsbauwerke § 53 SchRegDV.

Notwendiger Eintragungsinhalt ist die **bestimmte Bezeichnung** des Umfangs der Hypothek hinsichtlich der Haupt- und Nebenforderung sowie der Zinsen nach § 24 Abs. 1 SchRG.

Eine Bezugnahme auf die Eintragungsbewilligung ist nur bezüglich der inhaltlichen Beschränkung des Vorbehalts und der Bedingungen und Befristungen zulässig.[290]

Der **Rangvorbehalt** bedarf zu seiner Entstehung **materiell-rechtlich** der **Einigung** zwischen dem **Eigentümer** und dem **Inhaber** des durch den Vorbehalt be-

287 Staudinger/*Nöll* § 27 SchRG Rn. 1.
288 Staudinger/*Nöll* § 27 SchRG Rn. 3.
289 *Prause* SchRG § 27.
290 *Demharter* § 45 Rn. 40.

schränkten Rechts und der Eintragung. **Formell-rechtlich** bedarf der Vorbehalt, der zugleich mit dem Recht eingetragen wird, der Bewilligung des Eigentümers in der Form des § 37 SchRegO.

d) Eintragungsmuster

669 Schiffshypothek mit Unterwerfungsklausel und Rangvorbehalt zugunsten eines noch einzutragenden Gläubigers i.H.v. 80.000,– Euro nebst Zinsen und Nebenleistungen.

Dritte Abteilung
Schiffshypotheken, Nießbrauch, Pfandrechte an Schiffsparten

Laufende Nummer	Betrag	Inhalt der Eintragung
1	2	3
4	60.000,– EUR	Sechzigtausend Euro Schiffshypothek aus abstraktem Schuldversprechen nebst bis zu ...% Zinsen und einer einmaligen Nebenleistung in Höhe von 2% für die ... in .... Der jeweiligen Eigentümer ist der Zwangsvollstreckung unterworfen. Vorbehalten ist der Vorrang für eine Hypothek von achtzigtausend Euro mit bis zu 13% Zinsen jährlich und einer einmaligen Nebenleistung bis zu 3% jährlich. Unter Bezugnahme auf die Bewilligung vom ... des Notars ... UR-Nr. ... eingetragen am ...

Die Eintragung ist auf dem Schiffszertifikat zu vermerken und an Einsender mit E/R zu versenden.
Nachrichten, Kosten: Keine Gebühr wenn dies gleichzeitig mit dem Vorbehaltsrecht erfolgt (§ 62 Abs. 3 KostO). Bei nachträglicher Eintragung eine ¼ Gebühr, Wert nach § 30 KostO.

6. Die offene Rangstelle nach § 57 SchRG

a) Wesen der offenen Rangstelle

670 Da das Schiffsrecht **keine Eigentümergrundschuld** wie im Grundstücksrecht kennt, kann der Eigentümer einer erloschenen Schiffshypothek, solange diese nicht im Schiffsregister gelöscht ist, gemäß § 57 Abs. 3 SchRG im Rang **bis zur Höhe** der bisherigen Hypothek eine neue Hypothek gemäß § 8 SchRG bestellen. Diese Möglichkeit des Eigentümers wird auch als Ersetzungsbefugnis oder Prinzip der offenen

Rangstelle bezeichnet.[291] Mit der Ausnutzung der offenen Rangstelle durch den Eigentümer wird eine neue Hypothek begründet. Das Recht, die offene Rangstelle zu nutzen, ist mit dem **Eigentum untrennbar** verbunden (§ 57 Abs. 3 S. 2 SchRG) und damit nicht übertragbar und kann somit weder gepfändet, noch verpfändet werden. (§§ 851 Abs. 1, 857 Abs. 3 ZPO).[292] Geht das Eigentum auf einen neuen Eigentümer über, steht auch dem **neuen Eigentümer** das Recht der offenen Rangstelle zu (§ 57 Abs. 3 S. 2, 2. Hs. SchRG).

b) Ausnutzung der offenen Rangstelle

Ist eine offene Rangstelle entstanden und nutzt der Eigentümer diese aus, so kann er 671
nur bis **zur Höhe** des erloschenen Betrages eine neue Schiffshypothek bestellen (§ 57 Abs. 3 S. 1 SchRG). Zu beachten ist hier jedoch auch § 30 SchRG, da durch die Ausnutzung der offenen Rangstelle nachrangige Gläubiger keine Nachteile erleiden dürfen. Es kann auch anstatt einer Darlehenshypothek eine Höchstbetragshypothek oder anstelle einer Höchstbetragshypothek eine Darlehenshypothek bestellt werden.[293] Der **Nachweis** der Berechtigung ist gegenüber dem Schiffsregister nachzuweisen, soweit sich die Befugnis nicht schon aus dem Register ergibt. Die neu bestellte Schiffshypothek nimmt den Rang des ursprünglich getilgten Rechts ein und geht damit den nachfolgenden Schiffshypotheken vor. Die **Ausnutzung** der offenen Rangstelle erfolgt durch **Eintragung** einer neuen Schiffshypothek an der **alten Rangstelle** des Schiffs- bzw. Schiffsbauregisters. Diese Eintragung erfolgt wie bei einer gewöhnlichen Schiffshypothekenbestellung in der dritten Abteilung in die Spalten 1–3. Weiter ist in der dritten Abteilung in den Spalten 4–6 **der Rangvermerk** und in Sp. 7 und 8 **das Erlöschen** der ursprünglichen Hypothek einzutragen. Nach § 57 Abs. 3 SchRG kann die Befugnis **auch nur für einen Teilbetrag** für die neu zu bestellende Hypothek genutzt werden und zwar insoweit es dem Betrag der teilweise erloschenen aber noch nicht gelöschten Hypothek entspricht.[294]

c) Eintragungsmuster

Im Schiffsregister sind in Abteilung III die Rechte Nr. 1 bis 3 eingetragen: 672

Das Recht Nr. 1 ist erloschen und eine neue Hypothek nach § 57 Abs. 3 SchRG wird bestellt.

---

291 Staudinger/*Nöll* § 57 SchRG Rn. 6.
292 Staudinger/*Nöll* § 57 SchRG Rn. 6.
293 *Prause* SchRG § 57.
294 Staudinger/*Nöll* § 57 Rn. 6.

Dritte Abteilung
Schiffshypotheken, Nießbrauch, Pfandrechte an Schiffsparten

Laufende Nummer	Betrag	Inhalt der Eintragung
1	2	3
1	200.000,– EUR	Zweihunderttausend Euro Schiffshypothek nebst 8 % Zinsen für die ... mit Sitz in .... Der jeweiligen Eigentümer ist der Zwangsvollstreckung unterworfen. Unter Bezugnahme auf die Bewilligung vom ... des Notars ... UR-Nr. ... eingetragen am ...
2	400.000,– EUR	Vierhunderttausend Euro Schiffshypothek nebst 10% Zinsen für die ... mit Sitz in .... Der jeweiligen Eigentümer ist der Zwangsvollstreckung unterworfen. Unter Bezugnahme auf die Bewilligung vom ... des Notars ... UR-Nr. ... eingetragen am ...
3	100.000,– EUR	Einhunderttausend Euro Schiffshypothek nebst 12% Zinsen für die ... mit Sitz in .... Der jeweiligen Eigentümer ist der Zwangsvollstreckung unterworfen. Unter Bezugnahme auf die Bewilligung vom ... des Notars ... UR-Nr. ... eingetragen am ...
4	200.000,– EUR	Zweihunderttausend Euro Schiffshypothek nebst 8 % Zinsen für die ... mit Sitz in ... .Der jeweiligen Eigentümer ist der Zwangsvollstreckung unterworfen. Unter Bezugnahme auf die Bewilligung vom ... des Notars ... UR-Nr. ... im Rang der erloschenen Hypothek Abt. III Nr. 1 gemäß der Befugnis des Eigentümers nach § 57 Abs. 3 SchRG eingetragen am ...

Veränderungen

Lf.Nr. d. Sp. 1	Betrag	
4	5	6
2 3	400.000,– EUR 100.000,– EUR	Die Hypothek Abt. III Nr. 4 hat den Rang vor nebenstehenden Hypotheken. Vermerkt am ...

Löschungen

7	8
1	Zweihunderttausend Euro gelöscht am

Recht in Abteilung III Nr. 1 röten; die Eintragung ist auf dem Schiffszertifikat zu vermerken und an Einsender mit E/R senden.
Nachrichten, Kosten

C. Die Gesamthypothek

1. Das Wesen der Gesamthypothek

Nach § 28 Abs. 1 SchRG, der dem § 1132 BGB entspricht, kann zur Sicherung einer Forderung eine Hypothek (Gesamthypothek) an mehreren Schiffen des selben oder verschiedener Eigentümer oder an mehreren Miteigentumsanteilen eines Schiffes bestehen. Hierbei muss es sich aber um Anteile eines Miteigentums handeln, denn nur solche können nach § 8 Abs. 3 SchRG mit einer Schiffshypothek belastet werden. Eine Gesamtschiffshypothek kann nicht an einem Schiff und nur an Anteilen an einem anderen Schiff bestellt werden.[295] Jedes Schiff oder jeder Miteigentumsanteil haftet nur einmal in Höhe der ganzen Forderung. Der Gläubiger hat damit die Wahl aus jedem der Haftungsobjekte ganz oder nur teilweise Befriedung zu erlangen. Eine Gesamthypothek kann nur eine einheitliche Belastungsform haben, da es sich bei einer Gesamthypothek nicht um eine Hypothekenmehrheit handelt.[296] Ausgeschlossen ist damit, dass ein Schiff mit einer gewöhnlichen Hypothek und an ein anderes Schiff mit einer Höchstbetragshypothek belastet wird.[297] Genauso wenig kann eine Gesamthypothek nicht an einem Schiff als Vertragshypothek und am anderen Schiff als Zwangshypothek bestehen. Auch gibt es keine Gesamthypothek an einem Schiff und einem Grundstück.[298] Aus § 1 SchRG heraus kann es auch keine Gesamthypothek an Schiffen geben, die in einem deutschen Schiffsregister und einem ausländischen Schiffsregister eingetragen sind. Eine Eintragung einer Gesamthypothek an eingetragenen See- oder Binnenschiffen ist möglich, da weder gesetzlich untersagt ist noch Unterschiede im materiellen Recht bestehen. Eine Gesamthypothek an Schiffen und Schiffsbauwerken ist ebenfalls zulässig.[299] 673

2. Die Bestellung der Gesamthypothek

a) Die anfängliche Bestellung

Erforderlich ist die **dingliche Einigung** zwischen dem Gläubiger und dem Eigentümer der mithaftenden Schiffe und die **Eintragung** in das Schiffsregister (§ 8 Abs. 2, § 3 SchRG). Mit der Eintragung ist von Amts wegen nach § 52 Abs. 1 SchRegO ein **Mithaftvermerk** in Spalte 3 einzutragen. Die Vorschrift des § 52 Abs. 1 SchRegO entspricht 674

---

295 Staudinger/*Nöll* § 28 SchRG Rn. 3.
296 Staudinger/*Nöll* § 28 SchRG Rn. 4.
297 *Abraham* Schiffshypothek S. 288.
298 *Prause* SchRG § 28.
299 *Prause* SchRG § 28.

§ 48 Abs. 1 GBO. Zweck ist es zum einen die im Wesen des Gesamtrechts liegende Bedingtheit der Belastung zum Ausdruck zu bringen (§ 69 Abs. 2 u. 4 SchRG, der den §§ 1173 Abs. 2, 1182 BGB entspricht), da mit der Befriedigung des Berechtigten aus einem Schiff, das Recht auch an den anderen Schiffen erlischt und zum anderen soll verhindert werden, dass sich die Gesamtschiffshypothek durch gutgläubigen Einzelrechtserwerb in eine Mehrheit von Einzelhypotheken verwandelt.[300] § 52 SchRegO ist nur eine **Ordnungsvorschrift.** Fehlt der Mithaftvermerk, so bleibt das Recht Gesamtrecht.[301] Der Vermerk ist dann auf allen Blättern von Amts wegen nachzutragen.

b) Eintragung einer Gesamtschiffshypothek auf mehreren Blättern bei demselben Gericht

675 Beantragt wird die Eintragung einer Gesamthypothek in Höhe von 50 Millionen Euro, auf zwei Schiffen. Beide eingetragen bei dem Amtsgericht Kiel (SSR 2010 und SSR 2011).

Eintragungsmuster

Seeschiffsregister SSR 2010

Dritte Abteilung
Schiffshypotheken, Nießbrauch, Pfandrechte an Schiffsparten

Laufende Nummer	Betrag	Inhalt der Eintragung
1	2	3
1	50.000.000,– EUR	Fünfzig Millionen Euro Schiffshypothek aus abstraktem Schuldversprechen nebst 15 % Jahreszinsen für XMS Bank in Hamburg und die XXlL Bank in Kiel als Gesamtgläubiger gemäß 428 BGB. Der jeweilige Eigentümer ist hinsichtlich des zuletzt zu zahlenden Betrages von zehn Millionen Euro nebst anteiliger Zinsen von 15 % der sofortigen Zwangsvollstreckung unterworfen. Das im Seeschiffsregister des Amtsgerichts Kiel unter SSR 2011 eingetragene Schiff haftet mit. Unter Bezugnahme auf die Bewilligung vom ... des Notars ... in ... UR-Nr. ... eingetragen am ...

Auf dem anderen Blatt erfolgt die Eintragung mit wechselnden Mithaftvermerk.
Die Eintragung ist auf dem Schiffszertifikat zu vermerken und an Einsender mit E/R zu übersenden.
Nachrichten, Kosten.

300 *Demharter* § 48 Rn. 2.
301 *Demharter* § 48 Rn. 3.

c) Eintragung einer Gesamtschiffshypothek auf mehreren Blättern bei verschiedenen Gerichten

Sind verschiedene Schiffe bei verschiedenen Schiffsregistergerichten eingetragen, so hat das Schiffsregistergericht bei den anderen Registergerichten nachzufragen, ob das bezeichnete Schiff dort eingetragen ist. Wird dies bestätigt, kann eine Eintragung der Gesamthypothek unter Angabe der anderen mithaftenden Schiffe eingetragen werden. 676

Beispiel: Beantragt wird die Eintragung einer Gesamthypothek in Höhe von 50 Millionen Euro, bei zwei Schiffen eingetragen im Seeschiffsregister Kiel SSR 2010 und im Seeschiffsregister Hamburg SSR 7000.

Eintragungsmuster

Amtsgerichts Kiel SSR 2010

Abteilung III

Schiffshypotheken, Nießbrauch, Pfandrechte an Schiffsparten

Laufende Nummer	Betrag	Inhalt der Eintragung
1	2	3
1	50.000.000,– EUR	Fünfzig Millionen Euro Schiffshypothek aus abstraktem Schuldversprechen nebst 15% Jahreszinsen für XMS Bank in Hamburg und die XXIL Bank in Kiel als Gesamtgläubiger gemäß 428 BGB. Der jeweilige Eigentümer ist hinsichtlich des zuletzt zu zahlenden Betrages von zehn Millionen Euro nebst anteiliger Zinsen von 15% der sofortigen Zwangsvollstreckung unterworfen. Eingetragen im Seeschiffsregister des Amtsgerichts Hamburg unter SSR 7000. Unter Bezugnahme auf die Bewilligung vom ... des Notars ... in ... UR-Nr. ... hier eingetragen am ...

Die Eintragung ist auf dem Schiffszertifikat zu vermerken und an Einsender mit E/R zu übersenden.
Nachrichten, Kosten

Eintragungsmuster

Amtsgerichts Hamburg SSR 7000

Dritte Abteilung
Schiffshypotheken, Nießbrauch, Pfandrechte an Schiffsparten

Laufende Nummer	Betrag	Inhalt der Eintragung
1	2	3
1	50.000.000,– EUR	Fünfzig Millionen Euro Schiffshypothek aus abstraktem Schuldversprechen nebst 15 % Jahreszinsen für XMS Bank in Hamburg und die XXlL Bank in Kiel als Gesamtgläubiger gemäß § 428 BGB. Der jeweilige Eigentümer ist hinsichtlich des zuletzt zu zahlenden Betrages von zehn Millionen Euro nebst anteiliger Zinsen von 15 % der sofortigen Zwangsvollstreckung unterworfen. Eingetragen im Seeschiffsregister des Amtsgerichts Kiel unter SSR 2010. Unter Bezugnahme auf die Bewilligung vom ... des Notar ... in ... UR-Nr. ... hier eingetragen am ...

Stellt sich später heraus, dass das Seeschiffsregistergericht in Hamburg nicht einträgt oder zurückweist, ist der Mithaftvermerk beim Schiffsregistergericht in Kiel von Amts wegen nach § 52 Abs. 2 SchRegO zu löschen.

Eintragungsmuster

Amtsgerichts Kiel SSR 2010

Dritte Abteilung
Veränderungen

Lf.Nr d. Sp. 1	Betrag	
4	5	6
1	50.000.000,– EUR	Die Mithaft des Schiffs, eingetragen im Schiffsregister des Amtsgerichts Hamburg SSR 7000 ist erloschen.

Bei der benannten Hypothek ist in Spalte 3 die Eintragung über die Mithaft zu röten.
Die Eintragung ist auf dem Schiffszertifikat zu vermerken und an Einsender mit E/R zu übersenden.
Nachrichten, Kosten

d) Die nachträgliche Bestellung einer Gesamthypothek

Bei der nachträglichen Bestellung einer Gesamthypothek wird für eine bereits eingetragene Hypothek an einem Schiff ein weiteres Schiff für dieselbe Forderung mit einer Hypothek belastet. Nach § 52 Abs. 1 SchRegO ist die Mithaft von Amts wegen im Register erkennbar zu machen und zwar durch die **Eintragung** eines Mithaftvermerkes. 677

Die **Eintragung** der Hypothek bei dem nachverpfändeten Schiff erfolgt in Abteilung III in den Spalten 1–3 (§ 29 Abs. 1 Nr. 1–3 SchRegDV).

Für das Binnenschiffsregister gilt § 36 SchRegDV, für das Schiffsbauregister § 53 Abs. 1 Nr. 1–3 SchRegDV. Bei den schon mit der Hypothek belasteten Schiffen erfolgt die Eintragung des Mithaftvermerks in Abteilung III Spalte 4–6 (§ 29 Abs. 1 Nr. 4–6 SchRegDV).

Für das Binnenschiffsregister gilt § 36 SchRegDV, für das Schiffsbauregister § 53 Abs. 1 Nr. 4 und 5 SchRegDV.

e) Eintragungsmuster einer nachträglich bestellten Gesamthypothek

Bei der Eintragung hat das Registergericht zu prüfen, ob die neue Eintragung inhaltlich mit dem Inhalt auf dem bisherigen Registerblatt übereinstimmt. Eingetragen sind 50.000.000,– Euro in SSR 2009, SSR 2000 haftet nachträglich mit. 678

Eintragungsmuster

Seeschiffsregister SSR 2000 (mithaftendes Schiff)

Dritte Abteilung
Schiffshypotheken, Nießbrauch, Pfandrechte an Schiffsparten

Laufende Nummer	Betrag	Inhalt der Eintragung
1	2	3
1	50.000.000,– EUR	Fünfzig Millionen Euro Schiffshypothek aus abstraktem Schuldversprechen nebst 15 % Jahreszinsen für XMS Bank in Hamburg und die XXlL Bank in Kiel als Gesamtgläubiger gemäß § 428 BGB. Der jeweilige Eigentümer ist hinsichtlich des zuletzt zu zahlenden Betrages von zehn Millionen Euro nebst anteiliger Zinsen von 15 % der sofortigen Zwangsvollstreckung unterworfen. Unter Bezugnahme auf die Bewilligung vom ... des Notars ... in ... UR-Nr. ... . Das im Seeschiffsregister des Amtsgerichts Kiel unter SSR 2009 eingetragene Schiff haftet mit. Eingetragen am ...

Muster einer Eintragung bei SSR 2009:

Veränderungen

Lf.Nr d. Sp. 1	Betrag	
4	5	6
1	50.000.000,– EUR	Das Schiff eingetragen im Seeschiffsregister des Amtsgerichts Kiel unter SSR 2000 haftet mit. Eingetragen am ...

3. Die Löschung des Mithaftvermerks

a) Allgemein

679 Mit der Entlassung eines Schiffs aus der Mithaft oder einer Erklärung der Pfandfreigabe **verzichtet** der Gläubiger auf sein Recht an diesem Schiff. Zur Löschung sind **ein Antrag** des Gläubigers und die Löschungsbewilligung des Gläubigers in notarieller Form des § 37 SchRegO sowie die Eintragung in das Register erforderlich. Einer **Zustimmung** des Eigentümers bedarf es weder für das freizustellende noch für das belastete Schiff.[302] Der Eigentümer kann jedoch auch den Antrag stellen. Das Erlöschen der Mitbelastung ist von Amts wegen einzutragen (§ 52 Abs. 2 SchRegO).

b) Eintragungsmuster einer Pfandentlastung

680 Eingetragen ist eine Gesamthypothek von 50.000,– Euro bei den Amtsgerichten Kiel und Hamburg. Das Recht eingetragen bei dem Amtsgericht Kiel wird aus der Pfandhaft entlassen.

Eintragungsmuster bei dem Amtsgericht Kiel

Löschungen

7	8
1	Fünfzigtausend Euro hier gelöscht am

Eintragung unter lfd. Nr. 1 in den Spalten 1–6 röten
Löschung auf dem Schiffszertifikat vermerken und an Einsender mit E/R zurücksenden.
Nachrichten (auch Amtsgericht Hamburg), Kosten

302 BGHZ 52, 93; LG Augburg MittBayNot 1979, 20.

Eintragungsmuster bei dem Amtsgericht Hamburg

Veränderungen

Lf.Nr d. Sp. 1	Betrag	
4	5	6
1	50.000,– EUR	Die Mithaft des im Seeschiffsregister des Amtsgerichts Kiel SSR 2010 eingetragenen Schiffes ist erloschen. Eingetragen am ...

Bei der genannten Hypothek ist in Spalte 3 die Eintragung über die Mithaft des Schiffes zu röten.
Löschung auf dem Schiffszertifikat vermerken und an Einsender mit E/R zurücksenden.
Nachrichten, Kosten

4. Die Verteilung der Gesamthypothek

a) Allgemein

Nach § 28 Abs. 2 S. 1 SchRG (entspricht § 1132 Abs. 2 S. 1 BGB) kann der Gesamthypothekengläubiger den Betrag der Forderung auf einzelne Schiffe oder Miteigentumsanteile verteilen **(Verteilungserklärung).** Das bedeutet, dass jedes Schiff oder jeder Anteil nur für den zugeteilten Betrag haftet und dass mit der Eintragung der Verteilungserklärung aus der Gesamthypothek selbstständige Einzelhypotheken im Rang der Gesamthypothek werden.[303] Eine weitere Folge ist, dass die Summe der gebildeten Einzelhypotheken die Summe der Gesamthypothekenforderung nicht übersteigen oder hinter ihr zurückbleiben darf.[304] 681

b) Die Verteilungserklärung

Zur Verteilung ist die Verteilungserklärung des Gläubigers in der Form des § 37 SchRegO gegenüber allen Schiffseigentümern, Pfandgläubigern oder Nießbrauchsberechtigten an der Hypothek oder dem Registergericht als gesetzlichem Vertreter und die Eintragung in das Schiffsregister erforderlich. Eine **Zustimmung** des Eigentümers ist nicht notwendig, da nach § 28 Abs. 2 S. 2 SchRG zur Verteilung neben der konstitutiven Eintragung nur die einseitige Erklärung des Gläubigers erforderlich ist. Ist die Gesamthypothek mit dem Recht eines Dritten wie z. B. eines Nießbrauchsbe- 682

303 *Schöner/Stöber* Rn. 2684.
304 OLG Düsseldorf MittRhNotK 1995, 315.

rechtigten oder Pfändungspfandgläubigers belastet, so ist die Zustimmung dieser Drittberechtigten gegenüber dem Gläubiger, den begünstigten Eigentümern oder dem Registergericht erforderlich (§ 28 Abs. 2 S. 4, 1. Hs. SchRG).

Die Verteilungserklärung ist für den Gläubiger nur **bindend,** wenn sie entweder in der Form des § 37 SchRegO gegenüber dem Registergericht abgegeben wurde oder der Gläubiger den begünstigten Eigentümern eine notariell beglaubigte Änderungsbewilligung (§§ 29, 37 SchRegO) ausgehändigt hat (§§ 28 Abs. 2 S. 3, 3 Abs. 2 SchRG).

c) Antrag und Eintragung

683 Zur Eintragung in das Schiffsregister ist der Antrag des Gläubigers oder der begünstigten Eigentümer (§ 23 SchRegO), die notariell Eintragungsbewilligung des Gläubigers (§§ 29, 37 SchRG) und die Voreintragung (§ 46 SchRG) erforderlich.

Enthält der Eintragungsantrag gleichzeitig eine Verteilungserklärung des Gläubigers und stellt dieser den Antrag zum Schiffsregister, bedarf dies der Form des § 37 SchRegO, da nach § 38 SchRegO der Antrag die Eintragungsbewilligung des Gläubigers ersetzt.

Die Eintragung erfolgt in Abteilung III in den Spalten 4–6 der Register der betroffenen Schiffe (§ 29 Abs. 1 Nr. 4–6 SchRegDV).

Für das Binnenschiffsregister gilt § 36 SchRegDV, für das Schiffsbauregister § 53 Abs. 1 Nr. 4 und 5 SchRegDV.

Der Mithaftvermerk in den Registern der betroffenen Schiffe ist von **Amts wegen** zu löschen (§ 52 Abs. 2 SchRegO).

Eintragungsmuster

684 Im Schiffsregister Kiel SSR 2000 und Hamburg SSR 2001 ist eine Gesamthypothek in Höhe von 200.000,– Euro unter lfd. Nr. 1 für den Gläubiger X eingetragen. Der Gläubiger verteilt die Hypothek in der Form, dass jedes Schiff **nur** mit 100.000,– Euro belastet werden soll und bewilligt und beantragt die Eintragung.

Amtsgerichts Kiel SSR 2000

Dritte Abteilung
Veränderungen

Lf.Nr d. Sp. 1	Betrag	
4	5	6
1	100.000,– EUR	Die Hypothek ist gemäß § 28 Abs. 2 SchRG derart verteilt, das das hier eingetragene Schiff nur noch für Einhunderttausend Euro nebst Zinsen und Nebenleistungen hieraus haftet. Die Mithaft des Schiffes eingetragen im Seeschiffsregister des Amtsgerichts Hamburg unter SSR 2001 ist erloschen. Eingetragen am ...

Amtsgerichts Hamburg SSR 2001

Dritte Abteilung
Veränderungen

Lf.Nr d. Sp. 1	Betrag	
4	5	6
1	100.000,– EUR	Die Hypothek ist gemäß § 28 Abs. 2 SchRG derart verteilt, das das hier eingetragene Schiff nur noch für Einhunderttausend Euro nebst Zinsen und Nebenleistungen hieraus haftet. Die Mithaft des Schiffes eingetragen im Seeschiffsregister des Amtsgerichts Kiel unter SSR 2000 ist erloschen. Eingetragen am ...

Der erloschene Teilbetrag ist jeweils in Spalte 2 abzuschreiben und die Mithaft in Spalte 3 zu röten.
Nachrichten, Kosten

5. Das Erlöschen der Gesamthypothek

a) Allgemein

Erlischt eine Gesamthypothek so steht nach dem Wortlaut des Gesetzes *„die Befugnis nach § 57 Abs. 3 SchRG jedem Eigentümer an seinem Schiff (Anteil) zu dem Teilbetrag zu, der dem Verhältnis des Wertes seines Schiffs (Anteils) zum Wert der sämtlichen Schiffe (Anteile) entspricht, soweit sich nicht aus den zwischen den Eigentümern (Miteigentümern) bestehenden Rechtsverhältnissen etwas anderes ergibt“* (§ 68 Abs. 1 SchRG). 685

Dabei wird der **Wert** unter **Abzug** der Belastung berechnet, die der Gesamtschiffshypothek im Rang vorgeht (§ 68 Abs. 1 S. 2 SchRG).

Mit dieser Vorschrift soll sichergestellt werden, dass ein nachrangiger Hypothekengläubiger keine **Verschlechterung** und wenn möglich sogar eine Verbesserung seines Ranges nach dem Erlöschen der Gesamthypothek erfährt und zum anderen für den Eigentümer die Möglichkeit zur erneuten Kreditierung unter der teilweisen Ausnutzung der Rangstelle der erloschenen Gesamthypothek möglich wird. Bei einem Erlöschen der Gesamthypothek sind zwei Hauptfälle zu unterscheiden und zwar, wenn die Gesamthypothek an Schiffen eines einzigen Eigentümers oder verschiedener Eigentümer bestand.

b) Erlöschen der Gesamthypothek an mehreren Schiffen eines einzigen Eigentümers

686 Gehören mehrere mit der Gesamthypothek belastete Schiffe demselben Eigentümer, so geht nach §§ 44 Abs. 1, 59 und 64 Abs. 2 SchRG die Schiffshypothek als Gesamtrecht auf den Eigentümer bzw. Schuldner über.[305] Befriedigt der Eigentümer, welcher **nicht mit dem Schuldner identisch ist,** den Gläubiger, so entsteht eine Eigentümergesamthypothek nach §§ 44, 64 Abs. 2 SchRG. Besteht Personenidentität zwischen Schuldner und Eigentümer, so geht die Gesamthypothek unter und dem Eigentümer steht die offene Rangstelle zu. In diesem Fall kann der Eigentümer nach seiner Wahl eine neue Gesamthypothek bestellen oder die Befugnis auf die einzelnen Schiffe verteilt ausüben, aber nur bis zum Gesamtbetrag des erloschenen Rechts.[306]

c) Erlöschen der Gesamthypothek an mehreren Schiffen verschiedener Eigentümer

687 Bei einer Gesamthypothek an Schiffen mehrerer Eigentümer gelten die §§ 68–71 SchRG. Wesentlich ist hierbei, dass mit dem Erlöschen der Gesamthypothek nicht jedem Eigentümer der volle Betrag der Gesamthypothek an seinem Schiff zur Verfügung steht. Dem jeweiligen Eigentümer steht lediglich ein Teilbetrag, der dem Verhältnis des Wertes seines Schiffs zum Gesamtwert aller Schiffe entspricht zu. Diese Regelung soll an einem Beispiel verdeutlicht werden:

Vier Schiffe **A, B, C und D** mit verschiedenen Eigentümern und einer Gesamthypothek von 600.000,– Euro auf jedem Schiff. Die Gesamthypothek soll erloschen sein. Die Gesamthypothek wird mit **GH,** Einzelhypotheken mit **EH** bezeichnet, der Rang soll sich aus der Nummernfolge ergeben und der Verkaufswert jedes Schiffes beträgt in dem Beispielsfall je eine Million Euro.

---

305 Staudinger/*Nöll* § 68 SchRG Rn. 3.

306 *Prause* SchRG § 68.

A	B	C	D
1 / 100.000,– EUR EH	1 / 200.000,– EUR EH	**1 / 600.000,– EUR GH**	1 / 300.000,– EUR EH
2 / 600.000,– EUR GH	**2 / 600.000,– EUR GH**		2 / 200.000,– EUR EH
3 / 100.000,– EUR EH	3 / 200.000,– EUR EH		**3 / 600.000,– EUR GH**
			4 / 50.000,– EUR EH

Danach betragen für jedes Schiff nach § 68 Abs. 1 SchRG (entspricht § 1172 Abs. 2 BGB) die für die Verteilung maßgebenden Werte (nach Abzug der der Gesamthypothek vorgehenden Rechte):

A	B	C	D
1.000.000,– EUR	1.000.000,– EUR	1.000.000,– EUR	1.000.000,– EUR
– 100.000,– EUR	**– 200.000,– EUR**		**– 500.000,– EUR**
= 900.000,– EUR	= 800.000,– EUR		= 500.000,– EUR

Alle vier Schiffe haben damit einen Verteilungswert von insgesamt 3.200.000,– Euro.

A	900.000,– EUR : 3.200.000,– EUR = 28,1%	28,1 % von 600.000,– EUR = 168.750,– EUR
B	800.000,– EUR : 3.200.000,– EUR = 25%	25 % von 600.000,– EUR = 150.000,– EUR
C	1.000.000,– EUR : 3.200.000,– EUR = 31,2%	31,2 % von 600.000,– EUR = 187.500,– EUR
D	500.000,– EUR : 3.200.000,– EUR = 15,6%	15,6 % von 600.000,– EUR = 93.750,– EUR
		600.000,– EUR

Damit ergibt sich nach § 57 Abs. 3 SchRG für jeden Eigentümer die Möglichkeit in Höhe des errechneten Teilbetrages sein Schiff neu zu belasten, damit keine Nachteile für die nachrangigen Hypothekengläubiger entstehen. Für **A** ergibt dies einen Betrag von **168.750,– Euro**, für **B** von **150.000,– Euro,** für **C** von **187.500,– Euro** und für **D** einen Betrag von **93.750,– Euro.**

d) Eintragung einer neuen Schiffshypothek aufgrund der Befugnis nach § 68 Abs. 1 SchRG

Die Vorschrift des § 68 SchRG regelt den Fall, dass eine Gesamthypothek auf Schif- 688
fen verschiedener Eigentümer eingetragen ist. Nach § 68 Abs. 2 SchRG kann jeder

Eigentümer von den übrigen Eigentümern verlangen, dass diese ihm eine den Vorschriften der Registerordnung entsprechende Erklärung über **die Höhe** des ihm zustehenden **Teilbetrages** aushändigen. Die Erklärung bedarf der Form des § 37 SchRegO und bedeutet, dass der Eigentümer einen klagbaren Anspruch hat. Nach § 68 Abs. 2 SchRG bietet die Vorschrift auch die Möglichkeit für das Registergericht, von dem Eigentümer, der eine Befugnis nach § 68 Abs. 1 SchRG eintragen lassen will, eine Erklärung sämtlicher übrigen Eigentümer über die Höhe des Teilbetrages zu fordern. Grundsätzlich wird sich ohne die Mitwirkung sämtlicher Eigentümer die in dem Beispielsfall aufgestellte Berechnung ohnehin nicht durchführen lassen. Außerdem ist auszuschließen, ob nicht etwa eine abweichende Verteilung infolge besonderer Rechtsverhältnisse in Frage kommt. Auf Antrag nach § 23 SchRegO und unter Vorlage dieser Erklärung kann dann der Eigentümer im Wege der Berichtigung (§ 31 Abs. 1 S. 1 SchRegO) die Beschränkung der offenen Rangstelle bis zur Höhe des ausgewiesenen Teilbetrages eintragen lassen.[307] Zu beachten ist, dass die Hypothek im Rang der bisherigen Gesamtschiffshypothek eingetragen wird.

Eintragungsmuster

689 Aufgrund der angeführten Rechenbeispiele werden auf dem Schiff A die 600.000,– Euro gelöscht und 168.750,– Euro eingetragen.

Seeschiffsregister SSR (hier Schiff A)

Dritte Abteilung
Schiffshypotheken, Nießbrauch, Pfandrechte an Schiffsparten

Laufende Nummer	Betrag	Inhalt der Eintragung
1	2	3
4	168.750,– EUR	Einhundertachtundsechzigtausendsiebenhundertfünfzig Euro Schiffshypothek aus abstraktem Schuldversprechen nebst 15 % Jahreszinsen für XMS Bank in Hamburg. Der jeweilige Eigentümer ist der sofortigen Zwangsvollstreckung unterworfen. Unter Bezugnahme auf die Bewilligung vom ... des Notars ... in ... UR-Nr. ... Mit dem Range der erloschenen Hypothek Nr. 2 gemäß § 57 Abs. 3 SchRG eingetragen am ...

307 *Prause* SchRG § 69.

Löschungen

7	8
2	Sechshunderttausend Euro hier gelöscht am ...

Die bisherige Eintragung in Abt III lfd. Nr. 2 in den Sp. 1–6 röten wie Handblatt.
Die Eintragung und entsprechende Rötung ist auf dem Schiffszertifikat zu vermerken und an Einsender mit E/R übersenden.
Nachrichten an: Eigentümer, Gläubiger Nr. 1 bis 4, den Notar und zu den Registerblättern der Schiffe B, C und D mit dem gleichzeitigen Ersuchen, dort die Mithaft des Schiffes A zu löschen (§ 52 Abs. 2 SchRegO), Kosten

e) Teilweises Erlöschen der Gesamthypothek an mehreren Schiffen verschiedener Eigentümer

Erlischt nicht die ganze Gesamthypothek von 600.000,– Euro, sondern nur ein Teilbetrag von 300.000,– Euro, so ergibt sich nachfolgende rechnerische Rechtslage. 690

A	B	C	D
1 / 100.000,– EUR EH	1 / 200.000,– EUR EH	**1 / 300.000,-EUR GH** bleiben bestehen	1 / 300.000,– EUR EH
2 / 300.000,– EUR GH bleiben bestehen	**2 / 300.000,– EUR GH** bleiben bestehen	93.600,– EUR nach § 57 Abs. 3 SchRG Gleichrang mit **Nr. 1**	2 / 200.000,– EUR EH
3 / 84.300,– EUR nach § 57 Abs. 3 SchRG im Gleichrang mit **Nr. 2**	3 / 75.000,– EUR nach § 57 Abs. 3 SchRG im Gleichrang mit **Nr. 2**		**3 / 300.000,– EUR GH** bleiben bestehen
4 / 100.000,– EUR EH	4 / 200.000,– EUR EH		4 / 46.800,– EUR Nach § 57 Abs. 3 SchRG im Gleichrang mit **Nr. 3**
			5 / 50.000,– EUR EH

Soweit die Befugnis ausgeübt werden kann, hat die Eintragung für einen neuen Gläubiger zu erfolgen. Der Eigentümer kann die Befugnis des § 57 Abs. 3 SchRG somit nicht für die Bestellung einer Schiffshypothek für sich **selbst nutzen**. Mit dem Erlöschen der Gesamthypothek wird mit der Eintragung einer neuen Hypothek auf Grund der Befugnis des § 57 Abs. 3 SchRG die Gesamthypothek gelöscht, jedoch nur auf dem Schiff, auf dem die Befugnis des § 68 Abs. 1 SchRG ausgeübt wird. Im **Ver-**

hältnis zu den anderen Schiffen hat dies die Wirkung, dass die Mithaft dieses einen Schiffs hinsichtlich der Gesamthypothek erloschen ist. Bei einer teilweisen Löschung der Gesamthypothek gilt dies jedoch nur in **Höhe** des erloschenen Teilbetrages.

f) Verzicht auf die Gesamthypothek

691 Verzichtet der Gläubiger bei allen Schiffen auf die Gesamtschiffshypothek, so **erlischt** diese nach § 57 Abs. 2 SchRG an allen Schiffen und dem Eigentümer steht die offene Rangstelle gemäß § 68 SchRG zu. Verzichtet der Gläubiger hingegen bei einer Gesamthypothek nur bei einem der Schiffe auf die Hypothek, so erlischt die Hypothek nur an diesem Schiff und die Gesamthypothek bleibt an den übrigen Schiffen bestehen.[308] Nach § 71 SchRG steht dem Eigentümer dieses Schiffes die Befugnis dann nach § 57 Abs. 3 SchRG nicht zu.[309] Das gleiche gilt, wenn der Gläubiger im Wege des Aufgebotsverfahrens (§ 66 SchRG) mit seinem Recht an nur einem Schiff ausgeschlossen wird (§ 71 S. 2 SchRG).

D. Die Höchstbetragshypothek

1. Begriff

692 Nach § 75 Abs. 1 SchRG kann *„eine Schiffshypothek in der Weise bestellt werden, dass nur der Höchstbetrag, bis zu dem das Schiff haften soll, bestimmt"* ist und im Übrigen die Feststellung der Forderung vorbehalten bleibt. Die Zinsen als gesicherte Nebenforderung sind in den Höchstbetrag nach § 75 Abs. 2 SchRG mit einzurechnen. Besondere Zinsen sind nicht eintragungsfähig.[310] Der Höchstbetrag ist in das Schiffsregister einzutragen (§ 75 Abs. 1 S. 2 SchRG). Die Höchstbetragshypothek entspricht der Sicherungshypothek gemäß § 1190 BGB. Während bei einer normalen Hypothek Schuldgrund und Forderungshöhe feststehen, ist bei der Höchstbetragshypothek die Forderung innerhalb des Höchstbetrages **unbestimmt** und im Rahmen der gesicherten Forderungsverhältnisse **frei** auswechselbar. Der **Schuldgrund** muss jedoch bestimmt sein. Die tatsächliche Höhe richtet sich nach der valutierten Forderung, deren hypothekarische **Haftung** durch den eingetragenen Höchstbetrag begrenzt ist.[311] Die Forderung muss immer eine **Geldforderung** sein.

---

308 Staudinger/*Nöll* § 71 SchRG Rn. 2.
309 *Prause/Weichert* S. 143.
310 *Schöner/Stöber* Rn. 2119.
311 *Abraham* Schiffshypothek S. 293.

2. Materielle und formelle Voraussetzungen

a) Materielle Voraussetzungen

693 Für die Bestellung eine Höchstbetragshypothek ist die Einigung zwischen dem Eigentümer und dem Gläubiger sowie die Eintragung in das Register erforderlich (§§ 8 Abs. 2, 3 Abs. 1 SchRG). Die **Einigung** muss die zu sichernde Forderung, den Höchstbetrag und den Vorbehalt der späteren Forderungsfeststellung bezeichnen und enthalten.[312] Außerdem muss die Eintragung den Gläubiger und den Geldbetrag bezeichnen (§ 24 Abs. 1 S. 1 SchRG) und der Höchstbetrag im Register aufgeführt werden (§ 75 Abs. 1 S. 2 SchRG). Hiermit ist gemeint, dass der eingetragene Betrag nicht der Betrag der gesicherten Forderung, sondern nur den Höchstbetrag der Haftung wiedergeben muss. Die Hypothek als Höchstbetragshypothek zu bezeichnen ist nicht zwingend erforderlich. Es muss jedoch erkennbar sein, dass es sich um einen Höchstbetrag einer noch festzustellenden Forderung handelt.[313] Die **Art der Forderung** braucht nicht in das Register eingetragen werden. Nach § 24 Abs. 1 S. 2 SchRG reicht es aus, wenn auf die Eintragungsbewilligung Bezug genommen wird. Beschränkungen des Forderungskreises sind nachträglich in das Register ohne die Zustimmung des Eigentümers eintragungsfähig.[314] Die Eintragung erfolgt in Abt. III unter Veränderungen in den Spalten 4–6. Ist eine Höchstbetragshypothek bereits im Register eingetragen, so hat das Registergericht bei einem weiteren Eintragungsantrag das Verbot der Doppelsicherung zu prüfen und zu beachten. Ist für denselben Forderungskreis eine Hypothek bestellt, so ist diese nicht in das Register einzutragen. Die Eintragung einer Höchstbetragshypothek ist abzulehnen, wenn die Eintragungsbewilligung einen feststehenden Forderungsbetrag ausweist und damit keine Unbestimmtheit der Forderung mehr vorliegt.[315]

b) Formelle Voraussetzungen

694 Gegenüber einer normalen Hypothek bestehen bei der Höchstbetragshypothek **keine** formellen **Besonderheiten.** Notwendig ist ein Eintragungsantrag des Gläubigers (§ 23 SchRegO), die notariell beglaubigte Eintragungsbewilligung von dem, dessen Recht von ihr betroffen ist (§§ 29, 37 Abs. 1 S. 1 SchRegO) und die Voreintragung des Eigentümers (§ 46 SchRegO). Sind **verschiedene Gläubiger** vorhanden, ist eine Eintragung einer einheitlichen Höchstbetragsschiffshypothek **ohne Teilung** der Hypo-

---

312 *Dobberahn* MittRhNotK 1998, 145, 152.
313 Staudinger/*Nöll* § 75 SchRG Rn. 3.
314 KG DNotZ 1929, 499.
315 *Abraham* Schiffshypothek S. 293.

thek für diese nicht möglich. Sind zwei Forderungen und zwei Schuldner vorhanden, muss ebenfalls eine Teilung der Hypothek stattfinden.

3. Unterwerfung unter die Zwangsvollstreckung

a) Eintragungsunfähigkeit einer Unterwerfungserklärung

695 Da eine Höchstbetragshypothek eine **unbestimmte Forderung** sichert und damit die Forderung auch frei auswechselbar ist, ist die Eintragung einer Zwangsvollstreckungs-/Unterwerfungsklausel nach §§ 794 Abs. 1 Nr. 5, 800a ZPO für die Höchstbetragshypothek insgesamt nicht möglich.[316] Damit ist ein Antrag auf Eintragung mit der allgemeinen Formulierung wie: *„Der Schiffseigentümer unterwirft sich wegen aller Zahlungsverpflichtungen aus dieser Urkunde der sofortigen Zwangsvollstreckung in sein gesamtes Vermögen, mit der Maßgabe, dass die Zwangsvollstreckung in das verpfändete Schiff gegen den jeweiligen Eigentümer zulässig sein soll“*, nicht möglich und mit einer Zwischenverfügung nach § 28 Abs. 1 SchRgO zu beanstanden. Der Antragsteller ist aufzufordern, eine den Anforderungen genügende Unterwerfungserklärung nachzureichen oder den Antrag auf Eintragung der Unterwerfungsklausel zurück zu nehmen. Anderenfalls ist der Antrag zurück zuweisen. Wird eine **Klausel** zu Unrecht eingetragen, so ist diese nach Anhörung des Eigentümers und Gläubigers von **Amts wegen** zu löschen (§ 56 S. 2 SchRegO). Die Höchstbetragshypothek ist hiervon nicht betroffen, da die Unterwerfung den materiellen Inhalt des Grundpfandrechts nicht ändert.[317]

b) Eintragungsfähigkeit einer Unterwerfungserklärung

696 Zugelassen wird die Eintragung der Unterwerfungsklausel nur wegen eines **bestimmten Anspruchs**, dessen Geldbetrag einen Teil des eingetragenen Höchstbetrags der Hypothek ausmacht. Hierbei muss die Höhe der Forderung und der **Zahlungsanspruch** (Forderung) benannt werden. Diese Voraussetzungen müssen in der urkundlichen Unterwerfungserklärung erfüllt werden. In der Praxis findet man häufig folgende Formulierung: *„Der Eigentümer unterwirft sich wegen des bestimmten (Teil-)Betrages in Höhe von ... der sofortigen Zwangsvollstreckung in sein gesamtes Vermögen usw.“* Diese Formulierung erfüllt **nicht** die Eintragungserfordernisse, da der Anspruch nicht bestimmbar ist. Es fehlt die **Bestimmbarkeit des Zahlungs**anspruches und die dazugehörende Forderungshöhe. Rechtsprechungshinweisen, in

---

316 *Hornung* NJW 1991, 1649.
317 BGH NJW 1990, 258.

denen eine Unterwerfung wegen eines Betrages bis zu 90% des Höchstbetrages für zulässig erklärt wird und damit der Bestimmbarkeit genüge getan sein soll, ist nicht zu folgen. Der Geldanspruch, der Gegenstand der Unterwerfung ist, muss die Angabe des Schuldgrundes in der Unterwerfungserklärung benennen und bestimmt bezeichnen.[318]

Ausreichend ist hierbei nicht die **betragsmäßige** Bestimmtheit der Unterwerfungserklärung, sondern die Bestimmtheit des von ihr erfassten **Zahlungs- und Duldungsanspruchs.**[319]

4. Eintragungsmuster einer Höchstbetragsschiffshypothek

Liegen die materiellen und formellen Erfordernisse dem Schiffsregistergericht vor, 697
erfolgt die Eintragung der Höchstbetragshypothek in Abteilung III Sp. 1–3 in das Schiffsregister §§ 29 Abs. 1 Nr. 1–3, 36 SchRegDV.

Dritte Abteilung
Schiffshypotheken, Nießbrauch, Pfandrechte an Schiffsparten

Laufende Nummer	Betrag	Inhalt der Eintragung
1	2	3
nächste lfd. Nr.	20.000,– EUR	Zwanzigtausend Euro Höchstbetragsschiffshypothek für die ... in ... Unter Bezugnahme auf die Bewilligung vom .... des Notars ... UR-Nr. ... eingetragen am ...

Die Eintragung ist auf dem Schiffszertifikat zu vermerken und an Einsender mit E/R zurückzusenden.
Nachrichten, Kosten

5. Eintragung einer Höchstbetragshypothek unter gleichzeitiger Löschung eines Teilbetrages bei einer vorrangigen Hypothek unter Ausnutzung der Rangbefugnis nach § 57 SchRG

Eingetragen ist Abt. III Lfd. N. 4 eine Hypothek in Höhe von 800.000,– Euro. Bean- 698
tragt wird die Löschung eines rangletzten Teilbetrages in Höhe von 400.000,– Euro und die Eintragung einer Höchstbetragshypothek unter Ausnutzung des rangersten

318 *Hornung* NJW 1991, 1649 mit zahlreichen Nachweisen.
319 BGHZ 88, 62.

Teils in Höhe von 400.000,– Euro. Anträge und Bewilligungen auf Eintragung und die Löschungsbewilligung über das gesamte Recht in Höhe von 800.000,– Euro liegen vor.

Eintragungsmuster

Dritte Abteilung
Schiffshypotheken, Nießbrauch, Pfandrechte an Schiffsparten

Lau-fende Nummer	Betrag	Inhalt der Eintragung
1	2	3
4	800000,– EUR 400000,– EUR	Achthunderttausend Euro Schiffshypothek aus abstraktem Schuldversprechen nebst bis zu ... Zinsen für die ... mit Sitz in ... Unter Bezugnahme auf die Bewilligung vom ... URNR. ...des Notars ... in ... eingetragen am ...
5	400000,– EUR	Vierhunderttausend Euro Höchstbetragsschiffshypothek für die ... in ... im Rang des erloschenen Rechts Abt. III Nr. 4 gemäß Befugnis des Eigentümers aus § 57 Abs. 3 des Gesetzes über die Rechte an eingetragenen Schiffen und Schiffsbauwerken vom 15.11.1940 unter Bezugnahme auf die Eintragungsbewilligung vom ...-UR-NR. ... des Notars ... in ... eingetragen am ...

Veränderungen

4	5	6
4	400.000,– EUR	Nebenstehendes Recht ist erloschen. Seinen Rang nimmt das Recht Abt. III Nr. 5 ein. Eingetragen am

Löschungen

7	8
4	Vierhunderttausend Euro rangletzter Teilbetrag gelöscht am

Eintragung in Abteilung III lfd. Nr. 4 Sp. 2 und 3 röten wie Handblatt
Eintragungen auf dem Schiffszertifikat vermerken und an Einsender per E/R zurücksenden
Nachrichten, Kosten

6. Abtretung einer Höchstbetragshypothek

a) Abtretung von Forderung und Hypothek

Die Abtretung einer bestimmbaren, durch die Höchstbetragsschiffshypothek gesicherten Forderung erfolgt in der Form des § 51 Abs. 3 SchRG, welcher der Vorschrift des § 1154 Abs. 3 BGB entspricht. Erforderlich ist also die **Einigung** zwischen dem alten und neuen Gläubiger und die Eintragung der Abtretung in das Register. Der **Abtretungsvertrag** bedarf nach materiellem Recht keiner Form. Die Eintragungsbewilligung bedarf jedoch der öffentlich beglaubigten Form des § 37 SchRegO. Mit der Eintragung in das Register geht die Hypothek auf den neuen Gläubiger über (§ 51 Abs. 1 SchRG). Sie ist damit eine konstitutive (rechtsändernde) Eintragung. 699

Eintragen in das Schiffsregister

Dritte Abteilung
Veränderungen

Lfd. Nr. der Sp. 1	Betrag	
4	5	6
	20.000,– EUR	Nebenstehendes Recht ist mit der zugrunde liegenden Forderung und mit allen Rechten und Pflichten an ... in ... abgetreten. Unter Bezugnahme auf die Bewilligung vom ... UR-Nr. ... des Notars ... in ... Eingetragen am ...

Die Eintragung des bisherigen Gläubigers ist zu röten.
Rötung und Eintragung auf dem Zertifikat vermerken und an Einsender mit E/R zurücksenden
Nachrichten, Kosten

b) Isolierte Abtretung der gesicherten Forderung

Eine Besonderheit ergibt sich aus § 75 Abs. 3 SchRG, der der Vorschrift des § 1190 Abs. 4 BGB entspricht. Abweichend von § 51 Abs. 3 SchRG kann die mit einer Höchstbetragsschiffshypothek gesicherte Forderung nach § 398 BGB isoliert übertragen werden. Die Forderung bleibt bei dem ursprünglichen Gläubiger und die Hypothek wandelt sich in Höhe des frei werdenden Betrages in eine revalutierbare Rangstelle (§ 75 Abs. 3 S. 2 SchRG, der dem § 1190 Abs. 4 S. 2 BGB entspricht).[320] 700

320 Staudinger/*Nöll* § 75 SchRG Rn. 6.

Eine Übertragung der Höchstbetragsschiffshypothek **ohne** die **Forderung** ist nicht möglich (§ 51 Abs. 2 SchRG), denn § 75 Abs. 3 SchRG benennt nur Forderungen.

7. Umwandlung einer Höchstbetragsschiffshypothek

701 Durch Einigung und Eintragung kann die Höchstbetragshypothek in eine normale Schiffshypothek umgewandelt werden. Hierbei ist es jedoch erforderlich, dass die Forderung festgestellt wird.

8. Erlöschen der Höchstbetragsschiffshypothek

a) materiell-rechtliche Voraussetzungen

702 Die Höchstbetragsschiffshypothek setzt materiell-rechtlich eine **Aufgabeerklärung** des Gläubigers, die **Zustimmung** des Eigentümers und die **Löschung** der Hypothek im Schiffsregister voraus (§ 56 Abs. 1 S. 1 SchRG). Die Zustimmung des Eigentümers ist unwiderruflich und ist entweder dem Registergericht oder dem Gläubiger gegenüber zu erklären (§ 56 Abs. 1 S. 2 SchRG). Ist die Höchstbetragsschiffshypothek mit einem **Pfandrecht** eines Dritten belastet, so ist auch dessen Zustimmung erforderlich. Die Zustimmung ist dem Registergericht oder demjenigen zu erklären, zu dessen Gunsten sie erfolgt und ebenfalls unwiderruflich (§ 54 Abs. 2 S. 2 SchRG).

b) formell-rechtliche Voraussetzungen

703 Formell-rechtlich bedarf es der Bewilligung des Gläubigers, des Eigentümers sowie eines Antrages des Berechtigten bzw. des Betroffenen. Die Höchstbetragsschiffshypothek erlischt mit der Löschungsbewilligung des Gläubigers, dem Löschungsantrag des Eigentümers und der Eintragung der Löschung im Schiffsregister (§§ 23 Abs. 2, 29, 35 SchRG).

E. Die Zwangshypothek

1. Allgemeines

704 Aufgrund eines **Titels** kann die Zwangsvollstreckung in ein im Schiffsregister eingetragenes Schiff neben der Zwangsversteigerung durch die Eintragung einer Hypo-

thek erfolgen (§ 870a ZPO). Eine **Zwangsverwaltung** wie im Grundstücksrecht ist nicht möglich. Die Zwangshypothek ist Sicherungshypothek (§ 866 Abs. 1 ZPO) und dient lediglich der Sicherung der Zwangsvollstreckung in das unbewegliche Vermögen. Sie wird allein **auf Antrag** des Gläubigers und auf Grund eines sich auf eine Geldforderung erstreckenden **Schuldtitels** oder im Verwaltungsverfahren auf Ersuchen der Vollstreckungsbehörde eingetragen (§§ 870a Abs. 2, 867 Abs. 1 ZPO i.V.m. § 23 SchRegO). Die Eintragung einer Zwangssicherungshypothek aufgrund notarieller Urkunde ist ebenfalls möglich.

2. Die Antragsvoraussetzungen

a) Die Forderung

Die Eintragung einer Zwangshypothek ist nur wegen einer Geldforderung (§§ 803ff. 705
ZPO) möglich. Die Forderung muss mehr als 750 Euro betragen (§ 866 Abs. 3 ZPO)[321] sowie bestimmt und fällig sein (§ 751 Abs. 1 ZPO). Für eine Gesamtforderung aus mehreren, demselben Gläubiger zustehenden Schuldtiteln kann eine **einheitliche** Zwangshypothek beantragt werden (§ 866 Abs. 3 S. 2 ZPO). Zu beachten ist, dass die **Rechtsanwaltskosten** und die **Gerichtskosten** der Eintragung selbst nicht zur Vollstreckungsforderung gehören und damit auch nicht eingetragen werden können.[322]

b) Der Eintragungsantrag

Der Antrag auf Eintragung ist **schriftlich** zu stellen und bedarf nicht der Form des 706
§ 37 SchRegO, da die Eintragungsbewilligung durch die Vorlage des Schuldtitels ersetzt wird (§ 867 Abs. 1 ZPO). Stellt **nicht** der Gläubiger selbst den Antrag, so ist die Bevollmächtigung nachzuweisen (§ 79 ZPO). Die Vollmacht bedarf keiner Unterschriftsbeglaubigung. Stellt der Prozessbevollmächtigte, der im Titel angeführt wird, den Antrag, bedarf es keines weiteren Nachweises.[323] Im Verwaltungsverfahren auf Ersuchen der Vollstreckungsbehörde ersetzt **das Behördenersuchen** die erforderlichen Eintragungsunterlagen wie Eintragungsantrag, Bewilligung und ggf. die zur Eintragung erforderlichen Erklärungen Dritter.

---

321 Stand 5/2012.
322 *Zöller* § 866 Rn. 5; § 867 Rn. 13.
323 *Schöner/Stöber* Rn. 2166.

c) Prüfung des Schiffsregisters

707 Das Registergericht hat die Voraussetzungen der Zwangsvollstreckung zu prüfen. Mit der Antragstellung ist der **Titel mit Klausel** beizubringen (§§ 704, 724 ZPO).

Bei Vollstreckungsbescheiden entfällt die Vollstreckungsklausel (§ 794 ZPO) und die Zustellung (§ 750 ZPO) ist nachzuweisen. Neben der vollstreckungsrechtlichen Voraussetzung, die das Schiffsregister zu prüfen hat, ist auch noch die registerrechtliche Zulässigkeit der Eintragung zu prüfen. Hierzu gehört die Prüfung der Voreintragung des Vollstreckungsschuldners im Schiffsregister (§ 46 SchRegO). Besteht keine Übereinstimmung ist mittels einer Zwischenverfügung auf eine Berichtigung hinzuwirken. Ist der betroffene Schuldner **Erbe des Berechtigten**, so kann der Gläubiger nach §§ 46 i.V.m. 24 SchRegO die Berichtigung des Schiffsregisters durch Eintragung des Erben beantragen. Die erforderlichen Unterlagen hierzu kann sich der Gläubiger nach § 792 ZPO verschaffen. Tritt an die Stelle eines Titels ein behördliches Ersuchen, so muss das Registergericht prüfen, ob der Schuldner zur Leistung verpflichtet ist.[324]

3. Eintragung einer Zwangshypothek in das Schiffsregister

708 Die Hypothek entsteht gemäß §§ 870a Abs. 2, 867 Abs. 1 S. 2 ZPO konstitutiv mit der Eintragung in das Register und wird in Abteilung III in den Spalten 1–3 eingetragen (§ 29 Abs. 1 Nr. 1 SchRegDV).

Eintragungsmuster

Dritte Abteilung
Schiffshypotheken, Nießbrauch, Pfandrechte an Schiffsparten

Laufende Nummer	Betrag	Inhalt der Eintragung
1	2	3
Nächste lfd. Nr.	50.000,– EUR	Fünfzigtausend Euro Zwangssicherungshypothek 10% Zinsen für Herbert Fisch, geb. ... in Kiel, auf Grund des Vollstreckbaren Urteils des Landgerichts ... vom ... Az. ... Eingetragen am ...

Die Eintragung ist auf dem **Schuldtitel** zu vermerken (§§ 870 a, 867 Abs. 1 S. 3 ZPO) und eine Kopie des Titels ist zu den Akten zu nehmen. Der Titel ist an den Antragsteller zurück zu senden.

324 BayObLG Rpfleger 1982, 99.

Das Schiffszertifikat ist vom Eigentümer zwecks Eintragung zu erfordern. Zur Herausgabe ist er nach § 62 SchRegO verpflichtet. Die Einreichung ist nach § 62 Abs. 2 SchRegO i.V.m. § 35 FamFG durch Zwangsgeld erzwingbar.
Nachrichten, Kosten

4. Die Löschung der Zwangshypothek

Nach § 870a Abs. 3 S. 1, 1. Hs. ZPO erlischt die zwangsweise eingetragene Schiffshypothek, wenn durch eine vollstreckbare gerichtliche Entscheidung die zu vollstreckende Entscheidung oder ihre vorläufige Vollstreckbarkeit aufgehoben wird, oder wenn die Zwangsvollstreckung für unzulässig erklärt wird oder deren Einstellung angeordnet wird. Die nachfolgende Registeränderung ist dann Registerberichtigung.[325] Gleiches gilt nach § 870a Abs. 3 S. 2 ZPO, wenn durch eine gerichtliche Entscheidung die einstweilige Einstellung der Zwangsvollstreckung und zugleich die Aufhebung der erfolgten Zwangsvollstreckungsmaßregeln angeordnet wird oder wenn die zur Abwendung der Vollstreckung nachgelassene Sicherheitsleistung oder Hinterlegung erfolgt. 709

F. Die Sicherungshypothek des Bauunternehmers (§ 648 BGB)

Nach § 648 Abs. 2 BGB wird dem **Werftinhaber** das Recht eingeräumt, für eine ihm aus dem **Bau** oder der **Ausbesserung** eines Schiffs zustehende Forderung, die Eintragung einer Schiffshypothek an dem Schiffsbauwerk oder Schiff **des Bestellers** zu verlangen. Der Werftinhaber kann also nur für eine Forderung aus dem Bau die Eintragung einer Schiffsbauwerkshypothek oder für die Forderung aufgrund Ausbesserungsarbeiten an einem schon fertig gestellten Schiff die Eintragung einer Schiffshypothek verlangen. Eine weitere Voraussetzung für die Anwendung des § 648 Abs. 2 BGB besteht darin, dass der Werftinhaber nicht gleichzeitig Eigentümer sein darf. Bei der Eintragung einer Schiffsbauwerkshypothek bedeutet dies, dass der Werftinhaber das Eigentum an dem Schiffsbauwerk auf den Besteller übertragen haben muss (s.a. Rn. 797). Das Recht des Inhabers einer Schiffswerft, für **Forderungen** aufgrund von **Ausbesserungsarbeiten** am Schiff eine Schiffshypothek eintragen zu lassen, steht nur diesem zu und erstreckt sich nicht auf Fremdfirmen, die Reparaturarbeiten an dem Schiff vornehmen.[326] Da auch hier die Hypothek erst mit 710

325 Staudinger/*Nöll* Vor §§ 51–71 SchRG Rn. 4.
326 Staudinger/*Peters* § 648 BGB Rn. 56.

der Eintragung entsteht und hierzu die **Bewilligung** des Eigentümers notwendig ist, hat der Werftinhaber im Falle einer Verweigerung des Eigentümers, diesen auf Abgabe der Eintragungsbewilligung zu verklagen.

G. Schiffshypotheken für Inhaber- und Orderpapiere

1. Begriff

711 Gemäß §§ 72–74 SchRG, die den Vorschriften der §§ 1187–1189 BGB entsprechen, kann zur **Sicherung** von Forderungen aus Inhaber-und Orderpapieren eine Schiffshypothek bestellt werden. Gemeint sind hiermit Forderungen aus einer Schuldverschreibung wie Scheck, Wechsel oder anderen durch Indossament übertragbaren Papieren wie zum Beispiel die kaufmännische Anweisung und der kaufmännische Verpflichtungsschein (§ 363 HGB) soweit diese eine Geldforderung zum Gegenstand haben (§ 24 SchRG).[327]

2. Die Bestellung der Schiffshypothek für Inhaberpapiere

712 Die Hypothek für ein Inhaberpapier (Inhaberschuldverschreibung) wird materiellrechtlich durch formfreie Erklärung des Eigentümers gegenüber dem Registergericht bestellt und durch die **Eintragung** in das Schiffsregister (§ 72 Abs. 1 SchRG). Eine Einigung entfällt damit.[328] Die Vorlage einer staatlichen Genehmigung ist seit dem 17.12.1990 nicht mehr notwendig.[329] Bei einer Schiffshypothek, die für die Forderung aus einer Schuldverschreibung auf den Inhaber oder aus einem Wechsel oder einem anderen durch Indossament übertragbaren Papier eingetragen werden wird, soll nach § 47 SchRegO (entspricht § 43 GBO) eine Eintragung nur erfolgen, wenn die Urkunde vorgelegt wird. Die Urkunde ist bei der Ersteintragung vorzulegen, da nur durch die Urkundenvorlage die Problematik der unrichtigen Ersteintragung ausgeräumt wird. Die Vorlage der Urkunde ist aber nicht erforderlich, wenn eine Eintragung auf Grund einer Bewilligung des Gläubigervertreters nach § 74 SchRG oder auf Grund einer gegen diesen erlassenen gerichtlichen Entscheidung bewirkt werden soll (§ 47 Abs. 2 SchRegO). Auf der Urkunde ist nach § 47 Abs. 1 S. 2 SchRegO **die Eintragung zu vermerken.**

---

327 *Prause* § 72 SchRG.

328 Staudinger/*Nöll* 72 SchRG Rn. 3.

329 BGBl. I, S. 2839.

3. Die Eintragung

Die Eintragung erfolgt im Seeschiffsregister in Abteilung III in den Spalten 1–3 nach § 29 Abs. 1 Nr. 1–3 SchRegDV. Für das Binnenschiffsregister gilt § 36 SchRegDV. 713

Die Bestellung ist auch an Schiffsbauwerken möglich (§ 77 SchRG). Für das Schiffsbauregister gilt § 53 Abs. 1 Nr. 1–3 SchRegDV. Als **Gläubiger** wird der **Inhaber** des genau bezeichneten Wertpapiers eingetragen. Nach § 53 SchRegO, der § 50 GBO entspricht, genügt es, bei der Eintragung der Schiffshypothek eine Teilschuldverschreibung vorzulegen, die auf den Inhaber lautet und durch Indossament übertragen werden kann, wenn der Gesamtbetrag der Forderung unter Angabe der Anzahl, des Betrages und der Kennzeichnung der einzelnen Teilverschreibung eingetragen wird.

Eintragungsmuster

Dritte Abteilung
Schiffshypotheken, Nießbrauch, Pfandrechte an Schiffsparten

Lau-fende Nummer	Betrag	Inhalt der Eintragung
1	2	3
Nächste lfd. Nr.	1.000.000,– EUR	Eine Million Euro Schiffshypothek mit 4% Jahreszinsen seit dem ... verzinslich zur Sicherung der von der Aktiengesellschaft ... ausgegebenen 10.000 Stück Teilschuldverschreibungen auf den Inhaber zu je 100,– Euro Reihe A, Nr. 1 bis 10000. Unter Bezugnahme auf die Eintragungsbewilligung vom ... eingetragen am ...

Eintragung auf dem Zertifikat vermerken und an Einsender mit E/R zurücksenden
Nachrichten, Kosten

4. Die Bestellung der Schiffshypothek für Orderpapiere

Die Bestellung für eine Schiffshypothek an einem Orderpapier (z.B. Scheck) erfolgt durch Einigung zwischen dem Eigentümer und dem Empfänger des Orderpapiers und der Eintragung in das Schiffsregister nach § 8 Abs. 2, § 3 Abs1 SchRG[330]. Einzutragen ist damit der jeweilige Inhaber der zu bezeichnenden Schuldverschreibung.[331] 714

330 Palandt/*Bassenge* § 1187 BGB Rn. 3.

715 **Eintragungsmuster**

Dritte Abteilung
Schiffshypotheken, Nießbrauch, Pfandrechte an Schiffsparten

Laufende Nummer	Betrag	Inhalt der Eintragung
1	2	3
Nächste lfd. Nr.	1.000.000,– EUR	Eine Million Euro Schiffshypothek mit 4% Jahreszinsen seit dem ... verzinslich zur Sicherung der von der Aktiengesellschaft ... ausgegebenen auf die Handelsbank ... oder deren Order gestellten 10.000 Stück Teilschuldverschreibungen zu je 100, Reihe A, Nr. 1 bis 10.000,– Euro für die Handelsbank ... oder die durch Indossament ausgewiesenen Inhaber. Unter Bezugnahme auf die Eintragungsbewilligung vom ... eingetragen am ...

Eintragung auf dem Zertifikat vermerken und an Einsender mit E/R zurücksenden
Nachrichten, Kosten

5. Die Bestellung eines Gläubigervertreters

716 Dem jeweiligen Gläubiger kann nach § 74 Abs. 1 SchRG, der dem § 1189 Abs. 1 BGB entspricht, ein **Vertreter** mit der Befugnis bestellt werden, mit Wirkung für und gegen jeden späteren Gläubiger bestimmte Verfügungen über die Hypothek zu treffen und den Gläubiger bei der Geltendmachung der Hypothek zu vertreten. Als Vertreter kann jede natürliche oder juristische Person, **nicht** aber **der Schuldner selbst** bestellt werden.[332] Bei einer Gläubigervielzahl bei Teilschuldverschreibungen dient diese Regelung zur Erleichterung über die Verfügung der Hypothek. Zur Bestellung des Vertreters ist die **Eintragung** in das Schiffsregister zwingend (§ 74 Abs. 1 S. 2, 1. Hs. SchRG). Der **Name des Vertreters** ist in das Schiffsregister selbst einzutragen. Auf die Bewilligung kann nur hinsichtlich des Umfanges der Vertretungsmacht Bezug genommen werden (§ 74 Abs. 1 S. 2, 2. Hs. SchRG).

Die Eintragung in das Schiffsregister erfolgt entweder mit der Hypothek in Abt. III Spalte 3 oder bei einer nachträglichen Eintragung in Abt. III in Spalte 4–6. Die Eintragung des Vertreters ist auf der **Urkunde** über die Inhaber- oder Orderforderung zu vermerken.

331 Staudinger/*Wolfsteiner* § 1187 BGB Rn. 12.
332 Staudinger/*Wolfsteiner* § 1189 BGB Rn. 1, 5, 8.

Eintragungsmuster (In Abt. III Spalte 3 oder 6): Zum Vertreter der jeweiligen Gläubiger ist ... bestellt. 717

6. Abtretung

Die Abtretung der Forderung und daher der Schiffshypothek sowie die Belastung der Schiffshypothek aus einem Inhaber- und Orderpapier geschieht nach dem Wertpapierrecht und nicht nach dem Hypothekenrecht (§ 73 SchRG).[333] 718

Forderungen aus Inhaberpapieren (§ 793 BGB) werden durch dingliche Einigung und Übergabe des Wertpapieres übertragen. Forderungen aus Orderpapieren (Scheck, Wechsel oder kaufmännische Papiere) werden durch Übereignung des Wertpapiers und Indossament übertragen. Damit geht die Schiffshypothek ohne Eintragung in das Schiffsregister über.

7. Pfändung und Überweisung bei Forderungen aus Inhaberpapieren

Die Pfändung wird durch den Erlass eines Pfändungsbeschlusses und die Wegnahme der Inhaberpapiere durch den Gerichtsvollzieher nach § 808 ZPO und nicht durch den Erlass eines Pfändungsbeschlusses mit gleichzeitiger Eintragung in das Schiffsregister bewirkt. Eine **Verwertung** erfolgt durch den **Gerichtsvollzieher** durch freihändigen Verkauf oder Versteigerung mit der Folge, dass der Ersteher/Erwerber die Hypothek erlangt. 719

8. Pfändung und Überweisung bei Forderungen aus Orderpapieren

Die Pfändung wird durch den Erlass eines Pfändungsbeschlusses und der Wegnahme der Papiere durch den Gerichtsvollzieher nach § 831 ZPO bewirkt. Die gepfändete Forderung **wird** dem Gläubiger nach seiner **Wahl zur Einziehung oder an Zahlungs statt zum Nennwert** überwiesen (§ 835 Abs. 1 ZPO). 720

---

333 Staudinger/*Nöll* § 73 SchRG Rn. 2.

9. Erlöschen der Schiffshypothek an Inhaber-und Orderpapieren

721 Für das Erlöschen der Schiffshypothek an Inhaber- und Orderpapieren gelten keine Besonderheiten. Die Hypothek erlischt mit dem Untergang der Forderung nach § 57 Abs. 1 SchRG.

H. Der Arrest, Arrestpfandrecht

1. Begriff

722 Der Arrest wird bei eingetragenen Schiffen durch Pfändung des Schiffs vollzogen und richtet sich nach den Vorschriften über die Pfändung beweglicher Sachen in § 931 Abs. 1 ZPO, soweit sich aus § 931 Abs. 2–6 ZPO keine Abweichungen ergeben.[334] Nach § 931 Abs. 2 ZPO gibt die Pfändung dem Gläubiger ein **Arrestpfandrecht** mit dem Inhalt und dem Rang einer „Schiffshypothek", wobei es keine Arrestschiffshypothek gibt.[335] Der **Arrest bezweckt die Sicherung** wegen einer Geldforderung nach § 916 ZPO und nicht die Befriedigung des Gläubigers.

723 Ein **Arrestgrund** für den dinglichen Arrest ist nach § 917 ZPO dann gegeben, wenn zu besorgen ist, dass ohne den Arrest die Vollstreckung des Anspruchs vereitelt oder wesentlich erschwert werden würde. Als häufiger Arrestgrund bei Seeschiffen ist die zu erwartende Vollstreckung im Ausland (§ 917 Abs. 2 ZPO) zu nennen. Eine Einschränkung hierzu ergibt sich jedoch aus § 917 Abs. 2 S. 2 ZPO, wonach eine Vollstreckung in EU- und EFTA-Staaten keinen Arrestgrund mehr darstellt.[336]

2. Das Verfahren

724 Das Arrestgericht ist nach Wahl des Gläubigers **entweder** das Gericht der Hauptsache oder das Gericht, in dessen Bezirk sich das mit dem Arrest zu belegendeSchiff befindet (§ 919 ZPO). Anspruch und Arrestgrund sind glaubhaft zu machen (§ 920 Abs. 2 ZPO). Zur Glaubhaftmachung genügt nach § 294 ZPO die eidesstattliche Versicherung. Nach § 923 ZPO ist in dem Arrestbefehl ein Geldbetrag anzugeben, durch dessen Hinterlegung die **Vollziehung des Arrestes** gehemmt und der Schuldner zu dem Antrag auf Aufhebung des vollzogenen Arrestes berechtigt wird. Man spricht hier von einer **Lösungssumme,** die im Arrestbefehl als Höchstbetrag festgelegt

---

334 *Baumbach/Lauerbach/Hartmann* § 931 ZPO Rn. 1.

335 *Krohn* S. 23.

336 Zöller/*Vollkommer* § 917 ZPO, Rn. 16.

ist.[337] Die zu sichernde Forderung muss mindestens den in § 866 Abs. 3 ZPO bestimmten Betrag (Stand 5/2012: 750,– Euro) übersteigen.

Zu **beachten** ist, dass nach § 482 HGB ein **nicht** in einem Hafen liegendes Seeschiff mit einem Arrest mittels Beschlagnahme durch den Gerichtsvollzieher **nicht** belegt werden darf. Mit dem Beginn des Ablegemanövers befindet sich das Schiff nicht mehr im Hafen, sondern auf der Reise.[338] 725

Die Vollziehung des Arrestes dient nicht zur Befriedigung des Gläubigers, sondern soll die Durchführung der Zwangsvollstreckung sichern.[339] Nach § 929 Abs. 2 ZPO ist eine Vollziehung nur innerhalb **eines Monats** ab Erlass des Arrestes möglich. Wird die Vollzugsfrist versäumt, wird der Arrestbefehl wirkungslos[340] **Die Frist** beginnt bei Urteilen mit ihrer Verkündung und bei Beschlüssen mit der Zustellung an den Schuldner. 726

Nach § 929 Abs. 3 ZPO ist eine Vollziehung des Arrestes schon vor Zustellung des Arrestbefehls an den Schuldner zulässig. Dann muss aber die Zustellung **innerhalb einer Woche** seit der Vollziehung bewirkt sein. Wird die Zustellung nicht rechtzeitig bewirkt, so ist die Pfändung oder Eintragung des Arrestpfandrechts ungültig (§ 929 Abs. 3 S. 2 ZPO). Bei eingetragenen Schiffen geschieht die Vollziehung des Arrestes nach § 931 ZPO mittels Beschlagnahme durch den Gerichtsvollzieher.

Die **Pfändung** wird auf **Antrag** des Gläubigers von dem **Arrestgericht** als Vollstreckungsgericht angeordnet. Das Arrestgericht ersucht das Schiffsregistergericht um die **Eintragung einer Vormerkung** nach § 931 Abs. 3 ZPO. Diese Vormerkung gibt dem Gläubiger schon einen einstweiligen Schutz gegen etwaige Verfügungen des Schuldners. 727

Als weiterer Schritt erfolgt die Pfändung des Schiffs oder Schiffsbauwerk durch den **Gerichtsvollzieher** nach den Vorschriften des § 808 ZPO. Der Gerichtsvollzieher nimmt das Schiff nach § 931 Abs. 4 ZPO in Verwahrung und Bewachung. Hierzu wird das Schiff symbolisch „in die Kette gelegt", indem eine kleine Kette versehen mit einem Amtssiegel sichtbar um den Mast gelegt wird.[341] Außerdem wird die Hafenbehörde benachrichtigt, um das Schiff am Auslaufen zu hindern. 728

3. Die Eintragung in das Schiffsregister

Die Eintragung der Vormerkung auf Ersuchen des Arrestgerichts wird nach § 29 Abs. 2, Abs. 3 Nr. 1 SchRegDV linksspaltig in die Spalte 3 der dritten Abteilung des 729

337 *Wüstendörfer* S. 110.
338 *Rabe* § 482 HGB.
339 *Schöner/Stöber* Rn. 2226.
340 BGH MDR 1999, 1083.
341 *Noack* JurBüro 1982, 166, 170.

Seeschiffsregisters eingetragen. Die rechte Spalte ist für die endgültige Eintragung freizuhalten. Die Eintragung des Pfandrechts ins Schiffsregister erfolgt nach § 931 Abs. 6 ZPO auf Antrag des Gläubigers. Für das Binnenschiffsregister gilt § 36 SchRegDV, für das Schiffsbauregister § 53 Abs. 2, 3 Nr. 1 SchRegDV.

Eintragungsmuster

Dritte Abteilung
Schiffshypotheken, Nießbrauch, Pfandrechte an Schiffsparten

Laufende Nummer	Betrag	Inhalt der Eintragung	
1	2	3	
Nächste lfd. Nr.	5.000,– EUR	Vormerkung zur Sicherung eines Arrestpfandrecht zum Höchstbetrag von zehntausend Euro zu Gunsten von Herbert Fisch geb. 12.12.1900 in Kiel auf Grund des Ersuchens des Amtsgerichts Kiel vom 2.1.2000 – Az. ... eingetragen am	Arrestpfandrecht zum Höchstbetrag Fünftausend Euro zu Gunsten von Herbert Fisch, geb. 12.12.1900, in ... auf Grund des Arrestbefehls des Amtsgerichts Kiel vom Az. ... und des Antrages vom ... eingetragen am ...

Mit der endgültigen Eintragung ist die Vormerkung linksspaltig zu röten.
Die Eintragung ist auf dem Schuldtitel zu vermerken (§§ 870 a, 867 Abs. 1 S. 3 ZPO) und eine Kopie des Titels ist zu den Akten zu nehmen. Der Titel ist an den Antragsteller zurückzusenden.
Das Schiffszertifikat ist vom Eigentümer zwecks Eintragung zu erfordern. Hierzu ist er nach § 62 SchRegO auch verpflichtet. Die Einreichung ist nach § 62 Abs. 2 SchRegO i. V. m. § 35 FamFG durch Zwangsgeld erzwingbar.
Nachrichten, Kosten.

4. Das Erlöschen des Arrestpfandrechts

730 Das Arrestpfandrecht an einem Schiff erlischt gemäß § 931 Abs. 6 S. 2 ZPO, der auf § 870 a Abs. 3 ZPO verweist, durch **Aufhebung** der zu vollstreckenden Entscheidung oder ihrer Vollstreckbarkeit. Gleiches gilt, wenn die zur Abwendung der Vollstreckung nachgelassene Sicherheitsleitung oder Hinterlegung erfolgt (§ 870 a Abs. 3 ZPO).

I. Der Nießbrauch

1. Begriff und Zulässigkeit des Nießbrauchs

Der Nießbrauch gewährt das dingliche Recht, die gesamten Nutzungen aus dem mit ihm belasteten Gegenstand zu ziehen (§ 1030 BGB). Nach § 9 SchRG kann ein **Nießbrauch** an einem Schiff **nur** bestellt werden, wenn damit eine Verpflichtung zur Bestellung des Nießbrauchs am **ganzen Vermögen** des Eigentümers oder an einer Erbschaft oder einem Bruchteil des Vermögens oder der Erbschaft erfüllt werden soll. 731

Nach der amtlichen Begründung zur Einführung des Gesetzes über Rechte an eingetragenen Schiffen und Schiffsbauwerken[342] hat der Gesetzgeber für die Bestellung eines Nießbrauchs an einem eingetragenen Schiff kein Bedürfnis gesehen. Danach ist die Bestellung eines Nießbrauchs an einem eingetragenen Schiff **nur dann möglich**, wenn der Nießbrauch am **Gesamt- oder Bruchteilsvermögen** bestellt wird. Dies ist beispielsweise der Fall, wenn ein Schiffseigentümer an seinem gesamten Vermögen ein Nießbrauch bestellt und der Hauptvermögenswert das Schiff ist. In diesem Fall muss eine Eintragung des Nießbrauchs an dem eingetragenen Schiff möglich sein. Die Eintragung eines Nießbrauchs scheidet damit aus, wenn das Schiff nicht der alleinige Vermögensgegenstand ist und nur ein „Bruchteil" des Vermögens darstellt. Der in der Praxis oft angeführte Hinweis auf § 82 SchRG und das Grundstücksrecht geht fehl, da ein Nießbrauch ausschließlich unter den Voraussetzungen des § 9 SchRG bestellt werden kann.[343] 732

Die Bestellung eines Nießbrauchs an **einer Schiffspart** ist aufgrund ihres dinglichen Charakters **nicht** durch § 9 SchRG ausgeschlossen. Anzuwenden sind die allgemeinen Vorschriften (§§ 1068 ff. BGB, 503 HGB).[344] 733

Auch aufgrund einer **Erbschaft** kann ein Nießbrauch an einem Schiff eingetragen werden.[345] 734

Der Nießbrauch ist **nicht übertragbar**, die Ausübung des Nießbrauchs kann jedoch einem anderen überlassen werden (§ 1059 BGB). Da der Nießbrauch nicht übertragbar ist, ist er auch unpfändbar, wie sich aus § 851 ZPO und § 399 BGB ergibt. Mit der Übertragung auf einen anderen ist der Nießbrauch jedoch der Pfändung unterworfen § 857 Abs. 3 ZPO. 735

---

342 DJ 1940, 1332.
343 Staudinger/*Nöll* § 82 SchRG Rn. 1.
344 Staudinger/*Nöll* § 9 SchRG Rn. 9.
345 *Prause/Weichert* S. 84.

2. Keine Zulässigkeit des Nießbrauchs

736 Ein Nießbrauch kann **nicht** an einem **Schiffsbauwerk** (§ 76 SchRG) und auch nicht an einem **Schwimmdock** (§ 81 a SchRG) bestellt werden.[346]

737 Die Bestellung eines Nießbrauchs an einem Anteil einer am Schiff bestehenden **Gesamthandsgemeinschaft** ist nicht möglich, da § 8 Abs. 3 SchRG nicht für den Nießbrauch Anwendung findet.

3. Bestellung des Nießbrauchs

738 Soweit der Nießbrauch **unter Lebenden** an dem Vermögen bestellt wird, bedarf es lediglich der Bewilligung des Betroffenen in der Form des § 37 SchRegO und eines schriftlichen Antrages des Betroffenen oder des Berechtigten zur Eintragung in das Register. Die schuldrechtliche Verpflichtung ist nur wirksam, wenn sie sich auf das gegenwärtige Vermögen bezieht § 311 b BGB. Damit das **Gericht prüfen** kann, ob die Bestellung des Nießbrauchs am ganzen Vermögen des Eigentümers erfüllt ist, ist die Urkunde über die Bestellung vorzulegen (§§ 9 und 3 SchRG).

739 Bei einem Nießbrauch **einer Erbschaft** genügt der Nachweis, dass eine Verpflichtung hierzu besteht, wenn eine Verfügung von Todes wegen und ferner die Niederschrift über die Eröffnung vorgelegt wird, auch wenn die Verfügung nicht in einer öffentlichen Urkunde enthalten ist (§ 43 SchRegO). Bei einem privaten schriftlichen Testament kann somit auch kein Erbschein verlangt werden.

740 Der **öffentliche Glaube** des Schiffsregisters (§ 16 Abs. 1 SchRG) wirkt auch zugunsten des gutgläubigen Erwerbers eines **Nießbrauchs** nach § 9 SchRG.

4. Eintragung des Nießbrauchs an einem Schiff

741 Der Nießbrauch wird in Abteilung III in den Spalten 1–3 gemäß § 29 Abs. 1 Nr. 1–3, SchRegDV eingetragen. In Spalte 2 ist ein waagerechter Strich zu ziehen.

---

346 *Heinerici/Gilgan* S. 415.

Eintragungsmuster: Nießbrauch am ganzen Vermögen des Schiffseigentümer

Dritte Abteilung
Schiffshypotheken, Nießbrauch Pfandrechte an Schiffsparten

Laufende Nummer	Betrag	Inhalt der Eintragung
1	2	3
nächste lfd. Nr.		Nießbrauch am Schiff in Erfüllung der Verpflichtung zur Bestellung des Nießbrauchs am ganzen Vermögen des Schiffseigentümers für ... Unter Bezugnahme auf den notariell beurkundeten Vertrag vom ... UKNr. ... des Notars ... in ... und unter Bezugnahme auf die Eintragungsbewilligung vom ... UKNr. ... des Notars ... in ... eingetragen am ...

Eintragungsmuster: Nießbrauch an einer Erbschaft aufgrund Testament 742

Dritte Abteilung
Schiffshypotheken, Nießbrauch, Pfandrechte an Schiffsparten

Laufende Nummer	Betrag	Inhalt der Eintragung
1	2	3
nächste lfd. Nr.		Lebenslänglicher Nießbrauch am Schiff für ... geb. ... auf Grund des Testamentes vom ... und unter Bezugnahme auf die Eintragungsbewilligung vom ... eingetragen am ...

Die Eintragung auf dem Schiffszertifikat zu vermerken und an Einsender mit E/R versenden.
Nachrichten, Kosten

5. Nießbrauch an einer Schiffshypothek

Da das Gesetz unter § 9 SchRG nur den Nießbrauch an einem eingetragenen Schiff einschränkt, indem nur die dingliche Belastung des Schiffs erfasst wird, ist die Eintragung des Nießbrauchs an einer **Hypothek** im Schiffsregisterrecht **möglich,** da hier einen Belastung an einem Recht erfolgt.[347] Die Bestellung des Nießbrauchs richtet sich gemäß § 1069 Abs. 1 BGB nach den für die Übertragung geltenden Vorschrif- 743

347 Staudinger/*Nöll* § 9 SchRG, Rn. 10.

ten. Anwendung findet ebenfalls § 51 Abs. 3 SchRG. Die Bestellung erfolgt durch **Einigung** über die Bestellung des Nießbrauchs und deren Eintragung in das Schiffsregister. Die Eintragung erfolgt in Abteilung III in den Spalten 4–6 gemäß § 29 Abs. 1 Nr. 4–6 SchRegDV. Für das Binnenschiffsregister gilt § 36 SchRegDV.

6. Erlöschen des Nießbrauchs

744 Der Nießbrauch erlischt mit dem **Tode des Berechtigten** (§ 1061 BGB). Gibt es mehrere Berechtigte an ein Schiff und stirbt einer der Berechtigten, so kann für dessen Erbe ein neuer Nießbrauchsteil in Höhe des fortgefallenen bestellt werden.[348]

Das Nießbrauchsrecht kann auch durch **Aufgabe** des Berechtigten oder durch **Verzicht** erfolgen. Eine gesetzliche Regelung gibt es hierfür nicht und erfährt ihre Ableitung aus dem Schiffshypothekenrecht, nach dem die Hypothek durch Verzicht (§ 57 Abs. 2 SchRG) oder durch eine Aufgabeerklärung des Gläubigers aufgehoben wird (§ 56 SchRG). Gleiches muss auch für den Nießbrauch gelten. Ist der **Nießbrauch auf Zeit** bestellt, so erlischt er mit Ablauf des Endtermins. Ist der Nießbrauch unter einer **Bedingung** bestellt, so erlischt er mit dem Eintritt der Bedingung. Mit **Untergang** oder bei **endgültiger Ausbesserungsunfähigkeit** eines Schiffs geht auch der Nießbrauch unter. Das Recht wird bei Löschung des Schiffes **nicht gelöscht**, sondern nur rot durchkreuzt. Wird ein Schiff **zwangsversteigert,** erlischt in der Regel der Nießbrauch und es tritt als Ersatz eine **Geldrente** ein (§§ 50, 51, 121 ZVG).[349]

7. Unrichtige Eintragung eines Nießbrauchs

745 Aufgrund der Beschränkung des dinglichen Rechts an Schiffen ist die Bestellung eines Nießbrauchs allein an einem Schiff nichtig. Das Schiffsregister ist dann unrichtig und es ist ein **Amtswiderspruch** nach § 56 S. 1 SchRegO einzutragen.

348 *Heinerici/Gilgan* S. 339.
349 *Heinerici/Gilgan* S. 340.

Dritter Teil: **Das Binnenschiffsregister**

In dem dritten Teil über das Binnenschiffsregister werden überwiegend Änderungen gegenüber dem Seeschiffsregister behandelt. Punkte, die für das See- und Binnenschiffsregister gleichermaßen gelten, sind unter dem Kapitel Seeschiffsregister behandelt.

Erster Abschnitt: Allgemeiner Teil

A. Das Binnenschiffsregister

Nach § 3 Abs. 1 SchRegO werden Binnenschiffsregister und Seeschiffsregister getrennt geführt. In das Binnenschiffsregister werden nur die zur Schifffahrt auf Flüssen und sonstigen Gewässern bestimmten Schiffe (§ 3 Abs. 3 SchRegO, § 1 BinSchEO) eingetragen. 746

Die Zuständigkeit richtet sich ebenfalls wie bei einem Seeschiff nach §§ 1, 4 SchRegO. Danach ist das Schiff in das Schiffsregister seines Heimatortes einzutragen. Seeschiff- und Binnenschiffsregister können bei demselben oder unterschiedlichen Amtsgerichten geführt werden (§ 1 SchRegO).

B. Zweck des Binnenschiffsregisters

Während das Seeschiffsregister einen doppelten Zweck verfolgt, nämlich einerseits die Feststellung der Voraussetzungen zur Führung der Bundesflagge und zum anderen die Gewährung eines zuverlässigen und allgemein zugänglichen Mittels zur Auskunft über die tatsächlichen und rechtlichen Verhältnisse der einzelnen Schiffe, verfolgt das Binnenschiffsregister nur den zuletzt genannten Zweck. 747

Zweiter Abschnitt (Ersteintragung)

A. Eintragungspflicht

Im Gegensatz zu einem Seeschiff, bei dem das Gesetz keine Untergrenze für eine Eintragungsfähigkeit festgelegt hat, gibt es für die Eintragung eines Binnenschiffs eine definierte **Eintragungsunfähigkeit** und, wie für die Eintragung in das Seeschiffsregister, eine **Eintragungspflicht.** Die Grenzen der Eintragungsfähigkeit ergeben sich aus § 3 Abs. 3 SchRegO. Danach können als Binnenschiffe nur eingetragen werden: 748

1. *Schiffe, die zur Beförderung von Gütern bestimmt sind, wenn ihre größte Tragfähigkeit mindestens **10 Tonnen** beträgt*
2. *Schiffe, die nicht zur Beförderung von Gütern bestimmt sind, wenn ihre Wasserverdrängung bei größter Eintauchung mindestens **5 Kubikmeter** beträgt.*
3. *Schlepper, Tankschiffe und Schubboote **ohne Rücksicht** auf Tragfähigkeit oder Verdrängung.*

Eine **Eintragungspflicht** besteht nach § 10 Abs. 2 SchRegO:

1. *wenn das Schiff zur Beförderung von Gütern bestimmt ist und seine Wasserverdrängung bei größte Tragfähigkeit mindestens **20 Tonnen** beträgt.*
2. *wenn das Schiff nicht zur Beförderung von Gütern bestimmt ist und seine Wasserverdrängung bei größter Eintauchung mindestens **10 Kubikmeter** beträgt*
3. *wenn das Schiff ein Schlepper, Tankschiffe und Schubboote ist.*

B. Antrag auf Ersteintragung

1. Form der Anmeldung

749 Die Erstanmeldung eines Binnenschiffs geschieht durch die Einreichung eines **formlosen schriftlichen** Antrages durch den Eigentümer (§ 10 Abs. 2 SchRegO). Die Form des § 37 SchRegO ist für die Erstanmeldung nicht erforderlich, da es sich hierbei um die Anmeldung von **Tatsachen** und nicht um Rechtsverhältnisse nach § 23 SchRegO handelt. Damit können die Anträge auch zu Protokoll der Geschäftsstelle an **jedem Amtsgericht** gestellt werden (§ 17 SchRegDV).

2. Anzumeldende Tatsachen

750 Bei der Erstanmeldung eines Binnenschiffs sind nach § 12 SchRegO anzugeben:

Name des Schiffs, die Nummer oder das sonstige Merkzeichen; Gattung oder Hauptbaustoff; Heimatort; Bauort, Schiffswerft, Jahr des Stapellaufs; Größte Tragfähigkeit in Tonnen (bei Schiffen, die zu Güterbeförderung bestimmt sind); Wasserverdrängung in Kubikmetern (bei Schiffen, die nicht der Güterbeförderung dienen); die Maschinenleistung.

Weiter ist der Eigentümer mit Namen, Anschrift und Geburtsdatum, ggf. die Rechtsform und Anteilsverhältnis anzugeben und der Rechtsgrund des Eigentumserwerbes wie z. B. Kauf, Bau auf eigene Rechnung oder Eigenbau anzugeben.

Die Angaben zum Heimatort, Bauort und die Schiffswerft, der Eigentümer und der Erwerbsgrund sowie die Maschinenleistung sind glaubhaft zu machen. Als **Urkunden** sind insbesondere beizufügen: Kaufvertrag oder Rechnung mit Nachweis des Eigentumswechsels, die Baubescheinigung der Werft sowie der Eichschein. Falls das Schiff im Inland erbaut ist, ist eine Bescheinigung des Registergerichts des Bauorts gemäß **§ 15 SchRegO,** ob das Schiff eingetragen ist, und gegebenenfalls eine beglaubigte Abschrift des Registerblatts beizubringen. Falls das Schiff im Ausland erbaut worden ist, ist eine **Löschungsbescheinigung** des ausländischen Registergerichts beizubringen oder falls keine Eintragung erfolgt war, eine **Nichtregistrierungsbescheinigung** des für den Bauort zuständigen Registergerichts. Darüber hinaus sind eine eidesstattliche Versicherung des/der Eigentümer über den Heimatort und bei Beteiligungen von Gesellschaften/Vereinen ist ein aktueller Registerauszug einzureichen.

Soweit Unterlagen nicht vorgelegt werden können, genügt zur Glaubhaftmachung eine eidesstattliche Versicherung des Eigentümers. Ist das Schiff im Ausland, aber noch nicht im Inland geeicht, so genügt die Vorlage des ausländischen Eichscheins oder einer anderen zur Glaubhaftmachung der Angaben geeigneten Urkunde (§ 13 Abs. 1 SchRegO). Ist eine Eichung nicht möglich, reicht auch die Vorlage des **Schiffsattestes** als öffentliche Urkunde, da sich aus dieser Urkunde auch die Eich-Verdrängungsergebnisse ergeben, die zur Eintragung in das Binnenschiffsregister benötigt werden.

3. Antragsmuster auf Ersteintragung

Örtlich zuständig ist das Amtsgericht am Heimatort (§§ 1, 4 SchRegO). Anzumelden 751
sind die in § 12 SchRegO anzugebenden Angaben.

Muster einer Anmeldung zur Güterbeförderung

Zur Eintragung in das Binnenschiffsregister wird angemeldet:

1 Name des Schiffes: HUGO
2 Gattung und Hauptbaustoff: Schubboot; Stahl
3 Heimatort: Kiel
4 Bauort: Hamburg
5 Schiffswerft: XXL GmbH in Hamburg
6 Jahr des Stapellaufes: 2010
7 Größte Tragfähigkeit in Tonnen: 16.000 t
9 Maschinenleistung: 400 kW
10 Eigentümer: Firma Hugo Otto e.K., X Gasse 4, 24000 Kiel
11 Rechtsgrund des Eigentumserwerbes: Bau auf eigene Rechnung
12 Wert des Schiffes: 800.000,– Euro

Zum weiteren Nachweis werden vorgelegt:
Kaufvertrag und Baubescheinigung der Werft in Kopie, Eichschein, Bescheinigung des Registergerichts des inländischen Bauorts, dass das Schiff nicht im Schiffsbauregister eingetragen war, sowie einen Handelsregisterauszug meiner Firma.
Ich versichere an Eides statt, dass die Schifffahrt von Kiel aus betrieben wird und das Schiff weder im inländischen noch in einem ausländischen Register eingetragen war.
Den Schiffsbrief und den Eichschein bitte ich mir zu übersenden.
Ort, Datum und Unterschrift

Der Eichschein oder eine andere Bescheinigung über die größte Tragfähigkeit oder Wasserverdrängung bei größter Eintauchtiefe ist vorzulegen (§ 13 Abs. 1 SchRegO), da nur aus dieser Urkunde Daten über die Tragfähigkeit/Wasserverdrängung für das Binnenschiffsregister übernommen werden können.

752 In dem Eintragungsmuster Rn. 753 ist die Eintragung einer Einzelfirma beantragt. Ein **Einzelkaufmann** ist im Schiffsregister mit seinem bürgerlichen Namen einzutragen, nicht mit seiner Firma.[350] Die Firma ist Name des Kaufmanns im Handelsverkehr und Prozess (§ 17 HGB), nicht jedoch für Bezeichnung im bürgerlichen Rechtsverkehr und gegenüber Behörden und damit auch nicht gegenüber dem Schiffsregister. Der Antragsteller ist in einer Zwischenverfügung darauf hinzuweisen. Da eine Eintragung nur unter dem bürgerlichen Namen möglich ist, ist ergänzend das Geburtsdatum mitzuteilen.

C. Ersteintragung in das Binnenschiffsregister

753 1. Ersteintragungsmuster

Einzutragen in BSR (neu)

Vfg.
Amtsgericht
Binnenschiffsregister
Blatt Nr. (neu)

Erste Abteilung
Das Schiff

Name, Nummer oder sonstige Merkzeichen	Gattung, Hauptbaustoff	Jahr des Stapellaufs, Bauort, Schiffswerft	Heimatort
1	2	3	4
HUGO	Schubboot, Stahl	2010, Hamburg; XXL GmbH in Hamburg	Kiel

	5		6
Tragfähigkeit in t/Wasserverdrängung in m³	Maschinenleistung	Eichschein	Tag der Eintragung
a	b	c	
16.000 t	400 kW	Eichschein Nr. 4000 des Schiffseichamtes Mainz vom 5.5.2010	

350 BayObLG DNotZ 1981, 578.

Zweite Abteilung
Eigentümer

Lfd.Nr.	Eigentümer	Anteile	Lfd. Nr. der Spalte 1	Erwerbsgrund, Grundlage der Eintragung, Eigentumsbeschränkungen, Veränderungen
1	2	3	4	5
1	Hugo Otto, 12.12.1980, Kiel		1	Neubau auf eigene Rechnung eingetragen am

Schiffsbrief fertigen
Schiffsbrief und Eichschein für die Akte kopieren
Kartei, Statistik; Datenbank, Pebb§y
Eintragung des Schiffes auf dem Schiffsbrief vermerken
Schiffsbrief und Eichschein an Eigentümer **mit E/R** versenden

Ist im Seeschiffsregister der **Eintragungsvermerk** auf dem Schiffszertifikat nicht mehr zwingend, wird bei Binnenschiffen **nicht** auf die **Eintragung** auf dem **Eichschein** verzichtet (§ 45 SchRegDV). Zur Begründung wird angeführt, dass der Schiffsbrief häufig bei einer Bank hinterlegt wird, es zudem, anders als bei Seeschiffen keinen Auszug aus dem Schiffszertifikat gibt und der Vermerk auf dem Eichschein damit oftmals die einzige Möglichkeit bietet, die Eintragung des Schiffs im Schiffsregister vor Ort nachzuweisen. 754

Nachricht an:
- Wasser- und Schiffverwaltung des Bundes, Zentrale Schiffsuntersuchungskommission/ Schiffseichamt bei der Wasser- und Schifffahrtsdirektion Südwest, Brucknerstr. 2, 55127 Mainz;
- Berufsgenossenschaft für Fahrzeughaltung, Hauptverwaltung, -Binnenschifffahrt, Ottensener Hauptstr. 54, 22765 Hamburg
- Bundesnetzagentur in Hamburg
- Arbeitsschutzbehörde
- Hauptzollamt
- Statisches Bundesamt
- Schiffseigentümer

Anschriftenverzeichnis erstellen
Die Kosten zum Soll stellen gegen Eigentümer Bl., zdA

2. Nachrichten und Mitteilungen

755 Grundsätzlich ist jede Eintragung demjenigen bekanntzumachen, für den die Eintragung ihrem Inhalt nach bestimmt ist und auf dessen Rechtsverhältnisse sie ihrem Inhalt nach unmittelbar einwirken soll (§ 57 Abs. 1 SchRegO). Damit gibt es keine Besonderheit gegenüber dem Seeschiffsregister.

Mitteilungen und Nachrichten an Behörden regelt die Anordnung über Mitteilungen in Zivilsachen vom 1. Juni 1998 [(MiZi), s. auch Anhang I].

Danach sind mitzuteilen:

- Eintragungen in das Binnenschiffsregister der ersten und zweiten Abteilung wie Neueintragungen, Veränderungen und Löschungen (§ 57 Abs. 2 SchRegO) an die örtlich zuständige Arbeitsschutzbehörde.
- Eintragungen in das Binnenschiffsregister der ersten und zweiten Abteilung wie Neueintragungen, Veränderungen und Löschungen sowie Tatsachen, die nach § 4 Abs. 3 SchRegO angegeben werden (§ 10 BinSchAufgG), an die zentrale Binnenschiffsbestandsdatei bei der Wasser– und Schifffahrtsdirektion Südwest, Brucknerstraße 2, 55127 Mainz.
- Eintragungen in das Binnenschiffsregister der ersten und zweiten Abteilung wie Neueintragungen, Veränderungen und Löschungen (§ 1 BinSchAufgG i. V. m. § 13 Abs. 1 Nr. 4 EGGVG) an die Bundesnetzagentur-Außenstelle Hamburg-Sachsenstr. 12+14, 20097 Hamburg.
- Bei Neueintragungen eines im Schiffsbauregister eingetragen Schiffs in das Binnenschiffsregister (§ 16 Abs. 3 SchRegO) an das Gericht des Schiffsbauregisters.

Dritter Abschnitt (Eintragungen in Abt. I)

In der ersten Abteilung des Binnenschiffsregisters werden die **tatsächlichen Daten** zum Schiff eingetragen (§ 34 SchRegDV). Der Inhalt der einzutragenden Tatsachen ergibt sich aus den Vorschriften der §§ 12 und 16 SchRegO. Danach werden in die erste Abteilung eingetragen: der Name, Nummer oder Merkzeichen, die Gattung und der Baustoff, Bauort, Schiffswerft und Jahr des Stapellaufes, der Heimatort, die Ergebnisse der Eichung (bei Beförderungsschiffen die max. Tragfähigkeit in Tonnen, bei anderen Schiffen die größte Wasserverdrängung in Kubikmetern), der Tag der Eintragung und der Löschung mit Angabe des Grundes und Veränderungen.

A. Der Schiffsname/Merkzeichen

1. Allgemeines

Für einzutragende Binnenschiffe ist ein **Schiffsname nicht zwingend** vorgeschrieben, da § 12 Ziffer 1 SchRegO anstelle des Namens auch eine Nummer oder ein sonstiges **Merkzeichen** zulässt. Der Name eines Binnenschiffs braucht damit nicht unbedingt aus einer Wortbildung bestehen, wie dies bei Seeschiffen nach § 11 SchRegO der Fall ist. Die Merkzeichen eines Binnenschiffes sind nicht zu verwechseln mit Merkzeichen nach Art. 6 Abs. 2 S. 1 b des Budapester Übereinkommen über den Vertrag über die Güterbeförderung in der Binnenschifffahrt vom 3. Oktober 2000 (CMNI).[351] Die Eintragung eines Namens ins Binnenschiffsregister ist nur für den Fall vorgesehen, dass das Schiff einen solchen auch führt (§ 34 Abs. 1 Ziffer 1 SchRegDV). Anderenfalls sind die Nummern oder andere behördliche Merkzeichen in die erste Abteilung Spalte 2 in das Binnenschiffsregister einzutragen. Eine **Glaubhaftmachung** für den Schiffsnamen, die Nummer oder das Merkzeichen ist nach § 13 SchRegO nicht vorgesehen. 756

2. Änderung des Schiffsnamens/Merkzeichens

Die Änderung des Schiffsnamen/des Merkzeichens ist zum Binnenschiffsregistergericht anzumelden und in das Register einzutragen (§§ 11 Nr. 1, 17 Abs. 1 SchRegO und § 27 Abs. 1 Nr. 1 SchRegDV). Eine Namensänderung hat der Eigentümer dem Schiffseichamt nach § 10 BinSchEO mitzuteilen. Gegenüber dem Seeschiffsregister gibt es keine Besonderheiten und es genügt auch hier zur Anmeldung die einfache Schriftform. Ebenfalls besteht auch im Binnenschiffsregister die Verpflichtung gemäß § 62 Abs. 1 SchRegO die Schiffspapiere einzureichen. 757

B. Kein Unterscheidungssignal nach § 31 SchRegDV

Für Schiffe, die im Binnenschiffsregister eingetragen sind, wird im Register **kein** Rufzeichen eingetragen. Dies gilt auch für den Fall, dass ein Seeschiff vom Seeschiffsregister in ein Binnenschiffsregister umgetragen wird. Das Schiff im Binnenschiffsregister **verliert** damit sein **Rufzeichen.** 758

Verwaltungsvorschriften für **Frequenzzuteilung** im mobilen Seefunk und Binnenschifffahrtsfunk (VVSB) regeln den Binnenschifffahrtsfunkdienst. Hierbei handelt es sich um die Zuteilung des **Namens der Funkstelle, des Rufzeichens bzw. des** 759

351 BGBl. II, 298.

Rufnamens und der **ATIS-Nummer.** Landfunkstellen des Binnenschifffahrtsfunkdienstes werden mit dem geografischen Namen des Ortes und des Dienstes wie z. B. Karlsruhe Hafen gekennzeichnet. Voraussetzung für den Betrieb Funkanlagen des Binnenschifffahrtsfunkdienstes ist die Programmierung der Anlage mit dem von der Reg TP zugeteilten **ATIS-Code.** Der 10-stellige Code, mit dem die Identität einer Schiffsfunkstelle im Binnenschifffahrtsfunkdienst festgestellt wird, setzt sich wie folgt zusammen.

Z M I D X1 X2 X4 X5 X6.

Dabei stellt **Z** die Ziffer 9 dar und definiert den Binnenschifffahrtsfunkdienst.

MID die im Seefunkdienst/Binnenschifffahrtsfunk zugewiesene Landeskennung gemäß Anhang 42 der VO Funk (UIT-RR).

X1 bis X6 die Ziffern des umgewandelten Rufzeichens dar. Die Wertebildung ist davon abhängig, ob es sich um ein Rufzeichen einer Schiffsfunkstelle mit zwei Buchstaben und vier Ziffern oder um eine deutsche Schiffsfunkstelle mit 4 Buchstaben handelt.

Beispiel 1: Rufzeichen DC2182 — ATIS-Code 9211032182
9 = Binnenschifffahrtsfunkdienst
211 = MID für Deutschland
03 =Buchstabe C
2182 =4-stellige Nummer des Rufzeichens

Beispiel 2: Rufzeichen DAMR ATIS-Code 9211010001
9 = Binnenschifffahrtsfunkdienst
211 = MID für Deutschland
010001= 6-stellige fiktive fortlaufende Nummer

C. Der Heimatort

1. Allgemein

760 Im Gegensatz zum Seerecht, wo man von einem Heimathafen, von welchem die Schifffahrt betrieben wird (§ 480 HGB), spricht, haben die Binnenschiffe einen **Heimatort** und keinen Heimathafen (§ 6 Abs. 1 BinSchG). Damit wird deutlich, dass im **Gegensatz** zu einem Heimathafen, der tatsächlich einen **Seezugang** haben muss, dieser bei einem Heimatort nicht zwingend ist. Der Schiffseigner eines Binnenschiffes hat damit grundsätzlich die Möglichkeit den Heimatort fernab einer Wasserstraße und damit eines Heimathafens zu begründen. Ein Heimatort kann danach auch nach steuerlichen Gesichtspunkten gewählt werden.

Nach dem Gesetz ist der Heimatort der Ort, *von dem aus die Schifffahrt mit dem Schiff betrieben wird* (§ 6 Abs. 1 BinSchG). Damit kann nur Heimatort sein, von wo aus auch ein tatsächlicher Schifffahrtsbetrieb erfolgen kann und auch tatsächlich betrieben wird.[352]

2. Feststellung des Heimatortes

Ein Binnenschiff ist in das Schiffsregister seines Heimatortes einzutragen (§ 4 Abs. 1 SchRegO). Bei Veränderungen sind die erforderlichen Anmeldungen vorzunehmen (§ 17 SchRegO). Für den Fall, dass eine Feststellung des Heimatortes nicht möglich ist, gibt das Gesetz in § 6 Abs. 2 und Abs. 3 BinSchG eine abstrakte Reihenfolge, um den Heimatort fiktiv zu ermitteln. Als Heimatort gilt nach § 6 Abs. 2 Alt. 1 BinSchG die **Geschäftsniederlassung** und bei mehreren Niederlassungen die **Hauptniederlassung** (§ 6 Abs. 2 Alt. 2 BinSchG). Lässt sich keine Niederlassung feststellen, **gilt der Wohnsitz** des Schiffseigners als Heimatort des Binnenschiffs (§ 6 Abs. 2 Alt. 3 BinSchG). Ist weder die Niederlassung noch der Wohnsitz zu bestimmen, richtet sich der Heimatort nach dem Ort der **Veranlagung zur Gewerbesteuer** (§ 6 Abs. 3 Alt. 1 BinSchG) oder zur **Einkommenssteuer** nach § 6 Abs. 3 Alt. 2 BinSchG[353]. 761

3. Weitere rechtliche Bedeutung des Heimatortes

Mit dem Heimatort sind weitere rechtliche Bedeutungen verbunden: 762
- Die Bekanntmachung der Versteigerung am Heimatort (§ 168 II ZVG), wenn das eingetragene Schiff an einem anderen Ort (Aufenthaltsort) als der Heimatort versteigert wird (§ 163 ZVG).
- Nach § 942 Abs. 2 ZPO die Zuständigkeit des Amtsgerichts des Heimatortes für den Erlass einer einstweiligen Verfügung.
- Der Gerichtsstand des Heimatortes für **Klagen** gegen den Schiffseigner gemäß § 6 Abs. 1 BinSchG, wobei die örtliche Zuständigkeit in Binnenschifffahrtssachen nach § 3 Abs. 1 BinSchVerfG dem § 6 BinSchG vorgeht. Damit begründet § 6 Abs. 1 BinSchG eine besondere, aber keine ausschließliche Zuständigkeit für Klagen gegen den **Schiffseigner.**

Schiffseigner im Sinne des § 1 BinSchG ist nur der derjenige Eigentümer eines Schiffes, der das zur Binnenschifffahrt bestimmte Fahrzeug zu Schifffahrtszwecken verwendet.[354] **Ausrüster** sind dem Eigentümer gleichgestellt (§ 2 Abs. 1 BinSchG).

---

352 *v. Waldstein/Holland* § 6 BinSchG Rn. 4.
353 *v. Waldstein/Holland* § 6 BinSchG Rn. 7.
354 *v. Waldstein/Holland* § 1 BinSchG Rn. 47.

4. Verlegung des Heimatortes

a) Verlegung im Inland

763 Die Verlegung des Heimatortes im Inland wird wie die Heimathafenverlegung bei Seeschiffen behandelt (§ 12 und § 12a SchRegDV) und stellt somit keine Besonderheit dar.

b) Verlegung ins Ausland

764 Wird der Heimatort eines Binnenschiffs ins Ausland verlegt, so ist die Eintragung des Binnenschiffs im Binnenschiffsregister **zu löschen** (§ 20 Abs. 2 SchRegO). Ist das Binnenschiff mit Hypotheken belastet und erheben die Schiffshypothekengläubiger Widerspruch gegen die Löschung der Eintragung des Binnenschiffs aufgrund der Verlegung des Heimatorts ins Ausland, erfolgt keine Löschung der Eintragung. Es wird lediglich eingetragen, dass das Schiff seinen Heimatort im Ausland hat (§ 21 Abs. 4 S. 2 Halbsatz 2 SchRegO).

D. Flaggenführung der Binnenschiffe

765 Binnenschiffe **dürfen** nach § 14 FlaggRG die Bundesflagge führen, sie müssen es aber nicht. Andere Flaggen dürfen nur neben der Bundesflagge gesetzt werden. Im Gegensatz zum Seeschiffsregister entfällt die Feststellung und Prüfung des Rechts zur Führung der Bundesflagge und damit auch eine Eintragung in das Binnenschiffsregister. Eine **Ausnahme** ergibt sich aus der Vorschrift des § 1 Abs. 4 FlaggRG, nach der Binnenschiffe flaggenrechtlich wie Seeschiffe behandelt werden, wenn sie Seegewässer befahren. In diesem Fall haben auch Binnenschiffe die Bundesflagge **zu führen.** Eine Eintragungspflicht ergibt sich hieraus nicht.

E. Die Eichung

1. Allgemein

766 Erfolgt im Seeschiffsregister die Eintragung der Schiffsdaten aufgrund der durchgeführten Vermessung des Bundesamtes für Seeschifffahrt und Hydrographie und des ausgestellten Messbriefes (sofern kein ausländischer Messbrief vorgelegt wird), so werden im Binnenschiffsregister die Schiffsdaten (Tragfähigkeit) aufgrund der **Eichung** und des ausgestellten **Eichscheins** durch die Zentralstelle Schiffsuntersuchungskommission/Schiffseichamt und Zentrale Binnenschiffsbestandsdatei (ZSUK)

bei der Wasser und Schifffahrtsdirektion Südwest in Mainz eingetragen (§ 4 BinSchEO). Die technische Untersuchung von Binnenschiffen einschließlich der Zulassung zum Verkehr und zum Transport gefährlicher Güter erfolgt in der Bundesrepublik Deutschland durch diese Behörde.

Außenstellen sind:

Hamburg für den Bereich: Wasserstraßen und Häfen in Schleswig-Holstein
- Ems nördlich Meppen und dort anschließende Kanäle
- Weser nördlich Verden
- Elbe nördlich Lauenburg.

Duisburg für den Bereich:
- Wasserstraßen und Häfen in Nordrhein-Westfalen ohne Mittellandkanal
- Ems südlich bis einschließlich Meppen und dort anschließende Kanäle.

Magdeburg für den Bereich:
- Mittellandkanal und Elbe-Seitenkanal
- Weser südlich Verden mit Werra, Fulda und Edertalsperre
- Elbe südlich Lauenburg und nördlich Torgau mit Havel und Elbe-Havel-Kanal westlich Brandenburg
- Saale und Unstrut.

Berlin für den Bereich:
- Wasserstraßen und Häfen in Mecklenburg-Vorpommern ohne Elbe
- Wasserstraßen und Häfen in Brandenburg ohne Havel und Elbe-Havel-Kanal westlich
- Brandenburg – Elbe südlich Torgau – Oder.

Mannheim für den Bereich:
- Rhein ohne Nordrhein-Westfalen- Mosel, Saar, Lahn
- Neckar- Main-Donau-Kanal, Donau.

Grundlage für die Eichung von Binnenschiffen ist die Verordnung über die Eichung von Binnenschiffen vom 30.6.1975 (BinSchEO)[355] und das Übereinkommen vom 15.2.1966 über die Eichung von Binnenschiffen das für die Bundesrepublik Deutschland am 19.4.1975 in Kraft getreten ist.[356] Danach ist Eichung *„die Feststellung der von einem Schiff nach Maßgabe seiner Eintauchung verdrängten Wassermenge“* (§ 1 BinSchEO). Die Verordnung gilt nur für die Eichung von Schiffen auf Bundeswasserstraßen. Voraussetzung für die Eichung ist, dass ein **Antrag auf Eichung** gestellt wird (§ 7 Abs. 1 Ziff. 1 BinSchEO). Die weiteren Erfordernisse regelt § 7 Abs. 1 Ziff. 2–4 und Abs. 2–5 BinSchEO. 767

355 BGBl. I 1758 zuletzt geändert 19.9.2006 (BGBl. I 2146).
356 BGBl. 1973 II 1417.

2. Arten der Eichung

a) Beförderung von Gütern

768 Nach § 6 BinSchEO sieht das Gesetz **drei Arten** der Eichung vor. Bei Schiffen, die **zur Beförderung von Gütern** bestimmt sind, wird die **Wasserverdrängung** bei bestimmten Schwimmebenen und die größte **Tragfähigkeit** festgestellt (§ 6 Abs. 1 BinSchEO). Anzuwendende Vorschriften sind §§ 14 bis 23 BinSchEO. Für das Register ist die nach § 23 BinSchEO **festgestellte Tragfähigkeit** maßgebend, die sich aus der Rubrik 22 des Eichscheins nach dem Muster der Anlage 2 zur BinSchEO ergibt. Nur dieser Wert ist in das Binnenschiffsregister einzutragen (§ 3 Abs. 3 S. 2 Nr. 1, § 10 Abs. 2 Nr. 1 SchRegO, § 34 Abs. 1 Nr. 5 SchRegDV).

b) Keine Güterbeförderung

769 Bei Schiffen, die **nicht zur Beförderung von Gütern** bestimmt sind, wird die **Wasserverdrängung** in der Schwimmebene der größten Eintauchung festgestellt (§ 6 Abs. 2 BinSchEO). Anzuwendende Vorschriften sind §§ 24 bis 29 BinSchEO. Die Wasserverdrängung bei größter Eintauchung wird in Kubikmetern (m^3) gemessen und ergibt sich aus der Rubrik 34 des Eichscheins nach dem Muster der Anlage 4 zur BinSchEO. Dieser Wert der Wasserverdrängung bei größter Eintauchung in Kubikmetern ist in das Binnenschiffsregister einzutragen (§ 3 Abs. 3 S. 2 Nr. 2, § 10 Abs. 2 Nr. 2 SchRegO, § 34 Abs. 1 Nr. 5 SchRegDV).

c) Sportboote

770 Bei Wasserfahrzeugen, die für **Sport- oder Erholungszwecke** verwendet werden (Sportboote), wird die Wasserverdrängung bei größter Eintauchung im vereinfachten Verfahren (Sportboot-Eichverfahren) festgestellt, soweit nicht der Antragsberechtigte die Eichung nach den Vorschriften der §§ 24 bis 29 BinSchEO begehrt (§ 6 Abs. 3 BinSchEO).

Das Sportbooteichverfahren ist in den §§ 30 bis 37 BinSchEO geregelt. Ein in Serie hergestelltes Sportboot kann als Baumuster im Sportboot-Eichverfahren geeicht werden, wenn dies als Baumuster beantragt wird. Liegt ein geeichtes Baumuster vor, genügt eine Überprüfung der Länge über alles und der größten Breite (§§ 33, 34 BinSchEO). Die **Eichbescheinigung für das Baumuster** eines Sportbootes ist jedoch keine Urkunde nach § 13 Abs. 1 SchRegO (§ 35 Abs. 4 BinSchEO) und kann damit nicht als Eintragungsgrundlage für das Register gelten. Eine neue Eichbescheinigung ist dem Registergericht vorzulegen.

3. Eichmarken, Eichplakette mit Eichzeichen

Eichmarken sind an den Seiten des Schiffes paarweise anzubringen und müssen zur senkrechten Ebene durch die Längsachse des Schiffes symmetrisch angeordnet sein (§ 20 Abs. 1 BinSchEO). Ein Sportboot, das im Sportboot-Eichverfahren geeicht oder nach § 34 BinSchEO überprüft ist, erhält anstelle der Eichmarken eine Eichplakette nach dem Muster der Anlage 9 mit aufgedrucktem Eichzeichen (§ 36 Abs. 1 BinSchEO). Dieses Eichzeichen besteht aus den Kennbuchstaben des Schiffseichamtes, der Nummer der Eichbescheinigung und dem Zusatz „SP" (§ 36 Abs. 3 BinSchEO). Da der Zusatz „SP" mit zu den Daten der Eichbescheinigung gehört, ist dieser Zusatz ebenfalls in der ersten Abteilung der Spalte 5 c mit einzutragen (§ 34 Abs. 1 Nr. 5 SchRegDV). 771

F. Änderung der Vermessungsergebnisse

a) Antrag und Anmeldung

Ändern sich die Messergebnisse des Schiffes, reicht dem Binnenschiffsregister die einfache Behauptung, die Vermessung oder Tragfähigkeit hat sich geändert, nicht aus. Dem Gericht ist das neue Vermessungsergebnis nachzuweisen. In der Praxis ist es jedoch häufig so, dass die Behörde das neue Vermessungsergebnis mitteilt. Dann ist der Eigentümer mit der der Maßgabe anzuschreiben, dass die geänderten Messergebnisse nach § 17 SchRegO zum Register anzumelden sind. Die Anmeldung kann in schriftlicher Form erfolgen, Eichschein und Schiffsbrief sind beizufügen. Nach Anmeldung wird in das Binnenschiffsregister eingetragen: 772

b) Eintragungsmuster

Das neue Vermessungsergebnis lautet 967,456 t. 773

Erste Abteilung
Das Schiff

	5		6
Tragfähigkeit in t/Wasserverdrängung in m³	Maschinenleistung	Eichschein	Tag der Eintragung
a	b	c	
967,456 t		Eichschein vom (Datum) ausgestellt vom Schiffseichamtes Mainz	

Zu Spalte	Veränderungenc
7	8
5 a, c	Das Schiff ist neu vermessen auf 967,456 Tonnen Tragfähigkeit. Eingetragen am ...

Die bisherige Eintragung in Abteilung I Sp. 5 a und c röten.
Vermerk auf dem Schiffsbrief:
Das Schiff ist laut Eichschein vom (Datum) des (Behörde) in (Ort) neu vermessen auf 967,456 Tonnen Tragfähigkeit. Ort, Datum, Unterschrift.
Vermerk auf dem Eichschein:
Das Schiff ist im Binnenschiffsregister des Amtsgerichts (Ort) der Nr. ... mit dem Heimatort ... eingetragen Ort, Datum, Unterschrift.
Schiffspapiere an Einsender zurück
Nachrichten, Kosten

G. Löschung eines Binnenschiffes

774 Die Löschung eines Binnenschiffes aufgrund Ausbesserungsunfähigkeit oder Untergang ist so wie bei einem Seeschiff zu behandeln. Wird der Heimatort ins Ausland verlegt, ist das Schiff ebenfalls aus dem Binnenschiffsregister zu löschen (§ 20 Abs. 2 SchRegO).

Vierter Abschnitt (Eintragungen in Abt. II)

In Abt. II der Spalten 1 bis 5 des Binnenschiffsregisters werden nach § 35 SchRegDV eingetragen: laufende Nummer, Eigentümer (bei mehreren Eigentümern: Angaben nach § 51 SchRegO, der § 47 GBO entspricht), Miteigentumsanteile in Bruchform, laufende Nummer der folgenden Eintragung, Erwerbsgrund bei Ersteintragung, bei Eigentumsänderung: die Grundlage des Erwerbs, den Verzicht auf das Eigentum, Eigentumsbeschränkungen, Firmenänderung und Namensänderung, Vormerkungen und Widersprüche, Schutzvermerke, sowie Änderungen und Löschungen.

A. Eigentumsübertragung an eingetragenen Binnenschiffen

1. Materiell-rechtliche Voraussetzungen

775 Das Eigentum an einem im Binnenschiffsregister eingetragenen Schiff wird durch die Einigung zwischen dem Eigentümer und dem Erwerber und **der Eintragung** im

Binnenschiffsregister übertragen **(§ 3 Abs. 1 SchRG).** Damit gilt anders als bei Seeschiffen das allgemeine Prinzip des Grundstückssachenrechts, wonach neben der **Einigung** auch noch die **Eintragung** erforderlich ist. Dadurch dass sich der Eigentümer **und** der Erwerber über den Eigentumsübergang einig sein müssen, reicht eine alleinige Erklärung des Eigentümers nicht aus. Muss bei Grundstücken die Auflassung bei **gleichzeitiger Anwesenheit** von Veräußerer und Erwerber erfolgen (§ 925 BGB). so ist dies im Binnenschiffsrecht nicht erforderlich. Die Auflassung kann in getrennten Urkunden erfolgen. Die Einigung über die **Eigentumsübertragung** nach § 3 Abs. 1 SchRG bedarf keiner Form und kann bedingt oder befristet sein. Die Vorschrift des § 925 Abs. 2 BGB findet keine Anwendung. Vor Eintragung in das Register ist die Einigung **nur bindend,** wenn die Erklärungen notariell beurkundet, vor dem Registergericht abgegeben, bei dem Registergericht eingereicht wurden oder der Eigentümer dem Erwerber eine Eintragungsbewilligung mit Einigungserklärung des Veräußerers und des Erwerbers in öffentlich-beglaubigter Form erklärt und übergeben hat (§§ 29, 30, 37 SchRegO).[357]

2. Formell-rechtliche Voraussetzungen

Geht man bei der Erstanmeldung und Eintragung eines Schiffes von Tatsachen aus, 776
so dass die Anmeldung nicht der Form des § 37 SchRegO bedarf, so handelt es sich bei einer Veräußerung um die Eintragung eines Rechtsverhältnisses, die in der Form des § 37 SchRegO anzumelden ist. Zur rechtsgeschäftlichen Übertragung des Eigentums an einem Binnenschiff ist **eine erklärte Einigung** des Veräußerers und des Erwerbers nach § 30 SchRegO sowie **die Eintragung** in das Binnenschiffsregister erforderlich (§ 3 SchRG). Neben der **Einigung** bedarf es nach § 29 SchRegO noch einer **Bewilligung** des Betroffenen (Veräußerer des Schiffes) in der Form des § 37 SchRegO. Wer Betroffener ist, ergibt sich aus dem Schiffsregister (§ 15 SchRG). Aus der Eintragungsbewilligung muss **klar ersichtlich** sein, dass der Erklärende die Eintragung auch will und was eingetragen werden soll. Der ausdrückliche Gebrauch des Wortes „Bewilligung“ ist nicht vorgeschrieben.[358] Anders als die Einigung darf die Eintragungsbewilligung an keine Bedingung, Befristung oder Vorbehalt geknüpft werden.[359] **Eintragungsbewilligung** und **Antrag** müssen **übereinstimmen.** Gibt es im Grundstücksrecht die „Ordnungsvorschrift“[360] des § 28 GBO, wonach in der Bewilligung Grundstück und Geldbetrag zu bezeichnen sind, so kann dies im Schiffsregister nur aus § 29 SchRegO abgeleitet werden, wonach in der Bewilligung der In-

---

357 Staudinger/*Nöll* § 6 SchRG Rn. 6.
358 BayObLG Rpfleger 1985, 288.
359 KGJ 44, 197.
360 BGH Rpfleger 1986, 210.

halt der gewollten Eintragung vollständig zum Ausdruck kommen muss. Damit sollten auch im Schiffsregister in der Bewilligung Angaben über das Schiff oder zumindest die Registernummer enthalten sein, damit Eintragungen in das Schiffsregister zweifelsfrei erfolgen können.[361]

Da **grundsätzlich** eine Eintragung in das Schiffsregister nur auf **Antrag** (§ 23 SchRegO) erfolgt, bedarf es auch für die Eintragung eines neuen Eigentümers in das Binnenschiffsregister eines entsprechenden Antrages. Antragsberechtigt sind der Veräußerer und der Erwerber. Daneben hat auch der Notar ein Antragsrecht (§ 25 SchRegO).

3. Einzureichende Unterlagen

777 Bei einer Eigentumsumschreibung im Binnenschiffsregister ist ein **Vertrag** nebst **Einigungserklärung** beider Vertragsparteien in **öffentlich-beglaubigter Form** einzureichen. Eine Bewilligung des eingetragenen Eigentümers, den Eigentumswechsel im Binnenschiffsregister einzutragen, ist ebenfalls in öffentlich-beglaubigter Form erforderlich. Der Erwerber hat einen Antrag auf Eintragung zu stellen, dem der Schiffsbrief im Original beizufügen ist. Bei weiteren Veränderungen, wie z. B. der Verlegung des Heimatortes, ist ein schriftlicher Antrag (nicht in der Form des § 37 SchRegO) des neuen Eigentümers einzureichen und gleichzeitig zu versichern, dass die Schifffahrt nunmehr von dem neuen Heimatort betrieben wird. Bei Änderung des Heimatortes ist der Eichschein bzw. die Eichbescheinigung für Sportboote in Original einzureichen.

B. Eigentumsübertragung an nicht eingetragenen Binnenschiffen

778 Die Eigentumsübertragung nicht im Binnenschiffsregister eingetragener Schiffe erfolgt nach § 929 BGB durch Einigung und Übergabe. Die Vorschriften der §§ 929 a, 932 a BGB sind lediglich spezielle Vorschriften für Seeschiffe und finden damit für Binnenschiffe keine Anwendung.

361 OLG Hamm DNotZ 1971.

Fünfter Abschnitt (Eintragungen in Abt. III)

In Abteilung III des Binnenschiffsregisters erfolgen wie im Seeschiffsregister entsprechende Eintragungen (§ 36 SchRegDV mit dem Verweis auf § 29 SchRegDV).

A. Zwangsvollstreckung in ein Binnenschiff

1. Grundlagen

Für die Zwangsvollstreckung in ein Binnenschiff gelten die Ausführung zur Zwangs- 779
versteigerung eines Seeschiffs. Somit müssen auch die Binnenschiffe für die Immobiliarvollstreckung im Binnenschiffsregister eingetragen sein. Daneben gibt es wie für Seeschiffe auch für Binnenschiffe besondere Vorschriften, welche den Besonderheiten der Binnenschifffahrt Rechnung tragen. Für die Binnenschifffahrt ist das Gesetz über den Vollstreckungsschutz von Binnenschiffen für die Binnenschifffahrt vom 24.5.1933 relevant, welches Sondervorschriften für die Zwangsversteigerung von Binnenschiffen enthält.

2. Besonderheiten bei Schiffsgläubigerrechten

Schiffsgläubigerrechte sind dingliche, besitzlose Pfandrechte an See- und Binnen- 780
schiffen, aus denen sich der Gläubiger im Wege der Zwangsvollstreckung befriedigen kann (§ 103 Abs. 3 BinSchG).[362] Wie in der Seeschifffahrt haben die Schiffsgläubiger die Möglichkeit, das ihnen gesetzlich zustehende Pfandrecht gegen jeden dritten Besitzer des Schiffs zu verfolgen (§ 103 Abs. 2 BinSchG). Es kommt also nicht darauf an, in wessen Besitz sich das Schiff befindet. Das Recht und auch das Schiff müssen nicht im Schiffsregister eingetragen sein.[363]

Die nachstehenden Forderungen gewähren die Rechte eines Schiffsgläubigers nach § 102 BinSchG:

1. die öffentlichen Schiffs- und Schifffahrtsabgaben, insbesondere die Brücken-, Schleusen-, Kanal- und Hafengelder;
2. die aus den Dienstverträgen herrührenden Forderungen der Schiffsbesatzung, Gehalts- und Lohnforderungen für die Vergangenheit, jedoch höchstens für den Zeitraum von sechs Monaten, gerechnet von der im Zwangsversteigerungsverfahren erfolgenden Beschlagnahme des Schiffes ab;

---

362 Staudinger/*Nöll* § 8 SchRG Rn. 43.
363 *v. Waldstein/Holland* § 102 BinSchG Rn. 1.

3. die Lotsengelder sowie Bergelohn oder Sondervergütung einschließlich Bergungskosten; die Beiträge des Schiffes zur großen Havarie;
4. die Forderungen wegen Personenschäden (§ 4 Abs. 2) und wegen Sachschäden (§ 4 Abs. 3), die an Bord oder in unmittelbarem Zusammenhang mit dem Betrieb des Schiffes eingetreten sind;
5. die nicht unter eine der vorigen Nummern fallenden Forderungen aus Rechtsgeschäften, die der Schiffer als solcher kraft seiner gesetzlichen Befugnisse (§§ 15, 16) und nicht mit Bezug auf eine Vollmacht geschlossen hat;
6. die Forderungen der Träger der Sozialversicherung einschließlich der Arbeitslosenversicherung gegen den Schiffseigner.

Genießen **Schiffsgläubigerrechte** bei Seeschiffen absoluten Vorrang, so gilt dies für Binnenschiffe nur **eingeschränkt.** Nach § 109 Abs. 1 BinSchG haben nur die unter Ziffer 1–3 aufgeführten Pfandrechte Vorrang. Die unter Ziffer 4–6 aufgeführten Forderungen haben nur Vorrang, wenn diese zeitlich früher als die Hypothek entstanden sind.

Zu beachten ist die einjährige Verjährungsfrist nach § 117 Nr. 1–7 BinSchG, die nach § 117 Abs. 2 BinSchG mit den Schluss des Jahres, in welchem die Forderung fällig geworden ist, beginnt.

3. Zwangsverwaltung

781 Eine Zwangsverwaltung (§§ 146ff ZVG) von Binnenschiffen ist ausgeschlossen (§ 162 ZVG).

Vierter Teil: **Das Schiffsbauregister**

Erster Abschnitt (Schiffsbauwerk)

A. Begriff des Schiffbauwerks

1. Allgemein

Bei einzutragenden Schiffen ist ein Schiffsbauwerk nach der SchRegO, der SchRegDV und dem SchRG, sobald der Kiel gelegt ist und das Schiffsbauwerk durch Namen oder Baunummer an einer bestimmten sichtbaren Stelle des Schiffs deutlich gekennzeichnet ist (§ 76 Abs. 2 SchRG). Gemäß Beschluss der International Maritime Organization (IMO) [364] befindet sich ein Schiff in Bau wenn der Baubeginn eines bestimmten Schiffs erkennbar ist und bereits Bauteile des Schiffs montiert sind, die mindestens 50 Tonnen oder 1 vom Hundert der angenommenen Masse aller Bauteile umfassen; je nachdem, welcher Wert kleiner ist. Sowohl Binnen- als auch Seeschiffe, die nach Fertigstellung die **Eintragungspflicht** nicht erfüllen, können **nicht** Schiffsbauwerk im Rechtssinne sein (§ 65 Abs. 1 SchRegO). Das bedeutet, dass es anders als bei Eintragungen in das Seeschiffsregister eine grundsätzliche Eintragungsfähigkeit in das Schiffsbauregister nicht gibt. Schon bei Baubeginn ist zu bescheinigen, dass nach Fertigstellung eine Größenordnung erreicht wird, die zu einer Eintragungspflicht führt (§ 69 Abs. 3 SchRegO). Im heutigen industriellen Schiffbau werden Schiffe in Sektionsbauweise hergestellt. Diese Teilelemente werden dann zu einem ganzen Schiff zusammengesetzt. In der Sektionsbauweise bedeutet Kiellegung das Auslegen der ersten Sektion (Rumpfabschnitt) am Bauort. Damit eine Sektion als Schiffsbauwerk bezeichnet werden kann, gelten auch hier die gesetzlichen Bestimmungen, so dass eine Kennzeichnung nach § 76 Abs. 2 SchRG erfolgt und eine zukünftige Eintragungspflicht in ein Seeschiffs- oder Binnenschiffsregister besteht. 782

2. Ende eines Bauwerks

Wann ein Bauwerk beendet ist und wann damit die **Fertigstellung des Schiffs** eintritt, ist sehr umstritten. Es wird die Auffassung vertreten, dass die Bauwerkseigenschaft mit dem Stapellauf endet.[365] Andere wiederum vertreten die Ansicht, dass erst mit der tatsächlichen Fertigstellung des Bauwerkes dieses beendet ist.[366] Der zuletzt genannten Auffassung ist unter Hinweis auf § 81 SchRG und §§ 72, 71 SchRegO zu folgen. Das Ende eines Bauwerkes wird durch **die Anmeldung** der Fer- 783

---

364 Sicherheitsausschuss auf seiner 35. Tagung; s. Verkehrsblatt 1977, S. 176 Nr. 74.
365 *Wüstendörfer* S. 39.
366 *Rabe* Einf. Rn. 8.

tigstellung nach § 72 SchRegO bestimmt und nicht schon durch **den Stapellauf** eines Schiffes. Der Stapellauf eines Schiffes bestimmt damit nicht grundsätzlich die Fertigstellung und damit das Ende des Bauwerkes. In der heutigen Zeit werden Schiffe auch nach dem Stapellauf noch weiter gebaut (Innenausbau). Damit bestimmen Werft und Eigentümer den Zeitpunkt der Fertigstellung durch ihre Anmeldung zum Schiffsbauregister. Ist die Fertigstellung des Bauwerkes angemeldet, kann eine Schiffshypothek nicht mehr bestellt werden (§ 72 SchRegO).

B. Das Schiffsbauregister

1. Allgemein

784 Für Schiffsbauwerke gibt es ein eigenes Register, in dem das Schiffsbauwerk und die Schiffsbauwerkshypothek eingetragen werden. Das Schiffsbauregister ist wie das Schiffsregister in drei Abteilungen aufgeteilt (§§ 51 ff. SchRegDV). Die Vorschriften des Schiffsregisters gelten entsprechend (§ 46 SchRegDV). Auch hier werden in der **ersten Abteilung,** jedoch nur in fünf Spalten, Angaben über das Schiffsbauwerk eingetragen, wie Name des in Bau befindlichen Schiffs, Bauort und Werft, Bescheinigung der zuständigen Schiffsbehörde über die Existenz eines Schiffsbauwerks nach § 76 Abs. 2 SchRG, Tag der Eintragung, Löschung der Eintragung (§ 51 SchRegDV). In der **zweiten Abteilung,** bestehend aus drei Spalten, wird der Eigentümer eingetragen. Es werden weiter eingetragen: laufende Nummer der Eintragung, der Eigentümer des Schiffsbauwerks, ein Verzicht auf das Eigentum, Vormerkungen, Widersprüche, Schutzvermerke, Löschungen der Vormerkungen, Änderung des Namens, Verfügungsbeschränkungen und Schutzvermerke (§ 52 SchRegDV).

In die **dritte Abteilung**, bestehend aus sieben Spalten, werden Belastungen eingetragen: laufende Nummer, Schiffsbauhypothek in Ziffern, Inhalt des Rechts in Buchstaben, laufende Nummer der Veränderungen, Veränderungen der Rechte, Verfügungsbeschränkungen des Berechtigten, laufende Nummer der Löschung, Löschung der Schiffsbauhypothek (§ 53 Abs. 1 SchRegDV).

785 Das Schiffsbauregister dient zur **vorgezogenen Sicherung** von Gläubigerinteressen und der besseren Finanzierung eines in Bau befindlichen Schiffs. Unterstützt wird dies durch § 81 SchRG, wonach sich die Schiffshypothek mit ihrem Rang am Schiffsbauwerk kraft Gesetzes an dem fertig gestellten Schiff fortsetzt. Die **Besonderheit** einer Eintragung in das Schiffsbauregister besteht darin, dass diese nur **zugleich** mit der Eintragung einer Hypothek oder einem Antrag auf Zwangsversteigerung möglich ist (§ 66 SchRegO). **Ausgeschlossen** ist damit die alleinige Eintragung eines Schiffsbauwerks.

2. Zuständigkeiten

a) Funktionelle und sachliche Zuständigkeit

Wie in Schiffsregistersachen ist auch der Rechtspfleger **funktionell** in Schiffsbauregistersachen zuständig (§ 3 Nr. 1 Buchst. h RPflG). 786

Die Schiffsbauregister werden bei den **Amtsgerichten** geführt, bei denen auch ein Schiffsregister geführt wird (§§ 65 und 1 SchRegO). Somit gibt es auch für die Schiffsbauregister die Möglichkeit der Konzentration an einzelnen Gerichten bis über die Landesgrenzen hinaus (§ 1 Abs. 2 und 3 SchRegO). Durch einen weiteren Verweis auf die allgemeinen Vorschriften der §§ 1, 2 und 7 SchRegO finden diese auch auf das Schiffsbauregister entsprechende Anwendung.

b) Örtliche Zuständigkeit

Die örtliche Zuständigkeit ist ausschließlich und anders als der Heimathafen eines Schiffes **nicht frei** wählbar. Das Schiffsbauwerk ist in das Register einzutragen, welches für den Bauort zuständig ist (§ 67 Abs. 1 SchRegO). 787

3. Änderung der örtlichen Zuständigkeit

a) Allgemein

Das Schiffsbauregister des angemeldeten Bauortes bleibt auch bei **einer Verlegung** des Bauwerkes außerhalb des zuständigen Registerbezirkes nach § 67 Abs. 2 SchRegO zuständig. Die Vorschriften einer Heimathafen-/Heimatortverlegung nach §§ 12 und 12a SchRegDV finden hier keine Anwendung. 788

Das Gericht hat dem Registergericht des neuen Bauorts die Eintragung des Schiffsbauwerks anzuzeigen (§ 67 Abs. 2 SchRegO). Diese **Mitteilungspflicht** der Registergerichte untereinander soll eine **Doppeleintragung** von Schiffsbauwerken verhindern. 789

b) Anmeldepflicht von Veränderungen

Eine **Anmeldepflicht** der Schiffswerft und des Eigentümers des Schiffsbauwerks ergibt sich aus §§ 71 und 69 Abs. 1 Ziffer 2 und Abs. 2 SchRegO dahingehend, dass jede **Veränderung** zu den eingetragenen Tatsachen zum Bauregister in öffentlich-beglaubigter Form anzumelden und glaubhaft zu machen ist. Mit einem weiteren Verweis auf § 19 SchRegO kann die Anmeldung der Bauortverlegung auch mit einem 790

Zwangsgeldverfahren nach §§ 388–391 FamFG durchgesetzt werden. Die **Verlegung des Bauortes** bei einem eingetragenen Schiffsbauwerk dürfte in der Praxis sehr selten sein. Ist dies doch der Fall, dann wechseln der Werfteigentümer und vielfach auch der Eigentümer des Schiffsbauwerkes.

Sind Werftinhaber und Schiffseigentümer nicht identisch, haben nach § 71 SchRegO der Inhaber der Schiffswerft und der Eigentümer des Schiffsbauwerkes die Veränderung **unverzüglich** anzumelden. In diesem Fall ist eine Anmeldung nur durch **einen Verpflichteten,** entweder den Werftinhaber oder den Eigentümer des Bauwerkes nach § 18 Abs. 2 SchRegO, **nicht** ausreichend. Die Vorschrift des § 18 Abs. 2 SchRegO ist nicht anwendbar, da auch bei einer Löschung aus dem Schiffsbauregister **beide,** der Eigentümer des Schiffsbauwerks und der Inhaber der Schiffswerft, auf der das Schiff erbaut wurde, dies nach § 71 SchRegO beantragen müssen.[367]

c) Eintragungsmuster: Änderung des Bauortes und Werft mit neuem Eigentümer des Bauwerkes

791 Wird die Änderung des Bauortes und der Schiffswerft angemeldet, so sind im Schiffsbauregister die Veränderung des Bauortes und die neue Schiffswerft einzutragen (§ 51 Abs. 1 Ziffer 2 und Ziffer 4 SchRegDV). Ändert sich bei einem eingetragenen Bauwerk gleichzeitig auch der Eigentümer, so ist auch diese Veränderung in öffentlich-beglaubigter Form (§ 37 SchRegO) anzumelden und einzutragen. Durch Eintragung des Bauwerkes in das Schiffsbauregister wird dieses wie ein eingetragenes Schiff behandelt (§ 78 SchRG). Mit dem Verweis aus § 78 SchRG auf §§ 3–7 SchRG gelten für die **Eigentumsübertragung** die für Binnenschiffe geltende Vorschriften. Damit findet § 3 SchRG Anwendung, der die **Einigung** zwischen dem Eigentümer und Erwerber **und** die **Eintragung** in das **Schiffsbauregister verlangt.** Die Vorschrift des § 2 SchRG, nach der für die Eigentumsübertragung nur die Einigung verlangt wird, findet **nur** für eingetragene Schiffe in einem Seeschiffsregister Anwendung. Einer neuen Bescheinigung der zuständigen Vermessungsbehörde oder des Eichamtes nach § 69 Abs. 3 SchRegO bedarf es nicht, da ja auch bei einer Heimathafen-/Heimatortverlegung kein neuer Messbrief/Eichbescheinigung ausgestellt wird.

367 A. A. *Prause* SchRegO § 71.

Eintragungsmuster: Änderung des Bauortes und Werft mit neuem Eigentümer des Bauwerkes 792

Erste Abteilung
Das Schiffsbauwerk

Name Nummer oder sonstige Bezeichnung	Bauort Schiffswerft	Urkunde über die Zulässigkeit der Bestellung der Schiffshypothek	Tag der Eintragung des Schiffsbauwerks, Veränderungen	Löschung der Eintragung des Schiffs-bauwerks
1	2	3	4	5
Neubau-Nr. S 001	Bau GmbH mit Sitz in Kiel Amtsgericht Kiel HRB 10000	Bescheinigung des Bundesamt für Seeschifffahrt und Hydrographie vom	Eingetragen am ...	
	Neubau GmbH mit Sitz in Hamburg Amtsgericht Hamburg HRB 90000		Bauort und Werft sind geändert Eingetragen am ...	

Zweite Abteilung
Eigentümer

Laufende Nummer	Eigentümer Korrespondentreeder	Eigentumsnachweis, Grundlage der Eintragung, Eigentumsbeschränkungen, Veränderungen
1	Container Reederei GmbH mit Sitz in Kiel Amtsgericht Kiel HRB 5000	Aufgrund der Einigungserklärung vom und Anmeldung vom – UR-Nr. des Notar in ... – eingetragen am
2	Neue Container Reederei GmbH mit Sitz in Hamburg Amtsgericht Hamburg HRB 7000	Aufgrund der Einigungserklärung vom ... und Anmeldung vom ... – UR-Nr. des Notar in ... – eingetragen am ...

Die alte Eintragung bzgl. Bauort und Schiffswerft sind zu röten.
Nachrichten, Kosten
Bei Fertigstellung des Bauwerkes ist dem Gericht des geänderten Bauortes die Löschung oder Schließung mitzuteilen.

4. Antrag und Eintragung eines Schiffsbauwerks

a) Allgemein

793 Die Eintragung eines Schiffsbauwerks kann nur aus zwei Gründen erfolgen: wenn **gleichzeitig** eine Schiffshypothek an dem Schiffsbauwerk beantragt wird oder wenn **die Zwangsversteigerung** des Schiffsbauwerks beantragt wird (§ 66 SchRegO). Diese beiden Gründe dienen privatwirtschaftlichen Zwecken, sodass eine Anmeldepflicht nicht besteht und damit auch nicht erzwungen werden kann. Auch dann nicht, wenn nach Fertigstellung des Bauwerkes eine Eintragungspflicht in das See- oder Binnenschiffsregister besteht. Der Antrag auf Eintragung eines Schiffsbauwerkes und der Antrag auf Eintragung einer Hypothek können zwar getrennt gestellt werden, eine Eintragung in das Schiffsbauregister ist aber nur **bei Vorlage beider Anträge** möglich. Während die erste Alternative aus § 66 SchRegO – Anmeldung und Eintragung eines Bauwerkes mit Hypothek – in der Praxis am häufigsten vor kommt, spielt die zweite Alternative der Eintragung im Vollstreckungswege eine eher untergeordnete Rolle. Nach § 68 Abs. 2 SchRegO ist auch ein Gläubiger aufgrund eines vollstreckbaren Titels anmeldeberechtigt oder kann die Zwangsversteigerung beantragen. Bei der im Rahmen der Zwangsvollstreckung zu erzwingenden Eintragung handelt es sich um eine Zwangsbauwerkshypothek nach §§ 870a, 847a ZPO und die Arrestvollziehung in das Schiffsbauwerk durch die Eintragung eines Arrestpfandrechts nach§ 931 ZPO. Antragsberechtigte sind nach § 68 SchRegO Werftbesitzer, Bauwerkseigentümer und Vollstreckungsgläubiger.

b) Wer kann anmelden?

794 Nach § 68 Abs. 1 SchRegO kann ein Schiffsbauwerk in das Schiffsbauregister eingetragen werden, wenn der Inhaber der Schiffswerft, auf der das Schiff gebaut wird und der gleichzeitig Eigentümer des Schiffsbauwerkes ist, dieses zur Eintragung anmeldet oder wenn der Inhaber der Schiffswerft, der nicht der Eigentümer des Bauwerks ist, und der Eigentümer das Bauwerk zur Eintragung anmelden.

c) Was muss angemeldet werden?

795 Nach § 69 Abs. 1 SchRegO ist bei der Anmeldung anzugeben:
- Name/Nummer oder sonstige Bezeichnung und Gattung des Schiffes
- Bauort und Schiffswerft
- Eigentümer

Ist der Eigentümer des Bauwerkes **nicht gleichzeitig** der Inhaber der Schiffswerft, so ist eine **öffentlich-beglaubigte** Erklärung des Inhabers der Schiffswerft einzureichen, aus der hervorgeht, auf welche Weise der als Eigentümer Bezeichnete das Eigentum erworben hat (§ 69 Abs. 2 SchRegO). Das Gesetz geht im Regelfall davon aus, dass Inhaber der Schiffswerft und Eigentümer des Bauwerkes identisch sind. Ist dies nicht der Fall, so verlangt der Gesetzgeber eine Erklärung der Bauwerft in öffentlich-beglaubigter Form. Diese Erklärung ist unabdingbarer Bestandteil der Anmeldung.[368] Nach § 69 Abs. 3 SchRegO ist der Nachweis der **Eintragungsfähigkeit** in das Register durch eine Bescheinigung der zuständigen **Schiffsvermessungsbehörde** oder **Eichbehörde** zu erbringen (§ 76 Abs. 2 SchRG). Zur Vermeidung einer Doppeleintragung wird in der Praxis die Abgabe einer Versicherung, dass das Schiff in keinem anderen Schiffsbauregister eingetragen ist oder eine Eintragung bei einem anderen Registergericht beantragt wurde, empfohlen. **Flaggenrechtliche Prüfungen** bei Eintragungen von Schiffsbauwerken finden nicht statt.

d) Form der Anmeldung

Die Urkunde **mit** dem Antrag auf Eintragung des Schiffsbauwerks sind in **öffentlich**-beglaubigter Form einzureichen (§ 37 SchRegO).[369] Erfolgt die Anmeldung durch den Eigentümer oder dem Inhaber der Werft zugleich in der nach § 69 Abs. 2 SchRegO erforderlichen Urkunde, so ist der Form des § 37 SchRegO Genüge getan. Gibt zum Beispiel die Bauwerft in **einer Urkunde** die Erklärung nach § 69 Abs. 2 SchRegO ab, dass Eigentümerin des Bauwerkes die Firma XY ist und meldet diese Firma unter Überreichung dieser Urkunde das Bauwerk zum Schiffsbauregister an, so hat die Anmeldung der Firma **in öffentlich-beglaubigter Form** zu erfolgen, da sonst keine ordnungsgemäße Anmeldung im Sinne des § 68 I SchRegO i. V. m. § 37 SchRegO vorliegt.[370] Da sich § 69 Abs. 2 SchRegO auf die gleichzeitige Anmeldung der Eintragung **und** Erklärung über den Eigentumserwerb bezieht, können dieser Antrag und die Erklärung auch in zwei getrennten Urkunden abgegeben werden. In diesem Fall hätte dann nur die Erklärung **über den Eigentumserwerb** in der Form des § 37 SchRegO zu erfolgen. 796

368 *Prause* § 69 SchRegO.
369 *Prause* § 38 SchRegO.
370 *Prause* MDR 1956, 141.

5. Die Schiffsbauwerkshypothek an einem Schiffsbauwerk

a) Allgemein

797 Wie sich aus § 66 SchRegO ergibt, ist die Eintragung einer Hypothek zwingendes Recht für die Eintragung eines Schiffsbauwerkes in das Schiffsbauregister. Spricht das Gesetz nur von einer Schiffshypothek an einem Bauwerk (§ 76 SchRG), so wird nachfolgend zur Vereinfachung der Begriff „Schiffsbauwerkshypothek" verwendet. Die rechtliche Struktur der Schiffshypothek an einem Schiffsbauwerk entspricht nahezu der Schiffshypothek an einem Schiff. Materiell-rechtlich ist zu ihrer **Entstehung** die **Einigung und Eintragung** erforderlich. Formell-rechtlich genügt wie bei der Schiffshypothek ein Antrag des Begünstigten in öffentlich-beglaubigter Form nach § 37 SchRegO. Die Abweichung einer Schiffsbauwerkshypothek gegenüber einer Hypothek an einem Schiff bezieht sich auf den sich ändernden Bauzustand des Schiffsbauwerks (§ 79 S. 1 SchRG).

b) Zubehör

798 Nach § 79 S. 2 SchRG erstreckt sich die Hypothek auf Zubehörteile des Schiffes, die zum Einbau bestimmt und als solche gekennzeichnet sind und zugleich nicht im Eigentum des Schiffseigentümers stehen (§ 31 SchRG). Die Vorschrift des § 31 SchRG entspricht den §§ 1120–1122 BGB.[371] Für die registerrechtliche Eintragung einer Hypothek in das Schiffsbauregister sind Fragen des Zubehörs und die sich darauf erstreckende Hypothek nicht relevant, so dass hierauf nicht weiter einzugehen ist. Zu dem **Begriff des Zubehörs** siehe Ausführungen zu § 97 BGB und § 4 SchRG.

c) Versicherungsforderungen

799 Auf Versicherungsforderungen erstreckt sich die Schiffshypothek nur, wenn der Eigentümer für das Schiffsbauwerk eine besondere Versicherung abgeschlossen hat (§ 80 SchRG).

---

371 Staudinger/*Nöll* § 31 SchRG Rn. 1.

d) Weitere Besonderheiten

Eine weitere Besonderheit ist, dass nach Anmeldung der **Fertigstellung** des Schiffs eine weitere Schiffshypothek nicht mehr im Schiffsbauregister eingetragen werden kann (§ 72 S. 1 SchRegO) und dies damit eine **Registersperre** darstellt. 800

Gleiches gilt, wenn eine Bescheinigung nach **§ 15 SchRegO** ausgestellt wird (§ 72 S. 2 SchRegO). Wird das Schiff nach Fertigstellung in ein inländisches See-/Binnenschiffsregister eingetragen, so wird die Hypothek von Amts wegen mit dem bisherigen Rang aus dem Bauregister nach § 81 SchRG in Verbindung mit §§ 15, 16, Abs. 3, 72 SchRegO übernommen. 801

6. Muster einer Anmeldung, bei der die Schiffswerft nicht Eigentümer des Bauwerks ist

a) Antrag

An das Amtsgericht Schiffsregister 802
Als Anlage übersende ich:
- Darlegung und Anmeldung des Eigentumsübergangs vom ... bzw. ... meiner UR Nr. ...
- Kiellegungsbescheinigung nach § 76 Abs. 2 SchRG vom ...
- Abstraktes Schuldversprechen vom ... meine UR.Nr. ...
- Ausfertigung der Teilunterwerfungserklärung vom ... meine UR.Nr. ...

und stelle gemäß § 25 SchRegO im Namen aller Antragsberechtigten die Anträge aus den Urkunden.

Unterschrift Notar

Der **Notar gilt** als von dem Antragsberechtigten bevollmächtigt, für diesen den Antrag zu stellen, wenn dieser die zur Eintragung erforderlichen Erklärungen beurkundet oder beglaubigt hat (§ 25 SchRegO). Diese gesetzliche Ermächtigung entspricht der Grundbuchvorschrift des § 15 GBO. Dem Notar steht auch ein Rücknahmerecht nach § 39 SchRegO zu, vgl. § 26 BNotO.

Die Rücknahme bedarf der Form des § 37 SchRegO. Diese Ermächtigung gilt nicht für Rechtsanwälte, auch wenn sie die Urkunde entworfen haben.[372]

---

372 *Prause* SchRegO § 25.

Darlegung und Anmeldung des Eigentumsübergangs an einem Schiffsbauwerk auf den Besteller

---

Als allein vertretungsberechtigter Geschäftsführer der im Handelsregister des Amtsgerichts Kiel, HRB 10000, eingetragenen Firma „Bau GmbH“ mit Sitz in Kiel, gebe ich folgende Erklärung ab:
1. Die im Handelsregister des Amtsgerichts Hamburg, HRA 20000, eingetragene Firma ... Reederei GmbH & Co. KG mit Sitz in Hamburg, hat der Firma Bau GmbH mit Vertrag vom ... den Auftrag zum Bau und Lieferung eines Seeschiffes vom Typ Doppelhüllen-Tanker erteilt.
Das **Bauwerk** ist **begonnen,** auf Kiel gelegt und an einer bis zum Stapellauf deutlich sichtbaren Stelle dauernd durch die Baunummer S001 gekennzeichnet.
Die Bestellerin hat das Eigentum an dem Schiffsbauwerk durch die in Erfüllung des Bauvertrages erklärte Einigung erworben und die Übergabe ist durch die Vereinbarung, dass die Werft das Bauwerk bis zu seiner Fertigstellung und Lieferung für die Bestellerin verwahrt, erworben.
Die Hauptabmessungen des fertig zustellenden Schiffes betragen:
Größte Länge über alles: 160 m; größte Breite über alles: 9,50 m; Seitenhöhe: 4,50 m.
Ich versichere, dass das Schiffsbauwerk Nr. S. 001 bisher bei keinem anderen Schiffsbauregister zur Eintragung angemeldet ist.
Ich bin damit einverstanden, dass die Beteiligten als Eigentümer des beschriebenen Schiffsbauwerks in das Schiffsbauregister eingetragen werden.
Ich erteile der Eigentümerin hiermit Vollmacht, das beschriebene Bauwerk und die Reederei GmbH & Co. KG mit Sitz in Hamburg, als dessen Eigentümerin in das Schiffsbauregister des für den Heimathafen zuständigen Amtsgerichts einzutragen.
Der Wert des Schiffes beträgt etwa 6.000.000,– Euro. Die Kosten trägt die Reederei GmbH & Co. KG.
Die Reederei GmbH & Co. KG mit Sitz in Hamburg schließt sich den vorstehenden Anträgen an und **beantragt die Eintragung** des Schiffsbauwerkes in das Schiffsbauregister auf ihren Namen.
Unterschrift des allein vertretungsberechtigten Geschäftsführers der Bau GmbH, eingetragen beim Amtsgericht Kiel HRB 10000, in öffentlich-beglaubigter Form und Unterschrift des allein vertretungsberechtigten und von den Beschränkungen des § 181 BGB befreiten Geschäftsführers der Verwaltungs-Reederei GmbH, eingetragen beim Amtsgericht Hamburg HRB 15000, sowohl für diese selbst als auch für diese in ihrer Eigenschaft als zur alleinigen Vertretung berechtigte, persönlich haftende Gesellschafterin der Reederei GmbH & Co. KG, eingetragen beim Amtsgericht Hamburg HRA 20000, in öffentlich-beglaubigter Form.

Kiellegungsbescheinigung nach § 76 Abs. 2 SchRG (hierzu Rn. 782 und 882), Muster Abstraktes Schuldversprechen und Hypothekenbestellungsurkunde

---

803 Wir, die Reederei GmbH & Co. KG in Hamburg (nachstehend: „Schiffseigentümer“),
und die Verwaltungs-Reederei GmbH (nachstehend: „GmbH“),
als Gesamtschuldner (nachstehend die Schiffseigentümerin und die GmbH zusammen: „Schuldner“), bekennen hiermit, der Bank ... (nachstehend: „Gläubigerin“)
aus abstraktem Schuldversprechen 5.000.000,– Euro (in Worten: Euro fünf Millionen)
zu schulden. Die Schuld ist fällig und unterliegt, auch soweit der Anspruch nicht zusätzlich in notarieller Urkunde für vollstreckbar erklärt wird, einer Verjährungsfrist von 30 Jahren.
Dieses Schuldversprechen wird unabhängig von allen sonstigen Vereinbarungen zwischen dem Schuldner und der Gläubigerin abgegeben und verpflichtet den Schuldner selbstständig und unabhängig von diesen Rechtsverhältnissen. Der Schuldner verzichtet auf alle bekannten und unbekann-

ten Einwendungen und Einreden gegen das hiermit vereinbarte abstrakte Schuldversprechen. Das abstrakte Schuldversprechen dient der Gläubigerin zur Sicherung aller gegenwärtigen und künftigen, auch bedingten und befristeten Ansprüche aus der Geschäftsverbindung gegen den Schuldner und/oder die Schiffseigentümerin. Zahlungen werden nicht auf das abstrakte Schuldversprechen, sondern nur auf die gesicherten Ansprüche verrechnet. Nach Erledigung des Sicherungszwecks hat der Schuldner einen Anspruch auf Verzicht auf die Rechte aus dem abstrakten Schuldversprechen. Weitergehende Ansprüche stehen dem Schuldner hinsichtlich des abstrakten Schuldversprechens nicht zu. Ein Teilverzicht kann von dem Schuldner nicht verlangt werden. Die Gläubigerin ist nicht verpflichtet, das abstrakte Schuldversprechen über die gesicherten Ansprüche hinaus geltend zu machen.
Die abstrakte Schuld ist vom heutigen Tage ab mit ...% von Hundert jährlich zu verzinsen. Die Zinsen sind vierteljährlich am 25.3.; 26.6.; 25.9. und 23.12. eines jeden Jahres zu entrichten. Zur Sicherung für alle der Gläubigerin gegen den Schuldner zustehenden und noch erwachsenden Ansprüche aus dem vorgenannten abstrakten Schuldversprechen verpfändet die Schiffseigentümerin der Gläubigerin das ihr gehörende, im Schiffsbauwerksregister des Amtsgerichts ...
einzutragenden Schiff: S 001 der Bau Werft GmbH nebst sämtlichem Zubehör und **bewilligt und beantragt** unwiderruflich die Eintragung einer Schiffsbauwerkshypothek von 5.000.000,– Euro (in Worten: Euro fünf Millionen) nebst ... % von Hundert jährlichen Zinsen vom heutigen Tage an in das Schiffsbauwerksregister bei dem bezeichneten Schiffsbauwerk an rangerster Stelle.
Die Schiffseigentümerin versichert, dass irgendwelche weiteren Rechte an dem bezeichneten Schiffsbauwerk oder Ansprüche von Schiffgläubigern, die vor dem Recht der Gläubigerin den Vorrang haben würden, nicht bestehen.
Die Schiffseigentümerin verpflichtet sich gegenüber der jeweiligen Gläubigerin der hier bestellten Schiffsbauwerkshypothek, diese und die dieser Schiffsbauwerkshypothek eventuell im Rang vorgehenden oder gleichstehenden Schiffsbauwerkshypotheken im Schiffsbauwerksregister löschen zu lassen, sobald und soweit die durch sie gesicherten Forderungen erlöschen oder bereits erloschen sind. Sie bewilligt und beantragt die Eintragung entsprechender Löschungsvormerkungen gemäß § 58 SchRG in das Register.
Der Schuldner übernimmt sämtliche Kosten und Steuern dieser Urkunde und ihrer Durchführung. Es wird beantragt, der Gläubigerin und ihm selbst eine einfache Abschrift dieser Urkunde zu erteilen. Das Original ist für die Registerakten bestimmt.
Der amtierende Notar hat vor Vollzug der Unterschriften durch Befragung festgestellt, dass für sein Tätigwerden kein Hinderungsgrund im Sinne von § 3 Abs. 1 Satz 1 Nr. 7 des Beurkundungsgesetzes vorliegt.

Ort, Datum und Unterschriften mit notarieller Beglaubigung

Muster Ausfertigung einer Teilunterwerfungserklärung 804

UR.Nr. 000/ 00
Verhandelt zu .... am ...
Vor mir ... Notar mit dem Amtssitz in ...
Erschien als von Person bekannter Beteiligter:
Herr ... geb. ..., wohnhaft ...
hier handelnd als allein vertretungsberechtigter und von den Beschränkungen des § 181 BGB befreiter Geschäftsführer der Verwaltungs-Reederei GmbH, eingetragen beim Amtsgericht Hamburg HRB 15000, sowohl für diese selbst auch für diese in ihrer Eigenschaft als zur alleinigen Vertretung

berechtigte, persönlich haftende Gesellschafterin der Reederei GmbH & Co. KG. eingetragen beim Amtsgericht Hamburg HRA 20000.
Nachdem der Notar durch Befragen festgestellt hat, dass für sein Tätigwerden kein Hinderungsgrund im Sinne von § 3 Abs. 1 S. 1 Nr. 7 des Beurkundungsgesetzes vorliegt, erklärte der Beteiligte für die von ihm vertretene GmbH für diese selbst und für diese als zur gesetzlichen Vertretung berechtigte, persönlich haftende Gesellschafterin der Reederei GmbH & Co. KG.

Die Reederei GmbH & Co. KG mit Sitz in Hamburg
(nachstehend: „Schiffseigentümerin")
und die Verwaltungs-Reederei GmbH mit Sitz in Hamburg
(nachstehend: „GmbH")
gemeinsam „Schuldner",
haben mit notariell beglaubigter Urkunde vom heutigen Tage, die in beglaubigter Abschrift dieser Verhandlung als Anlage ... beigefügt ist, als Gesamtschuldner bekannt, der ... Bank
(nachstehend: „Gläubigerin")
aus abstraktem Schuldversprechen
EUR 5.000.000,– (in Worten: Euro Fünf Millionen) zu schulden.
Zur Sicherheit für alle der Gläubigerin gegen den Schuldner oder die Schiffseigentümerin zustehenden und noch erwachsenden Ansprüche aus diesem vorgenannten abstrakten Schuldversprechen hat die Schiffseigentümerin der Gläubigerin das ihr gehörende, im Schiffsbauregister des Amtsgerichts ... einzutragenden Schiff: S 001 der Bau Werft GmbH,
die Eintragung einer Schiffsbauwerkshypothek von EUR 5.000.000,– nebst
nebst sämtlichem Zubehör verpfändet und zu ihren Gunsten Zinsen bewilligt und beantragt.
Wegen des zuletzt zu zahlenden Teilbetrages von EUR 500.000,– (in Worten: Euro fünfhunderttausend) der Schuld von EUR 5.000.000,– nebst anteiliger Zinsen unterwerfen sich:

a.) die Schiffseigentümerin der sofortigen Zwangsvollstreckung in ihr gesamtes Vermögen mit der Maßgabe, dass die Zwangsvollstreckung in das verpfändete Schiffsbauwerk gegen den jeweiligen Eigentümer zulässig sein soll, und
b.) die GmbH der sofortigen Zwangsvollstreckung in ihr gesamtes Vermögen.

Die Schiffseigentümerin bewilligt und beantragt unwiderruflich die Eintragung dieser Teilunterwerfung bei der Schiffsbauwerkshypothek von EUR 5.000.000,– in das Schiffsbauwerksregister.
Drei beglaubigte Abschriften des Registerinhalts hinsichtlich des verpfändeten Schiffsbauwerkes sollen der ... Bank vom Gericht übersandt werden.
Der Schuldner übernimmt die Kosten und Steuern dieser Urkunde und beantragt, eine Ausfertigung dieser Urkunde mit der Vollstreckungsklausel der Gläubigerin schon jetzt zu erteilen. Die Gläubigerin darf weitere vollstreckbare Ausfertigungen jederzeit verlangen, ohne die Fälligkeit oder deren Voraussetzungen nachweisen zu müssen. Es werden weitere Ausfertigungen dieser Urkunde für die Registerakten, zwei beglaubigte Abschriften für die Gläubigerin und eine Abschrift für den Schuldner erbeten.

Vorgelesen und unterschrieben

b) Eintragungsmuster 805

Erste Abteilung
Das Schiffsbauwerk

Name Nummer oder sonstige Bezeichnung	Bauort Schiffswerft	Urkunde über die Zulässigkeit der Bestellung der Schiffshypothek	Tag der Eintragung des Schiffs- bauwerks, Veränderungen	Löschung der Eintragung des Schiffs bauwerks
1	2	3	4	5
Neubau – Nr. Soo1	Bau GmbH mit Sitz in Kiel Amtsgericht Kiel HRB 10000	Bescheinigung des Bundesamt für Seeschifffahrt und Hydrographie vom ...	Eingetragen am	

Zweite Abteilung
Eigentümer

Laufende Nummer	Eigentümer Korrespondentreeder	Eigentumsnachweis, Grundlage der Eintragung, Eigentumsbeschränkungen, Veränderungen
1	2	3
1	Reederei GmbH & Co. KG. mit Sitz in ... Hamburg Amtsgericht Hamburg HRA 20000 persönlich haftende Gesellschafterin Verwaltungs-Reederei GmbH mit Sitz in Hamburg Amtsgericht Hamburg HRB 15000	Aufgrund der Einigungserklärung vom ... und Anmeldung vom ... Urk.RNr. ... des Notars ... In ... eingetragen am ...

Dritte Abteilung
Schiffshypotheken

Laufende Num-mer	Betrag	Inhalt der Eintragung
1	2	3
1	5.000.000,– EUR	Fünf Millionen Euro Bauwerksschiffshypothek nebst fünfzehn vom Hundert Jahreszinsen zugunsten der ... Wegen des zuletzt zu zahlenden Betrages von 500.000,–, Euro zuzüglich anteiliger Zinsen von fünfzehn vom Hundert ist der jeweilige Eigentümer der sofortigen Zwangsvollstreckung unterworfen. Im Übrigen unter Bezugnahme auf die Eintragungsbewilligung vom ... UR-Nr. ... des Notars ... eingetragen am ...

Kartei; Statistik
Nachricht, Kosten
Mögliche Fristsetzung (Fertigstellung?)

7. Eintragung aufgrund ausländischer Urkunden/Eigentümer

a) Allgemein

806 Eintragungsgrundlage kann grundsätzlich eine Ausfertigung einer notariellen Urkunde sein, da diese die Urschrift im Rechtsverkehr ersetzt (§ 47 BeurkG). Eine beglaubigte Abschrift, dass die Abschrift mit der Urschrift der Urkunde übereinstimmt, steht einer Ausfertigung im Rechtsverkehr gleich. Anträge, die in der Form des § 37 SchRegO zu stellen sind, können durch die Vorlage einer beglaubigten Abschrift einer öffentlichen oder öffentlich-beglaubigten Urkunde erbracht werden. Bei Eintragungsanträgen in das Schiffsbauregister kommt es in der Praxis sehr oft vor, dass sowohl der Eigentümer des Bauwerkes als auch der Hypothekengläubiger eine ausländische Gesellschaft ist. Das Registergericht steht dann vor der Frage, in welcher Form und mit welchem Inhalt ausländische Urkunden für die Eintragung durch den Antragsteller beizubringen sind. Eine Antwort hierauf ist nicht immer einfach, da ausländische Rechtsordnungen oftmals in den Registerauszügen wenn überhaupt vorhanden) keine klare Vertretungsregelung, wie sie das deutsche Recht mit einer abstrakten und konkreten Vertretungsregelung kennt, ausweist. So kann zum Beispiel aus den USA zum Nachweis des Bestehens einer Gesellschaft lediglich **ein Gründungsnachweis** (Certificate of Incorporation) vorgelegt werden. Ein Bestehen oder gar der Nachweis von Vertretungsbefugnissen kann damit nicht nachgewiesen werden.[373] In so einem Fall wird das Schiffsregister eine Bescheinigung verlangen, aus der sich ergibt, dass die handelnden Personen nach der Satzung der ausländischen Gesellschaft vollständig befugt waren, die vorgelegte Urkunde so auszustellen, die nach dem jeweiligen Recht vollzogen und für die erklärende Gesellschaft rechtsgültig bindend ist.

b) Übersetzung ausländischer Urkunden

807 Die Einreichung von Urkunden in fremder Sprache ist grundsätzlich zulässig. Ist das Registergericht der fremden Sprache nicht mächtig, so kann eine entsprechende Übersetzung gemäß § 142 III ZPO verlangt werden, da nach § 184 GVG die Gerichtssprache deutsch ist. Es liegt also im **Ermessen des Gerichts** auf einer **Übersetzung** zu bestehen.[374] Bestehen für das Gericht berechtigte Zweifel an der Richtigkeit der Übersetzung, so kann eine Bescheinigung von einem ermächtigten Dolmetschers verlangt werden. Auf Grund dieser Bescheinigung gilt dann die Übersetzung gem. § 2 I der Verordnung des Reichsministers der Justiz zur Vereinfachung des Verfah-

---

373 *Langhein* Rpfleger 1996, 47.

374 *Baumbach/Lauterbach/Hartmann* § 142 Rn. 4.

rens auf dem Gebiet des Beurkundungsrechts vom 21.10.1942[375] als richtig und vollständig. Übersetzungen gelten als Sachverständigenleistungen, nicht als öffentliche Urkunden. Der Bestätigungsvermerk bzw.-Stempel eines öffentlich-beeidigten oder anerkannten Übersetzers lässt die Übersetzung nicht zu einer öffentlichen Urkunde werden. Daher ist das Legalisationsverfahren bzw. Apostille-Verfahren auf Übersetzungen nicht anwendbar. Im Gegensatz zu anderen **öffentlichen Registern** wie dem Handelsregister (§ 9 HGB), dem Genossenschaftsregister (§ 165 GenG i. V. § 9 HGB), dem Vereinsregister (§ 79 BGB) und dem Güterrechtsregister (§ 1563 BGB), bei denen die Einsicht von Urkunden, die eine Anmeldung betreffen, oder auch Gesellschaftsverträge oder Bilanzen u.ä. jedermann ohne weiteres offen steht, ist die Einsicht in das Schiffsbauregister **nur** bei Darlegung eines **berechtigten Interesses** nach § 65 Abs. 2 SchRegO gestattet. Hieraus folgt, dass nicht zwangsläufig wie bei den öffentlichen Registern auf einer Übersetzung aufgrund der **uneingeschränkten Einsichtsfähigkeit** bestanden werden muss. Werden von dem Einsehenden Übersetzungen gewünscht, sind diese auf eigene Rechnung zu erstellen. Auch wenn die Einsicht in das Schiffsbauregister nicht grundsätzlich öffentlich ist, so ist es sinnvoll bei Anmeldungen in ausländischer Sprache eine deutsche Übersetzung zu verlangen.

8. Ausländische öffentlich oder öffentlich beglaubigte Urkunden

Für die Eintragung aufgrund internationalen Urkundenverkehrs ist sicher zu stellen, 808
dass die Urkunden, mit denen der Nachweis im anderen Land geführt werden soll, sowohl von der zuständigen Stelle ausgestellt, aber auch ebenso inhaltlich richtig sind.

§ 415 ZPO definiert die Voraussetzungen für die Beweiskraft öffentlicher Urkunden über Erklärungen.

§ 415 ZPO
(1) Urkunden, die von einer öffentlichen Behörde innerhalb der Grenzen ihrer Amtsbefugnisse oder von einer mit öffentlichem Glauben versehenen Person innerhalb des ihr zugewiesenen Geschäftskreises in der vorgeschriebenen Form aufgenommen sind (öffentliche Urkunden), begründen, wenn sie über eine vor der Behörde oder der Urkundsperson abgegebene Erklärung errichtet sind, vollen Beweis des durch die Behörde oder die Urkundsperson beurkundeten Vorganges.
(2) Der Beweis, dass der Vorgang unrichtig beurkundet sei, ist zulässig.

375 RGBl. I. S. 609.

Es sind zwei Fragen zu prüfen: die Echtheit der öffentlichen ausländische Urkunde und ob die Urkunde nach inländischem Recht die bestehenden Formvorschriften erfüllt. Öffentliche Urkunden sind z.B. gerichtliche und notarielle Urkunden oder Urkunden und Bescheinigungen der Verwaltungsbehörden, nicht aber privat errichtete Urkunden wie z.B. formlose Kaufverträge oder Vollmachten. Werden private Rechtsverhältnisse von einem **Notar** oder einer Behörde beurkundet, ist dadurch eine öffentliche Urkunde entstanden.[376] **Die Echtheit** einer ausländischen öffentlichen Urkunde ist nach § 438 Abs. 1 ZPO vom Register nach pflichtgemäßem Ermessen zu beurteilen. Zum Beweis der Echtheit einer ausländischen Urkunde genügt nach § 438 Abs. 2 ZPO die Legalisation durch einen **Konsul** oder einen **Gesandten des Bundes**. Für die Frage der Form der Beurkundung gilt nach ständiger Rechtsprechung die Beurkundungsform des deutschen Rechts durch eine Auslandsbeurkundung als erfüllt, wenn die ausländische Beurkundung der deutschen gleichwertig ist.[377]

9. Legalisation

809 Nach der Definition des Art. 2 S. 2 des Haager Übereinkommens vom 5.10.1961[378] ist unter Legalisation *„diejenige Förmlichkeit zu verstehen, durch welche die diplomatischen oder konsularischen Vertreter des Lands, in dessen Hoheitsgebiet die Urkunde vorgelegt werden soll, die Echtheit der Unterschrift, die Eigenschaft, in welcher der Unterzeichner der Urkunde gehandelt hat, und ggf. die Echtheit des Siegels oder Stempels, mit dem die Urkunde versehen ist, bestätigen"*.

Die Legalisation wird durch die Konsularbeamten der deutschen Botschaften und Konsulate vorgenommen. Rechtsgrundlage ist § 13 Konsulargesetz (KonsG). Nach § 13 Abs. 4 KonsG kann auf Antrag, sofern über die Rechtslage kein Zweifel besteht, in dem Vermerk auch bestätigt werden, dass der Aussteller zur Aufnahme der Urkunde zuständig war und dass die Urkunde in der den Gesetzen des Ausstellungsorts entsprechenden Form aufgenommen worden ist (Legalisation im weiteren Sinn) Urkunden, die gemäß **völkerrechtlicher Übereinkunft** von der Legalisation befreit sind, sollen nicht legalisiert werden (§ 13 Abs. 5 KonsG).

810 Eine Bestätigung durch den Konsularbeamten soll nur erteilt werden, wenn dieser keinen Zweifel an der Echtheit hat. Von der Echtheit kann er in der Regel ausgegangen, wenn die Urkunde ihm von der Stelle, die sie aufgenommen hat, zugeleitet worden ist (§ 14 Abs. 2 KonsG). Konsularbeamte sind somit dazu berufen, am Schutz des Urkundenverkehrs im Inland mitzuwirken und das Vertrauen in die Zuverlässig-

---

376 *Bindseil* DNotZ 1992, 275.

377 BGH NJW 1981, 1160; Palandt/*Thorn* Art. 11 EGBGB Rn. 10.

378 BGBl. 1965 II 876, 1966 II 106.

keit amtlicher Bescheinigungen zu schützen. Der Konsularbeamte lehnt daher die Legalisation nicht nur dann ab, wenn die Urkunde gefälscht ist, sondern auch, wenn es sich offenkundig um eine inhaltlich falsche Urkunde handelt, die also einen Sachverhalt bescheinigt, der nicht wirklich vorliegt. Bei einer mit einer Legalisation versehenen Urkunde sollte an der Echtheit der Urkunde nicht gezweifelt werden.[379]

Für die Legalisation werden von der Auslandsvertretung Gebühren und Ausla- 811
gen nach dem Auslandskostengesetz erhoben. Kann eine Legalisation nicht erfolgen, etwa weil sich die Urkunde als falsch erwiesen hat, fällt eine Bearbeitungsgebühr in Höhe von 75% an.

Eine Legalisation einer Urkunde ist ein ausreichender Echtheitsnachweis, aber kein notwendiges Mittel des Echtheitsnachweises.[380]

Fehlt eine Legalisation, so ist nach pflichtgemäßem Ermessen die Echtheit der 812
Urkunde zu prüfen.[381]

Neben der Erfüllung der Eigenschaft als öffentliche Urkunde ist für die Aner- 813
kennung einer ausländischen Urkunde im inländischen Rechtsverkehr noch zu fordern, dass die ausländische Beurkundung einer entsprechenden deutschen Beurkundung gleichwertig ist.[382] Anzunehmen ist dies, wenn die ausländische Urkundsperson nach Vorbildung und Stellung im Rechtsverkehr in ihrer Funktion einem deutschen Notar gleichsteht und für die Errichtung der Urkunde formelles Recht beachtet ist und dem deutschen Beurkundungsrecht entspricht.[383]

10. Haager Apostille[384]

Für die Vertragsstaaten des Haager Übereinkommens vom 5.10.1961 entfällt die 814
Legalisation durch die Auslandsvertretung der Vorlagestaaten. An die Stelle der Legalisation tritt die Bestätigung in Form der Apostille durch die Behörden des Errichtungsstaates. Die Apostille ist **ein Echtheitsvermerk** und ist für den Vorlagestaat bindend. Eine Legalisation darf darüber hinaus nicht verlangt werden.

Nach dem Übereinkommen werden

- Urkunden eines staatlichen Gerichts oder einer Amtsperson als Organ der Rechtspflege, einschließlich der Staatsanwaltschaft oder einem Vertreter des öffentlichen Interesses, von einem Urkundsbeamten der Geschäftsstelle oder von einem Gerichtsvollzieher;

379 *Schaub* NZG 2000, 956.
380 *Bindseil* DNotZ 1992, 275, 285.
381 BayObLG Rpfleger 1993, 192.
382 *Bausback* DNotZ 1996, 254, 255.
383 BGH Beschl. v. 16.2.1981 – Az.: II ZB 8/80.
384 Auswärtiges Amt-Legalisation und Apostille unter www.konsularinfo.diplo.de.

- Urkunden der Verwaltungsbehörden,
- notarielle Urkunden und
- amtliche Bescheinigungen auf Privaturkunden, wie Beglaubigungen von Unterschriften,

im Sinne des Übereinkommens als öffentliche Urkunde angesehen.

Genügt zum Beweis der Echtheit einer ausländischen Urkunde nach § 438 Abs. 2 ZPO die Legalisation durch einen Konsul oder einem Gesandten des Bundes, so gilt dies ebenfalls für die Urkunden aus den Vertragsstaaten, die mit einer Apostille versehen sind. Nach Art. 6 des Übereinkommens bestimmt jeder Vertragsstaat die für die Ausstellung zuständige Behörde.

815 **Die Form** ist in Art. 4 des Übereinkommens festgelegt und muss dem aus als Anlage des Übereinkommen beigefügten amtlichen Muster entsprechen. Die Apostille ist entweder auf die Urkunde selbst zu setzen, oder auf ein gesondertes Blatt, das mit der Urkunde zu verbinden ist. Nach Art. 5 Abs. 2 des Übereinkommens gibt die Apostille Auskunft über die Echtheit der Unterschrift, in welcher die Eigenschaft der Unterzeichner gehandelt hat und über die Echtheit des Siegels oder Stempels, mit dem die Urkunde versehen ist. Für die Apostille werden Gebühren nach dem jeweiligen Landesrecht erhoben.

Das Übereinkommen gilt im Verhältnis zu Deutschland für folgende Staaten:

816 Andorra; Antigua und Barbuda; Argentinien; Armenien; Australien; Bahamas; Barbados; Belarus; Belgien; Belize; Bosnien-Herzegowina; Botsuana; Brunei Daressalam; Bulgarien; China (nur für Urkunden aus den Sonderverwaltungsregionen Hongkong und Macau); Cook Inseln; Dänemark (außer Grönland und Färöer); Dominica; Ecuador; El Salvador; Estland; Fidschi; Finnland; Frankreich; Grenada; Griechenland; Honduras; Irland; Island; Israel; Italien; Japan; Kasachstan; Kolumbien; Kroatien; Lesotho; Lettland; Liechtenstein; Litauen; Luxemburg; Malawi; Malta; Marshallinseln; Mauritius; Mazedonien; Mexiko; Monaco; Montenegro; Namibia; Neuseeland (ohne Tokelau); Niederlande (auch für Aruba und die Niederländischen Antillen); Niue; Norwegen; Österreich; Panama; Polen; Portugal; Rumänien; Russische Föderation; Samoa; San Marino; Sao Tome und Principe, Schweden; Schweiz; Serbien; Seychellen; Slowakei; Slowenien; Spanien; St. Kitts und Nevis; St. Lucia; St. Vincent und die Grenadinen; Südafrika; Südkorea, Suriname; Swasiland; Tonga; Trinidad und Tobago; Tschechische Republik; Türkei; Ungarn; Vanuatu, Venezuela; Vereinigtes Königreich (auch für Anguilla, Bermuda, Caymaninseln, Falklandinseln, Gibraltar, Guernsey, Isle of Man, Jersey, Britische Jungferninseln, Montserrat, Sankt Helena, Turks- und Caicosinseln); Vereinigte Staaten; Zypern.

Mit Belgien, Dänemark, Frankreich, Griechenland, Italien, Luxemburg, Österreich und der Schweiz gibt es zusätzliche bilaterale Abkommen, die für bestimmte Urkunden einen Verzicht auf jede Förmlichkeit, einschließlich der Apostille, vorsehen.

Weitere ausländische Staaten, deren Urkunden in Deutschland mit einer **Notarbeglaubigung** und **Legalisation** Anerkennung finden, sind:[385] 817

Äthiopien, Albanien, Algerien, Anguilla, Angola, Bahrein, Bermuda, Bolivien, Brasilien, Burkina Faso, Burundi, Chile, VR China (vgl. auch Hongkong u. Macao mit Apostille),Costa Rica, Eritrea, Georgien, Gabun Gibraltar, Guatemala, Guernsey, Guyana, Indonesien, Iran, Jamaika, Jemen, Jersey, Jordanien, Kanada, Katar Kenia, Kirgistan, Rep. Korea, VR Korea, Kuba, Kuwait, Lesotho, Lettland, Libanon, Libyen, Madagaskar, Malaysia, Mali, Marokko-Mauretanien, Moldau, Mozambique, Nicaragua, Niger, Oman, Ost-Timor, Papua-Neuguinea, Paraguay, Peru, Polen, Sambia, Saudi Arabien, Simbabwe, Singapur, Sudan, Syrien, Taiwan, Tansania, Thailand, Tunesien, Turkmenistan, Uganda, Ukraine, Uruguay, Vereinigte Arabische Emirate.

11. Löschung des Schiffsbauwerkes

a) Allgemein

Grundsätzlich ist die Löschung der Eintragung im Register von der Schließung des Registerblattes zu unterscheiden. Die Eintragung des Schiffsbauregisters wird nach § 73 SchRegO **gelöscht,** wenn der Inhaber der Werft anmeldet, dass das Schiff ins Ausland abgeliefert ist und gleichzeitig die Löschung der Hypotheken bewilligt und beantragt werden. Ein weiterer Fall einer Löschung liegt vor, wenn **der Eigentümer** des Schiffsbauwerks **und** der **Inhaber der Schiffswerft,** auf der das Schiff erbaut wurde, die Löschung beantragen. Auch in diesem Fall muss die Löschung der Hypotheken bewilligt und beantragt werden. In beiden Fällen, darf eine Löschung des Schiffsbauwerkes somit nur erfolgen, wenn gleichzeitig die Löschungsbewilligungen der eingetragenen Gläubiger vorgelegt werden. Sind Werftinhaber und Eigentümer des Bauwerkes **nicht identisch,** hat der Werftinhaber an der Löschung aufgrund der für ihn bestehenden gesetzlichen Sicherungsmöglichkeiten mittels einer Bauwerkshypothek nach § 648 BGB mitzuwirken. Die **dritte Variante** einer Löschung ist gegeben, wenn das Schiffsbauwerk untergegangen ist. 818

385 Vgl. Bauer/von Oefele S. 647.

b) Löschung aufgrund Ablieferung ins Ausland

819 **Beispielsfall:** Bauwerft und Eigentümer des Bauwerkes sind identisch und beantragen in der Form des § 37 SchRegO: Das Bauwerk ist fertig gestellt; das Schiff ist an ... ins Ausland abgeliefert worden, das Schiff hat seinen Heimathafen im Ausland. Gleichzeitig überreichen wir die Löschungsbewilligung des Rechts III Nr. ... und beantragen die Löschung der Hypothek sowie die Löschung des Bauwerkes im Schiffsbauregister.

820 **Eintragungsmuster**

Aufschrift

Das Bauwerk ist gelöscht. Das Registerblatt ist geschlossen. Eingetragen am ...

Erste Abteilung
Das Schiffsbauwerk

Name Nummer oder sonstige Bezeichnung	Bauort Schiffswerft	Urkunde über die Zulässigkeit der Bestellung der Schiffshypothek	Tag der Eintragung des Schiffsbauwerks, Veränderungen	Löschung der Eintragung des Schiffsbauwerks
1	2	3	4	5
				Das Schiffsbauwerk ist auf Antrag der Bauwerft vom ... gelöscht. Eingetragen am ...

Auf ein Eintragungsmuster (Löschung der Hypothek) wurde an dieser Stelle verzichtet.
Eintragungen in Abteilung III unter lfd. Nr. (und evtl. Veränderungen wie Löschungsvormerkungen pp) sind zu röten.
Sämtliche Seiten des Registerblattes – mit Ausnahme der Aufschrift – sind rot zu durchkreuzen.
Nachrichten, Kosten, zdA.

821 Da mit der Löschung aus dem Schiffsbauregister in den meisten Fällen auch eine Registrierung im Ausland erfolgen soll, verlangen ausländische Schiffsregister als Nachweis der Löschung eine **Löschungsbescheinigung.** Ein Nachweis durch die Registereintragungsnachricht reicht oftmals nicht aus, da diese auch nicht zweisprachig ist.

Neben dem Löschungsantrag ist in der Praxis somit auch ein Antrag auf Erteilung einer Löschungsbescheinigung (deutsch/englisch) zu stellen (Muster einer Löschungsbescheinigung Rn. 894).

c) Löschung bei Untergang des Schiffsbauwerkes

Wie bei einem Seeschiff ist der Untergang oder die Ausbesserungsunfähigkeit **unverzüglich** zum Schiffsbauregister anzumelden (§ 17 Abs. 4 SchRegO). Die Tatsache des Unterganges bzw. der Ausbesserungsunfähigkeit sind glaubhaft zu machen (§ 17 Abs. 5 SchRegO). Dies geschieht in der Regel bei **Untergang** wie bei einem Schiff durch eine Bescheinigung der Wasser- und Schifffahrtsverwaltung oder der Wasserschutzpolizei, da eine Meldepflicht besteht; bei einer **Ausbesserungsunfähigkei**t durch die Vorlage einer Abwrackbescheinigung durch ein Abwrackunternehmen. Der Begriff „Abwrackung" bedeutet die freiwillige und totale Aufgabe des Bauwerkes durch Verschrottung und damit die unwiderrufliche Aufgabe der Möglichkeit, das Bauwerk als Schiff zu nutzen.[386] 822

12. Schließung des Schiffsbauregisters

a) Heimathafen und Bauort bei demselben Schiffsregister

Ist der Heimathafen nach Fertigstellung der Bauort des Schiffes, hat der Eigentümer sein Schiff zur Eintragung in das Schiffsregister anzumelden. Hierfür gelten die gleichen Erfordernisse wie bei einer **Ersteintragung** eines Seeschiffs. Zusätzlich ist mit der Anmeldung noch die Schließung des Schiffsbauregisters und die Übertragung der im Schiffsbauregister eingetragenen Hypotheken zu beantragen. 823

Für die Eintragungsverfügung in das Schiffsregister gelten ebenfalls die Ausführungen zur Ersteintragung. Jedoch ist in Abteilung II Spalte 5 und in der Abteilung III in den Spalten 3, 6, 8 bei übernommenen Eintragungen aus dem Schiffsbauregister folgendes hinzuzusetzen: „Eingetragen im Schiffsbauregister des Amtsgerichts ... Nr. ... am ... und hierher übertragen am ...". Dieser Vermerk ergibt sich in Anwendung aus § 12 Abs. 4 S. 2, 3 SchRegDV, wonach auf dem neuen Blatt die Übereinstimmung des Inhaltes mit dem alten Blatt in jeder Abteilung zu bescheinigen ist. Die Bescheinigungen sind in die Spalten zu setzen, in denen die Eintragungen auch unterschrieben werden. Dies gilt als **Nachweis** dafür, dass die mit diesem Vermerk versehenen Rechte und Eintragungen auch aus dem alten Blatt, in diesem Falle des Schiffsbauregisters, stammen. Im Schiffsbauregister ist einzutragen: 824

386 *Rabe* Einf. Rn. 14.

Eintragungsmuster

Aufschrift:

825 Dieses Blatt ist wegen Eintragung des Schiffes im Seeschiffsregister des Amtsgerichts ... unter Nummer ... geschlossen. Eingetragen am ...

Erste Abteilung
Das Schiffsbauwerk

Name Nummer oder sonstige Bezeichnung	Bauort Schiffswerft	Urkunde über die Zulässigkeit der Bestellung der Schiffshypothek	Tag der Eintragung des Schiffsbauwerks, Veränderungen	Löschung der Eintragung des Schiffsbauwerks
1	2	3	4	5
				Das Schiff ist unter Nummer ... mit dem Namen ... in das Seeschiffsregister des Amtsgerichts ... eingetragen am ...

Sämtliche Seiten des Registerblattes-mit Ausnahme der Aufschrift-sind rot zu durchkreuzen.
Die Akten des Schiffsbauregisters sind als Beiakten zu den Schiffsregisterakten zu nehmen.

b) Heimathafen und Bauort bei verschiedenen Schiffsregistern

826 Wechselt die Zuständigkeit der Registergerichte nach Fertigstellung des Bauwerkes, hat der Eigentümer eine **Bescheinigung des Schiffsbauregisters** bei dem zuständigen Schiffsregister des Heimathafens vorzulegen. Diese Bescheinigung ist beim Schiffsbauregister zu beantragen. Aus dieser Bescheinigung hat sich zu ergeben, dass das Schiff im Schiffsbauregister eingetragen ist und dass diese Bescheinigung zum Zwecke der Eintragung des Schiffs in das Schiffsregister erteilt wurde (§ 15 SchRegO). En beglaubigter Registerauszug ist beizufügen (Muster einer Bescheinigung nach § 15 SchRegO unter Rn. 886).

827 Ist eine Bescheinigung nach § 15 SchRegO erteilt, dürfen **keine weiteren Schiffshypotheken** in das Schiffsbauregister eingetragen werden (§§ 72, 15 SchRegO). Diese Vorschrift soll ebenfalls eine Doppeleintragung verhindern und hat die Wirkung einer **Registersperre**. Zur Verdeutlichung kann auf dem Aktendeckel die Erteilung der Bescheinigung nach § 15 SchRegO vermerkt werden. Der Eigentümer hat das Schiff zur Eintragung in das zuständige Schiffsregister unter Beifügung der Bescheinigung nach § 15 SchRegO und dem beglaubigten Registerauszug anzu-

melden. Nach Eintragung teilt das Schiffsregister dem Schiffsbauregister die Eintragung mit.

Eintragungsmuster 828

Aufschrift:

Dieses Blatt ist wegen Eintragung des Schiffes im Seeschiffsregister des Amtsgerichts ... unter der Nummer ... geschlossen. Eingetragen am ...

Erste Abteilung
Das Schiffsbauwerk

Name Nummer oder sonstige Bezeichnung	Bauort Schiffswerft	Urkunde über die Zulässigkeit der Bestellung der Schiffshypothek	Tag der Eintragung des Schiffsbauwerks, Veränderungen	Löschung der Eintragung des Schiffsbauwerks
1	2	3	4	5
				Das Schiff ist unter Nummer ... mit dem Namen ... in das Seeschiffsregister des Amtsgerichts ... eingetragen am ...

Sämtliche Seiten des Registerblattes-mit Ausnahme der Aufschrift-sind rot zu durchkreuzen
Nachrichten
Handblatt ergänzen und beglaubigen
Urschriftlich mit Akten und beglaubigtem Handblatt dem Amtsgericht – Seeschiffsregister – in ... zu Az. SSR ... übersenden (§ 48 SchRegDV). Um Bestätigung des Akteneinganges wird gebeten.
Frist ... (Eingangsbestätigung)

13. Einsicht in das Schiffsbauregister

Ist die Einsicht in das Schiffsregister öffentlich und somit jeder Mann gestattet (§ 8 Abs. 1 SchRegO), so ist die Einsicht in das Schiffsbauregister nur gestattet, soweit ein berechtigtes Interesse dargelegt wird (§ 65 Abs. 2 SchRegO). Entspricht § 8 Abs. 1 SchRegO der Vorschrift des § 9 HGB, so ist § 65 Abs. 2 SchRegO der Vorschrift des § 12 Grundbuchordnung nachgebildet. Es ist zwischen **„berechtigtem Interesse“** und **„rechtlichem Interesse“** zu unterscheiden. Ein rechtliches Interesse, das sich auf ein bereits vorhandenes Recht stützen muss, ist regelmäßig dann gegeben, wenn die erstrebte Kenntnis von dem Inhalt der Akten zur Verfolgung von Rechten oder zur Ab- 829 wehr von Ansprüchen erforderlich ist.[387] Demgegenüber muss sich das vorausgesetzte berechtigte Interesse nicht auf ein bereits vorhandenes Recht stützen; es genügt vielmehr jedes nach vernünftiger Erwägung durch die Sachlage gerechtfertigte Interesse, das auch wirtschaftlicher oder wissenschaftlicher Art sein kann.[388] Ein berechtigtes Interesse ist zu verneinen, wenn der Antragsteller bereits von den gewünschten Informationen Kenntnis hat und keine Argumente vorgetragen werden, dass eine Einsicht zu weiteren Informationen führt.[389] Ein berechtigtes Interesse ist also weiter als der Begriff des rechtlichen Interesses. Das berechtigte Interesse muss der Antragsteller nach § 65 Abs. 2 SchRegO darüber hinaus darlegen. In der Regel geschieht dies durch einen Sachvortrag, aus dem das Registergericht die Notwendigkeit der Einsichtnahme erkennen und befürworten kann.[390] Ein Glaubhaftmachung nach § 13 FamFG (§ 34 Abs. 1 FGG alt) und § 294 ZPO ist nicht vorgesehen, kann aber in Zweifelsfällen verlangt werden.[391] Stimmt der Eigentümer/Bauwerft (wenn Eigentümer und Bauwerft verschiedene Personen sind) zu, ist eine Darlegung des rechtlichen Interesses nicht notwendig. Für die Erteilung von Abschriften und deren Beglaubigung sowie für die Einsicht von Urkunden, auf die zur Ergänzung der Eintragung Bezug genommen wird, sowie die noch nicht erledigten Eintragungsanträge gelten die gleichen Voraussetzungen (§§ 65 Abs. 2, 8 Abs. 2 SchRegO).

Zweiter Abschnitt (Schwimmdock)

A. Das Schwimmdock

1. Begriff des Schwimmdocks

830 Ähnlich wie zum Schiffsbegriff findet man auch für die Definition eines Docks bzw. Schwimmdocks keine einheitliche Beschreibung in den entsprechenden Gesetzen, wie dem Gesetz über Rechte an eingetragenen Schiffen und Schiffsbauwerken (SchRG) oder der Schiffsregisterordnung (SchRegO). In der Schifffahrt ist ein Dock ein Behälter, in dem ein Schiff zur Reparatur vornehmlich am Unterwasserschiff aufgenommen und trocken gelegt werden kann. Man unterscheidet Trockendocks und Schwimmdocks. Ein Trockendock ist ein Hafenbecken mit einem seewärtigen Tor, welches nach dem Fluten geschlossen wird. Pumpt man das Wasser ab, fällt das Schiff **„trocken“.** Ein Schwimmdock ist eine schwimmende tauchfähige Vorrichtung

387 BayObLGZ 1998, 119 ff. = NJW-RR 1999, 661.
388 BayObLG Rpfleger 1985, 28.
389 BayObLG NJW RR 1998, 294.
390 *Schreiner* Rpfleger 1980, 51, 52.
391 BayObLG Rpfleger 1983, 272 = aA OLG Stuttgart BWNotZ 2002, 68.

zur Aufnahme und Anhebung bei gleichzeitiger Trockenlegung von Schiffen zur Wartung bzw. Reparatur.

2. Registerfähigkeit

Durch die fehlende Schiffseigenschaft eines Schwimmdocks war eine Eintragung in 831
das Schiffs- bzw. Schiffsbauregister nach der ursprünglichen Fassung des SchRG und der SchRegO bis zum 31.1.1969 nicht möglich. Erst mit dem am 1.2.1969 in Kraft getretenen Gesetz zur Änderung des Gesetzes über Rechte an eingetragenen Schiffen und Schiffsbauwerken, der Schiffsregisterordnung und des Gesetzes über die Zwangsversteigerung und die Zwangsverwaltung vom 4.12.1968[392] konnten Schwimmdocks, obwohl sie nicht als Schiffe gelten, rechtlich wie Schiffsbauwerke behandelt und gleichgestellt werden. Diese Gesetzesänderung war notwendig, um den erheblichen Wert eines Schwimmdocks für eine Werft zur Finanzierung zu nutzen und darüber hinaus einem Gläubiger eine rechtlich zuverlässige Sicherungsgrundlage zu bieten. Gleichzeitig ergibt sich mit der Zuordnung zu einem Schiffsbauwerk, dass ein Schwimmdock nur **gleichzeitig** mit der Eintragung einer **Schiffshypothek** oder ein Antrag auf Zwangsversteigerung in das Schiffsbauregister eingetragen werden kann (§§ 73a, 73b, 66 SchRegO).[393] Diese Einschränkung gilt sowohl für Schwimmdocks, welche sich im Bau befinden oder schon fertig gestellt sind.[394] Nach Art.3 Abs. 1 des Gesetzes vom 4.12.1968 wurde festgelegt, dass Vorschriften, die sich auf Schiffsbauwerke beziehen, auch für **im Bau** befindliche und schon **fertiggestellte** Schwimmdocks entsprechend gelten, soweit sich aus dem Sinn dieser Vorschrift nichts anderes ergibt. Grundsätzlich finden damit die Vorschriften aus BGB und ZPO, die Schiffsbauwerke betreffen, auch auf Schwimmdocks Anwendung.

3. Zuständigkeit

Da Schwimmdocks in das Schiffsbauregister einzutragen sind, gilt auch hier die Zu- 832
ständigkeit der Amtsgerichte und die funktionale Zuständigkeit des Rechtspflegers.

Man unterscheidet:

- das in Bau befindliche Schwimmdock, bei dessen Behandlung nach § 73 a SchRegO auf die Vorschriften §§ 66 bis 71 und 73 SchRegO und damit auf die Vorschriften für Schiffsbauwerke/Schiffsbauregister verwiesen wird,

---

392 BGBl. I, S. 1295.

393 Staudinger/*Nöll* § 81 a SchRG Rn. 2.

394 *Hornung* Rpfleger 2003, 232.

- das bereits fertig gestellte Schwimmdock, bei dem eine Reihe von Vorschriften für Binnenschiffe Anwendung finden und bei dem sich aus § 73 b SchRegO besondere Vorschriften für die Anmeldung und Eintragung ergeben.

4. Im Bau befindliche Schwimmdocks

a) Zuständigkeit

833 Ein in Bau befindliches Schwimmdock ist im örtlich zuständigen Schiffsbauregister des **Bauorts** nach § 73 a SchRegO mit dem Verweis auf die Vorschriften §§ 66–71 und 73 SchRegO einzutragen. Einen **Zuständigkeitswechsel** während der Bauphase, wonach das Schwimmdock an einen anderen Ort als den Bauort gebracht wird, gibt es wie beim Schiffsbauwerk nicht; auch nicht bei einem Wechsel des Registerbezirkes (§ 73 a S. 2 SchRegO). Wie bei der registerrechtlichen Behandlung von Schiffsbauwerken hat das Registergericht des ursprünglichen Bauortes dem Registergericht des neuen Bauortes jede Veränderung der eintragungspflichtigen Tatsachen gemäß § 73 Abs. 1 i. V. m. § 67 Abs. 2 SchRegO anzuzeigen. Eine **Doppeleintragung** soll hierdurch ebenfalls ausgeschlossen werden, da fertiggestellte Schwimmdocks, welche noch nicht im Schiffsbauregister eingetragen sind, im Schiffsbauregister des Lageortes nachgetragen werden (§ 73 b S. 2 Nr. 1 SchRegO). **Nach Fertigstellung** ist der Lageort des Schwimmdocks einzutragen (§ 73 a S. 2 SchRegO, § 54 Nr. 1, 2 SchRegDV). Die Zuständigkeit ändert sich ebenfalls nicht.

b) Anmeldung

834 Anmeldeberechtigt ist der **Inhaber der Schiffwerft** und daneben **der Eigentümer** des Schwimmdocks, wenn Inhaber der Schiffswerft und Eigentümer des Schwimmdocks nicht identisch sind (§ 73 a S. 1 i. V. m. §68 Abs. 1 SchRegO). Das Gesetz geht auch hier wie bereits bei einem Schiffsbauwerk davon aus, dass der Inhaber der Schiffswerft **auch** Eigentümer des Schwimmdocks ist (§§ 947, 950 BGB). Ist dies nicht der Fall, so muss bei der **Anmeldung** durch eine öffentlich-beglaubigte Erklärung des Inhabers der Schiffswerft dargelegt werden, auf welche Weise der als Eigentümer Benannte das Eigentum erworben hat (§§ 73 a S. 1, 69 Abs. 2 SchRegO). Diese Erklärung ist für die Eintragung in das Register **unverzichtbar**.

Daneben sind der Antrag und die Urkunde in **öffentlich-beglaubigter Form** einzureichen, mit der die **Eintragung** einer Schiffshypothek bewilligt wird, da nach dem Gesetz **nur** eine Eintragung des Schwimmdocks in das Schiffsbauregister mit **gleichzeitiger Eintragung** einer Hypothek möglich ist (§ 76 Abs. 1, § 81 a S. 1 SchRG, §§ 66, 73 a S. 1 SchRegO). Die Schiffshypothek kann für zukünftige oder bedingte Geldforderung bestellt werden und ist wie bei Schiffen und Schiffsbauwerken streng akzessorisch (§ 8 Abs. 1 S. 3. SchRG).

Nach §§ 73a, 69 Abs. 1 SchRegO sind bei der **Anmeldung** eines **in Bau befindlichen** Schwimmdocks anzugeben:

- der **Name** oder die **Nummer** oder sonstige Bezeichnung des in Bau befindlichen Bauwerks mit einer **Gattungsangabe,** in diesem Fall „Schwimmdock“,
- der **Bauort** und die **Schiffswerft,** auf der das Schwimmdock erbaut wird, und
- der **Eigentümer.**

Darüber hinaus ist durch eine Bescheinigung des Bundesamtes für Seeschifffahrt und Hydrographie nachzuweisen, *das Kiel gelegt* ist und das Schwimmdock *durch Namen oder Nummer an einer bis zum Stapellauf sichtbar bleibenden Stelle deutlich und dauernd gekennzeichnet ist* (§ 76 Abs. 2 S. 1 SchRG)

c) Anmeldung durch einen Vollstreckungsgläubiger

Anmeldeberechtigt ist ebenfalls ein **Vollstreckungsgläubiger,** der aufgrund eines 835 vollstreckbaren Titels die Eintragung des Schwimmdocks in das Schiffsbauregister oder die Zwangsversteigerung betreiben kann (§ 73a S. 1 i.V.m. § 68 Abs. 3 SchRegO). Möglich ist die **Eintragung** einer Zwangssicherungshypothek (§ 870a ZPO), einer Schiffshypothek im Rahmen der Vollstreckung wegen des Anspruchs auf Übertragung des Eigentums an einem Schwimmdock (§ 847a ZPO) oder einer Arresthypothek nach § 931 Abs. 6 ZPO. Ein **Antrag** auf Anordnung der Zwangsversteigerung kann auch schon **vor** Eintragung in das Schiffsbauregister nach § 170a Abs. 1 ZVG gestellt werden. Für das Schiffsregister reicht der Nachweis durch die Kopie des Zwangsversteigerungsantrages, dass ein Antrag bei dem Vollstreckungsgericht gestellt ist, aus. Ebenfalls ausreichend ist eine Verfügung des Vollstreckungsgerichtes, dass eine Anordnung der Zwangsversteigerung erst nach Eintragung des Schwimmdocks in das Schiffsbauregister erfolgen kann. Damit ist dann auch gleichzeitig der **Nachweis** einer Antragstellung beim Vollstreckungsgericht erbracht. Sind auch hier Inhaber der Schiffswerft und Eigentümer des Schwimmdocks unterschiedliche Personen, so ist auch hier der Nachweis über die Eigentumsübertragung zu führen (§ 73a S. 1 i.V.m. § 69 Abs. 2 SchRegO).

d) Eintragungsmuster

836 (Schiffswerft und Eigentümer sind nicht identisch)
Schiffsbauregister Nr. (neu):

Aufschrift Schwimmdock
Erste Abteilung
Das Schiffsbauwerk

Name Nummer oder sonstige Bezeichnung	Bauort Schiffswerft	Urkunde über die Zulässigkeit der Bestellung der Schiffshypothek	Tag der Eintragung des Schiffsbauwerks, Veränderungen	Löschung der Eintragung des Schiffs-bauwerks
1	2	3	4	5
In Bau befindliches Schwimmdock Dock 50	Kiel, Kieler Schiffswerft mit Sitz in Kiel Amtsgericht Kiel HRA 0000	Bescheinigung des Bundesamtes für Seeschifffahrt und Hydrographie in Hamburg vom ...	Eingetragen am	

Zweite Abteilung
Eigentümer

Laufende Nummer	Eigentümer Korrespondentreeder	Eigentumsnachweis, Grundlage der Eintragung, Eigentumsbeschränkungen, Veränderungen
1	2	3
1	Reederei GmbH & Co. KG. mit Sitz in Hamburg Amtsgericht Hamburg HRA 20000 Vertreten durch die persönlich haftende Gesellschafterin Verwaltungs-Reederei GmbH mit Sitz in Hamburg Amtsgericht Hamburg HRB 15000	Aufgrund der Einigungserklärung vom ... und der Anmeldung vom – Urk.RNr. des Notars ... in ... eingetragen am ...

Auf den Eintragungstext der Hypothek ist hier verzichtet worden.
Nachrichten, Kosten

e) Anzumeldende Veränderungen

837 Jede **Veränderung** eintragungspflichtiger Tatsachen und die Fertigstellung des Schwimmdocks sind unverzüglich zum Register anzumelden und glaubhaft zu machen.

Mit einem weiteren Verweis auf § 19 SchRegO kann die Anmeldung eintragungspflichtiger Tatsachen wie die Änderung des Lage- und Bauortes oder ein Eigentümerwechsel auch mit einem **Zwangsgeldverfahren** nach §§ 388 bis 391 FamFG durchgesetzt werden (§ 73 b Nr. 4 SchRegO). Die **Fertigstellung** und der Lageort des Schwimmdocks sind zum Schiffsbauregister anzumelden und einzutragen. Die **Schiffshypotheken** bleiben auch nach Fertigstellung mit ihrem bisherigen Rang am Schwimmdock bestehen (§ 81 a S. 2 i.V.m. § 81 SchRG). Das Schwimmdock bleibt auch nach Fertigstellung im Schiffsbauregister des Bauorts. Das Registerblatt wird **nicht** geschlossen Es können weiter Hypotheken eingetragen werden.

Eintragungsmuster einer Veränderung/hier Fertigstellung Bauort = Lageort

Fertigstellung und Lageort sind in der ersten Abteilung des Schiffsbauregister einzutragen und zwar in Spalte 1 bzw. 2. Bei der Ortsangabe ist kenntlich zu machen, dass es sich um den Lageort handelt (§ 73 a SchRegO, § 54 Nr. 1 und 2 SchRegDV. 838

Eintragungsmuster

Erste Abteilung
Das Schiffsbauwerk

Name Nummer oder sonstige Bezeichnung	Bauort Schiffswerft	Urkunde über die Zulässigkeit der Bestellung der Schiffshypothek	Tag der Eintragung des Schiffsbauwerks, Veränderungen	Löschung der Eintragung des Schiffsbauwerks
1	2	3	4	5
Das Schwimmdock ist fertiggestellt	Lageort Kiel		Fertigstellung und Lageort eingetragen am	

f) Löschung

Die Löschung eines Schwimmdocks oder eines eingetragenen, aber noch nicht fertig gestellten Schwimmdocks richtet sich nach den für Schiffsbauwerke getroffenen Bestimmungen (§ 73 a und § 73 SchRegO). Eine Löschung der Eintragung erfolgt, wenn der **Inhaber** der Schiffswerft anmeldet, dass das Schwimmdock ins Ausland abgeliefert ist, wenn der **Eigentümer** des Bauwerks und der Inhaber der Schiffswerft, auf der das Schwimmdock erbaut wurde, die Löschung beantragen oder wenn 839 das Bauwerk **untergegangen** ist. Die Beteiligung des Werftinhabers an den Löschungsanträgen aus § 73 Nr. 1 und 2 SchRegO folgt aus der für ihn bestehenden, gesetzlichen Möglichkeit, seine Forderungen durch eine Bauwerkssicherungshypothek nach § 648 BGB zu sichern. Ist das Schwimmdock mit einer Hypothek belastet und, werden Löschungsanträge nach § 73 Nr. 1 und 2 gestellt, so ist ebenfalls die Löschung der Hypothek zu beantragen. In diesem Fall ist eine Löschungsbewilligung des Hypothekengläubigers mit dem Löschungsantrag einzureichen.

g) Beispiel eines Löschungsantrags und Eintragung aufgrund Ablieferung in das Ausland

840 **Antrag auf Löschung (Bauwerft und Eigentümer sind identisch)**

Der Antrag ist in öffentlich-beglaubigter der Form § 37 SchRegO zu stellen.

Im Schiffbauregister des Amtsgerichts .... ist unter Nummer ... das Schwimmdock ... und als Eigentümer ... eingetragen.
Das Schwimmdock ist fertiggestellt. Der Lageort des Schwimmdocks wird in Zukunft (im Ausland) sein. Das Schwimmdock ist an ... den ... in ... am ... abgeliefert worden.
Wir übereichen die Löschungsbewilligung der ... vom ... über die Löschung der in Abteilung III unter lfd. Nr. ... eingetragenen Hypothek von ... Euro und beantragen die Löschung der Hypothek Abt. III Nr. ... und die Löschung des Bauwerkes im Schiffsbauregister.

---

841 **Eintragungsmuster**

Aufschrift:
Das Bauwerk (Schwimmdock) ist gelöscht.
Das Registerblatt ist daher geschlossen. Eingetragen am ...

Erste Abteilung
Das Schiffsbauwerk

Name Nummer oder sonstige Bezeichnung	Bauort Schiffswerft	Urkunde über die Zulässigkeit der Bestellung der Schiffshypothek	Tag der Eintragung des Schiffsbauwerks, Veränderungen	Löschung der Eintragung des Schiffsbauwerks
1	2	3	4	5
				Das Schwimmdock ist fertiggestellt und auf Antrag der Werft gelöscht. Eingetragen am ...

Dritte Abteilung
Löschungen

7	8
lfd. Nr.	(Betrag in Worten) Euro gelöscht am ...

Eintragungen in Abt. III unter lfd. Nr. ... in den Spalten 1– 3 (und falls Veränderungen – Löschungsvormerkungen pp,. In Spalten 4 und 5 eingetragen sind, auch diese) röten
Sämtliche Seiten des Registerblattes – mit Ausnahme der Aufschrift – sind rot zu durchkreuzen
Nachrichten, Kosten

h) Löschungsbescheinigung

Erfolgt eine Ablieferung ins **Ausland** und soll das Schwimmdock dort in das ausländische Register eingetragen werden, wird in der Praxis neben dem eigentlichen Löschungsantrag zusätzlich eine Löschungsbescheinigung in deutscher und englischer Sprache beantragt. **842**

Diese Bescheinigung soll dann auch die Löschung der Schiffshypotheken und sonstige Rechte ausweisen. Ebenfalls sollte eine Löschungsbescheinigung den Grund der Löschung ausweisen. Auch wenn es für diese Bescheinigung keinen amtlichen mehrsprachigen Vordruck gibt und das Gesetz nur von Negativbescheinigungen ausgeht, so kann doch aus § 14 SchRegO und § 23 SchRegDV die Zulässigkeit abgeleitet werden, eine „individuelle" Löschungsbescheinigung zu erstellen und herauszugeben (Muster einer Löschungsbescheinigung siehe bei Bescheinigungen unter Rn. 884).

5. Fertiggestellte Schwimmdocks, die nicht im Schiffsbauregister des Bauortes eingetragen sind

a) Zuständigkeit

Schwimmdocks, welche fertig gestellt sind, aber noch nicht im Schiffsbauregister des Bauortes eingetragen sind, werden im Schiffsbauregister des Lageortes eingetragen (§ 73b S. 1 i.V.m. §§ 66, 68 Abs. 2, § 73b S. 2 Nr. 1 SchRegO). Bei Schwimmdocks, die nach Fertigstellung eingetragen und dann in einen anderen Registerbezirk verlegt werden, geht die Zuständigkeit mit dem Lageort des Schwimmdocks mit. Diese Tatsache ist anmeldepflichtig (§ 73b S. 2 Nr. 1 SchRegO). Die registerrechtliche Behandlung erfolgt gemäß § 12 oder § 12a SchRegDV wie bei einer **Heimathafen-/Heimatortverlegung.**[395] **843**

---

395 *Hornung* Rpfleger 2003, 235.

b) Anmeldung

844 Ein Eintragungszwang und damit eine Eintragungspflicht besteht bei einem fertig gestellten Schwimmdock nicht. Auch hier gelten wie bei einem Schiffsbauwerk nur privatwirtschaftliche Interessen. Wie bei einem Schiffsbauwerk ist eine Eintragung **nur** möglich, wenn **zugleich** eine Schiffshypothek an dem Schwimmdock eingetragen oder die Zwangsversteigerung beantragt wird (§ 73b und § 66 SchRegO). Eine Anmeldung hat durch den Eigentümer nach den für Binnenschiffe geltenden Vorschriften (§§ 9, 14 Abs. 1, 3 und 15 SchRegO) zu erfolgen. § 9 SchRegO verweist auf die Eintragungsfähigkeit aus § 3 Abs. 3 SchRegO sowie auf die Notwendigkeit eines ordnungsgemäßen Antrages des Eigentümers.

Auch ein Vollstreckungsgläubiger ist anmeldeberechtigt.

Bei einem **fertig gestellten** Schwimmdock ist nach § 73b S. 2 Nr. 2 SchRegO **anzugeben**:

a.) der Name oder die Nummer oder sonstige Bezeichnungen des Schwimmdocks und die Angabe, dass es sich um ein fertig gestelltes Schwimmdock handelt,
b.) der Lageort
c.) der Bauort
d.) der Eigentümer
e.) der Rechtsgrund für den Erwerb des Eigentums

Die **Angaben zu b.) bis e.)** sind dem Gericht gegenüber **glaubhaft** zu machen.

Zu c.) bis e.) kann die Glaubhaftmachung durch die Vorlage von Werft- und Kaufverträgen,

zu b.) durch eine Bescheinigung des Hafenamtes erfolgen.

c) Glaubhaftmachung

845 Wie auch bei einer Ersteintragung in das Seeschiffsregister kann zur Vermeidung einer **Doppeleintragung** von dem eintragenden Schiffsbauregistergericht verlangt werden, dass glaubhaft gemacht wird, dass das Schwimmdock nicht in einem ausländischen oder inländischen Schiffsbauregister eingetragen war (§ 14 Abs. 1 SchRegO). Zur Glaubhaftmachung kann eine Erklärung der Bauwerft ausreichen, dass das Schwimmdock in keinem ausländischen Schiffsbauregister eingetragen war. War das Schwimmdock in einem ausländischen Register eingetragen, so ist eine **Löschungsbescheinigung** der ausländischen Registerbehörde einzureichen (§ 14 Abs. 3 SchRegO). Nach dem Wortlaut des Gesetzes kann die Einreichung unterbleiben, wenn sie untunlich ist. Damit ist gemeint, dass alles Mögliche unter Berücksichtigung des Einzelfalles zu tun ist, um eine entsprechende Bescheinigung beizubringen. Untunlich kann es im Einzelfall sein, eine Löschungsbescheinigung einer ausländischen Bauwerft zu verlangen, welche schon seit 5 Jahren nicht mehr

existiert. In diesem Fall kann es für den Antragsteller unmöglich/untunlich sein, diese Bescheinigung zu erbringen. Hingegen sollte zum Beispiel auf eine Bescheinigung des Schiffsregisters aus Malta nicht verzichtet werden, auch wenn die Beibringung dem Antragsteller etwas Mühe bereitet. Bestehen **Zweifel** an dem Vortrag des Antragsteller, so hat das Gericht nach § 26 FamFG (§ 12 FGG alt) die Möglichkeit, den Sachverhalt von **Amts wegen zu ermitteln**.

Wenn ein Schwimmdock **im Inland** erbaut wurde, ist ebenfalls eine Negativbescheinigung des Schiffsbauregisters des Bauortes vorzulegen. Ist das Schwimmdock im Bauregister eingetragen, wäre eine Anmeldung zum Schiffsbauregister des Lageortes als unzulässig zurück zu weisen, da das eingetragene Schwimmdock nach Fertigstellung im Schiffsbauregister des Bauortes verbleibt (§ 73a SchRegO). Eine **Kiellegungsbescheinigung** nach § 76 Abs. 2 SchRG, § 69 Abs. 3 SchRegO ist bei der Anmeldung eines fertig gestellten Schwimmdocks nicht beizubringen, da die entsprechenden Verweise in § 81a S. 2 SchRG und § 73b S. 1 SchRegO fehlen.[396]

d) Eintragung

Bei Antragstellung prüft das Gericht vorab zur Vermeidung einer Doppelregistrierung, ob eine Anzeige des Schiffsbauregisters des Bauortes über eine Veränderung des Bauortes gemäß § 67 Abs. 2 SchRegO vorliegt. Liegt keine Anzeige oder eine Eintragung vor, erfolgt die Eintragung. Anderenfalls ist der Antrag zurückzuweisen. Die Eintragung des Schwimmdocks hat mit dem Namen oder einer sonstigen Bezeichnung sowie dem Hinweis, dass es sich um ein fertiggestelltes Schwimmdock handelt, dem Lageort, dem Eigentümer und dem Rechtsgrund für den Erwerb des Eigentums zu erfolgen. Der Bauort ist bei der Anmeldung anzugeben, aber nicht mehr einzutragen. 846

396 *Hornung* Rpfleger 2003, 236.

Eintragungsmuster

Erste Abteilung
Das Schiffsbauwerk

Name Nummer oder sonstige Bezeichnung	Bauort Schiffswerft	Urkunde über die Zulässigkeit der Bestellung der Schiffshypothek	Tag der Eintragung des Schiffsbauwerks, Veränderungen	Löschung der Eintragung des Schiffsbauwerks
1	2	3	4	5
Dock 50 Es handelt sich um ein fertiggestelltes Schwimmdock	Lageort: Kiel		Eingetragen am	

Zweite Abteilung
Eigentümer

Laufende Nummer	Eigentümer Korrespondentreeder	Eigentumsnachweis, Grundlage der Eintragung, Eigentumsbeschränkungen, Veränderungen
1	2	3
1	Schiffswerft Kiel GmbH & Co. KG. mit Sitz in Kiel Amtsgericht Kiel HRA 20000 Vertreten durch die persönlich haftende Gesellschafterin Kieler Schiffsverwaltungs GmbH mit Sitz in Kiel Amtsgericht Kiel HRB 15000	Kauf auf eigene Rechnung, Aufgrund der Anmeldung der Eigentümerin vom eingetragen am ...

Auf den Abdruck einer Hypothek wurde an dieser Stelle verzichtet.
Nachrichten, Kosten

e) Anzumeldende Veränderungen

847 Der Eigentümer eines Schwimmdocks hat Veränderungen wie die Änderung des Namens oder der Nummer oder sonstiger Bezeichnungen des Schwimmdocks und die Änderung des Lageortes anzumelden und glaubhaft zu machen.

Eintragungsmuster ohne Zuständigkeitswechsel des Gerichts

(Beantragt wurde eine Namensänderung auf Kiel Dock und Änderung des Lageortes nach Laboe)

Erste Abteilung
Das Schiffsbauwerk

Name Nummer oder sonstige Bezeichnung	Bauort Schiffswerft	Urkunde über die Zulässigkeit der Bestellung der Schiffshypothek	Tag der Eintragung des Schiffsbauwerks, Veränderungen	Löschung der Eintragung des Schiffsbauwerks
1	2	3	4	5
Dock 50 Es handelt sich um ein fertiggestelltes Schwimmdock	Lageort Kiel		Fertigstellung und Lageort eingetragen am ...	
Kiel Dock	Lageort: Laboe		Name des Schwimmdocks und Lageort geändert ... eingetragen am ...	

In Spalte 1 ist Dock 50 und in Spalte 2 Kiel zu röten.
Nachrichten, Kosten

Zuständigkeitswechsel des Gerichts

Wird der Lageort aus dem Bezirk des bisherigen Registergerichts verlegt, tritt ein Zuständigkeitswechsel ein und es ist nach den Vorschriften der Sitz-/Heimatortverlegung gemäß § 12 oder § 12a SchRegDV zu verfahren. **848**

Der Eigentümer ist auch hier zur Anmeldung verpflichtet. Erfüllt er diese Pflicht nicht, kann ein Zwangsgeldverfahren gemäß § 19 SchRegO i.V.m. §§ 388 bis 391 FamFG gegen ihn eingeleitet werden.

f) Die Löschung

Zur Löschung der Eintragung eines Schwimmdocks gilt § 73b S. 1 SchRegO. In Anwendung der § 17 Abs. 4, Abs. 5; §§ 18, 19, 20 Abs. 1 SchRegO kann ein Schwimmdock gelöscht werden wenn ein Schwimmdock untergegangen oder als endgültig verloren anzusehen ist oder ausbesserungsunfähig wird, wenn der Lageort in das Ausland verlegt wird (§ 20 Abs. 2, 3 und 4 SchRegO) sowie auf Antrag des Eigentümers bzw. aller Miteigentümer analog § 20 Abs. 2 SchRegO und durch die Löschung **849** der Eintragung des Schwimmdocks von Amts wegen (§§ 21, 22 SchRegO). Bei den ersten drei genannten Möglichkeiten ist der Eigentümer verpflichtet, die Veränderungen anzumelden und die Tatsachen glaubhaft zu machen (§ 17 Abs. 5 SchRegO). Die Löschung eines Schwimmdocks stellt keine Besonderheit dar, so dass zum weiteren Verfahren auf die Ausführungen zur Löschung von Schiffen und Schiffsregistereintragungen verwiesen werden kann. Die Löschung der Eintragung des Schwimmdocks ist unter Angabe des Grundes in Abteilung I Sp. 5 einzutragen (§§ 54 i.V.m. 51 Abs. 1 Nr. 5; Abs. 2 SchRegDV).

6. Zwangsvollstreckung in Schwimmdocks

a) Allgemein

850 Grundsätzlich gelten die Vorschriften für die Schiffsbauwerke auch für fertiggestellte und in Bau befindliche Schwimmdocks. Gemäß § 864 ZPO unterliegen Schiffsbauwerke, die im Schiffsbauregister eingetragen sind oder eingetragen werden können, der Zwangsvollstreckung in das unbewegliche Vermögen. Die Eintragungsfähigkeit eines Schwimmdocks ist jedoch wie im Gegensatz zum Schiffsbauwerk nicht an eine bestimmte Größe gebunden (§ 76 Abs. 2 S. 2 SchRG). Damit findet ausschließlich das Immobiliarvollstreckungsrecht Anwendung. Die Vollziehung eines **Arrestes** richtet sich hingegen nach den Vorschriften über Pfändung beweglicher Sachen gemäß §§ 930, 931 ZPO.

b) Vollstreckungsmöglichkeiten bei einem Schwimmdock

851 Eine Zwangsvollstreckung kann durch die Eintragung einer Schiffshypothek oder durch die Zwangsversteigerung nach § 870a ZPO erfolgen. Der Gläubiger kann bei den Zwangsvollstreckungsmaßnahmen wählen. Er kann die Zwangshypothek beantragen oder gleichzeitig oder nacheinander Hypothek und Zwangsversteigerung beantragen. Eine **Zwangsverwaltung** findet bei Schwimmdocks ebenfalls nicht statt. Lediglich nach § 165 Abs. 1 ZVG findet die von Amts wegen anzuordnende Bewachung und Verwahrung des Schiffs/Schiffsbauwerks durch den Gerichtsvollzieher statt. Auch bietet § 165 Abs. 2 ZVG dem Vollstreckungsgericht die Möglichkeit der einstweiligen Einstellung des Versteigerungsverfahren und ,mit dem Einverständnis des betreibenden Gläubigers, die Übertragung der Bewachung an einem Treuhänder. Das Gericht kann ebenfalls mit Einverständnis des betreibenden Gläubigers den Treuhänder ermächtigen, das Schwimmdock für Rechnung und im Namen des Schuldners zu nutzen. Da das Gericht über die Verteilung des Gewinns entscheidet,

kann man hierin eine Art der Zwangsverwaltung sehen, die jedoch nur für fertig gestellte Schwimmdocks gelten dürfte.[397]

c) Eintragung einer Zwangshypothek

Die Eintragung einer Zwangshypothek setzt die **Eintragung des Schwimmdocks** in 852
das Schiffsbauregister voraus. Nach den Vorschriften § 68 Abs. 2 i.V.m. § 73a und § 73b SchRegO ist der Vollstreckungsgläubiger berechtigt, das Schwimmdock zur Eintragung in das Schiffsbauregister anzumelden. Gleichzeitig ist der Antrag auf Eintragung einer Zwangshypothek bei dem Schiffsregister einzureichen, da die Eintragungsfähigkeit nur zusammen mit der Eintragung einer Hypothek gegeben ist (§§ 66, 73a und 73b SchRegO). Grundsätzlich gelten die **gesetzlichen Bestimmungen** für die Eintragung einer Zwangshypothek wie der Mindestbetrag der Sicherungshypothek, Antragserfordernis, Vermerk auf dem Schuldtitel, Verbot einer Gesamthypothek, Möglichkeit der Verteilung unter Einhaltung des Mindestbetrages und Zwangsversteigerung aufgrund des dinglichen Anspruchs aus dem vollstreckbaren Titel, auf dem die Eintragung vermerkt ist.

7. Die Zwangsversteigerung

Die sachliche und örtliche Zuständigkeit des Vollstreckungsgerichts bei eingetrage- 853
nen Schiffen regelt § 163 ZVG. Sie ist eine ausschließliche Zuständigkeit im Sinne von § 802 ZPO. Diese Vorschrift gilt auch für Schwimmdocks[398]. Zuständig ist das Amtsgericht, in dessen Bezirk sich das Schwimmdock **tatsächlich befindet**. Auf den im Schiffsbauregister eingetragen Lageort kommt es nicht an. Mit dem Hinweis auf § 1 Abs. 2 ZVG ist die Möglichkeit der Zusammenfassung bei einem Amtsgericht für die Bezirke mehrerer Amtsgerichte (Konzentrationsermächtigung) auch für die Vollstreckungsgerichte gegeben. Besonderheiten gegenüber einer Zwangsversteigerung eines im Schiffsbauregister eingetragenen Schwimmdocks regelt die Vorschrift § 170a ZVG, die zwar nur das Schiffsbauwerk benennt, aber auch für das Schwimmdock Anwendung findet. Im Übrigen gilt § 162 ZVG, der auf die entsprechende Anwendung der Vorschriften über die Grundstücksversteigerung verweist. **Besonderheiten** ergeben sich dadurch, dass eine **Eintragungspflicht** grundsätzlich nicht gegeben ist. Eine Zwangsversteigerung darf erst dann angeordnet werden, nachdem das Schwimmdock in das Schiffsbauregister eingetragen ist (§ 170a Abs. 1 S. 1 ZVG). Möglich ist es jedoch, den Anordnungsantrag schon vor Eintragung zu stellen

---

397 *Hornung* Rpfleger 2003, 237.
398 *Hornung* Rpfleger 2003, 236.

(§ 170a Abs. 2 ZVG). Ist das Schwimmdock mit einer Hypothekenbestellung bereits im Schiffsbauregister eingetragen (§§ 66, 73a, 73b SchRegO) erfolgt die Zwangsversteigerung gemäß § 162 ZVG und es ergeben sich gegenüber der Schiffsversteigerung keine Besonderheiten. Ist ein Schwimmdock noch nicht im Schiffsbauregister eingetragen, muss erst die Zwangsversteigerung beantragt werden, da die Eintragung im Schiffsbauregister von der beantragten Zwangsversteigerung abhängig ist. Der Gläubiger hat das Schwimmdock bei dem zuständigen Registergericht zu Eintragung anzumelden. Die Beantragung der Zwangsversteigerung ist glaubhaft zu machen. Das Antragsrecht des Gläubigers ergibt sich aus § 68 Abs. 2, §§ 73a, 74a SchRegO. Weitere Ausführungen zum Zwangsversteigerungsverfahren siehe unter Rn. 378ff.

Fünfter Teil: **Das Schiff betreffende Urkunden/ Bescheinigungen**

A. Das Schiff betreffende Urkunden im Seeschiffsregister

Für das Seeschiffsregister sind der Schiffsmessbrief, das Schiffszertifikat und der amtlich beglaubigte Auszug aus dem Schiffszertifikat von Bedeutung. Das Schiffszertifikat genießt jedoch keinen **öffentlichen Glauben**, da sich die Rechtsvermutung nur auf bestimmte Eintragungen aus dem Register nach § 15 SchRG beziehen.[399]

1. Der Schiffsmessbrief

a) Eintragungsgrundlage

Der **Schiffsmessbrief** bildet die **Grundlage** für die notwendige Eintragung der Vermessungsergebnisse in das Seeschiffsregister. Der Schiffsmessbrief ist beim Bundesamt für Seeschifffahrt und Hydrographie in Hamburg unter Verwendung eines verbindlichen Vordruckes zu beantragen.[400] Dem Schiffsregister ist bei der Erstanmeldung der Schiffsmessbrief vorzulegen (§§ 13 Abs. 1 i.V.m. 11 Abs. 1 Nr. 5 SchRegO). Nach § 27 Abs. 1 Nr. 6 SchRegDV hat dann das Schiffsregister *„die Ergebnisse der amtlichen Vermessung einschließlich der Hauptvermessung, soweit sie dem gültigen Messbrief zu entnehmen sind"* in Abteilung I Spalte 6 in das Register einzutragen. Ein **ausländischer Messbrief** kann zu Eintragung ebenfalls vorgelegt werden, wenn das Schiff im Inland noch nicht vermessen worden ist (§ 11 Abs. 2 SchRegO). Der Messbrief ist im Original an Bord zu führen. 854

Nach der **neuen Regelung** des § 45 Abs. 1 SchRegDV[401] **entfällt** bei Seeschiffen der **Eintragungsvermerk** (Nummer des Registerblattes und das Eintragungsdatum) auf dem Schiffsmessbrief. Zur Begründung wird ausgeführt, dass der Nachweis einer Registereintragung auch durch einen beglaubigten Auszug aus dem Schiffszertifikat (§ 42 SchRegDV) geführt werden kann und damit ein Vermerk auf dem Messbrief entbehrlich ist. **Ausländische Urkunden,** die dem hiesigen Messbrief entsprechen, enthalten in der Regel ebenfalls keinen Vermerk über die Registereintragung des Schiffs.[402] 855

399 *Dobberahn* MittRhNotK 1998, 149.
400 www.bsh.de.
401 Gültig seit 13.7.2010.
402 Referentenentwurf für eine Vierte Verordnung zur Änderung der Verordnung zur Durchführung der Schiffsregisterordnung 1335/2010.

b) Vorläufiges Messergebnis

856 Eine **Bescheinigung** über ein **vorläufiges Messergebnis** ersetzt den Messbrief und reicht für eine Eintragung aus, wenn weder ein inländischer noch ausländischer Messbrief vorgelegt werden kann. Die Bescheinigung über ein vorläufiges Messergebnis wird **immer befristet** ausgestellt. In der Regel beträgt die Frist 3 Monate. Eine Verlängerung ist möglich. Mit der Ausstellung des Messbriefes wird die Bescheinigung ungültig. Der Eigner hat die Bescheinigung an das Bundesamt für Seeschifffahrt und Hydrographie zurückzugeben, so dass Messbrief und vorläufige Bescheinigung über das Messergebnis nicht nebeneinander ausgestellt werden.

c) Verlust des Schiffsmessbriefes

857 Ist der Schiffsmessbrief verloren gegangen, ist beim Bundesamt für Seeschifffahrt und Hydrographie in Hamburg eine Ersatzausfertigung zu beantragen. Die Behörde stellt eine Ersatzausfertigung aus, die als solche zu bezeichnen ist. **Der Verlust** des Messbriefes ist **glaubhaft** zu machen. Die Behörde ist befugt, für die Glaubhaftmachung von Angaben zum Zeugnis oder zur Bescheinigung oder zu deren Verlust eine Versicherung an Eides Statt zu verlangen und abzunehmen. Der Eigentümer eines Schiffes hat ungültige oder verlorene und nach Neuausstellung wiedergefundene Schiffszeugnisse und Bescheinigungen unverzüglich an die Ausstellungsbehörde zurückzugeben. Wird ein neuer Messbrief ausgestellt, so ist dies im Schiffsregister in Abteilung I unter Sp. 61 und 9 einzutragen.

Eintragungsmuster 858

Erste Abteilung
Ergebnisse der amtlichen Vermessung (a–d in Metern), Maschinenleistung

6							
Länge	Breite	aa) Tiefe bb) Umfang in der Außenfläche oder cc) Seitenhöhe	Länge über alles	Brutto-raumgehalt in	Netto-raumgehalt in	Messbrief	Maschinenleistung
a	b	c	d	e f	g h	l	m
						Ausgestellt vom Bundesamt für Seeschifffahrt und Hydrographie in Hamburg am (neues Datum)	
				Bruttoraumzahl	Nettoraumzahl		

Veränderungen

Tag der Eintragung des Schiffs, Löschung der Eintragung des Schiffs	Zu Spalte		Das Flaggenrecht betreffende Eintragungen
7	8	9	10
	6 l	Für den in Verlust geratenen Schiffsmessbrief vom (altes Datum) ist ein neuer Schiffsmessbrief erteilt worden. Eingetragen am	

Die bisherige Eintragung in Abteilung I Spalte 6l röten, Eintragung auf dem Schiffsmessbrief vermerken, Messbrief an Eigentümer per E/R
Nachrichten, Kosten: keine.

2. Das Schiffszertifikat

a) Allgemein

859 Das Schiffszertifikat ist wie Schiffsmessbrief ein wichtiges Ausweispapier der Schiffe. Ausgestellt wird das Schiffszertifikat durch das Schiffsregister (§ 60 Abs. 1 SchRegO). Für das Schiffszertifikat ist ein **amtlicher Vordruck** in deutscher Sprache mit englischer Übersetzung zu verwenden (§ 37 Abs. 1 SchRegDV; Muster Anlage 4 und 4a). Nach § 60 Abs. 1 SchRegO hat das Schiffszertifikat die Eintragungen des Schiffes wiederzugeben. Damit ist nicht gefordert, dass das Schiffszertifikat auch schon gelöschte Eintragungen ausweisen muss. Das Schiffszertifikat ist im Original an Bord zu führen. Diese Verpflichtung ergibt sich aus § 3 FlaggRG, wonach sich das Flaggenrecht aus dem Schiffszertifikat ergibt. Ist das Zertifikat bei einer Bank hinterlegt, so ist an dessen Stelle ein beglaubigter Auszug aus dem Schiffsregister an Bord zu führen. Das Gericht kann ein Schiffszertifikat nach dem Muster aus der Anlage 4 oder 4a erteilen. Mit der neuen Regelung aus § 39a SchRegDV ist der Gesetzgeber der Forderung der Praxis nachgekommen, dass für die Erstellung der Schiffszertifikate neue Bürotechnik Anwendung findet.

b) Neue gesetzliche Regelungen

860 Die neue gesetzliche Regelung enthält in der Anlage 4a zu § 39a SchRegDV ein neues zweiseitiges Schiffszertifikat. Der Vordruck entspricht inhaltlich weitgehend dem vierseitigen Vordruck nach der Anlage 4 zur SchRegDV. In der Begründung des Referentenentwurfes wird weiter ausgeführt, dass Eintragungen von Veränderungen der ersten Abteilung entfallen können, *da das Zertifikat jeweils nur den aktuellen Stand der Registereintragung wiedergibt. Werden anschließend in das Register Veränderungen eingetragen, die auf dem Schiffszertifikat zu vermerken sind (§ 61 SchRegO), ist – wenn ein neuer Vordruck nach der Anlage 4a verwendet wurde-ein neues Zertifikat auszustellen (§ 39a Abs. 2 SchRegDV). Verzichtet wird auch auf die Felder zur Eintragung von Brutto- und Nettoraumgehalt des Schiffs in Kubikmetern. Diese Angaben sind seit vielen Jahren nicht mehr gebräuchlich. Soweit im Einzelfall im Schiffsregister der Raumgehalt doch noch in Kubikmetern und nicht in den heute gebräuchlichen Maßeinheiten Brutto- und Nettoraumzahl angegeben sein sollte, kommt eine Verwendung des Vordrucks nach der* ***Anlage 4 a nicht in Betracht.*** *In diesem Fall ist ein Zertifikat nach dem Muster der Anlage 4 auszustellen.*[403]

403 Referentenentwurf für eine Vierte Verordnung zur Änderung der Verordnung zur Durchführung der Schiffsregisterordnung 1335/2010.

Löschungsvormerkungen (§ 58 SchRG) sind in die Veränderungsspalte einzutragen. Gleiches gilt für die Eintragung von Beschränkungen des Berechtigten in der Verfügung über das Recht (§ 29 Abs. 1 Nr. 6 SchRegDV), wenn **nicht** die Beschränkung zugleich mit dem Recht eingetragen wird. Mit der Einführung der neuen Vordrucke behalten die alten Vordrucke weiterhin ihre Gültigkeit und können weiter verwendet werden. Die Auswahl des Vordrucks ist in das **Ermessen** des Gerichts gestellt. Damit besteht für das Gericht die Möglichkeit, den alten vierseitigen Vordruck durch den zweiseitigen Vordruck nach und nach zu ersetzen oder wie bisher nach § 39 SchRegDV zu verfahren. Neue Vordrucke können seit Juni 2011 bei der Bundesdruckerei in Berlin bestellt werden. Ist ein Schiffszertifikat nach dem **neuen Muster** ausgestellt und sind dann nachfolgende Eintragungen aus dem Schiffsregister auf dem Schiffszertifikat zu vermerken, ist die Erteilung eines neuen Zertifikates **zwingend** erforderlich, da dieser Vordruck keinen Raum für nachträgliche Vermerke bietet. Da die **Wahl** des Vordruckes dem **Gericht vorbehalten** bleibt, bietet der neue Vordruck nur dann erhebliche Vorteile, wenn das Gericht bei der Eintragung auf einen EDV unterstützenden Datensatz von bestehenden Eintragungen zugreifen kann, um sich zeitraubendes Abschreiben von Schiffsdaten und Belastungen aus den Abteilungen zu ersparen.

c) Verlust des Schiffszertifikates

Die rechtliche Grundlage für die Neuerteilung eines Schiffszertifikats ist in § 63 Abs. 1 SchRegO geregelt. Kann das Schiffszertifikat durch Verlust nicht vorgelegt werden, hat der Eigentümer bei dem Schiffsregister eine **zweite Ausfertigung** in schriftlicher Form zu beantragen. Es genügt die einfache Schriftform. Ein Bevollmächtigter kann mit Vollmacht in der Form des § 129 BGB ebenfalls den Antrag stellen. In dem Antrag hat der Antragsteller glaubhaft zu machen, dass die Urkunde vernichtet oder abhanden gekommen ist. Die Glaubhaftmachung geschieht in der Regel durch die Abgabe einer eidesstattlichen Versicherung. 861

d) Muster eines Anmeldungstextes (durch den Eigentümer) 862

In der Seeschiffsregistersache des Amtsgerichts ... bin ich .../... sind wir als Eigentümer des Seeschiffes ... – Unterscheidungssignal: ...– eingetragen.
Ich versichere/Wir versichern hiermit an Eides statt, nachdem ... mir/uns ... die Bedeutung einer eidesstattlichen Versicherung bekannt ist (bis zu drei Jahren Freiheitsstrafe nach § 156 StGB), dass das Schiffszertifikat des obigen Schiffes sich nicht in meinem/in unserem Besitz befindet und trotz intensiver Suche und Nachforschung nicht festgestellt werden konnte, wo es sich befindet. Eine Abtretung oder Verpfändung ist nicht erfolgt.
Die Erteilung einer neuen Ausfertigung des Schiffszertifikates wird hiermit beantragt.

Unterschrift

---

863 Da Schiffszertifikate sehr oft Gläubigern übersandt werden, kann auch eine Erklärung des Gläubigers erforderlich sein.

Anmeldungstext durch den Gläubiger

In der Seeschiffsregistersache des Seeschiffes ... – Unterscheidungssignal: ... – hat uns das Registergericht ... gegenüber erklärt, dass das Schiffszertifikat an unsere Institution am ... gesandt worden ist. Wir versichern hiermit an Eides statt, nachdem uns die Bedeutung einer eidesstattlichen Versicherung bekannt ist (bis zu drei Jahren Freiheitsstrafe nach § 156 StGB), dass

- nach unseren Unterlagen das Schiffszertifikat nicht in unserem Hause eingegangen ist oder
- nach unseren Unterlagen das Schiffszertifikat am ... an ... (Name, Anschrift) übersandt worden ist oder
- alle Nachforschungen in unserem Hause ergebnislos verlaufen sind.

Stempel, Unterschrift

---

e) Erteilung einer zweiten Ausfertigung

864 Nach Eingang der Erklärungen ist anstelle des in Verlust geratenen Schiffszertifikates nach § 63 Abs. 1 SchRegO eine zweite Ausfertigung des Schiffszertifikates zu erteilen. Auf dem Schiffszertifikat ist **folgender Vermerk** zu setzen (§ 40 Abs. 3 SchRegDV): „Vorstehende zweite Ausfertigung wird anstelle der in Verlust geratenen ersten Ausfertigung erteilt."

Bei der Erteilung einer zweiten Ausfertigung brauchen die im Schiffsregister **gelöschten Eintragungen** nicht mit übernommen werden (§ 40 Abs. 2 SchRegDV).

3. Das Schiffsvorzertifikat

a) Allgemein

865 Das Recht zur Führung der Bundesflagge wird durch das Schiffszertifikat – ausgestellt durch das Schiffsregister – nachgewiesen (§ 60 SchRegO, § 3 Buchst. a FlaggRG). Ist das Schiff im Ausland erbaut und wird es in der Regel von dort aus in Fahrt gestellt, so ist es oft unmöglich, rechtzeitig die erforderlichen Schiffspapiere wie Messbrief und Schiffszertifikat an Bord zu haben. Als **Ersatzdokument** für das Schiffszertifikat kann ein Schiffsvorzertifikat für Seeschiffe, welche sich im Ausland befinden und berechtigt sind, die deutsche Flagge zu führen, ausgestellt werden (§ 5 Abs. 1 S. 1 FlaggRG). Nach § 5 S. 2 FlaggRG kann ein Schiffsvorzertifikat auch in den Fällen einer Ausflaggung (§ 7 FlaggRG) beantragt werden, wenn die Berechtigung zur Führung der Bundesflagge besteht und entweder schon im Register eingetragen

oder beantragt wurde. Das ausgestellte Schiffsvorzertifikat ist **6 Monate** gültig (§ 5 Abs. 2 FlaggRG).

b) Antrag auf Erteilung

Zuständig für die Erteilung eines Schiffsvorzertifikats ist das Konsulat, in dessen 866
Bezirk sich das Schiff befindet, fertig gestellt ist und vom Bauwerk zum Schiff wird (§ 2 Abs. 1 FlaggRG). **Antragsteller** ist der **Eigentümer** nach § 3 FLRV. Dieser hat die in § 3 Abs. 1 Nr. 1 bis 12 FLRV aufgeführten Angaben zu machen. Im Wesentlichen sind es Angaben, die auch bei der Ersteintragung gegenüber dem Schiffsregister zu erbringen sind. Alle Angaben sind nach § 3 Abs. 2 FLRV glaubhaft zu machen. Nach § 3 Abs. 1 Nr. 12 FLRV ist die **Notwendigkeit,** warum ein Schiffsvorzertifikat anstelle des Schiffszertifikates beantragt wird, **zu begründen.** Daneben ist nach § 3 Abs. 2 FLRV der Schiffsmessbrief oder eine gleichlautende Urkunde einer ausländischen Vermessungsbehörde oder eine Bescheinigung über das vorläufige Messergebnis beizufügen. Da eine Bescheinigung über das vorläufige Messergebnis seine Gültigkeit mit der Ausstellung des Messbriefes verliert und somit beide Dokumente nicht nebeneinander ausgestellt werden, der Messbrief aber bei dem Schiffsregister zur Eintragung liegt, stellen einige Schiffsregistergerichte eine Bescheinigung mit den Angaben nach § 3 FLRV zur Vorlage bei einem **ausländischen Konsulat** aus.[404]

Ist ein **Flaggenrechtsbeauftragter** zu bestellen, ist die Genehmigung nach § 5 b FLRV ebenfalls mit vorzulegen.

c) Die Erteilung

Das Konsulat erteilt das Schiffsvorzertifikat und übersendet eine beglaubigte Ab- 867
schrift der Flaggenbehörde, der See-Berufsgenossenschaft in Hamburg und dem zuständigen Schiffsregister. Bei Erteilung des Schiffszertifikates hat der Eigentümer das Schiffsvorzertifikat unverzüglich dem Registergericht zurückzugeben.

4. Amtlich beglaubigter Auszug aus dem Schiffszertifikat

Auf **Antrag** des Eigentümers kann nach § 60 Abs. 3 SchRegO ein beglaubigter Aus- 868
zug aus dem Schiffszertifikat vom Gericht erteilt werden. Während auf dem Schiffszertifikat alle Eintragungen – mit Ausnahme der Belastungen von Schiffsparten (§ 61

404 *Pamperin-Herbst* Rpfleger 2009, 77.

SchRegO) – zu vermerken sind, enthält der beglaubigte Auszug aus dem Schiffszertifikat **keine Angaben über die Eigentumsverhältnisse, Veränderungen, Eigentumsbeschränkungen** oder Schiffshypotheken, sondern nur die in § 11 Abs. 1 Nr. 1–5 bezeichneten Tatsachen, das Unterscheidungssignal und den Flaggenrechtsvermerk (§ 60 Abs. 3 und 2 SchRegO). Nach § 42 Abs. 1 SchRegDV ist *„für den beglaubigten Auszug aus dem Schiffszertifikat das Muster in deutscher Sprache mit englischer Übersetzung* zu nehmen, *das* der *Verordnung als Anlage 5 beigefügt ist.“*

Veränderungen der Eintragungen im Schiffsregister sind **nicht** auf dem beglaubigten Auszug aus dem Schiffszertifikat nachzutragen (§ 42 Abs. 1 S. 1 SchRegDV). Werden im Seeschiffsregister Veränderungen eingetragen, die den Inhalt des beglaubigten Auszuges betreffen, so ist auf **Antrag ein neuer beglaubigter Auszug** mit den entsprechenden Veränderungen zu erteilen (§ 42 Abs. 2 und 3 SchRegDV). Bei **Verlust** des beglaubigten Auszuges gelten die Ausführungen über den Verlust des Schiffszertifikates.

B. Urkunden außerhalb des Seeschiffsregisters

1. Das Flaggenzertifikat

a) Allgemein

869 Das Flaggenzertifikat gilt als **amtlicher Ausweis** für Seeschiffe/Wassersportfahrzeuge, mit dem die Berechtigung zur Führung der Bundesflagge nachgewiesen wird. Das Dokument ist nach dem Seerechtsübereinkommen der Vereinten Nationen von 10.12.1982[405] bzw. dem Übereinkommen über die Hohe See von 1958[406] international gültig. Nach dem Flaggenrechtsgesetz (§ 3 d FlRG) kann ein Flaggenzertifikat nur für Seeschiffe, deren Länge, gemessen zwischen den äußeren Punkten des Vor- und Hinterstevens (Rumpflänge), 15,00 Meter nicht überschreitet, beantragt werden. **Vorbedingung** ist weiterhin, dass das Schiff nicht in einem Schiffsregister, sei es Seeschiffs-, Binnenschiffs- oder ausländisches Register, eingetragen ist. Ist ein Schiff in einem Register eingetragen, so ist vor Ausstellung des Flaggenzertifikates die Löschung aus dem Register nachzuweisen. Wie bei der **Feststellung des Flaggenrechts** bei einzutragenden Seeschiffen müssen die Eigentümer deutsche Staatsbürger oder Staatsangehörige der Europäischen Gemeinschaft sein. Ebenfalls gibt es für Personen, die die Staatsangehörigkeit eines Mitgliedstaates der Europäischen

---

405 BGBl. I 1994 II S. 1798.
406 BGBl. II Nr. 60 vom 26.09.1972, S. 1091.

Gemeinschaft besitzen, aber keinen Wohnsitz oder Sitz in der Bundesrepublik haben, die Möglichkeit einen Flaggenrechtsbeauftragten zu bestellen (s. a. Rn. 200). Das Flaggenzertifikat ist **acht Jahre gültig** und kann auf Antrag verlängert werden.

b) Der Antrag

Der Antrag auf Erteilung und Verlängerung sind beim Bundesamt für Seeschifffahrt 870
und Hydrographie (BSH) in Hamburg zu beantragen.[407] Das BSH führt ein „Flaggenregister", in dem alle Schiffe eingetragen werden, für die ein Flaggendokument ausgestellt wurde.

Dem Antrag auf Ausstellung eines Flaggenzertifikates sind folgende Unterlagen beizufügen:

1.a. Der Personalausweis oder der Reisepass des/der Eigentümer im Original oder amtlich-beglaubigter Kopie der Seiten 1und 2 bzw. 2 bis 5. Als amtlich beglaubigt gilt die Kopie nur, wenn sie von einem dienstsiegelführenden Beamten (zum Beispiel der Meldestelle) oder einem Notar bescheinigt werden. Stempelabdrucke von Polizei oder der Kirche werden nicht anerkannt. Ausreichend ist auch eine Meldebescheinigung im Original der Heimatbehörde mit einem Hinweis auf die deutsche Staatsangehörigkeit.

1.b. Ist eine Firma Eigentümer des Schiffes, so ist ein aktueller beglaubigter Handelsregisterauszuges bzw. ein Gesellschaftsvertrag vorzulegen. Für alle in diesen Papieren benannten Personen ist der Nachweis der deutschen Staatsangehörigkeit wie zu i.) zu führen.

1.c. Von Eigentümern aus Mitgliedstaaten der Europäischen Union oder deutschen Eigentümern, die ihren ständigen Wohnsitz nicht im Geltungsbereich des Grundgesetzes haben, sind zusätzliche Voraussetzungen zu erfüllen.

2.a. Der Kaufvertrag für das Schiff im Original oder einer amtlich beglaubigte Kopie (siehe i.)

2.b. Bestätigung der vollständigen Bezahlung des Schiffes im Original oder amtlich beglaubigte Kopie, oder aber auch Quittungen, Bankbelege im Original. In Ausnahmefällen eine beglaubigte eidesstattliche Versicherung, dass uneingeschränktes Eigentum an dem Schiff besteht.

2.c. Für ein im Eigenbau gefertigtes Schiff sind Rechnungen (ebenfalls Originale oder amtlich beglaubigte Kopien) der wesentlichen Baumaterialien und eine beglaubigte eidesstattliche Versicherung, dass uneingeschränktes Eigentum an dem Schiff besteht, vorzulegen.

---

407 www.bsh.de.

2.d. Für den Fall, dass das Schiff über eine Bank oder eine Leasing-Gesellschaft finanziert wurde, ist eine Einverständniserklärung der Bank bzw. der Leasing-Gesellschaft beizufügen, dass der Antragsteller als Eigner in das Flaggenzertifikat eingetragen werden kann.
3. Nachweis der technischen Schiffsdaten: Prospekt (Kopie) oder Bauzeichnung (Kopie) oder Bootsbrief des Herstellers oder im Ausnahmefall Bestätigung Dritter mit folgendem Inhalt: Rumpflänge, Breite, Tiefgang, Gewicht, Bootstyp, Bauwerft mit Ort/Land des Herstellers sowie Baujahr und Angaben zu Motoren einschließlich Motornummer.
4. Zwei Originalfotos des Schiffes; einmal das Schiff in ganzer Länge von der Seite und einmal so, dass der Schiffsname und Heimathafen in gut sichtbaren und fest angebrachten Schriftzeichen am Schiff erkennbar sind (siehe auch Rn. 102).
5. Kennzeichen (nur für Binnenschifffahrtsstraßen erforderlich). Wird für das amtliche Kennzeichen die Nummer des Flaggenzertifikates gewünscht, so sind im Antrag bei Abschnitt II Nr. 4 „Amtl. Kennzeichen“ nur die Buchstaben „FZ“ einzutragen.
6. Gebühren

Die Gebühren sind durch Vorkasse entweder per Lastschrift durch Erteilung einer Einzugsermächtigung oder Überweisung zu entrichten. Bei Antragsrücknahme reduziert sich die Gebühr um zehn Euro gem. § 15 Abs. 2 VwKostG vom 23.6.1970. Für die richtige Buchung der Einzahlung ist nachstehender Überweisungsvermerk erforderlich. „BSH-Flaggenzertifikat“ sowie Name des Bootseigners. Ist eine Funkgenehmigungsurkunde vorhanden, ist eine einfache Kopie der ersten Seite mit einzureichen. Ist ein Flaggenzertifikat ausgestellt, gilt für das Anbringen des Heimathafens und des Schiffsnamen dasselbe wie für Seeschiffe, die im Schiffsregister eingetragenen sind.

2. Flaggenbescheinigungen

871 Eine Flaggenbescheinigung wird für Seeschiffe der Bundeswehr durch das Verteidigungsministerium ausgestellt (§ 12 Nr. 1 FLRV i.V.m. § 3 Buchst. c FlaggRG). Für Seeschiffe im Eigentum und öffentlichen Dienst des Bundes, eines Landes oder einer öffentlich-rechtlichen Körperschaft oder Anstalt mit Sitz im Geltungsbereich des Grundgesetzes wird ein Flaggenbescheinigung durch die Flaggenbehörde erteilt (§ 12 Nr. 2 FLRV).

3. Flaggenschein

Für die Erteilung eines Flaggenscheins in den Fällen der §§ 10 und 11 FlaggRG ist die Flaggenbehörde (Bundesministerium für Verkehr, Bau und Stadtentwicklung) zuständig. **Antragsberechtigt** für eine Befugnis nach § 10 FlaggRG ist der **Inhaber der Schiffswerft** oder der **Eigentümer.** Für eine Befugnis nach § 11 Abs. 1 S. 1 FlaggRG der **ausländische Eigentümer** und für die Befugnis nach § 11 Abs. 1 S. 2 FlaggRG **der Ausrüster.** Die in dem Antrag anzugebenden Erfordernisse sind in § 8 FLRV geregelt. 872

C. Das Schiff betreffende Urkunden im Binnenschiffsregister

Wie in der Seeschifffahrt sind auch in der Binnenschifffahrt entsprechende Schiffspapiere an Bord zu führen. Die Mitführungspflicht ergibt sich hier aus § 8 BinSchG. Für das Binnenschiffsregister ist der **Schiffsbrief** (§ 60 SchRegO) und der **Eichschein** (§ 12 Ziff. 5, 13 SchRegO) von Bedeutung. Die Fahrtauglichkeitsbescheinigung (Schiffsattest, Schiffszeugnis, Fährzeugnis § 6 BinSchUO) bescheinigt die technische Eignung des Schiffes für das Befahren der Wasserstraßen[408] und spielt für die Eintragung in das Register nur dann eine Rolle, wenn nur auf diesem Wege eintragungsrelevante Daten nachgewiesen werden können (§ 13 SchRegO). Der Schiffsbrief genießt jedoch keinen **öffentlichen Glauben**, da sich die Rechtsvermutung nur auf bestimmte Eintragungen aus dem Register nach § 15 SchRG beziehen.[409]

1. Der Eichschein

a) Allgemein

Die **Eichung** und Ausstellung des **Eichscheins** erfolgt durch die Zentralstelle Schiffsuntersuchungskommission/Schiffseichamt und Zentrale Binnenschiffsbestandsdatei (ZSUK) bei der Wasser und Schifffahrtsdirektion Südwest in Mainz eingetragen oder deren Nebenstellen. Nach § 91 Abs. 1 SchFG[410] ist für Fahrzeuge auf Wasserstraßen ein Eichschein erforderlich. *„Eichscheine, die von einem Staat auf Grund des Übereinkommens vom 15 Februar 1966 über die Eichung von Binnenschif-* 873

408 *OLG Nürnberg* TranspR 2002, 170.
409 *Dobberahn* MittRhNotK 1998,149.
410 Bundesgesetz über die Binnenschifffahrt (Schifffahrtsgesetz), BGBl. I Nr. 62/1997.

fen ausgestellt sind, gelten als Eichscheine im Sinne dieses Teiles, sofern dieser Staat die nach diesem Teil ausgestellten Eichscheine auf Grund zwischenstaatlicher Abkommen oder, sofern keine zwischenstaatlichen Abkommen bestehen, nach Maßgabe der Gegenseitigkeit anerkennt." (§ 91 Abs. 3 SchFG)

874 Nach § 92 Abs. 1 SchFG ist ein Eichschein gemäß § 91 SchFG **nicht** erforderlich für:

- *im Ausland geeichte Fahrzeuge, sofern sie mit einem Eichschein gemäß § 91 Abs. 3 SchFG versehen sind;*
- *Fahrzeuge, die der Güterbeförderung dienen, sofern ihre Tragfähigkeit nicht mehr als 20 Tonnen beträgt;*
- *Fahrzeuge, die nicht der Güterbeförderung dienen, ausgenommen schwimmende Geräte*
- *Fahrzeuge der Schifffahrtsaufsicht, des öffentlichen Sicherheitsdienstes und der Zollverwaltung;*
- *Fahrzeuge des Bundesheeres*
- *österreichische Seeschiffe (§ 2 Z 2 des Seeschifffahrtsgesetzes)*

875 Nach § 8 Abs. 3 BinSchEO darf die Geltungsdauer eines Eichschein höchstens **15 Jahre** betragen. Das Ungültigkeitsdatum ist ebenfalls auf dem Eichschein zu vermerken.

Der Eichschein wird ungültig, wenn das Schiff Veränderungen erfährt, wonach die Angaben des Eichscheins über die Wasserverdrängung für die gegebene Eintauchung oder über die größte Tragfähigkeit nicht mehr zutreffen (§ 8 Abs. 4 BinSchEO). Nach § 8 Abs. 5 BinSchEO werden **ungültig** gewordene Eichscheine **eingezogen.** Für Binnenschiffe, die zur Güterbeförderung bestimmt sind, wird ein Eichschein nach Muster der **Anlage 2** zur BinSchEO ausgestellt. Für Binnenschiffe, die **nicht** zur Güterbeförderung bestimmt sind, wird ein Eichschein nach Muster der **Anlage 3** zur BinSchEO ausgestellt.

b) Verlängerung des Eichscheins

876 Ist der Eichschein abgelaufen, ist eine Verlängerung nach § 9 BinSchEO möglich. Der **Antrag** auf Verlängerung ist beim Schiffseichamt zu stellen. Die Verlängerung wird erteilt, wenn die ausgewiesenen Angaben aus dem Eichschein noch ihre Gültigkeit besitzen. **Ausgenommen** sind hiervon nach § 9 Abs. 1 S. 2 BinSchEO: „*Eichscheine für Schiffe nach § 6 Abs. 1 BinSchEO, die in Staaten ausgestellt worden sind, welche eine Verlängerung durch Schiffseichämter anderer Vertragsparteien ausgeschlossen oder beschränkt haben. Um welche Staaten es sich handelt, wird im Verkehrsblatt bekannt gemacht*".

Die zu überprüfenden Angaben aus dem Eichschein ergeben sich aus § 9 Abs. 2 BinSchEO. Bei Schiffen, welche nicht zur Güterbeförderung bestimmt sind, kann eine Verlängerung um höchstens 15 Jahre und im Übrigen um höchstens 10 Jahre erfolgen (§ 9 Abs. 3 BinSchEO).

Eine Verlängerung des Eichscheines für eine Dauer von ohne höchstens 6 Monaten ist ohne Überprüfung der Angaben aus dem Eichschein in Ausnahmefällen bei einem **begründeten Antrag** möglich (§ 9 Abs. 5 BinSchEO).

c) Vorläufige Eichbescheinigung

Nach § 12 BinSchEO kann auf Antrag für eine Dauer von höchstens 6 Monaten eine 877
befristete Bescheinigung über das vorläufige Messergebnis ausgestellt werden. Möglich ist dieses Verfahren bei Schiffen, die zur Beförderung von Gütern bestimmt sind, und bei Schiffen, die nicht zur Beförderung von Gütern bestimmt sind. Mit der Aushändigung des Eichscheins verliert die vorläufige Eichbescheinigung ihre Gültigkeit. Für Binnenschiffe, die zur Güterbeförderung bestimmt sind, wird eine **vorläufige Eichbescheinigung** nach Muster der **Anlage 6** zur BinSchEO ausgestellt. Für Binnenschiffe, die **nicht** zur Güterbeförderung bestimmt sind, wird eine vorläufige Eichbescheinigung nach Muster der Anlage 7 zur BinSchEO ausgestellt.

d) Eintragungsgrundlage beim Registergericht

Der Eichschein dient bei der Anmeldung des Schiffes als Glaubhaftmachung und ist 878
nach § 13 SchRegO gleichzeitig mit der Anmeldung des Schiffes vorzulegen. Wie bei der Eintragung in das Seeschiffsregister kann auch zur Eintragung in das Binnenschiffsregister eine amtliche Vermessungsurkunde einer ausländischen Behörde vorgelegt werden. Aus dem Eichschein ergibt sich auch für das Gericht die Frage nach der Eintragungspflicht bzw. Eintragungsunfähigkeit nach § 10 Abs. 2 SchRegO. Die Eintragung in das Binnenschiffsregister ist nach § 45 SchRegDV auf dem Eichschein zu vermerken. Der Vermerk hat die Registernummer, das Eintragungsdatum und den Heimatort des Schiffes anzugeben (§ 45 Abs. 1 S. 1 und 2 SchRegDV). Im **Gegensatz** zu den Seeschiffen ist bei Binnenschiffen der Vermerk auf dem Eichschein beibehalten worden. Der Vermerk ist zu unterschreiben und mit einem Stempel des Gerichts zu versehen. Bei **Verlust** ist gegenüber der ausstellenden Behörde eine Zweitausfertigung zu beantragen.

e) Eichbescheinigung bei Sportbooten

Das Schiffseichamt erteilt für das im Sportboot-Eichverfahren geeichte oder bei 879
Sportbooten, dessen Baumuster geeicht und überprüft wurde (§ 34 BinSchEO), auf Antrag eine Eichbescheinigung nach dem Muster der Anlage 8 zu § 35 BinSchEO. Ist

die Urkunde über die Eichbescheinigung für das Baumuster eines Sportbootes keine Urkunde im Sinne des § 13 Abs. 1 SchRegO (§ 4 BinSchEO), so ist die ausgestellte Eichbescheinigung nach § 35 BinSchEO Urkunde nach § 13 Abs. 1 SchRegO und damit Grundlage für die Eintragung in das Binnenschiffsregister. Nach § 35 Abs. 2 BinSchEO wird die **Eichbescheinigung für Sportboote ungültig,** wenn *die Eichplakette zerstört oder unleserlich geworden ist oder am Sportboot Änderungen (Umbauten, Einbauten eines anderen Motors oder einer Maschinenanlage) vorgenommen werden, die erheblichen Einfluss auf das Gewicht haben, so das die Angaben in der Eichbescheinigung über die Wasserverdrängung bei größter Eintauchung nicht mehr zutreffen.*

2. Der Schiffsbrief

a) Allgemein

880 Der Schiffsbrief ist wie Eichschein ein wichtiges Ausweispapier der Binnenschiffe. Ausgestellt wird der Schiffsbrief durch das Schiffsregister (§ 60 Abs. 1 SchRegO). Für den Schiffsbrief ist ein **amtlicher Vordruck** in deutscher Sprache zu verwenden (§ 44 SchRegDV; Muster Anlage 6 und 6a). Nach § 60 Abs. 1 SchRegO hat der Schiffsbrief die Eintragungen des Schiffes wiederzugeben. Damit ist wie auch beim Schiffszertifikat nicht gefordert, dass der Schiffsbrief auch schon gelöschte Eintragungen ausweisen muss. Der Schiffsbrief ist im Original an Bord zu führen. Diese Verpflichtung ergibt sich aus § 8 BinSchG. Das Gericht kann ein Schiffsbrief nach dem Muster der Anlagen 6 oder 6a erteilen.

b) Neue gesetzliche Regelungen

881 Wie für die Schiffszertifikate bei Seeschiffen ist auch für die Schiffsbriefe bei Binnenschiffen zusätzlich zu dem bisherigen Vordruck ein zweiseitiger Vordruck eingeführt worden (Muster in Anlage 6a zu § 44 SchRegDV). Der Vordruck entspricht inhaltlich weitgehend dem vierseitigen Vordruck nach der Anlage 6 zur SchRegDV. Über die Verweisung in § 44 S. 2 SchRegDV gelten die mit der Einführung des § 39a SchRegDV verbundenen Änderungen für den Schiffsbrief entsprechend. Damit können sowohl Vordrucke nach dem Muster in der Anlage 6 oder 6a zur SchRegDV verwendet werden.

D. Urkunde/Bescheinigung zum Schiffsbauregister

Wird ein Schiffsbauwerk zur Eintragung angemeldet, ist gemäß § 69 Abs. 3 SchRegO mittels einer **Bescheinigung** der zuständigen Schiffsvermessungsbehörde oder Eichbehörde nachzuweisen, dass die gesetzlichen Voraussetzungen nach § 76 Abs. 2 SchRG erfüllt sind. Nach dieser Vorschrift sind die Erfordernisse erfüllt, wenn sich der Neubau in Bau befindet, mit dieser Neubaunummer an sichtbarer Stelle deutlich und dauernd gekennzeichnet ist und seine Schiffsrumpflänge mehr als 15 Meter beträgt. Gemäß Beschluss der International Maritime Organiziation (IMO)-Schiffssicherheitsausschuss auf seiner 35. Tagung (s. Verkehrsblatt 1977, S. 176, Nr. 74) – befindet sich ein Schiff in Bau, wenn der Baubeginn eines bestimmten Schiffs erkennbar ist und bereits Bauteile des Schiffes montiert, die mindestens 50 Tonnen oder 1 v.H. der angenommenen Masse aller Bauteile umfassen, je nachdem, welcher Wert kleiner ist. Die Bescheinigung für die Eintragung ins Schiffsbauregister enthält die **Neubaunummer,** Angaben zum **Auftraggeber** und zum **Erbauer.** 882

E. Bescheinigungen

1. Allgemein

Die Vorschrift des § 23 SchRegDV ermöglicht dem Gericht, eine Bescheinigung auf Antrag auszustellen, die ausweist, *dass zu dem Gegenstand einer Eintragung weitere Eintragungen nicht vorhanden sind oder eine bestimmt Eintragung nicht erfolgt ist.* In der Praxis werden aufgrund dieser Vorschrift, Löschungsbescheinigungen und Eintragungsbescheinigungen erteilt. Obwohl es hierfür keine offiziellen Bescheinigungen gibt, erteilen die Gerichte überwiegend zweisprachige Bescheinigungen in Deutsch und Englisch. Da jedoch jedes Amtsgericht seine eigene Bescheinigung ausstellt, wäre es zur Vereinheitlichung wünschenswert, wenn es hierfür zumindest für die Löschungsbescheinigung einen zweisprachigen offiziellen Vordruck geben würde. Auch im Ausland würde dies zur Rechtssicherheit beitragen. 883

2. Muster einer Löschungsbescheinigung

Ist ein Schiff in einem ausländischen Schiffsregister eingetragen gewesen, so ist grundsätzlich nach § 14 Abs. 3 SchRegO eine Bescheinigung der ausländischen Registerbehörde über die Löschung der Eintragung des Schiffes vorzulegen. Diese Bescheinigung wird das eintragende Gericht regelmäßig verlangen. Die Löschungsbescheinigung sollte den Löschungsgrund mit anführen, damit eine missbräuchliche Verwendung ausgeschlossen werden kann. 884

Eine Löschungsbescheinigung wird nur auf Antrag erteilt.

Muster einer Löschungsbescheinigung aufgrund Eintragungsverzicht

---

AMTSGERICHT – Abt. 505 Kiel,
DISTRICT COURT – Dpt. 505

LÖSCHUNGSBESCHEINIGUNG
CERTIFICATE OF DELETION

Auf Antrag wird hiermit bescheinigt, dass das Schiff
It is hereby certificated as requested that the ship
Name des Schiffes:
Name of Ship
Registernummer des Schiffsregisters in Kiel:
Official number of the Seaships-Register Kiel
Schiffsgattung:
Type of Ship
Unterscheidungssignal:
Signal Letters
Heimathafen:
Port of Registry
Eingetragener Eigentümer:
Registered Owner
Die Eintragung des vorstehenden Schiffes ist heute im Seeschiffsregister gelöscht worden.
The Registration of the vessel described above has been deleted from the Seaships Register today.
Löschungsgrund: Verzicht auf die freiwillige Eintragung
Reason for Deletion: Renunciation of Voluntary Registration
Schiffshypotheken oder Rechte am Schiff sind nicht eingetragen
The vessel is free from registered encumbrances and rights

Kiel, ...
Rechtspfleger
Administrator of Justice

---

3. Bescheinigung nach § 15 SchRegO

885 Wechselt nach Fertigstellung des Bauwerkes die Zuständigkeit der Registergerichte (Eintragung bei einem inländischen Schiffsregister), hat der Eigentümer eine **Bescheinigung des Schiffsbauregisters** bei dem zuständigen Schiffsregister des Heimathafens vorzulegen. Diese Bescheinigung ist beim **Schiffsbauregister zu beantragen.** Aus dieser Bescheinigung hat sich zu ergeben, dass das Schiff im Schiffsbauregister eingetragen ist und dass diese Bescheinigung zum Zwecke der Eintragung des Schiffs in das Schiffsregister erteilt wurde (§ 15 SchRegO). Ist eine Bescheinigung nach § 15 SchRegO erteilt, dürfen **keine weiteren Schiffshypotheken** in das Schiffsbauregister eingetragen werden (§§ 72, 5 SchRegO).

Diese Vorschrift soll ebenfalls eine Doppeleintragung verhindern und hat die Wirkung einer **Registersperre.** Zur Verdeutlichung kann auf dem Aktendeckel die Erteilung der Bescheinigung nach § 15 SchRegO vermerkt werden.

Muster einer Bescheinigung nach § 15 SchRegO 886

BESCHEINIGUNG
(CERTIFICATE)

Register-Nr. :	SSR SBR
Name des Schiffes (name of ship):	
Unterscheidungssignal (signal-letters):	
IMO-Nr. ...	
Schiffsgattung (type of ship):	
Schiffswerft, Bau-Nr. (Shipyard, building-Nr.)	
Heimathafen (port of registry):	
Länge (length) in m:	
Breite (breadth) in m:	
Tiefe (depth) in m:	
Bruttoraumgehalt/BRZ (gross tonnage):	
Nettoraumgehalt/NRZ (net tonnage):	

Eingetragener Eigentümer: (Registered owner):	

Das vorstehend beschriebene Schiff ist im hiesigen Seeschiffsregister/Schiffsbauregister
(The ship described above is in the local seaships-register/shipsbuilding-register)

☐ nicht eingetragen (not registered).

☐ eingetragen unter obiger Register-Nr. (registered under register-Nr. above).

☐ Die Bescheinigung wird gemäß § 15 SchRegO zum Zwecke der Eintragung in das Schiffsregister erteilt.

AMTSGERICHT ... *(Administrator of Justice)*

887 4. Muster einer Eintragungsbescheinigung

Amtsgericht Kiel
Abteilung 505 (Seeschiffsregister)

DISTRICT COURT Kiel
Dpt. 505 (Seaships`Register)

EINTRAGUNGSBESCHEINIGUNG
CERTIFICATE OF REGISTRY

Auf Antrag wird hiermit bescheinigt, dass
It is hereby certified as requested that the

Name des Schiffes ***(Name of ship)***	
Register-Nummer ***(Official Number)*** **SSR**	**Unterscheidungssignal** ***(Signal letter)***
Gattung, Hauptbaustoff ***(Type ans categary of ship;*** ***main building material):***	
Jahr des Stapellaufs, Bauort, Schiffswerft ***(Year of launch; place of build; name of yard):***	
Heimathafen ***(Port of registry):***	
Eingetragener Eigentümer ***(Registered Owner):***	
Schiffshypotheken ***(Ships mortgages):***	/

das vorstehend beschriebene Schiff im hiesigen Seeschiffsregister eingetragen ist.
above described ship is registered in the local Seaships`Register.
Nießbrauch und Pfandrechte am Schiff sind nicht eingetragen.
Usufruct and liens concerning the ship have not been entered.

Kiel ...
Rechtspfleger
Administrator of Justice

5. Bescheinigung nach § 5 b Abs. 1 Flaggenrechtsverordnung (FLRV)

Bei Staatsangehörigen der Mitgliedstaaten der Europäischen Gemeinschaften ohne Wohnsitz oder Sitz im Geltungsbereich des Grundgesetzes der Bundesrepublik (§ 2 Abs. 1 Nr. 2 des FlaggRG) hat der **Eigentümer** bei der Flaggenbehörde (Bundesamt für Seeschifffahrt und Hydrographie) eine Bescheinigung zur Führung der Flagge der Bundesrepublik Deutschland zu beantragen. Zum weiteren Verfahren s. Rn. 201ff. Sind die Nachweise des § 5 a FlRV erfüllt, so bescheinigt die Flaggenbehörde, dass die Voraussetzungen zur Führung der Bundesflagge erfüllt sind. Nach § 5 b Abs. 1 S. 2 FlRV hat die Bescheinigung den Namen und Wohnsitz des Eigentümers und der nach § 5 a Nr. 1 FlRV **beauftragten Person** zu enthalten. Die vom Bundesamt für Seeschifffahrt und Hydrographie erteilte Bescheinigung ist kein amtlicher Ausweis über die Berechtigung zur Führung der Bundesflagge. Das Schiffsregister trägt aufgrund dieser Bescheinigung die beauftragte Person in das Register ein und teilt die Eintragung der ausstellenden Behörde mit. Veränderungen der für die Ausstellung dieser Bescheinigung maßgeblichen Tatsachen sind vom Eigentümer **unverzüglich** dem Bundesamt für Seeschifffahrt und Hydrographie anzuzeigen (§ 2 Abs. 2 FlaggRG, § 5 b Abs. 3 FlRV). Entfällt der einem Nachweis zugrunde liegenden Tatsachen wird die Bescheinigung widerrufen und die Behörde teilt den Widerruf dem zuständigen Schiffsregister mit (§ 5 Abs. 4 FlRV). 888

In der Praxis ist es strittig, ob die **beauftragte Person** auch **eine Kapitalgesellschaft** sein kann. Geht man jedoch von dem Wortlaut des Gesetzes aus, nachdem die beauftragte Person **persönlich** zuverlässig sein soll (§ 5 a Nr. 2 FlRV), so kann hierfür nur eine Privatperson und keine Kapitalgesellschaft in Frage kommen.

Sechster Teil: **Rechtsmittel/Zwangsgeld**

A. Rechtsmittel

1. Allgemein

Entscheidungen des Schiffsregisters können mit dem Rechtsmittel der **Beschwerde** 889 nach § 75 SchRegO angefochten werden. Das **Verfahren** ist in Schiffsregistersachen durch §§ 75–90 SchRegO abschließend geregelt, wobei die Vorschriften der §§ 84 bis 88 SchRegO aufgehoben sind. Neben den Vorschriften der SchRegO sind die Bestimmungen des Gesetzes über das Verfahren in Familiensachen und in den Angelegenheiten der freiwilligen Gerichtsbarkeit (FamFG) damit nur begrenzt heranzuziehen. So gelten beispielsweise die Bestimmungen des FamFG für Grundbuchsachen nur, soweit die GBO keine besonderen Vorschriften enthält oder die Anwendung der Vorschriften mit dem Wesen des Grundbuchverfahrens unvereinbar ist.[411] Nichts anderes kann für das Schiffsregister gelten, zumal die Vorschriften der §§ 75–77, 79 und 80 SchRegO fast wörtlich mit den §§ 71–75 GBO übereinstimmen. § 78 SchRegO entspricht § 76 Abs. 3 GBO.

Bei den nachfolgend aufgeführten Entscheidungen werden deshalb überwiegend Entscheidungen aus Grundbuchverfahren zitiert.

Die Bewilligung von **Verfahrenskostenhilfe (Prozesskostenhilfe**) richtet sich 890 in Schiffsregistersachen über § 76 FamFG nach den Vorschriften der ZPO und ist bei einer Ablehnung **nicht** nach § 75 SchRegO anfechtbar, sondern nach § 76 Abs. 2 FamFG i. V. m. §§ 576ff, 127 Abs. 3 ZPO.[412]

2. Voraussetzung der Beschwerde

Nach § 75 Abs. 1 SchRegO, der dem § 71 GBO entspricht, ist grundsätzlich **jede Entscheidung** des **Schiffsregistergerichts** durch die Beschwerde anfechtbar. Durch 891 die Vollübertragung der Schiffsregister- und Schiffsbauregistersachen auf den Rechtspfleger nach § 3 Nr. 1 h RPflG sind in allen Fällen, in denen nach der SchRegO eine Beschwerde nicht ausgeschlossen ist, die Beschwerde gegen die Entscheidung des Rechtspflegers nach § 11 Abs. 1 RPflG i. V. m. § 75 SchRegO möglich. Hat der Rechtspfleger Aufgaben des Urkundsbeamten wahrgenommen, so ist hier auch gegen die Entscheidung des Rechtspflegers das Rechtsmittel der Beschwerde gegeben.[413] Beschwerdefähige Entscheidungen sind **Sachentscheidungen** und hier hauptsächlich die Zurückweisung von **Eintragungsanträgen** und **Zwischenverfü-**

411 BayObLG Rpfleger 1988, 478.
412 *Demharter* § 71 Rn. 56.
413 KG Rpfleger 1998, 65.

gungen nach § 28 Abs. 1 SchRegO, die eine Außenwirkung entfalten.[414] Entscheidungen des Grundbuchamtes im Rahmen einer Zwangsvollstreckung oder eines Insolvenzverfahrens sind ebenfalls mit der Beschwerde anfechtbar.[415] Nichts anderes kann für das Schiffsregister und das Schiffsbauregister gelten.

892 Gegen Entscheidungen in innerbetrieblichen Abläufen wie zum Beispiel den Öffnungszeiten des Schiffsregisters findet dagegen **keine Beschwerde** statt, sondern nur eine Überprüfung im Justizverwaltungswege.[416]

893 Eine **Dienstaufsichtsbeschwerde** ist kein Rechtsmittel im Sinne des § 75 SchRegO und richtet sich ausschließlich gegen verwaltungswidriges Handeln, wie z. B. Untätigkeit des Schiffsregistergerichts.[417]

3. Die Beschwerde nach § 75 Abs. 1 SchRegO

894 Die Beschwerde nach § 75 Abs. 1 oder Abs. 2 SchRegO ist an keine Frist gebunden und damit **unbefristet.** Die unbeschränkte Beschwerde nach § 75 Abs. 1 SchRegO richtet sich hauptsächlich gegen die **Zurückweisung von Eintragungsanträgen,** an die **kein gutgläubiger Erwerb** geknüpft ist, und gegen fehlerhafte Eintragungen in der ersten Abteilung des Schiffsregisters.

895 Ist z. B. ein fehlerhaftes Baujahr in das Schiffsregister eingetragen, kann mit der Beschwerde nach § 75 Abs. 1 SchRegO die Berichtigung betrieben werden. In der Praxis wird man wohl jedoch von einem **Schreibversehen** ausgehen können und eine Berichtigung von Amts wegen nach § 11 SchRegDV vornehmen. Eine Beschwerde nach § 75 Abs. 1 SchRegO ist auch gegen eine **Zwischenverfügung** (§ 28 SchRegO) möglich, da diese schon als Sachentscheidung anzusehen ist.[418]

4. Die Beschwerde nach § 75 Abs. 2 SchRegO

896 Der **Grundsatz**, dass gegen alle Entscheidungen des Schiffsregisters die Beschwerde möglich ist, wird durch § 75 Abs. 2 SchRegO für **Eintragungen** eingeschränkt. Nach dem Wortlaut des Gesetzes kann mit der Beschwerde gegen eine Eintragung nur verlangt werden, dass das Schiffsregister angewiesen wird, nach § 56 SchRegO einen **Widerspruch** einzutragen oder die Eintragung zu **löschen** hat (§ 72 Abs. 2 SchRegO).

---

414 OLG Hamm OLGZ 1975, 150.

415 *Demharter* § 71 Rn. 3.

416 *Meikel/Streck* § 71 Rn. 21.

417 *Demharter* § 71 Rn. 92.

418 *Schöner/Stöber* Rn. 473.

Ob mit einer Beschwerde nach § 75 Abs. 2 SchRegO auch Eintragungen der Abteilung I mit erfasst sind, kann nach allgemeiner Rechtsprechung zu § 71 Abs. 2 GBO, der dem § 75 Abs. 2 SchRegO entspricht, nur so ausgelegt werden, dass die Beschwerde nur bei Eintragungen gilt, an die sich ein gutgläubiger Erwerb anschließen kann. Der **Umfang** der **Rechtsvermutung** ist im Schiffsregister in § 15 SchRG festgelegt und bezieht sich auf rechtsbegründende, konstitutive Eintragungen. Hierzu gehören das **dingliche Eigentumsrecht am Schiff, die Schiffshypothek, der Nießbrauch und das Recht zur Führung der Bundesflagge.**[419] 897

Der öffentliche Glaube bezieht sich **nur** auf rechtsgeschäftlichen Erwerb, nicht jedoch auf Erwerb kraft Gesetzes. Damit wird § 75 Abs. 2 SchRegO nur auf **diese** Eintragungen der **zweiten und dritten Abteilung** und die Eintragung zum Flaggenrecht aus der ersten Abteilung angewendet. Weiter Eintragungen aus der ersten Abteilung nehmen nicht am öffentlichen Glauben teil. **Verfügungsbeschränkungen** wie ein Testamentsvollstreckervermerk, ein Zwangsversteigerungsvermerk oder ein Insolvenzvermerk ermöglichen keinen gutgläubigen Erwerb und sind damit nach § 75 Abs. 1 SchRegO und **nicht** nach § 75 Abs. 2 SchRegO anfechtbar.

Beantragt der Beschwerdeführer die Löschung, so ist in seinem Antrag regelmäßig der Antrag auf Eintragung eines Widerspruchs nach § 75 Abs. 2 SchRegO zu sehen. 898

5. Beschwerdeberechtigung

a) Allgemein

Die Schiffsregisterordnung enthält keine Vorschrift zur Beschwerdeberechtigung und § 59 FamFG (§ 29 FGG alt) ist nicht anwendbar.[420] Mangels einer Vorschrift ist auf Rechtsprechung zurückzugreifen, die denjenigen für beschwerdeberechtigt hält, dessen **rechtlich geschütztes Interesse** durch die Entscheidung des Schiffsregisters **mittelbar** oder **unmittelbar** beeinträchtigt ist.[421] Da auf die Beeinträchtigung des rechtlichen Interesses abzustellen ist, genügt die Beeinträchtigung **nur wirtschaftlicher** und sonstiger Interessen nicht.[422] 899

419 *Prause*, SchRG § 15.
420 KG FGPrax 1995, 223.
421 OLG Köln Rpfleger 2002, 195.
422 OLG Hamm NJW-RR 1997, 593.

b) Das Antragsrecht

900 Die Beschwerdeberechtigung bei einer Zurückweisung eines **Antrages** deckt sich mit dem **Antragsrecht** und setzt voraus, dass dem Beschwerdeberechtigten zum Zeitpunkt der Beschwerde auch ein Antragsrecht nach § 23 SchRegO zusteht.[423] Gleichgültig ist hierbei, ob der Beschwerdeführer den Antrag gestellt hat oder nicht.[424] Gibt es **mehrere Antragsberechtigte,** so steht jedem einzelnen das Beschwerderecht zu, soweit ein Antrag nicht nur gemeinschaftlich gestellt werden kann. Bei gemeinschaftlich zu stellenden Anträgen, gibt es auch nur ein gemeinschaftliches Beschwerderecht.[425]

Bei einer Beschwerde gegen eine **Zwischenverfügung** ist ebenfalls nur der Antragsberechtigte beschwerdeberechtigt mit dem Ziel, das Gericht möge von den aufgeführten Hindernissen Abstand nehmen. Ist dem Beschwerdeberechtigten **die Verfügungsmacht entzogen,** so hat z.B. der Gemeinschuldner neben den Insolvenzverwalter kein Beschwerderecht. Ebenso hat ein Erbe bei einer Bestellung eines Testamentsvollstreckers oder eines Nachlassverwalters kein Beschwerderecht.[426]

c) Die Vertretung des Beschwerdeberechtigten

901 In einem Beschwerdeverfahren kann sich der Beschwerdeberechtigte vertreten lassen. Der Vertreter hat dem Gericht die Vertretungsmacht durch eine Vollmacht nachzuweisen. Bei einem **Anwalt** wird in der Praxis unterstellt, dass der Beschwerdeberechtigte ihn zur Einlegung der Beschwerde auch bevollmächtigt hat.[427] Bei Zweifel, steht es jedoch in dem Ermessen des Gerichts eine Vollmacht zu verlangen.[428] Für den Nachweis ist eine besondere Form nicht vorgeschrieben. Bei einer privatschriftlichen Vollmacht ist gegebenenfalls § 11 FamFG anwendbar. Das heißt die Bevollmächtigten haben auf Anordnung des Gerichts oder auf Verlangen eines Beteiligten die Bevollmächtigung in öffentlich beglaubigter Form nachzuweisen.[429]

---

423 BGH NJW 2005, 1430.
424 *Demharter* § 71 Rn. 63.
425 BayObLG Rpfleger 1977, 321.
426 *Demharter* § 71 Rn. 60.
427 OLG Hamm FamRZ 1973, 157.
428 OLG Frankfurt OLGZ 1980, 278, 281.
429 *Demharter* § 71 Rn. 73

d) Beschwerderecht des Notars

Obwohl nicht ausdrücklich im Gesetzestext erwähnt, wird dem Notar nach § 25 SchRegO, der dem § 15 GBO entspricht, ein Beschwerderecht zugestanden, wenn er einen **Eintragungsantrag** nach § 25 SchRegO **gestellt hat.** Es genügt nicht, dass er nur berechtigt gewesen wäre, den Antrag nach § 25 SchRegO zu stellen. Der Notar hat daher kein Beschwerderecht, wenn er bloß Bote ist.[430] 902

e) Beschwerderecht von Behörden

Behörden sind beschwerdeberechtigt, soweit sie im Rahmen des § 45 SchRegO (der dem § 38 GBO entspricht) auftreten. Das bedeutet, in den Fällen, in denen eine Behörde nach gesetzlicher Vorschrift berechtigt ist, das Schiffsregister um eine **Eintragung zu ersuchen,** z.B. das **Vollstreckungsgericht** im Rahmen des § 19 ZVG und § 130 ZVG, das **Insolvenzgericht** nach § 32 InsO, oder das **Prozessgericht** zu Durchsetzung des Rechts aus § 941 ZPO. Es muss sich hierbei um ein „echtes" Ersuchen handeln und nicht um beispielsweise die Mitteilung zur Eintragung eines Mithaftvermerkes bei einem anderen Schiffsregister.[431] 903

6. Das Beschwerdeverfahren

a) Zuständigkeit

Über die Beschwerde entscheidet das **Oberlandesgericht,** in dessen Bezirk das Schiffsregistergericht seinen Sitz hat (§ 76 SchRegO, entspricht § 72 GBO). Ist bei mehreren Registergerichten mit verschiedenen Oberlandesgerichten ein **Gesamtrecht** eingetragen und wird gegen diese Eintragung Beschwerde erhoben, so haben die verschiedenen Oberlandesgerichte über die Beschwerde, selbst auf die Gefahr einer uneinheitlichen Entscheidung hin, zu entscheiden. 904

b) Einlegung der Beschwerde

Nach § 77 Abs. 1 SchRegO kann die Beschwerde bei dem Registergericht oder bei dem Beschwerdegericht eingelegt werden. Dem Beschwerdeführer steht damit ein Wahlrecht zu. Da jedoch nach § 80 SchRegO zunächst das **Schiffsregistergericht** 905

---

430 BayObLGZ 1986, 203, 207.
431 *Demharter* § 38 Rn. 32.

über eine mögliche **Abhilfe** entscheiden soll, erscheint es in der Praxis sinnvoll, die Beschwerde bei dem Registergericht einzureichen. Ist die Beschwerde bei dem Oberlandesgericht eingereicht, wird die Beschwerde an das Registergericht mit der Bitte um Entscheidung über eine mögliche Abhilfe zurückgereicht und es geht Zeit verloren.

906 Nach § 77 Abs. 2 S. 1 SchRegO kann die **Beschwerde** durch Einreichung einer **Beschwerdeschrift** oder durch die Erklärung zu Protokoll der Geschäftsstelle des Registergerichts oder des Beschwerdegerichts eingelegt werden. Die Beschwerdeschrift bedarf **keiner Form,** die Mitwirkung eines Anwaltes ist nicht erforderlich. Nach dem Wortlaut des Gesetzes muss es sich um eine **Schrift** handeln, die in **deutscher Sprache** abzufassen ist.[432] Eine **Unterschrift** des Beschwerdeführers ist nicht erforderlich, erscheint aber zweckmäßig, um die Ernsthaftigkeit der Beschwerde und die Feststellung der Person zu dokumentieren. Lehnt der Beschwerdeführer seine Unterschrift ab, so kann dies bedeuten, dass eine Beschwerde nicht beabsichtigt ist.[433] Die **Übersendung** der Beschwerdeschrift erfolgt in der Regel durch die Post. § 77 Abs. 2 S. 2 SchRegO sieht vor, dass auch eine Übermittlung in **elektronischer Form** nach Maßgabe des § 14 FamFG in Verbindung mit § 130a Abs. 1 und 3 ZPO **möglich** ist. Nach der Vorschrift des § 89 Abs. 4 SchRegO in der Fassung des Artikel 4 Abs. 5 Nr. 4 ERVGBG vom 11. August 2009,[434] die seit dem 1. Oktober 2009 in Kraft ist, bestimmen die Bundesregierung und die Landesregierungen für ihren Bereich durch Rechtsverordnung **den Zeitpunkt,** von dem an elektronische Akten geführt und elektronische Dokumente bei Gericht eingereicht werden können, wobei nach § 89 Abs. 4 S. 5 SchRegO die Zulassung der elektronischen Form auf einzelne Gerichte oder Verfahren beschränkt werden kann.

c) Erklärung der Beschwerdeschrift zu Protokoll

907 Die Beschwerde kann nach § 77 Abs. 2 SchRegO zur **Niederschrift** des Schiffsregistergerichts oder der Geschäftsstelle des Beschwerdegerichts erklärt werden. **Zuständig** zur Aufnahme ist der Urkundsbeamte der Geschäftsstelle, wobei in diesem Fall der **Rechtspfleger** nach § 24 Abs. 2 RPflG zuständig ist. Hat der Urkundsbeamte der Geschäftsstelle und nicht der Rechtspfleger die Beschwerde aufgenommen, ist dies unschädlich, da § 24 Abs. 2 RPflG nur eine Sollvorschrift darstellt.

908 Gesetzliche Vorschriften über **die Form** der Niederschrift gibt es nicht. Eine fernmündliche Erklärung zur Niederschrift ist jedoch nach herrschender Meinung

---

432 BayObLGZ 1986, 537.
433 KGJ 49, 144.
434 BGBl. I S. 2713.

ausgeschlossen.[435] Das Protokoll sollte die Person des Beschwerdeführers, die angefochtene Verfügung und den **Willen** ausdrücken, dass eine Abänderung dieser Entscheidung durch das Gericht des höheren Rechtszuges erfolgen soll und es sollte eine **Begründung** der Beschwerde enthalten. Nach Abschluss ist das Protokoll mit dem **Zusatz** „Vorgelesen (oder selbst gelesen), genehmigt und unterschrieben" mit Datumsangabe dem Beschwerdeführer zur Unterschrift vorzulegen und mit der Unterschrift des Aufnehmenden abzuschließen.

d) Begründung der Beschwerde

Nach § 79 SchRegO (entspricht § 74 GBO) kann die Beschwerde auf neue Tatsachen und 909
Beweise gestützt werden und schafft damit auch eine neue Tatsacheninstanz. Neu sind Tatsachen dann, wenn sie dem Schiffsregister nicht bekannt gemacht waren, sei es, dass sie erst nachträglich eingetreten sind oder der Beschwerdeführer diese erst später benennt. Beweismittel durch Zeugen oder Sachverständige sind in einem Antragsverfahren wie das Schiffsregister nicht möglich. In Betracht kommen hier nur Beweise, die sich auf Urkunden beschränken.[436] Wie schon bei dem notwendigen Inhalt eines Protokolls, sollte auch die schriftlich eingelegte Beschwerde erkennen lassen, welche Entscheidung angefochten wird. Es muss ebenfalls zu erkennen sein, dass die durch das Schiffsregister ergangene Entscheidung durch die nächst höhere Instanz überprüft werden soll.[437] Ist ein bestimmter Antrag nicht gestellt, so soll im Zweifel die Entscheidung des Schiffsregistergerichts im vollen Umfang angefochten werden.

7. Verfahren des Gerichts

a) Abhilfe durch das Schiffsregistergericht

Erachtet das Registergericht die Beschwerde für begründet, so hat sie ihr abzuhelfen 910
(§ 80 SchRegO). Auf die Zulässigkeit kommt es hierbei nicht an. Eine Abhilfe ist so lange möglich, wie das Beschwerdegericht eine abschließende Entscheidung noch nicht getroffen hat.

Zuständig für die Abhilfe ist der Rechtspfleger, da nach herrschender Auffas- 911
sung demjenigen die Abhilfe zusteht, der auch die angefochtene Entscheidung getroffen hat.

Vor einer Abhilfe ist dem Gegner **rechtliches Gehör** zu gewähren.

---

435 *Demharter* § 73 Rn. 8.
436 Bauer/v. Oefele/*Budde* § 74 Rn. 4.
437 BayObLGZ 1999, 330.

912 Ist die Beschwerde **begründet,** ist die ablehnende Entscheidung **aufzuheben** und die beantragte **Eintragung vorzunehmen.** Dies gilt jedoch nur, wenn in der Zwischenzeit keine anderen Eintragungen im Schiffsregister vorgenommen wurden, die der beabsichtigten Eintragung entgegenstehen. Ist dies der Fall, bleibt nur die **Nichtabhilfe.**[438]

913 Wird mit der Beschwerde eine Eintragung angefochten, so kann das Registergericht zur Abhilfe einen **Amtswiderspruch** eintragen oder die Eintragung von Amts wegen nach § 56 SchRegO löschen.

914 Werden in einer Zwischenverfügung mehrere Punkte angefochten, kann das Schiffsregistergericht seine Entscheidung auch **teilweise** ändern, es sei denn, der Beschwerdeführer besteht auf einer einheitlichen Entscheidung.[439] Wegen der Nichtabhilfe erfolgt die Vorlage an das Beschwerdegericht.

b) Verfahren beim Beschwerdegericht

915 Das Beschwerdegericht kann vor der Entscheidung eine **einstweilige Anordnung** erlassen, insbesondere dem Registergericht aufgeben, einen **Schutzvermerk** nach § 28 Abs. 2 SchRegO einzutragen oder anzuordnen, dass die Vollziehung der angefochtenen Entscheidung auszusetzen ist. Der Schutzvermerk ist von Amts wegen zu löschen, wenn die Beschwerde zurückgenommen oder zurückgewiesen wird (§ 81 Abs. 1 und 2 SchRegO, der § 76 Abs. 1 und 2 GBO entspricht). Die Anwendbarkeit des § 81 Abs. 1 SchRegO, nach dem das Beschwerdegericht vor seiner Entscheidung eine **einstweilige Anordnung** erlassen, insbesondere dem Schiffsregister aufgeben kann, einen **Schutzvermerk** nach § 28 Abs. 2 SchRegO einzutragen, oder anordnen kann, dass die Vollziehung der angefochtenen Entscheidung **auszusetzen** ist, ist in der Regel dann gegeben, wenn es sich um eine Beschwerde gegen die Eintragung oder um eine Beschwerde gegen die Zurückweisung eines Eintragungsantrages handelt. Eine Anordnung nach § 81 Abs. 1 SchRegO ist deshalb notwendig, da die Beschwerde **keine aufschiebende Wirkung** hat und auch nicht zu einer Registersperre führt. Die Ausnahme bildet § 78 SchRegO, der der Vorschrift des § 76 Abs. 3 GBO entspricht. Eine Anordnung kann § 81 Abs. 1 SchRegO nur vor der Entscheidung auf die Beschwerde erlassen werden. Ist die Beschwerdeschrift dem Oberlandesgericht unmittelbar zugeleitet und hat das Schiffsregistergericht noch nicht über eine mögliche Abhilfe nach § 80 SchRegO entschieden, kann eine Anordnung in Frage kommen.

916 Für Beschwerden gegen **Zwischenverfügungen** ist § 81 SchRegO nicht anwendbar, da durch die Sonderregelung des § 28 Abs. 2 SchRegO eine gleichwertige

---

438 BGH NJW 1966, 1019, 1020.

439 KEHE/*Briesemeister* § 75 Rn. 5.

Vorschrift geschaffen wurde und so für die Anwendung des § 81 SchRegO kein Raum bleibt.[440]

Die Anordnung aus § 81 SchRegO steht im Ermessen des Beschwerdegerichts. Für die Ausübung des Ermessens ist es von Bedeutung, ob die Beschwerde Aussicht auf Erfolg hat und ob etwa der Eintritt eines Schadens zu befürchten ist. Welche Art der Anordnung getroffen werden soll, steht im Ermessen des Gerichts (des Senats, und nicht nur des Vorsitzenden).[441] Zwei Maßnahmen sind in § 81 Abs. 1 SchRegO besonders hervorgehoben und zwar die **Vormerkung** und der **Widerspruch.** 917

Eine Vormerkung kommt in Frage, wenn der Antrag auf Rechtsänderung gerichtet ist. **Ein Widerspruch** kommt in Betracht, wenn er auf Berichtigung gerichtet ist. Zulässig ist auch die Eintragung einer Vormerkung oder eines Widerspruchs nach § 81 SchRegO, wenn der Antrag selbst nur auf die Eintragung einer Vormerkung oder eines Widerspruchs gerichtet ist. Die einstweilige Anordnung aus § 81 SchRegO ist nicht beschwerdefähig. Nach herrschender Meinung ist auch der Umweg über die Anfechtung der Eintragung ausgeschlossen.[442] Der Schutzvermerk wird von Amts wegen gelöscht, wenn die Beschwerde zurückgenommen oder zurückgewiesen wird (§ 81 Abs. 2 SchRegO). 918

8. Die Beschwerdeentscheidung

a) Allgemein

Das Beschwerdegericht hat vor der sachlichen Prüfung die Zulässigkeit der Beschwerde zu prüfen. Wird die Beschwerde für begründet erachtet, so hat das Beschwerdegericht die Entscheidung **aufzuheben** und grundsätzlich selbst in der Sache zu entscheiden. Es kann eine endgültige Entscheidung oder eine Zwischenverfügung erlassen. Bei der Entscheidung hat sich das Beschwerdegericht nicht nur auf die Prüfung des im Beschwerdeverfahren vorgelegten Stoffs zu beschränken, sondern den gesamten Sachverhalt zu prüfen.[443] Für den Umfang der Ermittlung gilt der **Amtsermittlungsgrundsatz** nach § 26 FamFG. 919

---

440 *Prause* SchRegO § 81.
441 *Demharter* § 76 Rn. 4.
442 BGH NJW 1963, 1305.
443 Keidel/*Sternal* § 68 Rn. 64.

b) Erlass der endgültigen Entscheidung

920 Bei Beschwerden gegen eine Eintragung ist dem Schiffsregister aufzugeben, gemäß § 75 Abs. 2 SchRegO zu verfahren und nach § 56 SchRegO einen Widerspruch einzutragen oder eine Eintragung zu löschen. Bei **Beschwerden** gegen die Zurückweisung eines Antrages hat das Beschwerdegericht das Schiffsregistergericht anzuweisen, die Eintragung vorzunehmen. Bei Beschwerden gegen eine Zwischenverfügung ist diese aufzuheben und das Registergericht anzuweisen, über den Antrag nochmals zu entscheiden.

9. Verfahren nach Endscheidung des Beschwerdegerichts

921 Die Bekanntmachung der Entscheidung ist durch das Beschwerdegericht selbst zu veranlassen. Nach § 40 Abs. 1 FamFG wird die Entscheidung mit der Bekanntgabe an den **Beschwerdeführer** wirksam. Einem möglichen **Beschwerdegegner** ist die Entscheidung ebenfalls bekannt zu machen (§ 15 Abs. 1 FamFG). Der Beschluss ist gemäß § 15 Abs. 1 und Abs. 2 FamFG zuzustellen. Für die Zustellung gilt §§ 160 ZPO ff. Die Akten mit einer Ausfertigung des Beschlusses werden an das Schiffsregister übersandt.

10. Die Tätigkeit des Schiffsregistergerichts

922 Das Registergericht ist in der Regel an die Entscheidung des Beschwerdegerichts gebunden und hat diese umzusetzen.[444] Eine abweichende Entscheidung kann durch das Schiffsregister nur getroffen werden, wenn Gründe dafür maßgebend sind, über die das Beschwerdegericht nicht entschieden hat.[445] **Unzulässig** ist eine Entscheidung des Schiffsregistergerichts, die der Rechtsauffassung des Beschwerdegerichts widerspricht.

11. Die Rechtsbeschwerde

923 Gegen einen Beschluss des Beschwerdegerichts ist die Rechtsbeschwerde gegeben, wenn sie das Beschwerdegericht in dem Beschluss zugelassen hat (§ 83 Abs. 1 SchRegO, der dem § 78 Abs. 1 GBO entspricht). Voraussetzungen, unter denen die Rechtsbeschwerde zuzulassen ist, sind in § 83 Abs. 2 SchRegO aufgeführt. Dies ist

444 BayObLG 1974, 21.
445 *Demharter* § 77 Rn. 42.

dann der Fall, wenn die Rechtssache von **grundsätzlicher Bedeutung** ist oder Weiterentwicklung des Rechts oder die Sicherung einer einheitlichen Rechtsprechung es erfordert. In Abs. 3 des § 83 SchRegO wird auf das Verfahren nach § 77 Abs. 2 S. 2 SchRegO verwiesen.

B. Das Zwangsgeldverfahren

1. Allgemein

Das Zwangsgeldverfahren ist ein Beugemittel eigener Art[446] und kann im Schiffsregister nur in den Fällen der §§ 19 und 33 SchRegO angewandt werden. Nach § 19 Abs. 2 SchRegO ist derjenige, der einer ihm nach §§ 10, 13–15, 17, 18 obliegenden Verpflichtung **(Anmeldepflicht)** nicht nachkommt, vom Schiffsregistergericht durch die Festsetzung eines Zwangsgeldes hierzu anzuhalten. § 33 SchRegO behandelt die Anmeldeverpflichtung des Eigentümers auf Eigentumsberichtigung und verweist hierzu auf § 19 SchRegO. 924

Liegen die Voraussetzungen für die Einleitung eines Zwangsgeldverfahrens vor, liegt es nicht im Ermessen des Gerichts, das Verfahren einzuleiten. Es besteht insoweit eine **Verpflichtung.**[447] Die Vorschriften über das Zwangsgeldverfahren sind in §§ 388–391 FamFG geregelt und entsprechen weitgehend den alten Vorschriften der §§ 132–139 FGG.[448] 925

2. Zuständigkeit

Sachlich und **örtlich** ausschließlich zuständig ist das örtliche Schiffsregister, bei dem das Schiff eingetragen ist (§ 4 Abs. 1 SchRegO). **Funktionell** zuständig ist der Rechtspfleger nach § 3 Nr. 2d RPflG. Nach § 390 FamFG bleibt die Zuständigkeit auch bei der Durchführung des Einspruchsverfahrens beim Rechtspfleger.[449] 926

3. Beteiligte

Beteiligte sind die **Personen,** die das Gesetz zu bestimmten Handlungen verpflichtet hat. Das Zwangsgeldverfahren kann nur **gegen natürliche Personen** betrieben wer- 927

446 BayObLG Rpfleger 1985, 404.
447 OLG Hamm OLGZ 1989, 148, 150.
448 BT-Drs. 16/6308, 287.
449 *Bumiller/Harders* § 388 Rn. 13.

den, die entweder die Gesellschaft gesetzlich vertreten oder sonst kraft Gesetzes zur Anmeldung verpflichtet sind und damit **nie gegen die Gesellschaft als** solche. Bei einer GmbH & Co. KG richtet sich das Verfahren gegen die Mitglieder ihres Vertretungsorgans und damit gegen die Geschäftsführer der GmbH [450] Gegenüber Aufsichtsratsmitgliedern als solche ist das Verfahren nach §§ 388 ff. nicht anwendbar, wohl aber gegen einzelne Mitglieder, wenn diese die Gesellschaft vertreten oder mit Vorstandsmitgliedern zur Anmeldung verpflichtet sind (§ 105 AktG).[451] **Unzulässig** ist das Zwangsgeldverfahren gegen einen **Prokuristen,**[452] ebenso wie gegen einen Notar. Besteht eine Gesamtvertretung und kann die verpflichtende Handlung nur gemeinsam erbracht werden, so ist das Zwangsgeldverfahren gegen alle Verpflichtenden einzuleiten, die der Aufforderung des Gerichts nicht nachkommen. **Fehlt** es an einem **Vertreter** ist § 388 FamFG nicht anwendbar. Ist dem Gericht bekannt, dass eine Zustellung nur an einen **Bevollmächtigten** erfolgen soll, so ist an diesen zuzustellen, da sonst keine wirksame Zustellung vorliegt.[453]

4. Zwangsgeldandrohung nach § 388 FamFG

a) Allgemein

928 Hat das Gericht die Voraussetzungen für die Einleitung eines Zwangsgeldverfahrens geprüft, ist nach § 388 FamFG eine Androhungsverfügung gegen die Beteiligten zu erlassen. Es steht im Ermessen des Gerichts, die Verfügung den Beteiligten durch förmliche Zustellung oder durch Aufgabe zur Post (§ 15 FamFG) zu übersenden. In der Praxis wird man wohl die förmliche Zustellung zur besseren Feststellung der Frist wählen.

b) Inhalt der Zwangsgeldandrohung

929 Die Androhungsverfügung hat die zu **erfüllende Verpflichtung** hinreichend zu bezeichnen und eine angemessene **Frist** zu bestimmen, innerhalb derer entweder die auferlegte Verpflichtung zu erfüllen oder die Nichterfüllung mittels Einspruch zu rechtfertigen ist. Fehlt der Hinweis auf die **Einspruchsmöglichkeit,** ist die Verfügung mangelhaft und bei Einlegung einer Beschwerde aufzuheben.[454] Da die Betei-

---

450 BayObLG Rpfleger 2002, 31.
451 Jansen/*Steder* FGG § 132 Rn. 82.
452 BayObLG Rpfleger 1982, 32.
453 OLG Zweibrücken Rpfleger 1974, 398.
454 OLG Hamm Rpfleger 1986, 390.

ligten in Schiffsregistersachen nicht immer kurzfristig zu erreichen sind, sollte die Frist nicht zu knapp bemessen werden und es den Beteiligten ermöglichen, in der gesetzten Frist ihren Verpflichtungen auch nachkommen zu können. Ist eine Frist noch nicht abgelaufen, kann Fristverlängerung auf Antrag oder von Amts wegen erfolgen (§ 16 Abs. 2 FamFG i. V. m. § 224 Abs. 2 ZPO). Die Frist beginnt mit der Bekanntgabe an die Beteiligten (§ 16 FamFG). Für den Fall, dass weder **Einspruch** eingelegt, noch der aufgegebenen Verpflichtung nachgekommen wurde, hat die Verfügung die Androhung eines bezifferten Zwangsgeldes zu enthalten. Nach § 19 Abs. 1 S. 2 SchRegO darf das einzelne **Zwangsgeld** den Betrag **von *eintausend Deutsche Mark nicht übersteigen.*** Da der Gesetzgeber den Betrag noch nicht auf Euro umgestellt hat, ist die Höhe des Zwangsgeldes aufgrund des geltenden Umrechnungskurses von 1,95583 auf 511,29 Euro begrenzt. Ob eine Umstellung im Verhältnis eins zu zwei oder eins zu eins erfolgen wird, muss dabei offen bleiben.[455] Das Schiffsregistergericht kann jederzeit die von ihm nach § 388 Abs. 1 FamFG erlassene Verfügung ändern oder zurücknehmen, da es sich hierbei nur um eine verfahrensleitende Maßnahme handelt.[456]

c) Beispiel: Zwangsgeldandrohung zur Erzwingung einer Anmeldung eines eintragungspflichtigen Seeschiffes

Vorausgegangen ist eine Verfügung des Gerichts, in der den Beteiligten die zu erbringenden Eintragungsunterlagen aufgegeben wurden, und nach erfolglosem Ablauf nochmal eine Frist gesetzt wurde, eine Reaktion der Beteiligten jedoch jeweils nicht erfolgte. 930

Muster eines Schreibens an die Beteiligten

In Ihrer Schiffsregistersache ... wurde Ihnen mit Verfügung vom ... mitgeteilt, dass das Bundesamt für Seeschifffahrt und Hydrographie in Hamburg dem Schiffsregister den Messbrief für Ihr Schiff übersandt hat. Da Ihr Schiff eintragungspflichtig ist (§ 10 SchRegO), sind Sie zur Anmeldung verpflichtet. Sie wurden deshalb aufgefordert, das Schiff unter Verwendung eines anliegenden Vordrucks zur Eintragung in das Seeschiffsregister anzumelden. Gleichzeitig wurden Sie gebeten, Urkunden, die zur Glaubhaftmachung des Eigentumserwerbs geeignet sind (z. B. Kaufvertrag, Werftrechnung, Zahlungsnachweis) einzureichen, den Nachweis des Rechts zur Führung der deutschen Bundesflagge (z. B. durch eine Bescheinigung der Meldebehörde oder durch Vorlage einer beglaubigten Fotokopie des Personalausweises oder Reisepasses) zu erbringen und bei einem eventuellen Erwerb im Ausland eine Löschungs- bzw. Negativbescheinigung des ausländischen Schiffsregisters vorzulegen.

---

455 Stand März 2012.
456 *Bumiller/Harders* § 388 Rn. 18.

Da ein Eingang einer Anmeldung durch Sie hier trotz Erinnerung bis heute nicht festgestellt werden konnte, sieht sich das Gericht nunmehr verpflichtet, Sie darauf hinzuweisen, dass die erforderte Anmeldung nötigenfalls im Zwangsmittelverfahren nach § 19 SchRegO, § 388 FamFG erzwungen werden kann.
Sollten Sie Ihrer Verpflichtung zur Anmeldung nicht innerhalb einer mit Zustellung dieser Verfügung beginnenden Frist von ***sechs Wochen*** *nachkommen oder die Unterlassung mittels Einspruch gegen diese Verfügung rechtfertigen, wird gegen Sie ein Zwangsgeld in Höhe von 500.– Euro festgesetzt werden (§ 19 SchRegO, § 388 Abs. 1 FamFG). Bitte lassen Sie es hierzu nicht kommen.*
Den Einspruch können Sie binnen der oben gesetzten Frist durch schriftliche Eingabe oder zu Protokoll der Geschäftsstelle erheben.

---

931 **Erfüllt** der Verpflichtete die ihm in der Androhungsverfügung aufgegebene Handlung innerhalb der gesetzten Frist, so ist das Verfahren **beendet** und es entstehen keine Kosten. Gleiches gilt auch bei verspäteter, **vor Zwangsgeldfestsetzung** erfolgter Erfüllung.[457]

5. Festsetzung des Zwangsgeldes mit erneuter Androhung

a) Allgemein

932 § 389 FamFG regelt das Verfahren für den Fall, dass innerhalb der gesetzten Frist die Anmeldepflicht **weder erfüllt noch Einspruch eingelegt** wurde. Hat nun der Verpflichtete die Anmeldepflicht nicht erfüllt und auch keinen Einspruch eingelegt, hat das Gericht das in der Höhe angedrohte Zwangsgeld festzusetzen und dem Beteiligten zugleich die Kosten des Verfahrens nach § 389 Abs. 2 FamFG aufzuerlegen. Gleichzeitig, wenn auch nicht zwingend aber in der Praxis üblich, kann das Gericht in diesem Beschluss eine neue Aufforderung mit einer Zwangsgeldandrohung nach § 388 Abs. 1 FamFG erlassen. Der Beschluss muss eine **Rechtmittelbelehrung** nach § 39 FamFG enthalten und ist förmlich zuzustellen (§ 41 Abs. 1 S. 2 FamFG). Eine **Vollstreckung** erfolgt nach der Justizbeitreibungsordnung nach § 1Abs. 1 Nr. 3, §§ 2ff. JBeitrO. Zuständig ist der Rechtspfleger nach § 31 Abs. 2 und 3 RPflG.

---

457 MünchKommZPO-*Krafka* § 389 FamFG Rn. 5.

b) Beispiel eines Festsetzungsbeschlusses mit einer erneuten Androhung eines Zwangsgeldes

---

Beschluss:

In der Schiffsregistersache wird gegen ... gemäß §§ 388 Abs. 1, 389 FamFG i. V. m. § 119 KostO, § 19 SchRegO ein Zwangsgeld in Höhe von 500,– Euro festgesetzt und zugleich die Kosten dieses Zwangsgeldverfahrens auferlegt, weil ... die Verfügung des Gerichts vom ... trotz Zwangsandrohung nicht in der gesetzten Frist befolgt hat. 933
Zugleich ergeht hiermit die erneute Aufforderung, die vorstehend bezeichnete Verfügung innerhalb eines Monats zur Vermeidung eines weiteren Zwangsgeldes von 500,– Euro zu erledigen.
Gegen die Zwangsgeldfestsetzung kann binnen eines Monats das Rechtsmittel der Erinnerung schriftlich oder zur Niederschrift der Geschäftsstelle bei dem Gericht, dessen Beschluss angefochten wird, erhoben werden (§ 63, 64 FamFG i. V. m. § 11 Abs. 2 RpflG).
Gegen die wiederholte Zwangsgeldandrohung kann Einspruch binnen der oben gesetzten Frist entweder schriftlich oder zur Niederschrift der Geschäftsstelle bei diesem Gericht erhoben werden (§§ 391, 389 Abs. 1, 3 FamFG).

---

6. Rechtsmittel gegen die Zwangsgeldandrohung

a) Einspruch

Gegen die Androhungsverfügung nach §388 FamFG ist der Rechtsbehelf des Einspruchs gegeben. Beschwerde oder Erinnerung finden hiergegen nicht statt (§ 58 Abs. 1 FamFG). Erst gegen die im Einspruchsverfahren ergangene Verfügung ist die Beschwerde nach §391 FamFG zulässig. Der Einspruch ist an keine Form gebunden und kann schriftlich zum Registergericht oder zum Protokoll der Geschäftsstelle eingelegt werden. Wird Einspruch eingelegt und hält das Gericht den Einspruch **ohne Weiteres** für begründet, so ist die Verfügung durch Beschluss aufzuheben (§ 390 Abs. 3 FamFG) und dies den Verpflichteten mitzuteilen (§41 Abs. 1 S. 1 FamFG i. V. m. §15 Abs. 1 und 2 FamFG). 934

b) Terminsbestimmung und Termin

Ist hingegen der Einspruch **nicht ohne Weiteres** als begründet anzusehen, so soll das Gericht einen **Termin zur Erörterung** des Sachverhaltes anberaumen (§ 390 Abs. 1 FamFG). Hierin liegt ein pflichtgemäßes Ermessen des Gerichtes von einer mündlichen Anhörung Gebrauch zu machen. Soweit die Erörterung mit dem Beteiligten sachdienlich ist, findet eine **Ermessensreduzierung** statt und von einer 935 mündlichen Verhandlung kann nur abgesehen werden, wenn äußerst wichtige Gründe dies rechtfertigen.[458] Hält das Gericht einen Termin für notwendig, so sind die Beteiligten in einer **angemessenen Frist** zu laden. Die **Verhandlung** ist **nicht öffentlich** (§ 170 S. 1 GVG). Das Gericht kann das persönliche Erscheinen anordnen (§ 33 Abs. 1 FamFG) und auch das Erscheinen durch Ordnungsgeld erzwingen (§ 33 Abs. 3 FamFG).[459] Erscheint der Beteiligte nicht zum Termin, kann auch ohne ihn in der Sache entschieden werden (§ 390 Abs. 2 FamFG). **Stirbt** ein Beteiligter ist das Verfahren gegen ihn beendet. Gleiches gilt bei einem Ausscheiden eines Geschäftsführers einer GmbH.[460]

c) Muster einer Ladung

936 **Schreiben an den Beschwerdeführer**

In der Schiffsregistersache ... wird Bezug genommen auf den Einspruch vom ... gegen die Verfügung vom .... Da das Gericht den Einspruch nicht ohne weiteres als begründet anzusehen vermag, wird gem. § 390 FamFG der Termin zur Erörterung der Sachlage anberaumt auf den ... Uhr; Schiffsregistergericht ..., (Anschrift)
Ihr persönliches Erscheinen wird zugleich angeordnet.

Rechtsbehelfsbelehrung:
Diese Entscheidung ist entspr. §§ 567 ff. ZPO mit der sofortigen Beschwerde anfechtbar. Die Beschwerde ist binnen einer Frist von zwei Wochen ab Zustellung der Entscheidung beim Amtsgericht ... durch Einreichung einer Beschwerdeschrift oder zur Niederschrift der Geschäftsstelle einzulegen.

---

7. Entscheidung über den Einspruch

a) Begründeter Einspruch

937 Ist der Einspruch begründet, ist der Beschluss nach § 390 Abs. 3 FamFG aufzuheben. Ist bereits ein Zwangsgeldbeschluss ergangen, ist dieser aufgrund geänderter Umstände ebenfalls aufzuheben. Die Aufhebung erfolgt durch Beschluss nach § 38 FamFG und ist den Verpflichteten bekannt zu machen (§ 41 Abs. 1 S. 1 FamFG i. V. m. § 15 Abs. 1 und 2 FamFG).

---

458 Keidel/*Heinemann* § 390 Rn. 9.
459 *Bumiller/Harders* § 390 Rn. 4.
460 Keidel/*Heinemann* §390 Rn. 17.

Muster: Aufhebung eines Zwangsgeldbeschlusses 938

In der Schiffsregistersache ... wird der gegen ..., gemäß §§ 388 Abs. 1, 389 FamFG i. V. m. § 119 KostO, § 19 SchRegO erlassene Zwangsgeldbeschluss des Amtsgerichts ... vom ... aufgehoben, die Zwangsvollstreckung wird eingestellt.

Begründung:
Nach Erledigung der Verfügung des Gerichts vom ... war der Zwangsgeldbeschluss aufzuheben.

---

b) Unzulässiger Einspruch

Ist ein Einspruch als unzulässig anzusehen, bedarf es keines besonderen Zurück- 939
weisungsbeschlusses, sondern es reicht die Zwangsgeldfestsetzung nach § 389 FamFG.[461]

c) Unbegründeter Einspruch

Hält das Gericht den Einspruch für nicht begründet, so ist der Einspruch durch Be- 940
schluss (§ 38 FamFG) zu verwerfen und gleichzeitig das angedrohte Zwangsgeld nach § 390 Abs. 4 S. 1 FamFG festzusetzen und den Beteiligten die Kosten des Verfahrens nach § 389 Abs. 2 FamFG aufzuerlegen. Weiterhin ist eine neue Verfügung nach § 388 FamFG zu erlassen. Diese kann in **demselben Beschluss** oder in einem gesonderten Beschluss erfolgen (§ 390 Abs. 5 FamFG).

Eine **Ausnahme** ergibt sich für die Festsetzung des angedrohten Zwangsgeldes 941
nach § 390 Abs. 4 S. 2 FamFG. Hier liegt es im Ermessen des Gerichts, ganz von einer Festsetzung abzusehen oder einen geringeren Betrag festzusetzen, wenn z. B. der Betroffene glaubhafte Gründe für sein Nicht-Handeln geltend macht. Das Gericht hat jedoch **in jedem Fall** eine **Entscheidung** über das Zwangsgeld zu treffen.[462] Für die Verwerfung des Einspruchs fällt eine Gebühr von 100,– Euro (§ 119 Abs. 1 Nr. 2 KostO), für die Festsetzung eines Zwangsgelds eine weitere Gebühr von 100,– Euro an (§ 119 Abs. 1 Nr. 1 KostO), die nebeneinander zu erheben sind.

---

461 Keidel/*Heinemann* § 390 Rn. 22.
462 BayObLGZ 1970, 317.

d) Rechtsbehelfe

942 Der Betroffene hat gegen die gesamte Entscheidung den Rechtsbehelf der **Beschwerde,** gegen die **Zurückweisung** des Einspruchs, gegen die Zwangsgeldfestsetzung und gegen die erneute Androhung eines weiteren Zwangsgeldes den Rechtsbehelf des Einspruchs.

8. Einspruch gegen die wiederholte Androhung nach § 389 Abs. 6 FamFG

943 Wird gegen die wiederholte Androhung Einspruch erhoben und hält das Gericht den Einspruch für begründet, kann das Gericht ein früher festgesetztes Zwangsgeld aufheben oder an dessen Stelle ein geringeres Zwangsgeld nach § 389 Abs. 6 FamFG festsetzen. Die formelle Rechtskraft (§ 45 FamFG) hindert die Änderung einer früheren Zwangsgeldfestsetzung nicht. Eine Änderung ist auch zulässig, wenn der Einspruch erst gegen die dritte oder eine weitere Verfügung erhoben wird. Das Änderungsrecht ist jedoch einer Einschränkung unterworfen, da es nur in Verbindung mit der Prüfung des Einspruchs gegen die nach § 389 FamFG, nicht auch nach § 390 Abs. 4 FamFG wiederholte Verfügung gestattet ist.[463] Es darf also noch keine Sachprüfung stattgefunden haben. Wie schon nach § 390 Abs. 4 FamFG steht es im Ermessen des Gerichts, über eine Aufhebung oder Reduzierung des Zwangsgeldes zu entscheiden. Hat der Einspruch Erfolg, ist mit der Aufhebung der Zwangsgeldfestsetzung auch zugleich der Ausspruch über die Kosten aufzuheben (§ 390 Abs. 6 FamFG).

9. Die Beschwerde

a) Allgemein

944 Nach § 391 Abs. 1 FamFG kann gegen den Beschluss der Zwangsgeldfestsetzung oder gegen die Verwerfung des Einspruchs Beschwerde eingelegt werden. Dabei ist es nicht von Bedeutung, ob ein Zwangsgeld nach § 389 Abs. 1 FamFG wegen Nichterfüllung der Auflage oder keiner Einspruchseinlegung oder in einem gemäß § 390 Abs. 4 S. 1 FamFG durchzuführenden Einspruchsverfahren festgesetzt wurde. Wird der Einspruch verworfen, findet ebenfalls die Beschwerde statt. Lagen die Voraussetzung für ein Zwangsgeldverfahren nach §§ 388ff. FamFG nicht vor und hat das

---

463 BayObLGZ 1955, 124.

Gericht trotzdem ein Zwangsgeldverfahren eingeleitet, kann ohne die Einschränkung des § 391 Abs. 2 FamFG Beschwerde eingelegt werden.[464] Hat das Gericht die Zwangsgeldfestsetzung unzulässigerweise auf § 35 Abs. 1 FamFG gestützt, so ist hiergegen die sofortige Beschwerde nach § 35 Abs. 5 FamFG i.V.m. §§ 562–572 ZPO gegeben.[465] Gegen die Zwangsgeldandrohung ist der Rechtsbehelf des Einspruchs und nicht die Beschwerde gegeben (§ 390 FamFG).

b) Das Beschwerdeverfahren

Zuständig für das Beschwerdeverfahren ist das OLG nach § 119 Abs. 1 Nr. 1b i.V.m. § 23a Abs. 2 Nr. 3 GVG. Für das Beschwerdeverfahren sind die Vorschriften der §§ 58 ff. FamFG anwendbar. Die Beschwerde ist beim Registergericht einzulegen (§ 64 Abs. 1 FamFG). Sie kann entweder durch Einreichung der Beschwerdeschrift oder zur Niederschrift der Geschäftsstelle (hier: Rechtspfleger) erhoben werden (§64 Abs. 2 S. 1 FamFG). **945**

Der **Beschwerdewert** muss 600,– Euro überschreiten (§ 61 Abs. 1 FamFG) oder das Gericht muss die Beschwerde nach § 61 Abs. 2 FamFG zulassen. Die Beschwerde kann auch auf bestimmte Teile beschränkt werden. Die Einlegung der Beschwerde hat **aufschiebende Wirkung.** Auch wenn es hier an einer Rechtsvorschrift fehlt, so gilt die allgemeine Rechtsauffassung aus § 35 Abs. 5 FamFG i.V.m. § 570 Abs. 1 ZPO, nach der die Einlegung der Beschwerde die Vollziehung des Zwangsmittels hemmt.[466]

Ist ein Zwangsgeld unter 600,– Euro festgesetzt worden und ist hiergegen Beschwerde eingelegt, ist diese in eine **Rechtspflegererinnerung** nach § 11 Abs. 2 RPflG umzudeuten. Eine **analoge Anwendung** des § 35 Abs. 5 FamFG scheidet aus.[467] Die **Erinnerung** ist in der **Frist,** die für die befristete Beschwerde (§ 63 FamFG) gilt, einzulegen. Hilft der Rechtspfleger nicht oder nur teilweise ab, erfolgt durch einen **Nichtabhilfebeschluss** die Vorlage an den Richter nach § 11 Abs. 2 S. 3 RPflG. **946**

c) Beschränkung der Beschwerdegründe

Der Rechtsbehelf der Beschwerde ist nach § 391 Abs. 2 FamFG eingeschränkt. Danach kann bei einer Zwangsgeldfestsetzung nach § 389 FamFG die Beschwerde **947**

---

464 OLG Hamm Rpfleger 1985, 302.
465 Keidel/*Heinemann* § 391 Rn. 4.
466 Keidel/*Heinemann* § 391 Rn. 8.
467 Schulte-Bunert/Weinrich/*Nedden-Boeger* § 391 Rn. 4.

nicht darauf gestützt werden, dass die Androhung des Zwangsgelds nicht gerechtfertigt sei. Aus den §§ 388 und 389 FamFG ergibt sich, dass die Pflicht einer Aufforderung nachzukommen, nur im Einspruchsverfahren bestritten werden kann. Eine Beschwerde kann nur mit einem fehlerhaften Verfahren begründet werden, wie z.B. einer zu kurzen Frist oder einer nicht ordnungsgemäßen Zustellung.[468] Hat ein Einspruchsverfahren vor dem Registergericht stattgefunden, ist eine Erörterung hierüber in der Beschwerdeinstanz ausgeschlossen.

Ist nach § 390 Abs. 4 FamFG der Einspruch durch Beschluss verworfen und das angedrohte Zwangsgeld festgesetzt, so besteht die Einschränkung des § 390 Abs. 2 FamFG nicht und das Beschwerdegericht kann alle materiellen und formellen Punkte ohne Einschränkung nachprüfen.

d) Entscheidung des Gerichts

948 Besteht die durch den Verpflichteten zu erfüllende Verpflichtung nicht mehr oder sind die Verpflichtungen in der Zwischenzeit erfüllt, wird der zurückgewiesene Einspruch für begründet erklärt und der Zwangsgeldfestsetzungsbeschluss aufgehoben (§ 69 Abs. 1 S. 1 FamFG). Wird der Verwerfung des Einspruchs durch das Beschwerdegericht nicht stattgegeben, kann das Beschwerdegericht nach § 390 Abs. 4 S. 2 und Abs. 6 FamFG die Zwangsgeldfestsetzung aufheben oder ein niedrigeres Zwangsgeld festsetzen. Mit einer Aufhebung ist auch die nach § 389 FamFG erfolgte erneute Androhung eines Zwangsgeldes aufzuheben.

949 Das Beschwerdeverfahren ist für den obsiegenden Beschwerdeführer nach § 131 Abs. 3 KostO gebührenfrei. Wird ein Zwangsgeld festgesetzt oder die Beschwerde verworfen, entsteht jeweils eine Gebühr von 100,– Euro nach § 119 Abs. 1 Nr. 1, 2 KostO.

---

468 *Bumiller/Harders* § 391 Rn. 4.

Siebenter Teil: **Kosten in Schiffsregistersachen**

A. Anwendungsbereich

1. Allgemein

Nach dem Wortlaut des Gesetzes (§ 1 KostO) sind **Kosten** Gebühren und Auslagen, soweit bundesrechtlich nichts anderes bestimmt ist. Spezielle Kostenvorschriften in Schiffsregistersachen, die auf die besonderen Bedürfnisse der Schifffahrt abgestellt sind, regeln vorrangig die Vorschriften der §§ 84, 85 und 86 KostO (Gesetz über die Kosten in Angelegenheiten der freiwilligen Gerichtsbarkeit = Kostenordnung) in der Fassung der Bekanntmachung vom 26.71957).[469] Diese Vorschriften sind aus den §§ 77, 78 und 79 der RKostO in der Fassung des Art. 11 der VO zur Durchführung des Gesetzes über Rechte an eingetragenen Schiffen und Schiffsbauwerken vom 21.12.1940 entstanden.[470] 950

Die Vorschriften der §§ 84 und 85 KostO gelten **nur** für **Eintragungen** in ein bei den **Amtsgerichten** geführten **Schiffsregister** und somit für das Seeschiffs- und Binnenschiffsregister sowie das Schiffsbauregister (§ 1 SchRegO). Neben den expliziten Kostenvorschriften in Schiffsregistersachen finden darüber hinaus die Vorschriften der KostO zum Geschäftswert und zum Grundbuchrecht sinngemäß mit der Maßgabe Anwendung, dass in **jedem Fall** nur eine ¼ Gebühr erhoben wird (§ 84 Abs. 3 KostO).

Bei Schiffsregistereintragungen werden **wertabhängige Gebühren** in Ansatz gebracht. 951

Ausnahme ist die **Rahmengebühr** aus § 84 Abs. 4 KostO betreffend Eintragungen bzgl. einer **Reederei.**

Die im Schiffsregisterrecht anzuwendenden Vorschriften, die eine **Wertgebühr** vorsehen und nicht auf der Grundlage der Kosten der jeweiligen Eintragung berechnet werden, verstoßen nicht gegen Europäisches Recht. Die Gesellschaftssteuerrichtlinie der Europäischen Gemeinschaft,[471] wonach Gebühren auf der Grundlage der Kosten der jeweiligen Eintragungen zu berechnen sind, findet auf die Eintragungen in das Schiffsregister **keine Anwendung**, da die Gesellschaftssteuerrichtlinie ausschließlich der Harmonisierung der Steuern auf die Ansammlung von Kapital, bezogen auf die Kapitalanlage in Gesellschaften, und nicht auf die Harmonisierung des gesamten Register- oder Gebührenrechts der Mitgliedstaaten bezweckt.[472] 952

---

469 BGBl. I S. 861.
470 RGBl. I S. 1609.
471 Richtlinie 69/335 /EWG v. 17.07.1969 des Rates der Europäischen Gemeinschaft in der durch die Richtlinie vom 10.6.1985 geänderten Fassung.
472 OLG Oldenburg RPfleger 2000, 568.

2. Weitere Kostenvorschriften außerhalb des Schiffsregisters

953 Neben dem Schiffsregister gibt es das Internationale Seeschiffsregister (ISR).[473]

Dieses wird bei dem Bundesamt für Seeschifffahrt und Hydrographie mit einer eigenen Kostenordnung bzw. Gebührenverzeichnis geführt (BSHKostV[474] in Verbindung mit § 27 Flaggenrechtsverordnung). Gebühren werden neben der Eintragungsgebühr in das Internationale Seeschiffsregister für Amtshandlungen, wie zum Beispiel auf den Gebieten des Flaggenrechts, der Schiffsvermessung oder der Zulassung einschließlich der Prüfung nautischer Systeme, berechnet. Nach diesem **Gebührenverzeichnis** kostet zum Beispiel eine Eintragung in das Register bei Schiffen bis 1.600 BRZ (Nr. 1012) 100,– Euro, die **Erstausstellung** eines **Flaggenscheins** für Schiffe in Bareboat-Charter (Nr. 1003) 150,– Euro oder die Ausstellung eines Schiffs- oder Behältermessbriefs oder einer Laderaumbescheinigung für die Vermessung nach den London-Regeln (Nr. 3001 bis 3005) 150,– Euro.

954 Dieses Gebührenverzeichnis gilt auch für **die Konsulate** zur Durchführung von Amtshandlungen im Bereich ihrer jeweiligen Zuständigkeiten auf dem Gebiet des Flaggenrechts.

3. Kostenvorschuss

a) Abhängigkeit von der Eintragung

955 In Schiffsregistersachen kann eine Eintragung von der Zahlung eines Kostenvorschusses abhängig gemacht werden (§ 8 Abs. 1 KostO). Von der Einzahlung eines Kostenvorschusses kann jedoch unter Hinweis auf § 8 Abs. 2 KostO in den meisten Fällen, auch unter den Erfordernissen eines **beschleunigten Verfahrens,** verzichtet werden, da es in der Regel keine konkreten Anhaltspunkte für eine Nichtzahlung der Kosten gibt. Bei einer Heimathafen-/Heimatortverlegung und den damit bei jedem Gericht zu erhebenden Vorschuss würde der Schiffseigner unverhältnismäßig lange auf seine Eintragung und auf die Aushändigung seiner Schiffspapiere warten müssen. Denkbar wäre in dem vorliegenden Fall, bei dem abgebenden Gericht einen Vorschuss zu erheben, mit dem Hinweis, dass eine Schlusskostenrechnung von dem übernehmenden Gericht erfolgt. Bei Löschungen aus dem Schiffsregister, zum Beispiel bei Verkauf ins Ausland, kann hingegen die Erhebung eines Vorschusses sinnvoll sein und zwar dann, wenn evtl. erforderliche Vollstreckungsbemühungen bei ausländischen Kostenschuldnern nur schwer oder in Ermangelung eines Rechtshilfeabkommens gar nicht durchsetzbar sind. Daneben ist die Erhebung eines Vor-

473 Gesetz vom 23.3.1989, BGBl. I S. 550.
474 KostenVO v. 20.12.2001, BGBl. I S. 4083–4097.

schusses bei einem Antrag auf Eintragung einer Zwangssicherungshypothek sinnvoll.

Gegen die Anordnung und Erhebung eines Kostenvorschusses ist das Rechtsmittel der Beschwerde gegeben (§ 8 Abs. 3 KostO). 956

b) Kostenhaftung des Notars

Um eine Eintragung zu beschleunigen, übernimmt häufig der Notar in seinem Antrag die Kostenhaftung. Hierdurch ist jedoch der **Notar nicht Kostenschuldner**. Kostenschuldner ist derjenige, für den der Notar den Antrag stellt.[475] 957

B. Ersteintragung eines Schiffes (§ 84 Abs. 1 KostO)

1. Die Gebühr

Für die Eintragung eines Schiffes in das Schiffsregister oder Binnenschiffsregister und für die Eintragung von Veränderungen, die das Schiff betreffen, wird ein **Viertel der vollen Gebühr** erhoben (§ 84 Abs. 1 S. 1 KostO). Damit kommen höhere oder niedrigere Gebührensätze, wie sie eventuell aus § 60 Abs. II und III KostO folgen könnten, nicht zur Anwendung. Die Höhe der Gebühren ist aus der Tabelle zu § 32 KostO zu entnehmen. 958

2. Der Wert

a) Allgemein

Der Wert für die Eintragung eines Schiffes in das Schiffsregister oder Binnenschiffsregister bestimmt sich nach dem Wert des Schiffs zur Zeit der Fälligkeit (§ 18 Abs. 1 KostO). Soweit nicht ein niedrigerer Höchstwert wie zum Beispiel aus § 84 Abs. 4 KostO für die Berechnung maßgebend ist, beträgt **die Obergrenze** des Geschäftswertes für die Gebührenerhebung 60 Millionen Euro nach § 18 Abs. 1 Satz 2 KostO. Da es in Schiffsregistersachen **keine besonderen Wertvorschriften** gibt, gelten die allgemeinen Vorschriften nach § 19 I KostO (gemeiner Wert). Hiermit ist der Preis gemeint, der im gewöhnlichen Geschäftsverkehr zu erzielen ist (§ 20 Abs. 1 KostO: bei Kauf der Kaufpreis und § 39 Abs. 2 KostO: Anrechnung einer Gegenleistung). Bei 959

475 OLG Hamm DnotZ 1952, 86.

der **Wertermittlung** entscheidet nicht das **Interesse der Beteiligten** an dem Geschäft, das unterschiedlich groß sein kann, sondern der objektive Wert des Geschäfts.[476] Dadurch dass lediglich ein Viertel der vollen Gebühr nach dem Wert erhoben wird, trifft man bei den Antragstellern in der Praxis überwiegend auf die Bereitschaft den wahren Wert anzugeben. Grundsätzlich wird der Wert gemäß § 19 Abs. 1 KostO durch den Preis bestimmt. Dabei sind alle Umstände zu berücksichtigen, die im gewöhnlichen Geschäftsverkehr den Preis beeinflussen. Lediglich ungewöhnliche oder nur persönliche Verhältnisse bleiben außer Betracht. Damit ist **in der Regel der Kaufpreis** auch der Wert, nach dem die Gebühren berechnet werden. Nur wenn berechtigte Zweifel an dem angegebenen Wert bestehen, ist eine Wertermittlung geboten.

b) Wertermittlung

960 Ist aus den eingereichten Urkunden kein Wert zu ermitteln, was in der Praxis sehr oft vorkommt, ist der einfachste Weg die Nachfrage bei den Vertragsparteien, den Wert des Schiffes anzugeben. Wird bei einem beantragten Eigentumswechsel der Kaufpreis von einem Euro angegeben, handelt es sich meist nur um den **ideellen und keinen tatsächlichen Wert.** Sehr häufig finden sich dann in den Kaufverträgen auch noch Regelungen für den Verkäufer wie zum Beispiel: zweiwöchige Nutzung in den jeweiligen Sommerferien. Dieser Wert der vorbehaltenen Nutzung ist dem Schiffswert zuzurechnen. Ein wesentlicher Anhalt für die Wertermittlung für den genannten Beispielsfall kann der damalige Kaufpreis unter Berücksichtigung des Zeitraumes zwischen Kauf und Verkauf sein. Wurde der Kaufpreis einer Segelyacht bei Eintragung mit 200.000,– Euro, bei Verkauf nach fünf Jahren mit einem Preis von einem Euro angegeben, so dürfte nach Art und Umfang der Sache und unter normalen Bedingungen innerhalb einer Zeit von fünf Jahren ein totaler Wertverlust der Yacht nicht eingetreten sein. Bei dem vorliegenden Beispielsfall erscheint in der Praxis ein geschätzter Wert zwischen 30.000,– Euro und 50.000,– Euro als gerechtfertigt.

c) Vorkaufs- oder Wiederkaufsrechte

961 Vorkaufs- oder Wiederkaufsrechte sind anders als im Grundbuchrecht im Schiffsregister nicht eintragungsfähig.[477] Eine kostenrechtliche Behandlung nach § 20 KostO kann damit unterbleiben.

---

476 BayObLG JB 85, Schlesw RR 2000, 1599.
477 DJ 2. Hj. 1940, 1332.

d) Keine abzugsfähigen Kosten

Die **Umsatzsteuer** ist vom Kaufpreis nicht abzugsfähig, wenn der Käufer diese mit übernommen hat und somit auch zahlt.[478] Evtl. **Beurkundungskosten** des Käufers können von dem Wert des Schiffs nicht abgezogen werden, da diese den tatsächlichen Wert des Schiffs nicht mindern. Es wird gemäß § 18 Abs. 1 KostO nur auf den Wert abgestellt, den der Gegenstand des Geschäfts zum Zeitpunkt der Fälligkeit hat (Geschäftswert). 962

e) Übertragung auf einen Ehegatten

Wird die Eigentumsübertragung auf einen Ehegatten zum Schiffsregister angemeldet, so ist für die Anwendung des § 60 Abs. 2 KostO aus dem Grundbuchrecht kein Raum, da aus § 84 Abs. 1 der Gebührensatz von jeweils einem Viertel der vollen Gebühr nicht unterschritten werden darf. 963

f) Fischkutter mit Fangrechten

Bei einem Verkauf eines Fischkutters werden sehr häufig in dem Kaufvertrag neben dem Kaufpreis Angaben zu Fanglizenzen und Fangquoten in der Form gemacht, dass der Käufer diese Rechte zu einem Preis von z. B. 20.000,– Euro übernimmt. Der Gesamtpreis beträgt 150.000,– Euro. Auf das Schiff entfallen damit 130.000,– Euro und auf die mit verkauften Rechte insgesamt 20.000,– Euro. Fanglizenzen und Fangquoten sind nach deutschem Recht an das Schiff gebunden und damit im Gegensatz zu anderen Europäischen Staaten nicht frei ohne das dazugehörige Schiff handelbar. Eine Zuteilung von Fangquoten an einen Fischereibetrieb ist nur dann möglich, wenn der Bundesanstalt für Landwirtschaft und Ernährung (BLE) das bzw. die Schiffssicherheitszeugnisse der dem Betrieb zugehörigen Fischereifahrzeuge vorliegen.[479] Mit der Bindung der Fischereirechte an das Schiff ist somit kostenrechtlich in dem vorliegenden Beispielsfall ein Wert von 150.000,– Euro anzusetzen. 964

478 DNotZ 1970, 121; BayObLG Rpfleger 1969, 317.
479 BverwG vom 24.3.2011, Az. 3 C-6.10.

3. Ausländische Währung

965 Wird der Wert eines Schiffs in einer ausländischen Währung angegeben, so hat eine Umrechnung in Euro nach dem aktuellen Tageskurs zu erfolgen, da die zu erhebende Gebühr aus der Tabelle zu § 32 KostO in Euro zu berechnen ist. Die **Fälligkeit** definiert § 7 KostO und tritt in analoger Anwendung des § 44 GBO aus dem Grundbuchrecht mit dem Unterschreiben der Eintragung (Datum der Eintragungsverfügung) ein.

4. Mit der Ersteintragungsgebühr verbundene Eintragungen

966 Mit der Gebühr für die Ersteintragung sind gleichzeitig erfolgte Eintragungen **sämtlicher eintragungspflichtiger Tatsachen** nach den §§ 16 und 11 Abs. 1 Nr. 1–7, 9 und Abs. 2 und § 12 SchRegO abgegolten. Hierzu gehören somit auch die Eintragung der Eigentümer; der Reederei, der Mitreeder, der Größe der Schiffsparten und des Korrespondentreeders, bei einer offenen Handelsgesellschaft der Gesellschafter, bei einer Kommanditgesellschaft oder Kommanditgesellschaft auf Aktien der persönlichen Gesellschafter sowie die Eintragung eines ausländischen Messergebnisses. Alle Angaben, welche nach § 12 SchRegO bei der Anmeldung eines Binnenschiffs anzugeben und einzutragen sind, sind mit der Eintragungsgebühr ebenfalls abgegolten. Bei einer **gleichzeitig beantragten Hypothek** wird eine gesonderte Gebühr nach dem Wert der Hypothek erhoben (§ 84 Abs. 3 KostO).

5. Registerwechsel

967 Wird ein Schiff, eingetragen im Schiffsbauregister, nach Fertigstellung in das Seeschiffsregister oder Binnenschiffsregister übertragen, wird ein Viertel der vollen Gebühr nach dem Wert des Schiffs erhoben. Die Übertragung einer Hypothek vom Schiffsbauregister in das Schiffsregister ist dagegen gebührenfrei (§ 85 S. 3 KostO).

968 Wird ein Schiff aus dem Seeschiffsregister in das Binnenschiffsregister übertragen (oder umgekehrt), ist nur eine Gebühr nach einem Wert nach § 30 Abs. 2 KostO zu erheben, da eine gleiche Behandlung wie bei der Verlegung des Heimathafens/Heimatorts gerechtfertigt ist.[480]

969 Ändern sich die **Zuständigkeiten** des Schiffsregisters zum Beispiel aufgrund **Zusammenlegung von Registergerichten** und werden hier durch neue Registereintragungen und das Ausstellen von neuen Schiffsurkunden erforderlich, sind hierfür **keine Kosten** zu erheben (§ 12 Abs. 6 SchRegDV).

---

480 KLBR § 84 Rn. 7.

6. Gebührenfreiheit nach § 84 Abs. 1 KostO

a) Unrichtige Sachbehandlung

Stellt sich bei einer Ersteintragung eines Schiffs in das Seeschiffsregister heraus, 970
dass eine Eintragung in das Binnenschiffsregister hätte erfolgen müssen oder umgekehrt, werden gemäß § 5 SchRegO keine Gebühren erhoben, da hier eine offensichtlich unrichtige Sachbehandlung im Sinne des § 16 KostO vorliegt. Gleiches gilt auch, wenn ein Schiff fehlerhaft in das Schiffsbauregister eingetragen ist.[481] Ebenfalls **gebührenfrei** ist bei gleichzeitiger Eintragung eines Schiffs die erfolgte Eintragung eines **Widerspruchs** gegen die Richtigkeit der Eigentumsübertragung (§ 16 Abs. 4 SchRegO).

b) Veränderungen

Nach § 84 Abs. 1 S. 4 KostO sind Eintragungen von Veränderungen der amtlichen 971
Kennzeichen des Schiffs gebührenfrei. Hierzu gehören zum Beispiel: das Unterscheidungssignal, die IMO- Nummer bei Seeschiffen oder das behördlich angeordnete Merkzeichen bei einem Binnenschiff.

C. Eintragung von Veränderungen, die das Schiff betreffen (§ 84 Abs. 1)

1. Veränderungen, die das Schiff betreffen

Eine viertel Gebühr wird ebenfalls für jede Eintragung von Veränderungen, die das 972
Schiff betreffen, neben den Gebühren aus § 84 Abs. 3 KostO erhoben. Veränderungen im Sinne von § 84 Abs. 1 KostO sind zum Beispiel: Änderung des **Schiffsnamens** oder die Eintragung von veränderten **Messergebnissen wie** Tragfähigkeit, Verdrängung, Länge, Breite, Seitenhöhe oder Brutto-/Nettoraumzahl oder Änderung der Maschinenleistung. Als Wertvorschrift hierfür gilt § 30 Abs. 2 KostO. Ist kein tatsächlicher Anhaltspunkt für eine Schätzung des Wertes gegeben, ist der Wert regelmäßig mit 3000,– Euro, jedoch nicht höher als 5000,– Euro, anzunehmen.

Beispiel: Bei einem Containerschiff wird die Änderung von Messergebnissen und die Änderung des Schiffsnamens angemeldet. Beide Fälle können für den Eigentümer eine höhere wirtschaftli-

481 *Prause* SchRegO S. 78.

che Bedeutung als den Wert von 3000,– Euro nach § 30 Abs. 2 haben. Die Veränderung der Messergebnisse zum Beispiel aufgrund einer Tonnagevermessung kann für den Eigentümer erhebliche wirtschaftliche Vorteile bringen, da durch die Änderung zum Beispiel niedrigere Kanalgebühren gezahlt werden müssen. Eine Änderung des Namens infolge Vercharterung kann von einem wirtschaftlich höheren Wert als die besagte Mindestgebühr sein. Hier kann ein Wert von 10 bis 20% des Schiffswertes angemessen sein, da das Gericht nicht gezwungen ist, den Wert von 3.000,– Euro anzusetzen, sondern diesen nach pflichtgemäßem Ermessen frei schätzen kann.

2. Heimathafen-/Heimatortverlegung

973 Bei der Verlegung des Heimathafens/Heimatortes nach §§ 12 oder 12 a SchRegDV wird eine viertel Gebühr bei dem **neuen Registergericht** erhoben (§ 84 Abs. 1 S. 3 KostO). Für die Gebühren ist es **unerheblich,** ob ein Heimathafen/Heimatort innerhalb desselben Registergerichtsbezirks verlegt wird oder in den Bezirk eines anderen Registergerichtes. Es wird in beiden Fällen nur eine Gebühr fällig. Die bei dem abgebenden Gericht einzutragende Verlegung, die Übersendung einer beglaubigten Abschrift und Schließung des Registerblattes sind kostenfrei und mit der Gebühr bei dem übernehmenden Gericht mit abgegolten. Auch in diesem Fall kann ein Ansatz eines Wertes über 3.000,– Euro geboten erscheinen.

3. Heimathafenverlegung und weitere Veränderungen

974 Werden neben einer Heimathafen-/Heimatortverlegung noch weitere Anträge auf Eigentumsänderung, Namensänderung oder Hypothekeneintragung gestellt, sind die hierfür zu erhebenden Gebühren noch bei dem abgebenden Gericht zu erheben, da dieses auch noch für die Eintragung zuständig ist (§ 12 Abs. 2 SchRegDV). Die Kosten für die Eintragung nach § 84 Abs. 3 KostO werden daneben erhoben. **Grundsätzlich** ist für jede Veränderung eine Gebühr zu erheben, da § 84 Abs. 1 KostO keinen Raum für eine **Zusammenrechnung** einzelner Werte zu einem „Gesamtwert" und damit dem Ansatz zu nur einer Gebühr bietet.[482] Beispiel: Anmeldung einer Heimathafenverlegung mit weiteren Anträgen. Betroffen sind Gericht **A und B** in verschiedenen Gerichtsbezirken.

Es werden bei **Gericht A** (abgebendes Gericht) angemeldet:
- Löschung zweier im Register eingetragener Hypotheken; Wert: je 40.000,– Euro,
- Eigentumswechsel; nach dem Kaufvertrag, Wert: 100.000,– Euro,
- Namensänderung; Wert: 10% vom Schiffswert = 10.000,– Euro,
- Heimathafenverlegung von A nach B,
- Eintragung einer neuen Hypothek, Wert: 60.000,– Euro.

---

482 *Marschall* JMBL 1942, 86.

Da die Zusammenrechnung der einzelnen Werte zu einem „Gesamtwert" nicht möglich ist, werden mit der Eintragung folgende **einzelne Gebühren** fällig:

Bei A, dem bisherigen Schiffsregister
- für die Löschung der Hypotheken: 2 × eine 1/4 Gebühr nach 40.000,– Euro,
- für die Eigentumsumschreibung: 1 × eine 1/4 Gebühr nach 100.000,– Euro,
- für die Namensänderung: 1 × eine 1/4 Gebühr nach 10.000,– Euro,
- für die Eintragung der neuen Hypothek: 1 × eine 1/4 Gebühr nach 60.000,– Euro,
- für die Vermerke auf dem Schiffszertifikat: 5 × 13,– Euro und 2 × 13,– Euro,
- für die Vermerke auf dem Messbrief für die Namensänderung und die Heimathafenverlegung.

Bei B, dem neuen Schiffsregister:
- Gebühr für die Eintragung des Heimathafens eine 1/4 Gebühr nach einem Wert von 10.000,– Euro,
- Gebühr für die Erteilung eines neuen Schiffszertifikates gemäß § 40 SchRegDV 1 × 13,– Euro,
- Auslagen für das Zertifikat nach § 136 KostO.

D. Löschung der Eintragung des Schiffes (§ 84 Abs. 2)

1. Gebührenpflichtige Löschung

Ein Viertel der vollen Gebühr wird für die Löschung der Eintragung eines Seeschiffs 975
erhoben, wenn **keine Eintragungspflicht** bestand (§ 20 Abs. 2 Satz 2 SchRegO). Dies ist bei Seeschiffen bei einer Gesamtlänge unter 15 Metern der Fall (§ 10 Abs. 1 SchRegO).

Bei Binnenschiffen besteht im Umkehrschluss zu § 10 Abs. 2 keine Eintragungspflicht,
- für Schiffe zur Beförderung von Gütern und einer nicht erreichten Mindesttragfähigkeit von 20 Tonnen (Ziffer 1),
- für Schiffe, bei denen die Wasserverdrängung bei größter Eintauchtiefe weniger als 10 Kubikmeter beträgt und das Schiff nicht zur Beförderung von Gütern bestimmt ist (Ziffer 2),
- wenn das Schiff kein Schlepper, Tankschiff oder Schubboot ist (Ziffer 3).

Der Wert für die zu erhebenden Gebühr richtet sich nach dem Wert des Schiffs zur Zeit der Löschung.

2. Gebührenfreie Löschung

976 Die Löschung **eintragungspflichtiger** Schiffe aus dem Seeschiffs-/Binnenschiffsregister ist **gebührenfrei.** Bei gleichzeitiger Löschung einer Hypothek wird jedoch eine Gebühr nach § 84 Abs. 3 KostO erhoben. Gebührenfrei sind **ebenfalls** Eintragungen, wenn das Schiff das Recht zur Führung der Bundesflagge verloren hat oder ein Seeschiff seinen Heimathafen oder ein Binnenschiff seinen Heimatort ins Ausland verlegt hat oder aber auch die Löschung des Schiffs, wenn es gesunken oder reparaturunfähig ist. Gebührenfrei sind auch die Löschungen von Amts wegen nach §§ 21 und 22 SchRegO. Nach § 21 SchRegO ist diese erforderlich bei Eintragung eines Schiffs, obwohl die Eintragung wegen Fehlens einer wesentlichen Voraussetzung unzulässig war, und wenn eine Anmeldung durch den Verpflichteten nicht durchgesetzt werden kann.

§ 22 SchRegO sieht eine Löschung von Amts wegen vor, wenn 30 Jahre keine Eintragung in das Schiffsregister erfolgte und nach Anhörung zuständiger Stellen feststeht, dass das Schiff nicht mehr vorhanden oder zu Schifffahrtszwecken verwendbar und weder mit einer Hypothek oder einem Nießbrauch belastet ist. Eintragungen in das Register, die die **Änderung des Flaggenrechts** nach § 17 Abs. 2 SchRegO betreffen, sind nach § 84 Abs. 2 KostO **ebenfalls gebührenfrei.** Hierzu gehören die Eintragung, dass das Schiff anstelle der Bundesflagge eine **ausländische Flagge** führen darf und die Eintragung des **Widerrufs der Genehmigung.** Für beide Fälle ist auf dem Zertifikat für den zu setzenden Vermerk eine Gebühr in Höhe von 13,– Euro nach § 84 Abs. 5 KostO zu erheben.

977 Wird im Zuge der Eintragung einer Ausflaggung die Erteilung eines beglaubigten Auszuges aus dem Schiffszertifikat beantragt, ist eine Gebühr nach §§ 73, 89 KostO in Höhe von 18,– Euro zu erheben. Weitere gebührenfreie Geschäfte des Registergerichts unter § 87 KostO, Rn. 1016.

E. Eintragung von Rechtsverhältnissen (§ 84 Abs. 3)

§ 84 Abs. 3 KostO behandelt Eintragungen, die die Rechtsverhältnisse an einem Schiff betreffen.

1. Der Eigentümer

a) Eintragungen eines neuen Eigentümers

978 Für die Eintragung eines neuen Eigentümers wird ¼ der vollen Gebühr nach dem Wert des Schiffs erhoben. Wird neben dem alten Eigentümer ein weiterer Miteigentümer eingetragen, so wird ¼ der vollen Gebühr nach dem Wert des Miteigentums-

anteils berechnet. Bei Eintragungen von **Ehegatten** oder Abkömmlingen kommt eine Anwendung des § 60 Abs. 2 und 3 KostO nicht in Frage, da in jedem Fall ¼ der vollen Gebühr zu erheben ist.

b) Erbe als neuer Eigentümer

Die Anwendung der grundbuchrechtlichen Vorschriften des § 60 Abs. 4 KostO, nach 979
der **keine Gebühren** für die Eintragung von Erben des eingetragenen Eigentümers binnen zwei Jahren nach dem Erbfall angemeldet werden, findet in der gesamten Literatur breite Zustimmung, da diese Eintragung nur als Berichtigung des Registers gesehen wird. Nach der sinngemäßen Anwendung des § 84 Abs. 3 KostO ist diese Vorschrift auch für das Schiffsregister anzuwenden. Die **Zweijahresfrist** wird durch den Eingang des Antrages beim Schiffsregister gewahrt. Der Antrag muss in dieser Frist nicht eintragungsreif sein.[483] Diese Frist wird als **Ausschlussfrist** behandelt.[484] Auch bei einem unverschuldeten Versäumnis des Erben ist eine Gebühr zu erheben und § 60 Abs. 4 KostO unanwendbar.[485] Sind Erben in ungeteilter Erbengemeinschaft als Eigentümer eingetragen und übernimmt später ein Erbe das Schiff alleine, so bleibt sein bisheriger Erbanteil kostenrechtlich außer Betracht. Es wird nur eine ¼ Gebühr nach dem Wert der erworbenen Anteile berechnet.

c) Vorerbe als Eigentümer mit Nacherbschaft

Ist der als Eigentümer einzutragende Erbe nur als **Vorerbe** eingesetzt, so ist 980
nach § 54 SchRegO gleichzeitig von Amts wegen auch das Recht des Nacherben einzutragen (§ 28 Abs. 1 Ziffer 5d SchRegDV). In diesem Fall ist die Eintragung nicht Nebengeschäft im Sinne des § 35 KostO, sondern eine gebührenpflichtige Tatsache.

Eine **Gebührenbegünstigung** nach § 60 Abs. 4 KostO gilt für die Eintragung des 981
Nacherbenvermerkes nicht. Für die Eintragung des Nacherbenvermerkes ist ¼ Gebühr nach einem zu schätzenden Wert nach § 30 Abs. 1 KostO in Anwendung des §§ 65 Abs. 1, 84 Abs. 3 KostO zu erheben. Der Wert richtet sich nach dem **voraussichtlichen Schiffswert** zum Zeitpunkt der Nacherbschaft.

---

483 OLG Köln Rpfleger 1988, 549; a.M. OLG Karlsruhe Rpfleger 1988, 19.
484 LG Freiburg Rpfleger 1972, 232.
485 BayObLG Rpfleger 99, 509.

d) Erbe als Eigentümer und Testamentsvollstreckung

982 Ist bei der Eintragung eines Erben ein Testamentsvollstrecker ernannt, ist dieser ebenfalls wie der Nacherbe von Amts wegen nach § 54 SchRegO in das Schiffsregister (§ 28 Abs. 1 Ziffer 5d SchRegDV) einzutragen, wenn der Nachlassgegenstand der Testamentsvollstreckung unterliegt. Für diese Eintragung ist dann ebenfalls eine ¼ Gebühr nach des nach § 30 Abs. 1 KostO zu bemessenden Wertes zu erheben.

e) Testamentsvollstreckung und Nacherbschaft

983 Sind sowohl Nacherbschaft als auch Testamentsvollstreckung als Verfügungsbeschränkung bei dem gleichen Recht einzutragen und werden diese gleichzeitig beantragt, so ist der Wert für die Nacherbschaft und der Testamentsvollstreckung zusammenzurechnen und hiernach eine ¼ Gebühr in Anwendung von §§ 65 Abs. 3, 84 Abs. 3 KostO zu erheben.

f) Eigentümerwechsel bei mehreren Schiffen bei demselben Gericht

984 Wird bei einem **Erbfall** das Eigentum an mehreren, im Schiffsregister eines Registergerichts eingetragenen Schiffen aufgrund **gleichzeitig gestellten Antrages** einem Eigentümer übertragen, so ist nach § 84 Abs. 3 KostO in analoger Anwendung des § 60 Abs. 5 KostO nur eine ¼ Gebühr nach den zusammengerechneten Werten der Schiffe zu erheben. Durch den eindeutigen Verweis auf die Grundbuchvorschriften ist eine Kostenerhebung nach den einzelnen Werten in diesem Falle nicht gegeben. Maßgebend sind hier die **gleichzeitige Antragstellung** und die Übertragung auf einen Eigentümer. Liegen nacheinander gestellte Anträge vor, so gelten diese solange als gleichzeitig gestellt, wie alle Anträge gleichzeitig bis zur Erledigung vorliegen.

g) Eigentümerwechsel bei mehreren Schiffen bei verschiedenen Gerichten

985 **Beispiel:** Der Erblasser hatte zwei eingetragene Seeschiffe bei dem Schiffsregister in Kiel mit einem Schiffswert von je 200.000,– Euro. Ebenfalls besaß der Erblasser ein Schiff eingetragen bei dem Seeschiffsregister Hamburg mit einem Wert von 500.000,– Euro. Für die Eintragung eines neuen Eigentümers werden bei dem Schiffsregister in Kiel eine ¼ Gebühr nach dem zusammengerechneten Wert von 400.000,– Euro und in Hamburg eine ¼ Gebühr nach einem Wert von 500.000,– Euro berechnet. Eine Gebühr nach dem zusammengerechneten Wert von 900.000,– Euro ist nicht möglich, da eine Zusammenrechnung gemäß § 60 Abs. 5 KostO nur für jedes Schiffsregister einzeln gilt.

h) Zusammenrechnung bei Eigentümern

Zu beachten ist, dass eine Zusammenrechnung nur bei einem Eigentümer möglich ist. Mehrere selbständige juristische Personen sind verschiedene Personen, auch wenn sie von denselben Personen gebildet werden. 986

Beispiel: Der Erblasser hinterlässt seinen beiden Erben zwei im Schiffsregister eingetragene Schiffe. Die beiden Erben sind allein Gesellschafter einer OHG und zugleich alleinige Gesellschafter einer GmbH. Soll nun bei einem Schiff die OHG und bei einem anderen die GmbH als Eigentümer eingetragen werden, so sind dies formell verschiedene Eigentümer auch wenn Personenidentität besteht.[486]

i) Eigentümer als Bruchteilsgemeinschaft

Erfolgt die Übertragung eines Bruchteils an einem Schiff, so ist der Wert des Bruchteils und danach die Gebühr zu berechnen. Eine Besonderheit ergibt sich aus § 84 Abs. 4 KostO für Reedereien (s. Rn. 1005). Sind mehrere Eigentümer zur gesamten Hand eingetragen, so findet § 61 Abs. 1 und 2 KostO mit der Folge Anwendung, dass eine Gesamthandsgemeinschaft kostenrechtlich wie eine Bruchteilsgemeinschaft zu behandeln ist. 987

Beispiel: Im Schiffsregister ist eine Gesellschaft bürgerlichen Rechts, bestehend aus Person A, B und C mit einem Anteil von je 100.000,– Euro, eingetragen. Scheidet nun eine Person aus der Gesellschaft aus, wird eine ¼ Gebühr nach einem Wert von 100.000,– Euro berechnet. Ebenso verhält es sich bei einer zu gleichen Teilen eingetragenen Erbengemeinschaft.

Beispiel: Bei einer eingetragenen Erbengemeinschaft bestehend aus A, B und C mit einem Anteil von je 100.000,– Euro übertragen B und C ihre Anteile auf A zu Alleineigentum. Es ist eine ¼ Gebühr nach 200.000,– Euro zu erheben.

Nach § 28 Abs. 1 Nr. 2 SchRegDV sind bei der Eintragung einer offenen Handelsgesellschaft sämtliche Gesellschafter und bei eine Kommanditgesellschaft oder Kommanditgesellschaft auf Aktien sämtliche **persönlich haftenden Gesellschafter** einzutragen. Tritt nun ein persönlich haftender Gesellschafter aus, oder tritt gleichzeitig ein neuer persönlich haftender Gesellschafter ein, ist damit die Größe des Anteils an der Gesellschaft festzustellen und hierfür den Wert der Eintragung nach § 30 Abs. 1 KostO in Ansatz zu bringen.

486 KLBR § 60 Rn. 66.

j) Firma als Eigentümer

988 Ändert sich die Firma des eingetragenen Eigentümers durch Umwandlung, so erfolgt dies entweder durch Verschmelzung, Spaltung, Vermögensübertragung oder Formwechsel. Bei der Übertragung des Vermögens (hier: Schiff) auf einen bestehenden oder neuen anderen Rechtsträger nach §§ 2, 123, 174 UmwG löst dies eine ¼ Gebühr nach dem Schiffswert aus. Bei einem Formwechsel, also der Änderung der Rechtsform desselben Rechtsträgers, löst dies nur eine ¼ Gebühr nach einem Wert nach § 30 KostO aus.

k) Namensänderung des Eigentümers

989 Ändert sich der Name des Eigentümers zum Beispiel durch Heirat, ist keine ¼ Gebühr nach dem Schiffswert, sondern eine ¼ Gebühr nach einem Wert nach § 30 KostO in analoger Anwendung des § 67Abs. 3 KostO anzusetzen.

2. Die Hypothek

a) Eintragung/Löschung einer Hypothek

990 Für die **Eintragung** oder die **Löschung** einer Hypothek ist eine ¼ Gebühr nach dem Betrag der Forderung zu berechnen (§ 84 Abs. 3 KostO).

991 Wird mit der Eintragung des Rechts **gleichzeitig die Unterwerfung** unter die sofortige Zwangsvollstreckung beantragt, so ist dies ein gebührenfreies Nebengeschäft nach § 62 Abs. 3 KostO. Die **nachträgliche** Eintragung der Unterwerfungsklausel löst jedoch eine Gebühr nach § 30 Abs. 2 KostO aus.

992 Ist gleichzeitig mit der Eintragung der Hypothek ein **Rangvorbehalt** einzutragen, so gehört dies zur Hypothek und löst ebenfalls keine zusätzliche Gebühr aus.

993 Dies gilt ebenfalls für die mit der Hypothek beantragte **Löschungsvormerkung** nach § 58 SchRG. Löschungsvormerkungen, die **nicht gleichzeitig** mit der Neubestellung einer Hypothek beantragt werden, sind kostenrechtlich als **Vorrangseinräumung** zu behandeln so dass eine ¼ Gebühr nach dem geringeren Wert des vortretenden oder zurücktretenden Rechts zu erheben ist.

Beispiel: Der Schuldner unterwirft sich gegenüber der Bank wegen eines bestimmten Betrages von 25.000,– Euro, den er als Darlehen zu schulden anerkennt, der sofortigen Zwangsvollstreckung in sein gesamtes Vermögen und insbesondere in das Schiff mit allem Zubehör und zwar wegen der Darlehensforderung auch in der Weise, dass die Zwangsvollstreckung gegen den jeweiligen Eigentümer zulässig sein soll, und beantragt die Eintragung einer Schiffshypothek von 25.000,– Euro mit der Vollstreckungsunterwerfung, soweit sie sich auf das Schiff bezieht, im Schiffsregister des Amtsgerichts ... einzutragen. Kosten: ¼ Gebühr nach einem

Betrag von 25.000,– Euro nach § 84 Abs. 3 und § 62 KostO. Die Eintragung der Unterwerfungsklausel ist damit abgegolten. Für den Vermerk auf dem Schiffszertifikat werden 13,– Euro nach § 84 KostO erhoben. Für die Eintragung und Löschung einer **Höchstbetragshypothek** gibt es keine kostenrechtlichen Besonderheiten. **Verzichtet** der Gläubiger auf die Hypothek ist eine Löschungsgebühr (1/4 Geb. nach dem Wert des Rechtes) zu erheben.

b) Eintragung/Löschung einer Hypothek in ausländischer Währung

Grundsätzlich ist bei Eintragungen von Geldbeträgen in das Schiffsregister die jeweils im Geltungsbereich des Grundgesetzes geltende Währung anzugeben (§ 36 SchRegO). Wird die einzutragende Hypothek in einer ausländischen Währungen angegeben, so hat eine Umrechnung in Euro nach dem **aktuellen Tageskurs** zu erfolgen, da die zu erhebende Gebühr aus der Tabelle zu § 32 KostO in Euro zu berechnen ist. Die Fälligkeit definiert sich nach § 7 KostO und tritt in analoger Anwendung des § 44 GBO aus dem Grundbuchrecht mit dem Unterschreiben der Eintragung bzw. der Löschung (Datum der Eintragungs-/Löschungsverfügung) ein. Aufgrund der unterschiedlichen Umrechnungskurse können somit unterschiedliche hohe Gebühren für die Eintragung und die Löschung der Hypothek entstehen. Wurden Währungen aus Mitgliedstaaten der **Europäischen Union** eingetragen und sollen diese Rechte **teilweise gelöscht** werden, so ist bei einer in ausländischer Währung eingetragenen Hypothek der verbleibende Betrag in Euro umzurechnen und einzutragen. Eingetragene Rechte, welche nicht verändert werden, bleiben hiervon unberührt. Auch in diesem Fall hat die Umrechnung nach dem aktuellen Tageskurs zu erfolgen. 994

c) Umwandlung einer Hypothek

Im Schiffsrecht kann als Umwandlung der Belastungsform die Umwandlung einer Hypothek in eine Höchstbetragshypothek oder umgekehrt erfolgen. Es entsteht eine 1/4 Gebühr nach dem Wert des vollen Kapitalbetrages. 995

d) Eintragung/Löschung einer Zwangshypothek

Bei der Eintragung und Löschung einer Zwangshypothek wird ebenfalls 1/4 der vollen Gebühr nach dem Wert erhoben. Mit der Eintragungsgebühr ist gleichzeitig der vorgeschriebene Vermerk auf dem Schuldtitel (§ 867 ZPO) mit abgegolten. 996

3. Eintragung einer Gesamthypothek (§ 63 KostO)

a) Allgemein

997 Für die kostenrechtliche Behandlung findet § 84 Abs. 3 i. V. m. § 63 KostO Anwendung. Weiter ist entscheidend, ob es sich um **ein Recht** oder **mehrere Rechte** handelt. Werden mehrere Rechte auf einem oder mehreren Schiffen eingetragen, so ist für die Eintragung jedes Rechts die Gebühr zu erheben (§ 62 Abs. 1 und § 84 Abs. 1 KostO). Ein Recht liegt z. B. bei einer Eintragung einer Gesamthypothek vor. Anwendung finden dann § 63 Abs. 2–4 KostO. Entscheidend ist, ob die Eintragung auf mehreren Schiffen eines **gleichzeitig** gestellten Antrages erfolgt, dann findet § 63 Abs. 3 und 4 KostO Anwendung. Wenn die Anträge nicht gleichzeitig gestellt werden gilt § 63 Abs. 4 KostO. Wenn bei gleichzeitiger Antragstellung die Schiffe bei demselben Register eingetragen sind, dann gilt § 63 Abs. 2 KostO. Wenn die Schiffe bei verschiedenen Registergerichten registriert sind, gilt § 63 Abs. 3 KostO.

b) bei demselben Amtsgericht

998 Eine ¼ Gebühr nach dem Wert des Rechts wird nach § 63 Abs. 2 und 3 KostO erhoben, wenn bei **gleichzeitiger Antragstellung ein und dasselbe Recht** auf mehreren Schiffen bei demselben Schiffsregister eingetragen werden soll. Auf die Art des Schiffsregisters kommt es hierbei nicht an. Auch können die Schiffe unterschiedlichen Eigentümern gehören. Gehört A ein Schiff, eingetragen im Seeschiffsregister, B ein Schiff, eingetragen im Binnenschiffsregister und C ein Schiffsbauwerk, eingetragen im Schiffsbauregister und ist eine Gesamthypothek von einer Million Euro auf allen Schiffen und dem Schiffsbauwerk einzutragen, ist eine ¼ Gebühr nach einer Million Euro für alle drei Eintragungen zu erheben. **Gleichzeitige Antragstellung** liegt auch dann noch vor, wenn die Anträge zu verschiedenen Zeiten eingereicht werden, jedoch dem Register zur gleichzeitigen Erledigung vorliegen.[487]

c) bei verschiedenen Amtsgerichten

999 Sind die Schiffe bei verschiedenen Amtsgerichten eingetragen, so ist bei jedem Schiffsregister die Gebühr gesondert zu erheben(§ 63 Abs. 3 KostO). Die Vergünstigungen aus dem Grundstücksrecht aus § 62 Abs. 1 oder 2 KostO sind nur bedingt anwendbar, da das Schiffsregister lediglich ¼ Gebühren kennt. Bei jedem Amtsge-

487 OLG Düsseldorf DNotZ 1957, 33.

richt wird danach eine ¼ Gebühr erhoben. Der Wert des Schiffes/der Schiffe ist mit dem Wert der Hypothek zu vergleichen. Gehören mehrere Schiffe zu einem Registergericht, sind die **Schiffswerte zusammenzurechnen.** Die Gebühr ist dann immer nach dem geringeren Wert zu berechnen (§ 63 Abs. 4 KostO).

Beispiel: Zum Schiffsregister A gehören die Schiffe I mit einem Wert von 200.000,– Euro und II mit einem Wert von 50.000,– Euro. Zum Schiffsregister B gehören die Schiffe III mit einem Wert von 100.000,– Euro und IV einem Wert von 400.000,– Euro. Als Gesamtrecht soll eine Hypothek von 400.000,– Euro eingetragen werden. Da die Gebühren nach dem geringeren Wert zu berechnen sind, ist bei dem Schiffsregister A eine ¼ Gebühr nach einem Wert von 250.000,– Euro und bei dem Schiffsregister B eine ¼ Gebühr nach einem Wert von 400.000,– Euro zu erheben.

4. Löschung und Entlassung aus der Mithaft (§ 68 KostO)

Die Entlassung aus der Mithaft bedeutet die Löschung eines auf ein oder auf mehre- 1000
re Schiffe eingetragenen Rechts mit der Folge, dass mindestens auf einem Schiff das Recht eingetragen bleibt. Für die Löschung ist die gleiche Gebühr wie für die Eintragung von Belastungen mehrerer Schiffe mit ein und demselben Recht nach § 63 Abs. 2 bis 4 KostO zu erheben. Bei der Löschung eines Gesamtrechts richtet sich die Gebühr bei gleichzeitiger Antragstellung bei demselben Schiffsregister nach § 63 Abs. 2 KostO und bei verschiedenen Schiffsregistern nach § 63 Abs. 3 KostO.

5. Der Rang der Hypothek

a) Rangänderung

Wird eine Rangänderung mit dem Recht zusammen eingetragen, ist dies ein gebüh- 1001
renfreies Nebengeschäft nach § 35 KostO. Obwohl eine Rangänderung materiell- und registerrechtlich eine Veränderung des vortretenden wie auch des zurücktretenden Rechts ist, wird nur **einmal eine ¼ Gebühr** nach dem Wert des zurücktretenden Rechts erhoben. Eine Rangänderung wird kostenrechtlich als **Veränderung** des zurücktretenden Rechts behandelt (§ 64 Abs. 1 und 5 KostO). Nach § 23 Abs. 3 S. 1 KostO ist jedoch stets der **geringere Wert** des vor- oder zurücktretenden Rechts maßgebend. Tritt **ein Recht** hinter mehrere Rechte zurück, ist die Summe der zurücktretenden Rechte für den Vergleich entscheidend. Treten mehrere Rechte zurück, ist für jedes zurücktretende Recht eine gesonderte Gebühr zu erheben. Die sich ergebende Gebührenhäufung wird als verfassungsmäßig angesehen.[488]

---

488 OLG Hamm Rpfleger 1988, 101.

Beispiele: Unter Nr. 1 sind 200.000,– Euro, unter Nr. 2 sind 250.000,– Euro und unter Nr. 3 sind 180.000,– Euro eingetragen. Räumt nun Nr. 1 Nr. 2 den Vorrang ein, ist eine ¼ Gebühr nach dem zurücktretenden Recht von 200.000,– Euro zu erheben.
Räumt Nr. 2 dem Recht Nr. 3 den Vorrang ein, ist eine Gebühr nach 180.000,– Euro zu erheben. Räumen die Rechte Nr. 1 und Nr. 2 dem Recht Nr. 3 den Vorrang ein, sind jeweils eine ¼ Gebühr nach 200.000,– Euro und 250.000,– Euro zu erheben.

b) Rangvorbehalt

1002 Wird der Rangvorbehalt mit dem Vorbehaltsrecht zusammen eingetragen, ist dies ein gebührenfreies Nebengeschäft nach § 35 KostO. Bei einer nachträglichen Eintragung ist eine ¼ Gebühr des zurücktretenden Rechts nach § 64 Abs. 1 i.V.m. § 84 Abs. 3 KostO zu erheben. Der Wert bestimmt sich nach § 30 KostO und ist mit etwa 25% des Vorbehalts anzunehmen.[489]

6. Eintragungen/Löschungen von Vormerkungen

1003 Für Vormerkungen und Widersprüchen richtet sich der Wert nach dem gesicherten Recht. Vormerkungen und Widersprüche, die von Amts wegen einzutragen sind, sind gebührenfrei.

7. Eintragung von Widersprüchen

1004 Wird Widerspruch gegen das Bestehen eines Rechtes eingelegt, geschieht dies mit dem Ziel, die Eintragung des Rechtes zu beseitigen und damit formell zu löschen (§ 21 Abs. 1 SchRG).

Hierfür wird eine ¼ Gebühr nach dem Wert des Rechts erhoben.

F. Eintragung bei Bestehen einer Reederei (§ 84 Abs. 4)

1005 Für die **Ersteintragung** eines Schiffes, dessen Eigentümer eine Reederei ist, **gilt § 84 Abs. 1 KostO,** d.h. die Gebühren bemessen sich nach dem Wert des Schiffes. Die **Sondervorschrift** des § 84 Abs. 4 KostO gilt nur für die dort aufgeführten **neuen Eintragungen** einer schon eingetragenen Reederei. Für diese Eintragungen werden

489 OLG Düsseldorf Rpfleger 1978, 466.

lediglich **Rahmengebühren** in Höhe von 10 bis 140 Euro erhoben. Für die Bemessung der Gebühr sind alle auf den Einzelfall zu berücksichtigenden Umstände heranzuziehen und nach Bedeutung der Sache nach billigem Ermessen festzulegen (§ 34 KostO). **Bewertungskriterien sind:** Die Größe und der Wert des Schiffs, bei der Eintragung eines neuen Mitreeders die Größe der übertragenden Schiffspart, bei der Verpfändung oder Pfändung der Betrag der Forderung, bei einer Verfügungsbeschränkung deren Tragweite, bei der Eintragung eines Korrespondentreeders der Umfang seiner Befugnisse. Daneben ist die Bedeutung der jeweiligen Eintragung zu berücksichtigen.[490] Hat man in der Praxis bei der Übertragung einer Schiffspart oder bei der Verpfändung der Schiffspart noch einen Wert, so fehlen zum Beispiel bei der Eintragung eines Korrespondentreeders häufig Ansatzpunkte zur Wertermittlung, da kaum eine Reederei den Korrespondentreedervertrag zum Schiffsregister einreicht, aus dem sich Umfang und Befugnisse des Korrespondentreeders ergeben. In aller **Regel** dürfte dann der Ansatz einer Mittelgebühr von 75,– Euro (10+140=150:2 = 75) gerechtfertigt sein. Dies bedeutete in Anwendung der geltenden Tabelle einen Wert von ca. 160.000,– Euro. Bei dem Höchstbetrag von 140,– Euro ist ein Wert von ca. 340.000,– Euro anzunehmen. Ist der **Wert höher,** bleibt es bei dem Betrag von 140,– Euro. Bei einer Eintragung eines bisherigen Mitreeders als Alleineigentümer findet nicht Abs. 4, sondern Abs. 3 Anwendung. Die Reederei ist dann beendet.[491]

G. Schiffsurkunden und Vermerke (§ 84 Abs. 5)

1. Schiffsurkunden

Eintragungen in das Schiffsregister sind unverzüglich auf dem Schiffszertifikat **1006**
bzw. Schiffsbrief zu vermerken. Dies gilt nicht für Eintragungen, welche die Belastungen einer Schiffspart betreffen (§ 61 SchRegO). Mit der Eintragung in das Schiffsregister werden für Seeschiffe Schiffszertifikate und für Binnenschiffe Schiffsbriefe ausgestellt (§ 60 SchRegO). Hierfür wird jeweils eine Gebühr von 13,– Euro erhoben.

Für die Erteilung eines beglaubigten Auszuges aus dem Schiffszertifikat oder ei- **1007**
nes Auszuges aus dem Schiffszertifikat (bei Ausflaggung) wird nach § 84 Abs. 5 Satz 3 KostO nur eine Dokumentenpauschale nach § 136 KostO erhoben.

---

490 KLBR § 84 Rn. 23.

491 AG Bremen in KostRsp. KostO § 84 Nr. 1; *Rohs/Wedewer* § 84 Rn. 13.

2. Vermerke

1008 Für **einzutragende Vermerke** von Veränderungen auf diesen Schiffspapieren wird ebenfalls eine Gebühr von 13,– Euro **je Vermerk** erhoben. Die Gebühr von 13,– Euro wird neben den Gebühren für die Eintragungen erhoben, § 84 Abs. 1–4 KostO. Es sind deshalb regelmäßig **so viel Gebühren** für Vermerke auf dem Schiffszertifikat oder dem Schiffsbrief in Ansatz zu bringen, wie **Gebühren für die Eintragung** zu berechnen sind. Einzutragende Veränderungen auf einem Schiffszertifikat/Schiffsbrief sind zum Beispiel Eigentumswechsel, Eintragungen/Löschungen von Hypotheken, Eigentumsbeschränkungen, Namensänderung, Heimathafen-/Heimatortverlegung oder Änderung der Messergebnisse. **Schreibgebühren** werden hierzu **nicht erhoben.** Für Eintragungen der Vermerke von Veränderungen der amtlichen Kennzeichen auf den **Schiffspapieren** (Schiffsmessbrief, Eichschein) wird weder eine Gebühr noch eine Dokumentenpauschale erhoben (§ 84 Abs. 5 S. 2 KostO).

3. Flaggenzeugnis

1009 In § 84 Abs. 5 wird noch das Flaggenzeugnis erwähnt. Nach dem Flaggenrechtsgesetz (FlaggRG) vom 4.7.1990[492] gibt es den Begriff des Flaggenzeugnisses nicht mehr. Für im Ausland erworbene Seeschiffe wird nach § 5 FlaggRG ein Schiffsvorzertifikat ausgestellt. Für bestimmte Seeschiffe ersetzt das Flaggenzertifikat das Schiffszertifikat, § 3 Buchst. d FlaggRG. Für **Überführungsfahrten** neu erbauter Seeschiffe ist an Stelle des Flaggenzeugnisses nach §§ 10, 12 FlaggRG der Flaggenschein getreten. Nach § 6 der Zweiten Durchführungsverordnung zum FlaggRG vom 31. März 1951 (Bundesgesetzblatt II S. 65) wird der Flaggenschein von der Schifffahrtsbehörde (BSH) ausgestellt und bedarf keiner Vorschrift in der KostO.[493]

H. Eintragungen in das Schiffsbauregister (§ 85 KostO)

1. Ersteintragung, Veränderungen

1010 Die Gerichtskosten für die Eintragungen in das Schiffsbauregister regelt § 85 KostO. Danach gelten die Vorschriften des § 84 Abs. 1–4 KostO entsprechend. Eine Aus-

492 BGBl. I, S. 1342.

493 Vgl. Begründung des Regierungsentwurfs zum KostenrechtsÄndG 1957, BT-Drucks. 2/2545, S. 189.

nahme stellt jedoch die Ersteintragung eines Schiffbauwerkes dar. Diese ist nach § 85 S. 2 KostO gebührenfrei. Eine Gebühr wird **nur** für die **gleichzeitig** beantragte Hypothek nach dessen Wert erhoben. Werden **Veränderungen,** die sich auf das Bauwerk selber beziehen, angemeldet wie z. B. Änderung des Bauortes, so ist dann ¼ der vollen Gebühr nach einem Wert gemäß § 30 Abs. 2 KostO in Anwendung des § 84 Abs. 1 S. 2 Halbs. 2 zu erheben. Wird bei der Eintragung des Schiffsbauwerks die Eintragung Zwangsversteigerung des Schiffs beantragt, so wird eine Gebühr nach § 66 Satz 2 SchRegO **nicht** erhoben.

2. Löschungen

Für die Löschung eines Schiffsbauwerkes wird eine ¼-Gebühr nach dem Wert des 1011
Bauwerkes in Anwendung des § 84 Abs. 2 KostO nur erhoben, wenn der Inhaber der Bauwerft und der Eigentümer die Löschung des Bauwerks beantragen, ohne dass ein Verkauf ins Ausland vorliegt oder das Bauwerk untergegangen ist. Wird das Schiff ins **Ausland verkauft** oder ist das Bauwerk **untergegangen** (§ 73 Nr. 1 und 3 SchRegO), werden für die Löschung keine Gebühren erhoben.

3. Rechtsverhältnisse

Für die in § 84 Abs. 3 KostO bezeichneten Rechtsverhältnisse gilt diese Bestimmung 1012
sinngemäß. Lässt eine Reederei ein Schiffsbauwerk bauen gilt auch hier das zu § 84 Abs. 4 KostO Gesagte.

4. Übertragung in das Schiffsregister

Erfolgt nach Fertigstellung des Schiffes aufgrund Anmeldung die Eintragung in das 1013
Schiffsregister, so wird hierfür eine Gebühr nach § 84 Abs. 1 KostO erhoben. Von **Amts wegen** (§ 16 Abs. 3 SchRegO) hat die Übertragung der im Schiffsbauregister eingetragenen Hypotheken zu erfolgen. Die **Übertragung ist gebührenfrei** (§ 85 S. 3 KostO). Für die **Schließung** des Registerblattes des Schiffsbauwerkes (§ 47 SchRegDV) und sonstige Nebengeschäfte werden **keine Gebühren** erhoben.

5. Das Schwimmdock

Die Vorschrift des § 85 KostO gilt auch für Eintragungen in das Schiffsbauregister, 1014
die sich auf im Bau befindliche und auf fertig gestellte Schwimmdocks beziehen. Für die Eintragung der Fertigstellung des Schwimmdocks und seines Lageortes ist eine

Gebühr in entsprechender Anwendung des § 84 Abs. 1 KostO nach dem Wert des Schwimmdocks zu erheben. Die **Registerart** ändert sich **nach Fertigstellung** nur deshalb nicht, weil das Schiffsbauregister auch das Register für Schwimmdocks ist. Diese Regelung ist aus Zweckmäßigkeitsgründen getroffen worden. Zur Begründung wurde angeführt, dass angesichts der geringen Anzahl der für die Eintragung in Betracht kommenden Schwimmdocks, der Aufwand für die Schaffung eines eigenen Registers in keinem Verhältnis stehen würde.[494] Damit steht die Wirkung der Eintragung der Fertigstellung des Schwimmdocks und seines Lageortes in das Schiffsbauregister registerrechtlich der Eintragung des Schiffes nach seiner Fertigstellung in das Schiffsregister gleich.[495] Gleiches gilt für die Eintragung des fertig gestellten Schwimmdocks in das Schiffsbauregister. Mit dem Argument, dass das fertig gestellte Schwimmdock nicht in das Schiffsregister eingetragen wird, entsteht nach herrschender Meinung keine Gebühr des § 84 Abs. 1 KostO.[496]

I. Anmeldungen und Anträge nach § 86 KostO

1015 Nach § 86 S. 3 KostO sind Aufnahme und Entgegennahme von Anträgen und Anmeldungen für das Schiffsregister-und Schiffsbauregister gebührenfrei. Dies gilt nicht für die Aufnahme von Anträgen, die in der Form des § 37 Schiffsregisterordnung zu erfolgen haben (§ 86 S. 2 KostO). Kostenrechtlich ergibt sich daraus, dass durch den Fortfall der Beurkundungszuständigkeit der Gerichte durch das Beurkundungsgesetz eine **Gebührenfreiheit** nur noch für solche Anträge und Anmeldungen gilt, die weder einer Beurkundung noch einer Beglaubigung bedürfen. Damit entstehen z.B. für die **Aufnahme** und **Entgegennahme** der Anmeldung eines Schiffes zur Eintragung in das Schiffsregister bei dem Registergericht keine Gebühren. Gleiches gilt für die Aufnahme von **Anträge bei dem Schiffsregister** auf Änderung des Schiffsnamens oder der Gattung sowie die Änderung von Vermessungsergebnissen oder die Änderung des Heimathafens.

J. Gebührenfreie Geschäfte des Registergerichts

1. Gebührenfrei nach § 87 KostO

1016 Die Vorschrift des § 87 KostO ist aus § 80 der RKostO übernommen worden. Geregelt werden bestimmte Fälle, bei denen für Eintragungen und Löschungen sowie für Ent-

494 BT-Drucks. V/2674 S. 5.
495 *Hornung* Rpfleger 2003, 232.
496 *Rohs/Wedewer/Waldner* § 85 Rn. 4; KLBR § 85 Rn. 6.

scheidungen und Beschwerden Gebühren nicht zu erheben sind. Gebührenfrei sind Eintragungen und Löschungen, welche auf **Ersuchen** oder Anordnung eines Insolvenzgerichtes bei einem Schiffs-/Schiffsbauregister oder Binnenschiffsregister eingehen. Zum Beispiel: Antrag auf Eröffnung, Einstellung oder Aufhebung des Insolvenzverfahrens. Ebenfalls gebührenfrei sind Eintragungen und Löschungen, welche auf Ersuchen oder Anordnung eines **Vollstreckungsgerichtes** bei einem Schiffs-/Schiffsbauregister eingehen. Zum Beispiel: Antrag auf Zwangsversteigerung, Löschung des Zwangsversteigerungsvermerkes.

Ausgenommen sind: Die Eintragung des Erstehers als Eigentümer eines Schiffs **1017**
oder Schiffbauwerkes; Eintragungen aufgrund einer einstweiligen Verfügung (§ 941 ZPO); ferner Eintragungen oder Löschungen, die nach den Vorschriften der Insolvenzordnung statt auf Ersuchen des Insolvenzgerichts auf Antrag des Insolvenzverwalters oder, wenn kein Verwalter bestellt ist, auf Antrag des Schuldners erfolgen.

2. Weitere gebührenfreie Geschäfte

Für die Eintragung von Veränderungen der amtlichen Kennzeichen des Schiffes wird **1018**
weder eine Gebühr noch einen Dokumentenpauschale erhoben (§ 84 Abs. 5 S. 2 KostO). Die Eintragung und Löschung der von Amts wegen eingetragenen Vormerkung (§§ 28 Abs. 2, 81 SchRegO) und die Löschung des Amtswiderspruchs (§ 56 SchRegO) sind ebenfalls gebührenfrei. Für die **Einsicht** in das Schiffsregister (§ 90 KostO) werden Gebühren nicht erhoben. Diese Vorschrift entspricht der Gebührenfreiheit der Grundbucheinsicht nach § 74 KostO.

K. Weitere kostenrechtliche Verfahren

1. Zwangsgeldverfahren

Die **Androhung** des Zwangsgeldverfahrens (§ 388 FamFG) ist trotz Aufhebung des **1019**
§ 119 Abs. 4 KostO weiterhin gebührenfrei, wie sich aus dem Umkehrschluss zu § 119 Abs. 1Nr. 1 KostO ergibt, der nur die Festsetzung, nicht aber die Androhung als gebührenpflichtige Angelegenheit aufführt.[497]

Die **Festsetzung** des Zwangsgeldes (§ 389 FamFG), für die Verwerfung des Ein- **1020**
spruchs (§ 390 Abs. 4 FamFG), oder die Verwerfung oder Zurückweisung der Beschwerde wird **jeweils eine** Gebühr von 100,– Euro nach § 119 Abs. 1 Nr. 1 bis 3

---

497 Keidel/*Heinemann* § 388 Rn. 46.

KostO erhoben. Die Gebühr darf die Höhe des Zwangsgeldes nicht übersteigen. Wird ein Zwangsgeld festgesetzt, hiergegen **Widerspruch** eingelegt und dieser zurückgewiesen, sind 2 × 100,– Euro zu erheben. Bei einer weiteren Androhung nach § 389 Abs. 3 FamFG gehört dies nicht mehr zu dem bisherigenVerfahren, sondern wird als ein neues Verfahren behandelt.

1021 Die **Vollstreckung des Zwangsgeldes** ist eine Angelegenheit der Justizverwaltung (§§ 1 Abs. 1 Nr. 3, Abs. 2, 4; 2 Abs. 1 S. 1 JBeitrO), so dass die KostO keine Anwendung findet.[498]

2. Beschwerden

1022 Die KostO behandelt das Beschwerdeverfahren als eine selbstständige gebührenpflichtige Angelegenheit. Es entsteht nach § 131 KostO nur eine Gebühr für die Zurückweisung oder Verwerfung der Beschwerde nach § 131 Abs. 1 KostO. Zu erheben ist eine 1/4 Gebühr nach dem Wert der Sache, höchstens jedoch 800,– Euro.

3. Zurückweisung/Zurücknahme

1023 Die Gebühren für die Zurückweisung regelt § 130 KostO. Grundsätzlich löst die Zurückweisung/Rücknahme nur eine Gebühr aus, wenn auch die Tätigkeit des Gerichtes eine Gebühr entstehen lässt.[499] Wird ein Antrag zurückgewiesen, entsteht eine 1/4 Gebühr, höchstens ist jedoch ein Betrag von 400,– Euro zu erheben. Bei einer teilweisen Zurückweisung ist für die Berechnung der Gebühr der Wert des zurückgewiesenen Teils maßgebend (§ 130 Abs. 4 Hs. 1 KostO). Von der Erhebung einer Gebühr kann abgesehen werden, wenn der Antrag auf unverschuldete Unkenntnis der tatsächlichen oder rechtlichen Verhältnisse beruht (§ 130 Abs. 5 KostO).

1024 Bei **Rücknahme** des Antrages vor Entscheidung über diesen, ist ebenfalls ein 1/4 Gebühr, höchstens jedoch 250,– Euro in Ansatz zu bringen (§ 130 Abs. 2 KostO). Die in Abs. 1und 2 benannten Sätze dürfen jedoch nicht höher sein, als die eigentliche Gebühr (§ 130 Abs. 3 KostO).

---

498 Keidel/*Heinemann* § 389 Rn. 9.
499 *Hartmann* § 130 Rn. 6, 17.

L. Beglaubigte Abschriften und Bescheinigungen nach § 89 KostO

Die Vorschrift des § 89 KostO verweist auf § 73 Abs. 1 bis 4 KostO. Danach wird für eine unbeglaubigte Registerblattabschrift eine Gebühr von 10,– Euro erhoben (§ 73 Abs. 1 KostO). Der Umfang des Registerblattes ist für die Höhe der Gebühr unbeachtlich. Für einen beglaubigten Registerauszug wird eine Gebühr von 18,– Euro erhoben. Eine beglaubigte Ablichtung oder eine Auskunft bei einer Zwangsversteigerung eines Schiffs ist gebührenfrei (§ 73 Abs. V KostO). 1025

Für Bescheinigungen wird die **Mindestgebühr** von 10,– Euro (§ 33 KostO) gemäß § 89 Abs. 2 KostO erhoben. Zu den Bescheinigungen zählen die Bescheinigung nach §§ 14 und 15 SchRegO sowie Bescheinigungen über Eintragungen aus dem Register, sowie Löschungsbescheinigungen. 1026

Anhang

Anhang I: Gesetze und Verordnungen

1. Schiffsregisterordnung (SchRegO)

Schiffsregisterordnung

in der Fassung der Bekanntmachung vom 26. Mai 1994 (BGBl. I S. 1133), die zuletzt durch Artikel 4 Absatz 5 des Gesetzes vom 11. August 2009 (BGBl. I S. 2713) geändert worden ist.

Erster Abschnitt
Allgemeine Vorschriften
§ 1

(1) Die Schiffsregister werden von den Amtsgerichten geführt.

(2) Abweichend von der in Absatz 1 getroffenen Regelung bestimmen die Landesregierungen durch Rechtsverordnung die Amtsgerichte, bei denen Schiffsregister zu führen sind, und die Registerbezirke, sofern dies für eine sachdienliche und rationelle Erledigung der Verfahren zweckmäßig ist. Die Landesregierungen können die Ermächtigung durch Rechtsverordnung auf die Landesjustizverwaltungen übertragen.

(3) Die Länder können vereinbaren, dass Schiffsregistersachen eines Landes Gerichten eines anderen Landes zugewiesen werden.

§ 2

(1) Für die Entgegennahme eines auf eine Eintragung gerichteten Antrags oder Ersuchens und die Beurkundung des Zeitpunkts, in dem der Antrag oder das Ersuchen bei dem Registergericht eingeht, sind der mit der Führung des Registers für das betroffene Schiff Beauftragte und der vom Leiter des Amtsgerichts für das Schiffsregister oder einzelne Abteilungen bestellte Beamte der Geschäftsstelle zuständig. Bezieht sich der Antrag oder das Ersuchen auf mehrere Schiffe in verschiedenen Geschäftsbereichen desselben Registergerichts, ist jeder zuständig, der nach Satz 1 in Betracht kommt.

(2) Eintragungen in das Schiffsregister sind von dem mit der Führung des Registers Beauftragten und dem Urkundsbeamten der Geschäftsstelle zu unterschreiben. Jedoch kann statt des Urkundsbeamten ein vom Leiter des Amtsgerichts ermächtigter Justizangestellter unterschreiben. Die Schiffsurkunden sowie die Vermerke auf den Schiffsurkunden (§ 61) sind von dem mit der Führung des Registers Beauftragten zu unterschreiben.

(3) Die Landesregierungen können durch Rechtsverordnung bestimmen, dass der Urkundsbeamte der Geschäftsstelle zuständig ist für

1. die Bekanntmachung der Eintragungen,
2. die Gestattung der Einsicht in die Registerakten,
3. die Erteilung von Abschriften aus dem Register oder den Registerakten,
4. die Beglaubigung der Abschriften,
5. die Erteilung von Bescheinigungen und Zeugnissen mit Ausnahme der Schiffsurkunden an dritte Personen oder Stellen in den gesetzlich vorgesehenen Fällen,

soweit dies aus Gründen der Vereinfachung oder Beschleunigung des Geschäftsablaufs oder zur Entlastung des mit der Führung des Registers Beauftragten zweckmäßig ist. Die Landesregierungen können die Ermächtigung durch Rechtsverordnung auf die Landesjustizverwaltungen übertragen.

(4) Die Vorschrift des § 6 des Gesetzes über das Verfahren in Familiensachen und in den Angelegenheiten der freiwilligen Gerichtsbarkeit ist auf den Urkundsbeamten der Geschäftsstelle sinngemäß anzuwenden. Handlungen des Urkundsbeamten der Geschäftsstelle sind nicht aus dem Grund unwirksam, weil sie von einem örtlich unzuständigen oder von der Ausübung seines Amtes kraft Gesetzes ausgeschlossenen Urkundsbeamten vorgenommen worden sind.

(5) Wird die Änderung einer Entscheidung des Urkundsbeamten der Geschäftsstelle verlangt, so entscheidet, wenn dieser dem Verlangen nicht entspricht, der Richter. Die Beschwerde findet erst gegen seine Entscheidung statt.

§ 3

(1) Seeschiffsregister und Binnenschiffsregister werden getrennt geführt.

(2) In das Seeschiffsregister werden die Kauffahrteischiffe und andere zur Seefahrt bestimmten Schiffe (Seeschiffe) eingetragen, die nach §§ 1, 2 des Flaggenrechtsgesetzes vom 8. Februar 1951 (Bundesgesetzbl. I S. 79) die Bundesflagge zu führen haben oder führen dürfen.

(3) In das Binnenschiffsregister werden die zur Schiffahrt auf Flüssen und sonstigen Binnengewässern bestimmten Schiffe (Binnenschiffe) eingetragen.

Eingetragen werden können

1. Schiffe, die zur Beförderung von Gütern bestimmt sind, wenn ihre größte Tragfähigkeit mindestens 10 Tonnen beträgt,
2. Schiffe, die nicht zur Beförderung von Gütern bestimmt sind, wenn ihre Wasserverdrängung bei größter Eintauchung mindestens 5 Kubikmeter beträgt, sowie
3. Schlepper, Tankschiffe und Schubboote.

§ 4

(1) Das Schiff ist in das Schiffsregister seines Heimathafens oder seines Heimatortes einzutragen.

(2) Soll die Schiffahrt mit einem Seeschiff von einem ausländischen Hafen aus betrieben werden oder fehlt es für ein Seeschiff an einem Heimathafen, so steht dem Eigentümer die Wahl des Schiffsregisters frei.

(3) Hat der Eigentümer weder seinen Wohnsitz noch seine gewerbliche Niederlassung im Geltungsbereich des Grundgesetzes, so ist er verpflichtet, einen im Bezirk des Registergerichts wohnhaften Vertreter zu bestellen, der die nach §§ 9 bis 22, 62 begründeten Rechte und Pflichten gegenüber dem Registergericht wahrzunehmen hat. Dies gilt nicht in den Fällen des § 2 Abs. 2 Buchstabe b des Flaggenrechtsgesetzes.

§ 5

Ist ein Seeschiff in das Binnenschiffsregister oder ein Binnenschiff in das Seeschiffsregister eingetragen, so ist die Eintragung des Schiffs nicht aus diesem Grund unwirksam.

§ 6

(1) Ist ein Schiff im Seeschiffsregister eingetragen, so kann sich der Eigentümer nicht darauf berufen, dass es ein Binnenschiff sei.

(2) Ist ein Schiff im Binnenschiffsregister eingetragen, so kann sich der Eigentümer nicht darauf berufen, dass es ein Seeschiff sei.

§ 7

Jedes Schiff erhält bei der Eintragung eine besondere Stelle im Schiffsregister (Registerblatt). Das Registerblatt ist für das Schiff als das Schiffsregister anzusehen.

§ 8

(1) Das Schiffsregister ist öffentlich; die Einsicht in das Register ist jedem gestattet. Auf Verlangen ist eine Abschrift der Eintragung zu erteilen; die Abschrift ist auf Verlangen zu beglaubigen.

(2) Die Einsicht in die Registerakten ist nur gestattet, soweit ein berechtigtes Interesse glaubhaft gemacht wird; Absatz 1 Satz 2 gilt sinngemäß. Das gleiche gilt für die Einsicht in Urkunden, auf die im Schiffsregister zur Ergänzung einer Eintragung Bezug genommen ist, sowie in die noch nicht erledigten Eintragungsanträge.

Zweiter Abschnitt
Die Eintragung des Schiffs

§ 9

Ein Schiff, das nach § 3 Abs. 2, 3 in das Schiffsregister eingetragen werden kann, wird eingetragen, wenn der Eigentümer es ordnungsmäßig (§§ 11 bis 15) zur Eintragung anmeldet. Bei Binnenschiffen genügt die Anmeldung durch einen von mehreren Miteigentümern.

§ 10

(1) Zur Anmeldung eines Seeschiffs ist der Eigentümer verpflichtet, wenn das Schiff nach § 1 des Flaggenrechtsgesetzes die Bundesflagge zu führen hat. Dies gilt nicht für Seeschiffe, deren Rumpflänge, gemessen zwischen den äußersten Punkten des Vorstevens und des Hinterstevens, 15 Meter nicht übersteigt. Von der Anmeldepflicht kann das Bundesministerium für Verkehr, Bau und Stadtentwicklung durch Verwaltungsanordnung allgemein oder im Einzelfall Ausnahmen zulassen.

(2) Zur Anmeldung eines Binnenschiffs ist der Eigentümer verpflichtet,

1. wenn das Schiff zur Beförderung von Gütern bestimmt ist und seine größte Tragfähigkeit mindestens 20 Tonnen beträgt,
2. wenn das Schiff nicht zur Beförderung von Gütern bestimmt ist und seine Wasserverdrängung bei größter Eintauchung mindestens 10 Kubikmeter beträgt, oder
3. wenn das Schiff ein Schlepper, ein Tankschiff oder ein Schubboot ist.

(3) Schiffe im Eigentum und öffentlichen Dienst des Bundes, eines zum Bund gehörenden Landes oder einer öffentlich-rechtlichen Körperschaft oder Anstalt mit Sitz im Geltungsbereich des Grundgesetzes brauchen nicht zur Eintragung angemeldet zu werden.

§ 11

(1) Bei der Anmeldung eines Seeschiffs sind anzugeben:

1. der Name des Schiffs;
2. die Gattung und der Hauptbaustoff;
3. der Heimathafen;
4. der Bauort, die Schiffswerft, auf der das Schiff erbaut worden ist, und das Jahr des Stapellaufs, es sei denn, dass dies nur mit besonderen Schwierigkeiten zu ermitteln ist;

5. die nach Maßgabe der Resolution A.600 (15) vom 19. November 1987 der Internationalen Seeschiffahrts-Organisation (IMO) vergebene Schiffsidentifikationsnummer (IMO-Nummer), sofern sie sich aus dem Meßbrief oder einer entsprechenden Urkunde (§ 13) ergibt, die Ergebnisse der amtlichen Vermessung sowie die Maschinenleistung;
6. der Eigentümer, bei einer Reederei die Mitreeder und die Größe der Schiffsparten, bei einer offenen Handelsgesellschaft die Gesellschafter, bei einer Kommanditgesellschaft oder einer Kommanditgesellschaft auf Aktien die persönlich haftenden Gesellschafter;
7. der Rechtsgrund für den Erwerb des Eigentums;
8. die das Recht zur Führung der Bundesflagge begründenden Tatsachen;
9. bei einer Reederei der Korrespondentreeder;
10. im Fall des § 4 Abs. 3 der Vertreter.

(2) Ist das Schiff im Inland noch nicht amtlich vermessen, so genügt zu Absatz 1 Nr. 5 die Angabe der Ergebnisse einer im Ausland vorgenommenen Vermessung.

§ 12

Bei der Anmeldung eines Binnenschiffs sind anzugeben:
1. der Name, die Nummer oder das sonstige Merkzeichen des Schiffs;
2. die Gattung und der Hauptbaustoff;
3. der Heimatort;
4. der Bauort, die Schiffswerft, auf der das Schiff erbaut worden ist, und das Jahr des Stapellaufs, es sei denn, dass dies nur mit besonderen Schwierigkeiten zu ermitteln ist;
5. bei Schiffen, die zur Beförderung von Gütern bestimmt sind, die größte Tragfähigkeit, bei anderen Schiffen die Wasserverdrängung bei größter Eintauchung sowie bei Schiffen mit eigener Triebkraft außerdem die Maschinenleistung;
6. der Eigentümer, bei mehreren Eigentümern die Größe der einzelnen Anteile;
7. der Rechtsgrund für den Erwerb des Eigentums.

§ 13

(1) Die in § 11 Abs. 1 Nr. 3, 4, 6, 7, Abs. 2, § 12 Nr. 3, 4, 6, 7 bezeichneten Angaben sowie die Maschinenleistung sind glaubhaft zu machen. Der Meßbrief (§ 11 Abs. 1 Nr. 5), der Eichschein oder eine andere zur Bescheinigung der größten Tragfähigkeit oder der Wasserverdrängung bei größter Eintauchung bestimmte und geeignete amtliche Urkunde (§ 12 Nr. 5) ist vorzulegen; ist das Schiff im Inland noch nicht amtlich vermessen (§ 11 Abs. 2) oder geeicht, genügt zu § 11 Abs. 2, § 12 Nr. 5 die Vorlegung der Vermessungsurkunde oder des Eichscheins der ausländischen Behörde oder einer anderen zur Glaubhaftmachung der Angaben geeigneten Urkunde.

(2) Bei der Anmeldung eines Seeschiffs sind die das Recht zur Führung der Bundesflagge begründenden Tatsachen nachzuweisen.

§ 14

(1) Ein Schiff darf nicht in das Schiffsregister eingetragen werden, solange es in einem ausländischen Schiffsregister eingetragen ist. Auf Verlangen des Registergerichts ist glaubhaft zu machen, dass eine solche Eintragung nicht besteht.

(2) Ist ein Schiff, das nach § 10 Abs. 1, 2 zur Eintragung angemeldet werden muß, in einem ausländischen Schiffsregister eingetragen, so hat der Eigentümer die Löschung der Eintragung in diesem Register zu veranlassen.

(3) Ist das Schiff in einem ausländischen Schiffsregister eingetragen gewesen, so ist eine Bescheinigung der ausländischen Registerbehörde über die Löschung der Eintragung des Schiffs einzureichen; die Einreichung kann unterbleiben, wenn sie untunlich ist.

§ 15

Ist das Schiff ganz oder zum Teil im Inland erbaut, so ist bei der Anmeldung eine Bescheinigung des Registergerichts des Bauorts darüber einzureichen, ob das Schiff im Schiffsbauregister eingetragen ist; gegebenenfalls ist eine beglaubigte Abschrift des Registerblatts beizufügen. In der Bescheinigung ist anzugeben, dass sie zum Zwecke der Eintragung des Schiffs in das Schiffsregister erteilt ist.

§ 16

(1) Die Eintragung des Schiffs (§ 9) hat die in § 11 Abs. 1 Nr. 1 bis 7, 9, Abs. 2, § 12 bezeichneten Angaben, die Bezeichnung des Meßbriefs, des Eichscheins oder einer anderen nach § 13 Abs. 1 zulässigen Urkunde und den Tag der Eintragung zu enthalten; sie ist von den zuständigen Beamten zu unterschreiben.

(2) Bei der Eintragung eines Seeschiffs ist ferner ein dem Schiff vom Registergericht zugeteiltes Unterscheidungssignal sowie die Feststellung einzutragen, nach welcher Bestimmung des Flaggenrechtsgesetzes das Schiff zur Führung der Bundesflagge berechtigt ist.

(3) Ist das Schiff in das Schiffsbauregister eingetragen, so sind die dort eingetragenen Schiffshypotheken mit ihrem bisherigen Rang von Amts wegen in das Schiffsregister zu übertragen; die Eintragung des Schiffs ist dem Schiffsbauregister mitzuteilen.

(4) Hat vor der Eintragung des Schiffs ein anderer dem Registergericht gegenüber der Eintragung des Anmeldenden als Eigentümer mit der Begründung widersprochen, dass er Eigentümer des Schiffs sei, so kann das Registergericht bei der Eintragung des Schiffs zugunsten des anderen einen Widerspruch gegen die Richtigkeit der Eigentumseintragung eintragen.

§ 17

(1) Veränderungen der im § 11 Abs. 1 Nr. 1 bis 3, 5, 8, 9, Abs. 2, § 12 Nr. 1 bis 3, 5 bezeichneten, nach § 16 Abs. 1, 2 eingetragenen Tatsachen sind unverzüglich zur Eintragung in das Schiffsregister anzumelden.

(2) Wird nach § 7 des Flaggenrechtsgesetzes genehmigt, dass das Schiff an Stelle der Bundesflagge eine andere Flagge führt, so ist zur Eintragung anzumelden, dass und wie lange das Recht zur Führung der Bundesflagge nicht ausgeübt werden darf. Wird die Genehmigung zurückgenommen, so ist zum Schiffsregister anzumelden, dass das Recht zur Führung der Bundesflagge wieder ausgeübt werden darf.

(3) Für die Eintragung gilt § 16 Abs. 1, 2 sinngemäß.

(4) Geht ein Schiff unter und ist es als endgültig verloren anzusehen oder wird es ausbesserungsunfähig oder verliert ein Seeschiff das Recht zur Führung der Bundesflagge, so ist dies unverzüglich zum Schiffsregister anzumelden.

(5) Die angemeldeten Tatsachen sind glaubhaft zu machen. § 13 Abs. 1 Satz 2 gilt sinngemäß.

§ 18

(1) Zur Anmeldung nach § 17 ist der Eigentümer, bei einer Reederei auch der Korrespondentreeder verpflichtet.

(2) Sind mehrere Verpflichtete vorhanden, so genügt die Anmeldung durch einen von ihnen; entsprechendes gilt, wenn der Eigentümer eine juristische Person oder eine Handelsgesellschaft ist, die durch mehrere Personen vertreten wird.

§ 19

(1) Wer einer ihm nach §§ 10, 13 bis 15, 17, 18 obliegenden Verpflichtung nicht nachkommt, ist hierzu vom Registergericht durch Festsetzung von Zwangsgeld anzuhalten. Das einzelne Zwangsgeld darf den Betrag von eintausend Deutsche Mark nicht übersteigen.

(2) Für das Verfahren gelten die §§ 388 bis 391 des Gesetzes über das Verfahren in Familiensachen und in den Angelegenheiten der freiwilligen Gerichtsbarkeit sinngemäß.

§ 20

(1) Die Eintragung des Schiffs im Schiffsregister wird gelöscht, wenn eine der im § 17 Abs. 4 bezeichneten Tatsachen angemeldet wird. Wird angemeldet, dass das Schiff ausbesserungsunfähig geworden ist, so hat das Registergericht die eingetragenen Schiffshypothekengläubiger von der beabsichtigten Löschung zu benachrichtigen und ihnen zugleich eine angemessene Frist zur Geltendmachung eines Widerspruchs zu bestimmen. Die Frist darf nicht weniger als 3 Monate betragen. § 21 Abs. 2, 3 und Abs. 4 Satz 1 gilt sinngemäß.

(2) Die Eintragung eines Binnenschiffs wird auch gelöscht, wenn es seinen Heimatort im Ausland erhalten hat. Die Eintragung eines Schiffs, dessen Anmeldung dem Eigentümer freisteht, wird auch gelöscht, wenn der Eigentümer die Löschung beantragt; sind mehrere Miteigentümer vorhanden, so bedarf es der Zustimmung aller Miteigentümer.

(3) Hat ein Seeschiff das Recht zur Führung der Bundesflagge verloren, so darf seine Eintragung nur gelöscht werden, wenn die Schiffshypothekengläubiger und, falls eine Schiffshypothek nach dem Inhalt des Schiffsregisters mit dem Recht eines Dritten belastet ist, auch dieser die Löschung bewilligen; für die Bewilligung gilt § 37 sinngemäß. Das gleiche gilt in den Fällen des Absatzes 2.

(4) Liegen die im Absatz 3 bezeichneten Bewilligungen bei der Anmeldung nicht vor, so ist im Falle des Absatzes 3 Satz 1 alsbald in das Schiffsregister einzutragen, dass das Schiff das Recht zur Führung der Bundesflagge verloren hat, im Falle des Absatzes 2 Satz 1, dass das Schiff seinen Heimatort im Ausland hat. Die Eintragung wirkt, soweit die eingetragenen Schiffshypotheken nicht in Betracht kommen, wie eine Löschung der Eintragung des Schiffs.

(5) Zur Löschung eines am 1. Juli 1990 im Schiffsregister eingetragenen Seeschiffes, für das der Eigentümer nachweist, dass die Rumpflänge, gemessen zwischen den äußersten Punkten des Vorstevens und des Hinterstevens, 15 Meter nicht übersteigt, ist unerheblich, ob der Bruttoraumgehalt 50 Kubikmeter übersteigt.

§ 21

(1) Ist das Schiff eingetragen worden, obwohl die Eintragung wegen Fehlens einer wesentlichen Voraussetzung unzulässig war, oder kann eine im § 17 Abs. 4 vorgeschriebene Anmeldung oder die Anmeldung der im § 20 Abs. 2 Satz 1 bezeichneten Tatsache durch die hierzu Verpflichteten nicht auf dem im § 19 bezeichneten Weg herbeigeführt werden, so ist die Eintragung des Schiffs von Amts wegen zu löschen. Das Registergericht hat den eingetragenen Eigentümer und die sonstigen aus dem Schiffsregister ersichtlichen Berechtigten von der beabsichtigten Löschung zu benachrichtigen und ihnen zugleich eine angemessene Frist zur Geltendmachung eines Widerspruchs zu bestimmen. Die Frist darf nicht weniger als drei Monate betragen.

(2) Sind die bezeichneten Personen oder ihr Aufenthalt nicht bekannt, so ist die Benachrichtigung und Fristbestimmung wenigstens einmal in eine geeignete Tageszeitung und in ein Schiffahrtsfachblatt einzurücken. Die Bekanntmachung kann unterbleiben, wenn sie untunlich ist; in diesem Fall ist die Ausfertigung der Benachrichtigung und Fristbestimmung an die Gerichtstafel anzuheften. Die Frist beginnt mit dem Ablauf des Tages, an dem das letzte die Bekanntmachung enthaltende Blatt erschienen ist, bei Anheftung an die Gerichtstafel mit dem Ablauf des Tages, an dem die Anheftung erfolgt ist.

(3) Wird Widerspruch erhoben, so entscheidet über ihn das Registergericht. Die den Widerspruch zurückweisende Verfügung kann mit der sofortigen Beschwerde angefochten werden.

(4) Die Eintragung des Schiffs darf nur gelöscht werden, wenn kein Widerspruch erhoben oder wenn die den Widerspruch zurückweisende Verfügung rechtskräftig geworden ist. Widerspricht ein Schiffshypothekengläubiger der Löschung der Eintragung eines Seeschiffs, welches das Recht zur Führung der Bundesflagge verloren hat, mit der Begründung, dass die Schiffshypothek noch bestehe, so ist in das Schiffsregister nur einzutragen, dass das Schiff das Recht zur Führung der Bundesflagge verloren hat; widerspricht ein Schiffshypothekengläubiger der Löschung der Eintragung eines Binnenschiffs, das seinen Heimatort im Ausland hat, mit dieser Begründung, so ist in das Schiffsregister nur einzutragen, dass das Schiff seinen Heimatort im Ausland hat. § 20 Abs. 4 Satz 2 gilt entsprechend.

§ 22

Ist seit 30 Jahren keine Eintragung im Schiffsregister erfolgt und ist nach Anhörung der zuständigen Schiffahrtsbehörde, bei Seeschiffen auch der Seeberufsgenossenschaft, anzunehmen, dass das Schiff nicht mehr vorhanden oder nicht mehr zu Schiffahrtszwecken verwendbar ist, so hat das Registergericht, wenn weder eine Schiffshypothek noch ein Nießbrauch an dem Schiff eingetragen ist, die Eintragung des Schiffs von Amts wegen zu löschen, ohne dass es des Verfahrens nach § 21 bedarf.

Dritter Abschnitt
Die Eintragung von Rechtsverhältnissen

§ 23

(1) Im Schiffsregister soll eine Eintragung nur auf Antrag erfolgen, soweit nicht etwas anderes vorgeschrieben ist. Der Zeitpunkt, in dem der Antrag beim Registergericht eingeht, soll auf dem Antrag genau vermerkt werden. Der Antrag ist beim Registergericht eingegangen, wenn er einem zur Entgegennahme zuständigen Beamten vorgelegt ist. Wird er zur Niederschrift eines solchen Beamten gestellt, so ist er mit Abschluß der Niederschrift eingegangen.

(2) Antragsberechtigt ist jeder, dessen Recht von der Eintragung betroffen wird oder zu dessen Gunsten die Eintragung erfolgen soll.

§ 24

Die Berichtigung des Schiffsregisters durch Eintragung eines Berechtigten darf auch der beantragen, der auf Grund eines gegen den Berechtigten vollstreckbaren Titels eine Eintragung in das Schiffsregister verlangen kann, sofern die Zulässigkeit dieser Eintragung davon abhängt, dass das Schiffsregister zuvor berichtigt wird.

§ 25

Ist die zu einer Eintragung erforderliche Erklärung von einem Notar beurkundet oder beglaubigt, so gilt dieser als ermächtigt, im Namen eines Antragsberechtigten die Eintragung zu beantragen.

§ 26

(1) Einen Eintragungsantrag, dessen Erledigung an einen Vorbehalt geknüpft wird, soll nicht stattgegeben werden.

(2) Werden mehrere Eintragungen beantragt, so kann von dem Antragsteller bestimmt werden, dass die eine Eintragung nicht ohne die andere erfolgen soll.

§ 27

Werden mehrere Eintragungen beantragt, durch die dasselbe Recht betroffen wird, so darf die später beantragte Eintragung nicht vor der Erledigung des früher gestellten Antrags erfolgen.

§ 28

(1) Steht einer beantragten Eintragung ein Hindernis entgegen, so hat das Registergericht dem Antragsteller eine angemessene Frist zur Behebung des Hindernisses zu bestimmen oder den Antrag unter Angabe der Gründe zurückzuweisen. Im ersten Fall ist der Antrag nach dem Ablauf der Frist zurückzuweisen, wenn nicht das Hindernis inzwischen behoben und dies dem Registergericht nachgewiesen ist.

(2) Wird vor der Erledigung des Antrags eine andere Eintragung beantragt, durch die dasselbe Recht betroffen wird, so ist zugunsten des früher gestellten Antrags von Amts wegen ein Schutzvermerk einzutragen; die Eintragung des Schutzvermerks gilt im Sinne des § 27 als Erledigung dieses Antrags. Der Schutzvermerk wird von Amts wegen gelöscht, wenn der früher gestellte Antrag zurückgenommen oder zurückgewiesen wird.

§ 29

Eine Eintragung erfolgt, wenn der sie bewilligt, dessen Recht von ihr betroffen wird.

§ 30

Im Falle der rechtsgeschäftlichen Übertragung des Eigentums an einem Binnenschiff darf die Eintragung nur erfolgen, wenn die Einigung des Veräußerers und des Erwerbers erklärt ist.

§ 31

(1) Zur Berichtigung des Schiffregisters bedarf es der Bewilligung nach § 29 nicht, wenn die Unrichtigkeit nachgewiesen wird. Dies gilt insbesondere für die Eintragung oder Löschung einer Verfügungsbeschränkung.

(2) Ein neuer Eigentümer darf im Wege der Berichtigung des Schiffsregisters auf Grund einer Bewilligung nach § 29 nur mit seiner Zustimmung eingetragen werden, sofern nicht der Fall des § 24 vorliegt.

§ 32

Wird bei einem Seeschiff die Eintragung eines neuen Eigentümers oder des Erwerbers einer Schiffspart beantragt, so ist nachzuweisen, dass das Schiff weiterhin zur Führung der Bundesflagge berechtigt ist.

§ 33

Ergeben sich Zweifel gegen die Richtigkeit der Eintragung des Eigentümers im Schiffsregister, so hat das Registergericht von Amts wegen die erforderlichen Ermittlungen anzustellen. Ergeben die Ermittlungen, dass das Schiffsregister unrichtig ist, so hat das Registergericht die Beteiligten anzuhalten, den Antrag auf Berichtigung des Schiffsregisters zu stellen und die zur Berichtigung erforderlichen Unterlagen zu beschaffen; § 19 gilt sinngemäß.

§ 34

Soll die Übertragung oder die Belastung einer Forderung, für die ein Pfandrecht an einer Schiffshypothek besteht, eingetragen werden, so genügt es, wenn an Stelle der Eintragungsbewilligung die Abtretungs- oder die Belastungserklärung des bisherigen Gläubigers vorgelegt wird.

§ 35

Eine Schiffshypothek darf im Wege der Berichtigung nur mit Zustimmung des Eigentümers gelöscht werden. Dies gilt nicht, wenn nachgewiesen wird, dass die Schiffshypothek nicht zur Entstehung gelangt ist.

§ 36

In Eintragungsbewilligungen und Eintragungsanträgen sind einzutragende Geldbeträge in der im Geltungsbereich des Grundgesetzes geltenden Währung anzugeben, soweit nicht die Eintragung in anderer Währung gesetzlich zugelassen ist.

§ 37

(1) Eine Eintragung soll nur vorgenommen werden, wenn die Eintragungsbewilligung oder die sonstigen zu der Eintragung erforderlichen Erklärungen durch öffentliche oder öffentlich beglaubigte Urkunden nachgewiesen werden. Andere Voraussetzungen der Eintragung bedürfen, soweit sie nicht bei dem Registergericht offenkundig sind, des Nachweises durch öffentliche Urkunden; kann der Nachweis in dieser Form nicht oder nur mit unverhältnismäßigen Schwierigkeiten geführt werden, so kann das Registergericht einen anderen Nachweis für ausreichend erachten, wenn durch ihn die Tatsache für das Gericht außer Zweifel gestellt ist.

(2) (aufgehoben)

(3) Erklärungen und Ersuchen einer Behörde, auf Grund deren eine Eintragung vorgenommen werden soll, sind zu unterschreiben und mit Siegel oder Stempel zu versehen.

§ 38

Für den Eintragungsantrag sowie für die Vollmacht zur Stellung eines solchen gilt § 37 nur, wenn durch den Antrag zugleich eine zu der Eintragung erforderliche Erklärung ersetzt werden soll.

§ 39

Erklärungen, durch die ein Eintragsantrag zurückgenommen oder eine zur Stellung des Eintragungsantrags erteilte Vollmacht widerrufen wird, bedürfen der in § 37 Abs. 1 Satz 1 vorgeschriebenen Form.

§ 40

Der Nachweis, dass zwischen Ehegatten Gütertrennung oder ein vertragsmäßiges Güterrecht besteht oder dass ein Gegenstand zum Vorbehaltsgut eines Ehegatten gehört, wird durch ein Zeugnis des Gerichts über die Eintragung der güterrechtlichen Verhältnisse im Güterrechtsregister geführt.

§ 41

(1) Der Nachweis der Erbfolge kann nur durch einen Erbschein geführt werden. Beruht jedoch die Erbfolge auf einer Verfügung von Todes wegen, die in einer öffentlichen Urkunde enthalten ist, so genügt es, wenn an Stelle des Erbscheins die Verfügung und die Niederschrift über die Eröffnung der Verfügung vorgelegt werden; erachtet das Registergericht die Erbfolge durch diese Urkunde nicht für nachgewiesen, so kann es die Vorlegung eines Erbscheins verlangen.

(2) Das Bestehen der fortgesetzten Gütergemeinschaft sowie die Befugnis eines Testamentsvollstreckers zur Verfügung über einen Nachlaßgegenstand können nur durch die in §§ 1507, 2368 des Bürgerlichen Gesetzbuchs vorgesehenen Zeugnisse nachgewiesen werden; auf den Nachweis der Befugnis des Testamentsvollstreckers sind jedoch die Vorschriften des Absatzes 1 Satz 2 entsprechend anzuwenden.

§ 42

(1) Soll bei einem Schiff oder bei einer Schiffshypothek, die zu einem Nachlaß gehören, einer von mehreren Erben als Eigentümer oder neuer Gläubiger eingetragen werden, so genügt zum Nachweis der Erbfolge und der zur Eintragung des Rechtsübergangs erforderlichen Erklärungen der Beteiligten ein Zeugnis des Nachlaßgerichts.

(2) Das Zeugnis darf nur ausgestellt werden, wenn die Voraussetzungen für die Erteilung eines Erbscheins vorliegen und die Erklärungen der Erben vor dem Nachlaßgericht zur Niederschrift des Richters abgegeben oder ihm durch öffentliche oder öffentlich beglaubigte Urkunden nachgewiesen sind.

(3) Die Vorschriften der Absätze 1, 2 gelten sinngemäß, wenn bei einem Schiff oder bei einer Schiffshypothek, die zum Gesamtgut einer ehelichen oder einer fortgesetzten Gütergemeinschaft gehören, einer der Beteiligten als Eigentümer oder Gläubiger eingetragen werden soll.

§ 43

Soll ein Nießbrauch an einem Schiff zum Zweck der Erfüllung einer Verpflichtung zur Bestellung des Nießbrauchs an einer Erbschaft eingetragen werden, so genügt zum Nachweis des Bestehens der Verpflichtung die Vorlegung der Verfügung von Todes wegen und der Niederschrift über die Eröffnung der Verfügung, auch wenn die Verfügung nicht in einer öffentlichen Urkunde enthalten ist.

§ 44

Kann eine Tatsache durch das Zeugnis des das Schiffsregister führenden Amtsgerichts über den Inhalt anderer Register oder Akten oder durch Urkunden nachgewiesen werden, die von dem Gericht aufgenommen worden sind oder bei ihm verwahrt werden, so genügt statt der Vorlegung des Zeugnisses oder der Urkunde die Bezugnahme auf das Register oder die Akten. Für den Nachweis rechtserheblicher Umstände, die sich aus Eintragungen im Handels-, Genossenschafts-, Partnerschafts- oder Vereinsregister ergeben, gilt § 32 der Grundbuchordnung.

§ 45

In den Fällen, in denen nach gesetzlicher Vorschrift eine Behörde befugt ist, das Registergericht um eine Eintragung zu ersuchen, erfolgt die Eintragung auf Grund des Ersuchens der Behörde; § 23 Abs. 1 Satz 2, 3 gilt sinngemäß.

§ 46

Eine Eintragung soll nur erfolgen, wenn der, dessen Recht durch sie betroffen wird, als der Berechtigte eingetragen ist; dies gilt nicht, wenn der Betroffene Erbe des eingetragenen Betroffen ist.

§ 47

(1) Bei einer Schiffshypothek, die für die Forderung aus einer Schuldverschreibung auf den Inhaber oder aus einem Wechsel oder einem anderen durch Indossament übertragbaren Papier eingetragen ist, soll eine Eintragung nur erfolgen, wenn die Urkunde vorgelegt wird. Die Eintragung ist auf der Urkunde zu vermerken.

(2) Dies gilt nicht, wenn eine Eintragung auf Grund der Bewilligung eines nach § 74 des Gesetzes über Rechte an Schiffen und Schiffsbauwerken bestellten Vertreters oder auf Grund einer gegen diesen erlassenen gerichtlichen Entscheidung bewirkt werden soll.

§ 48

Jede Eintragung soll den Tag angeben, an dem sie erfolgt ist. Sie ist von den zuständigen Beamten zu unterschreiben.

§ 49

(1) Sind in einer Abteilung des Schiffsregisters mehrere Eintragungen zu bewirken, zwischen denen ein Rangverhältnis besteht, so erhalten sie die der Zeitfolge des Eingangs der Anträge entsprechende Reihenfolge; sind die Anträge gleichzeitig eingegangen, so ist im Schiffsregister zu vermerken, dass die Eintragungen gleichen Rang haben.

(2) Werden mehrere Eintragungen, die nicht gleichzeitig beantragt sind und zwischen denen ein Rangverhältnis besteht, in verschiedenen Abteilungen unter Angabe desselben Tages bewirkt, so ist im Schiffsregister zu vermerken, dass die später beantragte Eintragung der früher beantragten im Rang nachsteht.

(3) Absätze 1, 2 gelten nicht, soweit das Rangverhältnis von den Antragstellern abweichend bestimmt ist.

§ 50

(1) Ein Recht, eine Vormerkung, ein Widerspruch oder eine Verfügungsbeschränkung wird durch Eintragung eines Löschungsvermerks gelöscht.

(2) Wird bei der Übertragung eines Schiffs auf ein anderes Blatt ein eingetragenes Recht nicht mitübertragen, so gilt es als gelöscht.

§ 51

Wird ein Recht für mehrere gemeinschaftlich eingetragen, so sollen in der Eintragung entweder die Anteile der Berechtigten in Bruchteilen angegeben oder es soll das für die Gemeinschaft maßgebende Rechtsverhältnis bezeichnet werden.

§ 52

(1) Werden mehrere Schiffe mit einer Schiffshypothek oder mit einem Nießbrauch belastet, so ist auf dem Blatt jedes Schiffs die Mitbelastung der übrigen von Amts wegen erkennbar zu machen. Das gleiche gilt, wenn nachträglich noch ein anderes Schiff mit einem derartigen an einem Schiff bestehenden Recht belastet wird.

(2) Das Erlöschen einer Mitbelastung ist von Amts wegen zu vermerken.

§ 53

Bei der Eintragung einer Schiffshypothek für Teilschuldverschreibungen, die auf den Inhaber lauten oder durch Indossament übertragen werden können, genügt es, wenn der Gesamtbetrag der Forderungen unter Angabe der Anzahl, des Betrages und der Kennzeichnung der einzelnen Teilschuldverschreibungen eingetragen wird.

§ 54

Bei der Eintragung eines Vorerben ist zugleich das Recht des Nacherben und, soweit der Vorerbe von den Beschränkungen seines Verfügungsrechts befreit ist, auch die Befreiung von Amts wegen einzutragen.

§ 55

Ist ein Testamentsvollstrecker ernannt, so ist dies bei der Eintragung des Erben von Amts wegen miteinzutragen, es sei denn, dass der Nachlaßgegenstand der Verwaltung des Testamentsvollstreckers nicht unterliegt.

§ 56

Ergibt sich, dass das Registergericht unter Verletzung gesetzlicher Vorschriften eine Eintragung vorgenommen hat, durch die das Schiffsregister unrichtig geworden ist, so ist von Amts wegen ein Widerspruch einzutragen. Erweist sich eine Eintragung nach ihrem Inhalt als unzulässig, so ist sie von Amts wegen zu löschen.

§ 57

(1) Jede Eintragung soll dem Antragsteller und dem eingetragenen Eigentümer sowie allen aus dem Schiffsregister ersichtlichen Personen bekanntgemacht werden, zu deren Gunsten die Eintragung erfolgt ist oder deren Recht durch sie betroffen wird, die Eintragung eines Eigentümers auch

denen, für die eine Schiffshypothek oder ein Recht an einer solchen im Schiffsregister eingetragen ist. Auf die Bekanntmachung kann verzichtet werden.

(2) Jede Eintragung in die erste und zweite Abteilung des Seeschiffsregisters und des Binnenschiffsregisters ist dem Bundesamt für Seeschiffahrt und Hydrographie zur Erfüllung der Aufgaben nach dem Seeaufgabengesetz, dem Flaggenrechtsgesetz und dem Binnenschiffahrtsaufgabengesetz sowie der örtlich zuständigen Arbeitsschutzbehörde zur Erfüllung ihrer Aufgaben nach dem Seemannsgesetz bekanntzumachen.

§ 58

Für die Eintragung der Rechtsverhältnisse an einer Schiffspart gelten die §§ 23 bis 57 sinngemäß.

§ 59

(1) Urkunden, auf die eine Eintragung sich gründet oder Bezug nimmt, hat das Registergericht aufzubewahren. Eine solche Urkunde darf nur herausgegeben werden, wenn statt der Urkunde eine beglaubigte Abschrift bei dem Registergericht bleibt.

(2) Ist eine der im Absatz 1 bezeichneten Urkunden in anderen Akten des das Schiffsregister führenden Amtsgerichts enthalten, so genügt statt einer beglaubigten Abschrift der Urkunde eine Verweisung auf die anderen Akten, wenn diese der Vernichtung nicht unterliegen.

(3) Ist über das einer Eintragungsbewilligung zugrunde liegende Rechtsgeschäft eine Urkunde errichtet, so können die Beteiligten die Urkunde oder eine beglaubigte Abschrift dem Registergericht zur Aufbewahrung übergeben.

Vierter Abschnitt
Die Schiffsurkunden

§ 60

(1) Das Registergericht hat über die Eintragung des Schiffs eine Urkunde auszustellen, in die der vollständige Inhalt der Eintragungen aufzunehmen ist. Die Urkunde führt bei Seeschiffen die Bezeichnung Schiffszertifikat, bei Binnenschiffen die Bezeichnung Schiffsbrief.

(2) Im Schiffszertifikat ist ferner zu bezeugen, dass die in ihm enthaltenen Angaben glaubhaft gemacht sind und dass das Schiff das Recht hat, die Bundesflagge der Bundesrepublik Deutschland zu führen.

(3) Dem Eigentümer eines Seeschiffs ist auf Antrag ein beglaubigter Auszug aus dem Schiffszertifikat zu erteilen, in den nur die im § 11 Abs. 1 Nr. 1 bis 5 bezeichneten Tatsachen, das Unterscheidungssignal und das im Absatz 2 bezeichnete Zeugnis aufzunehmen sind.

§ 61

Jede Eintragung in das Schiffsregister ist so bald als tunlich auf dem Schiffszertifikat oder dem Schiffsbrief zu vermerken. Dies gilt nicht für Eintragungen, welche die Belastung einer Schiffspart betreffen.

§ 62

(1) In den Fällen der §§ 17, 20 Abs. 2 Satz 1 sowie beim Übergang des Eigentums an dem Schiff oder beim Erwerb einer Schiffspart sind die im § 18 genannten Personen verpflichtet, das Schiffszer-

tifikat oder den Schiffsbrief beim Registergericht einzureichen. Das gleiche gilt in den Fällen des § 17 von dem Auszug aus dem Schiffszertifikat. Zur Einreichung verpflichtet ist auch der Schiffer, sobald sich das Schiff im Heimathafen (Heimatort) oder in dem Hafen befindet, wo das Registergericht seinen Sitz hat. § 19 gilt entsprechend.

(2) In anderen Fällen kann das Registergericht dem Inhaber der Schiffsurkunde nach § 35 des Gesetzes über das Verfahren in Familiensachen und in den Angelegenheiten der freiwilligen Gerichtsbarkeit zur Einreichung anhalten.

(3) In den Fällen des § 20 Abs. 1, 2, 4 ist das Schiffszertifikat oder der Schiffsbrief unbrauchbar zu machen.

§ 63

(1) Ein neues Schiffszertifikat oder ein neuer Schiffsbrief darf nur erteilt werden, wenn die bisherige Urkunde vorgelegt oder glaubhaft gemacht wird, dass sie vernichtet oder abhanden gekommen ist. Das gleiche gilt, wenn das Registergericht einen Auszug aus dem Schiffszertifikat erteilt hat, von diesem.

(2) Befindet sich ein Seeschiff im Ausland, so hat das Registergericht auf Antrag dem Schiffer die neue Urkunde gegen Rückgabe der bisherigen Urkunde durch Vermittlung einer deutschen Behörde aushändigen zu lassen.

§ 64

(weggefallen)

Fünfter Abschnitt
Register für Schiffsbauwerke (Schiffsbauregister)

§ 65

(1) Für das Register für Schiffsbauwerke (Schiffsbauregister) gelten die §§ 1, 2, 7 sinngemäß. § 2 Abs. 3 gilt auch für die Gestattung der Einsicht in das Schiffsbauregister.

(2) Die Einsicht in das Schiffsbauregister ist nur gestattet, soweit ein berechtigtes Interesse dargelegt wird. Unter der gleichen Voraussetzung kann eine Abschrift gefordert werden; die Abschrift ist auf Verlangen zu beglaubigen. Im übrigen gilt § 8 Abs. 2 sinngemäß.

§ 66

Ein Schiffsbauwerk wird in das Schiffsbauregister nur eingetragen, wenn zugleich eine Schiffshypothek an dem Schiffsbauwerk eingetragen wird oder wenn die Zwangsversteigerung des Schiffsbauwerks beantragt ist.

§ 67

(1) Das Schiffsbauwerk ist in das Register des Bauorts einzutragen.

(2) Das Registergericht bleibt für die Führung des Registers zuständig, auch wenn das Schiffsbauwerk an einen anderen Ort außerhalb des Registerbezirks gebracht wird; es hat dem Registergericht des neuen Bauorts die Eintragung des Schiffsbauwerks anzuzeigen.

§ 68

(1) Das Schiffsbauwerk wird in das Schiffsbauregister eingetragen, wenn der Inhaber der Schiffswerft, auf der das Schiff erbaut wird, es ordnungsmäßig zur Eintragung anmeldet. Ist der Inhaber der Schiffswerft nicht Eigentümer des Schiffsbauwerks, so kann auch der Eigentümer es zur Eintragung anmelden.

(2) Das Schiffsbauwerk kann zur Eintragung auch von dem angemeldet werden, der auf Grund eines vollstreckbaren Titels eine Eintragung in das Schiffsbauregister verlangen oder die Zwangsversteigerung des Schiffsbauwerks betreiben kann.

§ 69

(1) Bei der Anmeldung des Schiffsbauwerks sind anzugeben:

1. der Name oder die Nummer oder sonstige Bezeichnung und die Gattung des im Bau befindlichen Schiffs;
2. der Bauort und die Schiffswerft, auf der das Schiff erbaut wird;
3. der Eigentümer.

(2) Wird ein anderer als der Inhaber der Schiffswerft als Eigentümer bezeichnet, so ist bei der Anmeldung eine öffentlich beglaubigte Erklärung des Inhabers der Schiffswerft einzureichen, in der dargelegt wird, auf welche Weise der als Eigentümer Bezeichnete das Eigentum erworben hat.

(3) Der Nachweis, dass die Voraussetzungen des § 76 Abs. 2 des Gesetzes über Rechte an eingetragenen Schiffen und Schiffsbauwerken vorliegen, wird durch eine Bescheinigung der zuständigen Schiffsvermessungsbehörde oder Eichbehörde erbracht.

§ 70

Die Eintragung des Schiffsbauwerks hat die im § 69 Abs. 1 bezeichneten Angaben, die Bezeichnung der im § 69 Abs. 2, 3 genannten Urkunden und den Tag der Eintragung zu enthalten. Sie ist von den zuständigen Beamten zu unterschreiben.

§ 71

Der Inhaber der Schiffswerft, auf der das Schiff erbaut wird, und der Eigentümer des Schiffsbauwerks haben jede Veränderung in den eingetragenen Tatsachen und die Fertigstellung des Schiffs unverzüglich dem Registergericht anzumelden. Die angemeldeten Veränderungen sind glaubhaft zu machen. § 19 gilt sinngemäß.

§ 72

Nach der Anmeldung der Fertigstellung des Schiffs kann eine Schiffshypothek im Schiffsbauregister nicht mehr eingetragen werden. Das gleiche gilt, wenn die Bescheinigung nach § 15 erteilt ist.

§ 73

Die Eintragung des Schiffsbauwerks wird gelöscht,

1. wenn der Inhaber der Schiffswerft anmeldet, dass das Schiff ins Ausland abgeliefert ist;

2. wenn der Eigentümer des Schiffsbauwerks und der Inhaber der Schiffswerft, auf der das Schiff erbaut wird, die Löschung beantragen;
3. wenn das Schiffsbauwerk untergegangen ist.

In den Fällen der Nummern 1, 2 bedarf es, wenn das Schiffsbauwerk mit einer Schiffshypothek belastet ist, der Löschungsbewilligung des Schiffshypothekengläubigers und der sonst aus dem Schiffsbauregister ersichtlichen Berechtigten.

§ 73a

Auf im Bau befindliche Schwimmdocks sind die Vorschriften der §§ 66 bis 71, 73 entsprechend anzuwenden. Nach Fertigstellung des eingetragenen Bauwerks ist diese Tatsache sowie der Ort, an dem das Schwimmdock gewöhnlich liegt (Lageort), in das Schiffsbauregister einzutragen.

§ 73b

Auf fertiggestellte Schwimmdocks, die nicht im Schiffsbauregister des Bauorts eingetragen sind, sind die Vorschriften der §§ 66, 68 Abs. 2 sowie die für Binnenschiffe geltenden Vorschriften in § 9, § 14 Abs. 1, 3, § 15, § 16 Abs. 4, § 17 Abs. 4, Abs. 5 Satz 1, §§ 18 bis 22 entsprechend anzuwenden. Im übrigen gilt folgendes:

1. Das Schwimmdock ist in das Schiffsbauregister des Lageortes einzutragen.
2. Bei der Anmeldung sind anzugeben
   a) der Name oder die Nummer oder sonstige Bezeichnung des Schwimmdocks und die Angabe, dass es sich um ein fertiggestelltes Schwimmdock handelt,
   b) der Lageort,
   c) der Bauort,
   d) der Eigentümer,
   e) der Rechtsgrund für den Erwerb des Eigentums.

   Die unter b) bis e) bezeichneten Angaben sind glaubhaft zu machen.
3. Die Eintragung des Schwimmdocks hat die in Nummer 2 Buchstabe a, b, d, e bezeichneten Angaben und den Tag der Eintragung zu enthalten; sie ist von den zuständigen Beamten zu unterschreiben.
4. Veränderungen der in Nummer 2 Buchstabe a, b bezeichneten, nach Nummer 3 eingetragenen Tatsachen hat der Eigentümer unverzüglich zur Eintragung in das Schiffsbauregister anzumelden und glaubhaft zu machen; im Falle der Nichterfüllung dieser Verpflichtung ist § 19 entsprechend anzuwenden. Für die Eintragung gilt Nummer 3 sinngemäß.

§ 74

Die Vorschriften des Dritten Abschnitts dieses Gesetzes gelten für das Schiffsbauregister sinngemäß.

Sechster Abschnitt
Die Beschwerde

§ 75

(1) Entscheidungen des Registergerichts können mit dem Rechtsmittel der Beschwerde angefochten werden.

(2) Mit der Beschwerde gegen eine Eintragung kann nur verlangt werden, dass das Registergericht angewiesen wird, nach § 56 einen Widerspruch einzutragen oder eine Eintragung zu löschen.

§ 76

Über die Beschwerde entscheidet das Oberlandesgericht, in dessen Bezirk das Registergericht seinen Sitz hat.

§ 77

(1) Die Beschwerde kann bei dem Registergericht oder bei dem Beschwerdegericht eingelegt werden.

(2) Die Beschwerde wird durch Einreichung einer Beschwerdeschrift oder durch Erklärung zur Niederschrift der Geschäftsstelle des Registergerichts oder des Beschwerdegerichts eingelegt. Für die Einlegung der Beschwerde durch die Übermittlung eines elektronischen Dokuments, die elektronische Gerichtsakte sowie das gerichtliche elektronische Dokument gilt § 14 Absatz 1 bis 3 und 5 des Gesetzes über das Verfahren in Familiensachen und in den Angelegenheiten der freiwilligen Gerichtsbarkeit.

§ 78

Die Einlegung der Beschwerde hat nur dann aufschiebende Wirkung, wenn die Beschwerde gegen eine Verfügung gerichtet ist, durch die ein Zwangsgeld festgesetzt wird.

§ 79

Die Beschwerde kann auf neue Tatsachen und Beweise gestützt werden.

§ 80

Erachtet das Registergericht die Beschwerde für begründet, so hat es ihr abzuhelfen.

§ 81

(1) Das Beschwerdegericht kann vor der Entscheidung eine einstweilige Anordnung erlassen, insbesondere dem Registergericht aufgeben, einen Schutzvermerk nach § 28 Abs. 2 einzutragen, oder anordnen, dass die Vollziehung der angefochtenen Entscheidung auszusetzen ist.

(2) Der Schutzvermerk wird von Amts wegen gelöscht, wenn die Beschwerde zurückgenommen oder zurückgewiesen wird.

§ 82

Die Entscheidung des Beschwerdegerichts ist mit Gründen zu versehen und dem Beschwerdeführer mitzuteilen.

§ 83

(1) Gegen einen Beschluss des Beschwerdegerichts ist die Rechtsbeschwerde statthaft, wenn sie das Beschwerdegericht in dem Beschluss zugelassen hat.

(2) Die Rechtsbeschwerde ist zuzulassen, wenn
1. die Rechtssache grundsätzliche Bedeutung hat oder
2. die Fortbildung des Rechts oder die Sicherung einer einheitlichen Rechtsprechung eine Entscheidung des Rechtsbeschwerdegerichts erfordert.

Das Rechtsbeschwerdegericht ist an die Zulassung gebunden.

(3) Auf das weitere Verfahren finden § 77 Absatz 2 Satz 2 dieses Gesetzes sowie die §§ 71 bis 74a des Gesetzes über das Verfahren in Familiensachen und in den Angelegenheiten der freiwilligen Gerichtsbarkeit entsprechende Anwendung.

§ 84

(weggefallen)

§ 85

(weggefallen)

§ 86

(weggefallen)

§ 87

(weggefallen)

§ 88

(weggefallen)

§ 89

(1) Über Beschwerden entscheidet bei den Oberlandesgerichten und dem Bundesgerichtshof ein Zivilsenat.

(2) Die Vorschriften der Zivilprozeßordnung über die Ausschließung und Ablehnung von Gerichtspersonen sind entsprechend anzuwenden.

(3) § 44 des Gesetzes über das Verfahren in Familiensachen und in den Angelegenheiten der freiwilligen Gerichtsbarkeit über die Fortführung des Verfahrens bei Verletzung des Anspruchs auf rechtliches Gehör ist entsprechend anzuwenden.

(4) Die Bundesregierung und die Landesregierungen bestimmen für ihren Bereich durch Rechtsverordnung den Zeitpunkt, von dem an elektronische Akten geführt und elektronische Dokumente bei Gericht eingereicht werden können. Die Bundesregierung und die Landesregierungen bestimmen für ihren Bereich durch Rechtsverordnung die organisatorisch-technischen Rahmenbedingungen für die Bildung, Führung und Aufbewahrung der elektronischen Akten und die für die Bearbeitung der Dokumente geeignete Form. Die Rechtsverordnungen der Bundesregierung bedürfen nicht der Zustimmung des Bundesrates. Die Landesregierungen können die Ermächtigungen durch Rechtsverordnung auf die Landesjustizverwaltungen übertragen. Die Zulassung der elektronischen Akte und der elektronischen Form kann auf einzelne Gerichte oder Verfahren beschränkt werden.

§ 90

Für die Fälle der sofortigen Beschwerde sind die Vorschriften über die Beschwerde nach dem Gesetz über das Verfahren in Familiensachen und in den Angelegenheiten der freiwilligen Gerichtsbarkeit anzuwenden.

Siebter Abschnitt
Übergangs- und Schlussvorschriften

§ 91

Das Bundesministerium der Justiz wird ermächtigt, durch Rechtsverordnung mit Zustimmung des Bundesrates die näheren Vorschriften über die Einrichtung und Führung des Schiffsregisters und des Schiffsbauregisters, das Verfahren in Schiffsregister- und Schiffsbauregistersachen und über die Schiffsurkunden zu erlassen.

§ 92

Die Landesregierungen werden ermächtigt, durch Rechtsverordnung das Verfahren zu bestimmen, nach dem ein Schiffsregister oder Schiffsbauregister, das ganz oder zum Teil zerstört oder abhanden gekommen ist, wiederhergestellt wird, und nach dem vernichtete oder abhanden gekommene Urkunden, auf die eine Eintragung sich gründet oder Bezug nimmt, ersetzt werden. In der Rechtsverordnung kann auch bestimmt werden, in welcher Weise bis zur Wiederherstellung des Schiffsregisters oder Schiffsbauregisters die zu einer Rechtsänderung erforderliche Eintragung ersetzt wird. Die Landesregierungen können die Ermächtigung durch Rechtsverordnung auf die Landesjustizverwaltungen übertragen.

§ 93

Die Vorschriften des Siebenten Abschnitts der Grundbuchordnung gelten sinngemäß. Die Genehmigung für die Einrichtung eines automatisierten Abrufverfahrens darf dem Bundesamt für Seeschiffahrt und Hydrographie, der See-Berufsgenossenschaft, Strafverfolgungsbehörden, den Gerichten und anderen durch Rechtsverordnung des Bundesministeriums der Justiz mit Zustimmung des Bundesrats zugelassenen Personen oder Stellen unter den Voraussetzungen des § 133 Abs. 2 Satz 3 Grundbuchordnung erteilt werden.

§ 94

(1) Ist ein Binnenschiff vor dem Inkrafttreten des Gesetzes zur Änderung der Schiffsregisterordnung vom 4. Juli 1980 (BGBl. I S. 833) am 1. Januar 1981 zur Eintragung in das Schiffsregister angemeldet worden und stünde die Anmeldung nach den §§ 3 und 10 dem Eigentümer frei oder wären die Voraussetzungen für die Eintragung nach § 3 nicht gegeben, so ist die Eintragung des Schiffs auf Antrag des Eigentümers auch dann gemäß § 20 Abs. 2 und 3 zu löschen, wenn der Eigentümer nach den bis zu diesem Zeitpunkt geltenden Vorschriften zur Anmeldung verpflichtet war.

(2) Angaben im Sinne der §§ 11 und 12 sind nachzutragen, wenn der Eigentümer es beantragt oder bezüglich der Angaben nach § 11 Abs. 1 Nr. 1 bis 5, 8, § 12 Nr. 1 bis 5 eine Änderung einzutragen ist.

2. Verordnung zur Durchführung der Schiffsregisterordnung (SchRegDV)

Verordnung zur Durchführung der Schiffsregisterordnung

in der Fassung der Bekanntmachung vom 30. November 1994 (BGBl. I S. 3631; 1995 I S. 249), die zuletzt durch Artikel 1 der Verordnung vom 6. Juli 2010 (BGBl. I S. 880) geändert worden ist

§ 1

Die Register werden in festen Bänden oder in Bänden oder Einzelheften mit herausnehmbaren Einlegebogen geführt. Soweit die Register in Einzelheften mit herausnehmbaren Einlegebogen geführt werden, sind die Vorschriften, die Bände voraussetzen, nicht anzuwenden.

§ 2

(1) Die Bände erhalten fortlaufende Nummern. Jeder Band enthält regelmäßig mehrere Registerblätter gleicher Seitenzahl. Im Falle des Bedürfnisses können auch Bände für Registerblätter mit größerer Seitenzahl angelegt werden. Auch in diesen Bänden soll die Zahl der Seiten der einzelnen Registerblätter gleich sein.

(2) Die Registerblätter erhalten fortlaufende Nummern. Besteht das Register aus mehreren Bänden, so schließen sich die Blattnummern jedes weiteren Bandes an die des vorhergehenden an. Als weiterer Band gilt auch ein nach Absatz 1 Satz 3 angelegter Band.

§ 3

Jedes Registerblatt besteht aus der Aufschrift und drei Abteilungen.

§ 4

Für die Eintragung des Schiffs ist das erste freie Registerblatt zu verwenden. Ist ein Band nach § 2 Abs. 1 Satz 3 angelegt, so ist das Schiff auf dem ersten freien Registerblatt dieses Bandes einzutragen, wenn anzunehmen ist, dass der Raum der Registerblätter des sonst verwendeten Bandes für die bei diesem Schiff zu erwartenden Eintragungen nicht ausreicht.

§ 5

(1) Die Urkunden und Abschriften, die nach § 59 der Schiffsregisterordnung vom Registergericht aufzubewahren sind, werden zu den Registerakten genommen. Das gleiche gilt für die bei der Anmeldung eingereichten Urkunden, soweit sie nicht dem Anmeldenden zurückgegeben werden.

(2) Betrifft ein Schriftstück der in Absatz 1 bezeichneten Art Eintragungen auf verschiedenen Registerblättern desselben Registergerichts, so ist es zu den Registerakten eines der beteiligten Blätter zu nehmen; in den Registerakten der anderen Blätter ist auf diese Registerakten zu verweisen.

§ 6

Sind Abschriften von Urkunden zu den Registerakten zu nehmen, so können in den Abschriften Teile der Urkunde, die für die Führung des Schiffsregisters ohne Bedeutung sind, weggelassen werden.

Zweiter Abschnitt
Führung des Schiffsregisters

§ 7

Eintragungen sind deutlich und ohne Abkürzung herzustellen. In dem Register darf nicht radiert und nichts unleserlich gemacht werden.

§ 8

Die Eintragungen in der zweiten und dritten Abteilung sind in unmittelbarem Anschluß an die vorhergehende Eintragung derselben Spalte vorzunehmen.

§ 9

Jede Eintragung ist zu unterschreiben. Der Tag der Eintragung ist in den Registerakten bei der gerichtlichen Verfügung zu vermerken.

§ 10

Soweit eine Eintragung durch eine spätere Eintragung gegenstandslos geworden ist, ist sie rot zu unterstreichen. Die Unterstreichung kann dadurch ersetzt werden, dass über der ersten und unter der letzten Zeile der Eintragung ein waagerechter roter Strich gezogen wird und beide Striche durch einen von oben links nach unten rechts verlaufenden roten Schrägstrich verbunden werden; erstreckt sich eine Eintragung auf mehr als eine Seite, so ist auf jeder Seite entsprechend zu verfahren.

§ 11

(1) Schreibversehen, die in einer Eintragung vorkommen, sind von Amts wegen zu berichtigen. Die Berichtigung ist in derselben Weise einzutragen, wie eine Veränderung der fehlerhaften Eintragung einzutragen wäre.

(2) Bei noch nicht unterschriebenen Maschineneintragungen können Schreibfehler, die den Sinn der Eintragung nicht verändern, dadurch berichtigt werden, dass die fehlerhaften Worte, Buchstaben oder Zeichen durchgestrichen und – soweit erforderlich – in richtiger Schreibweise wiederholt werden. Die Berichtigung kann entweder unmittelbar bei der Streichung oder unter Verwendung von Einschaltezeichen an geeigneter Stelle außerhalb des Eintragungstextes erfolgen. Die unrichtig geschriebenen Worte, Buchstaben oder Zeichen müssen lesbar bleiben. Die Beachtung dieser Vorschriften ist vor der Unterzeichnung der Eintragung zu überprüfen.

(3) Eine versehentlich erfolgte Rötung ist dadurch zu beseitigen, dass jeder rote Strich durch kleine schwarze Striche durchkreuzt wird.

§ 12

(1) Geht die Zuständigkeit für die Führung des Registerblatts auf ein anderes Registergericht über, so ist das bisherige Blatt zu schließen.

(2) Beruht der Übergang der Zuständigkeit auf der Verlegung des Heimathafens oder des Heimatortes, so ist die Verlegung vor der Schließung einzutragen. Sind im Zusammenhang hiermit Anträge auf Eintragung von Rechtsänderungen oder auf Berichtigung des Registers gestellt, so sind sie vorher zu erledigen. Entsprechendes gilt bei der Anmeldung der Namensänderung eines Schiffs.

(3) Das bisherige Registergericht hat dem neuen Registergericht eine beglaubigte Abschrift des Registerblatts, die Registerakten sowie das Schiffszertifikat oder den Schiffsbrief zu übersenden.

(4) In der Aufschrift des neuen Blattes ist auf das bisherige Blatt zu verweisen. Gerötete, insbesondere gelöschte Eintragungen werden in das neue Blatt nur übertragen, soweit dies zum Verständnis der noch gültigen Eintragungen erforderlich ist; im übrigen werden von derartigen Eintragungen aus der zweiten und dritten Abteilung nur die laufenden Nummern und der Vermerk „gelöscht" übertragen. Die Übereinstimmung des Inhalts des neuen Blattes mit dem Inhalt des bisherigen Blattes ist in jeder Abteilung zu bescheinigen. Die Bescheinigungen sind in die Spalten zu setzen, in denen die Eintragungen unterschrieben werden. Geht die Zuständigkeit für ein vor dem 18. Juli 1982 vermessenes Seeschiff nach diesem Zeitpunkt auf ein anderes Registergericht über, ist für das neue Blatt der Vordruck nach dem Muster in Anlage 1 zu dieser Verordnung zu verwenden.

(5) Von dem Übergang der Zuständigkeit und von der Bezeichnung des neuen Registerblatts sind der eingetragene Eigentümer und die aus dem Registerblatt ersichtlichen dinglich Berechtigten zu benachrichtigen. Die Bezeichnung des neuen Blattes ist auch dem bisherigen Registergericht mitzuteilen.

(6) Geht infolge Änderung der Zuständigkeitsbestimmungen die Zuständigkeit für die Führung eines Registerblatts auf ein anderes Registergericht über, so werden für die hierdurch erforderlichen Registereintragungen und für die Ausstellung neuer Schiffsurkunden keine Kosten erhoben.

§ 12a

(1) Geht die Führung eines oder mehrerer Registerblätter auf ein anderes Registergericht über und werden die Register bei beiden Registergerichten in Einzelheften mit herausnehmbaren Einlegebogen geführt, so kann von der Schließung des Registerblatts abgesehen und das Registerblatt an das zuständige Gericht abgegeben werden.

(2) Das abgegebene Blatt erhält nach Maßgabe des § 2 eine neue Bezeichnung. In der neuen Aufschrift des neuen Blattes sind in Klammern mit dem Zusatz „früher" auch das bisherige Gericht und die bisherige Band- und Blattnummer anzugeben.

(3) Mit dem Registerblatt und -band sind auch die Registerakten und die sonstigen Schriftstücke abzugeben, die sich auf die Registerblätter beziehen und bei den Akten aufbewahrt werden.

§ 13

(1) Ist auf einem Registerblatt für Neueintragungen kein Raum mehr oder ist das Registerblatt unübersichtlich geworden, so ist es umzuschreiben. Ein Registerblatt kann umgeschrieben werden, wenn es durch die Umschreibung wesentlich vereinfacht wird; das gleiche gilt, wenn ein bisher in festen Bänden geführtes Register als Register in Bänden oder Einzelheften mit herausnehmbaren Einlegebogen geführt werden soll. Enthält ein Registerband nur noch wenige gültige Registerblätter und erscheint daher die Ausscheidung des Bandes zweckmäßig, so können die noch gültigen Registerblätter umgeschrieben werden. Ein umgeschriebenes Blatt ist zu schließen.

(2) In der Aufschrift des Blattes ist auf das bisherige Blatt zu verweisen. Die Eintragungsvermerke sind so zu fassen, dass tunlichst nur ihr gegenwärtiger Inhalt auf das neue Blatt übertragen wird. Dabei sollen regelmäßig Veränderungen in den für die Eintragung selbst bestimmten Spalten eingetragen werden. Bestehen Zweifel über die Art oder den Umfang der Eintragung, so sind die aus dem Register ersichtlichen Personen, deren Recht durch die Eintragung betroffen wird, vorher zu hören. In der dritten Abteilung ist der Tag der ersten Eintragung eines Rechts mit zu übertragen. Für gerötete, insbesondere gelöschte Eintragungen gilt § 12 Abs. 4 Satz 2. Jeder übertragene Vermerk,

dessen Unterzeichnung erforderlich ist, ist mit dem Zusatz „umgeschrieben" zu versehen und zu unterzeichnen. § 12 Abs. 4 Satz 5 gilt entsprechend.

(3) Das Schiffszertifikat oder der Schiffsbrief ist dem Registergericht einzureichen.

(4) Die Umschreibung ist dem eingetragenen Eigentümer und den aus dem Registerblatt ersichtlichen dinglich Berechtigten bekanntzugeben.

§ 13a

Ist die Aufschrift eines Blattes auf dem Deckel eines Einzelhefts angebracht, so kann sie auf einen Einlegebogen übertragen werden. Die Übereinstimmung mit der bisherigen Aufschrift ist auf dem Einlegebogen zu bescheinigen. In diesem Fall gilt nur der Einlegebogen als Aufschrift. Auf dem Hefterdeckel ist hinsichtlich der Aufschrift auf den Einlegebogen zu verweisen. Die bisherige Aufschrift sowie besondere Vermerke in der bisherigen Aufschrift sind rot zu unterstreichen.

§ 14

(1) Wird die Eintragung des Schiffs gelöscht, so ist das Registerblatt zu schließen.

(2) Die Löschung der Eintragung eines Schiffs im Seeschiffsregister ist dem Registergericht mitzuteilen, bei dem das Schiff zuerst eingetragen war.

§ 15

Ist das Registerblatt zu schließen (§ 12 Abs. 1, § 13 Abs. 1, § 14 Abs. 1), so ist in der Aufschrift ein Schließungsvermerk unter Angabe des Grundes der Schließung einzutragen. In den Fällen der §§ 12 und 13 ist das neue Registerblatt anzugeben. Ferner sind sämtliche Seiten des Registerblatts, soweit sie Eintragungen enthalten, rot zu durchkreuzen.

§ 16

Zur Bezeichnung des Berechtigten sind im Schiffregister einzutragen:

1. bei natürlichen Personen der Name (Vorname und Familienname), der Beruf und der Wohnort sowie nötigenfalls andere die Berechtigten deutlich kennzeichnende Merkmale;
2. bei Handelsgesellschaften, eingetragenen Genossenschaften und anderen juristischen Personen die Firma oder der Name und der Sitz.

Dritter Abschnitt
Allgemeine Verfahrensvorschriften

§ 17

Anmeldungen und Eintragungsanträge, die nicht der Form der §§ 37ff. der Schiffsregisterordnung bedürfen und nicht schriftlich eingereicht werden, sind von jedem Amtsgericht zur Niederschrift entgegenzunehmen.

§ 18

Eintragungen in das Register sollen regelmäßig im Wortlaut verfügt werden.

§ 19

Bei der Bekanntmachung von Eintragungen in das Schiffsregister (§ 57 der Schiffsregisterordnung) sind die Eintragungen wörtlich wiederzugeben und zu unterschreiben. In geeigneten Fällen sind die Beteiligten darauf hinzuweisen, dass auf die Bekanntmachung verzichtet werden kann.

§ 20

Die Eintragungen in die erste Abteilung des Schiffsregisters sind allen aus dem Registerblatt ersichtlichen dinglich Berechtigten bekanntzumachen. Auf die Bekanntmachung kann verzichtet werden. § 19 gilt entsprechend.

§ 21

Der Beschluß, durch den eine Eintragung abgelehnt wird, ist, auch soweit § 28 der Schiffsregisterordnung nicht Platz greift, mit Gründen zu versehen.

§ 22

(1) Einfache Abschriften sind mit der Angabe des Tages ihrer Fertigstellung abzuschließen. Sie sind nicht zu unterzeichnen.

(2) Eine Abschrift wird in der Weise beglaubigt, dass unter die Abschrift ein Vermerk gesetzt wird, der die Übereinstimmung mit der Hauptschrift bezeugt. In dem Beglaubigungsvermerk müssen Ort und Tag der Ausstellung angegeben werden; er muß unterschrieben und mit Siegel oder Stempel versehen werden.

(3) Soll die Abschrift eines Teils eines Registerblatts erteilt werden, so sind in die Abschrift die Eintragungen aufzunehmen, die den Gegenstand betreffen, auf den sich die Abschrift beziehen soll. In dem Beglaubigungsvermerk ist der Gegenstand anzugeben und zu bezeugen, dass weitere ihn betreffende Eintragungen in dem Register nicht enthalten sind. Ein abgekürzter Auszug aus dem Inhalt des Registers darf nicht erteilt werden.

(4) Werden beglaubigte Abschriften aus den Registerakten beantragt, so ist in dem Beglaubigungsvermerk ersichtlich zu machen, ob die Hauptschrift eine Urschrift, eine einfache oder beglaubigte Abschrift oder eine Ausfertigung ist; ist sie eine beglaubigte Abschrift oder eine Ausfertigung, so ist der Beglaubigungsvermerk oder der Ausfertigungsvermerk in die beglaubigte Abschrift aufzunehmen. Durchstreichungen, Änderungen, Einschaltungen, Radierungen oder andere Mängel einer von den Beteiligten eingereichten Schrift sollen in dem Vermerk angegeben werden.

(5) In die Abschriften aus dem Register sind die geröteten Eintragungen nur dann aufzunehmen, wenn dies beantragt oder den Umständen nach angemessen ist oder soweit die Abschrift durch Ablichtung hergestellt wird.

§ 23

Auf Verlangen ist eine Bescheinigung darüber zu erteilen, dass zu dem Gegenstand einer Eintragung weitere Eintragungen nicht vorhanden sind oder dass eine bestimmte Eintragung nicht erfolgt ist.

§ 24

Bescheinigungen und Zeugnisse sind unter Angabe des Ortes und Tages zu unterschreiben und mit dem Siegel oder Stempel des Registergerichts zu versehen.

Vierter Abschnitt
Das Seeschiffsregister
§ 25

(1) Für die Einrichtung des Seeschiffsregisters ist das Muster maßgebend, das dieser Verordnung als Anlage 1 beigefügt ist.

(2) Wird das Register in Bänden oder Einzelheften mit herausnehmbaren Einlegebogen geführt, kann von der Druckanordnung des Musters insoweit abgewichen werden, als die Abweichung zur Erleichterung des Eintragungsverfahrens zweckmäßig ist.

§ 26

In der Aufschrift sind das Amtsgericht und die Nummer des Registerblatts anzugeben.

§ 27

(1) In der ersten Abteilung sind einzutragen:

1. in Spalte 1: der Name des Schiffs zur Zeit der Eintragung; im Fall der Änderung der neue Name;
2. in Spalte 2: die IMO-Nummer und das Unterscheidungssignal, soweit ein solches nach § 31 Abs. 1 und 2 zugeteilt wird oder in den Fällen des § 31 Abs. 2 Nr. 1 von der zuständigen Verwaltungsbehörde zugeteilt worden ist;
3. in Spalte 3: die Gattung des Schiffs auf Grund des Meßbriefs mit der üblichen Bezeichnung und der Hauptbaustoff des Schiffs; im Fall der Änderung die neue Gattung;
4. in Spalte 4: das Jahr des Stapellaufs, der Bauort und die Werft, auf der das Schiff erbaut ist; falls dies jedoch nicht ohne besondere Schwierigkeiten festzustellen ist, der Vermerk, dass die betreffende Tatsache nicht festgestellt ist;
5. in Spalte 5: der Heimathafen; im Fall der Änderung der neue Heimathafen;
6. in Spalte 6: nach näherer Maßgabe des Satzes 2 die Ergebnisse der amtlichen Vermessung einschließlich der Hauptabmessungen, soweit sie dem gültigen Meßbrief zu entnehmen sind, die Angabe des Tages der Ausstellung des Meßbriefs sowie der Behörde, die ihn ausgestellt hat, etwa eingetretene Veränderungen und die Maschinenleistung;
7. in Spalte 7: der Tag der Eintragung des Schiffs; die Löschung der Eintragung des Schiffs unter Angabe ihres Grundes;
8. in Spalte 8: die Nummer der Spalte, auf die sich die Eintragung in Spalte 9 bezieht;
9. in Spalte 9: die Änderungen der in den Spalten 1 bis 6 eingetragenen Tatsachen;
10. in Spalte 10: die das Flaggenrecht betreffenden Eintragungen (§ 16 Abs. 2, § 17 Abs. 1, 2, § 20 Abs. 4, § 21 Abs. 4 der Schiffsregisterordnung) und ein oder mehrere vom Eigentümer beauftragte Personen, soweit ihre Bestellung Voraussetzung für die Berechtigung zur Führung der Bundesflagge ist.

Für die Eintragungen in Spalte 6 gilt zusätzlich folgendes:

1. Bei Eintragungen in Unterspalte 6c ist den einzutragenden Maßangaben die nach der Überschrift dieser Spalte jeweils maßgebliche Buchstabengruppe beizufügen.
2. Sind die in Spalte 6 Unterspalte a bis d einzutragenden Maßangaben in dem Meßbrief nicht in Metern ausgedrückt, so sind sie in der im Meßbrief angegebenen Maßeinheit einzutragen.
3. In den Fällen des § 11 Abs. 2 der Schiffsregisterordnung sind die Ergebnisse der im Ausland vorgenommenen Vermessung unter Angabe der Urkunde, aus der sie entnommen sind, einzutragen; hierbei sind die Bezeichnung der Urkunde und die Behörde anzugeben, die diese Urkunde ausgestellt hat.

(2) Die erste Eintragung sowie die Löschung sind in Spalte 7, Veränderungen in Spalte 9, die das Flaggenrecht betreffenden Eintragungen in Spalte 10 zu unterschreiben.

§ 28

(1) In der zweiten Abteilung sind einzutragen:

1. in Spalte 1: die laufende Nummer der Eintragung in Spalte 2;
2. in Spalte 2:
   a) der Eigentümer, bei einer Reederei die sämtlichen Mitreeder, bei einer offenen Handelsgesellschaft die sämtlichen Gesellschafter, bei einer Kommanditgesellschaft oder einer Kommanditgesellschaft auf Aktien die sämtlichen persönlich haftenden Gesellschafter;
   b) bei mehreren Eigentümern die in § 51 der Schiffsregisterordnung vorgeschriebenen Angaben;
   c) bei einer Reederei der Korrespondentreeder;
3. in Spalte 3: die Größe der Schiffsparten der einzelnen Mitreeder in Form eines Bruchs; wenn keine Reederei besteht, ist ein waagerechter Strich zu ziehen;
4. in Spalte 4: die laufende Nummer der Eintragung in den Spalten 2 und 3, zu der die Eintragung in Spalte 5 gehört;
5. in Spalte 5:
   a) bei der ersten Eintragung des Schiffs der Grund des Erwerbs, bei Eigentumsänderungen die Grundlage der Eintragung (Einigungserklärung, Bewilligung der Berichtigung des Schiffsregisters, Erbschein, Testament, Zuschlagsbeschluß, Ersuchen der zuständigen Behörde usw.);
   b) der Verzicht auf das Eigentum;
   c) die Übertragung einer Schiffspart;
   d) die Vormerkungen und Widersprüche, die sich auf das Eigentum beziehen, sowie Beschränkungen des Eigentümers in der Verfügung über das Eigentum;
   e) die Schutzvermerke (§ 28 Abs. 2, § 81 Abs. 1 der Schiffsregisterordnung), die sich auf das Eigentum beziehen;
   f) die Änderungen der Namen, Firmen und sonstigen in Spalte 2 eingetragenen Bezeichnungen und die Änderungen in der Person des Korrespondentreeders;
   g) die Löschung der eingetragenen Vormerkungen, Widersprüche, Verfügungsbeschränkungen und Schutzvermerke.

(2) Die Eintragungen sind in Spalte 5 zu unterschreiben.

§ 29

(1) In der dritten Abteilung sind einzutragen:

1. in Spalte 1: die laufende Nummer der Eintragung in den Spalten 2 und 3;
2. in Spalte 2: der Betrag der Schiffshypothek in Ziffern; bei Eintragung eines Nießbrauchs oder eines Pfandrechts an einer Schiffspart ist ein waagerechter Strich zu ziehen;
3. in Spalte 3: der Inhalt des eingetragenen Rechts, bei Eintragung einer Schiffshypothek oder eines Pfandrechts an einer Schiffspart unter Angabe des Betrags in Buchstaben, sowie gleichzeitig einzutragende Beschränkungen in der Verfügung über ein eingetragenes Recht; die Eintragung eines Pfandrechts an einer Schiffspart hat mit den Worten „Pfandrecht an der Schiffspart“ zu beginnen und die Angabe der belasteten Schiffspart zu enthalten;
4. in Spalte 4: die laufende Nummer der von der Änderung betroffenen Eintragung;

5. in Spalte 5: der von der Änderung betroffene Betrag der Schiffshypothek in Ziffern; bei Änderung des Nießbrauchs oder des Pfandrechts an einer Schiffspart ist ein waagerechter Strich zu ziehen;
6. in Spalte 6: die Veränderungen der in den Spalten 1 bis 3 eingetragenen Rechte, ferner die Beschränkungen des Berechtigten in der Verfügung über das Recht, es sei denn, dass die Beschränkung zugleich mit der Eintragung des Rechts eingetragen wird;
7. in Spalte 7: die laufende Nummer der Eintragung des von der Löschung betroffenen Rechts;
8. in Spalte 8: die Löschung der eingetragenen Rechte, bei Löschungen einer Schiffshypothek oder eines Pfandrechtes an einer Schiffspart unter Angabe des gelöschten Betrages in Buchstaben. Wird nur ein Teil einer Schiffshypothek gelöscht, so ist in Spalte 2 der gelöschte Teil von dem Betrag abzuschreiben. Bezieht sich diese Löschung auf einen Teilbetrag, so ist der gelöschte Teilbetrag auch in Spalte 5 von dem Teilbetrag abzuschreiben.

(2) Für die Eintragung eines Arrestpfandrechts (§ 931 der Zivilprozeßordnung) Absatz 1 entsprechend.

(3) Eine Vormerkung, die sich auf eine Schiffshypothek oder einen Nießbrauch bezieht, wird eingetragen,

1. wenn sie den Anspruch auf Einräumung eines solchen Rechts sichert, in den Spalten 1 bis 3,
2. in anderen Fällen in den Spalten 4 bis 6.

Bei der Eintragung der Vormerkung ist die rechte Hälfte der Spalte für die endgültige Eintragung freizulassen. Dies gilt jedoch nicht, wenn es sich um eine Vormerkung handelt, die einen Anspruch auf Aufhebung eines Rechts sichert.

(4) Für die Eintragung eines Widerspruchs oder eines Schutzvermerks gilt Absatz 3 entsprechend.

(5) Eintragungen in den Spalten 1 bis 3 sind in Spalte 3, Eintragungen in den Spalten 4 bis 6 in Spalte 6 und Eintragungen in den Spalten 7 und 8 in Spalte 8 zu unterschreiben.

§ 30

(weggefallen)

§ 31

(1) Das Registergericht führt ein Verzeichnis der ihm vom Bundesministerium für Verkehr, Bau und Stadtentwicklung oder einer von diesem bestimmten Stelle zum Zwecke der Zuteilung an einzutragende Seeschiffe (§ 16 Abs. 2 der Schiffsregisterordnung) zur Verfügung gestellten Unterscheidungssignale in alphabetischer Reihenfolge. In dieser Reihenfolge teilt es die einzelnen Unterscheidungssignale den Schiffen zu. Die Zuteilung ist unter Angabe des Namens und der Gattung des Schiffs sowie des Namens und Wohnorts des Eigentümers in dem Verzeichnis zu vermerken.

(2) Ein Unterscheidungssignal ist nicht zuzuteilen für

1. Seeschiffe im Eigentum und öffentlichen Dienst des Bundes, eines zum Bund gehörigen Landes oder einer öffentlich-rechtlichen Körperschaft oder Anstalt mit Sitz im Bundesgebiet (§ 4 des Flaggenrechtsgesetzes),
2. Seeschiffe, deren Rumpflänge, gemessen zwischen den äußersten Punkten des Vorstevens und des Hinterstevens, 15 Meter nicht übersteigt, sofern sie keine Telegraphiefunk- oder Sprechfunkanlage an Bord haben, auch wenn Schiffe dieser Art im Schiffsregister eingetragen werden.

(3) Jedes Schiff behält das ihm zugeteilte Unterscheidungssignal, auch wenn die Zuständigkeit für die Führung des Registerblatts auf ein anderes Registergericht übergeht. Ist das Unterschei-

dungssignal frei geworden, so kann es nur von dem Registergericht, dem es zugewiesen ist, erneut zugeteilt werden.

(4) Wird das Unterscheidungssignal frei, so ist dies in dem Verzeichnis der Unterscheidungssignale unter Angabe des Grundes zu vermerken. Ein frei gewordenes Unterscheidungssignal soll erst wieder zugeteilt werden, nachdem sämtliche dem Registergericht zugewiesenen Unterscheidungssignale zugeteilt worden sind; Absatz 1 Satz 2 gilt sinngemäß.

Fünfter Abschnitt
Das Binnenschiffsregister
§ 32

Für die Einrichtung des Binnenschiffsregisters ist das Muster maßgebend, das dieser Verordnung als Anlage 2 beigefügt ist. § 25 Abs. 2 gilt entsprechend.

§ 33

In der Aufschrift sind das Amtsgericht und die Nummer des Registerblatts anzugeben.

§ 34

(1) In der ersten Abteilung sind einzutragen:

1. in Spalte 1: der Name des Schiffs, sofern es einen führt, die Nummer oder andere behördlich vorgeschriebene Merkzeichen; im Fall der Änderung die neue Bezeichnung;
2. in Spalte 2: die Gattung des Schiffs auf Grund der Schiffspapiere (Eichschein, Klassifikationsattest usw.) mit der üblichen Bezeichnung und der Hauptbaustoff des Schiffs; im Fall der Änderung die neue Gattung;
3. in Spalte 3: das Jahr des Stapellaufs, der Bauort und die Werft, auf der das Schiff erbaut ist; falls dies jedoch nicht ohne besondere Schwierigkeiten festzustellen ist, der Vermerk, dass die betreffende Tatsache nicht festgestellt ist;
4. in Spalte 4: der Heimatort; im Fall der Änderung der neue Heimatort;
5. in Spalte 5: wenn das Schiff zur Beförderung von Gütern bestimmt ist, die größte Tragfähigkeit in Tonnen, bei anderen Schiffen die Wasserverdrängung bei größter Eintauchung in Kubikmetern, gegebenenfalls die Maschinenleistung in Kilowatt (kW) oder PS, unter Angabe des Eichscheins oder einer anderen nach § 13 Abs. 1 der Schiffsregisterordnung zulässigen Urkunde (Tag der Ausstellung, ausstellende Behörde) oder sonstiger Bescheinigungen der zuständigen Behörden oder des Erbauers, ferner etwa eingetretene Veränderungen;
6. in Spalte 6: der Tag der Eintragung des Schiffs;
7. in Spalte 7: die Nummer der Spalte, auf die sich die Eintragung in Spalte 8 bezieht;
8. in Spalte 8: die Änderungen der in den Spalten 1 bis 5 eingetragenen Tatsachen;
9. in Spalte 9: die Löschung der Eintragung des Schiffs unter Angabe ihres Grundes, in den Fällen des § 20 Abs. 4 und des § 21 Abs. 4 Satz 2 zweiter Halbsatz der Schiffsregisterordnung der Vermerk, dass das Schiff seinen Heimatort im Ausland hat.

(2) Die erste Eintragung ist in Spalte 6, Veränderungen sind in Spalte 8, Eintragungen nach Absatz 1 Nr. 9 in Spalte 9 zu unterschreiben.

§ 35

(1) In der zweiten Abteilung sind einzutragen:

1. in Spalte 1: die laufende Nummer der Eintragung in Spalte 2;
2. in Spalte 2:
   a) der Eigentümer des Schiffs oder die Miteigentümer;
   b) bei mehreren Eigentümern die in § 51 der Schiffsregisterordnung vorgeschriebenen Angaben;
3. in Spalte 3: bei mehreren Miteigentümern die Größe der den einzelnen Miteigentümern gehörenden Anteile in Form eines Bruchs; bei Alleineigentum ist ein waagerechter Strich zu ziehen;
4. in Spalte 4: die laufende Nummer der Eintragung in den Spalten 2 und 3, zu der die Eintragung in Spalte 5 gehört;
5. in Spalte 5:
   a) bei der ersten Eintragung des Schiffs der Grund des Erwerbs, bei Eigentumsänderungen die Grundlage der Eintragung (§ 28 Abs. 1 Nr. 5 Buchstabe a);
   b) der Verzicht auf das Eigentum;
   c) die Vormerkungen und Widersprüche, die sich auf das Eigentum beziehen, sowie Beschränkungen des Eigentümers in der Verfügung über das Eigentum;
   d) die Schutzvermerke (§ 28 Abs. 2, § 81 Abs. 1 der Schiffsregisterordnung), die sich auf das Eigentum beziehen;
   e) die Änderungen der Namen, Firmen und sonstigen in Spalte 2 eingetragenen Bezeichnungen;
   f) die Löschung der eingetragenen Vormerkungen, Widersprüche, Verfügungsbeschränkungen und Schutzvermerke.

(2) Die Eintragungen sind in Spalte 5 zu unterschreiben.

§ 36

Für Eintragungen in der dritten Abteilung gelten die Vorschriften des § 29 entsprechend, soweit sie die Schiffshypothek, das Arrestpfandrecht und den Nießbrauch betreffen.

Sechster Abschnitt
Das Schiff betreffende Urkunden
§ 37

(1) Für das Schiffszertifikat ist das Muster in deutscher Sprache mit englischer Übersetzung maßgebend, das dieser Verordnung als Anlage 4 beigefügt ist.

(2) Für die Ausfertigung des Schiffszertifikats sind die amtlich ausgegebenen Vordrucke zu verwenden. Die Eintragungen sind aus dem Register so zu übernehmen (§ 60 der Schiffsregisterordnung), dass die vorgesehenen Zeilen und Spalten den vollständigen Inhalt der entsprechend überschriebenen Spalten des Registerblatts wiedergeben.

(3) Das Schiffszertifikat ist zu unterschreiben und mit dem Siegel des Registergerichts zu versehen. Es ist dem Eigentümer gegen Empfangsbescheinigung auszuhändigen.

(4) Werden mehrere Bogen zu einem Schiffszertifikat verwendet, so sind sie durch Schnur und Siegel miteinander zu verbinden.

§ 38

(1) Ist das Schiff noch nicht im Inland vermessen (§ 27 Abs. 1 Nr. 6), so sind die Ergebnisse der Vermessung links neben dem für die Eintragung der amtlichen Vermessung bestimmten Platz im Schiffszertifikat einzutragen.

(2) Verfügungsbeschränkungen, Vormerkungen und Widersprüche, die zur Zeit der Erteilung des Schiffszertifikats in der zweiten Abteilung des Schiffsregisters eingetragen sind, sind auf der Seite des Schiffszertifikats zu vermerken, die der Seite 3 des Musters in der Anlage 4 zu dieser Verordnung entspricht. Eintragungen von Schiffshypotheken oder eines Nießbrauchs sind auf der Seite des Schiffszertifikats zu vermerken, die der Seite 4 des Musters in der Anlage 4 zu dieser Verordnung entspricht. Die Vermerke sind zu unterschreiben und mit dem Stempel des Registergerichts zu versehen.

§ 39

Eintragungen in das Schiffsregister, die nach der Ausstellung des Schiffszertifikats erfolgen, sind, wenn sie das Schiff oder die Eigentumsverhältnisse betreffen, auf der Seite des Schiffszertifikats zu vermerken, die der Seite 3 des Musters in der Anlage 4 zu dieser Verordnung entspricht; wenn sie Schiffshypotheken oder einen Nießbrauch betreffen, sind sie gemäß der Eintragung im Schiffsregister auf der Seite des Schiffszertifikats zu vermerken, die der Seite 4 des Musters in der Anlage 4 zu dieser Verordnung entspricht. Ein späterer Vermerk ist unmittelbar hinter dem vorhergehenden einzutragen. Die Vermerke sind zu unterschreiben und mit dem Stempel des Registergerichts zu versehen.

§ 39a

(1) Für die Ausfertigung des Schiffszertifikats können auch die amtlich vorgegebenen Vordrucke nach dem Muster in der Anlage 4a zu dieser Verordnung verwendet werden. Dabei sind die Eintragungen so zu übernehmen, dass nur der gültige Inhalt des Schiffsregisters wiedergegeben wird. Erforderlichenfalls können Anlagebogen verwendet werden. § 37 Absatz 3 und 4 sowie § 38 Absatz 2 Satz 3 sind anzuwenden.

(2) Sind nach der Ausstellung eines Schiffszertifikats auf diesem weitere Eintragungen in das Schiffsregister zu vermerken, kann abweichend von § 39 ein neues Schiffszertifikat ausgestellt werden, in das nur der zur Zeit seiner Ausstellung gültige Inhalt des Schiffsregisters aufzunehmen ist.

§ 40

(1) Ein neues Schiffszertifikat ist auszustellen, wenn das Schiff auf ein anderes Registerblatt übertragen wird oder wenn der Eigentümer es beantragt.

(2) In das neue Schiffszertifikat ist nur der zur Zeit seiner Ausstellung gültige Inhalt des Schiffsregisters aufzunehmen.

(3) Wird das neue Schiffszertifikat an Stelle eines abhandengekommenen ausgestellt, so ist dies im Ausfertigungsvermerk anzugeben.

§ 41

(1) Abgesehen vom Fall des § 62 Abs. 3 der Schiffsregisterordnung ist das Schiffszertifikat auch unbrauchbar zu machen, wenn ein neues Schiffszertifikat ausgestellt ist.

(2) Das Schiffszertifikat wird dadurch unbrauchbar gemacht, dass es mit Einschnitten versehen und seine Vorderseite rot durchkreuzt wird; es ist bei den Registerakten zu verwahren.

§ 42

(1) Für den beglaubigten Auszug aus dem Schiffszertifikat ist das Muster in deutscher Sprache mit englischer Übersetzung maßgebend, das dieser Verordnung als Anlage 5 beigefügt ist; für die Ausfertigung sind die amtlich ausgegebenen Vordrucke zu verwenden. Der Auszug ist zu unterschreiben und mit dem Siegel des Registergerichts zu versehen.

(2) In dem Auszug werden Veränderungen der Eintragungen im Schiffsregister nicht vermerkt. Wird der Inhalt des Auszugs von den Veränderungen berührt, so hat das Registergericht den Auszug unbrauchbar zu machen und einen neuen, den veränderten Eintragungen im Schiffsregister entsprechenden Auszug zu erteilen.

(3) Im übrigen gelten für den Auszug § 37 Abs. 2 Satz 2, § 40 Abs. 3 und § 41 entsprechend.

§ 43

Ist außer dem Schiffszertifikat auch der beglaubigte Auszug aus dem Schiffszertifikat dem Registergericht einzureichen, so soll der Auszug erst eingefordert werden, wenn das Schiffszertifikat wieder ausgehändigt ist.

§ 44

Für den Schiffsbrief sind die Muster maßgebend, die dieser Verordnung als Anlagen 6 und 6a beigefügt sind. Im übrigen gelten die §§ 37 bis 41 entsprechend.

§ 45

(1) Das Registergericht hat auf dem Eichschein die Eintragung des Schiffs in das Schiffsregister zu vermerken. In dem Vermerk sind die Nummer des Registerblatts, das Datum der Eintragung und der Heimatort des Schiffs anzugeben. Der Vermerk ist zu unterschreiben und mit dem Stempel des Registergerichts zu versehen.

(2) Die Urkunde ist dem Eigentümer auszuhändigen, wenn der Vermerk nach Absatz 1 erteilt worden ist.

Siebenter Abschnitt
Das Schiffsbauregister

§ 46

Für die Einrichtung und Führung des Schiffsbauregisters gelten die §§ 1 bis 24 entsprechend.

§ 47

Das Registerblatt ist auch zu schließen, wenn dem Registergericht von der Eintragung des Schiffs in das Schiffsregister nach § 16 Abs. 3 der Schiffsregisterordnung Mitteilung gemacht wird.

§ 48

Nach der Schließung des Registerblatts hat das Registergericht die Registerakten dem für die Eintragung des Schiffs in das Schiffsregister zuständigen Amtsgericht zu übersenden.

§ 49

Für das Schiffsbauregister ist das Muster maßgebend, das dieser Verordnung als Anlage 3 beigefügt ist. § 25 Abs. 2 gilt entsprechend.

§ 50

In der Aufschrift sind das Amtsgericht und die Nummer des Registerblatts anzugeben.

§ 51

(1) In der ersten Abteilung sind einzutragen:

1. in Spalte 1: der Name, die Nummer oder die sonstige Bezeichnung und die Gattung des im Bau befindlichen Schiffs; im Fall der Änderung der neue Name, die neue Nummer oder sonstige Bezeichnung oder die neue Gattung;
2. in Spalte 2: der Bauort und die Schiffswerft, auf der das Schiff im Bau ist; im Fall der Änderung der neue Bauort oder die neue Schiffswerft;
3. in Spalte 3: die Bezeichnung der in § 69 Abs. 3 der Schiffsregisterordnung genannten Urkunde;
4. in Spalte 4: der Tag der Eintragung des Schiffsbauwerks und die Änderungen der in den Spalten 1 und 2 eingetragenen Tatsachen;
5. in Spalte 5: die Löschung der Eintragung des Schiffsbauwerks unter Angabe ihres Grundes.

(2) Die erste Eintragung und die Veränderungen sind in Spalte 4, die Löschung ist in Spalte 5 zu unterschreiben.

§ 52

(1) In der zweiten Abteilung sind einzutragen:

1. in Spalte 1: die laufende Nummer der Eintragung in Spalte 2;
2. in Spalte 2:
   a) der Eigentümer des Schiffsbauwerks oder die Miteigentümer, im Fall des § 509 des Handelsgesetzbuchs (Baureederei) die sämtlichen Mitreeder, gegebenenfalls der Korrespondentreeder;
   b) bei mehreren Eigentümern die in den §§ 51, 74 der Schiffsregisterordnung vorgeschriebenen Angaben;
3. in Spalte 3:
   a) bei der ersten Eintragung des Schiffsbauwerks die Angabe, dass der Eigentümer Inhaber der Schiffswerft ist, oder die Bezeichnung der in § 69 Abs. 2 der Schiffsregisterordnung genannten Urkunde, bei Eigentumsänderungen die Grundlage der Eintragung (§ 28 Abs. 1 Nr. 5 Buchstabe a);
   b) der Verzicht auf das Eigentum;
   c) die Vormerkungen und Widersprüche, die sich auf das Eigentum beziehen, sowie Beschränkungen des Eigentümers in der Verfügung über das Eigentum;
   d) die Schutzvermerke (§ 28 Abs. 2, § 74, § 81 Abs. 1 der Schiffsregisterordnung), die sich auf das Eigentum beziehen;
   e) die Änderungen der Namen, Firmen und sonstigen in Spalte 2 eingetragenen Bezeichnungen;

f) die Löschung der eingetragenen Vormerkungen, Widersprüche, Verfügungsbeschränkungen und Schutzvermerke.

(2) Die Eintragungen sind in Spalte 3 zu unterschreiben.

§ 53

(1) In der dritten Abteilung sind einzutragen:

1. in Spalte 1: die laufende Nummer der Eintragung in den Spalten 2 und 3;
2. in Spalte 2: der Betrag der Schiffshypothek in Ziffern;
3. in Spalte 3: der Inhalt des eingetragenen Rechts unter Angabe des Betrages in Buchstaben sowie gleichzeitig einzutragende Beschränkungen in der Verfügung über das Recht;
4. in Spalte 4: die laufende Nummer der von der Änderung betroffenen Eintragung;
5. in Spalte 5: die Veränderungen der eingetragenen Rechte; ferner die Beschränkungen des Berechtigten in der Verfügung über das Recht, es sei denn, dass die Beschränkung zugleich mit der Eintragung des Rechts eingetragen wird;
6. in Spalte 6: die laufende Nummer der von der Löschung betroffenen Eintragung;
7. in Spalte 7: die Löschung der in den Spalten 1 bis 3 eingetragenen Schiffshypotheken unter Angabe des gelöschten Betrages; wird nur ein Teil gelöscht, so ist in Spalte 2 der gelöschte Teil von dem Betrag abzuschreiben.

(2) Für die Eintragung eines Arrestpfandrechts gilt Absatz 1 entsprechend.

(3) Eine Vormerkung, die sich auf eine Schiffshypothek bezieht, wird eingetragen:

1. wenn sie den Anspruch auf Einräumung einer Schiffshypothek sichert, in den Spalten 1 bis 3;
2. in anderen Fällen in den Spalten 4 und 5.

Bei der Eintragung der Vormerkung ist die rechte Hälfte der Spalte für die endgültige Eintragung freizulassen. Dies gilt jedoch nicht, wenn es sich um eine Vormerkung handelt, die einen Anspruch auf Aufhebung eines Rechts sichert.

(4) Für die Eintragung eines Widerspruchs oder eines Schutzvermerks gilt Absatz 3 entsprechend.

(5) Die Eintragungen in den Spalten 1 bis 3 sind in Spalte 3, die Eintragungen in den Spalten 4 und 5 in Spalte 5 und die Eintragungen in den Spalten 6 und 7 in Spalte 7 zu unterschreiben.

§ 54

Auf im Bau befindliche oder fertiggestellte Schwimmdocks sind die Vorschriften in den §§ 46 und 49 bis 53 mit den folgenden Maßgaben entsprechend anzuwenden:

1. Die Fertigstellung des Schwimmdocks (§ 73 a der Schiffsregisterordnung) und die Angabe, dass es sich um ein fertiggestelltes Schwimmdock handelt (§ 73 b der Schiffsregisterordnung), sind in der ersten Abteilung in Spalte 1 einzutragen.
2. Der Lageort ist in der ersten Abteilung in Spalte 2 einzutragen; hierbei ist in der Eintragung kenntlich zu machen, dass es sich um den Lageort handelt.
3. Im Fall des § 73b der Schiffsregisterordnung ist bei der ersten Eintragung des Schwimmdocks anstelle der in § 52 Abs. 1 Nr. 3 Buchstabe a vorgesehenen Angaben über den Eigentümer als Inhaber der Schiffswerft oder über die in § 69 Abs. 2 der Schiffsregisterordnung genannte Urkunde in der zweiten Abteilung in Spalte 3 der Rechtsgrund für den Erwerb des Eigentums einzutragen.

Achter Abschnitt
Maschinell geführte Register
Unterabschnitt 1
Maschinell geführte Register und ihre Anlegung
§ 55

Für maschinell geführte Register gelten der Erste bis Siebente Abschnitt, soweit im folgenden nichts Abweichendes bestimmt wird. Die maschinelle Führung von Registern umfaßt auch die maschinelle Führung des Verzeichnisses nach § 31 und anderer für die Führung der Register erforderlicher Verzeichnisse.

§ 56

Bei maschinell geführten Registern ist der in den dafür bestimmten Datenspeicher aufgenommene und auf Dauer unverändert in lesbarer Form wiedergabefähige Inhalt des Registerblatts (§ 3) das Register. Die Bestimmung des Datenspeichers nach Satz 1 kann durch Verfügung der zuständigen Stelle geändert werden, wenn dies dazu dient, die Erhaltung und die Abrufbarkeit der Daten sicherzustellen oder zu verbessern, und die Daten dabei nicht verändert werden. Die Verfügung kann auch in allgemeiner Form und vor Eintritt eines Änderungsfalls getroffen werden.

§ 57

Der Inhalt eines maschinell geführten Registers muß auf dem Bildschirm und in Ausdrucken so sichtbar gemacht werden können, wie es den durch diese Verordnung vorgeschriebenen Vordrucken entspricht. Die Vorschriften, die Registerbände voraussetzen, sind nicht anzuwenden.

§ 58

Für die Anforderungen an Anlagen, Programme und ihre Sicherung gelten die Anlage zu § 126 Abs. 1 Satz 2 Nr. 3 der Grundbuchordnung und die §§ 64 bis 66 der Grundbuchverfügung sinngemäß.

§ 59

(1) Das Registerblatt kann auch umgeschrieben werden, wenn es maschinell geführt werden soll. Für die Durchführung gilt § 13 mit der Maßgabe, dass die zu übernehmenden Angaben des umzuschreibenden Registerblatts gemäß § 93 Satz 1 der Schiffsregisterordnung in Verbindung mit § 128 der Grundbuchordnung in den für das neue Registerblatt bestimmten Datenspeicher durch Übertragung in elektronische Zeichen aufzunehmen sind.

(2) Anstelle der Umschreibung ist in den Fällen des Absatzes 1 auch die Neufassung oder die Umstellung zulässig. Für die Neufassung gelten § 13 Abs. 1 und 2 und ergänzend § 69 der Grundbuchverfügung sinngemäß. Das neugefaßte Blatt erhält keine neue Nummer. Für die Umstellung gilt § 70 der Grundbuchverfügung sinngemäß.

(3) In der Aufschrift ist anstelle des Vermerks nach § 13 Abs. 2 Satz 1 der in § 71 der Grundbuchverfügung für die Umschreibung, die Neufassung oder die Umstellung jeweils bestimmte Freigabevermerk zu setzen. § 15 gilt mit der Maßgabe, dass als Grund der Schließung die Fortführung auf EDV anzugeben ist.

(4) Für die Umschreibung des maschinell geführten Registers gilt § 13 sinngemäß. Der Inhalt der geschlossenen Blätter soll weiterhin wiedergabefähig oder lesbar bleiben.

(5) Die geschlossenen Registerblätter können als Wiedergabe auf einem Bildträger oder auf anderen Datenträgern aufbewahrt werden, wenn sichergestellt ist, dass die Wiedergabe oder die Daten innerhalb angemessener Zeit lesbar gemacht werden können. Die Landesjustizverwaltungen bestimmen durch allgemeine Verwaltungsanordnung Zeitpunkt und Umfang dieser Art der Aufbewahrung und die Einzelheiten der Durchführung.

§ 60

(1) Kann ein maschinell geführtes Registerblatt ganz oder teilweise auf Dauer nicht mehr in lesbarer Form wiedergegeben werden, so ist es wiederherzustellen. Sein Inhalt kann unter Zuhilfenahme aller geeigneten Unterlagen ermittelt werden. Für das Verfahren gilt im übrigen die nach § 92 der Schiffsregisterordnung erlassene Rechtsverordnung. Soweit diese nicht erlassen ist, gilt die Verordnung über die Wiederherstellung zerstörter oder abhanden gekommener Grundbücher und Urkunden in ihrer im Bundesgesetzblatt Teil III, Gliederungsnummer 315-11-4, veröffentlichten bereinigten Fassung sinngemäß.

(2) Ist die Vornahme von Eintragungen in maschinell geführte Register vorübergehend nicht möglich, so können auf Anordnung der Leitung des Registergerichts Eintragungen in einem Ersatzregister vorgenommen werden. § 148 Abs. 2 der Grundbuchordnung gilt sinngemäß. Für die Führung des Ersatzregisters gelten die Bestimmungen dieser Verordnung. Der in der Aufschrift anzubringende Vermerk lautet: „Dieses Blatt ist als Ersatzregister an die Stelle des maschinell geführten Blattes ... getreten. Eingetragen am ...“.

(3) Ist die Vornahme von Eintragungen in maschinell geführte Register nicht nur vorübergehend nicht möglich und können die Voraussetzungen des § 93 Satz 1 der Schiffsregisterordnung in Verbindung mit § 126 Abs. 1 der Grundbuchordnung in absehbarer Zeit nicht wiederhergestellt werden, so kann eine auf Grund jener Vorschriften erlassene Rechtsverordnung durch Rechtsverordnung aufgehoben und die Führung des Registers in Papierform bestimmt werden.

Unterabschnitt 2
Eintragungen in maschinell geführte Register

§ 61

(1) Die Eintragung in maschinell geführte Register wird abweichend von § 2 Abs. 2 der Schiffsregisterordnung von der für die Führung des maschinell geführten Registers zuständigen Person veranlaßt. Einer besonderen Verfügung hierzu bedarf es in diesem Fall nicht. Die Landesregierung oder die von ihr ermächtigte Landesjustizverwaltung kann in der Rechtsverordnung nach § 93 Satz 1 der Schiffsregisterordnung in Verbindung mit § 126 Abs. 1 Satz 1 der Grundbuchordnung oder durch gesonderte Rechtsverordnung bestimmen, dass auch bei dem maschinell geführten Register die Eintragung von dem Urkundsbeamten der Geschäftsstelle auf Verfügung der für die Führung des Registers zuständigen Person veranlaßt wird.

(2) Die veranlassende Person soll die Eintragung auf ihre Richtigkeit und Vollständigkeit prüfen; die Aufnahme in den Datenspeicher (§ 56) ist zu verifizieren.

§ 62

Bei dem maschinell geführten Register soll eine Eintragung nur möglich sein, wenn die für die Führung des Registers zuständige Person oder, in den Fällen des § 61 Abs. 1 Satz 3, der Urkundsbeamte der Geschäftsstelle, der Eintragung ihren oder seinen Nachnamen hinzusetzt und beides elektronisch unterschreibt. Die elektronische Unterschrift soll in einem allgemein als sicher anerkannten automatisierten kryptographischen Verfahren textabhängig und unterzeichnerabhängig hergestellt werden. Die unterschriebene Eintragung und die elektronische Unterschrift werden Bestandteil des maschinell geführten Registers. Die elektronische Unterschrift soll durch die zuständige Stelle überprüft werden können.

§ 63

Die äußere Form der Wiedergabe einer Eintragung bestimmt sich im übrigen nach dem Vierten, Fünften und Siebenten Abschnitt. Soweit nach dieser Verordnung Unterstreichungen, Kreuzungen oder ähnliche Kennzeichnungen in rot vorzunehmen sind, können sie in dem maschinell geführten Register schwarz dargestellt werden.

Unterabschnitt 3
Einsicht in maschinell geführte Register und Abschriften hieraus

§ 64

Für die Einsicht in maschinell geführte Register und die Erteilung von Abschriften hieraus gelten § 8 der Schiffsregisterordnung und die Vorschriften des Dritten Abschnitts entsprechend, soweit im folgenden nichts Abweichendes bestimmt ist.

§ 65

(1) Der Ausdruck aus maschinell geführten Registern ist mit der Aufschrift „Ausdruck" und dem Hinweis auf das Datum des Abrufs der Registerdaten zu versehen. Der Ausdruck kann dem Antragsteller auch elektronisch übermittelt werden.

(2) Der Ausdruck gilt als beglaubigte Abschrift, wenn er gesiegelt ist und die Kennzeichnung „Amtlicher Ausdruck" sowie den Vermerk „beglaubigt" mit dem Namen der Person trägt, die den Ausdruck verfügt oder die ordnungsgemäße drucktechnische Herstellung des Ausdrucks allgemein zu überwachen hat. Anstelle der Siegelung kann in dem Vordruck maschinell ein Abdruck des Dienstsiegels eingedruckt sein oder aufgedruckt werden; in beiden Fällen muß auf dem Ausdruck „Amtlicher Ausdruck" und der Vermerk „Dieser Ausdruck wird nicht unterschrieben und gilt als beglaubigte Abschrift" aufgedruckt sein oder werden. Absatz 1 Satz 2 gilt nicht.

(3) Auf dem Ausdruck oder dem amtlichen Ausdruck kann angegeben werden, welchen Eintragungsstand er wiedergibt.

§ 66

(1) Bei maschinell geführten Registern sind das Schiffszertifikat, der amtliche Auszug aus diesem und der Schiffsbrief nicht zu unterschreiben. Am Schluß der Seite 2 der Muster der Anlagen 4 bis 6a ist jeweils der Vermerk aufzudrucken: „Diese Urkunde ist maschinell hergestellt und ohne Unterschrift wirksam." Anstelle des von Hand aufgebrachten Siegels kann das Siegel maschinell eingedruckt sein oder aufgedruckt werden. Im Verkehr mit dem Ausland können maschinell hergestellte Schiffsurkunden auch von Hand unterschrieben und gesiegelt werden; in diesem Fall ist der in Satz 2 bezeichnete Vermerk wegzulassen oder durchzustreichen.

(2) Der amtlich beglaubigte Auszug aus dem Schiffszertifikat trägt abweichend vom Muster in Anlage 5 die Überschrift „Amtlicher Auszug aus dem Schiffszertifikat".

(3) Besteht eine zu erstellende Schiffsurkunde aus mehreren Bögen, so ist § 37 Abs. 4 nicht anzuwenden. Auf jedem Bogen ist in diesem Fall die Blattzahl und auf den folgenden Bogen auch die Schiffsurkunde anzugeben, zu welcher die weiteren Bogen gehören.

(4) Sind auf einer erteilten Schiffsurkunde Änderungen oder Zusätze zu vermerken, so ist die erteilte Urkunde einzuziehen und unbrauchbar zu machen. An ihrer Stelle wird eine vollständige neue Urkunde erteilt. Dies gilt auch, wenn die erteilte Urkunde nicht aus dem maschinell geführten Register erteilt worden ist.

§ 67

(1) Die Einsicht erfolgt durch Wiedergabe des betreffenden Registerblatts auf einem Bildschirm. Der Einsicht nehmenden Person kann gestattet werden, das Registerblatt selbst auf dem Bildschirm aufzurufen, wenn technisch sichergestellt ist, dass der Umfang der nach § 8 der Schiffsregisterordnung oder den Vorschriften dieser Verordnung zulässigen Einsicht nicht überschritten wird und Veränderungen des Registerinhalts nicht vorgenommen werden können.

(2) Anstelle der Wiedergabe auf einem Bildschirm kann auch die Einsicht in einen Ausdruck gewährt werden.

(3) Die Einsicht nach Absatz 1 oder 2 kann auch durch ein anderes als das Registergericht bewilligt und gewährt werden, welches das Registerblatt führt. Die für diese Aufgabe zuständigen Bediensteten sind besonders zu bestimmen. Sie dürfen Zugang zu den maschinell geführten Registerblättern des anderen Registergerichts nur haben, wenn sie eine Kennung verwenden, die ihnen von der Leitung ihres Registergerichts zugeteilt wird. Diese Form der Einsichtnahme ist auch über die Grenzen des betreffenden Landes hinweg zulässig, wenn die Landesjustizverwaltungen dies vereinbaren. Die Gewährung von Einsicht schließt die Erteilung von Abschriften mit ein.

Unterabschnitt 4
Automatisierter Abruf von Daten

§ 68

Die Gewährung des Abrufs von Daten im automatisierten Verfahren nach § 93 der Schiffsregisterordnung in Verbindung mit § 133 der Grundbuchordnung berechtigt insbesondere zur Einsichtnahme in das Register in dem durch § 8 der Schiffsregisterordnung bestimmten Umfang sowie zur Fertigung von Abdrucken des Registerblatts. Abdrucke stehen den Ausdrucken nicht gleich. Wird die Abrufberechtigung einer nicht-öffentlichen Stelle gewährt, ist diese in der Genehmigung oder dem Vertrag (§ 133 der Grundbuchordnung) darauf hinzuweisen, dass sie die abgerufenen Daten nach § 93 Satz 1 der Schiffsregisterordnung in Verbindung mit § 133 Abs. 6 der Grundbuchordnung nur zu dem Zweck verwenden darf, für den sie ihr übermittelt worden sind.

§ 69

(1) Die Einrichtung eines automatisierten Abrufverfahrens bedarf bei Gerichten, Strafverfolgungsbehörden, dem Bundesamt für Seeschiffahrt und Hydrographie und der See-Berufsgenossenschaft einer Verwaltungsvereinbarung. Sie kann allgemein auch dem Germanischen Lloyd und, für die in § 93 der Schiffsregisterordnung in Verbindung mit § 133 Abs. 4 der Grundbuchordnung bezeichneten Zwecke, Schiffsbanken und anderen Kreditinstituten durch die Landesjustizverwaltung genehmigt werden, soweit nicht ein öffentlich-rechtlicher Vertrag geschlossen wird.

(2) Eine Genehmigung wird nur auf Antrag erteilt. Zuständig ist die Behörde, in deren Bezirk das betreffende Registergericht liegt. In der Rechtsverordnung nach § 73 oder einer Vereinbarung nach § 1 Abs. 3 der Schiffsregisterordnung kann die Zuständigkeit abweichend geregelt werden. Für das Verfahren gelten im übrigen das Verwaltungsverfahrens- und das Verwaltungszustellungsgesetz des das Register führenden Landes entsprechend.

(3) Die Genehmigung kann auf entsprechenden Antrag hin auch für die Registergerichte des Landes erteilt werden, bei denen die gesetzlichen Voraussetzungen dafür gegeben sind. In der Genehmigung ist in jedem Fall das Vorliegen der Voraussetzungen nach § 93 Satz 2 der Schiffsregisterordnung in Verbindung mit § 133 Abs. 2 Satz 2 und 3 Nr. 1 und 2 der Grundbuchordnung besonders festzustellen.

(4) Der Widerruf einer Genehmigung erfolgt durch die genehmigende Stelle. Ist eine Gefährdung von Registern zu befürchten, kann in den Fällen des Absatzes 3 Satz 1 die Genehmigung für einzelne Registergerichte auch durch die für diese jeweils zuständige Stelle ausgesetzt werden. Der Widerruf und die Aussetzung einer Genehmigung sind den übrigen Landesjustizverwaltungen unverzüglich mitzuteilen.

§ 70

Im Übrigen gelten die §§ 82 bis 84 der Grundbuchverfügung sinngemäß.

Unterabschnitt 5
Zusammenarbeit mit Behörden der Seeschiffahrt

§ 71

(1) Unterscheidungssignale, IMO-Nummern, Meßdaten und Angaben zum Flaggenführungsrecht kann das Registergericht von dem Bundesamt für Seeschiffahrt und Hydrographie anfordern, soweit die Daten dort maschinell geführt werden.

(2) Soweit das Register maschinell geführt wird, dürfen das Bundesamt für Seeschiffahrt und Hydrographie und die See-Berufsgenossenschaft für ihre Aufgaben notwendige Angaben aus der ersten bis dritten Abteilung anfordern, soweit dies für die Aufgabenerfüllung erforderlich ist.

(3) Die Anforderung nach den Absätzen 1 und 2 bedarf keiner besonderen Genehmigung oder Vereinbarung. Auf Ersuchen der berechtigten Stellen übermittelt das Registergericht ihnen die erforderlichen Daten aus dem Register. Die Daten können auch im automatisierten Verfahren übermittelt werden.

Unterabschnitt 6
Datenverarbeitung im Auftrag, ergänzende Vorschriften des Landesrechts

§ 72

Die Bestimmungen dieser Verordnung gelten für die Verarbeitung von Registerdaten durch eine andere Stelle im Auftrag des Registergerichts sinngemäß. Hierbei soll sichergestellt sein, dass die Eintragung in das maschinell geführte Register und die Auskunft hieraus nur erfolgt, wenn sie von dem zuständigen Registergericht verfügt wurde oder nach § 93 Satz 1 der Schiffsregisterordnung in Verbindung mit § 133 der Grundbuchordnung und nach den Unterabschnitten 4 und 5 zulässig ist.

§ 73 Ausführungsvorschriften

Die Landesregierungen werden ermächtigt, durch Rechtsverordnung die Anlegung des maschinell geführten Registers einschließlich seiner Freigabe ganz oder teilweise dem Urkundsbeamten der Geschäftsstelle zu übertragen und in der Schiffsregisterordnung, im Siebenten Abschnitt der Grundbuchordnung oder in dieser Verordnung nicht geregelte weitere Einzelheiten des Verfahrens nach diesem Abschnitt zu regeln, soweit dies nicht durch Verwaltungsvorschriften nach § 93 Satz 1 der Schiffsregisterordnung in Verbindung mit § 134 Satz 2 der Grundbuchordnung geschieht. Sie können diese Ermächtigung auf die Landesjustizverwaltungen übertragen.

Neunter Abschnitt
Übergangs- und Schlußvorschriften

§ 74

(1) Für neu anzulegende Registerblätter können die vorhandenen Vordrucke, soweit sie der Schiffsregisterverfügung vom 29. Mai 1951 entsprechen, verwendet werden, wenn sie handschriftlich, mit Maschinenschrift oder mit Stempel auf den Stand gebracht werden, der sich aus den Anlagen 1 bis 3 zu dieser Verordnung ergibt.

(2) § 17 Abs. 1 der Schiffsregisterordnung ist auch für die erstmalige Zuteilung einer IMO-Nummer anzuwenden. Die IMO-Nummer ist auf den bestehenden Blättern an den seit Inkrafttreten des Registerverfahrenbeschleunigungsgesetzes vorgesehenen Stellen hinzuzusetzen. Vorhandene Vordrucke, die den bis dahin geltenden Vorschriften entsprechen, können nach Maßgabe des Satzes 2 weiter verwendet werden.

(3) Entspricht ein Registerblatt nicht § 27 Abs. 1 Nr. 6 in der vom 25. Oktober 1994 an geltenden Fassung, so kann es bei der nächsten Eintragung entsprechend ergänzt werden. § 29 Abs. 1 Nr. 8, § 36 und § 53 Abs. 1 Nr. 7 in der vom 25. Oktober 1994 an geltenden Fassung sind nur bei Löschungen nach diesem Datum zu berücksichtigen. Vorhandene Vordrucke, die nicht der von dem 1. November 1994 an geltenden Fassung der Anlagen 4 und 5 entsprechen, können weiterverwendet werden, wenn sie der bis dahin geltenden Fassung dieser Anlagen entsprechen und der Antragsteller auf die englische Übersetzung verzichtet.

§ 75

(1) In den nicht geschlossenen Registerblättern von Binnenschiffen sind die vorgedruckten Teile der ersten Abteilung, Spalte 5, handschriftlich, mit Maschinenschrift oder mit Stempel auf den Stand zu bringen, der sich aus der Anlage 2 zu dieser Verordnung ergibt, wenn die erste Eintragung in der ersten Abteilung erfolgt, die Eintragung des Schiffs aber nicht gelöscht werden soll. Die dem geänderten Vordruck entsprechenden Angaben über das Schiff sind nachzutragen. Eintragungen, die durch die Änderung des Vordrucks gegenstandslos werden, sind rot zu unterstreichen. Die Registergerichte fordern die als Eigentümer Eingetragenen auf, die einzutragenden Tatsachen anzumelden und gemäß § 13 der Schiffsregisterordnung glaubhaft zu machen oder nachzuweisen sowie den Schiffsbrief einzureichen.

(2) Nicht geschlossene Registerblätter von Seeschiffen, die nicht seit dem 18. Juli 1982 neu vermessen worden sind, sind auf den Stand zu bringen, der sich aus der bis zum 17. Juli 1982 geltenden Fassung der Anlage 1 zu dieser Verordnung ergibt, wenn die erste Eintragung in der ersten Abteilung erfolgt, die Eintragung des Schiffs aber nicht gelöscht werden soll. Dies gilt nicht, wenn eine Änderung der ersten Abteilung des Seeschiffsregisters, Spalte 6d, in Betracht kommt, die Länge über alles jedoch der gültigen Urkunde über die Vermessung nicht entnommen werden kann. Im übrigen gilt Absatz 1 entsprechend; im Falle des Absatzes 1 Satz 4 sind die als Eigentümer Eingetragenen aufzufordern, das Schiffszertifikat und einen etwa erteilten beglaubigten Auszug aus dem Schiffszertifikat einzureichen.

(3) In den nicht geschlossenen Registerblättern von Seeschiffen, die seit dem 18. Juli 1982 neu vermessen worden sind, sind die neuen Angaben über die Ergebnisse der amtlichen Vermessung nachzutragen, wenn der Eigentümer sie anmeldet. Absatz 2 gilt mit der Maßgabe entsprechend, dass die vorgedruckten Teile der ersten Abteilung, Spalten 6 bis 10, handschriftlich, mit Maschinenschrift oder mit Stempel auf den Stand zu bringen sind, der sich aus der Anlage 1 zu dieser Verordnung ergibt.

(4) Im übrigen sind Änderungen des Vordrucks nicht geschlossener Registerblätter mit Rücksicht auf die seit dem 18. Juli 1982 geltende Fassung der Anlagen 1 bis 3 zu dieser Verordnung nicht geboten.

§ 76

(weggefallen)

§ 77

Werden für ein bereits eingetragenes Schiff gemäß § 75 Angaben im Schiffsregister nachgetragen, ist ein neues Schiffszertifikat oder ein neuer Schiffsbrief auszustellen. Darin ist nur der zur Zeit seiner Ausstellung gültige Inhalt des Schiffsregisters aufzunehmen.

§ 78

(weggefallen)

§ 79

Ist ein Schiff erneuert und daraufhin das Jahr und der Umfang der Erneuerung in die Klassifikationsurkunde eingetragen worden, so sind auf Antrag diese Eintragungen neben der Eintragung des Jahres des Stapellaufs im Schiffsregister und im Schiffszertifikat oder im Schiffsbrief zu vermerken.

§ 80

(1) Diese Verordnung gilt, soweit in den folgenden Absätzen nicht etwas Abweichendes bestimmt ist, auch in dem in Artikel 3 des Einigungsvertrages genannten Gebiet.

(2) Auf den vor dem 31. Dezember 1991 angelegten Registerblättern können auch nach diesem Tag neue Eintragungen vorgenommen werden, wenn die Rechtsverhältnisse dadurch zutreffend wiedergegeben werden und keine Verwirrung entsteht. Andernfalls ist das Registerblatt anläßlich einer neuen Eintragung nach Maßgabe des § 13 umzuschreiben.

(3) Bei der Ausstellung neuer Schiffsurkunden für Schiffe, die am 3. Oktober 1990 im Schiffsregister eingetragen waren, kann von den Mustern in den Anlagen zu dieser Verordnung abgewichen werden, soweit es erforderlich ist, um den Inhalt eines noch fortgeführten Registerblattes aus der Zeit vor dem 3. Oktober 1990 zutreffend wiederzugeben.

§ 81

§ 29 Abs. 1 und § 53 Abs. 1 in der seit dem 24. Februar 1999 geltenden Fassung sind auch auf Eintragungen anzuwenden, die vor diesem Zeitpunkt beantragt, aber zu diesem Zeitpunkt noch nicht vorgenommen worden sind.

3. Gesetz über Rechte an eingetragenen Schiffen und Schiffsbauwerken (SchRG)

Gesetz über Rechte an eingetragenen Schiffen und Schiffsbauwerken

in der im Bundesgesetzblatt Teil III, Gliederungsnummer 403-4, veröffentlichten bereinigten Fassung, das zuletzt durch Artikel 29 des Gesetzes vom 8. Dezember 2010 (BGBl. I S. 1864) geändert worden ist

Eingangsformel

Die Reichsregierung hat das folgende Gesetz beschlossen, das hiermit verkündet wird:

Erster Abschnitt
Allgemeine Vorschriften

§ 1

(1) Dieses Gesetz gilt nur für Schiffe, die im Schiffsregister eines deutschen Gerichts eingetragen sind.

(2) (weggefallen)

§ 2

(1) Zur Übertragung des Eigentums an einem im Seeschiffsregister eingetragenen Schiff ist erforderlich und genügend, dass der Eigentümer und der Erwerber darüber einig sind, dass das Eigentum auf den Erwerber übergehen soll.

(2) Jeder Teil kann verlangen, dass ihm auf seine Kosten eine öffentlich beglaubigte Urkunde über die Veräußerung erteilt wird.

§ 3

(1) Zur Übertragung des Eigentums an einem im Binnenschiffsregister eingetragenen Schiff ist die Einigung des Eigentümers und des Erwerbers hierüber und die Eintragung des Eigentumsübergangs in das Binnenschiffsregister erforderlich.

(2) Vor der Eintragung sind die Beteiligten an die Einigung nur gebunden, wenn die Erklärungen notarisch beurkundet oder vor dem Registergericht abgegeben oder bei diesem eingereicht sind oder wenn der Eigentümer dem Erwerber eine den Vorschriften der Schiffsregisterordnung entsprechende Eintragungsbewilligung ausgehändigt hat.

(3) Die Erklärung des Eigentümers wird nicht dadurch unwirksam, dass er in der Verfügung beschränkt wird, nachdem die Erklärung für ihn bindend geworden und der Antrag auf Eintragung beim Registergericht gestellt worden ist.

§ 4

(1) Sind der Veräußerer und der Erwerber darüber einig, dass sich die Veräußerung auf das Zubehör des Schiffs erstrecken soll, so erlangt der Erwerber mit dem Eigentum an dem Schiff auch das Eigentum an den zur Zeit des Erwerbs vorhandenen Zubehörstücken, soweit sie dem Veräußerer gehören.

(2) Erlangt der Erwerber durch die Veräußerung den Besitz von Zubehörstücken, die dem Veräußerer nicht gehören oder mit Rechten Dritter belastet sind, so sind die Vorschriften der §§ 932 bis 936 des Bürgerlichen Gesetzbuchs anzuwenden; für den guten Glauben des Erwerbers ist der Zeitpunkt maßgebend, in dem der Erwerber den Besitz erlangt.

§ 5

Wer als Eigentümer eines Schiffs im Schiffsregister eingetragen ist, ohne dass er das Eigentum erlangt hat, erwirbt das Eigentum, wenn die Eintragung zehn Jahre bestanden und er während dieser Zeit das Schiff in Eigenbesitz gehabt hat. Die zehnjährige Frist wird in derselben Weise berechnet wie die Frist für die Ersitzung einer beweglichen Sache. Der Lauf der Frist ist gehemmt, solange ein Widerspruch gegen die Richtigkeit der Eintragung im Schiffsregister eingetragen ist.

§ 6

(1) Der Eigentümer eines Schiffs kann im Wege des Aufgebotsverfahrens mit seinem Recht ausgeschlossen werden, wenn das Schiff seit zehn Jahren im Eigenbesitz eines andern ist. Die Besitzzeit wird in gleicher Weise berechnet wie die Frist für die Ersitzung einer beweglichen Sache. Ist der Eigentümer im Schiffsregister eingetragen, so ist das Aufgebotsverfahren nur zulässig, wenn er gestorben oder verschollen ist und eine Eintragung in das Schiffsregister, die der Zustimmung des Eigentümers bedurfte, seit zehn Jahren nicht erfolgt ist.

(2) Wer den Ausschließungsbeschluss erwirkt hat, erlangt das Eigentum dadurch, dass er sich als Eigentümer in das Schiffsregister eintragen läßt.

(3) Ist vor dem Erlass des Ausschließungsbeschlusses ein Dritter als Eigentümer oder wegen des Eigentums eines Dritten ein Widerspruch gegen die Richtigkeit des Schiffsregisters eingetragen worden, so wirkt der Ausschließungsbeschluss nicht gegen den Dritten.

§ 7

(1) Das Eigentum an einem Schiff kann dadurch aufgegeben werden, dass der Eigentümer den Verzicht dem Registergericht gegenüber erklärt und der Verzicht in das Schiffsregister eingetragen wird.

(2) Das Recht zur Aneignung des herrenlosen Schiffs steht nur dem Bund zu. Der Bund erwirbt das Eigentum dadurch, dass er sich als Eigentümer in das Schiffsregister eintragen läßt.

§ 8

(1) Ein Schiff kann zur Sicherung einer Forderung in der Weise belastet werden, dass der Gläubiger berechtigt ist, wegen einer bestimmten Geldsumme Befriedigung aus dem Schiff zu suchen (Schiffshypothek). Eine Schiffshypothek kann auch für eine zukünftige oder eine bedingte Forderung bestellt werden. Das Recht des Gläubigers aus der Schiffshypothek bestimmt sich nur nach der Forderung.

(2) Für die Bestellung der Schiffshypothek gilt § 3 sinngemäß.

(3) Der Bruchteil eines Schiffs kann mit einer Schiffshypothek nur belastet werden, wenn er in dem Anteil eines Miteigentümers besteht.

§ 9

(1) Ein Nießbrauch kann an einem Schiff nur bestellt werden, wenn damit eine Verpflichtung zur Bestellung des Nießbrauchs am ganzen Vermögen des Eigentümers oder an einer Erbschaft oder an einem Bruchteil des Vermögens oder der Erbschaft erfüllt werden soll.

(2) Für die Bestellung des Nießbrauchs gilt § 3 sinngemäß.

§ 10

(1) Zur Sicherung des Anspruchs auf Einräumung oder Aufhebung eines Rechts an einem Schiff oder an einer Schiffshypothek oder auf Änderung des Inhalts oder des Rangs eines solchen Rechts kann eine Vormerkung in das Schiffsregister eingetragen werden. Die Eintragung einer Vormerkung ist auch zur Sicherung eines künftigen oder eines bedingten Anspruchs zulässig.

(2) Eine Verfügung, die nach der Eintragung der Vormerkung über das Schiff oder das Recht getroffen wird, ist insoweit unwirksam, als sie den Anspruch vereiteln oder beeinträchtigen würde. Dies gilt auch, wenn die Verfügung im Wege der Zwangsvollstreckung oder der Arrestvollziehung oder durch den Insolvenzverwalter erfolgt.

(3) Der Rang des Rechts, auf dessen Einräumung der Anspruch gerichtet ist, bestimmt sich nach der Eintragung der Vormerkung.

(4) Soweit der Anspruch durch die Vormerkung gesichert ist, kann sich der Erbe des Verpflichteten nicht auf die Beschränkung seiner Haftung berufen.

§ 11

(1) Die Vormerkung wird auf Grund einer einstweiligen Verfügung oder auf Grund der Bewilligung dessen eingetragen, dessen Schiff oder dessen Recht von der Vormerkung betroffen wird. Für die einstweilige Verfügung braucht eine Gefährdung des zu sichernden Anspruchs nicht glaubhaft gemacht zu werden.

(2) Bei der Eintragung kann zur näheren Bezeichnung des zu sichernden Anspruchs auf die einstweilige Verfügung oder die Eintragungsbewilligung Bezug genommen werden.

§ 12

Steht dem, dessen Schiff oder dessen Recht von der Vormerkung betroffen wird, eine Einrede zu, durch welche die Geltendmachung des durch die Vormerkung gesicherten Anspruchs dauernd ausgeschlossen wird, so kann er von dem Gläubiger die Beseitigung der Vormerkung verlangen.

§ 13

Ist der Gläubiger, dessen Anspruch durch die Vormerkung gesichert ist, unbekannt, so kann er im Wege des Aufgebotsverfahrens mit seinem Recht ausgeschlossen werden, wenn die in § 66 für die Ausschließung eines Schiffshypothekengläubigers bestimmten Voraussetzungen vorliegen. Die Wirkung der Vormerkung erlischt, sobald der Ausschließungsbeschluss rechtskräftig ist.

§ 14

(1) Soweit der Erwerb des Eigentums, einer Schiffshypothek oder des Rechts an einer solchen oder eines Nießbrauchs dem gegenüber, zu dessen Gunsten die Vormerkung besteht, unwirksam ist,

kann dieser von dem Erwerber die Zustimmung zu der Eintragung oder Löschung verlangen, die zur Verwirklichung des durch die Vormerkung gesicherten Anspruchs erforderlich ist.

(2) Das gleiche gilt, wenn der Anspruch durch ein Veräußerungsverbot gesichert ist.

§ 15

(1) Es wird vermutet, dass Eigentümer des Schiffs ist, wer als Eigentümer im Schiffsregister eingetragen ist.

(2) Ist im Schiffsregister für jemanden eine Schiffshypothek oder ein Recht an einer solchen oder ein Nießbrauch eingetragen, so wird vermutet, dass ihm das Recht zusteht.

(3) Ist ein eingetragenes Recht (Absatz 1, 2) gelöscht, so wird vermutet, dass es nicht mehr besteht.

§ 16

(1) Zugunsten dessen, der das Eigentum an einem Schiff, eine Schiffshypothek oder ein Recht an einer solchen oder einen Nießbrauch an einem Schiff durch Rechtsgeschäft erwirbt, gilt der Inhalt des Schiffsregisters, soweit er diese Rechte betrifft, als richtig, es sei denn, dass ein Widerspruch gegen die Richtigkeit eingetragen oder die Unrichtigkeit dem Erwerber bekannt ist. Ist der Berechtigte in der Verfügung über ein im Schiffsregister eingetragenes Recht (Satz 1) zugunsten einer bestimmten Person beschränkt, so ist die Beschränkung dem Erwerber gegenüber nur wirksam, wenn sie aus dem Schiffsregister ersichtlich oder dem Erwerber bekannt ist.

(2) Ist zum Erwerb des Rechts die Eintragung erforderlich, so ist für die Kenntnis des Erwerbers die Zeit der Stellung des Antrags auf Eintragung oder, wenn die Einigung erst später zustande kommt, die Zeit der Einigung maßgebend.

§ 17

§ 16 gilt sinngemäß, wenn an den, für den ein Recht (§ 16 Abs. 1 Satz 1) im Schiffsregister eingetragen ist, auf Grund dieses Rechts eine Leistung bewirkt oder wenn zwischen ihm und einem Dritten ein anderes, nicht unter § 16 fallendes Rechtsgeschäft vorgenommen wird, das eine Verfügung über das Recht enthält.

§ 18

(1) Steht der Inhalt des Schiffsregisters, soweit er das Eigentum, eine Schiffshypothek, ein Recht an einer solchen, einen Nießbrauch oder eine Verfügungsbeschränkung der in § 16 Abs. 1 Satz 2 genannten Art betrifft, mit der wirklichen Rechtslage nicht im Einklang, so kann der, dessen Recht nicht oder nicht richtig eingetragen oder durch die Eintragung einer nicht bestehenden Belastung oder Beschränkung beeinträchtigt ist, die Zustimmung zu der Berichtigung des Schiffsregisters von dem verlangen, dessen Recht durch die Berichtigung betroffen wird.

(2) Kann das Schiffsregister erst berichtigt werden, nachdem das Recht des nach Absatz 1 Verpflichteten eingetragen worden ist, so hat dieser auf Verlangen sein Recht eintragen zu lassen.

§ 19

Wer die Berichtigung verlangt, hat die Kosten der Berichtigung des Schiffsregisters und der dazu erforderlichen Erklärungen zu tragen, sofern sich nicht aus einem zwischen ihm und dem Verpflichteten bestehenden Rechtsverhältnis etwas anderes ergibt.

§ 20

Die in § 18 bestimmten Ansprüche unterliegen nicht der Verjährung.

§ 21

(1) In den Fällen des § 18 kann ein Widerspruch gegen die Richtigkeit des Schiffsregisters eingetragen werden.

(2) Der Widerspruch wird auf Grund einer einstweiligen Verfügung oder auf Grund einer Bewilligung des durch die Berichtigung des Schiffsregisters Betroffenen eingetragen. Die einstweilige Verfügung kann erlassen werden, ohne dass eine Gefährdung des Rechts des Widersprechenden glaubhaft gemacht wird.

§ 22

Ist eine Vormerkung oder ein Widerspruch auf Grund einer einstweiligen Verfügung eingetragen, so erlischt die Vormerkung oder der Widerspruch, wenn die einstweilige Verfügung durch eine vollstreckbare Entscheidung aufgehoben wird.

§ 23

(1) Die Ansprüche aus eingetragenen Rechten unterliegen nicht der Verjährung. Dies gilt nicht für Ansprüche, die auf Rückstände wiederkehrender Leistungen oder auf Schadenersatz gerichtet sind.

(2) Ein Recht, wegen dessen ein Widerspruch gegen die Richtigkeit des Schiffsregisters eingetragen ist, steht einem eingetragenen Recht gleich.

Zweiter Abschnitt
Eintragung und Inhalt der Schiffshypothek

§ 24

(1) Bei der Eintragung einer Schiffshypothek müssen der Gläubiger, der Geldbetrag der Forderung und, wenn die Forderung verzinslich ist, der Zinssatz, wenn andere Nebenleistungen zu entrichten sind, ihr Geldbetrag in das Schiffsregister eingetragen werden. Zur näheren Bezeichnung des Inhalts des Rechts und der Forderung kann auf die Eintragungsbewilligung Bezug genommen werden.

(2) Wird die Schiffshypothek für das Darlehen einer Kreditanstalt eingetragen, deren Satzung von der zuständigen Behörde öffentlich bekanntgemacht worden ist, so genügt zur Bezeichnung der außer den Zinsen satzungsmäßig zu entrichtenden Nebenleistungen die Bezugnahme auf die Satzung.

§ 25

(1) Ist ein Schiff mit mehreren Schiffshypotheken belastet, so bestimmt sich ihr Rangverhältnis nach der Reihenfolge der Eintragungen. Die Eintragung ist für das Rangverhältnis auch dann maßgebend, wenn die nach § 8 Abs. 2, § 3 zur Bestellung der Schiffshypothek erforderliche Einigung erst nach der Eintragung zustande gekommen ist.

(2) Eine abweichende Bestimmung des Rangverhältnisses muß in das Schiffsregister eingetragen werden.

§ 26

(1) Das Rangverhältnis kann nachträglich geändert werden. Der nachträglichen Änderung des Rangverhältnisses steht es gleich, wenn der Rang einer bereits eingetragenen Schiffshypothek zugleich mit der Eintragung einer neuen Schiffshypothek zu deren Gunsten geändert wird.

(2) Zu der Rangänderung ist die Einigung des zurücktretenden und des vortretenden Berechtigten, die Zustimmung des Eigentümers sowie die Eintragung in das Schiffsregister erforderlich. Für die Einigung gilt § 3 Abs. 2, 3 sinngemäß. Die Zustimmung ist dem Registergericht oder einem der Beteiligten gegenüber zu erklären; sie ist unwiderruflich.

(3) Ist die zurücktretende Schiffshypothek mit dem Recht eines Dritten belastet, so ist auch seine Zustimmung erforderlich; Absatz 2 Satz 3 gilt sinngemäß.

(4) Der eingeräumte Vorrang geht nicht dadurch verloren, dass die zurücktretende Schiffshypothek durch Rechtsgeschäft aufgehoben wird.

(5) Schiffshypotheken, die den Rang zwischen der zurücktretenden und der vortretenden Schiffshypothek haben, werden durch die Rangänderung nicht berührt.

(6) Im Fall der Teilung einer Schiffshypothek ist zur Änderung des Rangverhältnisses der Teilschiffshypotheken untereinander die Zustimmung des Eigentümers nicht erforderlich.

§ 27

(1) Der Eigentümer kann sich bei der Belastung des Schiffs mit einer Schiffshypothek die Befugnis vorbehalten, eine andere dem Umfang nach bestimmte Schiffshypothek mit dem Rang vor jener Schiffshypothek eintragen zu lassen.

(2) Der Vorbehalt muß bei der Schiffshypothek eingetragen werden, die zurücktreten soll.

(3) Wird das Schiff veräußert, so geht die vorbehaltene Befugnis auf den Erwerber über.

(4) Ist das Schiff vor der Eintragung der Schiffshypothek welcher der Vorrang beigelegt ist, mit einer Schiffshypothek ohne einen entsprechenden Vorbehalt belastet worden, so hat der Vorrang keine Wirkung, soweit die mit dem Vorbehalt eingetragene Schiffshypothek infolge der Zwischenbelastung eine über den Vorbehalt hinausgehende Beeinträchtigung erleiden würde.

§ 28

(1) Besteht für die Forderung eine Schiffshypothek an mehreren Schiffen oder an mehreren Anteilen eines Schiffs, so haftet jedes Schiff oder jeder Anteil für die ganze Forderung (Gesamtschiffshypothek).

(2) Der Gläubiger ist berechtigt, den Betrag der Forderung auf die einzelnen Schiffe oder Anteile in der Weise zu verteilen, dass jedes Schiff oder jeder Anteil nur für den zugeteilten Betrag haftet. Zur Verteilung ist die Erklärung des Gläubigers und die Eintragung in das Schiffsregister erforderlich. Die Erklärung ist dem Registergericht oder dem gegenüber abzugeben, zu dessen Gunsten sie erfolgt; § 3 Abs. 2, 3 gilt sinngemäß. Ist die Gesamtschiffshypothek mit dem Recht eines Dritten belastet, so ist seine Zustimmung erforderlich; die Zustimmung ist dem Registergericht oder dem gegenüber zu erklären, zu dessen Gunsten sie erfolgt; sie ist unwiderruflich.

§ 29

Kraft der Schiffshypothek haftet das Schiff auch für die gesetzlichen Zinsen der Forderung sowie für die Kosten der Kündigung und der die Befriedigung aus dem Schiff bezweckenden Rechtsverfolgung.

§ 30

(1) Ist die Forderung unverzinslich oder ist der Zinssatz niedriger als fünf vom Hundert, so kann die Schiffshypothek ohne die Zustimmung der im Rang gleich- oder nachstehenden Berechtigten dahin erweitert werden, dass das Schiff für Zinsen bis zu fünf vom Hundert haftet.

(2) Zu einer Änderung der Zahlungszeit und des Zahlungsorts ist die Zustimmung dieser Berechtigten gleichfalls nicht erforderlich.

§ 31

(1) Die Schiffshypothek erstreckt sich auf das Zubehör des Schiffs mit Ausnahme der Zubehörstücke, die nicht in das Eigentum des Schiffseigentümers gelangt sind.

(2) Zubehörstücke werden von der Haftung frei, wenn ihre Zubehöreigenschaft in den Grenzen einer ordnungsmäßigen Wirtschaft aufgehoben wird oder die Stücke veräußert und von dem Schiff entfernt werden, bevor sie zugunsten des Gläubigers in Beschlag genommen worden sind. § 1121 Abs. 2 des Bürgerlichen Gesetzbuchs gilt sinngemäß.

(3) Absatz 2 gilt für die Bestandteile sinngemäß mit der Maßgabe, dass an Stelle der Aufhebung der Zubehöreigenschaft die Trennung und Entfernung von dem Schiff tritt, sofern nicht die Entfernung nur zu einem vorübergehenden Zweck erfolgt.

§ 32

(1) Hat der Eigentümer oder für seine Rechnung ein anderer für das Schiff eine Versicherung genommen, so erstreckt sich die Schiffshypothek auf die Versicherungsforderung.

(2) Die für eine verpfändete Forderung geltenden Vorschriften des bürgerlichen Rechts sind sinngemäß anzuwenden; der Versicherer kann sich nicht darauf berufen, dass er eine aus dem Schiffsregister ersichtliche Schiffshypothek nicht gekannt habe. Der Versicherer kann jedoch die Entschädigungssumme mit Wirkung gegen den Gläubiger an den Versicherungsnehmer zahlen, wenn er oder der Versicherungsnehmer den Eintritt des Schadens dem Gläubiger angezeigt hat und seit dem Empfang der Anzeige eine Frist von zwei Wochen verstrichen ist. Die Anzeige darf unterbleiben, wenn sie untunlich ist; in diesem Fall wird die Frist von dem Zeitpunkt an gerechnet, in dem die Entschädigungssumme fällig ist. Der Gläubiger kann bis zum Ablauf der Frist dem Versicherer gegenüber der Zahlung widersprechen.

§ 33

(1) Eine Zahlung des Versicherers auf die Versicherungsforderung ist dem Gläubiger gegenüber wirksam, soweit sie zum Zweck der Wiederherstellung des Schiffs bewirkt wird und die Wiederherstellung des Schiffs gesichert ist. Das gleiche gilt von Zahlungen des Versicherers zum Zweck der Befriedigung von Schiffsgläubigern, deren Ansprüche der Schiffshypothek im Rang vorgehen, soweit die Befriedigung dieser Schiffsgläubiger gesichert ist.

(2) Die Haftung der Forderung gegen den Versicherer erlischt, soweit das Schiff wiederhergestellt oder für Zubehörstücke Ersatz beschafft worden ist. Das gleiche gilt, soweit Verpflichtungen des Eigentümers erfüllt worden sind, die von der Versicherung umfaßt waren und für die ein der Schiffshypothek im Rang vorgehendes Schiffsgläubigerrecht bestand.

§ 34

(1) Hat der Gläubiger seine Schiffshypothek bei dem Versicherer angemeldet, so hat dieser dem Gläubiger unverzüglich mitzuteilen, wenn die Prämie nicht rechtzeitig gezahlt ist und aus diesem

Grund dem Versicherungsnehmer eine Zahlungsfrist bestimmt wird. Das gleiche gilt, wenn das Versicherungsverhältnis nach dem Ablauf der Frist wegen unterbliebener Prämienzahlung gekündigt wird.

(2) Eine Kündigung, ein Rücktritt oder eine sonstige Tatsache, welche die vorzeitige Beendigung des Versicherungsverhältnisses zur Folge hat, wird gegenüber dem Gläubiger, der seine Schiffshypothek dem Versicherer angemeldet hat, erst mit dem Ablauf von zwei Wochen wirksam, nachdem der Versicherer ihm die Beendigung und, wenn diese noch nicht eingetreten war, den Zeitpunkt der Beendigung mitgeteilt oder der Gläubiger dies in anderer Weise erfahren hat. Dies gilt nicht, wenn das Versicherungsverhältnis wegen nicht rechtzeitiger Prämienzahlung gekündigt oder durch das Insolvenzverfahren über das Vermögen des Versicherers beendigt wird.

(3) Trifft der Versicherer mit dem Versicherungsnehmer eine Vereinbarung, durch welche die Versicherungssumme oder der Umfang der Gefahr, für die der Versicherer haftet, gemindert wird, so gilt Absatz 2 Satz 1 sinngemäß.

(4) Ist der Versicherungsvertrag unwirksam, weil der Versicherungsnehmer ihn in der Absicht geschlossen hat, sich aus einer Überversicherung oder einer Doppelversicherung einen rechtswidrigen Vermögensvorteil zu verschaffen, so kann der Versicherer gegenüber einem Gläubiger, der ihm seine Schiffshypothek angemeldet hat, die Unwirksamkeit nicht geltend machen. Das Versicherungsverhältnis endigt jedoch dem Gläubiger gegenüber mit dem Ablauf von zwei Wochen, nachdem der Versicherer ihm die Unwirksamkeit mitgeteilt oder der Gläubiger sie in anderer Weise erfahren hat.

§ 35

(1) Ist das Schiff bei mehreren Versicherern gemeinschaftlich versichert, so genügt die Anmeldung der Schiffshypothek nach § 34 bei dem Versicherer, den der Eigentümer dem Gläubiger als den führenden Versicherer bezeichnet hat. Dieser ist verpflichtet, die Anmeldung den Mitversicherern mitzuteilen.

(2) Für eine Mitteilung nach § 34 genügt, wenn der Gläubiger seine Wohnung geändert, die Änderung aber dem Versicherer nicht angezeigt hat, die Absendung eines eingeschriebenen Briefs nach der letzten, dem Versicherer bekannten Wohnung des Gläubigers. Die Mitteilung wird mit dem Zeitpunkt wirksam, in dem sie ohne die Wohnungsänderung bei regelmäßiger Beförderung dem Gläubiger zugegangen sein würde.

§ 36

(1) Ist der Versicherer wegen des Verhaltens des Versicherungsnehmers oder des Versicherten von der Verpflichtung zur Leistung frei, so bleibt gleichwohl seine Verpflichtung gegenüber dem Gläubiger bestehen. Das gleiche gilt, wenn der Versicherer nach dem Eintritt des Versicherungsfalls vom Vertrag zurücktritt.

(2) Absatz 1 Satz 1 gilt nicht, wenn der Versicherer von der Verpflichtung zur Leistung deshalb frei ist, weil

1. eine Prämie nicht rechtzeitig gezahlt ist oder
2. das Schiff in nicht fahrtüchtigem (seetüchtigem) Zustand oder nicht gehörig ausgerüstet oder bemannt die Reise angetreten hat oder
3. das Schiff von dem angegebenen oder üblichen Reiseweg abgewichen ist.

§ 37

Soweit der Versicherer auf Grund des § 34 Abs. 2 bis 4, § 36 den Gläubiger befriedigt, geht die Schiffshypothek auf ihn über. Der Übergang kann nicht zum Nachteil des Gläubigers oder eines gleich- oder nachstehenden Schiffshypothekengläubigers, demgegenüber die Verpflichtung des Versicherers zur Leistung bestehen geblieben ist, geltend gemacht werden.

§ 38

(1) Der Versicherer muß fällige Prämien oder sonstige ihm auf Grund des Versicherungsvertrags gebührende Zahlungen vom Versicherten und vom Gläubiger auch dann annehmen, wenn er nach den Vorschriften des bürgerlichen Rechts die Zahlung zurückweisen könnte.

(2) Das Schiff haftet kraft der Schiffshypothek für den Anspruch des Gläubigers auf Erstattung der Beträge und ihrer Zinsen, die der Gläubiger zur Entrichtung von Prämien oder sonstigen dem Versicherer auf Grund des Versicherungsvertrags gebührenden Zahlungen verwendet hat.

§ 39

(1) Ist infolge einer Verschlechterung des Schiffs oder seiner Einrichtungen die Sicherheit der Schiffshypothek gefährdet, so kann der Gläubiger dem Eigentümer eine angemessene Frist zur Beseitigung der Gefährdung bestimmen. Nach fruchtlosem Ablauf der Frist ist der Gläubiger berechtigt, sofort Befriedigung aus dem Schiff zu suchen. Ist die Forderung unverzinslich und noch nicht fällig, so gebührt dem Gläubiger nur die Summe, die mit Hinzurechnung der gesetzlichen Zinsen für die Zeit von der Zahlung bis zur Fälligkeit dem Betrag der Forderung gleichkommt.

(2) Wirkt der Eigentümer auf das Schiff in solcher Weise ein, dass eine die Sicherheit der Schiffshypothek gefährdende Verschlechterung des Schiffs oder seiner Einrichtungen zu besorgen ist, oder unterläßt er die erforderlichen Vorkehrungen gegen derartige Einwirkungen Dritter oder gegen andere Beschädigungen, so hat das Gericht auf Antrag des Gläubigers die zur Abwendung der Gefährdung erforderlichen Maßregeln anzuordnen; es kann, wenn andere Maßnahmen nicht ausreichen, bestimmen, dass der Gläubiger berechtigt ist, sofort Befriedigung aus dem Schiff zu suchen.

(3) Einer Verschlechterung des Schiffs steht es gleich, wenn Zubehörstücke, auf welche die Schiffshypothek sich erstreckt, verschlechtert oder den Regeln einer ordnungsmäßigen Wirtschaft zuwider von dem Schiff entfernt werden.

§ 40

Ist infolge der Einwirkung eines Dritten eine die Sicherheit der Schiffshypothek gefährdende Verschlechterung des Schiffs zu besorgen, so kann der Gläubiger gegen ihn nur auf Unterlassung klagen.

§ 41

(1) Der Eigentümer kann gegen die Schiffshypothek die dem Schuldner gegen die Forderung zustehenden Einreden geltend machen. Er kann die Befriedigung des Gläubigers verweigern, solange dem Schuldner das Recht zusteht, das seiner Verbindlichkeit zugrunde liegende Rechtsgeschäft anzufechten. Die gleiche Befugnis hat der Eigentümer, solange sich der Gläubiger durch Aufrechnung gegen eine fällige Forderung des Schuldners befriedigen kann. Stirbt der Schuldner, so kann sich der Eigentümer nicht darauf berufen, dass der Erbe für die Schuld nur beschränkt haftet.

(2) Ist der Eigentümer nicht der Schuldner, so verliert er eine Einrede nicht dadurch, dass der Schuldner auf sie verzichtet.

§ 42

(1) Hängt die Fälligkeit der Forderung von einer Kündigung ab, so ist die Kündigung für die Schiffshypothek nur wirksam, wenn sie von dem Gläubiger dem Eigentümer oder von dem Eigentümer dem Gläubiger erklärt wird. Zugunsten des Gläubigers gilt als Eigentümer, wer im Schiffsregister als Eigentümer eingetragen ist.

(2) Hat der Eigentümer weder einen Wohnsitz im Inland noch die Bestellung eines inländischen Bevollmächtigten dem Gläubiger angezeigt, so hat das Registergericht ihm auf Antrag des Gläubigers einen Vertreter zu bestellen, dem gegenüber der Gläubiger kündigen kann; das gleiche gilt, wenn sein Aufenthalt unbekannt ist oder der Gläubiger ohne Fahrlässigkeit nicht weiß, wer der Eigentümer ist.

§ 43

(1) Der Eigentümer ist berechtigt, den Gläubiger zu befriedigen, wenn die Forderung ihm gegenüber fällig geworden oder wenn der Schuldner zur Leistung berechtigt ist.

(2) Der Eigentümer kann den Gläubiger auch durch Hinterlegung oder durch Aufrechnung befriedigen.

§ 44

(1) Ist der Eigentümer nicht der Schuldner, so geht, soweit er den Gläubiger befriedigt, die Forderung auf ihn über; der Übergang kann nicht zum Nachteil des Gläubigers geltend gemacht werden. Einwendungen des Schuldners aus dem zwischen ihm und dem Eigentümer bestehenden Rechtsverhältnis bleiben unberührt.

(2) Besteht für die Forderung eine Gesamtschiffshypothek, so gelten für diese die Vorschriften des § 69.

§ 45

Der Eigentümer kann gegen Befriedigung des Gläubigers die Aushändigung der zur Berichtigung des Schiffsregisters oder zur Löschung der Schiffshypothek erforderlichen Urkunden verlangen.

§ 46

Liegen dem Eigentümer gegenüber die Voraussetzungen vor, unter denen ein Schuldner in Verzug kommt, so gebühren dem Gläubiger Verzugszinsen aus dem Schiff.

Dritter Abschnitt
Die Geltendmachung der Schiffshypothek

§ 47

(1) Der Gläubiger kann seine Befriedigung aus dem Schiff und den Gegenständen, auf die sich die Schiffshypothek erstreckt, nur im Wege der Zwangsvollstreckung suchen.

(2) Bei einer Gesamtschiffshypothek kann der Gläubiger die Befriedigung aus jedem der Schiffe ganz oder zu einem Teil suchen.

§ 48

Bei der Verfolgung des Rechts aus der Schiffshypothek gilt zugunsten des Gläubigers als Eigentümer, wer im Schiffsregister als Eigentümer eingetragen ist. Das Recht des nicht eingetragenen Eigentümers, die ihm gegen die Schiffshypothek zustehenden Einwendungen geltend zu machen, bleibt unberührt.

§ 49

Solange die Forderung dem Eigentümer gegenüber nicht fällig geworden ist, kann dieser dem Gläubiger nicht das Recht einräumen, zum Zweck der Befriedigung die Übertragung des Eigentums an dem Schiff zu verlangen oder das Schiff auf andere Weise als im Wege der Zwangsvollstreckung zu veräußern.

§ 50

(1) Verlangt der Gläubiger Befriedigung aus dem Schiff, so ist jeder, der Gefahr läuft, durch die Zwangsvollstreckung ein Recht an dem Schiff oder an den Gegenständen zu verlieren, auf die sich die Schiffshypothek erstreckt, berechtigt, den Gläubiger zu befriedigen, und zwar auch durch Hinterlegung oder Aufrechnung. Das gleiche Recht steht dem Besitzer des Schiffs oder der in § 31 genannten Sachen zu, wenn er Gefahr läuft, durch die Zwangsvollstreckung den Besitz zu verlieren.

(2) Soweit der Dritte den Gläubiger befriedigt, geht die Forderung auf ihn über. Der Übergang kann nicht zum Nachteil des Gläubigers geltend gemacht werden. Einwendungen des Schuldners aus einem zwischen ihm und dem Dritten bestehenden Rechtsverhältnis bleiben unberührt.

(3) § 45 gilt sinngemäß.

Vierter Abschnitt
Übertragung, Änderung und Erlöschen der Schiffshypothek

§ 51

(1) Mit der Übertragung der Forderung geht die Schiffshypothek auf den neuen Gläubiger über.

(2) Die Forderung kann nicht ohne die Schiffshypothek, die Schiffshypothek kann nicht ohne die Forderung übertragen werden.

(3) Zur Abtretung der Forderung ist die Einigung des bisherigen und des neuen Gläubigers hierüber und die Eintragung in das Schiffsregister erforderlich; § 3 Abs. 2, 3 gilt sinngemäß.

§ 52

(1) Eine Einrede, die dem Eigentümer auf Grund eines zwischen ihm und dem bisherigen Gläubiger bestehenden Rechtsverhältnisses gegen die Schiffshypothek zusteht, kann auch dem neuen Gläubiger entgegengesetzt werden. Die Vorschriften der §§ 16, 18 bis 21 über den öffentlichen Glauben des Schiffsregisters gelten auch für diese Einrede.

(2) Soweit die Forderung auf Zinsen oder andere Nebenleistungen gerichtet ist, die nicht später als in dem Kalendervierteljahr, in dem der Eigentümer von der Übertragung Kenntnis erlangt, oder dem folgenden Vierteljahr fällig werden, kann sich der Gläubiger gegenüber den in Abs. 1 bezeichneten Einreden nicht auf § 16 berufen.

§ 53

(1) Soweit die Forderung auf Rückstände von Zinsen oder andere Nebenleistungen oder auf Erstattung von Kosten der Kündigung und Rechtsverfolgung (§ 29) oder von den in § 38 Abs. 2 bezeichneten Beträgen gerichtet ist, bestimmt sich die Übertragung sowie das Rechtsverhältnis zwischen dem Eigentümer und dem neuen Gläubiger nach den für die Übertragung von Forderungen geltenden allgemeinen Vorschriften.

(2) Die Vorschriften des § 16 über den öffentlichen Glauben des Schiffsregisters gelten für die in Absatz 1 bezeichneten Ansprüche nicht.

§ 54

(1) Zur Änderung des Inhalts der Schiffshypothek ist die Einigung des Eigentümers und des Gläubigers über den Eintritt der Rechtsänderung und die Eintragung der Rechtsänderung in das Schiffsregister erforderlich; § 3 Abs. 2, 3, § 24 gelten sinngemäß.

(2) Ist die Schiffshypothek mit dem Recht eines Dritten belastet, so ist seine Zustimmung erforderlich. Die Zustimmung ist dem Registergericht oder demgegenüber zu erklären, zu dessen Gunsten sie erfolgt; sie ist unwiderruflich.

§ 55

(1) An die Stelle der Forderung, für welche die Schiffshypothek besteht, kann eine andere Forderung gesetzt werden. Zu der Änderung ist die Einigung des Gläubigers und des Eigentümers sowie die Eintragung in das Schiffsregister erforderlich; § 3 Abs. 2, 3, § 54 Abs. 2 gelten sinngemäß.

(2) Steht die Forderung, die an die Stelle der bisherigen Forderung treten soll, nicht dem bisherigen Schiffshypothekengläubiger zu, so ist seine Zustimmung erforderlich; § 54 Abs. 2, § 56 Abs. 2, 3 gelten sinngemäß.

§ 56

(1) Zur Aufhebung der Schiffshypothek durch Rechtsgeschäft ist die Erklärung des Gläubigers, dass er die Schiffshypothek aufgebe, die Zustimmung des Eigentümers und die Löschung der Schiffshypothek im Schiffsregister erforderlich. Die Erklärung des Gläubigers ist dem Registergericht oder demgegenüber abzugeben, zu dessen Gunsten sie erfolgt. Die Zustimmung des Eigentümers ist dem Registergericht oder dem Gläubiger gegenüber zu erklären; sie ist unwiderruflich.

(2) Vor der Löschung ist der Gläubiger an seine Erklärung nur gebunden, wenn er sie dem Registergericht gegenüber abgegeben oder dem, zu dessen Gunsten sie erfolgt, eine den Vorschriften der Schiffsregisterordnung entsprechende Löschungsbewilligung ausgehändigt hat.

(3) Die Erklärung des Gläubigers wird nicht dadurch unwirksam, dass er in der Verfügung beschränkt wird, nachdem die Erklärung für ihn bindend geworden und der Antrag auf Eintragung bei dem Registergericht gestellt worden ist.

(4) § 54 Abs. 2 gilt auch hier.

§ 57

(1) Die Schiffshypothek erlischt vorbehaltlich der Fälle des § 59 mit der Forderung. Die Schiffshypothek erlischt auch, wenn der Gläubiger aus dem Schiff und soweit er aus den sonstigen Gegenständen, auf die sich die Schiffshypothek erstreckt, im Wege der Zwangsvollstreckung befriedigt wird.

(2) Die Schiffshypothek erlischt ferner, wenn der Gläubiger auf sie verzichtet. Der Verzicht ist dem Registergericht oder dem Eigentümer gegenüber zu erklären und bedarf der Eintragung in das Schiffsregister; § 54 Abs. 2, § 56 Abs. 2, 3 gelten sinngemäß.

(3) Solange die Schiffshypothek nicht gelöscht ist, kann der Eigentümer im Rang und bis zur Höhe der bisherigen Belastung eine neue Schiffshypothek bestellen; dies gilt nicht im Fall des Absatzes 1 Satz 2. Die Befugnis steht dem jeweiligen Eigentümer des Schiffs zu; sie ist nicht übertragbar. Nach der Beschlagnahme des Schiffs im Zwangsversteigerungsverfahren kann die Befugnis nur mit Zustimmung des betreibenden Gläubigers ausgeübt werden; sie erlischt mit der Erteilung des Zuschlags; bei der Verteilung des Erlöses ist auf sie keine Rücksicht zu nehmen.

(4) Erlischt die Schiffshypothek nur zum Teil, so hat der dem Gläubiger verbleibende Teil der Schiffshypothek den Vorrang vor einer von dem Eigentümer auf Grund seiner Befugnis bestellten Schiffshypothek.

§ 58

Verpflichtet sich der Eigentümer einem anderen gegenüber, die Schiffshypothek löschen zu lassen, wenn die Forderung erlischt, so kann zur Sicherung des Anspruchs auf Löschung eine Vormerkung in das Schiffsregister eingetragen werden.

§ 59

(1) Befriedigt der Schuldner den Gläubiger, so geht die Schiffshypothek auf ihn über, soweit er von dem Eigentümer oder einem Rechtsvorgänger des Eigentümers Ersatz verlangen kann; kann er nur zum Teil Ersatz verlangen, so hat die auf ihn übergegangene Schiffshypothek den Vorrang vor einer vom Eigentümer auf Grund der Befugnis nach § 57 Abs. 3 bestellten Schiffshypothek.

(2) Befriedigt der Schuldner den Gläubiger nur zum Teil, so hat der dem Gläubiger verbleibende Teil der Schiffshypothek den Vorrang.

(3) Der Befriedigung des Gläubigers steht es gleich, wenn sich Forderung und Schuld in einer Person vereinigen.

§ 60

Gibt der Gläubiger die Schiffshypothek auf oder verzichtet er auf sie oder räumt er einer anderen Schiffshypothek den Vorrang ein, so wird der Schuldner frei, soweit er ohne diese Verfügung nach § 59 aus der Schiffshypothek hätte Ersatz erlangen können.

§ 61

Ist der Schuldner berechtigt, von dem Eigentümer Ersatz zu verlangen, falls er den Gläubiger befriedigt, so kann er, wenn der Gläubiger die Zwangsversteigerung des Schiffs betreibt, ohne ihn unverzüglich zu benachrichtigen, die Befriedigung des Gläubigers wegen eines Ausfalls bei der Zwangsversteigerung verweigern, soweit er infolge der Unterlassung der Benachrichtigung einen Schaden erleidet. Die Benachrichtigung darf unterbleiben, wenn sie untunlich ist.

§ 62

Hat der Schuldner dadurch, dass er den Gläubiger befriedigt hat, die Schiffshypothek erworben oder hat er aus demselben Grund ein sonstiges rechtliches Interesse an der Berichtigung des Schiffsregisters, so kann er verlangen, dass der Gläubiger die zur Berichtigung des Schiffsregisters erforderlichen Urkunden ihm aushändigt.

§ 63

Steht dem Eigentümer eine Einrede zu, durch welche die Geltendmachung der Schiffshypothek dauernd ausgeschlossen wird, so kann er verlangen, dass der Gläubiger auf die Schiffshypothek verzichtet.

§ 64

(1) Die Schiffshypothek erlischt, wenn sie mit dem Eigentum in derselben Person zusammentrifft; § 57 Abs. 3 gilt sinngemäß.

(2) Die Schiffshypothek erlischt nicht, solange die Forderung besteht oder zugunsten eines Dritten als bestehend gilt. Der Eigentümer kann als Gläubiger nicht die Zwangsvollstreckung in das Schiff betreiben; Zinsen aus dem Schiff gebühren ihm nicht.

§ 65

(1) Ist eine Schiffshypothek im Schiffsregister mit Unrecht gelöscht, so erlischt sie, wenn der Anspruch des Gläubigers gegen den Eigentümer verjährt ist.

(2) Das gleiche gilt, wenn eine kraft Gesetzes entstandene Schiffshypothek nicht in das Schiffsregister eingetragen worden ist.

§ 66

(1) Ist der Gläubiger unbekannt, so kann er im Wege des Aufgebotsverfahrens mit seinem Recht ausgeschlossen werden, wenn seit der letzten sich auf die Schiffshypothek beziehenden Eintragung in das Schiffsregister zehn Jahre verstrichen sind und das Recht des Gläubigers nicht innerhalb dieser Frist von dem Eigentümer in einer nach § 212 Abs. 1 Nr. 1 des Bürgerlichen Gesetzbuchs für den Neubeginn der Verjährung geeigneten Weise anerkannt worden ist. Besteht für die Forderung eine nach dem Kalender bestimmte Zahlungszeit, so beginnt die Frist nicht vor dem Ablauf des Zahlungstags.

(2) Mit der Rechtskraft des Ausschließungsbeschlusses erlischt die Schiffshypothek. § 57 Abs. 3 gilt auch in diesem Falle.

§ 67

(1) Der unbekannte Gläubiger kann im Wege des Aufgebotsverfahrens mit seinem Recht auch dann ausgeschlossen werden, wenn der Eigentümer zur Befriedigung des Gläubigers oder zur Kündigung berechtigt ist und den Betrag der Forderung für den Gläubiger unter Verzicht auf das Recht zur Rücknahme hinterlegt. Die Hinterlegung von Zinsen ist nur erforderlich, wenn der Zinssatz im Schiffsregister eingetragen ist; Zinsen für eine frühere Zeit als das vierte Kalenderjahr vor der Rechtskraft des Ausschließungsbeschlusses sind nicht zu hinterlegen.

(2) Mit der Rechtskraft des Ausschließungsbeschlusses gilt der Gläubiger als befriedigt, sofern nicht nach den Vorschriften des Bürgerlichen Gesetzbuchs über die Hinterlegung die Befriedigung schon vorher eingetreten ist.

(3) Das Recht des Gläubigers auf den hinterlegten Betrag erlischt mit dem Ablauf von dreißig Jahren nach der Rechtskraft des Ausschließungsbeschlusses, wenn nicht der Gläubiger sich vorher

bei der Hinterlegungsstelle meldet; der Hinterleger ist zur Rücknahme berechtigt, auch wenn er auf das Recht zur Rücknahme verzichtet hat.

§ 68

(1) Erlischt eine Gesamtschiffshypothek, so steht die Befugnis nach § 57 Abs. 3 jedem Eigentümer an seinem Schiff (Anteil) zu dem Teilbetrag zu, der dem Verhältnis des Wertes seines Schiffs (Anteils) zum Wert der sämtlichen Schiffe (Anteile) entspricht, soweit sich nicht aus den zwischen den Eigentümern (Miteigentümern) bestehenden Rechtsverhältnis etwas anderes ergibt. Der Wert wird unter Abzug der Belastungen berechnet, die der Gesamtschiffshypothek im Rang vorgehen.

(2) Jeder Eigentümer kann von den übrigen verlangen, dass sie ihm eine den Vorschriften der Schiffsregisterordnung entsprechende Erklärung über die Höhe des ihm zustehenden Teilbetrags aushändigen.

(3) Erlischt die Gesamtschiffshypothek nur zum Teil, so hat der dem Gläubiger verbleibende Teil der Schiffshypothek den Vorrang vor einer von einem der Eigentümer auf Grund seiner Befugnis bestellten Schiffshypothek.

§ 69

(1) Befriedigt der Eigentümer eines mit einer Gesamtschiffshypothek belasteten Schiffs den Gläubiger und erlischt hierdurch die Forderung, so steht die Befugnis nach § 57 Abs. 3 nur diesem Eigentümer an seinem Schiff, und zwar in Höhe des Betrages der bisherigen Gesamtschiffshypothek zu. Erwirbt dieser Eigentümer nach § 44 die Forderung, so geht die Schiffshypothek nur an seinem Schiff auf ihn über; an den übrigen Schiffen erlischt sie; den Eigentümern dieser Schiffe steht auch hier die Befugnis nach § 57 Abs. 3 nicht zu.

(2) Kann der Eigentümer, der den Gläubiger befriedigt, von dem Eigentümer eines der anderen Schiffe oder von einem Rechtsvorgänger dieses Eigentümers Ersatz verlangen, so geht in Höhe des Ersatzanspruchs die Schiffshypothek an dem Schiff dieses Eigentümers auf ihn über; sie bleibt mit einer nach Absatz 1 Satz 2 übergegangenen Schiffshypothek Gesamtschiffshypothek. Ist durch die Befriedigung des Gläubigers die Forderung erloschen, so kann der Eigentümer die ihm nach Absatz 1 Satz 1 zustehende Befugnis nur in der Weise ausüben, dass mit der nach Satz 1 übergegangenen Schiffshypothek eine Gesamtschiffshypothek begründet wird.

(3) Wird der Gläubiger nur zum Teil befriedigt, so hat die dem Gläubiger verbleibende Schiffshypothek den Vorrang vor einer von dem Eigentümer auf Grund seiner Befugnis bestellten oder ihm nach Absatz 1 Satz 2, Absatz 2 zufallenden Schiffshypothek.

(4) Der Befriedigung durch den Eigentümer steht es gleich, wenn das Gläubigerrecht auf den Eigentümer übertragen wird oder wenn sich Forderung und Schuld in der Person des Eigentümers vereinigen.

(5) Wird der Gläubiger im Wege der Zwangsvollstreckung aus einem der mit einer Gesamtschiffshypothek belasteten Schiffe befriedigt, so gilt Absatz 2 Satz 1 sinngemäß.

§ 70

(1) Kann bei einer Gesamtschiffshypothek der Schuldner im Fall des § 59 nur von dem Eigentümer eines der belasteten Schiffe oder von einem Rechtsvorgänger dieses Eigentümers Ersatz verlangen, so geht die Schiffshypothek nur an diesem Schiff auf ihn über. An den übrigen Schiffen erlischt sie; den Eigentümern dieser Schiffe steht die Befugnis nach § 57 Abs. 3 nicht zu.

(2) Ist dem Schuldner nur zum Teil Ersatz zu leisten und geht deshalb die Schiffshypothek nur zu einem Teilbetrag auf ihn über, so gilt, soweit die Gesamtschiffshypothek an sämtlichen Schiffen

erlischt, für die den Eigentümern nach § 57 Abs. 3 zustehende Befugnis § 68 mit der Maßgabe, dass der auf den Schuldner übergegangene Teilbetrag der Schiffshypothek den nach § 68 Abs. 1 Satz 2 vorweg in Abzug zu bringenden Belastungen hinzuzurechnen ist.

§ 71

Verzichtet der Gläubiger einer Gesamtschiffshypothek nur an einem der Schiffe auf die Schiffshypothek, so steht dem Eigentümer dieses Schiffs die Befugnis nach § 57 Abs. 3 nicht zu. Gleiches gilt, wenn der Gläubiger nach § 66 mit seinem Recht an einem der Schiffe ausgeschlossen wird.

Fünfter Abschnitt
Schiffshypothek für Inhaber- und Orderpapiere, Höchstbetragsschiffshypothek

§ 72

(1) Zur Bestellung einer Schiffshypothek für die Forderung aus einer Schuldverschreibung auf den Inhaber genügt die Erklärung des Eigentümers gegenüber dem Registergericht, dass er die Schiffshypothek bestelle, und die Eintragung in das Schiffsregister; § 3 Abs. 3 gilt sinngemäß.

(2) Die Ausschließung des Gläubigers mit seinem Recht nach § 66 ist nur zulässig, wenn die in § 801 des Bürgerlichen Gesetzbuchs bezeichnete Vorlegungsfrist verstrichen ist. Ist innerhalb der Frist die Schuldverschreibung vorgelegt oder der Anspruch aus der Urkunde gerichtlich geltend gemacht worden, so kann die Ausschließung erst erfolgen, wenn die Verjährung eingetreten ist.

§ 73

Ist die Schiffshypothek für eine Forderung aus einer Schuldverschreibung auf den Inhaber, aus einem Wechsel oder aus einem anderen Papier, das durch Indossament übertragen werden kann, bestellt, so bestimmt sich die Abtretung der Forderung nach den für die Abtretung dieser Forderungen geltenden allgemeinen Vorschriften.

§ 74

(1) Bei einer Schiffshypothek der in § 73 bezeichneten Art kann für den jeweiligen Gläubiger ein Vertreter mit der Befugnis bestellt werden, mit Wirkung für und gegen jeden späteren Gläubiger bestimmte Verfügungen über die Schiffshypothek zu treffen und den Gläubiger bei der Geltendmachung der Schiffshypothek zu vertreten. Die Bestellung des Vertreters bedarf der Eintragung in das Schiffsregister; wegen seiner Befugnisse kann auf die Eintragungsbewilligung Bezug genommen werden.

(2) Ist der Eigentümer berechtigt, von dem Gläubiger eine Verfügung zu verlangen, zu welcher der Vertreter befugt ist, so kann er die Vornahme der Verfügung von dem Vertreter verlangen.

§ 75

(1) Eine Schiffshypothek kann in der Weise bestellt werden, dass nur der Höchstbetrag, bis zu dem das Schiff haften soll, bestimmt, im übrigen die Feststellung der Forderung vorbehalten wird. Der Höchstbetrag muß in das Schiffsregister eingetragen werden.

(2) Ist die Forderung verzinslich, so werden die Zinsen in den Höchstbetrag eingerechnet.

(3) Die Forderung kann nach den für die Übertragung von Forderungen geltenden allgemeinen Vorschriften übertragen werden. Wird sie nach diesen Vorschriften übertragen, so ist der Übergang der Schiffshypothek ausgeschlossen.

(4) (weggefallen)

Sechster Abschnitt
Die Schiffshypothek an Schiffsbauwerken und Schwimmdocks

§ 76

(1) Eine Schiffshypothek kann auch an einem auf einer Schiffswerft im Bau befindlichen Schiff (Schiffsbauwerk) bestellt werden.

(2) Die Bestellung ist zulässig, sobald der Kiel gelegt und das Schiffsbauwerk durch Namen oder Nummer an einer bis zum Stapellauf des Schiffs sichtbar bleibenden Stelle deutlich und dauernd gekennzeichnet ist. Eine Schiffshypothek kann an einem Schiffsbauwerk nicht bestellt werden, wenn es nach der Fertigstellung als Seeschiff nicht mehr als fünfzig Kubikmeter Bruttoraumgehalt haben oder als Binnenschiff zur Eintragung in das Binnenschiffsregister nicht geeignet sein wird.

§ 77

Zur Bestellung einer Schiffshypothek an einem Schiffsbauwerk ist an Stelle der Eintragung in das Schiffsregister die Eintragung in das Register für Schiffsbauwerke erforderlich. Für die Schiffshypothek gelten die §§ 8, 10 bis 75, soweit sich nicht aus den Vorschriften dieses Abschnitts etwas anderes ergibt.

§ 78

Ist die Schiffshypothek in das Register für Schiffsbauwerke eingetragen, so gelten vom Zeitpunkt der Eintragung die §§ 3 bis 7 auch für das Schiffsbauwerk sinngemäß.

§ 79

Die Schiffshypothek erstreckt sich auf das Schiffsbauwerk in seinem jeweiligen Bauzustand. Sie erstreckt sich ferner neben den im § 31 bezeichneten Gegenständen auf die auf der Bauwerft befindlichen, zum Einbau bestimmten und als solche gekennzeichneten Bauteile mit Ausnahme der Bauteile, die nicht in das Eigentum des Eigentümers des Schiffsbauwerks gelangt sind. § 31 Abs. 2 gilt sinngemäß.

§ 80

Auf die Versicherungsforderung erstreckt sich die Schiffshypothek nur, wenn der Eigentümer für das Schiffsbauwerk eine besondere Versicherung genommen hat.

§ 81

Die an dem Schiffsbauwerk bestellte Schiffshypothek bleibt nach der Fertigstellung des Schiffs mit ihrem bisherigen Rang an dem Schiff bestehen.

§ 81 a

Eine Schiffshypothek kann auch an einem im Bau befindlichen oder fertiggestellten Schwimmdock bestellt werden. §§ 77, 78, 80 gelten entsprechend. Bei im Bau befindlichen Schwimmdocks sind auch die Vorschriften des § 76 Abs. 2 Satz 1 und der §§ 79, 81 sinngemäß anzuwenden.

Siebenter Abschnitt
Nießbrauch
§ 82

(1) Auf den Nießbrauch an einem Schiff sind die für den Nießbrauch an Grundstücken geltenden Vorschriften des bürgerlichen Rechts sinngemäß anzuwenden.

(2) Das Rangverhältnis zwischen einem Nießbrauch und den Schiffshypotheken bestimmt sich nach dem Zeitpunkt der Eintragung. Das unter Angabe eines früheren Tages eingetragene Recht hat den Vorrang; Rechte, die unter Angabe desselben Tages eingetragen sind, haben gleichen Rang. § 25 Abs. 2, §§ 26, 27, 65 gelten sinngemäß.

Achter Abschnitt
Schlußvorschriften
§ 83

(weggefallen)

§ 84

Dieses Gesetz tritt am 1. Januar 1941 in Kraft;

4. Flaggenrechtsgesetz (FlaggRG)

Gesetz über das Flaggenrecht der Seeschiffe und die Flaggenführung der Binnenschiffe (Flaggenrechtsgesetz)

in der Fassung der Bekanntmachung vom 26. Oktober 1994 (BGBl. I S. 3140), das zuletzt durch Artikel 2 Absatz 6 des Gesetzes vom 25. Juni 2009 (BGBl. I S. 1574) geändert worden ist.

Erster Abschnitt
Flaggenrecht der Seeschiffe
1. Recht zur Führung der Bundesflagge
§ 1

(1) Die Bundesflagge haben alle Kauffahrteischiffe und sonstigen zur Seefahrt bestimmten Schiffe (Seeschiffe) zu führen, deren Eigentümer Deutsche sind und ihren Wohnsitz im Geltungsbereich des Grundgesetzes haben.

(2) Deutschen mit Wohnsitz im Geltungsbereich des Grundgesetzes werden gleichgeachtet Offene Handelsgesellschaften, Kommanditgesellschaften und juristische Personen, die ihren Sitz in diesem Bereich haben, und zwar

a) Offene Handelsgesellschaften und Kommanditgesellschaften, wenn die Mehrheit sowohl der persönlich haftenden als auch der zur Geschäftsführung und Vertretung berechtigten Gesellschafter aus Deutschen besteht und außerdem nach dem Gesellschaftsvertrag die deutschen Gesellschafter die Mehrheit der Stimmen haben,
b) juristische Personen, wenn Deutsche im Vorstand oder in der Geschäftsführung die Mehrheit haben.

(3) Beim Bestehen einer Partenreederei hat das Seeschiff die Bundesflagge zu führen, wenn ein Mitreeder Deutscher mit Wohnsitz im Geltungsbereich des Grundgesetzes ist und die Mehrheit der Schiffsparten, nach der Größe berechnet, Deutschen zusteht.

(4) Befährt ein Binnenschiff, auf das die Schiffssicherheitsverordnung in der Fassung der Bekanntmachung vom 21. Oktober 1994 (BGBl. I S. 3281) in ihrer jeweils geltenden Fassung Anwendung findet, Seegewässer seewärts der Grenze des deutschen Küstenmeeres, so wird es hinsichtlich der Vorschriften dieses Gesetzes insoweit einem Seeschiff gleichgestellt.

§ 2

(1) Die Bundesflagge dürfen Seeschiffe führen, die nicht nach § 1 oder Absatz 2 zur Führung der Bundesflagge berechtigt sind,
1. in den Fällen des § 1 oder des Absatzes 2, wobei den dort genannten deutschen Staatsangehörigen die Staatsangehörigen der Mitgliedstaaten der Europäischen Gemeinschaften gleichstehen, oder
2. wenn ihre Eigentümer mehrheitlich Staatsangehörige der Mitgliedstaaten der Europäischen Gemeinschaften ohne Wohnsitz oder Sitz im Geltungsbereich des Grundgesetzes sind und eine oder mehrere verantwortliche Personen mit Wohnsitz oder Sitz im Geltungsbereich des Grundgesetzes ständig beauftragt haben, dafür einzustehen,
   a) dass in technischen, sozialen und verwaltungsmäßigen Angelegenheiten die in der Bundesrepublik Deutschland für die Seeschiffe geltenden Rechtsvorschriften eingehalten werden und,
   b) sofern es sich um Fischereifahrzeuge handelt, dass der Einsatz der Schiffe zum Fischfang durch eine oder mehrere solcher Personen geleitet, durchgeführt und überwacht wird.

(1a) Nach den Rechtsvorschriften eines Mitgliedstaates der Europäischen Gemeinschaften gegründete Gesellschaften, die ihren satzungsmäßigen Sitz, ihre Hauptverwaltung oder ihre Hauptniederlassung in einem Mitgliedstaat der Gemeinschaft haben, stehen bei der Anwendung des Absatzes 1 den Staatsangehörigen eines Mitgliedstaates der Europäischen Gemeinschaften gleich.

(2) Die Bundesflagge dürfen Seeschiffe führen, deren Eigentümer Deutsche sind, im Falle von Partenreedereien und Erbengemeinschaften, wenn
a) bei Partenreedereien, an denen mindestens ein deutscher Mitreeder beteiligt ist, eine Pflicht zur Führung der Bundesflagge nach § 1 nicht besteht,
b) bei Erbengemeinschaften Deutsche zu mehr als der Hälfte am Nachlaß beteiligt sind und zur Vertretung ausschließlich Deutsche bevollmächtigt sind, die ihren Wohnsitz oder Sitz im Geltungsbereich des Grundgesetzes haben.

(3) Eine Veränderung der Voraussetzungen für die Führung der Bundesflagge in den Fällen des Absatzes 1 Nr. 2, auch in Verbindung mit Absatz 1a, ist vom Eigentümer unverzüglich dem Bundesministerium für Verkehr, Bau und Stadtentwicklung anzuzeigen.

2. Ausweis über die Berechtigung zur Führung der Bundesflagge

§ 3

Die Berechtigung zur Führung der Bundesflagge wird

a) in den Fällen der §§ 1 und 2 durch das Schiffszertifikat im Sinne der Schiffsregisterordnung oder das Schiffsvorzertifikat (§ 5),
b) in den Fällen der §§ 10 und 11 durch den Flaggenschein,
c) für Seeschiffe im Eigentum und öffentlichen Dienst des Bundes, eines Landes oder einer öffentlich-rechtlichen Körperschaft oder Anstalt mit Sitz im Geltungsbereich des Grundgesetzes wahlweise durch eine Flaggenbescheinigung,
d) für Seeschiffe, deren Rumpflänge, gemessen zwischen den äußersten Punkten des Vorstevens und des Hinterstevens, 15 Meter nicht übersteigt, wahlweise durch das Flaggenzertifikat

nachgewiesen.

§ 4

(1) Vor der Erteilung der in § 3 genannten Ausweise darf die Berechtigung nicht ausgeübt werden; dies gilt nicht in den Fällen des § 1, wenn für das Seeschiff keine Pflicht zur Anmeldung im Schiffsregister besteht.

(2) Der Ausweis gemäß § 3 Buchstabe a bis c oder ein von dem Registergericht beglaubigter Auszug aus dem Schiffszertifikat ist während der Reise stets an Bord des Schiffes mitzuführen.

§ 5

(1) Entsteht die Berechtigung zur Führung der Bundesflagge bei einem Seeschiff, das sich im Ausland befindet, so kann anstelle des Schiffszertifikats ein Schiffsvorzertifikat erteilt werden. Dasselbe gilt in den Fällen des § 7 für das Entstehen der Befugnis zur Ausübung der in Satz 1 genannten Berechtigung, wenn der Zeitpunkt dieses Entstehens im Schiffsregister eingetragen oder zur Eintragung angemeldet ist.

(2) Das Schiffsvorzertifikat hat nur für die Dauer von 6 Monaten seit dem Tage der Ausstellung Gültigkeit.

3. Verbot anderer Nationalflaggen, Ausnahmen

§ 6

(1) Seeschiffe, welche die Bundesflagge nach § 1 zu führen haben, dürfen als Nationalflagge andere Flaggen nicht führen. Das gleiche gilt für Seeschiffe, welche

a) die Bundesflagge nach § 2 führen dürfen und für die ein Schiffszertifikat, Schiffsvorzertifikat oder Flaggenzertifikat erteilt ist;
b) die Bundesflagge nach § 10 oder § 11 führen dürfen und für die ein Flaggenschein oder ein Flaggenzertifikat erteilt ist.

(2) Unberührt bleiben Vorschriften über die Führung von Dienstflaggen anstelle oder neben der Bundesflagge durch Seeschiffe im öffentlichen Dienst.

§ 7

(1) Wird in den Fällen des § 1 ein Seeschiff einem Ausrüster, der nicht Deutscher ist oder seinen Wohnsitz oder Sitz nicht im Geltungsbereich des Grundgesetzes hat, auf mindestens ein Jahr zur Bereederung in eigenem Namen überlassen, so kann auf Antrag des Eigentümers das Bundesministerium für Verkehr, Bau und Stadtentwicklung für bestimmte Zeit, höchstens jedoch jeweils für die Dauer von zwei Jahren unter dem Vorbehalt des Widerrufs gestatten, dass das Schiff anstelle der Bundesflagge eine andere Nationalflagge führt, deren Führung nach dem maßgeblichen ausländischen Recht erlaubt ist. Die Rechte und Pflichten aus dem Recht der Europäischen Gemeinschaften bleiben unberührt.

(2) Bei Seeschiffen, für die ein Schiffszertifikat oder ein Schiffsvorzertifikat erteilt ist, wird die Genehmigung erst mit der Eintragung eines entsprechenden Vermerks in das Zertifikat wirksam.

(3) Eine Veränderung der Voraussetzungen für die Erteilung der Genehmigung ist vom Eigentümer unverzüglich der Genehmigungsbehörde anzuzeigen.

(4) Solange die Genehmigung wirksam ist, darf das Recht zur Führung der Bundesflagge nicht ausgeübt werden.

4. Flaggenführung, Schiffsname und IMO-Schiffsidentifikationsnummer

§ 8

(1) Die Bundesflagge darf auf Seeschiffen nur geführt werden, wenn diese hierzu nach §§ 1, 2, 10 oder § 11 berechtigt sind. Eine Dienstflagge darf auf Seeschiffen nur geführt werden, wenn dies nach den Vorschriften über die Führung von Dienstflaggen anstelle oder neben der Bundesflagge durch Seeschiffe im öffentlichen Dienst erlaubt ist.

(2) Die Bundesflagge ist in der im Seeverkehr für Seeschiffe der betreffenden Gattung üblichen Art und Weise zu führen. An der Stelle, wo die Bundesflagge gesetzt ist oder regelmäßig gesetzt wird, dürfen andere Flaggen nur zum Signalgeben gesetzt werden.

(3) Die Bundesflagge ist beim Einlaufen in einen Hafen und beim Auslaufen zu zeigen.

§ 9

(1) Ein Seeschiff, für das ein Schiffszertifikat, Schiffsvorzertifikat oder Flaggenschein erteilt ist, muß seinen Namen an jeder Seite des Bugs und seinen Namen sowie den Namen des Heimathafens am Heck in gut sichtbaren und fest angebrachten Schriftzeichen führen. Hat es keinen oder keinen Heimathafen im Geltungsbereich des Grundgesetzes, so ist statt dessen außer in den Fällen des § 7 Abs. 1 und der §§ 10 und 11 Abs. 1 in gleicher Weise der Registerhafen zu führen.

(2) Ein Seeschiff, für das ein Flaggenzertifikat erteilt und gültig ist, muß den darin angegebenen Hafen am Heck sowie den Schiffsnamen in gut sichtbaren und fest angebrachten Schriftzeichen führen.

(3) Der Name eines Seeschiffes, für das die Ausstellung eines Schiffszertifikats oder Schiffsvorzertifikats beantragt wird, ist rechtzeitig vor der Namensführung vom Eigentümer oder Korrespondentreeder dem Bundesministerium für Verkehr, Bau und Stadtentwicklung anzuzeigen; dieses kann zur Wahrung des öffentlichen Interesses die Führung von bestimmten Schiffsnamen untersagen. Satz 1 gilt auch für die Änderung des Namens.

§ 9a

(1) Der Eigentümer hat dafür zu sorgen, dass an einem Seeschiff im Sinne des § 9 neben dem Namen entweder am Heck oder auf beiden Seiten des Schiffsrumpfes in Übereinstimmung mit Kapi-

tel XI-1 Regel 3 der Anlage des Internationalen Übereinkommens von 1974 zum Schutz des menschlichen Lebens auf See (BGBl. 1979 II S. 141), das zuletzt nach Maßgabe des Gesetzes vom 22. Dezember 2003 (BGBl. 2003 II S. 2018) geändert worden ist, deutlich sichtbar die IMO-Schiffsidentifikationsnummer angebracht ist, sofern eine derartige Nummer vergeben ist.

(2) Der Eigentümer hat außerdem dafür zu sorgen, dass die zusätzliche Markierung entsprechend Kapitel XI-1 Regel 3 Absatz 4.2 der Anlage des Internationalen Übereinkommens von 1974 zum Schutz des menschlichen Lebens auf See angebracht ist.

(3) Das Verfahren zum Anbringen der IMO-Schiffsidentifikationsnummer an Seeschiffen, die aus einem anderen Werkstoff als Holz oder Metall hergestellt sind, muss von der Flaggenbehörde genehmigt werden.

5. Verleihung der Befugnis zur Führung der Bundesflagge

§ 10

Seeschiffen, die im Geltungsbereich des Grundgesetzes erbaut worden sind und die nicht bereits nach den Vorschriften der §§ 1 und 2 zur Führung der Bundesflagge berechtigt sind, kann das Bundesministerium für Verkehr, Bau und Stadtentwicklung die Befugnis hierzu für die erste Überführungsreise in einen anderen Hafen einschließlich der hierfür erforderlichen vorausgehenden Fahrten verleihen.

§ 11

(1) Für Seeschiffe, die nicht nach den Vorschriften der §§ 1, 2 und 10 zur Führung der Bundesflagge berechtigt sind, kann das Bundesministerium für Verkehr, Bau und Stadtentwicklung einem ausländischen Eigentümer auf Grund internationaler Vereinbarungen die Befugnis zur Führung der Bundesflagge verleihen. Dasselbe gilt auch ohne das Vorliegen internationaler Vereinbarungen bei einem Ausrüster für die Dauer der Überlassung des Schiffes zur Bereederung in eigenem Namen unter dem Vorbehalt des Widerrufs, wenn

a) der Ausrüster zu dem Personenkreis des § 1 oder des § 2 Abs. 1, auch in Verbindung mit § 2 Abs. 1 a, gehört,
b) ihm das Schiff zur Bereederung in eigenem Namen für mindestens ein Jahr überlassen ist,
c) das Schiff gemäß den Vorschriften des Bundesrechts besetzt wird,
d) der Eigentümer dem Flaggenwechsel zustimmt,
e) nicht fremdes Recht der Führung der Bundesflagge entgegensteht.

(2) Eine Veränderung der Voraussetzungen für die Verleihung ist vom Ausrüster unverzüglich dem Bundesministerium für Verkehr, Bau und Stadtentwicklung anzuzeigen.

6. Internationales Seeschiffahrtsregister

§ 12

(1) Zur Führung der Bundesflagge berechtigte Kauffahrteischiffe, die im Sinne des Einkommensteuergesetzes im internationalen Verkehr betrieben werden, sind auf Antrag des Eigentümers in das Internationale Seeschiffahrtsregister einzutragen.

(2) Das Internationale Seeschiffahrtsregister wird vom Bundesministerium für Verkehr, Bau und Stadtentwicklung eingerichtet und geführt.

7. Stammdatendokumentation

§ 13

(1) Für jedes Seeschiff im Sinne von Kapitel XI-1 Regel 5 Absatz 1 der Anlage des Internationalen Übereinkommens von 1974 zum Schutz des menschlichen Lebens auf See, das zur Führung der Bundesflagge berechtigt ist, wird bei der Flaggenbehörde eine lückenlose Stammdatendokumentation geführt, welche die nach Kapitel XI-1 Regel 5 Absatz 3 bis 5.2 der Anlage des Internationalen Übereinkommens von 1974 zum Schutz des menschlichen Lebens auf See erforderlichen Angaben enthält.

(2) Über die lückenlose Stammdatendokumentation wird von der Flaggenbehörde eine Bescheinigung ausgestellt. Diese ist an Bord des Seeschiffes mitzuführen.

Zweiter Abschnitt
Flaggenführung der Binnenschiffe

§ 14

(1) Binnenschiffe dürfen als deutsche Nationalflagge nur die Bundesflagge führen. Flaggen deutscher Länder oder andere deutsche Heimatflaggen dürfen nur neben der Bundesflagge gesetzt werden.

(2) § 6 Abs. 2 und § 8 Abs. 2 finden entsprechende Anwendung.

Dritter Abschnitt
Straf- und Bußgeldvorschriften

§ 15

(1) Wer als Führer eines Seeschiffes oder sonst für das Seeschiff Verantwortlicher vorsätzlich oder fahrlässig einer Vorschrift des § 6 Abs. 1 über das Führen einer anderen Nationalflagge als der Bundesflagge zuwiderhandelt, wird mit Freiheitsstrafe bis zu sechs Monaten oder mit Geldstrafe bis zu einhundertachtzig Tagessätzen bestraft.

(2) Ebenso wird bestraft, wer als Führer eines Seeschiffes oder sonst für das Seeschiff Verantwortlicher entgegen § 8 Abs. 1 Satz 1 die Bundesflagge oder entgegen § 8 Abs. 1 Satz 2 oder sonst unbefugt eine Dienstflagge führt.

§ 16

(1) Ordnungswidrig handelt, wer als Führer eines Seeschiffes oder sonst für das Seeschiff Verantwortlicher vorsätzlich oder fahrlässig

1. die nach § 4 Abs. 2 vorgeschriebenen Urkunden während der Reise nicht an Bord mitführt,
2. einer Vorschrift des § 8 Abs. 3 über das Zeigen der Bundesflagge zuwiderhandelt,
3. einer Vorschrift des § 9 Abs. 1 oder 2 über die Bezeichnung eines Seeschiffes zuwiderhandelt oder
4. entgegen § 13 Abs. 2 Satz 2 die dort genannte Bescheinigung nicht mitführt.

(2) Ordnungswidrig handelt auch, wer vorsätzlich oder fahrlässig

1. als Führer eines Seeschiffes oder sonst für das Seeschiff Verantwortlicher oder Schiffsführer eines Binnenschiffes einer Vorschrift des § 8 Abs. 2, auch in Verbindung mit § 14 Abs. 2, über die Art und Weise der Flaggenführung zuwiderhandelt,

1a. entgegen § 9a Abs. 1 oder 2 nicht dafür sorgt, dass die IMO-Schiffsidentifikationsnummer oder die zusätzliche Markierung angebracht ist,

2. als Schiffsführer eines Binnenschiffes der Vorschrift des § 14 Abs. 1 über die Flaggenführung der Binnenschiffe zuwiderhandelt,
3. die in § 2 Abs. 3, § 7 Abs. 3 oder § 11 Abs. 2 vorgeschriebene Anzeige nicht oder nicht rechtzeitig erstattet oder
4. einer Rechtsverordnung nach § 22 Abs. 1 Nr. 2 zuwiderhandelt, soweit sie für einen bestimmten Tatbestand auf diese Bußgeldvorschrift verweist.

(3) Die Ordnungswidrigkeit kann mit einer Geldbuße bis zu fünftausend Euro geahndet werden.

(4) Verwaltungsbehörde im Sinne des § 36 Abs. 1 Nr. 1 des Gesetzes über Ordnungswidrigkeiten ist die Flaggenbehörde.

§ 17

§ 15 Abs. 2 gilt, unabhängig vom Recht des Tatorts, auch für die Taten, die außerhalb des Geltungsbereichs dieses Gesetzes begangen werden.

§ 18

Bei Verstößen gegen Strafvorschriften zur Verhütung von Meeresverschmutzungen durch Schiffe übermitteln im Falle der Erhebung der öffentlichen Klage die Strafverfolgungsbehörde die Anklageschrift oder eine an deren Stelle tretende Antragsschrift und die Strafvollstreckungsbehörde die das Verfahren abschließende gerichtliche Entscheidung mit Begründung dem Bundesamt für Seeschifffahrt und Hydrographie zur Erfüllung seiner Aufgaben nach diesem Gesetz und dem Seeaufgabengesetz. Zu diesem Zweck ist eine Mitteilung der das Verfahren abschließenden Entscheidung an dieses Bundesamt auch in sonstigen den Seeverkehr und Seetransport berührenden Strafsachen, zu deren Begehung ein Schiff eingesetzt wurde, zulässig. In den Mitteilungen sind die Bezeichnung des Schiffes, seine Flagge und seine IMO-Nummer, soweit erteilt, anzugeben.

Vierter Abschnitt
Übergangs- und Schlußbestimmungen

§ 19

§ 1 Abs. 3 gilt nicht für Seeschiffe, die am 31. Dezember 1988 eine andere Nationalflagge als die Bundesflagge geführt haben, solange sie diese Flagge weiterführen.

§ 20

(Aufhebung anderer Vorschriften)

§ 21

(1) Soweit in anderen Rechtsvorschriften auf die in § 20 bezeichneten Vorschriften verwiesen ist, treten die entsprechenden Vorschriften dieses Gesetzes an deren Stelle.

(2) Auf Seeschiffe im Sinne des § 3 Buchstabe c finden die Vorschriften des öffentlichen Rechts des Bundes, die für Kauffahrteischiffe erlassen sind, keine Anwendung; das gleiche gilt für Seeschiffe im öffentlichen Dienst, für welche die Befugnis zur Führung der Bundesflagge nach § 11 verliehen ist. Das Bundesministerium für Verkehr, Bau und Stadtentwicklung kann jedoch anordnen, dass solche Seeschiffe den Vorschriften des Bundesrechts über die Rechtsverhältnisse der Schiffsbesat-

zung auf Kauffahrteischiffen unterliegen, wenn sie regelmäßig die Grenzen der Seefahrt um mehr als 50 Seemeilen überschreiten oder für längere Zeiträume als eine Woche auf See bleiben.

(3) Auf Kauffahrteischiffen, für welche die Befugnis zur Führung der Bundesflagge nach § 11 verliehen ist, finden die in Absatz 2 Satz 1 bezeichneten Vorschriften des öffentlichen Rechts des Bundes nur insoweit Anwendung, als sie betreffen:

a) die Rechtsverhältnisse der Schiffsbesatzung,
b) die Besetzung des Schiffes mit Kapitän, Schiffsoffizieren und Mannschaften,
c) die Sicherung der Seefahrt, die Schiffssicherheit einschließlich der Seeunfalluntersuchung sowie die Verhütung von der Schiffahrt ausgehender Gefahren, soweit nicht das Recht des Heimatstaates strengere Anforderungen enthält,
d) die Verpflichtung zur Mitnahme heimzuschaffender Seeleute,
e) die Rechte und Verpflichtungen gegenüber den konsularischen Vertretungen der Bundesrepublik Deutschland im Ausland,
f) die Stellung des Kapitäns,
g) die Führung der Flagge,
h) bei Fischereifahrzeugen die Vorschriften im Zusammenhang mit der Fischereitätigkeit,
i) die sich aus Rechtsakten der Europäischen Gemeinschaften und Verpflichtungen aus zwischenstaatlichen Vereinbarungen ergebenden Anforderungen.

(4)[500] Arbeitsverhältnisse von Besatzungsmitgliedern eines im Internationalen Seeschiffahrtsregister eingetragenen Kauffahrteischiffes, die im Inland keinen Wohnsitz oder ständigen Aufenthalt haben, unterliegen bei der Anwendung des Artikels 8 der Verordnung (EG) Nr. 593/2008 des Europäischen Parlaments und des Rates vom 17. Juni 2008 über das auf vertragliche Schuldverhältnisse anzuwendende Recht (Rom I) (ABl. L 177 vom 4.7.2008, S. 6) vorbehaltlich anderer Rechtsvorschriften der Europäischen Gemeinschaft nicht schon auf Grund der Tatsache, dass das Schiff die Bundesflagge führt, dem deutschen Recht. Werden für die in Satz 1 genannten Arbeitsverhältnisse von ausländischen Gewerkschaften Tarifverträge abgeschlossen, so haben diese nur dann die im Tarifvertragsgesetz genannten Wirkungen, wenn für sie die Anwendung des im Geltungsbereich des Grundgesetzes geltenden Tarifrechts sowie die Zuständigkeit der deutschen Gerichte vereinbart worden ist. Nach Inkrafttreten dieses Absatzes abgeschlossene Tarifverträge beziehen sich auf die in Satz 1 genannten Arbeitsverhältnisse im Zweifel nur, wenn sie dies ausdrücklich vorsehen. Die Vorschriften des deutschen Sozialversicherungsrechts bleiben unberührt.

§ 22

(1) Das Bundesministerium für Verkehr, Bau und Stadtentwicklung wird ermächtigt,

1. die Grenzen der Seefahrt im Sinne dieses Gesetzes und die Art und Weise zu bestimmen, wie die Anbringung der Namen und der IMO-Schiffsidentifikationsnummer am Schiff auszuführen ist,

1 a. zur Durchführung des § 2 Abs. 1 Nr. 2 und Abs. 1 a den Nachweis der Verantwortlichkeit, des Einstehens, der Leitung, Durchführung und Überwachung und die hierfür erforderlichen Anzeigepflicht zu regeln sowie die sich bei Wegfall dieses Nachweises ergebenden Folgen für die Berechtigung zur Führung der Bundesflagge zu bestimmen,

---

500 § 21 Abs. 4 Satz 1 und 2: Mit dem GG vereinbar gem. BVerfGE v. 10.1.1995 I 137 – 1 BvF 1/90 u. a. – § 21 Abs. 4 Satz 3: Mit dem GG unvereinbar und nichtig gem. BVerfGE v. 10.1.1995 I 137 – 1 BvF 1/90 u. a. –

1b. zur Durchführung von Rechtsakten der Europäischen Gemeinschaften und von Verpflichtungen aus zwischenstaatlichen Vereinbarungen die Führung einer anderen Nationalflagge im Sinne des § 7 zu regeln,
2. im Einvernehmen mit dem Bundesministerium des Innern die Art und Weise der Flaggenführung im Sinne von § 8 Abs. 2 und § 14 Abs. 2 zu bestimmen,
3. die Form, Ausstellung, Gültigkeitsdauer, Einziehung und Registrierung des Flaggenscheins, der Flaggenbescheinigung und des Flaggenzertifikats sowie im Einvernehmen mit dem Bundesministerium der Justiz die Form und Ausstellung des Schiffsvorzertifikats zu regeln,
4. die Registrierung der Schiffe zu regeln, für die die in § 3 genannten Ausweise ausgestellt werden,
5. das Verfahren bei Verleihung und Widerruf der Befugnis zur Führung der Bundesflagge nach den §§ 10 und 11 sowie die Durchführung von Rechtsvorschriften der Europäischen Gemeinschaft über die Flaggenführung des Schiffes zu regeln,
6. folgende Aufgaben auf eine nachgeordnete Bundesbehörde zu übertragen:
   a) die Gestattung der Führung einer anderen Nationalflagge und ihren Widerruf (§ 7),
   b) die Verleihung der Befugnis zur Führung der Bundesflagge nach den §§ 10 und 11,
   c) die Ausstellung, Einziehung und Registrierung der Flaggenscheine, Flaggenbescheinigungen und Flaggenzertifikate,
   d) die Registrierung der in Nummer 4 genannten Schiffe,
   e) die Einrichtung und Führung des Internationalen Seeschiffahrtsregisters nach § 12,
   f) die Registrierung und Untersagung von Schiffsnamen (§ 9),
   g) Aufgaben, die sich nach § 2 Abs. 3 sowie auf Grund von Rechtsvorschriften nach Nummer 1a ergeben,
   h) das Führen der Stammdatendokumentation nach § 13 Abs. 1,
7. die Einzelheiten zur Erhebung, Einrichtung und Führung der Stammdatendokumentation nach § 13 Abs. 1 und die dabei sich ergebenden Verpflichtungen.

(2) Rechtsverordnungen nach Absatz 1 Nr. 1a und 1b sind, soweit sie Fischereifahrzeuge betreffen, im Einvernehmen mit dem Bundesministerium für Ernährung, Landwirtschaft und Verbraucherschutz zu erlassen.

§ 22a

(1) Für Amtshandlungen nach diesem Gesetz können Kosten (Gebühren und Auslagen) erhoben werden.

(2) Das Bundesministerium für Verkehr, Bau und Stadtentwicklung wird ermächtigt, im Einvernehmen mit dem Bundesministerium der Finanzen durch Rechtsverordnung die Gebühren für die einzelnen Amtshandlungen im Sinne des Absatzes 1 zu bestimmen und dabei feste Sätze oder Rahmensätze vorzusehen. Die Gebührensätze sind so zu bemessen, dass der mit den Amtshandlungen verbundene Personal- und Sachaufwand gedeckt wird; bei begünstigenden Amtshandlungen kann daneben die Bedeutung, der wirtschaftliche Wert oder der sonstige Nutzen für den Gebührenschuldner angemessen berücksichtigt werden.

§ 22b

Außerhalb des Geltungsbereichs des Grundgesetzes haben die Konsularbeamten die Einhaltung der über das Flaggenrecht der Seeschiffe und die Flaggenführung der Binnenschiffe bestehenden Vorschriften zu überwachen.

§ 22 c

Soweit durch dieses Gesetz oder auf Grund dieses Gesetzes erlassener Rechtsverordnungen Schriftform einschließlich für Prüfungen angeordnet ist, eine Zweitschrift, Urschrift, Abschrift oder Niederschrift anzufertigen ist oder Zeugnisse, Bescheinigungen oder andere Dokumente ausgestellt werden, deren Ausstellung schriftlich zu beantragen ist, sie auszuhändigen, vorzulegen oder mitzuführen sind, ist die elektronische Form ausgeschlossen, wenn nicht durch Rechtsvorschrift eine abweichende Regelung getroffen ist.

§ 23

Bei Anwendung dieses Gesetzes und der auf Grund des § 22 erlassenen Verordnungen auf Kauffahrteischiffe werden

1. die Staatsangehörigen eines Mitgliedstaates der Europäischen Gemeinschaft und die Staatsangehörigen eines Vertragsstaates des Abkommens über den Europäischen Wirtschaftsraum sowie
2. die Gesellschaften im Sinne des Artikels 58 des Vertrages zur Gründung der Europäischen Wirtschaftsgemeinschaft und die Gesellschaften im Sinne des Artikels 34 des Abkommens über den Europäischen Wirtschaftsraum

gleichbehandelt.

5. Flaggenrechtsverordnung (FlRV)

Flaggenrechtsverordnung

vom 4. Juli 1990 (BGBl. I S. 1389), die zuletzt durch Artikel 525 der Verordnung vom 31. Oktober 2006 (BGBl. I S. 2407) geändert worden ist

Eingangsformel

Auf Grund

- des § 22 Nr. 1, 4, 5 und 6 Buchstaben a bis f des Flaggenrechtsgesetzes in der Fassung der Bekanntmachung vom 4. Juli 1990 (BGBl. I S. 1342) verordnet der Bundesminister für Verkehr,
- des § 22 Nr. 3 des Flaggenrechtsgesetzes verordnet der Bundesminister für Verkehr im Einvernehmen mit dem Bundesminister der Justiz:

Erster Abschnitt
Grenzen der Seefahrt
§ 1

Als Grenzen der Seefahrt im Sinne des § 1 des Flaggenrechtsgesetzes werden bestimmt:

1. die Festland- und Inselküstenlinie bei mittlerem Hochwasser,
2. die seewärtige Begrenzung der Binnenwasserstraßen,
3. bei an der Küste gelegenen Häfen die Verbindungslinie der Molenköpfe und
4. bei Mündungen von Flüssen, die keine Binnenwasserstraßen sind, die Verbindungslinie der äußeren Uferausläufe.

Zweiter Abschnitt
Berechtigung zur Führung der Bundesflagge
1. Schiffsvorzertifikate
§ 2

(1) Für die Erteilung eines Schiffsvorzertifikats (§ 3 Buchstabe a, § 5 des Flaggenrechtsgesetzes) ist das Konsulat zuständig, in dessen Bezirk sich das Schiff in dem Zeitpunkt befindet, in dem das Recht zur Führung der Bundesflagge oder die Befugnis zur Ausübung dieses Rechts entsteht.

(2) Das ausstellende Konsulat ist für die Eintragung des Vermerks in das Schiffsvorzertifikat nach § 7 Abs. 2 des Flaggenrechtsgesetzes zuständig.

§ 3

(1) Der Antrag auf Erteilung eines Schiffsvorzertifikats ist vom Eigentümer des Schiffs zu stellen. In dem Antrag sind anzugeben:

1. der Name des Schiffes;
1a. soweit erteilt, die in § 11 Abs. 1 Nr. 5 der Schiffsregisterordnung in der Fassung der Bekanntmachung vom 26. Mai 1994 (BGBl. I S. 1133) genannte Schiffsidentifikationsnummer (IMO-Nummer);
2. gegebenenfalls das von einem Registergericht zugeteilte Unterscheidungssignal;
3. der Fahrzeugtyp oder die Gattung und der Hauptbaustoff;
4. der Bauort sowie das Datum des Stapellaufs, falls vorhanden, andernfalls das Datum der Kiellegung oder das Baujahr, es sei denn, dass dies nur mit besonderen Schwierigkeiten zu ermitteln ist;
5. der Hafen im Sinne des § 9 des Flaggenrechtsgesetzes;
6. die Ergebnisse der amtlichen Vermessung;
7. der Name, die Staatsangehörigkeit und der Wohnsitz oder Sitz des Antragstellers; bei einer Reederei: die Mitreeder, die Größe der Schiffsparten und der Korrespondentreeder; bei einer offenen Handelsgesellschaft: die Gesellschafter; bei einer Kommanditgesellschaft oder Kommanditgesellschaft auf Aktien: die persönlich haftenden Gesellschafter; in den Fällen des § 2 Abs. 1 Nr. 2 des Flaggenrechtsgesetzes: jede beauftragte Person;
8. die den Erwerb des Eigentums begründenden Tatsachen;
9. die Nationalflagge, die das Schiff zuletzt geführt hat;
10. das Schiffsregister, in dem das Schiff eingetragen ist oder zuletzt eingetragen war; im zweiten Falle auch der Zeitpunkt der Löschung;
11. in den Fällen des § 7 des Flaggenrechtsgesetzes die verbindliche Erklärung, dass das Recht zur Führung der anderen Nationalflagge enden soll;
12. die besonderen Gründe, aus denen das Schiffsvorzertifikat anstelle des Schiffszertifikats beantragt wird.

(2) Die in Absatz 1 bezeichneten Angaben von Tatsachen sind glaubhaft zu machen. Der Schiffsmeßbrief oder die entsprechende Urkunde einer ausländischen Vermessungsbehörde (Absatz 1 Nr. 6) oder eine beglaubigte Abschrift oder Ablichtung dieser Urkunde, bei Schiffsneubauten eine Bescheinigung über das vorläufige amtliche Meßergebnis sind vorzulegen. In den Fällen des § 2 Abs. 1 Nr. 2 des Flaggenrechtsgesetzes ist ferner eine Bescheinigung nach § 5 b Abs. 1 vorzulegen.

§ 4

Bei der Entscheidung über die Ausstellung des Schiffsvorzertifikats ist insbesondere zu berücksichtigen, ob ausreichende Gründe für die Erteilung dieses Ausweises anstelle des Schiffszertifikats vorhanden sind. Hat der Eigentümer des Schiffs keinen Wohnsitz im Geltungsbereich des Grundgesetzes, so hat der Antragsteller nachzuweisen, dass ihm eine rechtzeitige Eintragung des Schiffs in einem deutschen Schiffsregister nicht möglich war.

§ 5

(1) Das Schiffsvorzertifikat hat die aus dem Muster in der Anlage zu dieser Verordnung ersichtliche Form.

(2) Das Konsulat übersendet unverzüglich eine beglaubigte Abschrift oder Ablichtung des erteilten Schiffsvorzertifikats der Flaggenbehörde, der See-Berufsgenossenschaft in Hamburg sowie dem für die Eintragung des Schiffes zuständigen Schiffsregistergericht.

(3) Wird für das Schiff ein Schiffszertifikat erteilt, so hat der Eigentümer das Schiffsvorzertifikat unverzüglich dem Schiffsregistergericht, welches das Schiffszertifikat erteilt hat, abzugeben.

1a. Beauftragte Personen nach § 2 Abs. 1 des Flaggenrechtsgesetzes

§ 5a

In den Fällen des § 2 Abs. 1 Nr. 2 des Flaggenrechtsgesetzes hat der Eigentümer des Seeschiffs gegenüber der Flaggenbehörde

1. eine schriftliche Erklärung jeder beauftragten Person vorzulegen, in der sich diese zweifelsfrei verpflichtet, für die in dieser Bestimmung genannten Angelegenheiten nach Maßgabe der in der Bundesrepublik Deutschland geltenden Rechtsvorschriften in vollem Umfang einzustehen,
2. glaubhaft darzulegen, dass die beauftragte Person persönlich zuverlässig und finanziell leistungsfähig ist,
3. durch eine Bescheinigung des Staates, dessen Staatsangehörigkeit er besitzt, und sofern er seinen Wohnsitz oder Sitz nicht in diesem Staat hat, zusätzlich durch eine Bescheinigung des Wohnsitz- oder Sitzstaates nachzuweisen, dass die Rechtsvorschriften des jeweiligen Staates nicht dem Führen der Bundesflagge durch das Seeschiff entgegenstehen.

§ 5b

(1) Sind die Nachweise des § 5 a geführt, so bescheinigt die Flaggenbehörde, dass die Voraussetzungen des § 2 Abs. 1 Nr. 2 des Flaggenrechtsgesetzes erfüllt sind. In der Bescheinigung sind Name und Wohnsitz des Eigentümers und der nach § 5 a Nr. 1 beauftragten Person zu verzeichnen.

(2) Die Flaggenbehörde übersendet der See-Berufsgenossenschaft eine Ablichtung der nach Absatz 1 erteilten Bescheinigung.

(3) Die Anzeige nach § 2 Abs. 3 des Flaggenrechtsgesetzes ist an die Flaggenbehörde zu richten; diese nimmt die entsprechenden Aufgaben des Bundesministeriums für Verkehr, Bau und Stadtentwicklung wahr.

(4) Beim Wegfall der einem Nachweis zugrundeliegenden Tatsachen widerruft die Flaggenbehörde die nach Absatz 1 erteilte Bescheinigung und teilt dies dem für die Führung des Schiffsregisters zuständigen Gericht sowie der See-Berufsgenossenschaft mit.

§ 5c

Die See-Berufsgenossenschaft ist im Rahmen ihrer Befugnisse nach der Schiffssicherheitsverordnung berechtigt, bei Fehlen oder Wegfall der in § 2 Abs. 1 Nr. 2 des Flaggenrechtsgesetzes genannten Voraussetzungen die Weiterfahrt des Seeschiffs im deutschen Hoheitsgebiet zu verbieten oder nur unter Bedingungen oder Auflagen zuzulassen, die sicherstellen, dass die Hoheitsgewalt und Kontrolle des Flaggenstaates über das Schiff wirksam ausgeübt werden kann.

2. Befugnisse nach den §§ 10, 11 des Flaggenrechtsgesetzes, Flaggenscheine

§ 6

Für die Verleihung der Befugnisse zur Führung der Bundesflagge (§§ 10 und 11 FlRG) und die Erteilung der Flaggenscheine (§ 3 Buchstabe b des Flaggenrechtsgesetzes), verbunden mit der Zuteilung der Unterscheidungssignale der Schiffe, ist die Flaggenbehörde zuständig.

§ 7

(1) Der Antrag auf Verleihung der Befugnis zur Führung der Bundesflagge und auf Erteilung eines Flaggenscheins ist

1. für ein Seeschiff, dem diese Befugnis nach § 10 des Flaggenrechtsgesetzes verliehen werden soll, von dem Inhaber der Schiffswerft oder vom Eigentümer des Seeschiffs,
2. für ein Seeschiff, dem diese Befugnis nach § 11 Abs. 1 Satz 1 des Flaggenrechtsgesetzes verliehen werden soll, von dessen ausländischem Eigentümer,
3. für ein Seeschiff, dem diese Befugnis nach § 11 Abs. 1 Satz 2 des Flaggenrechtsgesetzes verliehen werden soll, vom Ausrüster

zu stellen.

(2) Absatz 1 gilt entsprechend für den Verzicht des Berechtigten auf die Befugnis.

(3) (aufgehoben)

§ 8

(1) In dem Antrag sind der Name, in den Fällen des § 10 des Flaggenrechtsgesetzes die Baunummer des Schiffes sowie die in § 3 Abs. 1 Nr. 3, 4, 6 und 7 genannten Daten anzugeben.

(2) Ferner sind anzugeben:

1. in den Fällen des § 7 Abs. 1 Nr. 1 der Hafen, in den das Schiff übergeführt werden soll;
2. in den Fällen des § 7 Abs. 1 Nr. 2:
   a) der Heimathafen;
   b) das Schiffsregister, in dem das Schiff eingetragen ist oder zuletzt eingetragen war, und die bisherige Nationalflagge des Schiffes;
   c) soweit erteilt, die IMO-Nummer sowie
   d) die Staatsangehörigkeit des Eigentümers.
3. in den Fällen des § 7 Abs. 1 Nr. 3 neben den in Nummer 2 genannten Angaben:
   a) der Name und der Wohnsitz oder Sitz des Eigentümers;
   b) die das Nutzungsrecht des Ausrüsters begründenden Tatsachen und die Dauer dieses Rechts;
   c) die Tatsachen, aus denen sich ergibt, dass der Ausrüster zu dem Personenkreis des § 1 oder des § 2 Abs. 1 des Flaggenrechtsgesetzes gehört, sowie
   d) die Tatsache, aus denen sich ergibt, dass das Schiff gemäß den Vorschriften des Bundesrechts besetzt wird.

(3) § 3 Abs. 2 Satz 1 und 2 gilt für die in den Absätzen 1 und 2 bezeichneten Angaben entsprechend. Ferner sind vorzulegen:

1. der Meßbrief oder die entsprechende Urkunde einer ausländischen Vermessungsbehörde oder eine öffentlich beglaubigte Abschrift oder Ablichtung dieser Urkunde,
2. in den Fällen des § 7 Abs. 1 Nr. 2 und 3 die amtliche Bestätigung der zuständigen ausländischen Behörde oder eines Konsulates des in Betracht kommenden ausländischen Staates, dass dessen Recht der Führung der Bundesflagge nicht entgegensteht, sowie
3. in den Fällen des § 7 Abs. 1 Nr. 3 die öffentlich beglaubigte Erklärung des Eigentümers, dass er dem Flaggenwechsel für die Dauer des Nutzungsrechts des Ausrüsters zustimmt.

§ 9

Der Flaggenschein wird

1. in den Fällen des § 7 Abs. 1 Nr. 1 für die Dauer der Überführung in einen anderen Hafen einschließlich der erforderlichen vorausgehenden Fahrten,
2. in den Fällen des § 7 Abs. 1 Nr. 2 für die Dauer der Befugnis zur Führung der Bundesflagge,
3. in den Fällen des § 7 Abs. 1 Nr. 3 unter dem Vorbehalt des Widerrufs für die Dauer der Überlassung des Schiffes zur Bereederung in eigenem Namen

erteilt. Wird die Befugnis zur Führung der Bundesflagge vor Ablauf der in Satz 1 genannten Fristen auf späteren Antrag für einen weiteren Zeitraum verliehen, so kann dies auf dem Flaggenschein vermerkt werden; der Erteilung eines neuen Flaggenscheins bedarf es in diesem Fall nicht.

§ 10

Die Flaggenbehörde übersendet der See-Berufsgenossenschaft in Hamburg eine beglaubigte Abschrift oder Ablichtung des Flaggenscheins.

§ 11

Der Antragsteller hat unverzüglich alle Veränderungen der in § 8 bezeichneten Angaben anzuzeigen. Die Anzeige ist an die Flaggenbehörde zu richten. Auf Verlangen der Flaggenbehörde ist der Flaggenschein zur Berichtigung vorzulegen.

3. Flaggenbescheinigungen

§ 12

Flaggenbescheinigungen (§ 3 Buchstabe c des Flaggenrechtsgesetzes) werden ausgestellt:

1. für Seeschiffe der Bundeswehr vom Bundesministerium der Verteidigung;
2. für die anderen in § 3 Buchstabe c des Flaggenrechtsgesetzes genannten Seeschiffe von der Flaggenbehörde.

§ 13

Die Flaggenbescheinigung berührt nicht die Vorschriften darüber, ob und wie anstelle oder neben der Bundesflagge eine Dienstflagge gesetzt werden darf.

4. Flaggenzertifikate

§ 14

Für die Erteilung der Flaggenzertifikate (§ 3 Buchstabe d des Flaggenrechtsgesetzes) ist die Flaggenbehörde zuständig.

§ 15

(1) Wird der Antrag auf Erteilung eines Flaggenzertifikats für ein Seeschiff gestellt, das nicht nach den Vorschriften der §§ 1 oder 2 des Flaggenrechtsgesetzes zur Führung der Bundesflagge berechtigt ist, so ist er mit dem Antrag auf Verleihung der Befugnis hierzu zu verbinden.

(2) Für Fahrzeuge, die nach ihrer Bauart nicht zur Seefahrt im Sinne des § 1 des Flaggenrechtsgesetzes bestimmt sind, kann ein Antrag auf Erteilung eines Flaggenzertifikats nicht gestellt werden.

§ 16

(1) Der Antrag auf Erteilung eines Flaggenzertifikats ist vom Eigentümer des Seeschiffs zu stellen.

(2) In dem Antrag sind die in § 3 Abs. 1 Nr. 1, 3 bis 5, 7 bis 9 genannten Daten sowie folgende Identitätsmerkmale des Schiffes anzugeben:

1. die Rumpflänge, gemessen zwischen den äußersten Punkten des Vorstevens und des Hinterstevens,
2. die Baunummer oder Bootsnummer, falls diese am Rumpf fest angebracht sind,
3. die Motornummer,
4. sonstige für die Identität wesentliche Merkmale.

(3) § 3 Abs. 2 Satz 1 gilt entsprechend.

§ 17

Ist der Antragsteller nicht Deutscher im Sinne der §§ 1 und 2 des Flaggenrechtsgesetzes oder einem Deutschen nach dessen § 2 oder 23 gleichgestellt, wird das Flaggenzertifikat unter dem Vorbehalt des Widerrufs nach Maßgabe der Verleihung der Befugnis zur Führung der Bundesflagge ausgestellt. In den Fällen des § 2 Abs. 1 Nr. 2 des Flaggenrechtsgesetzes ist bei der Ausstellung eines Flaggenzertifikats eine gesonderte Bescheinigung nach § 5 b Abs. 1 nicht erforderlich.

§ 18

(1) Flaggenzertifikate sind spätestens nach Ablauf von 8 Jahren seit ihrer Ausstellung ungültig, es sei denn, die Gültigkeitsdauer wird für jeweils höchstens den gleichen Zeitraum verlängert.

(2) § 11 gilt für die in § 16 bezeichneten Angaben entsprechend.

Dritter Abschnitt
Gestattung der Führung einer anderen Nationalflagge (§ 7 des Flaggenrechtsgesetzes)

§ 19

Für die Gestattung der Führung einer anderen Nationalflagge ist die Flaggenbehörde als Genehmigungsbehörde zuständig.

§ 20

(1) Der Antrag hat die in § 3 Abs. 1 Nr. 1 bis 7, 9 und 10 bezeichneten Angaben zu enthalten.

(2) Ferner sind anzugeben:

1. die Gründe für den Antrag;
2. Datum und Dauer des Vertrages zur Bereederung in eigenem Namen;
3. die in Abteilung III des Schiffsregisters eingetragenen Gläubigerrechte;
4. die Zustimmung der eingetragenen Gläubiger zur Führung der anderen Flagge;
5. die künftig zu führende Flagge;
6. die Zustimmung des künftigen Flaggenstaats zur Flaggenführung.

(3) Die Angaben sind nachzuweisen:

1. zu Absatz 1 und Absatz 2 Nr. 3 durch Vorlage einer amtlich beglaubigten Abschrift oder Ablichtung des Schiffsregisterblatts nach dem neuesten Stand und hinsichtlich der Staatsangehörigkeit des Antragstellers durch Glaubhaftmachung;
2. zu Absatz 2 Nr. 2 durch Vorlage einer Urschrift oder amtlich beglaubigten Abschrift oder Ablichtung des Vertrages zur Bereederung in eigenem Namen;
3. zu Absatz 2 Nr. 4 durch eine schriftliche Erklärung der Gläubiger;
4. zu Absatz 2 Nr. 6 durch eine Bescheinigung, die den Namen des Schiffes und des Ausrüsters, die Dauer der Gestattung der Führung der ausländischen Flagge sowie die Bestätigung enthält, dass das Schiff einschließlich der Hypotheken im deutschen Schiffsregister eingetragen bleiben kann.

(4) § 11 Satz 1 und 2 gilt für die in den Absätzen 1 und 2 bezeichneten Angaben entsprechend.

Vierter Abschnitt
Register
1. Flaggenregister
§ 21

(1) Die Flaggenbehörde führt ein Register aller Seeschiffe, denen ein amtlicher Ausweis über die Berechtigung zur Führung der Bundesflagge (§ 3 des Flaggenrechtsgesetzes) erteilt worden ist (§ 22 Nr. 6 Buchstabe d des Flaggenrechtsgesetzes).

(2) In das Register werden neben einer fortlaufenden Nummer und dem Datum der Eintragung aufgenommen:

1. die Art des Ausweises, das Datum seiner Erteilung und im Falle der Befristung die Gültigkeitsdauer,
2. bei Schiffen, die in einem deutschen Schiffsregister eingetragen sind, der aus den Abteilungen I und II des Schiffsregisters ersichtliche Inhalt sowie die in § 3 Abs. 1 Nr. 9 und 10 bezeichneten Daten, in den Fällen des § 2 Abs. 1 Nr. 2 des Flaggenrechtsgesetzes ferner die in der Bescheinigung nach § 5 b Abs. 1 genannte beauftragte Person,
3. bei Schiffen, für die ein Flaggenzertifikat erteilt worden ist, die in § 3 Abs. 1 Nr. 1 und 3 bis 5 enthaltenen Tatsachen sowie der Name des Eigentümers, die Rumpflänge des Schiffes und die Nummer des Flaggenzertifikats,
4. bei sonstigen Schiffen die in § 3 Abs. 1 Nr. 1 bis 6, 9 und 10 bezeichneten Daten sowie der Name des Eigentümers,

4a. bei Plattformen, die zeitweilig schwimmen und zeitweilig fest mit dem Boden verankert sind, der Ort der Verankerung,

5. in den Fällen der §§ 10 und 11 des Flaggenrechtsgesetzes zusätzlich zu den unter Nummer 4 bezeichneten Daten der Inhalt der verliehenen Berechtigung,

6. in den Fällen des § 7 des Flaggenrechtsgesetzes der Ausrüster, der neue Flaggenstaat und der Zeitraum, während dessen das Recht zur Führung der Bundesflagge nicht ausgeübt werden darf,
7. alle Veränderungen der unter den Nummern 1 bis 6 bezeichneten Daten.

§ 22

Die Eintragung wird zehn Jahre nach Beendigung der Berechtigung zur Führung der Bundesflagge gelöscht.

2. Internationales Seeschiffahrtsregister

§ 23

Das internationale Seeschiffahrtsregister (§ 12 des Flaggenrechtsgesetzes) wird von der Flaggenbehörde als Anhang zum Flaggenregister geführt. Es enthält über die Angaben im Flaggenregister hinaus nur den Vermerk, dass das Schiff im internationalen Seeschiffahrtsregister eingetragen ist.

§ 24

Mit dem Antrag auf Eintragung in das internationale Seeschiffahrtsregister hat der Eigentümer glaubhaft die Tatsachen anzugeben, aus denen sich der Betrieb des Schiffs im internationalen Verkehr im Sinne des § 34 c Abs. 4 des Einkommensteuergesetzes in der jeweils geltenden Fassung ergibt.

§ 25

(1) Ein im Internationalen Seeschiffahrtsregister eingetragenes Seeschiff wird ausgetragen

1. auf Antrag oder
2. von Amts wegen, wenn der Flaggenbehörde bekannt wird, dass die gesetzlichen Eintragungsvoraussetzungen nicht erfüllt sind.

Ein Schiff wird nicht ausgetragen, wenn nur der eingetragene Name geändert wird.

(2) Die Eintragung wird zehn Jahre nach Austragung des Seeschiffs gelöscht.

Fünfter Abschnitt
Ergänzende Vorschriften

§ 26

(1) Bei der Anwendung dieser Verordnung ist den völkerrechtlichen Verantwortlichkeiten der Bundesrepublik Deutschland als Flaggen- und als Registerstaat Rechnung zu tragen.

(2) Diese Verordnung läßt die Verpflichtungen des Antragstellers, Kontrollen in technischen, sozialen und Verwaltungsangelegenheiten über das Schiff zuzulassen und es insbesondere den vorgeschriebenen Besichtigungen und Prüfungen zu stellen, unberührt.

§ 27

Flaggenbehörde ist das Bundesamt für Seeschiffahrt und Hydrographie.

§ 28

(1) Die Anträge im Sinne dieser Verordnung sollen rechtzeitig für jedes Schiff gesondert gestellt werden. Die Flaggenbehörde gibt Muster der Anträge im Verkehrsblatt bekannt.

(2) Die Flaggenbehörde kann bei der Ermittlung von Tatsachen, die glaubhaft zu machen sind, vom Antragsteller oder von Dritten eine Versicherung an Eides Statt verlangen und abnehmen.

§ 29

Das Bundesministerium für Verkehr, Bau und Stadtentwicklung gibt die Muster der amtlichen Ausweise über die Berechtigung zur Führung der Bundesflagge und die Muster der Formblätter zur lückenlosen Stammdatendokumentation im Sinne des § 13 Abs. 2 Satz 1 des Flaggenrechtsgesetzes im Verkehrsblatt bekannt.

§ 30

(1) Die Anzeige des Schiffsnamens und dessen Änderung ist an die Flaggenbehörde zu richten; diese ist auch für die Untersagung der Führung von Schiffsnamen (§ 9 Abs. 3 des Flaggenrechtsgesetzes) zuständig.

(2) Namen und Hafen sind am Schiff in lateinischer Schrift unter Berücksichtigung der Größe des Schiffs so anzubringen, dass in Fahrt eine ausreichende Lesbarkeit durch andere Verkehrsteilnehmer bei guten Sichtverhältnissen gewährleistet ist.

(3) Die IMO-Schiffsidentifikationsnummer im Sinne des § 9a Abs. 1 des Flaggenrechtsgesetzes muss deutlich und vollständig sichtbar, von anderen Markierungen am Schiffskörper abgesetzt, mindestens 200 Millimeter hoch und in einer mit der Umgebung kontrastierenden Farbe angebracht sein. Sie ist in Form eines erhabenen oder eines vertieften Reliefs, durch Aufnieten oder in einem sonstigen gleichwertigen Markierungsverfahren auszuführen, durch das sichergestellt ist, dass die IMO-Schiffsidentifikationsnummer nicht leicht unkenntlich gemacht werden kann.

§ 30a

(1) Die Bescheinigung über die lückenlose Stammdatendokumentation im Sinne des § 13 Abs. 2 Satz 1 des Flaggenrechtsgesetzes ist vom Eigentümer des Seeschiffes bei der Flaggenbehörde zu beantragen. Dem Antrag sind die für die lückenlose Stammdatendokumentation erforderlichen Informationen beizufügen. Änderungen sind der Flaggenbehörde unverzüglich mitzuteilen.

(2) Die Flaggenbehörde fasst die lückenlose Stammdatendokumentation nach Maßgabe der von der Internationalen Seeschifffahrtsorganisation auf ihrer 23. Tagung am 5. Dezember 2003 angenommenen Entschließung A.959(23) über das Format und die Richtlinien zur Führung der lückenlosen Stammdatendokumentation (VkBl. 2004 S. 414) unter Verwendung des Formblattes 1 der Entschließung in deutscher und englischer Sprache ab.

(3) Änderungen der in der lückenlosen Stammdatendokumentation eingetragenen Angaben sind vom Eigentümer des Seeschiffes oder einer von ihm beauftragten Person, insbesondere dem Schiffsführer, unverzüglich unter Verwendung der Formblätter nach § 29 zu erfassen und der lückenlosen Stammdatendokumentation beizufügen. Die Änderungen sind der Flaggenbehörde unverzüglich mitzuteilen.

(4) Die Flaggenbehörde stellt innerhalb von drei Monaten ab dem Datum der ersten Änderung dem Seeschiff eine aktualisierte lückenlose Stammdatendokumentation aus. Der Schiffsführer ist verpflichtet, nach Erhalt der aktualisierten Stammdatendokumentation die Maßnahmen nach den Nummern 10 und 11 der Anlage zur Entschließung A.959(23) zu ergreifen.

§ 31

(1) Für jedes Schiff wird über die Berechtigung zur Führung der Bundesflagge nur ein Ausweis erteilt.

(2) Der Berechtigte hat, soweit möglich, den Ausweis unverzüglich der Flaggenbehörde zuzuleiten, wenn seine Berechtigung zur Führung der Bundesflagge vor Ablauf der in dem Ausweis angegebenen Gültigkeitsdauer endet oder das Schiff untergeht oder ausbesserungsunfähig wird. Die Flaggenbehörde hat den Ausweis in diesen Fällen unbrauchbar zu machen.

(3) Die Absätze 1 und 2 gelten nicht für das Schiffszertifikat.

Sechster Abschnitt
Schlußbestimmungen
§ 32

–

§ 33

Diese Verordnung tritt am Tage nach der Verkündung in Kraft.

6. Anordnung über Mitteilungen in Zivilsachen (MiZi)

XXII. Mitteilungen in Schiffsregistersachen

1. Mitteilungen aus dem Seeschiffsregister

Mitzuteilen sind:

1. Eintragungen (Neueintragungen, Veränderungen, Löschungen) in die erste und zweite Abteilung des Seeschiffsregisters (§ 57 Abs. 2 SchRegO);
2. Eintragungen (Neueintragungen. Veränderungen, Löschungen) in die erste und zweite Abteilung des Seeschiffsregisters (§ 196 SGB VII);
3. Eintragungen (Neueintragungen, Veränderungen, Löschungen) in die erste und zweite Abteilung des Seeschiffsregisters (§ 5 Abs. 2, 9e SeeAufgG i. V. m. § 13 Abs. 1 Nr. 4 EGGVG);
4. einzelne Eintragungen in besonderen Fällen:
   a) die Neueintragung eines in das Schiffsbauregister eingetragenen Schiffs in das Seeschiffsregister (§ 16 Abs. 3 SchRegO);
   b) die Neueintragung eines von Inländern erworbenen, bisher ausländischen Schiffs in das Seeschiffsregister und die Löschung eines von Ausländern erworbenen, bisher inländischen Schiffs im Seeschiffsregister (Art. 22 der VO (EG) Nr. 840/96 der Kommission v. 7. Mai 1996 zur Durchführung der VO (EG) Nr. 1172/95 des Rates hinsichtlich der Außenhandelsstatistik (ABl. Nr. L 114 v. 8.5.1996, S. 7) i. V. m. § 13 Abs. 1 Nr. 4 EGGVG);
   c) die Löschung der Eintragung eines Schiffs im Seeschiffsregister (§ 14 Abs. 2 SchRegDV).

2. Die Mitteilungen sind zu richten

1. in den Fällen des Absatzes 1 Nr. 1:
   a) an das Bundesamt für Seeschifffahrt und Hydrographie, Bernhard-Nocht-Straße 78, 20359 Hamburg,
   b) an die örtlich zuständige Arbeitsschutzbehörde;

2. in den Fällen des Absatzes 1 Nr. 2 an die See-Berufsgenossenschaft, Reimerstwiete 2, 20457 Hamburg;
3. in den Fällen des Absatzes 1 Nr. 3
   an die Bundesnetzagentur für Elektrizität, Gas, Telekommunikation, Post und Eisenbahnen – Außenstelle Hamburg-, Sachsenstraße 12–14, 20097 Hamburg;
4. in den Fällen des Absatzes 1 Nr. 4:
   a) Buchstabe a an das Gericht des Schiffsbauregisters,
   b) Buchstabe b an die Zollbehörde,

Anmerkungen:

1. Arbeitsschutzbehörden sind

in **Baden-Württemberg**
die Stadt- und Landkreise als Arbeitsschutzbehörden,
in **Bayern**
die Gewerbeaufsichtsämter,
in **Berlin** die See-Berufsgenossenschaft (Seeschiffsregister), das Landesamt für Arbeitsschutz, Gesundheitsschutz und technische Sicherheit (Binnenschiffsregister),
in **Brandenburg**
die Ämter für Arbeitsschutz und Sicherheitstechnik in Cottbus, Eberswalde, Frankfurt (Oder), Neuruppin und Potsdam,
in **Bremen**
die Gewerbeaufsichtsämter,
in **Hamburg**
die Behörde für Wissenschaft und Gesundheit – Amt für Gesundheit und Verbraucherschutz – Fachabteilung Amt für Arbeitsschutz –,
in **Hessen**
die staatlichen Ämter für Arbeitsschutz und Sicherheitstechnik in Darmstadt, Frankfurt (Main), Gießen, Kassel und Wiesbaden,
in **Mecklenburg-Vorpommern**
die staatlichen Ämter für Arbeitsschutz und technische Sicherheit – Gewerbeaufsicht – in Neubrandenburg, Rostock, Schwerin und Stralsund,
in **Niedersachsen**
die staatlichen Gewerbeaufsichtsämter,
in **Nordrhein-Westfalen**
die Bezirksregierungen – Dezernate Arbeitsschutz –,
in **Rheinland-Pfalz**
die Struktur- und Genehmigungsdirektionen Nord und Süd – Regionalstellen Gewerbeaufsicht –,
im **Saarland**
das Landesamt für Umwelt- und Arbeitsschutz,
in **Sachsen**
die Landesdirektionen,
in **Sachsen-Anhalt**
das Landesamt für Verbraucherschutz,
in **Schleswig-Holstein**
das Landesamt für Gesundheit und Arbeitssicherheit, Kiel,
in **Thüringen**
das Landesamt für Arbeitsschutz in Suhl.

2. Zollbehörden sind:

in **Baden-Württemberg**
für den Registerbezirk Mannheim das HZA Mannheim,
in **Bayern**
für den Registerbezirk Regensburg das HZA Regensburg, für den Registerbezirk Würzburg das HZA Würzburg,
in **Berlin**
für den Registerbezirk Charlottenburg das HZA Berlin-Süd,
in **Brandenburg**
für den Registerbezirk Rostock das HZA Rostock,
in **Bremen**
für den Registerbezirk Bremen das HZA Bremen,
für den Registerbezirk Bremerhaven

a) für Schiffe mit Heimathafen im Bezirk des Amtsgerichts Bremerhaven das HZA Bremerhaven,
b) für Schiffe mit Heimathafen in den Bezirken der Amtsgerichte Langen und Osterholz-Scharmbeck das HZA Oldenburg,

in **Hamburg**
für den Registerbezirk Hamburg das HZA Hamburg-Stadt,
in **Hessen**
für den Registerbezirk Wiesbaden das HZA Wiesbaden,
in **Mecklenburg-Vorpommern**
für den Registerbezirk Rostock das HZA Rostock,
in **Niedersachsen**
für den Registerbezirk Brake/Unterweser das HZA Oldenburg,
für den Registerbezirk Cuxhaven

a) für das Stadtgebiet Cuxhaven das HZA Hamburg-Harburg – ZA Cuxhaven –,
b) im Übrigen das HZA Lüneburg,

für den Registerbezirk Emden

a) für die Amtsgerichtsbezirke Wittmund, Norden, Aurich, Emden, Leer und Papenburg das HZA Emden,
b) für die Amtsgerichtsbezirke Meppen und Lingen das HZA Nordhorn,
c) für die Amtsgerichtsbezirke Rheine, Ibbenbüren, Tecklenburg, Münster, Lüdinghausen und Dülmen das HZA Münster,
d) für den Amtsgerichtsbezirk Recklinghausen das HZA Bochum,
e) für den Amtsgerichtsbezirk Dortmund das HZA Dortmund, für den Registerbezirk Stade des HZA Lüneburg, für den Registerbezirk Wilhelmshaven das HZA Oldenburg,

in **Nordrhein-Westfalen**
für den Registerbezirk Duisburg-Ruhrort das HZA Duisburg,
in **Rheinland-Pfalz**
für den Registerbezirk St. Goar das HZA Koblenz,
im **Saarland**
für den Registerbezirk Saarbrücken das HZA Saarbrücken,
in **Sachsen und Sachsen-Anhalt**
für den Registerbezirk Rostock das HZA Rostock,
in **Schleswig-Holstein**
für den Registerbezirk Flensburg das HZA Flensburg,
für den Registerbezirk Itzehoe das HZA Itzehoe,

für den Registerbezirk Kiel das HZA Kiel,
für den Registerbezirk Lübeck das HZA Lübeck,
in Thüringen
für den Registerbezirk Rostock das HZA Rostock.

2
Mitteilungen aus dem Binnenschiffsregister

1. Mitzuteilen sind:

1. Eintragungen (Neueintragungen, Veränderungen, Löschungen) in die erste und zweite Abteilung des Binnenschiffsregisters (§ 57 Abs. 2 SchRegO);
2. Eintragungen (Neueintragungen, Veränderungen, Löschungen) in die erste und zweite Abteilung des Binnenschiffsregisters sowie Tatsachen, die nach § 4 Abs. 3 SchRegO angegeben werden (§ 10 BinSchAufgG);
3. Eintragungen (Neueintragungen, Veränderungen, Löschungen) in die erste und zweite Abteilung des Binnenschiffsregisters (§ 1 BinSchAufgG i. V. m. § 13 Abs. 1 Nr. 4 EGGVG);
4. die Neueintragung eines in das Schiffsbauregister eingetragenen Schiffs in das Binnenschiffsregister (§ 16 Abs. 3 SchRegO).

2. Die Mitteilungen sind zu richten:

1. in den Fällen des Absatzes 1 Nr. 1 an die örtlich zuständige Arbeitsschutzbehörde;
2. in den Fällen des Absatzes 1 Nr. 2 an die zentrale Binnenschiffsbestandsdatei bei der Wasser- und Schifffahrtsdirektion Südwest, Brucknerstraße 2, 55127 Mainz;
3. in den Fällen des Absatzes 1 Nr. 3 an die Bundesnetzagentur für Elektrizität, Gas, Telekommunikation, Post und Eisenbahnen – Außenstelle Hamburg –, Sachsenstr. 12–14, 20097 Hamburg;
4. in den Fällen des Absatzes 1 Nr. 4 an das Gericht des Schiffsbauregisters.

Anmerkungen:

Wegen der zuständigen Arbeitsschutzbehörden siehe auch die Anmerkungen zu XXII/1.

3
Mitteilungen aus dem Schiffsbauregister

1. Mitzuteilen ist die Eintragung eines Schiffsbauwerks oder eines im Bau befindlichen Schwimmdocks in die erste und zweite Abteilung des Schiffsbauregisters, sobald das eingetragene Schiffsbauwerk oder im Bau befindliche Schwimmdock an einen Ort außerhalb des Registerbezirks des ursprünglichen Bauorts gebracht wird (§ 67 Abs. 2 SchRegO, § 73a SchRegO).
2. Die Mitteilungen sind an das Registergericht des neuen Bauorts zu richten.

4
Mitteilungen zur Schiffsstatistik

aufgehoben!

Anhang II: Listen

1. Amtsgerichte, bei denen ein Seeschiffsregister geführt wird

Amtsgericht	Adresse	Tel./Fax
Das Seeschiffsregister führt das **AG Charlottenburg** für **Berlin**	Amtsgericht Charlottenburg Amtsgerichtsplatz 1, 14057 Berlin	Tel.: (030) 90177 0 Fax: (030) 90177 447
Hamburg	Amtsgericht Hamburg Postfach 300121, 20348 Hamburg, Caffamacherreihe 20 20355 Hamburg	Tel.: (040) 428 43 0 Fax: (040) 428 43 2956
Bremen	Amtsgericht Bremen Postfach 107943, 28079 Bremen, Ostertorstraße 25–31, 28195 Bremen	Tel.: (0421) 361 0 Fax: (0421) 361 16266
Bremerhaven für die AG Bezirke Bremerhaven, Langen, Osterholz-Scharmbeck	Amtsgericht Bremerhaven, Postfach 210140, 27522 Bremerhaven, Nordstraße 10 27580 Bremerhaven (Lehe)	Tel.: (0471) 596 0 Fax: (0471) 5961 3696
Saarbrücken für das gesamte Saarland	Amtsgericht Saarbrücken, Franz-Josef Röder Str.13, 66123 Saarbrücken	Tel.: (0681) 501 05 Fax: (0681) 501 5600
Cuxhaven für die AG Bezirke Cuxhaven und Otterndorf	Amtsgericht Cuxhaven Postfach 102, 27451 Cuxhaven, Deichstraße 12 a 27472 Cuxhaven	Tel.: (04721) 5019 0 Fax: (04721) 5019-19
Duisburg für das Land Nordrhein-Westphalen	Amtsgericht Duisburg-Ruhrort, Postfach 130151, 47118 Duisburg, Amtsgerichtsstr. 36, 47119 Duisburg-Ruhrort	Tel.: (0203) 80059 0 Fax: (0203) 80059 22
Emden AG Emden ist für den Dortmund-Ems-Kanal, für die Ems, für die linksemsischen Kanäle und die Hase, für den Küstenkanal von der Ems bis Schleuse Oldenburg einschl. und die von Süden in den Küstenkanal mündenden Kanäle, für die nördlich des Küstenkanals und der Emsmündung bis zur Nordseeküste belegenen Kanäle und Gewässer	Amtsgericht Emden, Postfach 1132, 26691 Emden, Ringstr. 6, 26721 Emden	Tel.: (04921) 951 0 Fax: (04921) 951 541

Amtsgericht	Adresse	Tel./Fax
und für die Papenburger Kanäle zuständig. Das Seeschiffsregister das AG Emden für die AG-Bezirke Aurich, Leer (Ostfriesland) Lingen (Ems) Meppen Norden, Papenburg, Wittmund		
Kiel das AG Kiel ist zentrales Schiffsregister für Schleswig-Holstein	Amtsgericht Kiel, Deliusstr. 22 24114 Kiel	Tel.: (0431) 604 2750 Fax: (0431) 604 2810
Brake und für die AG-Bezirke Brake (Unterweser), Delmenhorst, Nordenham, Oldenburg (Oldenburg), Westerstede	Amtsgericht Brake, Postfach 1151, 26911 Brake Bürgermeister-Müller-Str. 34 26919 Brake	Tel.: (04401) 109 0 Fax: (04401) 109 111
Mannheim AG Mannheim zentrales Schiffsregister für Baden-Württemberg	Amtsgericht Mannheim, 68149 Mannheim, Bismarckstr.-Schloss Westflügel, 68159 Mannheim	Tel.: (0621) 292 0 Fax: (0621) 292 2810
Regensburg und für die AG-Bezirke: Amberg, Dessau, Landshut, Passau, Regensburg Weiden in der Oberpfalz, Grenze ist die Donau	Amtsgericht Regensburg, Augustenstraße 3 93049 Regensburg	Tel.: (0941) 2003 0 Fax: (0941) 2003 420
Rostock Zentrales Seeschiffsregister für die Länder Mecklenburg-Vorpommern, Sachsen, Thüringen und Sachsen -Anhalt	Amtsgericht Rostock, Postfach 101038, 18001 Rostock Zochstraße 13, 18057 Rostock	(0381) 4957-0 Fax:(0381) 4957-142
St. Goar Zentrales Seeschiffsregister für das Land Rheinland-Pfalz	Amtsgericht St. Goar, Postfach 1152, 56325 St. Goar, Bismarckweg 3–4, 56329 St. Goar	Tel.: (06741) 910 0 Fax: (06741) 910 260
Stade und für die AG Bezirke Bremervörde, Buxtehude, Stade, Braunschweig, Celle	Amtsgericht Stade, Postfach 1151, 21651 Stade, Wilhadikirchhof 1, 21682 Stade	Tel.: (04141) 107 1 Fax: (04141) 107 213
Wiesbaden Zentrales Seeschiffsregister für das Land Hessen	Amtsgericht Wiesbaden, 65174 Wiesbaden, Moritzstr. 5, 65185 Wiesbaden	Tel.: (0611) 354 1 Fax: (0611) 354 556

Amtsgericht	Adresse	Tel./Fax
Wilhelmshaven und für die AG Bezirke Jever, Varel, Wilhelmshaven	Amtsgericht Wilhelmshaven, Marktstraße 12–15, 26382 Wilhelmshaven	Tel.: (04421) 408 0 Fax: (04421) 408 193
Würzburg Nördlich wie Südlich der Donau	Amtsgericht Würzburg, Ottostr. 5, 97070 Würzburg	Tel.: (0931) 381 0 Fax: (0931) 57944

Mit Ausnahme des Amtsgerichts Rostock und Cuxhaven werden bei allen anderen Gerichten auch Binnenschiffsregister geführt.

Zusätzliche Binnenschiffsregister werden geführt:

Amtsgericht	Adresse	Tel./Fax
Magdeburg Zentral für die Länder Mecklenburg-Vorpommern, Sachsen, Thüringen und Sachsen-Anhalt	Amtsgericht Magdeburg Breiter Weg 203–206, 39104 Magdeburg	Tel.: (0391) 606 0 Fax.: (0391) 606 6900
Meppen für Bad Iburg, Berensbrück, Lingen (Ems), Meppen, Nordhorn, Papenburg und Vechta	Amtsgericht Meppen, Obergerichtsstr. 20 49716 Meppen	Tel.: (05931) 888 100 Fax: (05931) 888 250
Minden für die in den Landgerichtsbezirken Bielefeld, Detmold und Paderborn, im hessischen Teil des Stromgebietes der Weser einschließlich der Werra und der Fulda sowie in den Amtsgerichtsbezirken Alfeld (Leine), Bad Gandersheim, Braunschweig, Bückeburg, Burgdorf, Burgwedel, Clausthal-Zellerfeld, Duderstadt, Einbeck, Elze, Gifhorn, Göttingen, Goslar, Hameln, Hannover, Helmstedt, Herzberg am Harz, Hildesheim, Holzminden, Lehrte, Münden, Neustadt am Rübenberge, Northeim, Rinteln, Osterode am Harz, Osnabrück, Peine, Salzgitter, Seesen, Springe, Stadthagen, Wennigsen (Deister), Wolfenbüttel und Wolfsburg in Niedersachsen.	Amtsgericht Minden Königswall 8 32423 Minden	Tel.: (0571) 8886 0 Fax: (0571) 8886 248
Köln	Amtsgericht Köln Luxemburger Straße 101 50939 Köln	Tel.: (0221) 477 0 Fax: (0221) 477 3333

Amtsgericht	Adresse	Tel./Fax
Dortmund	Amtsgericht Dortmund Gerichtsstraße 22 44135 Dortmund	Tel.: (0231) 926 0 Fax: (0231) 92623090
Merzig	Amtsgericht Merzig Wilhelmstraße 2 66663 Merzig	Tel.: (06861) 703 223 Fax: (06861) 703 229
Regensburg	Amtsgericht Regensburg Augustenstraße 3 93049 Regensburg	Tel.: (0941) 2003 495 Fax: (0941) 2003 394
Würzburg	Amtsgericht Würzburg Sanderstraße 12 97979 Würzburg	Tel.: (0931) 381 344 Fax: (0931) 381 347

2. Kurzübersicht Apostille und Legalisation (Auszüge)

Anerkennung deutscher öffentlicher Urkunden im Ausland und ausländischer öffentlicher Urkunden in Deutschland. DNotI: Übersicht Apostille und Legalisation Stand: 9.1.2012
abrufbar: www.dnoti.de (unter Arbeitshilfen/IPR).

Alphabetische Länderliste

Staat	Formerfordernis	Haager Abkommen zur Befreiung von Erfordernissen der Legalisation	
		Inkrafttreten	**Fundstelle**
A			
Antigua und Barbuda	Apostille	seit 1.11.1981	BGBl. 1986 II,S. 542
Argentinien	Apostille	seit 18.2.1988	BGBl. 1988 II, S. 235
Australien	Apostille	Seit 16.3.1995	BGBl. 1995 II, S. 222
B			
Bahamas	Apostille	seit 10.7.1973	BGBl. 1977 II, S. 20
Barbados	Apostille	seit 30.11.1966	BGBl. 1996 II, S. 934
Belgien	Zur Verwendung deutscher Urkunden in Belgien empfiehlt sich, vorsichtshalber eine Apostille einzuholen, da	Vertrag zwischen der Bundesrepublik Deutschland und dem Königreich Belgien über die Befreiung öffentlicher Urkunden von der Legalisation vom 13. Mai 1975 (BGBl. 1980 II, 815) (daneben Haager	

Staat	Formerfordernis	Haager Abkommen zur Befreiung von Erfordernissen der Legalisation	
		Inkrafttreten	**Fundstelle**
	das bilaterale Abkommen offenbar z.T. in Belgien nicht anerkannt wird.[501] Umgekehrt ist für die Verwendung belgischer Urkunden in Deutschland keine Apostille erforderlich	Abkommen seit 9.2.1976, BGBl. 1976 II, S. 199)	
C			
China (Volksrepublik)	Legalisation, für deutsche Urkunden zuvor Endbeglaubigung (Apostille genügt für Hongkong und Macao – siehe dort)		
Cookinseln	Apostille	seit 30.4.2005	BGBl. 2005 II, S. 752
Costa Rica	Legalisation		
D			
Dänemark (nicht für Grönland und Faröer)	Keinerlei Echtheitsnachweis erforderlich	Deutsch-Dänisches Beglaubigungsabkommen vom 17. Juni 1936 (RGBl. 1936 II, S. 213) (daneben Haager Abkommen seit 29.12.2006, BGBl. 2008 II, S. 224)	
Dominikanische Republik	Legalisation – z.z. legalisieren deutsche Auslandsvertretungen aber keine Urkunden aus der Dom. Republik		Haager Übereinkommen seit 30.8.2009, aber nicht im Verhältnis zu Deutschland[502] BGBl. 2010 II, S. 93
Dominica	Apostille	seit 3.11.1978	BGBl. 2003 II, S. 734

501 *Zimmermann* Teil H Rn. 241.

502 Deutschland hat einen Einspruch nach Art. 12 Abs. 2 des Abkommens eingelegt. Im Verhältnis zwischen Deutschland und der Dominikanischen Republik genügt daher die Apostille nicht; ebenso im Verhältnis zu Belgien, den Niederlanden und Österreich.

<table>
<tr><th rowspan="2">Staat</th><th rowspan="2">Formerfordernis</th><th colspan="2">Haager Abkommen zur Befreiung von Erfordernissen der Legalisation</th></tr>
<tr><th>Inkrafttreten</th><th>Fundstelle</th></tr>
<tr><td colspan="4">E</td></tr>
<tr><td>Ecuador</td><td>Apostille</td><td>seit 2.4.2005</td><td>BGBl. 2005 II, S. 752</td></tr>
<tr><td>Elfenbeinküste
(Côte d'Ivoire)</td><td colspan="3">Legalisation –
z. z. legalisieren deutsche Auslandsvertretungen aber keine Urkunden aus der Elfenbeinküste</td></tr>
<tr><td>Estland</td><td>Apostille</td><td>seit 30.9.2001</td><td>BGBl. 2002 II, S. 626</td></tr>
<tr><td colspan="4">F</td></tr>
<tr><td>Fidschi</td><td>Apostille</td><td>seit 10.10.1970</td><td>BGBl. 1971 II, S. 1016</td></tr>
<tr><td>Finnland</td><td>Apostille</td><td>seit 26.8.1985</td><td>BGBl. 1985 II, S. 1006</td></tr>
<tr><td>Frankreich</td><td>keinerlei Echtheitsnachweis erforderlich</td><td colspan="2">Abkommen zwischen der Bundesrepublik Deutschland und der Französischen Republik über die Befreiung öffentlicher Urkunden von der Legalisation vom 13. September 1971 (BGBl. 1974 II, S. 1100)
(daneben auch Haager Übereinkommen seit 13.2.1966 BGBl. 1966 II, S. 106)</td></tr>
<tr><td colspan="4">G</td></tr>
<tr><td>Griechenland</td><td colspan="2">für bestimmte gerichtliche Urkunden (Landgericht oder höheres Gericht) keinerlei Echtheitsnachweis erforderlich;
hingegen für Urkunden von Amtsgerichten, Notaren, Grundbuchämtern etc. Überbeglaubigung durch den Präsidenten des jeweiligen Gerichtshofs erster Instanz in Griechenland (bzw. für deutsche Urkunden Überbeglaubigung durch den Landgerichtspräsidenten) erforderlich – in der Praxis durch Apostille ersetzt</td><td>Deutsch-griechisches Abkommen über die gegenseitige Rechtshilfe in Angelegenheiten des bürgerlichen und Handelsrechts vom 11. Mai 1938 (RGBl. 1939, S. 848)
(daneben auch Haager Übereinkommen seit 18.5.1985 BGBl. 1985 II, S. 1108)</td></tr>
<tr><td>Großbritannien (Vereinigtes Königreich von Großbritannien und Nordirland)</td><td>Apostille (ebenso für folgende britische Kron- bzw. Überseegebiete: Anguilla, Bermuda, Caymaninseln = Kaimaninseln, Falklandinseln, Gibraltar, Guernsey, Isle of Man, Jersey, Britische Jungferninseln =</td><td>seit 13.2.1966</td><td>BGBl. 1966 II, S. 106</td></tr>
</table>

Staat	Formerfordernis	Haager Abkommen zur Befreiung von Erfordernissen der Legalisation	
		Inkrafttreten	**Fundstelle**
	British Virgin Islands, Montserrat, St. Helena, Turks- und Caicosinseln)		
H			
Hongkong (China)	Apostille	seit 25.4.1965	
I			
Indien	Legalisation – z. z. legalisieren deutsche Auslandsvertretungen aber keine Urkunden aus Indien		Haager Übereinkommen seit 14.7.2005, aber nicht im Verhältnis zu Deutschland[503] BGBl. 2008 II, S. 224
Irland	Apostille	seit 9.3.1999	BGBl. 1999 II, S. 142
Island	Apostille	seit 27.11.2004	BGBl. 2005 II, S. 64
Italien	Keinerlei Echtheitsnachweis erforderlich	Vertrag zwischen der Bundesrepublik Deutschland und der Italienischen Republik über den Verzicht auf die Legalisation von Urkunden vom 7. Juni 1969 (BGBl. 1974 II, S. 1069) (daneben Haager Abkommen seit 11.2.1978 BGBl. 1978 II, S. 153)	
J			
Japan	Apostille	seit 27.7.1970	BGBl. 1970 II, S. 752
K			
Kaimaninseln	Apostille wie Großbritannien (Vereinigtes Königreich)		
Kap Verde	Apostille	seit 13.2.2010	BGBl. 2010 II, S. 93

503 Deutschland hat einen Einspruch nach Art. 12 Abs. 2 des Abkommens eingelegt. Im Verhältnis zwischen Deutschland und Indien genügt daher die Apostille nicht. Die dementsprechenden Einsprüche von Belgien (9.1.2008), Finnland (5.10.2009), den Niederlanden (16.9.2008) und Spanien (12.2.2008) sind zwischenzeitlich wieder zurückgezogen worden; Portugal hatte einen verspäteten und damit wirkungslosen Einspruch eingelegt.

Staat	Formerfordernis	Haager Abkommen zur Befreiung von Erfordernissen der Legalisation	
		Inkrafttreten	**Fundstelle**
Kasachstan	Apostille	seit 30.1.2001	BGBl. 2001 II, S. 298
Kirgisistan (auch: Kirgistan oder Kirgisien)	Legalisation Kirgisistan ist am 15.11.2010 dem Haager Übereinkommen beigetreten; noch läuft aber die Einspruchsfrist gegen diesen Beitritt		
Kolumbien	Apostille	seit 30.1.2001	BGBl. 2001 II, S. 298; BGBl. 2005 II, S. 752
Korea (Republik)	Apostille	seit 14.7.2007	BGBl. 2008 II, S. 224
Korea, Volksrepublik (Nord)	Legalisation		
Kroatien	Apostille	seit 8.10.1991[504]	BGBl. 1994 II, S. 82
Kuwait	Legalisation		
L			
Lettland	Apostille	seit 30.1.1996	BGBl. 1996 II, S. 223
Liberia	Legalisation – z. z. legalisieren deutsche Auslandsvertretungen aber keine Urkunden aus Liberia.		Haager Übereinkommen seit 8.2.1996, aber nicht im Verhältnis zu Deutschland[505] BGBl. 2008 II, S. 224
Liechtenstein	Apostille	seit 17.9.1972	BGBl. 1972 II, S. 1466
Litauen	Apostille	seit 19.7.1997	BGBl. 1997 II, S. 1400
Luxemburg	Apostille	seit 3.6.1979	BGBl. 1979 II, S. 684
M			
Macao (China)	Apostille	seit 04.02.1969	BGBl. 1969 II, S. 120[506]

504 Als einer der Nachfolgestaaten der Sozialistischen Föderativen Republik Jugoslawien (Nachfolgeerklärung BGBl. 1993 II, S. 1962).

505 Deutschland, Belgien und die USA haben einen Einspruch nach Art. 12 Abs. 2 des Abkommens eingelegt. Im Verhältnis zwischen Liberia und diesen Ländern genügt daher die Apostille nicht.

506 Das Übereinkommen trat mit dem Beitritt Portugals auch für Macao in Kraft. Es gilt auch nach der Übergabe Macaos an die Volksrepublik China fort.

Staat	Formerfordernis	Haager Abkommen zur Befreiung von Erfordernissen der Legalisation	
		Inkrafttreten	Fundstelle
Malaysia	Legalisation		
Malediven	Legalisation		
Malta	Apostille	seit 2.3.1968	BGBl. 1968 II, S. 131
Marokko	Legalisation		
Marschallinseln	Apostille	seit 14.8.1992	BGBl. 1992 II, S. 948
Mauritius	Apostille	seit 12.3.1968	BGBl. 1970 II, S. 121
Mexiko	Apostille	seit 14.8.1995	BGBl. 1995 II, S. 694
Monaco	Apostille	seit 31.12.2002	BGBl. 2003 II, S. 63
N			
Neuseeland	Apostille	seit 22.11.2001	BGBl. 2002 II, S. 626
Niederlande	Apostille	seit 13.2.1966	BGBl. 1966 II, S. 106
Norwegen	Apostille	seit 29.7.1983	BGBl. 1983 II, S. 478
O			
Österreich	keinerlei Echtheitsnachweis erforderlich	Deutsch-Österreichischer Beglaubigungsvertrag vom 21. Juni 1923 (RGBl. 1924 II, S. 61) (daneben auch Haager Abkommen seit 13.1.1968, BGBl. 1968 II, S. 76)	
P			
Panama	Apostille	seit 4.8.1991	BGBl. 1991 II, S. 998
Polen	Apostille13	seit 14.8.2005	BGBl. 2006 II, S. 132
Portugal	Apostille	seit 4.2.1969	BGBl. 1969 II, S. 120
R			
Rumänien	Apostille	seit 16.3.2001	BGBl. 2001 II, S. 801
Russland	Apostille	seit 31.5.1992	BGBl. 1992 II, S. 948
S			
San Marino	Apostille	seit 13.2.1995	BGBl. 1995 II, S. 222
Saudi-Arabien	Legalisation, für deutsche Urkunden zuvor Endbeglaubigung.		

Staat	Formerfordernis	Haager Abkommen zur Befreiung von Erfordernissen der Legalisation	
		Inkrafttreten	**Fundstelle**
Schweden	Apostille	seit 1.5.1999	BGBl. 1999 II, S. 420
Schweiz	Apostille[507]	seit 11.3.1973	BGBl. 1973 II, S. 176
Seychellen	Apostille	seit 31.3.1979	BGBl. 1979 II, S. 417
Singapur	Legalisation		
Slowakei	Apostille	seit 18.2.2002	BGBl. 2002 II, S. 626
Spanien	Apostille	seit 25.9.1978	BGBl. 1978 II, S. 1330
St. Kitts und Nevis	Apostille	seit 14.12.1994	BGBl. 1994 II, S. 3765
St. Lucia	Apostille	seit 31.7.2002	BGBl. 2002 II, S. 2503
T			
Taiwan (Republik China)	Legalisation		
Togo	Legalisation, für deutsche Urkunden zu vor Endbeglaubigung; z.z. legalisieren deutsche Auslandsvertretungen aber keine Urkunden aus Togo		
Trinidad und Tobago	Apostille	seit 14.7.2000	BGBl. 2000 II, S. 34
Tschechische Republik	Apostille	seit 16.3.1999	BGBl. 1999 II, S. 142
Tunesien	Legalisation		
Türkei	Apostille	seit 29.9.1985	BGBl. 1985 II, S. 1108
U			
Ungarn	Apostille	seit 18.1.1973	BGBl. 1973 II, S. 65

507 Der deutsch-schweizerische Vertrag über die Beglaubigung öffentlicher Urkunden vom 14. Februar 1907 (RGBl. 1907, S. 411) gilt nicht für notarielle Urkunden. Für notarielle Urkunden ist daher eine Apostille erforderlich.

Staat	Formerfordernis	Haager Abkommen zur Befreiung von Erfordernissen der Legalisation	
		Inkrafttreten	Fundstelle
USA	Apostille	seit 15.10.1981	BGBl. 1981 II, S. 903
V			
Venezuela	Apostille	seit 16.3.1999	BGBl. 1999 II, S. 142
Vereinigte Arabische Emirate	Legalisation		
W			
Weißrussland (Belarus)	Apostille	seit 31.5.1992	BGBl. 1993 II, S. 1005
Z			
Zypern	Apostille	seit 30.4.1973	BGBl. 1973 II, S. 391

Sachregister

www.ingramcontent.com/pod-product-compliance
Lightning Source LLC
LaVergne TN
LVHW081518300926
849161LV00006B/1207

* 9 7 8 3 8 9 9 4 9 5 4 5 4 *